令和６年版

障害者白書

内閣府

表紙の題字

金澤　翔子（雅号：小蘭）さんの作品
1985年６月12日生まれ、東京都出身。ダウン症の書家。５歳から母の師事で書を始める。2005年銀座書廊で個展。その後、法隆寺、建仁寺、東大寺、薬師寺、唐招提寺、中尊寺、延暦寺、熊野大社、三輪明神大神神社、大宰府天満宮、伊勢神宮、出雲大社、春日大社等で個展・奉納揮毫。福岡県立美術館、愛媛県立美術館等で個展、ニューヨーク、チェコ、シンガポール、ドバイ、ロシア等で個展を開催する。2012年NHK大河ドラマ「平清盛」揮毫。国体の開会式や天皇の御製を揮毫。紺綬褒章受章。日本福祉大学客員准教授。文部科学省「スペシャルサポート大使」。東京2020公式アートポスター制作アーティスト。東京タワー「初代文化大使」。独立行政法人国立青少年教育振興機構アンバサダー。

表紙の絵

令和５年度　障害者週間のポスター最優秀賞受賞
浜松市・浜松市立北浜小学校　２年　釜堀　連さんの作品
「いっしょにやってみたいな」

障害者白書の刊行に当たって

内閣府特命担当大臣

加藤鮎子

障害者白書は、平成５年に施行された「障害者基本法」に基づき、障害者のために講じた施策の概況について毎年国会に提出している年次報告です。平成６年に初めて刊行されてから今回で31回目となります。

「障害者差別解消法」は、行政機関等や事業者に対して、「障害を理由とする不当な差別的取扱い」を禁止するとともに、「合理的配慮の提供」を求めており、これらを通じて障害者の活動を制限し、社会参加を制約している社会的障壁を取り除くことで、全ての国民が障害の有無にかかわらず相互に人格と個性を尊重し支え合いながら共生する社会の実現を目指しています。

令和６年４月１日には「改正障害者差別解消法」が施行され、事業者による「合理的配慮の提供」が、努力義務から義務へと改められました。

本白書では、「改正障害者差別解消法」の施行を踏まえ、「改正障害者差別解消法」の概要を改めて解説するとともに、関係府省庁及び地方公共団体における「対応要領」の策定及び改定の概要や、関係府省庁における「対応指針」の改定の概要、内閣府による「つなぐ窓口」の設置、政府による周知・啓発の取組等、「改正障害者差別解消法」の施行に向けた政府及び地方公共団体における取組を紹介しています。

この中では、関係府省庁の「対応指針」に記載されている不当な差別的取扱いや合理的配慮の提供等に関する事例について、関係すると考えられる障害種別ごとに整理し、「障害特性と主な配慮事項」と併せて、分かりやすく紹介しています。

また、これらの取組を含め、令和５年度に政府が講じた各分野の障害者施策や取組の概況を紹介しているほか、教育、雇用、生活、まちづくり、情報アクセシビリティ・コミュニケーションなどに係る官民の取組や具体的事例をTOPICS(トピックス）として取り上げています。

この白書が、国民の皆様に広く活用されるとともに、障害を理由とする差別の解消と共生社会の実現に向けた取組を推進させる一助となることを願っております。

令和６年７月

目　次

令和５年度を中心とした障害者施策の取組

第4章　日々の暮らしの基盤づくり

第1節 生活安定のための施策

第2節 保健・医療施策

第5章　住みよい環境の基盤づくり

第1節 障害のある人の住みよいまちづくりと安全・安心のための施策

第2節 障害のある人の情報アクセシビリティを向上するための施策

第6章　国際的な取組

我が国の国際的地位にふさわしい国際協力に関する施策

参考資料

付　録

TOPICS一覧

図　版（事例・データ等）目　次

第５章　住みよい環境の基盤づくり

第６章　国際的な取組

令和５年度を中心とした障害者施策の取組

令和５年度　障害者週間のポスター最優秀賞受賞
千葉市・千葉市立おゆみ野南中学校　２年　山上　結希奈　さんの作品
「やさしい手」

第1章　改正障害者差別解消法の施行

第１節

改正障害者差別解消法等の概要

2021年６月、事業者に対し合理的配慮の提供を義務付けるとともに、行政機関相互間の連携の強化を図るほか、障害を理由とする差別を解消するための支援措置を強化することを内容とする「障害を理由とする差別の解消の推進に関する法律の一部を改正する法律」（令和３年法律第56号。以下本章では「改正障害者差別解消法」という。）が公布された。本節では、「障害を理由とする差別の解消の推進に関する法律」（平成25年法律第65号。以下本章では「障害者差別解消法」という。）、同法の改正に伴い改定された「障害を理由とする差別の解消の推進に関する基本方針」（令和５年３月14日閣議決定。以下本章では「改定基本方針」という。）及び「改正障害者差別解消法」等について紹介する。

１．障害者差別解消法の制定背景及び経過

障害者の人権及び基本的自由の享有を確保し、障害者の固有の尊厳の尊重を促進するため、障害者の権利の実現のための措置などを規定した「障害者の権利に関する条約」（以下本章では「障害者権利条約」という。）が、2006年に国連において採択された。我が国においては、2007年に署名して以来締結に向けた国内法の整備を始めとする取組を進め、2014年１月に「障害者権利条約」を締結した。

「障害者権利条約」は、障害に基づくあらゆる形態の差別の禁止について適切な措置を求めており、我が国においては、2011年の「障害者基本法」（昭和45年法律第84号）の改正時に、「障害者権利条約」の趣旨を同法の基本原則として取り込む形で、同法第４条に差別の禁止が規定された。この規定を具体化したものが「障害者差別解消法」である。障害を理由とする差別の解消を推進し、全ての国民が障害の有無によって分け隔てられることなく、相互に人格と個性を尊重し合いながら共生する社会（共生社会）の実現に資することを目的として、2013年６月に制定された（「障害者差別解消法」の概要は図表１-２）。

また、2020年東京オリンピック・パラリンピック競技大会や障害者の権利に関する委員会による我が国政府報告の初の審査を控え、この機を逃さずに共生社会実現のための取組を推進するため、2021年５月には、事業者に対し合理的配慮の提供を義務付けるとともに、行政機関相互間の連携の強化を図るほか、障害を理由とする差別を解消するための支援措置を強化することを内容とする「改正障害者差別解消法」が第204回通常国会において全会一致で成立し、2021年６月に公布され（「改正障害者差別解消法」の概要については図表１-３）、2024年４月１日に施行された（障害を理由とする差別の解消の推進に関する法律の一部を改正する法律の施行期日を定める政令（令和５年政令第60号））。

「改正障害者差別解消法」の施行に向けては、内閣府の障害者政策委員会において、2021年９月以降、障害者団体や事業者団体、地方団体へのヒアリングが実施されるとともに、ヒアリング結果等も踏まえた「障害を理由とする差別の解消の推進に関する基本方針」（平成27年２月24日閣議決定）の改定に係る審議が行われ、障害者政策委員会の意見を踏まえ改定した「改定基本方針」が2023年３月14日に閣議決定され、「改正障害者差別解消法」の施行日と同日に適用されることとなった（「改定基本方針」の概要は図表１-５）。

■ 図表１－１　「障害者差別解消法」に関する経緯

障害者差別解消法に関する経緯	
2006（平成18）年12月	第61回国連総会において障害者権利条約を採択
2007（平成19）年 9月	日本による障害者権利条約への署名
2008（平成20）年 5月	障害者権利条約が発効
2011（平成23）年 7月	障害者基本法改正法の成立（一部を除き公布日施行）
2013（平成25）年 6月	障害者差別解消法の成立
2014（平成26）年 1月	障害者権利条約の批准書を寄託
2月	障害者権利条約が我が国について発効
2015（平成27）年 2月	障害を理由とする差別の解消の推進に関する基本方針の策定
2016（平成28）年 4月	障害者差別解消法の施行
6月	第１回政府報告提出
2019（平成31）年 2月	障害者差別解消法の見直しの検討開始
2020（令和２）年 6月	障害者政策委員会において障害者差別解消法に関する意見書取りまとめ
2021（令和３）年 5月	改正障害者差別解消法の成立
2023（令和５）年 3月	障害を理由とする差別の解消の推進に関する基本方針の改定
2024（令和６）年 4月	改正障害者差別解消法の施行・改定基本方針の適用

資料：内閣府

■ 図表１－２　「障害を理由とする差別の解消の推進に関する法律（障害者差別解消法）」の概要

障害を理由とする差別の解消の推進に関する法律（障害者差別解消法）の概要

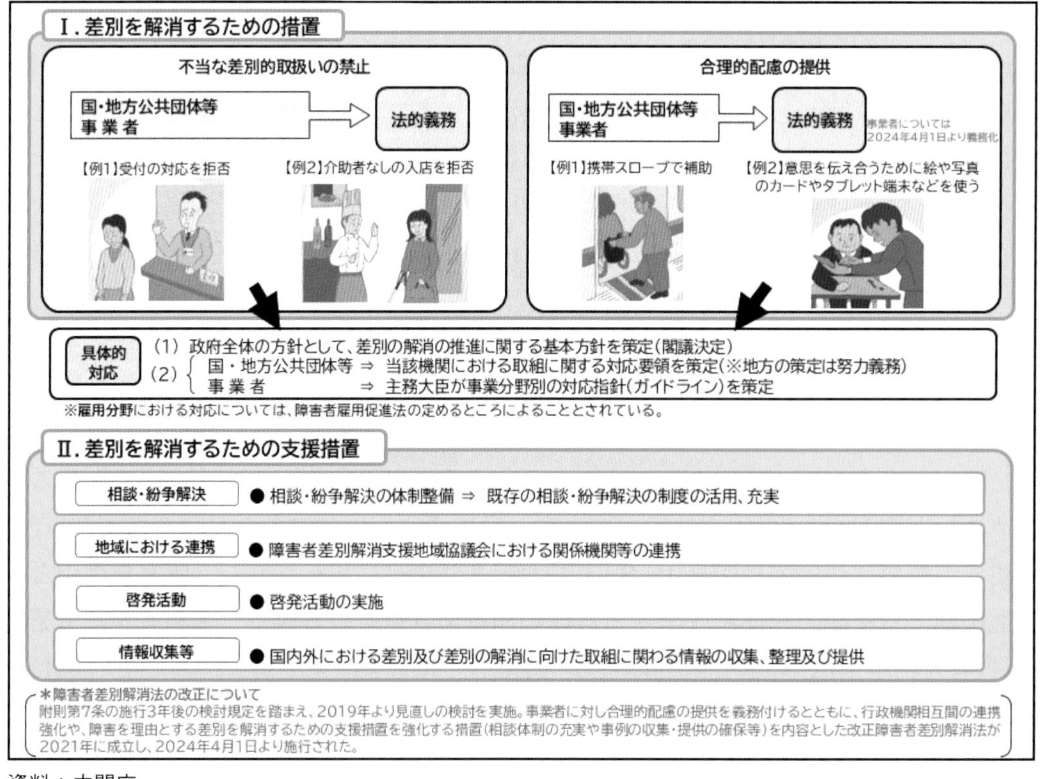

資料：内閣府

■ 図表１-３　「障害を理由とする差別の解消の推進に関する法律の一部を改正する法律」の概要

障害を理由とする差別の解消の推進に関する法律の一部を改正する法律（概要）

○ 政府は、障害者差別解消法の施行(2016年4月)３年経過後において、事業者による合理的配慮の在り方その他の施行状況について検討し、所要の見直しを行うとの規定(附則第7条)を踏まえ、内閣府の障害者政策委員会における議論や団体ヒアリング等を通じて、検討を実施。

○ 障害を理由とする差別の解消の一層の推進を図るため、事業者に対し社会的障壁の除去の実施について必要かつ合理的な配慮をすることを義務付けるとともに、国・地方公共団体相互の連携の強化を図るほか、障害を理由とする差別を解消するための支援措置を強化する措置を講ずる。

１．事業者による合理的配慮の提供の義務化

事業者による社会的障壁の除去の実施に係る必要かつ合理的な配慮の提供について、現行の努力義務から義務へと改める。

【合理的配慮の例】

※ 障害者差別解消法では、行政機関等と事業者は、事務・事業を行うに当たり、障害者から何らかの配慮を求められた場合には、過重な負担がない範囲で、社会的障壁を取り除くために必要かつ合理的な配慮(合理的配慮)を行うことを求めている。

※「社会的障壁」とは、障害がある者にとって日常生活又は社会生活を営む上で障壁となるような社会における事物、制度、慣行、観念その他一切のものをいう。

２．事業者による合理的配慮の提供の義務化に伴う対応

(1)国及び地方公共団体の連携協力の責務の追加

国及び地方公共団体は、障害を理由とする差別の解消の推進に関して必要な施策の効率的かつ効果的な実施が促進されるよう、適切な役割分担を行うとともに、相互に連携を図りながら協力しなければならないものとする。

(2)障害を理由とする差別を解消するための支援措置の強化

ア 基本方針に定める事項として、障害を理由とする差別を解消するための支援措置の実施に関する基本的な事項を追加する。

イ 国及び地方公共団体が障害を理由とする差別に関する相談に対応する人材を育成し又はこれを確保する責務を明確化する。

ウ 地方公共団体は、障害を理由とする差別及びその解消のための取組に関する情報(事例等)の収集、整理及び提供に努めるものとする。

※施行期日:2024年4月1日

資料：内閣府

２．障害者差別解消法等の概要

ここでは、「障害者差別解消法」の概要について、「改正障害者差別解消法」や「改定基本方針」において新たに記載された事項等も踏まえながら説明する。

（1）障害者差別解消法の趣旨

全ての国民が、障害の有無によって分け隔てられることなく、相互に人格と個性を尊重し合いながら共生する社会を実現するためには、日常生活や社会生活における障害者の活動を制限し、社会への参加を制約している社会的障壁を取り除くことが重要である。このため、「障害者差別解消法」では、行政機関等や事業者に対して、障害者への「障害を理由とする不当な差別的取扱い」を禁止するとともに「合理的配慮の提供」を求め、これらの措置等を通じて、障害者が社会で提供されている様々なサービスや機会にアクセスし、社会に参加できるようにすることで、共生社会の実現を目指すこととしている。

（2）対象となる障害者

「障害者差別解消法」において対象となる障害者は、身体障害、知的障害、精神障害（発達障害及び高次脳機能障害を含む。）その他の心身の機能の障害（難病等に起因する障害を含む。）がある者であって、障害及び社会的障壁（障害がある者にとって日常生活又は社会生活を営む上で障壁となるような社会における事物、制度、慣行、観念その他一切のものをいう。）により継続的に日常生活又は社会生活に相当な制限を受ける状態にあるものをいい、いわゆる障害の「社会モデル」の考え方を踏まえている。したがって、「障害者差別解消法」が対象とする障害者の該当性は、当該者の状況等に応じて個別に判断されることとなり、いわゆる障害者手帳の所持者に限られないものとされている。

障害の「社会モデル」とは

共生社会を実現するために、障害者が直面する社会的障壁を取り除いていくという考え方は、「障害者権利条約」の理念である障害の「社会モデル」の考え方を踏まえたものである。障害の「社会モデル」とは、障害者が日常生活又は社会生活で受ける様々な制限は、心身の機能の障害のみに起因するものではなく、社会における様々な障壁と相対することによって生じるものという考え方である。

全ての国民が障害の有無によって分け隔てられることなく活動できる共生社会の実現のためには、このような考え方に基づき、障害者の活動や社会参加を制限している様々な社会的障壁を取り除くことが重要である。

※　障害の「社会モデル」に対し、障害は個人の心身の機能の障害によるものであるという考えを「医学モデル」という。

●階段しかないので、２階には上がれない

▸「障害」がある

●エレベーターがあれば、２階に上がれる

▸「障害」がなくなった！

【社会モデルの考え方】

車いすの方は、何も変わっていない
変わったのは、あくまでも周囲の環境

「社会モデル」の考え方に基づけば、「階段」という障壁（バリア）があることで車いすの方に「障害」が生じていることになる。

〈社会的障壁（バリア）の例〉

①社会における事物	通行・利用しにくい施設、設備など
②制度	利用しにくい制度など
③慣行	障害のある方の存在を意識していない慣習、文化など
④観念	障害のある方への偏見など

資料：内閣府

（3）対象となる事業者及び分野

「障害者差別解消法」では、行政機関等のほか、事業者も障害を理由とする差別を解消するための措置を行うこととされている。対象となる事業者は、商業その他の事業を行う者（地方公共団体が経営する企業及び公営企業型地方独立行政法人を含む。）であり、個人事業主やボランティアなどの対価を得ない無報酬の事業を行う者、非営利事業を行う社会福祉法人や特定非営利活動法人なども、同種の行為を反復継続する意思をもって行っている場合は事業者として扱われ、また対面やオンラインなどサービス等の提供形態の別も問わない。

分野としては、日常生活及び社会生活全般に係る分野が広く対象となるが、雇用分野についての差別を解消するための具体的な措置（「障害者差別解消法」第７条から第12条までに該当する部分）に関しては、「障害者の雇用の促進等に関する法律」（昭和35年法律第123号）の定めるところによるとされている。

（4）「不当な差別的取扱いの禁止」・「合理的配慮の提供」

「障害者差別解消法」では、障害を理由とする差別の解消について、不当な差別的取扱いの禁止と合理的配慮の提供の二つに分けて整理している。ここでは、それぞれの基本的な考え方について説明する。

①　不当な差別的取扱いの禁止

不当な差別的取扱いとは、正当な理由なく、障害を理由として、財・サービスや各種機会の提供を拒否する又は提供に当たって場所・時間帯などを制限すること、障害者でない者に対しては付さない条件を付けることなどにより、障害者の権利利益を侵害する行為である。なお、「改定基本方針」においては、車椅子、補助犬その他の支援機器等の利用や介助者の付添い等の社会的障壁を解消するための手段の利用等を理由として行われる不当な差別的取扱いも、障害を理由とする不当な差別的取扱いに該当することが明記された。

正当な理由に相当するのは、障害者に対して、障害を理由として、財・サービスや各種機会の提供を拒否するなどの取扱いが、客観的に見て正当な目的の下に行われたものであり、その目的に照らしてやむを得ないと言える場合である。正当な理由に相当するか否かについては、個別の事案ごとに、障害者、事業者、第三者の権利利益（例：安全の確保、財産の保全、事業の目的・内容・機能の維持、損害発生の防止等）及び行政機関等の事務・事業の目的・内容・機能の維持等の観点に鑑み、具体的場面や状況に応じて総合的・客観的に判断することが必要である。行政機関等及び事業者は、正当な理由があると判断した場合には、障害者にその理由を丁寧に説明するものとし、理解を得るよう努めることが望ましい。その際、行政機関等及び事業者と障害者の双方が、お互いに相手の立場を尊重しながら相互理解を図ることが求められる。

②　合理的配慮の提供

日常生活・社会生活において提供されている設備やサービス等については、障害者でない者には簡単に利用できても、障害者にとっては利用が難しく、結果として障害者の活動等が制限されてしまうことがある。このような場合には、障害者の活動等を制限しているバリアを取り除く必要がある。このため、「障害者差別解消法」では、行政機関等や事業者に対して、障害者に対する合理的配慮の提供を求めている。

障害者やその家族、介助者等、コミュニケーションを支援する者から何らかの配慮を求める意思の表明があった場合には、その実施に伴う負担が過重でない範囲で、社会的障壁を取り除くために必要かつ合理的な配慮を行うことが求められる。こうした配慮を行わないことによって、障害者の権利利益が侵害される場合には、障害を理由とする差別に当たる。なお、「障害者差別解消法」においては、合理的配慮の提供について、行政機関等は義務、事業者は努力義務とされていたが、前述のとおり、後者の努力義務を義務へと改めること等を内容とする「改正障害者差別解消法」が2021年６月に公布され、2024年４月１日から施行された。

合理的配慮は、障害の特性や社会的障壁の除去が求められる具体的場面や状況に応じて異なり、多様かつ個別性の高いものである。また、合理的配慮は、行政機関等及び事業者の事務・事業の目的・内容・機能に照らし、

① 必要とされる範囲で本来の業務に付随するものに限られること
② 障害者でない者との比較において同等の機会の提供を受けるためのものであること
③ 事務・事業の目的・内容・機能の本質的な変更には及ばないこと

に留意する必要がある。合理的配慮の提供に当たっては、これらの点に留意した上で、当該障害者が現に置かれている状況を踏まえ、社会的障壁の除去のための手段及び方法について、当該障害者本人の意向を尊重しつつ、「過重な負担」の要素等も考慮し、代替措置の選択も含め、双方の建設的対話による相互理解を通じて、必要かつ合理的な範囲で柔軟に対応がなされる必要がある。

「過重な負担」については、行政機関等及び事業者において、個別の事案ごとに、事務・事業への影響の程度（事務・事業の目的・内容・機能を損なうか否か）、実現可能性の程度（物理的・技術的制約、人的・体制上の制約）、費用・負担の程度、事務・事業規模、財政・財務状況といった要素等を考慮し、具体的場面や状況に応じて総合的・客観的に判断することが必要である。行政機関等及び事業者は、過重な負担に当たると判断した場合は、障害者に丁寧にその理由を説明するものとし、理解を得るよう努めることが望ましい。なお、合理的配慮の提供に当たっては、障害者の性別、年齢、状態等に配慮するものとし、特に障害のある女性に対しては、障害に加えて女性であることも踏まえた対応を求められることに留意する。

建設的対話の重要性

合理的配慮の提供に当たっては、社会的障壁を取り除くために必要な対応について、障害者と行政機関等・事業者双方が対話を重ね、共に解決策を検討していくことが重要となる。このような双方のやり取りを「建設的対話」という。

「改定基本方針」では、「建設的対話に当たっては、障害者にとっての社会的障壁を除去するための必要かつ実現可能な対応案を障害者と行政機関等・事業者が共に考えていくために、双方がお互いの状況の理解に努めることが重要である。例えば、障害者本人が社会的障壁の除去のために普段講じている対策や、行政機関等や事業者が対応可能な取組等を対話の中で共有する等、建設的対話を通じて相互理解を深め、様々な対応策を柔軟に検討していくことが円滑な対応に資すると考えられる。」とし、建設的対話を行うに当たっての考え方を示している。

（5）環境の整備

「障害者差別解消法」は、個別の場面において、個々の障害者に対して行われる合理的配慮を的確に行うための不特定多数の障害者を主な対象として行われる事前的改善措置（施設や設備のバリアフリー化、意思表示やコミュニケーションを支援するためのサービス・介助者等の人的支援、障害者による円滑な情報の取得・利用・発信のための情報アクセシビリティの向上等）を、環境の整備として行政機関等及び事業者の努力義務としている。これには、ハード面のみならず、職員に対する研修や、規定の整備等の対応も含まれることが重要である。

環境の整備は、不特定多数の障害者向けに事前的改善措置を行うものであるが、合理的配慮は、環境の整備を基礎として、その実施に伴う負担が過重でない場合に、特定の障害者に対して、個別の状況に応じて講じられる措置である。したがって、各場面における環境の整備の状況により、合理的配慮の内容は異なることとなる。

■ 図表１-４　「環境の整備」と「合理的配慮の提供」の関係

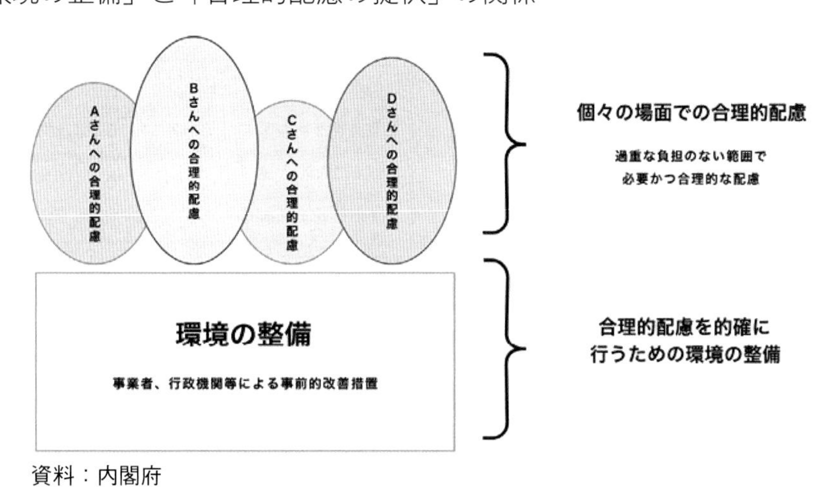

資料：内閣府

障害を理由とする差別の解消のための取組は、「障害者差別解消法」や「高齢者、障害者等の移動等の円滑化の促進に関する法律」（平成18年法律第91号）等不特定多数の障害者を対象とした事前的な措置を規定する法令に基づく環境の整備に係る施策や取組を着実に進め、環境の整備と合理的配慮の提供を両輪として進めることが重要である。

なお、多数の障害者が直面し得る社会的障壁をあらかじめ除去するという観点から、他の障害者等への波及効果についても考慮した環境の整備を行うことや、相談・紛争事案を事前に防止する観点からは合理的配慮の提供に関する相談対応等を契機に、行政機関等及び事業者の内部規則やマニュアル等の制度改正等の環境の整備を図ることは有効である。また、環境の整備は、障害者との関係が長期にわたる場合においても、その都度の合理的配慮の提供が不要となるという点で、中・長期的なコストの削減・効率化にも資することとなる。

（6）障害を理由とする差別の解消の推進に関する基本方針

「障害者差別解消法」第６条に基づき、政府は、障害を理由とする差別の解消の推進に関する施策を総合的かつ一体的に実施するため、障害を理由とする差別の解消の推進に関する基本方針（以下本章では「基本方針」という。）を定めることとされている。

■ 図表1-5　「障害を理由とする差別の解消の推進に関する基本方針（令和５年３月14日閣議決定）」の概要

障害を理由とする差別の解消の推進に関する基本方針（令和5年3月14日閣議決定）**概要**

※主な改正箇所は青字下線部分

第1 差別解消推進に関する施策の基本的な方向　法制定の背景 ／ 基本的な考え方(法の考え方など)

第2 差別解消措置に関する共通的な事項

1 法の対象範囲

- ●障害者　心身の機能に障害があり、障害及び社会的障壁により継続的に日常・社会生活に相当な制限を受ける状態にある者
- ●事業者　商業その他の事業を行う者全般
- ●対象分野　障害者の日常・社会生活全般が対象※

※雇用分野は障害者雇用促進法の定めるところによる

2 不当な差別的取扱い

- ●障害者に対して、**正当な理由**※なく、**障害を理由として、財・サービスや各種機会の提供を拒否する、場所・時間帯などを制限する**などによる、障害者の権利利益の侵害を禁止

※客観的に見て正当な目的の下に行われ、目的に照らしてやむを得ないといえる場合

- ●社会的障壁を解消するための手段(車椅子、補助犬その他の支援機器等の利用や介助者の付添い等)の利用等を理由として行われる不当な差別的取扱いも障害を理由とする不当な差別的取扱いに該当
- ●不当な差別的取扱いに該当する／しないと考えられる事例

3 合理的配慮

- ●行政機関等や事業者が事務・事業を行うに際し、個々の場面で**障害者から社会的障壁の除去を必要としている旨の意思の表明があった時に行われる必要かつ合理的な取組であり、実施に伴う負担が過重でないもの**
  (例)段差に携帯スロープを渡す／筆談、読み上げ、手話などの意思疎通／休憩時間の調整などの配慮
- ●建設的対話・相互理解の重要性(社会的障壁を除去するための必要かつ実現可能な対応案を障害者と行政機関・事業者等が共に考えていくためには、建設的対話を通じ、お互いの状況の理解に努めることが重要)
- ●合理的配慮の提供義務違反に該当する／しないと考えられる事例
- ●環境の整備(合理的配慮を行うための、主に不特定多数の障害者に向けた事前的改善措置等)

第3 行政機関等が講ずべき差別解消措置に関する基本的な事項

1 基本的な考え方

- ●行政機関等の職員による取組を図るため、対応要領を策定
  (※地方公共団体等は努力義務)

2 対応要領

(記載事項)不当な差別的取扱い・合理的配慮の基本的考え方、具体例、相談体制、研修・啓発

第4 事業者が講ずべき差別解消措置に関する基本的な事項

1 基本的な考え方

- ●主務大臣は事業者による合理的配慮の義務化を踏まえ、所掌する分野の特性に応じたきめ細かな対応を行う。

2 対応指針

(記載事項)不当な差別的取扱い・合理的配慮の考え方、具体例、事業者における相談体制・研修・啓発・制度整備、主務大臣の所管する事業分野ごとの相談窓口

第5 国及び地方公共団体による支援措置の実施に関する基本的な事項

1 相談等の体制整備

- ●市区町村、都道府県、国が役割分担・連携協力し、一体となって対応できるよう取り組む。このため、内閣府において、各省庁に対する事業分野ごとの相談窓口の明確化の働きかけや、法令説明や適切な相談窓口に「つなぐ役割」を担う国の相談窓口の検討を進める。また、相談対応を行う人材の専門性向上、相談対応業務の質向上を図る。

2 啓発活動　行政機関等／事業者における研修、地域住民等に対する啓発活動／障害のある女性、障害のあるこども等への留意。

3 情報の収集、整理、提供　事例(性別・年齢等の情報含む)の収集・データベース化・提供

4 地域協議会　差別解消の取組を推進するため、地域の様々な関係機関をネットワーク化、事業者の参画、設置促進に向けた取組等

第6 その他重要事項　必要に応じた基本方針・対応要領・対応指針の見直し等

資料：内閣府

（7）主務大臣等による行政措置

事業者における障害を理由とする差別の解消に向けた取組は、主務大臣の定める対応指針を踏まえ、各事業者により自主的に取組が行われることが期待される。

しかしながら、事業者による自主的な取組のみによっては、その適切な履行が確保されないような場合、例えば、事業者が「障害者差別解消法」第８条に反した取扱いを繰り返し、自主的な改善を期待することが困難である場合など、特に必要があると認められるときは、主務大臣又は地方公共団体の長等は、事業者に対し、「障害者差別解消法」第12条及び第22条に基づき、報告を求め、又は助言、指導、勧告をすることができるとされている。こうした行政措置に至る事案を未然に防止するため、主務大臣は、事業者に対して、対応指針に係る十分な情報提供を行うとともに、事業者からの照会・相談に丁寧に対応するなどの取組を積極的に行うものとされている（2023年度、主務大臣等による助言、指導及び勧告の行政措置の実績はなし。）。

（8）情報の収集、整理及び提供

事業者による合理的配慮の提供が義務化されることに伴い、事業者や各相談機関が参考にできる事例の重要性が一層高まることが想定される。このため、「改正障害者差別解消法」では、国において事例等の収集等を行うものとする旨を定める「障害者差別解消法」第16条に、直接相談に対応することが多い地方公共団体についても同様の取組を行うよう努めるものとする旨が追加されている。

「改定基本方針」では、内閣府において、引き続き各府省庁や地方公共団体と連携・協力して事例を収集するとともに、参考となる事案の概要等をわかりやすく整理してデータベース化し、ホームページ等を通じて公表・提供することとされている。

第２節

改正障害者差別解消法の施行に向けた取組

１．「国等職員対応要領」の関係府省庁の改定概要及び「地方公共団体等職員対応要領」の策定状況

（１）「国等職員対応要領」の関係府省庁の改定概要

「障害者差別解消法」第９条に基づき、同法第６条に定める基本方針に即して、国の行政機関の長等[※1]は同法第７条に規定する不当な差別的取扱いの禁止や合理的配慮の提供に関し、国の行政機関等の職員が適切に対応するために必要な要領（以下本章では「国等職員対応要領」という。）を定めることとされている。

「改正障害者差別解消法」の施行に向けては、2023年３月に「改定基本方針」を閣議決定したところ、国の行政機関等は、「改定基本方針」に即して、「改正障害者差別解消法」の施行前に、「国等職員対応要領」の改定を行った。

改定に当たっては、同法第９条第２項及び第４項において、「国等職員対応要領」を改定するときは、あらかじめ、障害者その他の関係者の意見を反映させるために必要な措置を講じなければならないとされていることから、国の行政機関等においては、障害者団体や事業者団体等からのヒアリングを行った後、パブリックコメントを経て、「国等職員対応要領」の改定を行った。

改定内容は、国の行政機関等ごとに様々であるが、多くの国の行政機関等においてみられる主な変更点としては、「改定基本方針」に即して、建設的対話を通じて相互理解を図ることの重要性や、事前的改善措置として環境の整備を図ることの有効性について追記したこと、「正当な理由がなく、不当な差別的取扱いに該当すると考えられる例」や「正当な理由があるため、不当な差別的取扱いに該当しないと考えられる例」、「合理的配慮に当たり得る配慮の例」、「合理的配慮の提供義務違反に該当すると考えられる例」、「合理的配慮の提供義務に反しないと考えられる例」などの具体例について整理・充実したことなどがあげられる。

※１　「国の行政機関の長等」には、国の行政機関の長のほか、独立行政法人などが含まれる。

（２）「地方公共団体等職員対応要領」の策定状況

「障害者差別解消法」第10条において、地方公共団体の機関等[※2]は、「基本方針」に即して、同法第７条に規定する不当な差別的取扱いの禁止や合理的配慮の提供に関し、地方公共団体の機関等の職員が適切に対応するために必要な要領（以下本章では「地方公共団体等職員対応要領」という。）を定めるよう努めるものとされている。

2023年４月１日時点において、全ての都道府県及び指定都市が「地方公共団体等職員対応要領」を策定しているほか、中核市等（中核市、特別区及び県庁所在地の市（指定都市を除く。））においては99％、一般市（指定都市及び中核市等のいずれにも該当しない市）においては90％、町村においては66％が「地方公共団体等職員対応要領」を策定しており、一般市や町村における策定割合についても増加傾向にある。未策定の地方公共団体からは、人員不足や専門知識が不足しており、策定に至るノウハウがないなどの理由があげられていることから、内閣府としては、2024年１月に、改定後の「内閣府本府における障害を理由とする差別の解消の推進に関する対応要領」を周知するとともに、都道府県に対して、「地方公共団体等職員対応要領」が未策定である市町村に対する情報提供等の協力依頼を行った。

※２　「地方公共団体の機関等」には、地方公共団体の機関のほか、地方独立行政法人（一部を除く）が含まれる。

■ 図表1-6　「地方公共団体等職員対応要領」の策定状況

（1）地方公共団体における策定状況

選択肢	計		都道府県		指定都市		中核市等		一般市		町村	
	数	割合	数	割合	数	割合	数	割合	数	割合	数	割合
策定済み	1,405	79%	47	100%	20	100%	88	99%	635	90%	615	66%
策定予定	82	5%	－	－	－	－	1	1%	23	3%	58	6%
策定しない	15	1%	－	－	－	－	－	－	4	1%	11	1%
未定（策定するかしないか決まっていない）	286	16%	－	－	－	－	－	－	44	6%	242	26%
計	1,788	100%	47	100%	20	100%	89	100%	706	100%	926	100%

資料：内閣府
注1：各数値は、2023年4月1日時点の値を示している。
注2：「中核市等」とは、中核市、特別区及び県庁所在地の市（指定都市を除く。）を示している。
注3：「一般市」とは、指定都市及び中核市等のいずれにも該当しない市を示している。
注4：割合の値は、小数点以下を四捨五入している。
注5：「障害者差別解消法」第10条に基づく「地方公共団体等職員対応要領」を正式に策定していない場合でも、「地方公共団体等職員対応要領」に相当する手引き、マニュアル等が別途存在し、これらに基づき相談体制の整備や職員への研修・啓発等の必要な取組を行っている場合は、「策定済み」と整理している。

（2）一般市及び町村における策定状況の推移

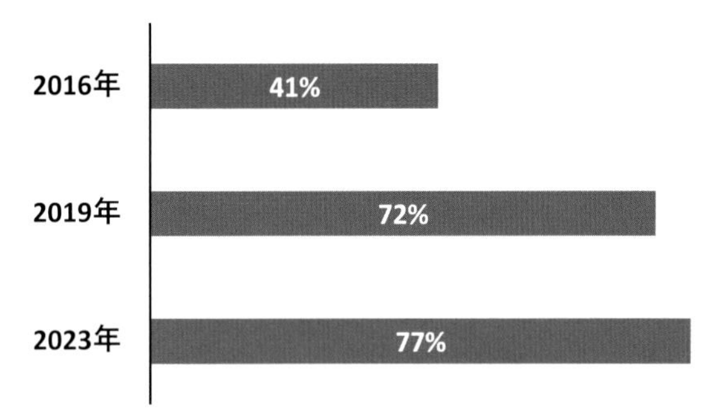

資料：内閣府
注1：2016年の割合は、10月1日時点の値を示している。
注2：2019年・2023年の割合は、各年の4月1日時点の値を示している。
注3：割合の値は、小数点以下を四捨五入している。

2．関係府省庁における「対応指針」の改定概要

（1）関係府省庁における改定概要

「障害者差別解消法」第11条第1項において、主務大臣は、「基本方針」に即して、同法第8条に規定する事業者における不当な差別的取扱いの禁止や合理的配慮の提供に関し、事業者が適切に対応するために必要な指針（以下本章では「対応指針」という。）を定めることとされている。

また、同条第2項において準用される同法第9条第2項から第4項までの規定により、「対応指針」の作成・変更に当たっては、障害者団体や事業者団体等からのヒアリングなど、障害者その他の関係者の意見を反映させるために必要な措置を講ずるとともに、作成・変更の後は「対応指針」を公表しなければならないとされている。

「対応指針」は事業者の適切な判断に資するために作成されるものであり、盛り込まれた合理的配慮の具体例は、事業者に強制する性格のものではなく、また、それだけに限られるものでは

ないが、事業者においては、「対応指針」を踏まえ、具体的場面や状況に応じて柔軟に対応することが期待される。

「改正障害者差別解消法」により、事業者による合理的配慮の提供が義務化されることを契機に、事業者においては、各主務大臣が作成する「対応指針」に基づき、合理的配慮の必要性について一層認識を深めることが求められる。このため、「改定基本方針」においては、障害を理由とする差別の禁止に係る具体的取組はもとより、相談窓口の整備、事業者の研修・啓発の機会の確保、個別事案への対応を契機とした障害を理由とする差別の解消の推進に資する内部規則やマニュアルなど制度等の整備等も重要であるとされ、「対応指針」の作成・変更に当たってはこの旨を明記するものとされたほか、「対応指針」は事業者に加え、障害者が相談を行う際や、国や地方公共団体における相談機関等が相談対応を行う際等にも、相談事案に係る所管府省庁の確認のため参照され得るものであることから、「対応指針」においては、各主務大臣が所掌する分野及び当該分野に対応する相談窓口をわかりやすく示すことが求められる旨が追記された。

これを受け、「国等職員対応要領」と同様、各主務大臣においては、「改定基本方針」に即して、「改正障害者差別解消法」の施行前に、障害者団体や事業者団体等からのヒアリングを行った後、パブリックコメントを経て、「対応指針」の改定を行った。

改定内容は、主務大臣や事業分野ごとに様々であるが、多くの主務大臣や事業分野においてみられる主な変更点としては、「改定基本方針」に即して、建設的対話を通じて相互理解を図ることの重要性や、事前的改善措置として環境の整備を図ることの有効性について追記したこと、相談窓口の整備・事業者の研修等の機会の確保に係る記載を充実したこと、「正当な理由がないため、不当な差別的取扱いに該当すると考えられる例」や「正当な理由があるため、不当な差別的取扱いに該当しないと考えられる例」、「合理的配慮に該当すると考えられる配慮の例」、「合理的配慮の提供義務違反に該当すると考えられる例」、「合理的配慮の提供義務に反しないと考えられる例」などの具体例について整理・充実したことなどがあげられる。

（2）不当な差別的取扱いや合理的配慮の提供等の事例

不当な差別的取扱いや合理的配慮の提供等に関する事例については、主務大臣や事業分野ごとに、障害種別ごとの障害特性や事業内容等を踏まえ、様々な事例が記載されているが、以下は、そうした事例の一部について、一部要約等を行い、同一又は類似した事例を記載している府省庁や事業分野の例を示した上で関係すると考えられる障害種別ごとに整理したものである。

なお、以下においては、事例を特定の障害種別に当てはめて記載しているが、事例を記載した障害種別以外の障害種別にも関係する場合もあることに注意する必要がある。

また、本項目に記載している「障害特性と主な配慮事項」はあくまでも一例であり、障害の種類は同じでも、程度や症状、必要とする配慮やニーズは多様であるため、画一的ではなく、柔軟に対応することが求められる。

【視覚障害】

〈障害特性と主な配慮事項〉

視覚障害には、全く見えない場合（全盲）と見えづらい場合（視機能の障害）がある。

［見えづらい場合］

・細部がよくわからない

・光がまぶしい

・暗いところで見えにくい

・見える範囲が狭い（視野の一部が欠けたり、望遠鏡でのぞいているような見え方）

・特定の色がわかりにくい

【主な配慮事項】

○一人で行動することが困難

→慣れていない場所では、一人で移動することが難しい方が多い。

○音声を中心に情報を得ている

→視覚から情報が得にくいため、音や音声、手で触ることにより情報を入手している。

○文字の読み書きが困難

→文書を読むことや書類に文字を記入することが難しい方が多い。

【視覚障害に関係すると考えられる事例】

〈正当な理由がないため、不当な差別的取扱いに該当すると考えられる例〉

●車椅子使用者、白杖使用者等外見上障害者と認識して止まることなく、乗車を拒否する。又は障害者と認識した時点で、乗車を拒否する。（国土交通省・一般乗用旅客自動車運送業）

〈正当な理由があるため、不当な差別的取扱いに該当しないと考えられる例〉

●混雑時に視覚障害のある利用者から搭乗の補助を求められた場合において、状況を丁寧に説明した上で、周囲の混雑状況が解消するまで、待合スペースでの待機を提案する。（安全の確保）（国土交通省・航空運送業）

●手続を行うため、障害者本人に同行した者が代筆しようとした際に、必要な範囲で、プライバシーに配慮しつつ、障害者本人に対し障害の状況や本人の手続の意思等を確認すること。（障害者本人の損害発生防止の観点）（内閣府、国家公安委員会、金融庁、消費者庁、こども家庭庁、復興庁、総務省、法務省、外務省、財務省、文部科学省、厚生労働省、農林水産省、経済産業省、環境省）

〈合理的配慮に該当すると考えられる配慮の例〉

●視覚障害のある者からトイレの個室を案内するよう求めがあった場合に、求めに応じてトイレの個室を案内すること。その際、同性の職員がいる場合は、障害者本人の希望に応じて同性の職員が案内すること。（内閣府、国家公安委員会、金融庁、消費者庁、こども家庭庁、復興庁、総務省、法務省、外務省、財務省、文部科学省、厚生労働省、農林水産省、経済産業省、環境省）

●理容店や美容店で、視覚障害者の髪を切る際、次に何をするのか細かく声をかけるほか、カットの仕上がりを、頭を触って長さ等を確認してもらうこと。（厚生労働省・衛生分野）
●障害者や介助者等からの意思の表明（障害特性によっては自らの意思を表現することが困難な場合があることに留意。）に応じて、重要事項説明や契約条件等の各種書類をテキストデータで提供する、ルビ振りを行う、書類の作成時に大きな文字を書きやすいように記入欄を広く設ける等、必要な調整を行う。（国土交通省・不動産業）
●振込等の手続を行うに当たって、ＡＴＭの操作が困難な顧客を窓口に誘導する場合に、振込手数料をＡＴＭ利用時と同等に減額して取り扱う。（金融庁）
●スクリーン、手話通訳者、板書、教材等がよく見えるように、スクリーン等に近い席を確保すること。（内閣府、国家公安委員会、金融庁、消費者庁、こども家庭庁、復興庁、総務省、法務省、外務省、財務省、文部科学省、厚生労働省、農林水産省、経済産業省、環境省）

〈**合理的配慮の提供義務違反に該当すると考えられる例**〉
●自由席での開催を予定しているセミナーにおいて、弱視の障害者からスクリーンや板書等がよく見える席でのセミナー受講を希望する申出があった場合に、事前の座席確保などの対応を検討せずに「特別扱いはできない」という理由で対応を断ること。（内閣府、国家公安委員会、金融庁、消費者庁、こども家庭庁、復興庁、総務省、法務省、外務省、財務省、文部科学省、厚生労働省、農林水産省、経済産業省、環境省）
●視覚障害者が、点字ブロックのないイベント会場内の移動に必要な介助を求める場合に、「安全上何かあったら困る」という理由で移動介助の可能性を検討せず、一律に介助を断ること。（文部科学省）

〈**合理的配慮の提供義務に反しないと考えられる例**〉
●店舗等において、混雑時に視覚障害のある者から店員に対し、店内を付き添って買物の補助を求められた場合に、混雑時のため付添いはできないが、店員が買物リストを書き留めて商品を準備することができる旨を提案すること。（過重な負担（人的・体制上の制約）の観点）（内閣府、国家公安委員会、こども家庭庁、総務省、外務省、財務省、厚生労働省、農林水産省、経済産業省、環境省）
●図書館等において、混雑時に視覚障害者から職員等に対し、館内を付き添って利用の補助を求められた場合に、混雑時のため付添いはできないが、職員が聞き取った書籍等を準備することができる旨を提案すること。（過重な負担（人的・体制上の制約）の観点）（文部科学省）

〈**合理的配慮の提供と環境の整備の関係に係る例**〉
●オンラインでの申込手続が必要な場合に、手続を行うためのウェブサイトが障害者にとって利用しづらいものとなっていることから、手続に際しての支援を求める申出があった場合に、求めに応じて電話や電子メールでの対応を行う（合理的配慮の提供）とともに、以後、障害者がオンライン申込みの際に不便を感じることのないよう、ウェブサイトの改良を行う（環境の整備）。（内閣府、国家公安委員会、金融庁、消費者庁、こども家庭庁、復興庁、総務省、法務省、外務省、財務省、文部科学省、厚生労働省、農林水産省、経済産業省、国土交通省、環境省）

【聴覚・言語障害】

〈障害特性と主な配慮事項〉

聴覚障害には、全く聞こえない場合と聞こえにくい場合がある。また、言語障害を伴う場合とほとんど伴わない場合もあり、言語障害のある場合にはその状況等に応じて他者とのコミュニケーションに困難を生じる場合がある。

【主な配慮事項】

○外見からわかりにくい

→外見からは聞こえないことがわかりにくいため、挨拶したのに返事をしないなどと誤解されることがある。

○視覚を中心に情報を得ている

→音や音声による情報が得にくく、文字や図などの視覚により情報を入手している。

○声に出して話せても聞こえているとは限らない

→聴覚障害のある方の中には声に出して話せる方もいるが、相手の話は聞こえていない場合がある。

○補聴器や人工内耳を付けても会話が通じるとは限らない

→補聴器や人工内耳を付けている方もいるが、それらを使用しても、明瞭に聞こえているとは限らず、相手の口の形を読み取るなど、視覚による情報で話の内容を補っている方も多い。

【聴覚・言語障害に関係すると考えられる事例】

〈正当な理由がないため、不当な差別的取扱いに該当すると考えられる例〉

●緊急事態が起きた時、非常ベルや館内放送があっても気づかないので、危険であるとの理由で、聴覚障害者の宿泊を断ること。(厚生労働省・衛生分野(旅館業))

〈合理的配慮に該当すると考えられる配慮の例〉

●(聴覚に障害のある顧客に対しては、)パンフレット等の資料を用いて説明し、筆談を交えて要望等の聞き取りや確認を行う。(金融庁)

●災害や事故が発生した際、館内放送で避難情報等の緊急情報を聞くことが難しい聴覚障害のある者に対し、電光掲示板、手書きのボード等を用いて、分かりやすく案内し誘導を図る。(国家公安委員会、環境省)

●口話が読めるようにマスクを外して話をすること。(厚生労働省)

●スクリーン、手話通訳者、板書、教材等がよく見えるように、スクリーン等に近い席を確保すること。(内閣府、国家公安委員会、金融庁、消費者庁、こども家庭庁、復興庁、総務省、法務省、外務省、財務省、文部科学省、厚生労働省、農林水産省、経済産業省、環境省)**【再掲】**

〈合理的配慮の提供義務違反に該当すると考えられる例〉

●聴覚障害等のある者から入電があり、電話リレーサービスを介した問合せを希望する旨の意思の表明があった場合に、本人確認ができないこと等を理由に対応を拒否すること。(経済産業省)

●電話利用が困難な障害者から電話以外の手段により各種手続が行えるよう対応を求められた場合に、自社マニュアル上、当該手続は利用者本人による電話のみで手続可能とすることとされていることを理由として、メールや電話リレーサービスを介した電話等の代替措置を検討せずに対応を断ること。（内閣府、国家公安委員会、金融庁、消費者庁、こども家庭庁、復興庁、総務省、法務省、外務省、財務省、厚生労働省、農林水産省、経済産業省、国土交通省、環境省）

〈合理的配慮の提供と環境の整備の関係に係る例〉

●講演会等で、情報保障の観点から、手話通訳者を配置したり、スクリーンへ文字情報を提示したりする（環境の整備）とともに、申出があった際に、手話通訳者や文字情報が見えやすい位置に座席を設定すること。（合理的配慮の提供）（文部科学省）

●公共インフラとしての電話リレーサービスや独自の手話通訳サービスの利用により、残高照会、取引照会、キャッシュカード等の紛失時の手続等を行えるよう、マニュアル等を整備し、職員に周知する（環境の整備）とともに、障害者から対応を求められた場合には、マニュアル等を踏まえ、適切に職員が対応する（合理的配慮の提供）。（金融庁）

【盲ろう】

〈障害特性と主な配慮事項〉

盲ろうは、視覚と聴覚の両方に障害がある状態をいう。見え方や聞こえ方の程度及びその重なり方によって様々なタイプに分けられ、大きく４つのタイプがある。

	聞こえない	聞こえにくい
見えない	全盲ろう	全盲難聴
見えにくい	弱視ろう	弱視難聴

【主な配慮事項】

○見え方の違い、聞こえ方の違いに加え、コミュニケーション方法も様々である

【盲ろうに関係すると考えられる事例】

〈合理的配慮に該当すると考えられる配慮の例〉

●（盲ろう者に対しては、）視覚・聴覚の両方に障害があることを踏まえ、本人の希望や障害の程度に応じて、手のひら書き等のほか、多様なコミュニケーション手段により情報の伝達及び本人の意思確認を行う。（金融庁、復興庁）

●盲ろう者が使用する触手話や指点字ができる職員がいない際、手のひらに書く（手書き文字）コミュニケーション手段により、情報の伝達を行う。（厚生労働省・福祉分野）

【肢体不自由】

〈障害特性と主な配慮事項〉

肢体不自由のある方の中には、上肢や下肢に切断や機能障害のある方、座ったり立ったりする姿勢保持が困難な方、脳性マヒの方等がいる。
また、移動には杖や松葉杖、義足、電動の車椅子等を使用する方、自力歩行の方等がいる。運動機能を補完するため、義肢・装具・車椅子等の補装具を利用している。

【主な配慮事項】

○移動に制約のある方もいる

→下肢に障害のある方は、段差や階段、手動ドアなどがあると、一人では進めない、歩行が不安定で、転倒しやすいなどの制約がある。車椅子を使用されている方は、高い所には手が届きにくく、床のものは拾いにくいといわれている。

○文字の記入が困難な方もいる

→手にマヒのある方や脳性マヒで不随意運動を伴う方などでは、文字を記入できなかったり、狭いスペースに記入したりすることが困難な場合がある。

○体温調節が困難な方もいる

→脊髄を損傷された方では、手足が動かないだけでなく、感覚もなくなり、周囲の温度に応じた体温調節が困難な場合がある。

○話すことが困難な方もいる

→脳性マヒの方の中には、発語の障害に加え、顔や手足などが自分の思いとは関係なく動いてしまうため、自分の意思を伝えにくい方もいる。

【肢体不自由に関係すると考えられる事例】

〈正当な理由がないため、不当な差別的取扱いに該当すると考えられる例〉

●障害があることや車椅子の利用等の社会的障壁を解消するための手段の利用等のみを理由として、お互いに相手の立場を尊重しながら相互理解を図ることなく、一方的に乗車できる場所や時間帯を制限し、又は障害者でない者に対して付さない条件をつける。（国土交通省・鉄道事業）

●障害の種類や程度、サービス提供の場面における本人や第三者の安全性などについて考慮することなく、一律にあるいは漠然とした安全上の問題を理由に社会教育施設、スポーツ施設、文化施設等の施設利用を拒否すること。例えば、車椅子利用者が体育館の利用を希望した場合に、他の利用者の活動に支障がないにも関わらず、単にタイヤの跡が付いてしまうという理由で体育館の利用を拒否すること。（文部科学省）

●特定転貸事業者が、障害があることや車椅子の利用等の社会的障壁を解消するための手段の利用等のみを理由として、客観的に見て正当な理由が無いにもかかわらず、賃貸物件への入居を希望する障害者に対して敷金や保証金等を通常より多く求める。（国土交通省・不動産業）

●車椅子使用者、白杖使用者等外見上障害者と認識して止まることなく、乗車を拒否する。又は障害者と認識した時点で、乗車を拒否する。（国土交通省・一般乗用旅客自動車運送業）【再掲】

〈正当な理由があるため、不当な差別的取扱いに該当しないと考えられる例〉

●車椅子等を使用して駅構内の移動や列車に乗車をする場合、段差があることなどによって、係員が補助を行っても車椅子利用者、高齢者、ベビーカー利用者等の安全確保が困難等の理由により、利用できる駅や列車等を提示する。（安全の確保）（国土交通省・鉄道事業）

●車椅子利用者等に対し、事前に関係個所との調整を行い、スムーズな乗降補助により待ち時間を短縮するため、列車に乗車する場合に、乗降に必要な利用者の情報の提供を求める。（権利・利益の保護）（国土交通省・鉄道事業）

●車内が混雑していて車椅子スペースが確保できない場合、車椅子使用者に説明した上で、次の便への乗車をお願いする。（安全の確保）（国土交通省・一般乗合旅客自動車運送業）

〈合理的配慮に該当すると考えられる配慮の例〉

●事業者が管理する施設・敷地内において、車椅子・歩行器利用者のためにキャスター上げ等の補助をし、又は段差に携帯スロープを渡すこと。（内閣府、国家公安委員会、金融庁、消費者庁、こども家庭庁、復興庁、総務省、法務省、外務省、財務省、文部科学省、厚生労働省、農林水産省、経済産業省、国土交通省、環境省）

●介助者は映画を観ないのでチケットを買っていなかったが、障害者１人ではシアタールームへの出入りが困難であるため、出入りの際のみ介助者の付き添いを認めること。（厚生労働省・衛生分野）

●障害者や介助者等からの意思の表明（障害特性によっては自らの意思を表現することが困難な場合があることに留意。）に応じて、関係者間の情報共有などにより待ち時間ができるだけ短くなるよう努めたうえで、障害のある方が列車に乗降する、又は列車の乗降のために駅構内を移動する際に手伝う。（国土交通省・鉄道事業）

●配架棚の高い所に置かれたパンフレット等を取って渡すこと。パンフレット等の位置を分かりやすく伝えること。（内閣府、国家公安委員会、金融庁、消費者庁、こども家庭庁、復興庁、総務省、法務省、外務省、財務省、文部科学省、厚生労働省、農林水産省、経済産業省、環境省）

●食事面では、ナイフ・フォークの使用が難しいときは、一口サイズにカットする等の配慮や、バイキング形式の食事ではトレーで食べ物を運ぶのが難しいため配膳の補助やワゴンを用意する。（厚生労働省）

〈合理的配慮の提供義務違反に該当すると考えられる例〉

●車椅子利用における乗降介助や駅構内の移動介助、券売機における購入補助、時刻や行先等の案内、その他特性に応じた社会的障壁の除去に関する申出に対して、「何かあったら困る」という抽象的な理由や「特別扱いはできない」という一方的な理由で、当該申出を断る。（国土交通省・鉄道事業）

●劇場・音楽堂等において、車椅子利用者から施設の構造上もしくは前席の観客の体格や行動等により舞台がよく見えないこと等を理由として、観覧席の変更を求める申出があった場合に、車椅子利用者観覧席の床面を嵩上げしたり、良好な視野を確保できる別の場所や席に案内したりといった対応が可能かどうかの検討を行うことなく、一律に対応を断ること。（文部科学省）

〈合理的配慮の提供義務に反しないと考えられる例〉

- 車椅子利用者が試合直前になって介助者を同伴してスポーツを観戦することになった場合に、介助者席として車椅子利用者の隣の席は用意できなかったが、できるだけ近接した席を用意すること。（過重な負担（物理的・技術的制約）の観点）（文部科学省）
- 歩行に困難のある児童生徒やその保護者から段差でつまずかないように特別支援教育支援員を追加で配置するよう求めがあった場合に、つまずきを防止するための方策について検討した結果として、例えば簡易スロープによる段差の解消といった代替案を提案すること。（過重な負担の観点）（文部科学省）
- 改修設計において段差の解消を求められた場合において、構造等の制約により対応できないことが判明したため、その事情を丁寧に説明し、手すりの設置等の代替対応策を提案する。（実現困難なもの）（国土交通省・設計等業）

〈合理的配慮の提供と環境の整備の関係に係る例〉

- 設置者が、エレベーターやバリアフリートイレ、スロープの設置といった学校施設のバリアフリー化を進める（環境の整備）とともに、教職員が、車椅子を利用する児童生徒の求めに応じて教室間の移動等の補助を行うこと。（合理的配慮の提供）（文部科学省）

【内部障害・難病に起因する障害】

〈障害特性と主な配慮事項〉

内部障害とは、内臓機能の障害であり、心臓機能、呼吸器機能、腎臓機能、ぼうこう・直腸機能、小腸機能、ヒト免疫不全ウイルス（HIV）による免疫機能、肝臓機能などの機能障害がある。
内臓機能の障害は難病（発病の機構が明らかでなく、治療方法が確立していない希少な疾病であって、長期にわたり療養を必要とする疾病）などに起因することもある。
症状の変化が毎日あり、日によって変化が大きく、進行性の症状を有することが多い。
同じ疾患でも患者によって異なる症状を示す場合もある。

○心臓機能障害
不整脈、狭心症、心筋症等のために心臓機能が低下した障害で、ペースメーカー等を使用している方もいる。

○呼吸器機能障害
呼吸器系の病気により呼吸機能が低下した障害で、酸素ボンベを携帯したり、人工呼吸器を使用している方もいる。

○腎臓機能障害
腎機能が低下した障害で、定期的な人工透析に通院している方もいる。

○ぼうこう・直腸機能障害
ぼうこう疾患や腸管の通過障害で、腹壁に新たな排泄口（ストマ）を造設している方もいる。

○小腸機能障害
小腸の機能が損なわれた障害で、食事を通じた栄養維持が困難なため、定期的に静脈から輸液の補給を受けている方もいる。

○ヒト免疫不全ウイルス（HIV）による免疫機能障害
HIVによって免疫機能が低下した障害で、抗ウイルス剤を服用している。
○肝臓機能障害
肝臓の機能が低下した障害で、倦怠感（だるさ）、黄疸（皮膚や白目が黄色くなる）、出血傾向（あざができやすい）、易感染性（感染しやすい）、吐血、意識障害などが生じやすくなる方もいる。

【主な配慮事項】
○外見からわかりにくい
→外見からは障害がわかりにくいため、電車やバスの優先席に座っても周囲の理解が得られないなど、心理的なストレスを受けやすい状況にある。
○疲れやすい
→障害のある臓器だけでなく全身状態が低下しているため、体力がなく、疲れやすい状況にあり、重たい荷物を持ったり、長時間立っているなどの身体的負担を伴う行動が制限される。
○タバコの煙が苦しい方もいる
→呼吸機能障害のある方では、タバコの煙などが苦しい方もいる。
○トイレに不自由されている方もいる
→ぼうこう・直腸機能障害で人工肛門や、人工ぼうこうを使用されている方（オストメイト）は、排せつ物を処理できるオストメイト用のトイレが必要。

【内部障害・難病に関係すると考えられる事例】

〈正当な理由がないため、不当な差別的取扱いに該当すると考えられる例〉

●人的体制、設備体制が整っており、対応可能であるにもかかわらず、医療的ケアの必要な障害者、重度の障害者のサービスの利用を拒否すること。（厚生労働省）

〈合理的配慮に該当すると考えられる配慮の例〉

●児童生徒等が医療的ケアを必要とする場合、障害の状態や特性に配慮しながら、医療的ケアの実施のための別室等を用意するなど、衛生的な環境を提供すること。（文部科学省）

〈合理的配慮の提供義務に反しないと考えられる例〉

●医療的ケア児が体調不良のため登校ができない場合に、医療的ケア看護職員に家庭での個別の体調管理を依頼する等、事業の一環として行っていない業務の提供を保護者等から求められた場合に、その提供を断ること。（必要とされる範囲で本来の業務に付随するものに限られることの観点）（文部科学省）

●座席指定制を導入する乗合バスにおいて、車内持ち込み医療器具等のために複数の座席を必要とする旅客について、１席を超える座席の旅客運賃を徴収する。（この場合においては、当該旅客に過度な負担が生じないよう、可能な限り配慮する。）（費用・負担が過重なもの）（国土交通省・一般乗合旅客自動車運送業）

【知的障害】

〈障害特性と主な配慮事項〉

知的機能の障害が発達期（おおむね18歳未満）にあらわれ、日常生活の中で様々な不自由が生じることをいう。例えば、複雑な事柄やこみいった文章・会話の理解が不得手であったり、おつりのやりとりのような日常生活の中での計算が苦手だったりするなど、知的な遅れと社会生活への適応のしにくさを有している。
また、障害のあらわれ方は個人差が大きく、少し話をしただけでは知的障害の状況がわかりにくいこともある。しかし、自分の置かれている状況や抽象的な表現を理解することが苦手であったり、未経験の出来事や状況の急な変化への対応が困難であったりする方は多く、支援の仕方も一人一人異なる。

【主な配慮事項】

○複雑な話や抽象的な概念は理解しにくいこともある
○人に尋ねたり、自分の意見を言うのが苦手な方もいる
○漢字の読み書きや計算が苦手な方もいる
○自分が納得できるまで同じ質問を繰り返す方もいる

【知的障害に関係すると考えられる事例】

〈正当な理由がないため、不当な差別的取扱いに該当すると考えられる例〉

●チェックイン時に知的・行動障害があることを伝えたところ、大浴場の利用時間を（利用客が少ないと思われる）深夜に指定され、宿泊者の入浴時間や就寝時間に大きな影響を受けた。（厚生労働省・衛生分野（旅館業））

〈合理的配慮に該当すると考えられる配慮の例〉

●知的障害のある利用者等に対し、抽象的な言葉ではなく、具体的な言葉を使うこと。例えば、「手続」や「申請」などのサービスを受ける際に必要な言葉の意味を短い言葉で分かりやすく具体的に説明して、当該利用者等が理解しているかを確認すること。（文部科学省）
●障害者や介助者等からの意思の表明（障害特性によっては自らの意思を表現することが困難な場合があることに留意。）に応じて、契約内容等に係る簡易な要約メモを作成したり、家賃以外の費用が存在することを分かりやすく提示したりする等、契約書等に加えて、相手に合わせた書面等を用いて説明する。（国土交通省・不動産業）
●知的障害者の中には、食事がビュッフェ方式の場合、会場が大人数になることで不安定になってしまう人もいることから、食べる分量を客室に持ち帰って食べられるような配慮など必要な配慮を、宿泊予約時やチェックイン時に聞き取ること。（厚生労働省・衛生分野（旅館業））
●イベント会場において知的障害のある子供が発声やこだわりのある行動をしてしまう場合に、保護者から子供の特性やコミュニケーションの方法等について聞き取った上で、落ち着かない様子のときは個室等に誘導すること。（内閣府、国家公安委員会、こども家庭庁、復興庁、総務省、法務省、財務省、農林水産省、経済産業省、環境省）

〈合理的配慮の提供義務違反に該当すると考えられる例〉

●不動産管理業者が重要事項の説明等を行うにあたって、知的障害を有する者やその家族等か

ら分かりづらい言葉に対して補足を求める旨の意思の表明があったにもかかわらず、補足をすることなく説明を行った。（国土交通省・不動産業）

●知的・発達障害の特性として、床を強く踏み鳴らしてしまう行動もあり得ることから、階下の宿泊客に迷惑とならないよう１階の部屋に変更することを希望したところ、空室があるにもかかわらず、また入室前にもかかわらず、理由なく変更を断られた。（厚生労働省・衛生分野（旅館業））

〈合理的配慮の提供と環境の整備の関係に係る例〉

●社会教育施設等を利用する知的障害者や読字に障害のある方に向けて、わかりやすい資料を準備したり、施設内の看板や表示にるびやピクトグラムを使用したりする（環境の整備）とともに、利用者一人一人の障害の状態等に応じて、スタッフがわかりやすい言葉を用いて説明、代読する等の配慮を行うこと。（合理的配慮の提供）（文部科学省）

●飲食店において、メニューに写真を活用する（環境の整備）とともに、利用者に対して、分かりやすく説明を行うこと。（合理的配慮の提供）（厚生労働省・衛生分野）

【重症心身障害】

〈障害特性と主な配慮事項〉

重症心身障害とは、
・自分で体を動かすことができない重度の肢体不自由
・年齢に相応した知的発達が見られない重度の知的障害
の２つが重複している状態をいう。
その状態にあるこどもを重症心身障害児、さらに成人した人を含めて「重症心身障害児（者）」という。

【主な配慮事項】

○ほとんど寝たままで自力では起き上がれない状態の方が多い
○移動、食事、着替え、洗面、トイレ、入浴などが自力ではできないため、日常の様々な場面で介助者による援助が必要な方もいる
○声が出せても会話で意思を伝えることは難しいことが多い
○口や目の動き、身振りなどを用いて意思を伝えるが、日常的に介護している人でないと読み取りづらいこともある
○体温調整がうまくできないことも多いため、急な温度変化を避ける配慮が必要な方もいる

【重症心身障害に関係すると考えられる事例】

〈正当な理由がないため、不当な差別的取扱いに該当すると考えられる例〉

●人的体制、設備体制が整っており、対応可能であるにもかかわらず、医療的ケアの必要な障害者、重度の障害者のサービスの利用を拒否すること。（厚生労働省）**【再掲】**

〈合理的配慮に該当すると考えられる配慮の例〉

●児童生徒等が医療的ケアを必要とする場合、障害の状態や特性に配慮しながら、医療的ケアの実施のための別室等を用意するなど、衛生的な環境を提供すること。（文部科学省）【再掲】

〈合理的配慮の提供義務に反しないと考えられる例〉

●医療的ケア児が体調不良のため登校ができない場合に、医療的ケア看護職員に家庭での個別の体調管理を依頼する等、事業の一環として行っていない業務の提供を保護者等から求められた場合に、その提供を断ること。（必要とされる範囲で本来の業務に付随するものに限られることの観点）（文部科学省）【再掲】

●座席指定制を導入する乗合バスにおいて、車内持ち込み医療器具等のために複数の座席を必要とする旅客について、１席を超える座席の旅客運賃を徴収する。（この場合においては、当該旅客に過度な負担が生じないよう、可能な限り配慮する。）（費用・負担が過重なもの）（国土交通省・一般乗合旅客自動車運送業）【再掲】

【精神障害】

〈障害特性と主な配慮事項〉

精神障害のある方は、統合失調症、うつ病、双極性障害（躁うつ病）、てんかん、アルコール依存症、摂食障害等の様々な精神疾患により、日常生活や社会生活のしづらさを抱えている。適切な治療・服薬と周囲の配慮があれば症状をコントロールできるため、大半の方は地域で安定した生活を送っている。

○統合失調症

幻覚、思考障害、感情や意欲の障害など多様な精神症状を特徴とし、現実を認識する能力が妨げられ、正しい判断ができにくくなる、対人関係が難しくなるなど、様々な生活障害を引き起こすが、薬によってこれらの症状を抑えることもできる。

○気分障害

気分の波が主な症状としてあらわれる病気である。うつ状態のみを認める時はうつ病と呼び、うつ状態と躁状態を繰り返す場合には、双極性障害（躁うつ病）と呼ぶ。うつ状態では気持ちが強く落ち込み、何事にもやる気が出ない、疲れやすい、考えが働かない、自分が価値のない人間のように思える、死ぬことばかり考えてしまい実行に移そうとするなどの症状が出る。躁状態では気持ちが過剰に高揚し、普段ならあり得ないような浪費をしたり、ほとんど眠らずに働き続けたりする。その一方で、些細なことにも敏感に反応し、他人に対して怒りっぽくなったり、自分は何でもできると思い込んで人の話を聞かなくなったりする。

○てんかん

通常は規則正しいリズムで活動している大脳の神経細胞（ニューロン）の活動が突然崩れて激しい電気的な乱れが生じることによって、発作があらわれる病気である。薬によって約８割の方は発作を止められるようになっている。

○高次脳機能障害
交通事故や脳血管障害などの病気により、脳にダメージを受けることで生じる認知や行動に生じる障害である。身体的には障害が残らないことも多く、外見ではわかりにくいため「見えない障害」ともいわれている。

【主な配慮事項】
○ストレスに弱く、疲れやすく、対人関係やコミュニケーションが苦手な方が多い
○外見からはわかりにくく、障害について理解されずに孤立している方もいる
○精神障害に対する社会の無理解から、病気のことを他人に知られたくないと思っている方も多い
○周囲の言動を被害的に受け止め、恐怖感を持ってしまう方もいる
○学生時代に発病したことや、入院が長くなったことなどで、社会生活に慣れていない方もいる
○気が動転して声の大きさの調整が適切にできない場合もある
○認知面の障害のために、何度も同じ質問を繰り返したり、つじつまの合わないことを一方的に話す方もいる

【精神障害に関係すると考えられる事例】
〈合理的配慮に該当すると考えられる配慮の例〉
●疲労を感じやすい障害者から別室での休憩の申出があった際、別室の確保が困難である場合に、当該障害者に事情を説明し、対応窓口の近くに長椅子を移動させて臨時の休憩スペースを設けること。（国家公安委員会、金融庁、消費者庁、復興庁、総務省、法務省、文部科学省、経済産業省、環境省）

【発達障害】
〈障害特性と主な配慮事項〉

発達障害とは、自閉症、学習障害（LD）、注意欠如・多動性障害（ADHD）等、脳機能障害であって、通常低年齢において症状が発現する。発達障害には、知的障害を伴う場合と伴わない場合とがある。

【主な配慮事項】
○外見からわかりにくい
○相手の言っていることを、そのまま繰り返す可能性がある
○遠回しの言い方や曖昧な表現だと理解が難しい方もいる
○相手の表情・態度やその場の雰囲気を読み取ることが苦手な方もいる
○想定外のことが起きた際に自分で立て直すことが苦手な方もいる
○一般的な社会的コミュニケーションスキルが十分ではない方もいる
○関心あることばかり一方的に話す方もいる

○知的発達に遅れがないものの、流暢に音読することができない方もいる

【発達障害に関係すると考えられる事例】

〈正当な理由があるため、不当な差別的取扱いに該当しないと考えられる例〉

●発達障害や愛着障害、強度行動障害を有するこども等、集団での行動に留意が必要なこどもを、それぞれの特性に応じて他のこどもとは異なる取扱いをしたり、他のこどもの安全のために距離を確保したりするなどの取扱いをすること。（こども家庭庁）

〈合理的配慮に該当すると考えられる配慮の例〉

●（吃音症等の発話に障害のある顧客に対しては、）障害の特性を理解した上で、顧客が言い終えるまでゆっくりと待つ、又は発話以外のコミュニケーション手段も選択できるようにする。（金融庁、復興庁、厚生労働省）

●レストランにおいて発達障害のために偏食がある方に対し、料理内容の工夫等を行うこと。（厚生労働省・衛生分野（旅館業））

●比喩表現等の理解が困難な障害者に対し、比喩や暗喩、二重否定表現などを用いずに具体的に説明すること。（内閣府、国家公安委員会、金融庁、消費者庁、こども家庭庁、復興庁、総務省、法務省、外務省、財務省、文部科学省、農林水産省、経済産業省、環境省）

●学校、社会教育施設、スポーツ施設、文化施設等において、障害のある子供が必要以上の発声やこだわりのある行動をするなど落ち着かない状況にある場合に、保護者から子供の特性やコミュニケーションの方法等について聞き取った上で、落ち着くことができるよう、個室等を提供すること。（文部科学省）

〈合理的配慮の提供義務違反に該当すると考えられる例〉

●知的・発達障害の特性として、床を強く踏み鳴らしてしまう行動もあり得ることから、階下の宿泊客に迷惑とならないよう1階の部屋に変更することを希望したところ、空室があるにもかかわらず、また入室前にもかかわらず、理由なく変更を断られた。（厚生労働省・衛生分野（旅館業））**【再掲】**

〈合理的配慮の提供義務に反しないと考えられる例〉

●発達障害等の特性のある大学生から、得意科目で習得した単位を不得意な科目の単位として認定してほしい（卒業要件を変更して単位認定をしてほしい）と要望された場合、受講方法の調整などの支援策を提示しつつ、卒業要件を変更しての単位認定は、自大学におけるディプロマ・ポリシー等に照らし、教育の目的・内容・機能の本質的な変更に当たるとの判断から、当該対応を断ること。（事務・事業の目的・内容・機能の本質的な変更には及ばないことの観点）（文部科学省）

〈合理的配慮の提供と環境の整備の関係に係る例〉

●社会教育施設等を利用する知的障害者や読字に障害のある方に向けて、わかりやすい資料を準備したり、施設内の看板や表示にるびやピクトグラムを使用したりする（環境の整備）とともに、利用者一人一人の障害の状態等に応じて、スタッフがわかりやすい言葉を用いて説

明、代読する等の配慮を行うこと。（合理的配慮の提供）（文部科学省）【再掲】

【その他、幅広い障害種別に関係すると考えられる事例】

〈正当な理由がないため、不当な差別的取扱いに該当すると考えられる例〉

●障害者について、ツアー中の介助、補助その他の支援措置が必要ない、又は、支援措置が必要であるとしても、添乗員等において対応可能な医学的、専門的知識を要しない軽微な措置で足りるにもかかわらず、一律に、ツアーへの参加を拒否したり、旅程の一部に制限を加える、又は、介助者の同行をツアー参加の条件とする。（国土交通省・旅行業）

●賃貸物件への入居を希望する障害者に対して、先に契約が決まった事実がないにもかかわらず、「先に契約が決まったため案内できない」等、虚偽の理由にすり替えて説明を行い、賃貸人や家賃債務保証会社への交渉等、必要な調整を行うことなく仲介を断る。（国土交通省・不動産業）

●教育、保育、養育等の提供に当たって、正当な理由なく、日常の保育活動や行事等への参加を制限する、年齢相当のクラスに所属させないなど、他の利用者とは異なる取扱いをすること。（こども家庭庁）

●障害者本人が回答できるのにもかかわらず、本人を無視して保護者や支援者・介助者だけに話しかけること。（総務省、厚生労働省、経済産業省、国土交通省）

●障害者が多く参加する行事で使用するため宿泊施設を予約しようとしたら、個々の障害や状況等を確認しないまま、宿泊施設内は階段や段差が多いため危ないという理由で利用を断られた。（厚生労働省・衛生分野（旅館業））

〈正当な理由があるため、不当な差別的取扱いに該当しないと考えられる例〉

●障害の状況等を考慮した適切な物件紹介や適切な案内方法等を検討するため、必要な範囲で、プライバシーに配慮しつつ、障害者に障害の状況等を確認する。（権利・利益の保護）（国土交通省・不動産業）

〈合理的配慮に該当すると考えられる配慮の例〉

●障害者が立って列に並んで順番を待っている場合に、周囲の者の理解を得た上で、当該障害者の順番が来るまで一旦列から抜けて別室や席等を用意すること。（内閣府、国家公安委員会、金融庁、消費者庁、こども家庭庁、復興庁、総務省、法務省、外務省、財務省、文部科学省、厚生労働省、農林水産省、経済産業省、環境省）

●書類記入の依頼時に、記入方法等を本人の目の前で示したり、分かりやすい記述で伝達したりする。また、書類の内容、取引の性質等に照らして特段の問題がないと認められる場合に、自筆が困難な障害者からの要望を受けて、本人の意思確認を適切に実施した上で、代筆対応する。（国家公安委員会、金融庁、消費者庁、こども家庭庁、復興庁、国土交通省）

〈合理的配慮の提供義務違反に該当すると考えられる例〉

●介助を必要とする障害者から、講座の受講に当たり介助者の同席を求める申出があった場合に、当該講座が受講者本人のみの参加をルールとしていることを理由として、受講者である障害者本人の個別事情や講座の実施状況等を確認することなく、一律に介助者の同席を断ること。（内閣府、国家公安委員会、消費者庁、こども家庭庁、復興庁、総務省、法務省、外務省、財務省、文部科学省、厚生労働省、農林水産省、環境省）

●試験を受ける際に筆記が困難なためデジタル機器の使用を求める申出があった場合に、デジタル機器の持込みを認めた前例がないことを理由に、必要な調整を行うことなく一律に対応を断ること。（内閣府、国家公安委員会、消費者庁、こども家庭庁、総務省、法務省、外務省、財務省、文部科学省、厚生労働省、農林水産省、経済産業省）
●イベント会場内の移動に際して支援を求める申出があった場合に、「何かあったら困る」という抽象的な理由で具体的な支援の可能性を検討せず、支援を断ること。（内閣府、国家公安委員会、金融庁、消費者庁、こども家庭庁、復興庁、総務省、法務省、外務省、財務省、厚生労働省、農林水産省、経済産業省、環境省）

〈合理的配慮の提供義務に反しないと考えられる例〉
●抽選販売を行っている限定商品について、抽選申込みの手続を行うことが困難であることを理由に、当該商品をあらかじめ別途確保しておくよう求められた場合に、当該対応を断ること。（障害者でない者との比較において同等の機会の提供を受けるためのものであることの観点）（内閣府、国家公安委員会、金融庁、こども家庭庁、復興庁、総務省、外務省、財務省、厚生労働省、農林水産省、経済産業省、国土交通省、環境省）

〈合理的配慮の提供と環境の整備の関係に係る例〉
●障害者から申込書類への代筆を求められた場合に円滑に対応できるよう、あらかじめ申込手続における適切な代筆の仕方について店員研修を行う（環境の整備）とともに、障害者から代筆を求められた場合には、研修内容を踏まえ、本人の意向を確認しながら店員が代筆する（合理的配慮の提供）。（内閣府、国家公安委員会、金融庁、消費者庁、こども家庭庁、復興庁、総務省、法務省、外務省、財務省、文部科学省、農林水産省、経済産業省、国土交通省、環境省）

【内閣府ホームページ：https://www8.cao.go.jp/shougai/suishin/sabekai/taioshishin.html】

３．相談体制の整備

（１）基本的な考え方

「障害者差別解消法」第14条において、国及び地方公共団体は、障害者及びその家族その他の関係者からの障害を理由とする差別に関する相談に的確に応ずるとともに、障害を理由とする差別に関する紛争の防止又は解決を図ることができるよう必要な体制の整備を図るものとされている。

また、「改正障害者差別解消法」において、事業者による合理的配慮の提供が義務化されるとともに、国及び地方公共団体の連携協力や相談対応等を担う人材の育成及び確保のための措置等が明確化された。

「改正障害者差別解消法」施行後は、事業者からの相談も含め、障害を理由とする差別に関する相談が増加することが見込まれる。このような中で、障害を理由とする差別の解消を効果的に推進するためには、相談対応等に当たり、国及び地方公共団体が役割分担・連携協力し、一体となって適切な対応を図ること、また、国や地方公共団体において相談対応等を行う人材の専門性向上、相談対応業務の質の向上を図ることが重要となる。このため、「改定基本方針」においては、
・障害を理由とする差別の解消を効果的に推進するには、公正・中立な立場である相談窓口等の担当者が、障害者や事業者等からの相談等に的確に応じることが必要であること

・相談対応等に際しては、地域における障害を理由とする差別の解消を促進し、共生社会の実現に資する観点から、まず相談者にとって一番身近な市区町村が基本的な窓口の役割を果たすことが求められること、都道府県は、市区町村への助言や広域的・専門的な事案についての支援・連携を行うとともに、必要に応じて一次的な相談窓口等の役割を担うことが考えられること、国においては各府省庁が所掌する分野に応じて相談対応等を行うとともに、市区町村や都道府県のみでは対応が困難な事案について、適切な支援等を行う役割を担うことが考えられること
・このような国・都道府県・市区町村の役割分担を基本とし、適切な関係機関との間で連携・協力がなされ、国及び地方公共団体が一体となって適切な対応を図ることができるような取組を、内閣府が中心となり、各府省庁や地方公共団体と連携して推進することが重要であること
・内閣府においては、事業分野ごとの相談窓口の明確化を各府省庁に働きかけ、当該窓口一覧の作成・公表を行うほか、障害者や事業者、都道府県・市区町村等からの相談に対して法令の説明や適切な相談窓口等につなぐ役割を担う国の相談窓口について検討を進め、どの相談窓口等においても対応されないという事案が生じることがないよう取り組むとともに、各相談窓口等に従事する人材の確保・育成の支援及び事例の収集・整理・提供を通じた相談窓口等の対応力の強化等にも取り組むこと
・国及び地方公共団体においては、必要な研修の実施等を通じて、相談対応を行う人材の専門性向上、相談対応業務の質向上を図ることが求められること

などが明記され、内閣府においては以下のような取組を実施している。

（２）事業分野相談窓口

「改定基本方針」に基づき、内閣府において、関係省庁に働きかけを行い、各事業分野における国の相談窓口について、整理・一覧化し、「事業分野相談窓口（対応指針関係）」として、内閣府ホームページに公表している。

【内閣府ホームページ：https://www8.cao.go.jp/shougai/suishin/sabekai/pdf/soudan/taiou_shishin.pdf】

（３）相談窓口試行事業「つなぐ窓口」

内閣府においては、2023年10月から2025年３月まで、障害のある人や事業者、都道府県・市区町村等からの障害者差別に関する相談に対して法令の説明や適切な相談窓口等につなぐ役割を担う国の相談窓口として、「つなぐ窓口」を試行的に実施している。（詳細は31頁のTOPICS（１）「相談窓口試行事業「つなぐ窓口」（2023年10月16日設置）」を参照。）

（４）人材の確保・育成

内閣府においては、2022年度は「障害を理由とする差別の解消に向けた事例の収集・分析に係る調査研究」として国や地方公共団体の相談窓口等の担当者が相談対応業務を行うに当たり「障害者差別解消法」や「改定基本方針」に沿った事案の分析・対応の検討を行う際の参考資料となるような相談対応ケーススタディ集を作成した。同ケーススタディ集は内閣府ホームページにおいて公表している。

【内閣府ホームページ：https://www8.cao.go.jp/shougai/suishin/jirei/case-study.html】

2023年度は「障害を理由とする差別の解消に向けた相談対応等に係る調査研究」として、障害当事者や有識者による検討会を立ち上げ、同検討会での議論を踏まえ、国や地方公共団体における相談対応や相談対応を担う人材の育成に資する相談対応マニュアル（「障害を理由とする差別の解消の推進　国・地方公共団体における相談窓口担当者向け相談対応マニュアル」）を作成した。同相談対応マニュアルは、実践編と法令編の二部で構成されており、実践編には、関係機関の役割や、相談対応の一連の流れや留意事項等、個別具体の相談事案への適切な対応に資する事項等を盛り込み、法令編には、「障害者差別解消法」等の基本的な法令知識や関係する相談窓口の連絡先等が盛り込まれている。
【内閣府ホームページ：https://www8.cao.go.jp/shougai/suishin/jirei/soudan-manual.html】

内閣府においては、この相談対応マニュアルについて、各省庁や地方公共団体に通知するとともに、内閣府ホームページに掲載するなど周知を図っている。

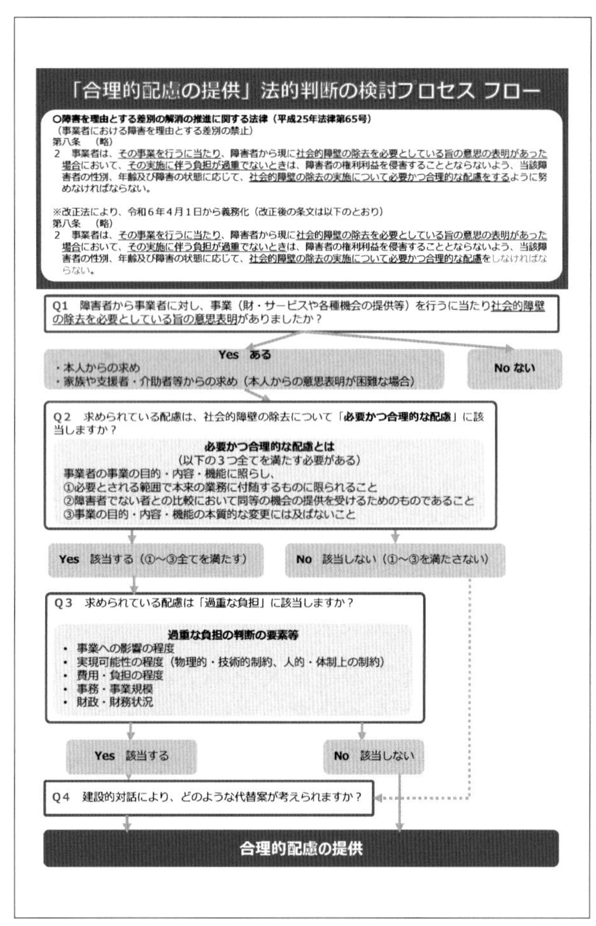

ケーススタディ集（抜粋）
資料：内閣府

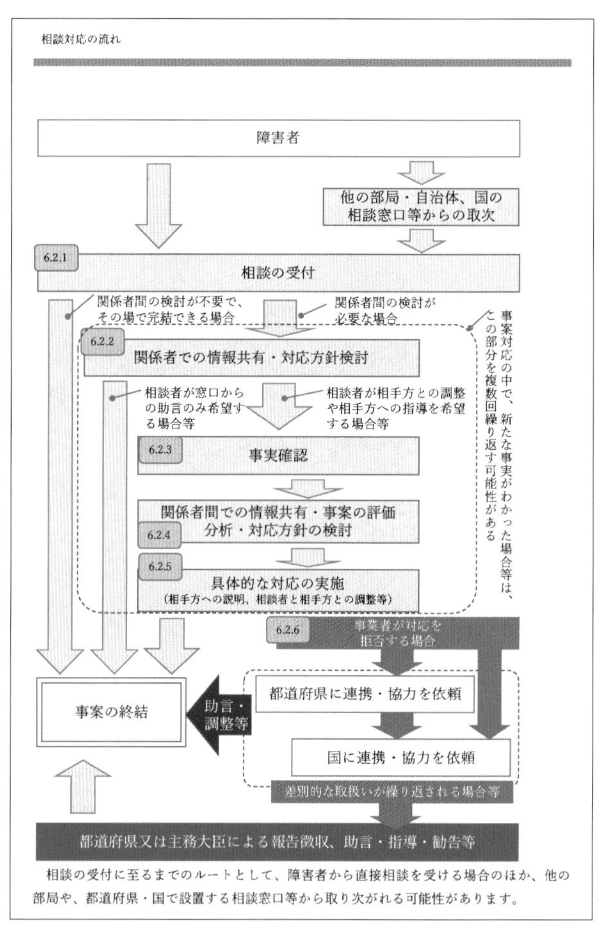

相談対応マニュアル（抜粋）
資料：内閣府

第1章第2節　3．相談体制の整備　　／内閣府

TOPICS(トピックス)（1）

相談窓口試行事業「つなぐ窓口」（2023年10月16日設置）

1．相談窓口試行事業「つなぐ窓口」について

「改定基本方針」において、障害を理由とする差別に関する相談対応について、内閣府において、障害のある人や事業者、都道府県・市区町村等からの相談に対して法令の説明や適切な相談窓口等につなぐ役割を担う国の相談窓口について検討を進め、どの相談窓口等においても対応されないという事案が生じることがないよう取り組むことが明記された。

これを受け、内閣府では2023年10月から2025年３月まで、「障害者差別解消法」に関する質問に回答すること及び障害を理由とする差別に関する相談を適切な自治体・各府省庁等の相談窓口に円滑につなげるための調整・取次を行う役割を担う相談窓口である「つなぐ窓口」を試行的に実施している。

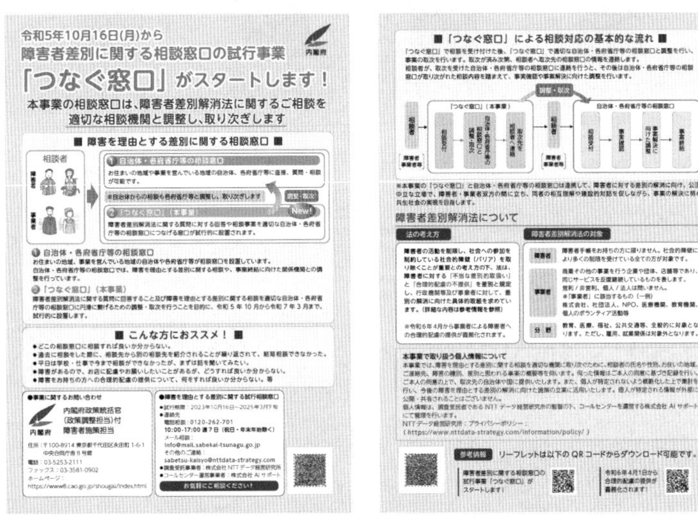

資料：内閣府

【内閣府ホームページ：https://www8.cao.go.jp/shougai/suishin/pdf/sabekai/tsunagu_leaflet.pdf】

2．「つなぐ窓口」による相談対応の基本的な流れ

「つなぐ窓口」では、「障害者差別解消法」に関する説明を行うとともに、相談者の希望等に応じて、適切な自治体・各府省庁等の相談窓口と調整を行い、事案の取次を行っている。

「つなぐ窓口」で取次を行った事案については、取次を受けた自治体・各府省庁等の相談窓口が取り次がれた事案の内容等を踏まえ、事実確認や事案解決に向けた調整等を行うこととしている。

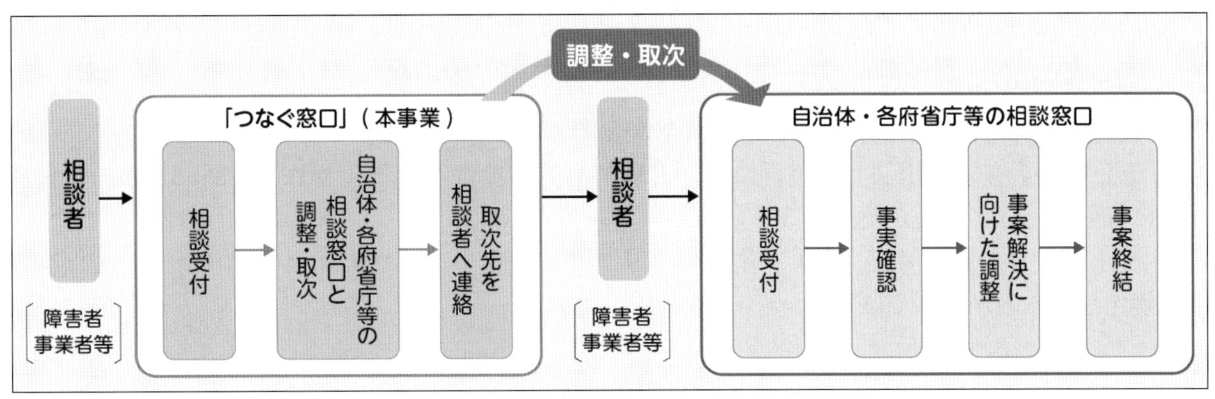

資料：内閣府

3.「つなぐ窓口」での相談件数

①相談対応件数（2023年10月16日～2024年３月31日）：1,163件
（うち、障害のある人やその家族等817件、事業者209件、自治体等52件、その他85件）

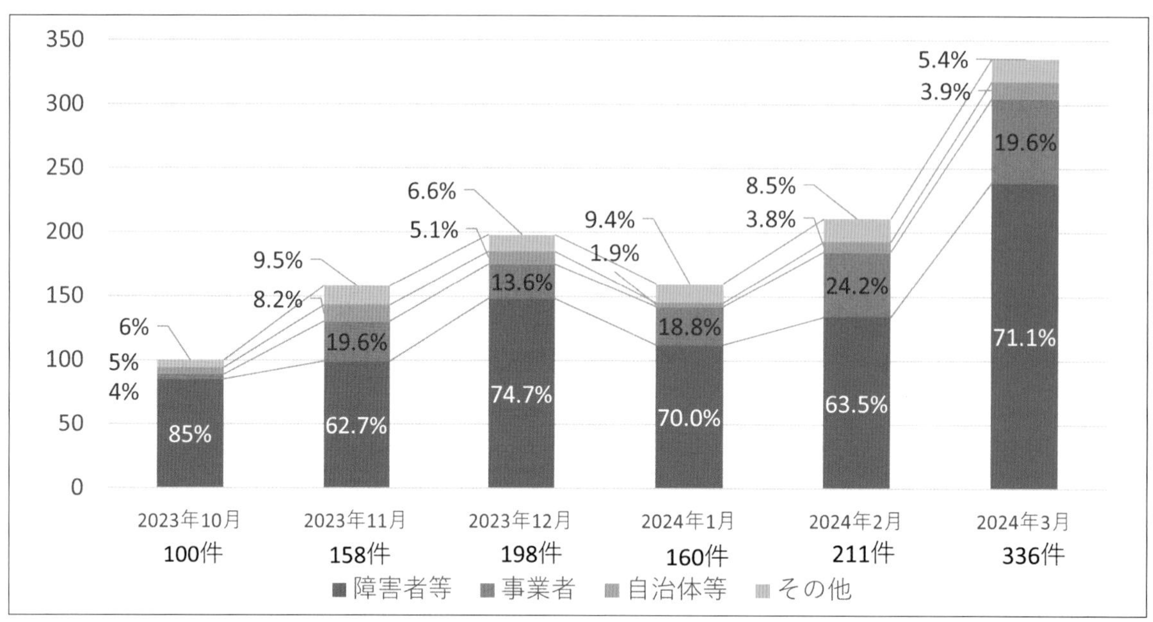

資料：内閣府

②①のうち、自治体等取次案件：121件（※）
※2024年３月31日現在において、国や自治体等に取り次いだ案件及び取り次ぐこととしている案件の合計件数

③障害者差別に関する主な相談内容の例
「つなぐ窓口」に寄せられる相談の内容は様々であるが、比較的多くみられる相談内容としては、以下のようなものがあげられる。

➢　障害のある人からの相談
・事業者から差別的な対応をされたため、対応を改め謝罪を求めたい。
・事業者に合理的配慮の提供を求めたが、対応してもらえなかったため、対応するよう事業者と調整してほしい。
・事業者から○○されたが、障害者差別ではないのか。
・事業者に合理的配慮として○○をしてほしいが、どうすればよいのか。

➢　事業者からの相談
・「改正障害者差別解消法」の施行により何が変わるのか教えてほしい。
・「改正障害者差別解消法」の施行により合理的配慮の提供が義務化されると聞いたが、具体的に何をすればよいのか教えてほしい。
・「改正障害者差別解消法」により施設のバリアフリー化やウェブアクセシビリティの確保は義務化されるのか教えてほしい。

４．障害者の差別解消に向けたその他の取組等

（１）周知・啓発

政府においては、障害者の差別解消に向けた国民各層の関心と理解を深めるとともに、建設的対話による相互理解を通じた合理的配慮の提供等を推進するため、必要な周知・啓発活動を行うこととしている。

内閣府では以下のような周知・啓発活動に取り組んでおり、これらの活用を通じて、合理的配慮の提供を始めとする障害者差別の解消に向けた取組の裾野が更に広がるとともに、「障害者差別解消法」に対する国民の理解が一層深まることが期待される。

内閣府における周知・啓発の取組

・「改正障害者差別解消法」の施行に向けて、事業者を対象に、「改正障害者差別解消法」の説明や有識者による講演を内容とするオンライン説明会を2023年11月に合計８回実施。また、2023年12月には、「改正障害者差別解消法」の説明動画を内閣府ホームページに掲載。

資料：内閣府

【内閣府ホームページ：https://shougaisha-sabetukaishou.go.jp/kyoseisyakai/syogaisyasabetukaisyoho/】

・2021年度から、事業者団体、障害者団体等が主催する講演会等において、「改正障害者差別解消法」の説明・周知を実施。2023年度は合計10回開催。

・2021年度から、地方公共団体職員等を対象に、「改正障害者差別解消法」の説明、有識者による講演、グループディスカッションを内容とする「障害者差別解消支援地域協議会に係る体制整備・強化ブロック研修会」を実施。2023年度は合計６回開催。

・政府広報

①新聞広告（2023年10月）

「改正障害者差別解消法」に関する突出し広告を掲載。（全国紙、ブロック紙、地方紙　合計73紙）

②インターネット広告（2023年12月以降）

「改正障害者差別解消法」に関するインターネット広告を実施。

③政府広報オンライン（2024年２月）

「改正障害者差別解消法」に関する広報動画・解説記事を掲載。

（①新聞突出し広告）

（②インターネット広告）

事業者による障害のある人への「合理的配慮の提供」
が義務化されます

（③政府広報オンライン）

資料：内閣府

・「障害者差別解消法」に基づく合理的配慮の提供や環境の整備に関する事例を関係省庁、地方公共団体、障害者団体等から収集し、障害種別や生活場面別に整理した上で、「合理的配慮の提供等事例集」として取りまとめ、内閣府ホームページに掲載。
【内閣府ホームページ：https://www8.cao.go.jp/shougai/suishin/jirei/example.html】

・企業や店舗などの事業者や国・都道府県・市区町村などの行政機関等における「不当な差別的取扱いの禁止」や「合理的配慮の提供」など、「障害者差別解消法」により定められている事項について一層の広報啓発を推進することを目的として、「障害者の差別解消に向けた理解促進ポータルサイト」を2022年３月に公開。2023年には同サイト上で「障害者差別解消に関する事例データベース」も公開。

【内閣府ホームページ
「障害者の差別解消に向けた理解促進ポータルサイト」：https://shougaisha-sabetukaishou.go.jp/
「障害者差別解消に関する事例データベース」：https://jireidb.shougaisha-sabetukaishou.go.jp/】

▼（上図：ポータルサイト、下図：データベース）

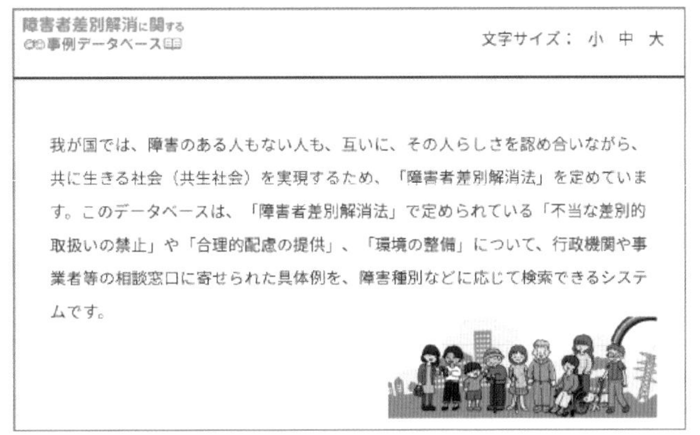

資料：内閣府

・「改正障害者差別解消法」や「つなぐ窓口」に関するリーフレットやチラシを制作し、内閣府ホームページに掲載。音声コードの付与、大活字版の制作、テキストデータの提供など、多様な利用者に配慮した情報保障を実施。また、毎年「障害者週間」（12月３日から９日）に開催する「『障害者週間』作品展」などで配布。

【内閣府ホームページ：https://www8.cao.go.jp/shougai/suishin/sabekai_leaflet-r05.html】

▼「改正障害者差別解消法」リーフレット（左）・チラシ（右）

資料：内閣府

第1章
第2章
第3章
第4章
第5章
第6章
参考資料
付録
索引

（2）障害者差別解消支援地域協議会の設置の促進

「障害者差別解消法」において、国及び地方公共団体の機関は、「障害者差別解消支援地域協議会」（以下本章では「地域協議会」という。）を組織することができるとされている。「地域協議会」を設置することで、その地域の関係機関による相談事例等に係る情報の共有・協議を通じ、各自の役割に応じた事案解決のための取組や類似事案の発生防止などを行うネットワークが構築されるとともに、障害者や事業者からの相談等に対し、「地域協議会」の構成機関が連携して効果的な対応、紛争解決の後押しを行うことが可能となり、差別解消に関する地域の対応力の向上が図られる。

「改定基本方針」においては、「地域協議会」において情報やノウハウを共有し、関係者が一体となって事案に取り組むという観点から、地域の事業者や事業者団体も参画することが有効であるとしている。また、設置促進に向けた取組として、「地域協議会」の単独設置が困難な場合等に、必要に応じて圏域単位など複数の市区町村による「地域協議会」の共同設置・運営を検討することや、必要な構成員は確保しつつ、他の協議会等と一体的に運営するなど開催形式を柔軟に検討することが効果的と考えられることや、市区町村における「地域協議会」の設置等の促進に当たっては都道府県の役割が重要であることが明示されている。

2023年4月1日時点において、全ての都道府県及び指定都市が「地域協議会」を設置しているほか、中核市等（中核市、特別区及び県庁所在地の市（指定都市を除く。））においては88%、一般市（指定都市及び中核市等のいずれにも該当しない市）においては74%、町村においては51%が「地域協議会」を設置しており、一般市や町村における設置割合についても増加傾向にある。しかしながら、比較的小規模の地方公共団体を中心に未設置の地方公共団体が多くなっており、その理由としては人員不足や専門的な知識及びスキルの不足などがあげられている。また、既に設置している地方公共団体においてもその活動の活性化を図っていく必要がある。このため、「改定基本方針」においては、内閣府において、地方公共団体の担当者向けの研修の実施を通じ、地域における好事例が他の地域において共有されるための支援を行うなど、体制整備を促進することとしている。こうした状況を踏まえ、各都道府県等で「地域協議会」の設置や活性化に向けた的確な助言等ができる人材育成等を図ることを目的とした「障害者差別解消支援地域協議会に係る体制整備・強化ブロック研修会」を、2023年度は6ブロック（北海道・東北、関東甲信越、東海北陸、近畿、中国四国、九州・沖縄）で開催した。

■ 図表１－７　「地域協議会」の設置状況

（１）地方公共団体における設置状況

選択肢	計		都道府県		指定都市		中核市等		一般市		町村	
	数	割合	数	割合	数	割合	数	割合	数	割合	数	割合
設置済み	1,136	64%	47	100%	20	100%	78	88%	519	74%	472	51%
設置予定	57	3%	－	－	－	－	1	1%	19	3%	37	4%
設置しない	60	3%	－	－	－	－	1	1%	22	3%	37	4%
未定(設置するかしないか決まっていない)	535	30%	－	－	－	－	9	10%	146	21%	380	41%
計	1,788	100%	47	100%	20	100%	89	100%	706	100%	926	100%

資料：内閣府
注１：各数値は、2023年４月１日時点の値を示している。
注２：「中核市等」とは、中核市、特別区及び県庁所在地の市（指定都市を除く。）を示している。
注３：「一般市」とは、指定都市及び中核市等のいずれにも該当しない市を示している。
注４：割合の値は、小数点以下を四捨五入している。
注５：「障害者差別解消法」第17条に基づく「地域協議会」を正式に設置していない場合でも、「地域協議会」の事務に相当する事務を行う組織、会議体、ネットワーク等の枠組みが別途存在しており、かつ、過去に当該枠組みで「地域協議会」の事務に相当する事務を行った実績がある場合は、「設置済み」と整理している。
注６：複数の地方公共団体が共同で「地域協議会」を設置している場合は「設置済み」と整理している。

（２）一般市及び町村における設置状況の推移

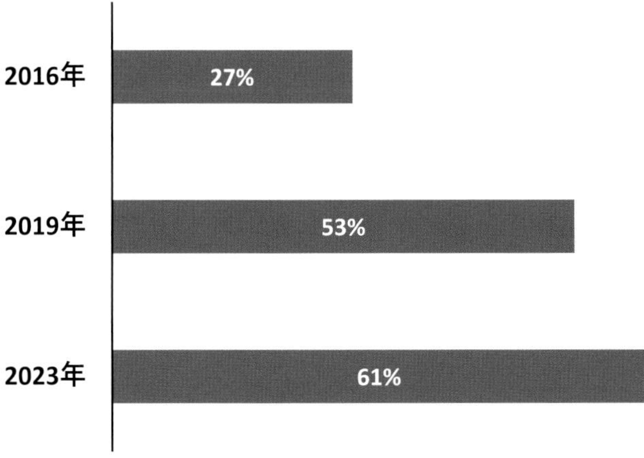

資料：内閣府
注１：2016年の割合は、10月１日時点の値を示している。
注２：2019年・2023年の割合は、各年の４月１日時点の値を示している。
注３：割合の値は、小数点以下を四捨五入している。

TOPICS(トピックス)（2）

障害者差別解消に関する取組事例（地方公共団体）

福島県における改正障害者差別解消法施行に向けた取組

2024年４月１日に「改正障害者差別解消法」が施行され、事業者による障害者への合理的配慮の提供が義務化されることも踏まえ、事業者は、地域における共生社会の実現を図る重要な担い手となることが一層期待されている。ここでは、事業者の参画の下、障害を理由とする差別の解消に向けた様々な取組を行っている地方公共団体として、福島県（以下本章では「県」という。）における取組を紹介する。

１．相談体制の構築

県では「障害者差別解消法」の趣旨を踏まえ、障がいのある人もない人も互いを理解し、尊重し、支え合い、共に暮らしやすい社会の実現を目指して「障がいのある人もない人も共に暮らしやすい福島県づくり条例」（以下本章では「条例」という。）を2019年４月１日に施行している。条例に基づき、県では、障害を理由とする差別に関する相談やその解決のために、2019年４月より専用の相談窓口である「障がい者差別解消相談専用ダイヤル」（以下本章では「相談ダイヤル」という。）を設置した。相談ダイヤルには専門の相談員を配置し、障害のある人やその家族から寄せられる障害を理由とする差別についての相談だけでなく、県内事業者からも合理的配慮の提供等に関する相談を受け付けており、事案の解決に至るまでの支援を行っている（専門の相談員は、社会福祉士、精神保健福祉士、保健師のうち、いずれかの資格を有するものと定めている。）。

また、県では知事の附属機関として「福島県障がい者差別解消調整委員会」を設置し、障害を理由とする差別に関する事案について、県が相談対応を行っても解決しない場合に、相談者の申立てに基づき、同委員会が調査審議し、解決に向けた助言・あっせんを行うことができることとしている。事案を調査審議し解決に向けた助言・あっせんを行うためには、多様な視点からの事案の検討が必要との観点から、同委員会では幅広い分野からの代表を委員として委嘱している。

▽福島県障がい者差別解消調整委員会

構成員	障害当事者、福祉、医療、商工、教育、運輸、法曹等の各分野の団体の代表、学識経験者（計18名）

出典「障がいのある人もない人も共に暮らしやすい福島県づくり条例リーフレット」

2.「地域協議会」における取組状況

県では、障害者差別に関する相談などについて情報共有し、障害を理由とする差別を解消するための取組を効果的かつ円滑に行うため、福島県自立支援協議会の専門部会として2016年に「障がい者差別解消支援部会」（以下本章では「支援部会」という。）を組織した。

▽福島県自立支援協議会障がい者差別解消支援部会

構成員	障害当事者、福祉、医療、商工、法曹等の各分野の団体の代表、学識経験者、行政機関（人権、雇用、福祉、運輸、教育、警察）の関係者（19名）
開催頻度	年１～２回程度

支援部会は、複数名の障害当事者を含む、様々な関係団体や行政機関からの代表で構成されており、2023年度の支援部会では、条例の一部改正や相談ダイヤルに寄せられた相談事案について検討を行うとともに、県内市町村の「障害者差別解消法」の施行状況や障害者差別に関する各団体の取組等について情報を共有した。

3．周知啓発活動

県では、広報物や研修・イベントの開催などを通じて、多くの県民や事業者が障害についての理解を深めるための取組を進めている。ここでは主に「改正障害者差別解消法」を対象とした周知啓発活動を紹介する。

（1）合理的配慮に関する動画・ガイドブックの作成

県では、「改正障害者差別解消法」により、事業者による合理的配慮の提供が義務化されることから、その普及啓発のために、県内の事業者向けに合理的配慮の提供に関する動画「障がいのある方もない方も共に暮らしやすい福島県にするために」を作成し、県の公式YouTubeチャンネルに掲載したほか、障害のある方への差別的取扱いをなくすため、個別の状況に応じて配慮すべき内容についてわかりやすく説明した「合理的配慮ガイドブック」を作成して県ホームページに掲載し、県内の事業者にこれらを活用した従業員研修の実施を要請している。

（2）ふくしま共生サポーター養成講座の実施

県では、条例の施行に伴い、障害や障害のある方への理解を深め、障害のある方に対する差別や偏見をなくすための取組の一つとして、県民向けに「ふくしま共生サポーター養成講座」を実施している。障害に関する基礎的な情報と「障害者差別解消法」についての講座を受講した方には受講証を交付し、「ふくしま共生サポーター」として職場や地域において障害についての理解に関する情報発信や障害のある方への積極的な支援などの役割を担っていただいている。2023年度末現在で931名の方が「ふくしま共生サポーター」として活躍している。

また、「ふくしま共生サポーター」の趣旨に賛同し、組織ぐるみで活動いただく企業（団体）を「ふくしま共生サポーター協賛企業（団体）」に認定し、地域における障害のある方への理解を更に促進している。

（3）民間事業者を対象としたセミナーの実施

県では、「改正障害者差別解消法」が施行され、2024年４月から事業者の合理的配慮の提供が義務化されることに伴い、障害や障害のある方への具体的な合理的配慮の提供について学び、企業や団体内で実践してもらうための取組の一つとして、2024年２月に企業向けの理解促進活動事業である「合理的配慮セミナー」を開催した。Web参加も含めて248名が参加し、障害全般に関することや合理的配慮の提供、簡単な手話について講義を受けた。

また、補助犬の受入れ拒否を無くすため、民間事業者を対象とした補助犬セミナーを開催している。2023年度は宿泊施設関係者や観光事業者等を対象に３回開催し、補助犬のデモンストレーションやユーザーの体験談を交えながら、補助犬の役割や配慮が必要なポイント等についての講義を実施した。

TOPICS(トピックス)（３）

障害者の差別解消に向けた理解促進ポータルサイトの運営

「障害者差別解消法」第15条により、国及び地方公共団体は、障害を理由とする差別の解消について国民の関心と理解を深めるとともに、特に、障害を理由とする差別の解消を妨げている諸要因の解消を図るため、必要な啓発活動を行うものとされている。

事業者に対し合理的配慮の提供を義務付けることなどを内容とする「改正障害者差別解消法」が2024年４月１日に施行されることなどを踏まえ、内閣府は、「障害者の差別解消に向けた理解促進ポータルサイト」（以下本章では「ポータルサイト」という。）を開設した。

ポータルサイトでは、「不当な差別的取扱いの禁止」や「合理的配慮の提供」を始めとした、「障害者差別解消法」により定められている事項などについて、イラストや動画でわかりやすく解説している。また、「不当な差別的取扱いの禁止」や「合理的配慮の提供」、「環境の整備」の具体例を、障害の種別などに応じて検索できる「障害者差別解消に関する事例データベース」（以下本章では「データベース」という。）も運営している。

※「障害者の差別解消に向けた理解促進ポータルサイト」
（https://shougaisha-sabetukaishou.go.jp/）

〇ポータルサイトの主な内容

①「共生社会の実現」とは
②「障害者差別解消法」とは
・「改正障害者差別解消法」説明動画・資料等
③「不当な差別的取扱い」とは
④「合理的配慮の提供」とは
・障害種別ごとの主な特徴や事例紹介、事例動画
⑤「環境の整備」とは
・障害種別ごとの主な特徴や事例紹介
⑥事業者の障害者差別解消に関する取組事例
⑦障害者差別解消に関する事例データベース

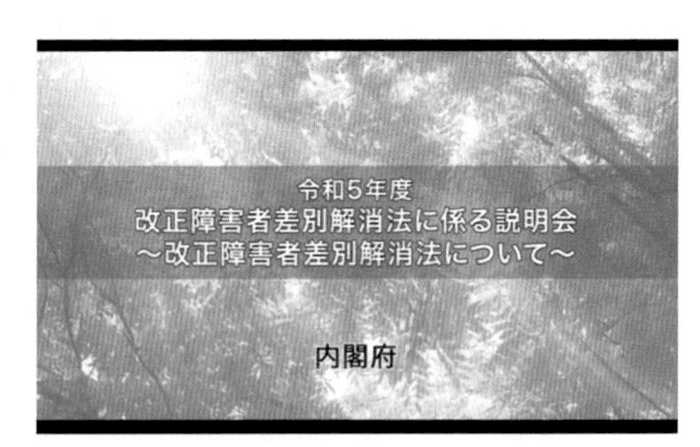

「改正障害者差別解消法」の説明動画
資料：内閣府

トップページ

障害種別ごとの事例紹介

資料：内閣府

○データベース

ポータルサイトでは、「不当な差別的取扱いの禁止」や「合理的配慮の提供」、「環境の整備」について国民の理解を深めるとともに、実際の対応時の参考となるよう、行政機関等の相談窓口に寄せられた具体例をデータベースとして公開している。このデータベースは、利用者の要望に応じた事例を提供できるよう、キーワード検索のほか、障害の種別や事例が生じた場面ごと等の検索ができる。さらに、検索によって抽出された各事例の内容・経緯・背景や事例を解決するための対応などについても詳細に確認できるシステムとなっている。

（データベースで確認できる各事例の主な項目）

「障害の種別」、「障害者の性別」、「障害者の年代」、「事例が生じた場面」、
「事例の内容・経緯・背景」、「事例を解決するための対応」など

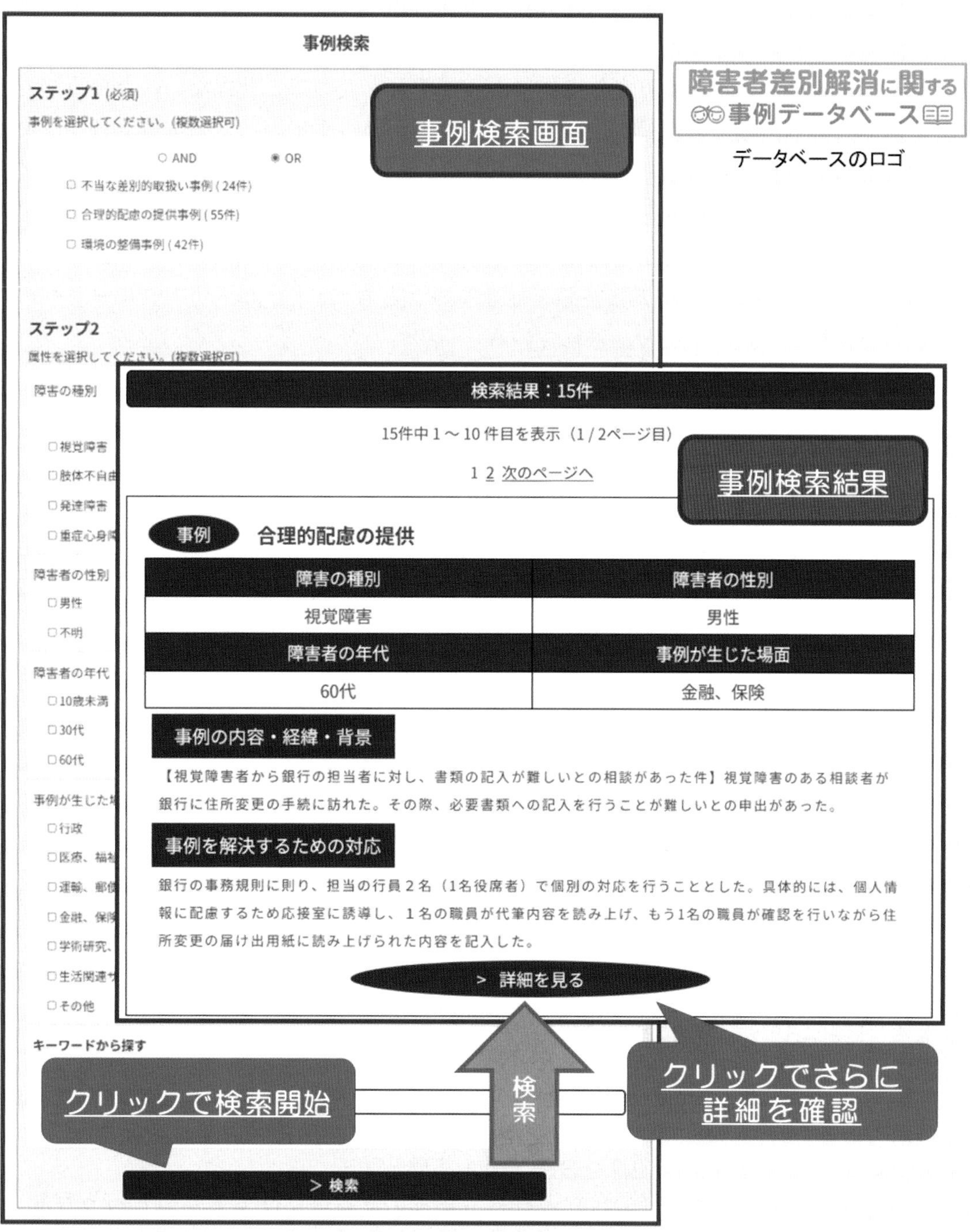

データベースの「事例検索画面」及び「事例検索結果（事例の詳細表示）画面」
資料：内閣府

第2章 障害のある人に対する理解を深めるための基盤づくり

広報・啓発等の推進

障害者施策の円滑な推進を実効性あるものにしていくには、幅広い国民の理解を得ながら進めていくことが重要であり、「障害者基本法」（昭和45年法律第84号）及び「障害者基本計画」の掲げる共生社会の実現を目指すためには、行政、民間企業・団体、マスメディア等、多様な主体が連携して、幅広い広報・啓発活動を計画的かつ効果的に推進することが必要である。

2023年３月に閣議決定された「障害者基本計画（第５次）」では、「Ⅱ　基本的な考え方」として「理解促進・広報啓発に係る取組等の推進」を掲げている。この中では、障害者への偏見や差別意識を社会から払拭し、一人一人の命の重さは障害の有無によって少しも変わることはない、という当たり前の価値観を社会全体で共有し、全ての国民が、障害の有無にかかわらず、等しく基本的人権を享有するかけがえのない個人として尊重されるという理念にのっとり、全ての国民が、障害の有無によって分け隔てられることなく、相互に人格と個性を尊重し合いながら共生する社会が実現するよう、国民の理解促進に努めることとし、また、本基本計画の実施を通じて実現を目指す「共生社会」の理念やいわゆる「社会モデル」の考え方について必要な広報啓発を推進するとともに、「心のバリアフリー」への理解を深めるための取組を継続して進めることとされている。

１．障害者週間

「障害者基本法」第９条では、毎年12月３日から９日までの１週間を「障害者週間」と規定している。この「障害者週間」は、同法の基本原則である、全ての国民が、相互に人格と個性を尊重し支え合う「共生社会」の理念の普及を図り、障害及び障害者に対する国民の関心と理解を一層深めることを目的として、我が国全体で実施するものである。

また、「障害者基本計画（第５次）」では、「障害者週間における各種行事を中心に、一般市民、ボランティア団体、障害者団体など幅広い層の参加による啓発活動を推進する」としており、障害者週間の実施に当たっては、国及び地方公共団体が民間団体等と連携して、障害のある人が社会、経済、文化その他あらゆる分野の活動に積極的に参加することを促進するため、毎年、全国各地で様々な障害者週間の趣旨にふさわしい障害者の自立及び社会参加等に関する多様な取組が行われている。

【内閣府ホームページ：https://www8.cao.go.jp/shougai/kou-kei/index-kk.html】

障害者基本法（昭和45年法律第84号）（抄）
（障害者週間）
第９条　国民の間に広く基本原則に関する関心と理解を深めるとともに、障害者が社会、経済、文化その他あらゆる分野の活動に参加することを促進するため、障害者週間を設ける。
２　障害者週間は、12月３日から12月９日までの１週間とする。
３　国及び地方公共団体は、障害者の自立及び社会参加の支援等に関する活動を行う民間の団体等と相互に緊密な連携協力を図りながら、障害者週間の趣旨にふさわしい事業を実施するよう努めなければならない。

（１）障害者週間における具体的な取組の推進

内閣府では、「障害者基本法」の基本理念である、障害の有無にかかわらず、誰もが互いに人格と個性を尊重し支え合う「共生社会」の実現を目指し、同法に規定される「障害者週間」の趣旨を踏まえ、障害及び障害のある人に対する理解促進のための各種広報啓発事業等を行っている。

2023年度においては、次の取組を実施した。

○「障害者週間」関係表彰の実施
○「障害者週間」作品展の開催
○「障害者週間」ワークショップの実施
○「障害者週間」オンラインセミナーの実施

【内閣府ホームページ：https://www8.cao.go.jp/shougai/kou-kei/r05shukan/jyokyo.html】

ア　「障害者週間」関係表彰の実施

本表彰は、内閣府と都道府県・指定都市の共催事業として、全国から障害のある人とない人との心の触れ合い体験をつづった「作文」及び障害のある人に対する国民の理解の促進等に資する「ポスター」を募集し、都道府県・指定都市からの内閣府への推薦作品の中から入賞作品の決定及び「障害者週間」に合わせて入賞者に対する表彰を行うものである。

内閣府では、2023年12月６日に「障害者週間」関係表彰式を実施し、最優秀賞受賞者（作文：４名／ポスター：２名）に対して表彰を行った。

表彰式で挨拶をする加藤鮎子内閣府特命担当大臣
（写真：内閣府）

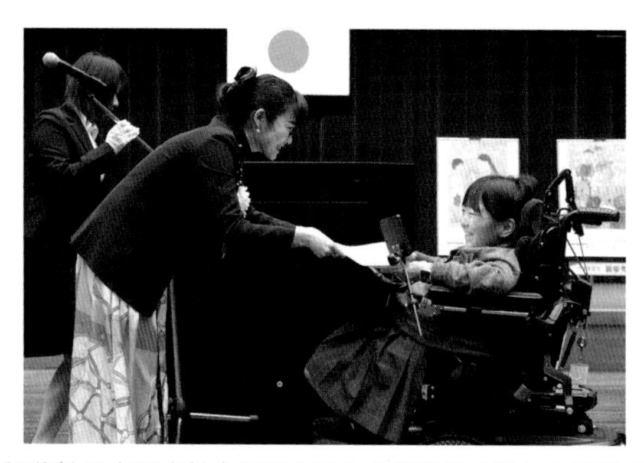

加藤鮎子内閣府特命担当大臣から表彰状の授与を受ける
「作文」（高校生区分）最優秀賞受賞者の佐野夢果さん
（写真：内閣府）

「心の輪を広げる体験作文」及び「障害者週間のポスター」の最優秀賞受賞者と加藤鮎子内閣府特命担当大臣（写真中央）
（写真：内閣府）

① 対象・表彰種別等

○「心の輪を広げる体験作文」表彰

▶対象（4区分）：[小学生区分／中学生区分／高校生区分／一般区分]

▶表彰種別：最優秀賞（内閣総理大臣表彰）　各区分1名
優 秀 賞（内閣府特命担当大臣表彰）　各区分3名
佳　　作　各区分5名

○「障害者週間のポスター」表彰

▶対象（2区分）：[小学生区分／中学生区分]

▶表彰種別：最優秀賞（内閣総理大臣表彰）　各区分1名
優 秀 賞（内閣府特命担当大臣表彰）　各区分1名
佳　　作　各区分5名

② 募集・応募等の状況

○募集期間

2023年7月3日（月）～9月下旬（※都道府県・指定都市が定める日）

○応募・推薦状況

区分	心の輪を広げる体験作文		障害者週間のポスター	
	都道府県・指定都市における応募総数	都道府県・指定都市からの内閣府への推薦数	都道府県・指定都市における応募総数	都道府県・指定都市からの内閣府への推薦数
小学生	172	32	574	38
中学生	837	46	373	36
高校生	512	28		
一般	115	26		
合計	1,636	132	947	74

○受賞者／入賞作品

【心の輪を広げる体験作文】

最優秀賞（内閣総理大臣表彰）					
区分	県・市	氏名	学校名	学年	作品名
小学生	京都府	師橋　ひより	城陽市立今池小学校	5年	いっしょに遊ぼう。
中学生	熊本県	小田　莉子	氷川町及び八代市 中学校組合立氷川中学校	2年	全部理解して欲しいと思いません。 しかし、知って欲しいです。
高校生	静岡県	佐野　夢果	静岡県立掛川東高等学校	2年	気づきから生まれる 誰もが暮らしやすい社会
一般	富山県	牧田　恵実	―	―	闘い

優秀賞（内閣府特命担当大臣表彰）					
区分	県・市	氏名	学校名	学年	作品名
小学生	岐阜県	西田　江里菜	美濃加茂市立古井小学校	6年	優しさに、ありがとう
	大阪市	冨士居　直都	大阪教育大学附属平野小学校	3年	全国ろうあ者大会にさんかして
	静岡市	村松　亜美	静岡市立清水小学校	4年	大ちゃんの薬
中学生	埼玉県	小島　さら	坂戸市立若宮中学校	1年	優しさの連鎖
	香川県	坂本　篤宣	高松市立山田中学校	2年	僕の未来を変えていく
	さいたま市	田中　ことみ	さいたま市立大宮東中学校	2年	僕のこれからの宣言書
高校生	さいたま市	青野　めぐみ	開智高等学校	3年	知ることから
	鳥取県	鯉口　悠生	鳥取県立鳥取聾学校　高等部	3年	未来を拓く
	兵庫県	中田　彩姫	兵庫県立日高高等学校	3年	「すべての人」に安心と楽しみを
一般	北海道	大代　祥也	―	―	自己発信　～相互理解のために～
	岩手県	北條　乃愛	―	―	一粒の光
	大阪府	吉冨　一博	―	―	人生の宝箱

佳作					
区分	県・市	氏名	学校名	学年	作品名
小学生	愛知県	市原　由莉乃	犬山市立犬山西小学校	1年	わたしとはるくんとたっくん
	茨城県	鐘築　千花	茨城大学教育学部附属小学校	6年	カナダのバリアフリーを発見
	仙台市	中野　莉央	仙台市立北仙台小学校	3年	体けんして学んだ事
	相模原市	萩生田　哲汰	相模原市立清新小学校	4年	ぼくの大切なお姉ちゃん
	長崎県	林　真己	島原市立第一小学校	6年	僕たちはかわいそうじゃない
中学生	大阪府	生野　巧	大阪狭山市立狭山中学校	3年	ある日　突然
	静岡県	太田　結月	裾野市立富岡中学校	3年	「知らない」が生む壁
	鹿児島県	上垣　陽人	出水市立鶴荘学園	9年	「吃音と本当の自分」
	山口県	川谷　麻絢	山口大学教育学部附属 山口中学校	3年	障がいを持っていない私が思うこと
	滋賀県	澤居　空	近江兄弟社中学校	1年	しゅんちゃんはしゅんちゃん
高校生	埼玉県	石渡　那美	埼玉県立戸田翔陽高等学校	1年	会話をする
	愛媛県	井上　聖陽	愛媛県立川之石高等学校	2年	誰もが偏見を持たない社会へ
	東京都	進藤　璃子	学習院女子高等科	1年	見えない障がいと向き合う
	大阪府	田中　裕子	関西創価高等学校	1年	思いやりが社会を変える
	山梨県	宮沢　柚妃	山梨英和高等学校	2年	優先席ってだれのもの？
一般	和歌山県	島田　真紀子	―	―	わたしの宝物
	沖縄県	新城　元美	―	―	人生の壁について
	広島市	髙木　美卯	―	―	共生のためのほっこりする出来事
	栃木県	森　義夫	―	―	「障害者スポーツに関わってから」
	堺市	森下　慧大	―	―	僕の歩んできた道

【障害者週間のポスター】

最優秀賞（内閣総理大臣表彰）					
区分	県・市	氏名	学校名	学年	作品名
小学生	浜松市	釜堀　連	浜松市立北浜小学校	2年	いっしょにやってみたいな
中学生	千葉市	山上　結希奈	千葉市立おゆみ野南中学校	2年	やさしい手

優秀賞（内閣府特命担当大臣表彰）					
区分	県・市	氏名	学校名	学年	作品名
小学生	熊本市	山田　姫音	熊本市立力合小学校	4年	私の大切なおともだち
中学生	沖縄県	髙橋　柚菜	糸満市立高嶺中学校	3年	誰もが主役の明るい世界

佳作					
区分	県・市	氏名	学校名	学年	作品名
小学生	相模原市	秋山　蓮太郎	相模原市立富士見小学校	2年	心と力をあわせてはしるんだ
	岩手県	佐々木　優妃	盛岡市立飯岡小学校	6年	共に生きる
	熊本県	田中　蒼真	八代市立千丁小学校	6年	手をとりあって共に歩こう
	栃木県	田中　花実	小山市立大谷北小学校	4年	手話で咲かそう友情の花
	富山県	米田　佳純	富山大学教育学部附属小学校	2年	みんなでいっしょにえがおのまち
中学生	さいたま市	岩﨑　汐良	さいたま市立大砂土中学校	2年	カッコイイあし
	愛知県	近藤　杏柚	一宮市立木曽川中学校	3年	仲間
	埼玉県	早坂　明日花	草加市立新栄中学校	3年	いのちの輝き
	山口県	半田　夏光	岩国市立岩国中学校	1年	もう私達、いつまでも友達だね。
	広島市	松田　みなみ	広島市立福木中学校	3年	安心な生活がつづきますように…

【内閣府ホームページ：https://www8.cao.go.jp/shougai/kou-kei/nyushou/r05nyushou.html】

○入賞作品の広報活用

内閣府では、「心の輪を広げる体験作文」及び「障害者週間のポスター」の入賞作品を、「障害者週間」等における全国的な広報に活用することとしており、障害及び障害のある人に対する国民への理解促進につなげている。

▶「作文」「ポスター」の全入賞作品は、「入賞作品集」として冊子に収め、全国に配布、また、内閣府ホームページにも掲載

【内閣府ホームページ：https://www8.cao.go.jp/shougai/kou-kei/r05sakuhinshu/index.html】

▶「ポスター」最優秀賞受賞作品の中から１点を、「障害者週間」の広報用ポスターに採用し全国に配布するとともに、翌年度の「障害者白書」の表紙としても活用

2023年度のポスター最優秀賞受賞作品（「小学生区分」釜堀連さん）を採用した広報用のポスター（左）と入賞作品集（右）

令和５年版「障害者白書」（2022年度のポスター最優秀賞受賞作品を採用）

イ　「障害者週間」作品展の開催（都道府県・指定都市からの推薦作品の広報活用）

都道府県・指定都市から内閣府に推薦のあった「障害者週間のポスター」の入賞作品を含む全作品の原画及び「心の輪を広げる体験作文」の最優秀賞作品については、国民に対する障害及び障害のある人に対する理解促進の取組の一環として、「障害者週間」の期間中、「作品展」を開催して展示・公開している。

〈2023年度の実施状況〉

○日時　2023年12月３日（日）～９日（土）　各日10：00～20：00

○場所　羽田空港第２ターミナル５階 マーケットプレイス フライトデッキトーキョー及びスカイデッキ通路（東京都大田区）

【内閣府ホームページ：https://www8.cao.go.jp/shougai/kou-kei/r05shukan/main.html#poster1】

令和５年度「障害者週間」作品展（写真：内閣府）

ウ　「障害者週間」ワークショップの実施

内閣府では「障害者週間」の実施に合わせ、体験をテーマに、障害の特性を知っていただくための疑似体験、障害者スポーツや障害のある人のための器具やバリアフリーに配慮された製品の実演や使用体験などのワークショップを開催している。

〈2023年度の実施状況〉

○日時　2023年12月３日（日）及び９日（土）10：00～17：00

○場所　羽田空港第２ターミナル５階 マーケットプレイス フライトデッキトーキョー（東京都大田区）

○主催　内閣府（４ワークショップ開催）

【内閣府ホームページ：https://www8.cao.go.jp/shougai/kou-kei/r05shukan/main.html#workshop】

スポーツ車椅子体験

パラスポーツVR体験

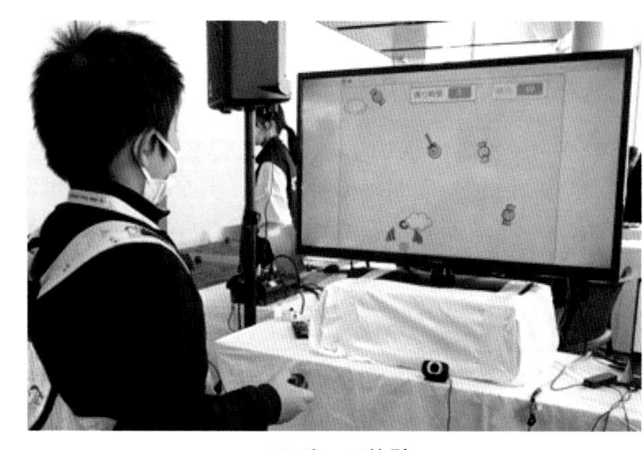

eスポーツ体験

ボッチャ体験

令和５年度「障害者週間」ワークショップ（写真：内閣府）

エ　「障害者週間」オンラインセミナーの実施

内閣府では「障害者週間」の実施に合わせ、障害及び障害のある人に関する理解を促進するため、オンライン配信により、障害者週間の趣旨にふさわしいセミナーを各団体等と連携して開催している。

〈2023年度の実施状況〉

○配信期間　2023年12月３日（日）～28日（木）17：00

○配信場所　内閣府ホームページ

○主催　障害者関係団体等（６団体）

【内閣府ホームページ：https://www8.cao.go.jp/shougai/kou-kei/r05shukan/main.html#seminar】

	主催団体等	テーマ	実施概要
1	公益財団法人 共用品推進機構	一人でも多くの人が使いやすくなるように工夫された「共用品」のおはなし	私たちは、日々、たくさんのモノに囲まれて生活しています。そしてその中に、障害のある人たちや高齢の人たちなどにとって助かる工夫が施された「共用品（きょうようひん）」があります。その一部をご紹介します。
2	公益財団法人 日本障害者リハビリテーション協会	重度障害者が参加したデジタル図書（マルチメディアデイジー図書）製作のご紹介－国連、持続可能な開発目標（SDGs）の「誰も取り残されない社会」の実現に向けて－	発達障害児者向けの小中学校の教科書、副読本等のデジタル図書（デイジー図書）を製作中です。全身性の障害により在宅療養を余儀なくされている方々のデイジー図書製作の参加も実現しました。誰も取り残さない（SDGs）への取り組みとして、製作体験談の報告及び有効な支援についての提言等も専門家から報告を頂きます。
3	公益財団法人 日本盲導犬協会	視覚障害者の情報アクセシビリティと盲導犬	前半は、誰もが自分らしい選択と社会参加をするために、中途視覚障害者が情報を取得しやすい環境と配慮についてお知らせします。後半は、盲導犬に関する基本情報と身体障害者補助犬法の説明、盲導犬との生活を選択した視覚障害者の社会参加について、課題と対応例をご紹介します。
4	公益社団法人 日本発達障害連盟	家族支援、こども支援、教育と発達障害に関する研究活動の実際	こどもの育ち、家族支援、インクルーシブについての発表、「障害基礎年金の勉強会」と「共生社会の実現に向けた理解啓発活動」についての発表、また、発達障害に関する研究大会や学術雑誌刊行、さらには研究成果の一般公開などの活動や、特別支援学校等におけるキャリア発達支援についてなどを構成４団体から発表します。
5	社会福祉法人 全国盲ろう者協会	知ってください！盲ろう者のこと	ヘレンケラーという方をご存じでしょうか？目と耳の両方に障害を併せ持つ、盲ろう者。日本に何名もいらっしゃいます。そんな方たちについて、少しでも知ってもらえたらうれしいです。
6	特定非営利活動法人 全国言友会連絡協議会	幼少期から繋がる吃音支援	吃音がメディアに取り上げられることも増え、その認知度は徐々に上がっています。しかし幼少期から大人にかけて、吃音の症状や問題が複雑になっていくこと等、詳細は十分に知られていません。吃音がありながらも自由に話していた子が、どのように悩みを深めていくのか。どのような支援ができるのか解説いたします。

（２）障害者週間における具体的な取組の推進（国（各省庁等）・都道府県・指定都市における取組）

内閣府では、「障害者週間」の全国的な展開を図るため、国（各省庁等）及び都道府県・指定都市と連携・協力を図り、「障害者週間」の実施に合わせた取組を推進している。

全国で「障害者週間」に合わせて行われる行事や取組については、国民が多くの行事等に参加し、障害及び障害のある人に対する理解を深めることができるよう、内閣府のホームページで公開している。

○国主催行事：69件

○関係機関・団体主催行事：25件

○都道府県・指定都市主催行事：1,816件

※上記件数は、2023年12月時点で内閣府に登録のあったもの。

【内閣府ホームページ：https://www8.cao.go.jp/shougai/kou-kei/index-kk.html#kanren】

２．各種の広報・啓発活動

（１）各種の週間・月間等の取組

このほか各種の週間・月間等の活動の中でも、障害のある人への理解を深めるための広報・啓発活動が展開された。

９月１日から30日までの「障害者雇用支援月間」においては、障害のある人の雇用の促進と職業の安定を図ることを目的として、障害のある方々から募集した絵画や写真を原画とした啓発用ポスターが作成され、全国に掲示されたほか、障害者雇用優良事業所等表彰及び優秀勤労障害者表彰を始め、各都道府県においても、障害者雇用促進のための啓発活動が実施された。

2023年度は、10月23日から29日までの「第70回精神保健福祉普及運動」の期間において精神障害のある人に対する早期かつ適切な医療の提供及び社会復帰の促進等について、国民の理解を深めることを目的として、精神保健福祉全国大会を始めとする諸行事が実施された。

2023年度は、12月４日から10日までの１週間を「第75回人権週間」と定め、関係諸機関及び諸団体の協力の下に、世界人権宣言の趣旨及びその重要性を広く国民に訴えかけるとともに、障害のある人に対する偏見や差別を解消することを含め、人権尊重思想の普及高揚を図るため、法務省の人権擁護機関である法務局・地方法務局及び人権擁護委員等により、全国各地で人権啓発活動を実施した。「第75回人権週間」においては、「『誰か』のこと　じゃない。」をテーマに掲げて周知ポスターの配布やインターネット広告による広報活動を展開するとともに、障害のある人の人権問題を含め、様々な人権問題をテーマにした人権啓発動画の配信や講演会の開催等の各種広報・啓発活動を行った。

2007年12月、国連総会本会議において、毎年４月２日を「世界自閉症啓発デー」とする決議が採択されたことを受け、厚生労働省では、毎年、自閉症を始めとする発達障害に関する正しい知識の浸透を図るため、世界自閉症啓発デー日本実行委員会の協力の下啓発活動に取り組んでいる。2023年は発達障害の啓発に関する動画コンテンツを作成し、世界自閉症啓発デー日本実行委員会のホームページで公開するとともに、東京タワーブルーライトアップ・啓発イベントを実施している。

【世界自閉症啓発デー日本実行委員会ホームページ：https://www.worldautismawarenessday.jp/】

また、「世界自閉症啓発デー」を含む４月２日から８日までの「発達障害啓発週間」においては、全国の地方公共団体や関係団体等により様々な啓発活動が実施された。

第75回人権週間ポスター
資料：法務省

（2）バリアフリー・ユニバーサルデザイン推進功労者表彰

高齢者、障害のある人、妊婦やこども連れの人を含む全ての人が安全で快適な社会生活を送ることができるよう、ハード、ソフト両面のバリアフリー・ユニバーサルデザインを効果的かつ総合的に推進する観点から、その推進について顕著な功績又は功労のあった個人・団体に対して、内閣総理大臣及び高齢社会対策又は障害者施策を担当する大臣が、毎年度、表彰を行い、その優れた取組を広く普及させることとしている。2023年度においては、6団体を表彰した（図表2-1）。

【内閣府ホームページ：https://www8.cao.go.jp/souki/barrier-free/r05hyoushou/index.html】

バリアフリー・ユニバーサルデザイン推進功労者表彰式（2023年12月／写真：内閣府）

■図表２-１　令和５年度バリアフリー・ユニバーサルデザイン推進功労者表彰　受賞者

○内閣総理大臣表彰

受賞者	概要
社会福祉法人 あさがお福祉会 Tsuda-Machi-Kitchen （徳島県徳島市） 【徳島県推薦】	2015年開設。ユニバーサルカフェ、高齢者デイサービス、放課後等デイサービス、児童発達支援、共同生活援助の５つの事業所で構成された施設を運営。年齢や障害の有無に関わらず、全ての人が日常的に共存する「ごちゃまぜ」空間の縮図となることを目指す。 徳島市内において、医療、介護、障害者福祉、乳幼児関係事業を展開する「あさがおグループ」の事業拠点の一つ。
特定非営利活動法人 メディア・アクセス・サポートセンター （東京都渋谷区） 【総務省推薦】	2009年設立。視聴覚に障害のある人にも映画を楽しんでもらえるよう、字幕メガネやスマートフォンの専用アプリで、セリフ、効果音、人物の動作、情景等の映画情報が提供される仕組みの普及に取り組み、映画業界におけるバリアフリーに尽力。 映画フィルムのみならず、TV、インターネット、DVD・Blu-rayなど多様なメディアにおける字幕・音声ガイドの制作、制作物の監修など事業者の支援、字幕表示・音声ガイドアプリや字幕制作ソフトの開発、字幕・音声ガイド制作者の養成、全国の映画館に対する字幕メガネの無料貸与、映画館における運用マニュアルや障害者のための利用ガイドラインの作成に取り組んできた。

○内閣府特命担当大臣表彰　優良賞

受賞者	概要
株式会社Lean on Me （大阪府高槻市） 【経済産業省推薦】	2014年設立。「障がい者にやさしい街づくり」を掲げ、障害のある方の生きづらさを解消するため、障害福祉に関わる事業者向けに、主に知的障害に関するｅラーニング「Special Learning」事業を展開。 虐待の原因にもなりうる知識不足を解消し、障害のある方への理解を深めることで、共生社会の実現に向けた社会基盤の構築を目指す。 全国１万人以上のユーザーが「Special Learning」を利用。
公益社団法人 鳥取県聴覚障害者協会 （鳥取県米子市） 【厚生労働省推薦】	1933年発足、2014年公益社団法人として設立。「いつでも、どこでも、だれでも、コミュニケーションがとれる社会の実現をめざして」を掲げ、手話通訳者・要約筆記者の派遣、就労継続支援、地域相談窓口の運営等の「支援事業」、手話通訳者の養成など「人材育成事業」、手話パフォーマンス甲子園等のイベント開催、出版物の刊行など「啓発普及事業」を実施。

○内閣府特命担当大臣表彰　奨励賞

受賞者	概要
千葉県立東金特別支援学校パラスポ推進隊 （千葉県東金市） 【千葉県推薦】	2018年発足。東京2020オリンピック・パラリンピック競技大会開催を契機として開始されたものであり、共生社会の実現に向け、校内・地域にパラスポーツの魅力を更に広めることを目的とした児童・生徒を主体とした活動を展開。 同校は小学部から高等部まで約150名の生徒が在籍し、毎年、全校集会で隊員を募集、20名前後が応募・参加。
特定非営利活動法人 町田ハンディキャブ友の会 （東京都町田市） 【東京都推薦】	1983年発足、2010年特定非営利活動法人として設立。「移動が困難な人たちが音楽会や買い物などに行く際の支援など、共に生き・共に楽しむこと」、「安心安全」を掲げて、長年にわたり市民の外出を支援。 発足当初、市が直営で通院・通所の輸送を行うなか、本団体はレクリエーション活動等の外出ニーズに対応することで役割を分担。2007年からは、市の補助事業となった福祉輸送サービスの運行も併せて本団体が担っている。

資料：内閣府

（３）世界メンタルヘルスデーイベントの開催

世界精神保健連盟（WFMH）が、1992年から、メンタルヘルス問題に関する世間の意識を高め、偏見をなくし、正しい知識を普及することを目的として、10月10日を「世界メンタルヘルスデー」と定めている。その後、世界保健機関（WHO）も協賛し、正式な国際デー（国際記念日）とされている。

厚生労働省では、精神疾患やメンタルヘルスについて、国民に関心を持ってもらうきっかけとして、2019年から世界メンタルヘルスデーに合わせて、精神障害のある人に対する理解を深めるための普及啓発イベントなどを開催している。2023年は著名人を招き、主に「10代後半から20代前半」の方を対象としたトークイベントを世界メンタルヘルスデー当日に開催し、後日、厚生労働省の世界メンタルヘルスデー特設サイトにて当日の様子を配信した。

ほかにも、世界メンタルヘルスデー当日には、東京タワーを含め全国20か所の名所やモニュメントのライトアップイベントが開催された（主催：特定非営利活動法人シルバーリボンジャパン、ルンドベック・ジャパン株式会社　後援：厚生労働省）。年々世界メンタルヘルスデーへの協力等を通じ、普及啓発に取り組む自治体や企業等が増えている。

世界メンタルヘルスデーJAPAN2023ポスター
資料：厚生労働省

（10月10日トークイベントの様子）

【厚生労働省ホームページ：https://www.mhlw.go.jp/kokoro/mental_health_day/】

（4）心のサポーターの養成

うつ病等の精神疾患やメンタルヘルスに対する正しい知識と理解を持ち、これらの問題を抱える家族や同僚等に対する傾聴を中心に行う支援者を養成するために、厚生労働省は、2021年度からモデル事業として「心のサポーター養成事業」を開始し、2024年３月末現在の心のサポーター養成者数は7,280人となっている。

３年間のモデル事業期間を経て、2024年度から都道府県等が主体となって心のサポーターの養成を担い、全国でより多くの心のサポーターの養成が図られるよう、取組を進めることとしている。

心のサポーターが全国で養成されることで、地域におけるメンタルヘルスの知識の普及啓発に寄与するとともに、家族や同僚等が抱えるうつ病等の精神疾患やメンタルヘルスの問題への早期介入につながることが期待されている。

３．ユニバーサル社会の実現に向けた諸施策の総合的かつ一体的な推進

全ての国民が、障害の有無、年齢等にかかわらず、等しく基本的人権を享有するかけがえのない個人として尊重されるものであるとの理念にのっとり、障害者、高齢者等の自立した日常生活及び社会生活が確保されることの重要性に鑑み、ユニバーサル社会の実現に向けた諸施策の推進に関し、国等の責務を明らかにするとともに、ユニバーサル社会の実現に向けた諸施策の実施状況の公表及びユニバーサル社会の実現に向けた諸施策の策定等に当たっての留意事項その他必要な事項を定めることにより、ユニバーサル社会の実現に向けた諸施策を総合的かつ一体的に推進することを目的とした「ユニバーサル社会の実現に向けた諸施策の総合的かつ一体的な推進に関する法律」（平成30年法律第100号）が2018年12月に成立し、同月から施行された。2023年９月には、同法に基づき、2022年度に政府が講じたユニバーサル社会の実現に向けた諸施策の実施状況を取りまとめ、公表した。

【内閣府ホームページ：https://www8.cao.go.jp/souki/barrier-free/bf-index.html】

４．障害者施策に関する情報提供等

各種障害者施策の状況について積極的に情報提供していくことは、施策を進める上で欠くことのできないものである。

2012年５月に設置された「障害者政策委員会」は、全国の障害のある人を始め関係者の関心が高く、会議運営に当たっても情報保障の観点から、2023年度においても積極的な情報提供に配意した。

2023年度は、対面とオンラインのハイブリット会議による開催とし、その際には、会議の開始から終了までの全状況を会議の映像及び音声、手話通訳並びに要約筆記を合成した動画をリアルタイムで配信し、視聴できることとした。また、その動画を内閣府のホームページにおいて一定期間公開した。これに加え、会議資料を当日の会議開始と同時に内閣府のホームページに掲載するとともに、終了した会議については議事録を掲載している。

【内閣府ホームページ：https://www8.cao.go.jp/shougai/suishin/seisaku_iinkai/index.html】

また、障害者政策委員会の運営に当たっては、障害のある委員の参画に資するため、視覚に障害のある人のための資料の点訳の提供、聴覚に障害のある人のための手話通訳者の配置、要約筆記の提供などの配慮を講じている。

５．障害者白書のマルチメディアデイジー化

「障害者基本法」第13条に基づき、障害者のために講じた施策の概況について、毎年、政府が国会に提出する年次報告書である「障害者白書」については、視覚障害のある人や普通の印刷物を読むことが困難な人々のためのデジタル録音図書の国際標準規格として用いられている情報システムである「マルチメディアデイジー（※）」版を作成し、内閣府のホームページにおいて公表している。

【内閣府ホームページ：https://www8.cao.go.jp/shougai/whitepaper/r05hakusho/zenbun/index-w.html】

※：マルチメディアデイジー図書は、音声にテキスト及び画像をシンクロ（同期）させることができるため、使用者は音声を聞きながらハイライトされたテキストを読み、同じ画面上で絵を見る等、一人一人のニーズに合った「読み」のスタイルを可能にするもの（デジタル録音図書）である。視覚障害のある人のほか、学習障害、知的障害、精神障害等のある人にとっても、有効なツールとなっていくものと考えられている。

【内閣府ホームページ掲載例】

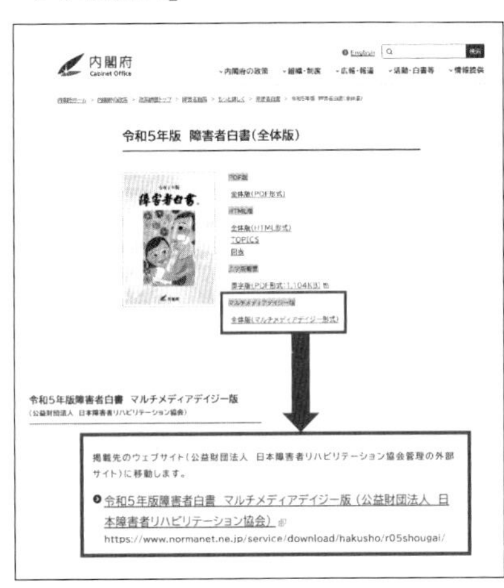

6．教育・福祉における取組

（1）学校教育における取組－交流及び共同学習の推進

障害のある幼児児童生徒と、障害のない幼児児童生徒や地域の人々が活動を共にすることは、全ての幼児児童生徒の社会性や豊かな人間性を育む上で意義があるだけでなく、障害のない幼児児童生徒や地域の人々を含めた周囲の大人が障害のある子供や障害に対する正しい理解と認識を深める上でも重要な機会となっている。

このため、幼稚園、小学校・中学校・高等学校及び特別支援学校の学習指導要領等において、交流及び共同学習の機会を設ける旨が規定されているとともに、教育委員会が主体となり、学校において、各教科やスポーツ、文化・芸術活動等を通じた交流及び共同学習の機会を設けることにより、障害者理解の一層の推進を図る取組等を行っている。文部科学省では、こうした取組がより一層進むよう、2019年３月には「交流及び共同学習ガイド」を改訂し、関係者にお示しするとともに、2020年11月には、「交流及び共同学習オンラインフォーラム」を開催し、地方公共団体における実践事例の周知等を行い、教育委員会や学校等に対して積極的な取組を促している。また、2021年６月には、就学先決定やその後の学校生活に当たっての留意事項等を示した「障害のある子供の教育支援の手引～子供たち一人一人の教育的ニーズを踏まえた学びの充実に向けて～」を改訂し、交流及び共同学習の重要性等について明記している。

第2章　6．教育・福祉における取組　／文部科学省、厚生労働省

TOPICS(トピックス)（4）

発達障害のある人とその家族及び支援者に向けた教育・福祉連携による情報提供の充実

国が提供する発達障害に特化したポータルサイト「発達障害ナビポータル」は、「発達障害者支援法の一部を改正する法律」（平成28年法律第64号）（2016年8月施行）の基本理念と、「家庭と教育と福祉の連携『トライアングル』プロジェクト報告」（2018年3月）を受けて制作され、文部科学省と厚生労働省の協力の下、独立行政法人国立特別支援教育総合研究所（発達障害教育推進センター）と国立障害者リハビリテーションセンター（発達障害情報・支援センター）が2021年より共同運用している。発達障害のある人とその家族に向けた情報や、当事者の暮らしを支える教育、医療、保健、福祉、労働の各分野に携わる方々が互いの専門性を理解し、連携を強化するための情報も併せて掲載している。

2022年4月、発達障害ナビポータル内に、自治体や教育委員会、発達障害者支援センター等の支援機関等が作成した発達障害のある人への支援に有用な成果物や社会資源リスト等の情報を中心に、行政・支援者向け情報検索ツール「自治体取組情報検索」を開設した。続けて2023年4月に「発達障害のある人やその家族が、必要な情報を得て、適切な支援につながれる」というコンセプトの下、当事者・家族向け情報検索ツール「ココみて（KOKOMITE）」を開設した。開発に当たり発達障害のある人とその家族が必要とする情報について調査を行った上で、医療機関に関する情報や当事者会・親の会等の社会資源に関する情報等、利用者ニーズが高い情報を新たに収集し掲載した。

「自治体取組情報検索」には1,300件を超える情報を、「ココみて（KOKOMITE）」には1,800件を超える情報を掲載しており、内容、地域、ライフステージごとに情報を検索できる。

発達障害ナビポータル　当事者・家族向け情報検索ツール「ココみて（KOKOMITE）」の表示例

資料：文部科学省、厚生労働省
（当事者・家族向け情報検索ツール「ココみて（KOKOMITE）」　https://hattatsu.go.jp/libraries2/）
（行政・支援者向け情報検索ツール「自治体取組情報検索」　https://hattatsu.go.jp/libraries/）

（2）地域住民への広報・啓発

障害のある幼児児童生徒が、自立し社会参加するためには、広く社会一般の人々が、幼児児童生徒と教育に対する正しい理解と認識を深めることが不可欠である。

社会教育施設等における学級・講座等においては、障害のある人に対する理解を深めることを重要な学習課題の一つと位置付け、青少年や成人一般、高齢者の学習活動が展開されている。

また、精神保健福祉センターや保健所では、精神障害のある人に対する正しい理解を促すため、地域住民に対する精神保健福祉に関する知識の普及・啓発を行っている。

7．ボランティア活動の推進

（1）学校におけるボランティア教育

学習指導要領において、道徳、総合的な学習（探究）の時間、特別活動等において、思いやりの心や助け合いに関する指導、ボランティア活動の充実などを図っている。

また、高等学校等においては、生徒が行うボランティア活動などの学校外における学修について、校長が教育上有益と認めるときは合計36単位を上限として単位として認定することが可能となっている。

（2）地域福祉等ボランティア活動の促進

ボランティア活動の振興の基盤整備については、全国社会福祉協議会内の「全国ボランティア・市民活動振興センター」へ補助を実施している。「全国ボランティア・市民活動振興センター」では、ボランティア活動等に関する広報・啓発活動、情報提供、研修事業等を実施している。

8．公共サービス従事者等に対する障害者理解の促進

障害のある人が地域において安全に安心して生活していく上では、公務員を始め公共サービス従事者等が障害及び障害のある人について理解していることが重要である。

警察では、警察学校や警察署等の職場において、採用時教育の段階から、障害者施設への訪問実習、有識者による講話等、障害のある人や障害特性への理解を深めるための研修を実施している。

刑務所等矯正施設に勤務する職員に対しては、矯正研修所及び全国７か所の矯正研修所支所において、各種研修を行っているが、その中では、人権擁護、精神医学などの科目を設けて、様々な特性を有する者への適切な対応の仕方について講義しているほか、社会福祉施設における介護等体験実習を実施するなどし、障害のある人に対する理解を促進している。

更生保護官署職員に対しては、各種研修において、職員の経験や業務内容に応じ、障害のある人や障害特性に対する理解を深めるための講義等を実施し、障害のある人に対する理解の促進とその徹底を図っている。

法務省の人権擁護機関では、中央省庁等の職員を対象として、人権に関する国家公務員等の理解と認識を深めることを目的とした「人権に関する国家公務員等研修会」を実施しており、2023年度は障害のある人をテーマに取り上げた。また、都道府県及び市区町村の人権啓発行政に携わる職員を対象として、その指導者として必要な知識を習得させることを目的とした「人権啓発指導者養成研修会」を実施しており、その中で、障害のある人をテーマとした人権問題も取り上げている。これらの取組を通して、障害のある人の人権問題を含む各種人権問題への理解と配慮の必要性を訴えている。このほか、検察職員、矯正施設職員、出入国在留管理庁職員及び裁判所職員に対する研修等に講師を派遣

し、法執行機関及び司法機関の職員の人権問題に関する理解と認識を深めることに努めている。

日本司法支援センター（法テラス）では、本部の担当職員が公益財団法人日本ケアフィット共育機構が認定するサービス介助士の資格を取得し、新規採用職員に対する研修を始めとする各種研修で、障害のある人への支援の方法や、利用者の立場を理解した丁寧かつ適切な対応方法等の知識を伝達し、各地の取組につなげている。さらに、各地で取り組んだ障害のある人への合理的配慮等を行った事例を全国の職員間で共有することで、法テラス全体における職員の対応や事務所の環境の改善につなげている。

９．障害者統計の充実

障害者政策の観点からは、我が国が批准した「障害者の権利に関する条約」により障害者統計の充実が求められているほか、統計整備の観点からも、国連統計委員会は障害に関するデータ収集及び手段の精査を要請しており、国内でも「公的統計の整備に関する基本的な計画」（第Ⅲ期）（令和２年６月２日閣議決定）において施策上のニーズ等を踏まえた障害者統計の充実を図ることが盛り込まれた。こうした状況の下、障害のある人と障害のない人との比較を可能とする統計データを整備する観点から、我が国の統計調査に導入可能な障害のある人を捉える設問について検討することを目的として、2019年度に、国際的に用いられている設問セットの比較等を含めた評価分析を内容とする調査研究を行った。同調査研究では、障害のある人を捉える設問に関する調査と、国際的な動向の把握を実施した。

この調査研究の報告書では、調査研究の結果を踏まえ、今後の障害者統計の在り方について、2022年度までの実施を目途に、例えば国民生活基礎調査や社会生活基本調査といった既存の基幹統計調査等について、障害のある人を捉える設問を導入すること及びその場合の具体的な設問の在り方を検討することが望まれるとした。

これを踏まえ、2020年度以降、関係省庁において具体的な検討を行った結果、総務省では、2021年に実施した社会生活基本調査において、日常生活への支障の有無による生活時間の違いなどを把握した。また、厚生労働省では、2022年に実施した国民生活基礎調査において、ワシントングループ（国連統計部シティ・グループの１つであり、各国の政府統計局や障害に関する国際組織の職員によって構成されている組織）の設問により日常生活における機能制限の程度に関する状況を把握した。

第3章　社会参加へ向けた自立の基盤づくり

第1節

障害のある子供の教育・育成に関する施策

1．特別支援教育の充実

（1）特別支援教育の概要

障害のある子供については、その能力や可能性を最大限に伸ばし、自立や社会参加に必要な力を培うため、一人一人の教育的ニーズに応じ、多様な学びの場において適切な指導を行うとともに、必要な支援を行う必要がある。現在、特別支援学校や小・中学校[※1]の特別支援学級、通級による指導[※2]においては、特別の教育課程や少人数の学級編制の下、特別な配慮により作成された教科書、専門的な知識・経験のある教職員、障害に配慮した施設・設備等を活用して指導が行われている。特別支援教育は、発達障害も含めて、特別な支援を必要とする子供が在籍する全ての学校において実施されるものであり、通常の学級に在籍する障害のある児童生徒に対しても、合理的配慮の提供を行いながら、必要な支援を行う必要がある。

2023年５月１日現在、特別支援学校（小学部・中学部）及び小・中学校の特別支援学級の在籍者並びに小･中学校の通級による指導を受けている児童生徒の総数は約64万人[※3]となっており、増加傾向にある。また、通常の学級に在籍する特別な教育的支援を必要とする児童生徒数の割合は、小・中学校においては約8.8%、高等学校においては約2.2%となっている[※4]。

※１：本節において、小学校には義務教育学校前期課程、中学校には義務教育学校後期課程及び中等教育学校前期課程、高等学校には中等教育学校後期課程を含める。
※２：通級による指導
小・中学校及び高等学校の通常の学級に在籍する障害のある児童生徒に対して、ほとんどの授業（主として各教科などの指導）を通常の学級で行いながら、一部の授業について障害に基づく種々の困難の改善・克服に必要な特別の指導を特別の場で行う指導形態。対象とする障害種は、言語障害、自閉症、情緒障害、弱視、難聴、LD、ADHD、肢体不自由及び病弱・身体虚弱。
※３：通級による指導を受けている児童生徒の総数は、2021年度通年の数。
※４：当該割合は、2022年度の値。

■ 図表３-１　特別支援学校等の児童生徒の増加の状況

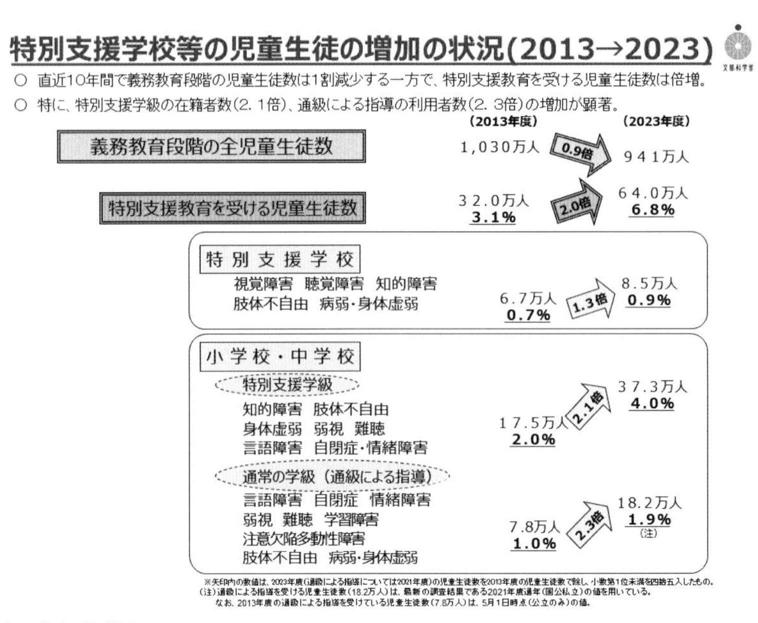

資料：文部科学省

（2）多様な学びの場の整備

ア　特別支援教育に関する指導の充実

①　多様な学びの場における教育

障害のある子供には、特別支援学校や小･中学校の特別支援学級、通級による指導、通常の学級における指導といった多様な学びの場が提供されている。2018年度からは高等学校段階における通級による指導が開始されている。また、障害のため通学して教育を受けることが困難な幼児児童生徒に対しては、教師を家庭、児童福祉施設や医療機関等に派遣して教育（訪問教育）を行っている。

2017年４月には、特別支援学校小学部・中学部学習指導要領、2019年２月に特別支援学校高等部学習指導要領を公示し、（ア）重複障害者である子供や知的障害者である子供の学びの連続性、（イ）障害の特性等に応じた指導上の配慮の充実、（ウ）キャリア教育の充実や生涯学習への意欲向上など自立と社会参加に向けた教育等を充実させた。

幼稚園、小・中学校及び高等学校における特別支援教育については、学習指導要領等において、個別の指導計画や個別の教育支援計画を作成するなど個々の児童生徒等の障害の状態等に応じた指導内容や指導方法の工夫を計画的・組織的に行うこととしている。また、2023年３月に閣議決定された「障害者基本計画（第５次）」においても、障害者が就学前から卒業後まで切れ目ない指導・支援を受けられるよう、幼児児童生徒の成長記録や指導内容等に関する情報を、情報の取扱いに留意しながら、必要に応じて関係機関間で共有・活用するため、本人・保護者の意向等を踏まえつつ、医療、保健、福祉、労働等との連携の下、個別の指導計画や個別の教育支援計画の活用を促進することが明記された。

2023年３月13日に公表された、「通常の学級に在籍する障害のある児童生徒への支援の在り方に関する検討会議」報告において、通常の学級に在籍する障害のある児童生徒への具体的な支援の在り方について示された方向性を踏まえ、特別支援学校と小・中・高等学校のいずれかを一体的に運営するインクルーシブな学校運営モデルを創設することについて、「障害者基本計画（第５次）」に明記されたところであり、2024年度から新規事業として実施すべく関連予算を計上している。

②　障害のある児童生徒の教科書・教材の充実

特別支援学校の児童生徒にとっては、その障害の状態等によっては、一般に使用されている、教科書発行者の発行する検定済教科書が必ずしも適切ではない場合があり、特別な配慮の下に作成された教科書が必要となる。このため、文部科学省では、従来から、文部科学省著作の教科書として、視覚障害者用の点字版の教科書、聴覚障害者用の国語（小学部は言語指導、中学部は言語）、知的障害者用の国語、算数（数学）、音楽及び生活の教科書を作成している。

さらに、特別支援学校及び特別支援学級においては、検定済教科書又は文部科学省著作の教科書以外の図書（いわゆる「一般図書」）を教科書として使用することができる。

また、文部科学省においては、拡大教科書など、障害のある児童生徒が使用する教科用特定図書等（※5）の普及を図っている。

具体的には、多くの弱視の児童生徒に対応できるよう標準的な規格を定め、教科書発行者による拡大教科書の発行を促しており、2023年度に使用された小・中学校の検定済教科書については、標準規格の拡大教科書がほぼ全点発行されている。また、標準規格の拡大教科書では学習が困難な児童生徒のために、一人一人のニーズに応じた拡大教科書等を製作するボランティア団体などに対して教科書デジタルデータの提供を行い、拡大教科書等の製作の効率化を図っている。このほか、通常の検定済教科書において一般的に使用される文字や図形等を認識することが困難な発達障害等のある児童生徒に対しては、教科書の文字を音声で読み上げるとともに、読み上げか所がハイライトで表示されるマルチメディアデイジー教材等の音声教材を提供できるよう、関係協力団体（大学・特定非営利活動法人等）に効率的な製作方法等の調査研究を委託し、成果物である音声教材を無償提供するなど、その普及推進に努めている。

さらには、近年の教育の情報化に伴い、2020年度から実施されている学習指導要領を踏まえた「主体的・対話的で深い学び」の視点からの授業改善や、障害等により教科書を使用して学習することが困難な児童生徒の学習上の支援のため、2018年に「学校教育法」（昭和22年法律第26号）等の改正等を行い、2019年度より、視覚障害や発達障害等の障害等により紙の教科書を使用して学習することが困難な児童生徒の学習上の困難を低減させる必要がある場合には、教育課程の全部において、紙の教科書に代えて学習者用デジタル教科書（※6）を使用することができることとなった。これに関し、文部科学省では、2022年度から引き続き2023年度において、特別支援学校及び特別支援学級を含む全国全ての小・中学校等を対象として、英語等の学習者用デジタル教科書を提供し普及促進を図る事業等を実施した。

※５：教科用特定図書等
視覚障害のある児童及び生徒の学習の用に供するため検定済教科書の文字、図形等を拡大して複製した図書（いわゆる「拡大教科書」）、検定済教科書を点字により複製した図書（いわゆる「点字教科書」）、その他障害のある児童生徒の学習の用に供するために作成した教材であって検定済教科書に代えて使用し得るもの。

※６：学習者用デジタル教科書
紙の教科書の内容の全部（電磁的に記録することに伴って変更が必要となる内容を除く。）をそのまま記録した電磁的記録である教材。
例えば、以下のような活用方法により、教科書の内容へのアクセスが容易となることが期待される。
①文字の拡大、色やフォントの変更等により画面が見やすくなることで、一人一人の状況に応じて、教科書の内容を理解しやすくなる。
②音声読み上げ機能等を活用することで、教科書の内容を認識・理解しやすくなる。
③漢字にルビを振ることで、漢字が読めないことによるつまずきを避け、児童生徒の学習意欲を支える。
④教科書の紙面を拡大させたり、ページ番号の入力等により目的のページを容易に表示させたりすることで、教科書のどのページを見るかを児童生徒が混乱しないようにする。
⑤文字の拡大やページ送り、書き込み等を児童生徒が自ら容易に行う。

③　学級編制及び教職員定数

公立の特別支援学校及び小・中学校の特別支援学級においては、障害の状態や能力・適性等が多様な児童生徒が在籍し、一人一人に応じた指導や配慮が特に必要であるため、「公立義務教育諸学校の学級編制及び教職員定数の標準に関する法律」（昭和33年法律第116号。以下本章では「義務標準法」という。）及び「公立高等学校の適正配置及び教職員定数の標準等に関する法律」（昭和36年法律第188号）に基づき、学級編制や教職員定数について特別の配慮がなされている。

・学級編制

１学級の児童生徒数の標準については、数次の改善を経て、現在、公立特別支援学校では、小・中学部６人、高等部８人（いわゆる重複障害学級にあってはいずれも３人）、公立小・中学校の特別支援学級では８人となっている。

・教職員定数

公立の特別支援学校における児童生徒数が増加していることや障害が重度・重複化していることに鑑み、大規模校における教頭あるいは養護教諭等の複数配置や、教育相談担当・生徒指導担当・進路指導担当及び自立活動担当教師の配置が可能な定数措置を講じている。

2011年４月の「義務標準法」の一部改正では、通常の学級に在籍する障害のある児童生徒を対象とした通級による指導の充実など特別支援教育に関する加配事由が拡大された。

また、2017年３月の「義務標準法」の一部改正により、2017年度から公立小・中学校における通級による指導など特別な指導への対応のため、10年間で対象児童生徒数に応じた定数措置（基礎定数化）を行うこととしている。このほか、特別支援学校のセンター的機能強化のための教員配置など、特別支援教育の充実に対応するための加配定数の措置を講じており、高等学校における通級による指導の制度化に伴い、2018年３月に「公立高等学校の適正配置及び教職員定数の標準等に関する法律施行令」（昭和37年政令第215号）を改正し、公立高等学校における通級による指導のための加配定数措置を可能とした。

④　教員の専門性の確保

教員の資質向上を図るため、独立行政法人国立特別支援教育総合研究所においては、特別支援教育関係の教員等に対する研修や講義配信を行っているほか、独立行政法人教職員支援機構においても、各地域の中心的な役割を担う教員を育成する研修において、特別支援教育に関する内容が含まれている。さらに、都道府県教育委員会等においては、小学校等の教員等の初任者研修や中堅教諭等資質向上研修においても、特別支援教育に関する内容が含まれている。このほか、放送大学において、現職教師を主な対象とした特別支援学校教諭免許状取得のための科目が開講されている。

2022年３月31日に取りまとめられた「特別支援教育を担う教師の養成の在り方等に関する検討会議」[※7] 報告を踏まえ、特別支援教育を担う教師の専門性の向上のための取組に関して説明会や通知で教育委員会等における取組を促しているほか、2023年度には現状把握のための各種調査を実施した。

※7：特別支援教育を担う教師の養成の在り方等に関する検討会議報告
https://www.mext.go.jp/b_menu/shingi/chousa/shotou/173/mext_00031.html

⑤　特別支援学校教諭免許状

特別支援学校教諭免許状の取得のためには、様々な障害についての基礎的な知識・理解と同時に、特定の障害についての専門性を確保することとなっている。そのため、大学などにおける特別支援教育に関する科目の修得状況などに応じ、教授可能な障害の種別（例えば「視覚障害者に関する教育」の領域など）を定めて授与することとしている。

また、2021年１月の中央教育審議会答申「「令和の日本型学校教育」の構築を目指して～全ての子供たちの可能性を引き出す、個別最適な学びと、協働的な学びの実現～」の提言等を踏まえ、特別支援教育を担う教師の専門性の向上を図るため、2022年７月27日に「特別支援学校教諭免許状コアカリキュラム」[※8] を策定した。2024年度入学生からは本カリキュラムに基づいた教職課程が開始することになっている[※9]。

なお、特別支援学校教諭免許状については、「教育職員免許法」（昭和24年法律第147号）上、当分の間、幼稚園、小・中学校及び高等学校の免許状のみで特別支援学校の教師となることが可能とされているが、専門性確保の観点から保有率を向上させることが必要である。

特別支援学校の教師の特別支援学校教諭等免許状の保有率は、全体で87.2％（2023年５月１日現在）であり、全体として10年前と比べ増加しているが、特別支援教育に関する教師の専門性の向上が一層求められている中で、専門の免許状等の保有率の向上は喫緊の課題となっている。このため、各都道府県教育委員会等において教師の採用、配置、現職教師の特別支援学校教諭等免許状取得等の措置を総合的に講じていくことが必要であり、独立行政法人国立特別支援教育総合研究所の通信講座による研修等、免許状保有率の向上に資する取組を行っている。

※8：特別支援学校教諭免許状コアカリキュラム
https://www.mext.go.jp/b_menu/shingi/chousa/shotou/173/mext_00001.html

第1章 第2章 第3章 第4章 第5章 第6章 参考資料 付録 索引

※9：特別支援学校教諭の養成は、2023年4月現在約170の大学で行われている。

⑥ 支援スタッフの積極的な登用

特別支援教育の推進に向け、教師以外の支援スタッフの登用も積極的に進めている。障害のある子供の学校における日常生活上・学習活動上のサポートを行う「特別支援教育支援員」の配置にかかる地方財政措置の拡充や、学校における「医療的ケア看護職員」の配置にかかる経費の一部補助等を進めている。2023年度においては、特別支援教育支援員について、69,500人分の地方財政措置が講じられ、医療的ケア看護職員について、3,740人分の配置にかかる補助を行った。

また、地方公共団体において、こうした支援スタッフの配置がより促進されるよう、2021年8月に、特別支援教育支援員や医療的ケア看護職員を学校教育法施行規則上に位置付けた。

イ 学校施設のバリアフリー化

学校施設は、多くの児童生徒が一日の大半を過ごす学習・生活の場である。このため、障害のある児童生徒が支障なく安心して学校生活を送ることができるようにする必要があることはもとより、災害時の避難所など地域のコミュニティの拠点としての役割も果たすことから、施設・設備のバリアフリー化を一層進めていく必要がある。

文部科学省では、公立小・中学校等において2025年度末までの5年間に緊急かつ集中的に整備を行うための整備目標を定め、学校施設におけるバリアフリー化の取組に対する支援の一つとして、エレベーターやスロープ、バリアフリートイレなどのバリアフリー化に関する施設整備に対して国庫補助を行っている。

さらに、文部科学省ウェブサイト中に「学校施設のバリアフリー化の推進」(※10) の特設ページを開設し、取組事例集、国庫補助制度、相談窓口ほか、学校設置者を始めとする関係者が活用可能な普及啓発ポスターや行政説明資料等、学校施設のバリアフリー化の検討や実施及び機運醸成等に資する資料を掲載した。

※10：「学校施設のバリアフリー化の推進」
https://www.mext.go.jp/a_menu/shisetu/seibi/mext_00003.html

ウ 専門機関の機能の充実と多様化（独立行政法人国立特別支援教育総合研究所）

独立行政法人国立特別支援教育総合研究所は、我が国における唯一の特別支援教育のナショナルセンターとして、国の政策課題や教育現場等の喫緊の課題等に対応した研究活動を核として、各都道府県等において指導的立場に立つ教職員等を対象に、「特別支援教育専門研修」や高等学校における通級による指導などに関する「指導者研究協議会」を実施しているほか、インターネットを通じて、通常の学級の教師を含め障害のある児童生徒等の教育に携わる幅広い教師の資質向上の取組を支援するための研修講義の配信や特別支援学校の教師の免許状保有率の向上に資する免許法認定通信教育を実施している。また、全ての学校を始めとする関係者に必要かつ有益な情報を提供するため、インターネットを活用し、発達障害に関する情報提供等を行う「発達障害教育推進センターウェブサイト」や文部科学省、厚生労働省、国立障害者リハビリテーションセンターと共同運営する「発達障害ナビポータル」、合理的配慮の実践事例の掲載等を行う「インクルーシブ教育システム構築支援データベース」及びデジタル教材を中心とした支援機器等教材活用に関する様々な情報を集約した「特別支援教育教材ポータルサイト」などにより情報発信を行っている。さらに、研究成果の普及等を行う「研究所セミナー」を開催しているほか、地域における特別支援教育の理解・啓発の進展を図るため、ブロックごとに行う「特別支援教育推進セミナー」を実施するなど理解啓発活動も行っている。

このほか、都道府県及び市町村が直面する課題について、その解決を図るため参画した都道府県及び市区町村教育委員会と協働して実施する「地域支援事業」や、国際的動向や諸外国の最新情報の収集及び海外との研究交流を行う「国際事業」等を行っている（独立行政法人国立特別支援教育総合研究所：https://www.nise.go.jp/nc）。

（３）充実した支援体制の整備

ア　切れ目ない支援体制整備

2012年７月に中央教育審議会初等中等教育分科会が取りまとめた「共生社会の形成に向けたインクルーシブ教育システム構築のための特別支援教育の推進（報告）」において、インクルーシブ教育システムを構築する上で、教育委員会や学校等は、医療、保健、福祉、労働等の関係機関等との適切な連携が重要であり、関係行政機関等の相互連携の下で、広域的な地域支援のための有機的なネットワークを形成することが有効であることなどが示された。

文部科学省では、特別な支援が必要な子供が、就学前から卒業後にわたる切れ目ない支援を受けられる体制の整備に必要な経費（①連携体制の整備、②個別の教育支援計画等の活用、③連携支援コーディネーターの配置、④普及啓発などに係る経費）の一部を補助する事業を実施するなどして、教育委員会や学校等における取組を推進している。

■ 図表３-２　教育支援体制整備事業費補助金（切れ目ない支援体制整備充実事業）

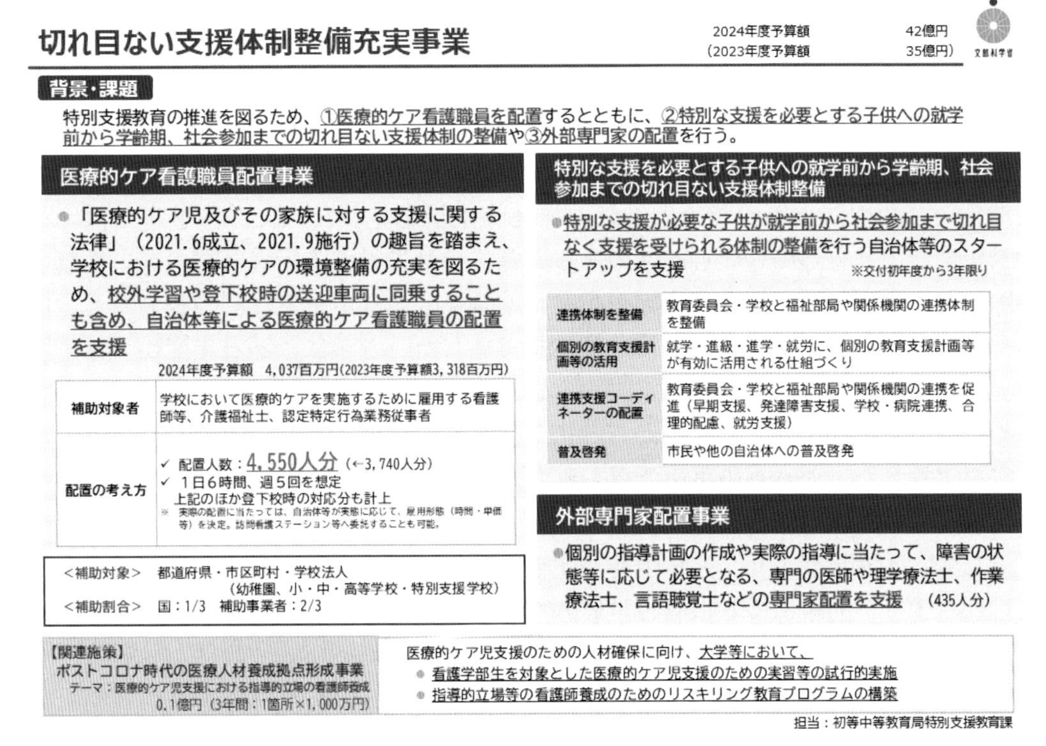

資料：文部科学省

イ　教育と福祉等の連携

発達障害を始め障害のある子供への支援における教育と福祉の連携については、学校と障害福祉サービス事業者との相互理解の促進や、保護者も含めた情報共有の必要性が指摘されている。文部科学省と厚生労働省では、両省連携による、家庭と教育と福祉の連携「トライアングル」プロジェクトを2017年12月に発足させ、2018年３月に、教育と福祉の連携を推進するための方策及び保護者支援を推進するための方策について報告書を取りまとめた。両省は2018年５月に報告書の趣旨を広く周知するため、自治体向けに通知を発出し、各自治体における、教育委員会と福祉部局の連携の促進や、地域における支援の情報や相談窓口について記載されたハンドブックを作成するなどの保護者支援の取組の充実を促した。

文部科学省では、2018年８月に、「学校教育法施行規則」（昭和22年文部省令第11号）の一部改正を行い、「個別の教育支援計画」の作成に当たっては、児童生徒等又はその保護者の意向を踏まえつつ、医療、福祉、保健、労働等の関係機関等と当該児童生徒等の支援に関する必要な情報の共有を図らなければならないこととした。また、2019年度から３年間にわたり、学校と放課後等デイサービス事業所などの障害児通所支援事業所の連携促進に資するため、連携に際してのマニュアルを作成するモデル事業に取り組み、周知を図っている。

さらに、2023年４月には、こども家庭庁が発足したことも踏まえ、こども家庭庁、文部科学省、厚生労働省合同で課題の共有・検討等を行う「障害や発達に課題のあるこどもや家族への支援に関する家庭・教育・福祉の連携についての合同連絡会議」が設置されたところである。こうした動きを踏まえ、文部科学省では、2024年度より、発達障害のある児童生徒等に対する支援に関する家庭・教育・福祉の連携に関する好事例の収集及び事例集の作成等を行う調査研究事業を実施する。

ウ　発達障害のある子供に対する支援

「学校教育法の一部を改正する法律」（平成18年法律第80号）により、幼稚園、小・中学校及び高等学校等のいずれの学校においても、発達障害を含む障害のある幼児児童生徒に対する特別支援教育を推進することが法律上明確に規定された。

2016年６月には「発達障害者支援法の一部を改正する法律」（平成28年法律第64号）が公布され（2016年８月施行）、発達障害児がその年齢・能力に応じ、かつその特性を踏まえた十分な教育を受けられるよう、可能な限り発達障害児が発達障害児でない児童と共に教育を受けられるよう配慮することや、支援体制の整備として個別の教育支援計画・個別の指導計画の作成推進、いじめの防止等のための対策の推進等が規定された。文部科学省では、2020年度から2022年度まで、発達障害の可能性のある児童生徒等に対する指導経験の浅い教師の専門性向上を図るため、研修等の機会の充実や指導・助言などのサポート体制の整備など、関係機関とも連携した支援体制の構築に取り組む事業を実施した。さらに、2021年度からは、障害による学習上又は生活上の困難を改善・克服するための自立活動や通級による指導について、学びの保障や指導の質の向上などの観点から、ICTを活用した自立活動の効果的な指導の在り方の調査研究を実施した。これらの事業で得られた成果については、文部科学省のホームページにおいて公表している。

そして、2023年度より、児童生徒が在籍する学校において専門性の高い通級による指導を受けられるよう、通級による指導の対象となっている児童生徒にとって効果的かつ効率的な通級による指導の実施に向けたモデル構築や、管理職も含めた全ての教員が発達障害を含む特別支援教育に取り組んでいくため、管理職を始めとする教員の理解啓発・専門性向上のための体制構築等に関する研究を実施している。

こども家庭庁では、発達障害等に関する知識を有する専門員が、保育所等を巡回し、施設の職員や親に対し、気になる段階から支援を行うための体制の整備を図り、発達障害児等の福祉の向上を図ると共にインクルージョンを推進することを目的に「巡回支援専門員整備」を進めている。

エ　医療的ケアが必要な子供に対する支援

文部科学省が実施した学校における医療的ケアに関する調査の結果によると、特別支援学校や小・中学校等に在籍する医療的ケアが必要な幼児児童生徒の数は増加傾向にある。また、「医療的ケア児及びその家族に対する支援に関する法律」（令和３年法律第81号）が2021年６月に成立し、2021年９月に施行された。このような状況を踏まえ、文部科学省では、学校において関係者が一丸となって医療的ケアに対応できるよう、医療的ケアの環境整備の充実を図るため、教育委員会や学校等における取組を支援している。

■ 図表３-３　特別支援学校や幼稚園、小・中・高等学校に在籍する医療的ケア児等の推移

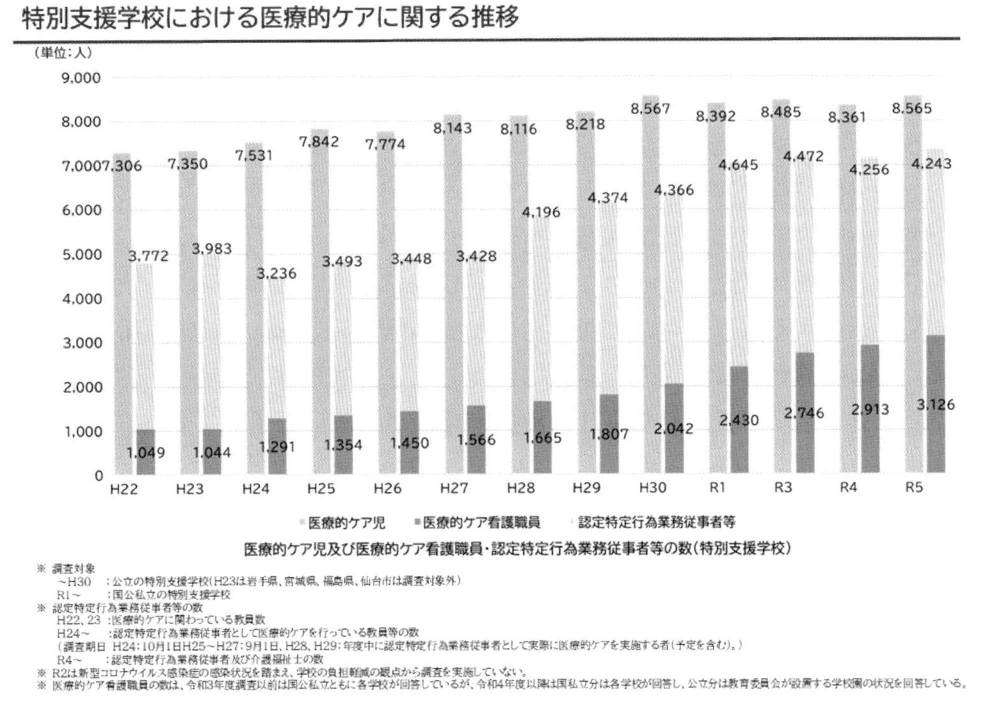

出典：令和５年度学校における医療的ケアに関する実態調査（文部科学省）

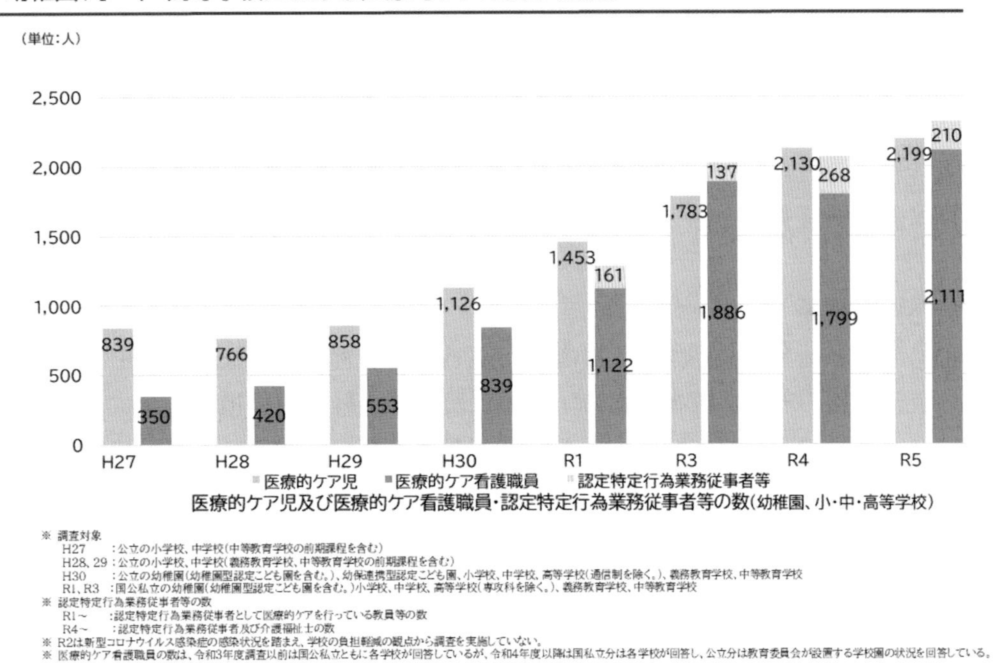

出典：令和５年度学校における医療的ケアに関する実態調査（文部科学省）

とりわけ、学校において中心となって医療的ケアを行う看護師については、学校において教員と連携協働しながら不可欠な役割を果たす支援スタッフとして、その名称を医療的ケア看護職員とし、その職務内容について「学校教育法施行規則」に規定するとともに、教育委員会等における医療的ケア看護職員の配置に係る支援等を行っている。

さらに、近年、小・中学校等においても医療的ケア児が増加傾向であることから、教育委員会等における医療的ケアに関する体制の整備等の参考となるよう、「小学校等における医療的ケア実施支援資料～医療的ケア児を安心・安全に受け入れるために～」を2021年6月に公表するとともに、小・中学校等で医療的ケア児を受入れ、支える体制の在り方について調査研究を実施している。また、2023年度においては「医療的ケア児及びその家族に対する支援に関する法律」の施行等を踏まえ各自治体での取組が進められる中で、安心・安全な医療的ケアの実施に向け、各自治体等の医療的ケア児の支援体制に関する調査やヒアリング等を通して、医療的ケアの実施体制の整備に向けた課題の整理を行う調査研究を行った。

加えて、医療的ケア児が安心して安全に学校等に通うことができるよう、主治医と学校医等との連携を推進する観点から、2020年度の診療報酬改定において、医療的ケア児が通う学校の学校医又は医療的ケアに知見のある医師に対して、医療的ケア児が学校生活を送るに当たって必要な情報を主治医が提供した場合の評価が新設されるとともに、医療的ケア児が普段利用している訪問看護ステーションから学校が必要な情報提供を受けられる機会が拡充された。また、2022年度の診療報酬改定において、算定対象先が追加され、文部科学省では、診療報酬改定を踏まえ、医療的ケア児の教育機会や医療安全を確保する観点から、主治医から学校医等への診療情報提供に基づく医療的ケアの流れやその際の留意事項等を整理し、教育委員会等に周知している。また、2024年度の診療報酬改定において、歯科医師から学校歯科医等に対して必要な情報を提供した場合の評価が新設された。

オ　私学助成

私立の小学校から大学までの学校（特別支援学校を含む。）における障害のある児童・生徒・学生等の就学への配慮や、特別支援学校、特別支援学級を置く小・中学校及び障害のある幼児が就園している幼稚園等の果たす役割の重要性から、これらの学校の教育環境の維持向上及び保護者の経済的負担の軽減を図るため、「私立学校振興助成法」（昭和50年法律第61号）に基づき、国は経常的経費の一部の補助等を行っている。

カ　家庭への支援等

文部科学省と地方公共団体は、障害のある子供の特別支援学校や小・中学校の特別支援学級等への就学支援の充実、障害のある子供の保護者等の経済的負担を軽減するため、その負担能力に応じて就学奨励費を支給している。2023年度からは、新たに高等学校に就学する視覚障害のある生徒への「教科用図書購入費」についても補助対象とし、「新入学児童生徒学用品・通学用品購入費」について、特別支援学校及び小中学校の特別支援学級等への就学予定者の保護者等のうち、要保護児童生徒などの特に支援が必要な保護者等に対して、就学前に支給を実施した場合も補助対象とすることに加え、補助上限額の引き上げも行った。

第３章第１節　１．特別支援教育の充実　　　／文部科学省

TOPICS(トピックス)（５）

特別支援教育に関するICTの推進

GIGAスクール構想の実現に向け、特に、障害のある児童生徒に対しては、障害のある児童生徒が１人１台端末を効果的に活用できるよう、一人一人に応じた入出力装置の整備を併せて支援するとともに、１人１台端末の一層の利活用を推進するため、特別支援教育就学奨励費等においてオンライン学習に必要な通信費についても支援を行っている。端末の活用に当たっては、児童生徒の障害の状態や特性等に応じた取組として、例えば、視覚障害のある児童生徒の場合、拡大機能、白黒反転機能等を搭載した端末を活用することで、各児童生徒においてより文字を見やすい状況を実現できるほか、聴覚障害のある児童生徒の場合、発話をテキスト変換する端末を使用することで、授業のやり取りを視覚的に理解することが可能になる。このように、一人一人の教育的ニーズに応じた適切な指導や必要な支援をするに当たっての強力なツールとなることから、端末を積極的に活用し、各教科等の学習効果を高めたり、障害による学習上又は生活上の困難を改善・克服するための指導に効果を発揮したりする取組が重要である。

また、独立行政法人国立特別支援教育総合研究所（NISE）においては、専門研修の参加者等が、１人１台のタブレット端末等を始めとするICT機器を活用した指導方法や、教室における合理的配慮の可能性を模擬授業などの演習を通じて体験的に学ぶことを目指す施設設備である「ICT活用実践演習室［あしたの教室（通称）］」を設置し、専門研修等の参加者や見学者に対応している。同研究所がこれらの体験等から得られる知見を整理して情報を発信することや、先導的な機器を充実させることで研究所の基礎的研究活動の研究設備としての機能も期待できる。

さらに、障害のある児童生徒の指導における適切なICTの活用を目的に、各地域における指導・支援の充実を図るため、ICT活用について指導実績がある教職員に対し、特別支援教育におけるICT活用に関わる指導者研究協議会を実施している。加えて、学校現場に役立つ事例を紹介したリーフレットの作成等を通じて障害のある児童生徒のICT活用の支援を行っている。

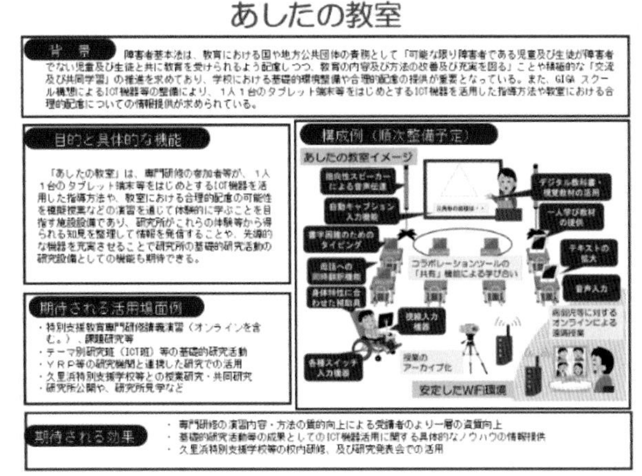

資料：文部科学省

2．障害のある子供に対する福祉の推進

（1）障害児保育の推進

障害のある児童の保育所での受入れを促進するため、1974年度より障害児保育事業において保育所に保育士を加配する事業を実施してきた。

当該事業については、事業開始より相当の年数が経過し、保育所における障害のある児童の受入れが全国的に広く実施されるようになったため、2003年度より一般財源化し、2007年度より地方交付税の算定対象を特別児童扶養手当の対象児童から軽度の障害のある児童に広げる等の拡充をしている。

また、2015年度より施行した子ども・子育て支援制度においては、①保育所、幼稚園、認定こども園において、障害のある児童等の特別な支援が必要な子供を受け入れ、地域関係機関との連携や、相談対応等を行う場合に、地域の療育支援を補助する者を配置、②地域型保育事業について、障害のある児童を受け入れた場合に特別な支援が必要な児童２人に対し保育士１人の配置を行っている。

さらに、保育現場におけるリーダー的職員を育成するため、2017年度より開始した「保育士等キャリアアップ研修」の研修分野に「障害児保育」を盛り込み、障害児保育を担当する職員の専門性の向上を図っている。

なお、障害児保育の研修分野を含めた保育士等キャリアアップ研修を修了し、リーダー的職員となった者に対して、その取組に応じた人件費の加算を実施している。

加えて、障害児保育に係る地方交付税について、2018年度には、措置額を約400億円から約880億円に拡充するとともに、障害児保育に係る市町村の財政需要を的確に反映するため、各市町村の保育所等における「実際の受入障害児数」（2020年度以降、障害児保育のための加配職員数に２を乗じた数（以下本章では「加配対象受入障害児数」という。）を上回る場合は、加配対象受入障害児数）に応じて地方交付税を算定することとした。

このほか、障害のある児童を受け入れるに当たりバリアフリーのための改修等を行う事業を実施している。

■ 図表３-４　障害児保育の実施状況推移

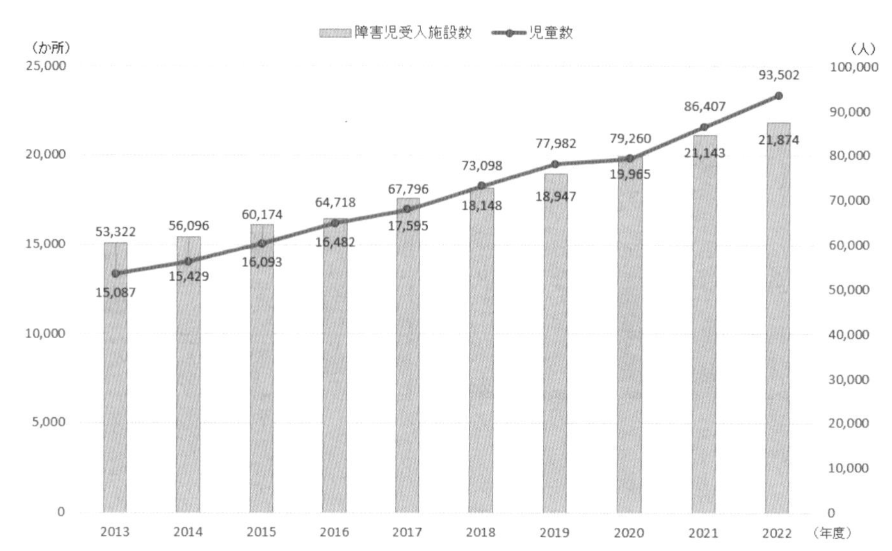

注：各年度３月31日時点
資料：こども家庭庁

（２）放課後児童クラブにおける障害のある児童の受入推進

共働き家庭など留守家庭の小学生に対して、放課後等に適切な遊びや生活の場を与える放課後児童健全育成事業（放課後児童クラブ）においては、療育手帳や身体障害者手帳等を所持する児童に限らず、これらの児童と同等の障害を有していると認められる児童も含めて可能な限り障害のある児童の受入れに努めている。また、こども家庭庁及び文部科学省では、「放課後児童対策パッケージ」（令和５年12月25日付通知）において、放課後児童クラブと学校関係者や専門機関・施設等の関係機関との連携について改めて促しているところである。

障害のある児童の受入れを行っている放課後児童クラブは、年々、着実に増加しており、2023年５月現在で、全25,807クラブのうち約61％に当たる15,841クラブにおいて、59,660人を受け入れている状況である。障害のある児童の受入れに当たっては、個々の障害の程度等に応じた適切な対応が必要なことから、専門的知識等を有する職員を配置するために必要な経費を補助している。

また、2017年度からは、障害のある児童３人以上の受入れを行う場合について、更に１名の専門的知識等を有する職員を配置するために必要な経費の上乗せ補助や医療的ケア児の受入れを行う場合について、看護師等を配置するために必要な経費の補助を行っている。

さらに、2022年度からは、障害のある児童３人以上の受入れを行う場合について、最大３名の職員を加配できるよう補助を拡充するとともに、医療的ケア児の受入れを行う場合について、看護師等が当該児童への送迎や病院への付き添い等を行った場合の補助を創設しており、障害のある児童が放課後児童クラブを適切に利用できるよう支援している。

■ 図表３-５　放課後児童クラブにおける障害児の受入数の推移

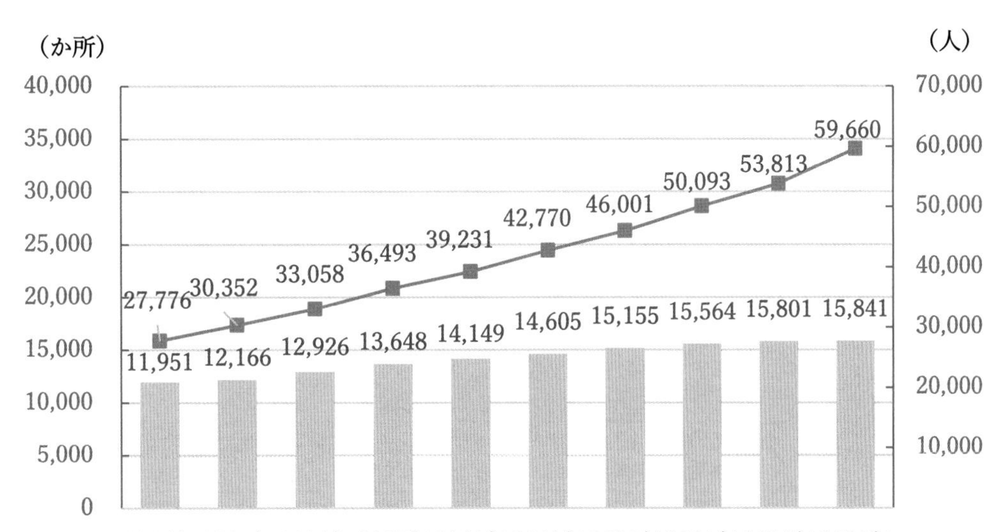

注：各年５月１日時点（2020年のみ７月１日時点）
資料：こども家庭庁

（3）療育体制の整備

ア　障害児支援の充実

障害のある児童に対しては、できるだけ早期に必要な発達支援等を行うことによって、基本的な生活能力の向上を図り、将来の社会参加へとつなげていく必要がある。このため、健康診査等により障害の早期発見を図るとともに、適切な療育を実施する体制の整備を図っている。

また、「障がい者制度改革推進本部等における検討を踏まえて障害保健福祉施策を見直すまでの間において障害者等の地域生活を支援するための関係法律の整備に関する法律」（平成22年法律第71号）の公布に伴う「児童福祉法」（昭和22年法律第164号）の一部改正等により、障害児支援については、身近な地域で支援を受けられるようにする等のため、従来の障害種別に分かれていた体系について、2012年４月から通所による支援を「障害児通所支援」に、入所による支援を「障害児入所支援」として利用形態の別によりそれぞれ一元化し、障害児支援の強化を図っている。

さらに、学齢期における支援の充実を図るために「放課後等デイサービス」を、保育所等に通う障害のある児童に対して集団生活への適応を支援するために「保育所等訪問支援」を創設した。

また、在宅で生活する重症心身障害児（者）に対し、適切なリハビリテーションや療育を提供し、日中の活動の場を確保するため、予算事業により「重症心身障害児（者）通園事業」を実施してきたが、「児童福祉法」の一部改正により、2012年度から法定化され、安定的な財源措置が講じられることとなった。

2016年６月に公布された「障害者の日常生活及び社会生活を総合的に支援するための法律及び児童福祉法の一部を改正する法律」（平成28年法律第65号）による改正後の「児童福祉法」において、障害児支援のニーズの多様性にきめ細かく対応して支援の拡充を図るため、重度の障害等により外出が著しく困難な障害のある児童に対し、居宅を訪問して発達支援を提供する「居宅訪問型児童発達支援」を創設した。加えて、「保育所等訪問支援」について、訪問先を乳児院及び児童養護施設にも拡大した。

■ 図表３-６　障害児通所支援・障害児入所支援の体系

支援		支援の内容
障害児通所支援	児童発達支援	日常生活における基本的な動作及び知識技能の習得並びに集団生活への適応のための支援その他の必要な支援を行うもの、又はこれに併せて治療（肢体不自由のある児童に対して行われるものに限る。）を行うもの
	放課後等デイサービス	授業の終了後又は学校の休業日に、生活能力の向上のために必要な支援、社会との交流の促進その他の必要な支援を行うもの
	居宅訪問型児童発達支援	重度の障害等により外出が著しく困難な障害のある児童の居宅を訪問して発達支援を行うもの
	保育所等訪問支援	保育所、乳児院・児童養護施設等を訪問し、障害のある児童に対して、集団生活への適応のための専門的な支援その他の必要な支援を行うもの
障害児入所支援	福祉型障害児入所施設	施設に入所する障害のある児童に対して、保護、日常生活における基本的な動作及び独立自活に必要な知識技能の習得のための支援を行うもの
	医療型障害児入所施設	施設に入所する障害のある児童に対して、保護、日常生活における基本的な動作、独立自活に必要な知識技能の習得のための支援及び治療を行うもの

資料：こども家庭庁

また、「新しい経済政策パッケージ」（平成29年12月８日閣議決定）及び「経済財政運営と改革の基本方針2018」（平成30年６月15日閣議決定）を踏まえ、2018年12月に取りまとめられた「幼児教育・高等教育無償化の制度の具体化に向けた方針」に沿って、2019年10月以降、就学前の障害児について、満３歳になった後の最初の４月から小学校入学までの３年間を対象に、障害児通所支援・障害児入所支援の利用料を無償化している。

2022年６月には、主に未就学の障害児の発達支援を行う児童発達支援センターについて、地域における障害児支援の中核的役割を担うことや、障害児入所支援において、入所している児童が18歳以降、大人にふさわしい環境へ円滑に移行できるよう、都道府県及び政令市を移行調整の責任主体として明確化することについて定めた、「児童福祉法等の一部を改正する法律」（令和４年法律第66号）が成立し、2024年４月に施行されたほか、「こども基本法」（令和４年法律第77号）、「こども家庭庁設置法」（令和４年法律第75号）等の成立を受けて、2023年４月にこども家庭庁が創設され、こどもまんなか社会の実現に向けて、こども施策の一層の推進が図られるとともに、障害児支援施策は同庁の下で子育て支援施策の中で一元的に推進されることとなった。

2023年12月には、「こども基本法」に基づきこども政策の方針を定めることを目的とした「こども大綱」と、こども・子育て政策の強化を定めた「こども未来戦略」が閣議決定された。その中で障害児支援については、多様な支援ニーズを有するこどもの健やかな育ちを支え、「誰一人取り残さない」社会を実現する観点から、地域における支援体制の強化やインクルージョンの推進を図ることとされた。

また、2023年12月に閣議決定された「幼児期までのこどもの育ちに係る基本的なビジョン（はじめの100か月の育ちビジョン）」では、全てのこどもの誕生前から幼児期までの心身の健やかな育ちを保障するための考え方が取りまとめられ、この中で障害児については、一人一人多様な育ちがある中で個々のニーズに応じた丁寧な支援が必要なこどもと捉えることが大切であり、障害の有無で線引きせず、全てのこどもの多様な育ちに応じた支援ニーズの中で捉えるべきであるとされた。

イ　地域における支援体制の整備

地域で生活する障害のある児童やその家族を支えるため、「児童福祉法」に基づき、児童発達支援センターや障害児通所支援事業所等において発達支援や相談支援等を行っている。

難聴児について、難聴を早期に発見し適切な支援を行うことで、難聴児の言語発達を促すことが可能であることから、保健、医療、福祉、教育が連携し、早期支援や早期療育を行う必要性が指摘されている。このため、2019年３月より、厚生労働省（2023年４月以降はこども家庭庁へ移管）及び文部科学省において、「難聴児の早期支援に向けた保健・医療・福祉・教育の連携プロジェクト」の報告を踏まえ、都道府県における新生児聴覚検査の体制整備の拡充や聴覚障害児支援のための中核機能の強化に取り組んでいる。

2022年２月には、新生児聴覚検査体制の整備、地域における支援（協議会の設置等）、家族等に対する支援（情報提供等）、学校等関係機関における取組等を内容とする、「難聴児の早期発見・早期療育推進のための基本方針」を策定し、都道府県においては、本指針を踏まえ、難聴児の早期発見・早期療育を総合的に推進するための計画を作成し、地域の保健、医療、福祉、教育の連携体制の確保を進めている。

また、医療的ケア児について、2021年９月、議員立法により、医療的ケア児及びその家族に対する支援に関し、基本理念を定め、国、地方公共団体等の責務を明らかにするとともに、保育及び教育の拡充に係る施策その他必要な施策並びに医療的ケア児支援センターの指定等について定めた「医療的ケア児及びその家族に対する支援に関する法律」が成立し、施行された。

こども家庭庁では、「医療的ケア児等総合支援事業」により各都道府県における医療的ケア児支援センターの設置を始め、各地域における支援体制の整備の推進等を図っている。医療的ケア児支援センターの開設が各地で進められ、2024年２月に全47都道府県において設置された。

また、こども家庭庁では、2023年度から「地域障害児支援体制強化事業」により各都道府県における児童発達支援センター等の機能強化を始め、各地域における障害児の支援体制の強化を図っている。

さらに、2023年には令和５年度補正予算により「地域におけるこどもの発達相談と家族支援の機能強化事業」を開始し、地域の保健、子育て、福祉等と医療機関との連携体制を構築し、こどもの発達相談を実施するとともに、必要な発達支援や家族支援につなぐなど、こどもや家族の支援ニーズに適切な時期に対応できる体制整備を進めている。

2023年５月には、2024年度から2026年度末までを計画期間とする「第３期障害児福祉計画」において、児童発達支援センターを中核とした重層的な地域支援体制の構築、障害児の地域社会への参加・包容（インクルージョン）を推進する体制の構築、各都道府県が難聴児支援のための中核機能を果たす体制を確保すること、各都道府県、各圏域及び各市町村が、医療的ケア児とその家族へ適切な支援を届ける「医療的ケア児コーディネーター」を配置すること等を目標とするよう、同計画の基本指針を策定した。

これらにより、障害のある児童とその家族が必要な支援を受け、地域で安心して暮らすことのできる体制の整備を図っている。

加えて、2024年４月の障害福祉サービス等報酬改定において、児童発達支援センターを中核に、身近な地域でニーズに応じた必要な発達支援が受けられる体制整備を進めるとともに、地域の障害児支援体制の充実を図ることとしている。

第３章第１節　２．障害のある子供に対する福祉の推進　　／こども家庭庁

TOPICS(トピックス)（６）

こども大綱の策定と障害児支援の推進

2023年4月1日に、「こどもまんなか社会」の実現に向けてこども家庭庁が発足し、障害児支援については、こども政策全体の中で進めていくこととされた。

2023年12月22日には、全てのこども・若者が心身の健康や周りの環境にかかわらず健やかに成長し、将来にわたり幸せに生活できる「こどもまんなか社会」の実現に向けて、こども家庭庁の発足と同時に施行された「こども基本法」に基づき、幅広いこども政策の方針を定めることを目的とした「こども大綱」が閣議決定された。

また、同日、若者・子育て世代の所得を増やすこと、社会全体の構造や意識を変えること、全てのこどもと子育て世帯をライフステージに応じて切れ目なく支援していくことを基本理念として掲げ、若い世代が希望どおり結婚し、希望する誰もがこどもを持ち、安心して子育てできる社会、こどもたちが笑顔で暮らせる社会の実現に向けて、「こども未来戦略」も閣議決定された。

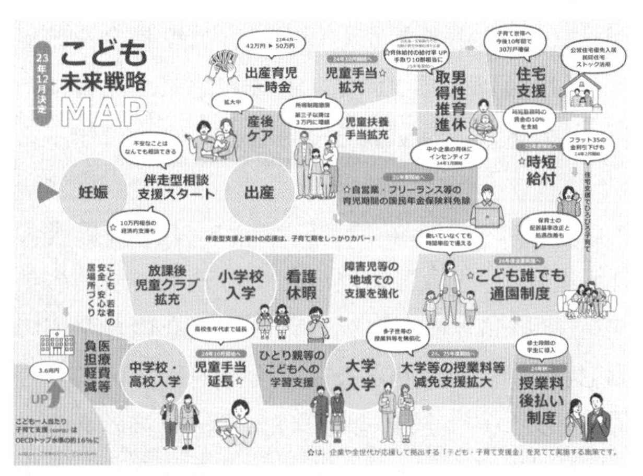

資料：こども家庭庁

その中で障害児支援については、多様な支援ニーズを有するこどもの健やかな育ちを支え「誰一人取り残さない」社会を実現する観点から、地域における支援体制の強化やインクルージョンの推進を図ることとされた。

具体的には、障害の有無にかかわらず、安心して暮らすことができる地域づくりを進めるため、地域における障害児支援の中核的役割を担う児童発達支援センターの機能強化を行うとともに、保育所等への巡回支援の充実を図ることとしている。

また、医療的ケア児、聴覚障害児など、専門的支援が必要なこどもや若者とその家族への対応のための地域における連携体制を強化することや、こどもや若者本人のみならず、保護者やきょうだいの支援を進めること、障害や発達の特性を早期に発見・把握し、適切な支援・サービスにつなげていくとともに、乳幼児期・学童期・思春期の支援から一般就労や障害者施策への円滑な接続・移行に向けた準備を、保健、医療、福祉、保育、教育、労働など関係者の連携の下で早い段階から行っていくことを進めることとしている。

さらに、2024年4月から、補装具が障害のあるこどもの日常生活に欠かせないものであり、成長に応じて交換が必要なものであることを踏まえ、保護者の所得にかかわらず利用できるよう補装具費支給制度の所得制限を撤廃することとした。

3．社会的及び職業的自立の促進

（1）特別支援学校と関係機関等の連携・協力による就労支援

障害のある人が、生涯にわたって自立し社会参加していくためには、企業等への就労を支援し、職業的な自立を果たすことが重要である。しかしながら、2023年５月１日現在、特別支援学校高等部卒業者の進路をみると、福祉施設等入所・通所者の割合が約62.7％に達する一方で、就職者の割合は約29.3％となっており、職業自立を図る上で厳しい状況が続いている。

障害のある人の就労を促進するためには、教育、福祉、医療、労働などの関係機関が一体となった施策を講じる必要がある。

このため、文部科学省では、厚生労働省と連携し、各都道府県教育委員会等に対し、就労支援セミナーや障害者職場実習推進事業等の労働関係機関等における種々の施策を積極的に活用することや、福祉関係機関と連携の下で就労への円滑な移行を図ることなど障害のある生徒の就労を支援するための取組の充実を促している。

（2）高等教育等への修学の支援

障害のある人が障害を理由に高等教育への進学を断念することがないよう、修学機会を確保することが重要である。このため、文部科学省では、出願資格について、必要に応じて改善することや、合理的配慮の提供により、障害のない学生と公平に入学試験を受けられるようにすることなど、適切な対応を求めている。

また、大学・短期大学・高等専門学校（以下本章では「大学等」という。）における障害のある学生の在籍者数が増加していることや、2024年４月に、「障害を理由とする差別の解消の推進に関する法律の一部を改正する法律」（令和３年法律第56号）が施行され、私立を含む全ての大学等において、障害のある学生への合理的配慮の提供が法的義務となること等を踏まえ、高等教育段階における障害のある学生の修学支援の在り方について検討を行うため、「障害のある学生の修学支援に関する検討会」を開催し、検討結果を「第三次まとめ」としてとりまとめ、各大学等へ周知した。併せて、先進的な取組や知見を持つ大学等が中心となり、大学や関係機関等が参加・連携するプラットフォームを形成することで、高等教育機関全体における障害学生支援体制の推進を図る「障害のある学生の修学・就職支援促進事業」を実施した。

独立行政法人日本学生支援機構においては、大学等における障害のある学生への支援の充実に資するよう、全国の大学等における障害のある学生の状況及びその支援状況について把握・分析するための実態調査、各大学等が適切な対応を行うために参考にできる事例集の周知、理解・啓発促進を目的としたセミナーや実務者育成のための研修会の開催などの取組を継続して行っている。

大学入学共通テストや各大学の個別試験において、点字・拡大文字（大学入学共通テストにおいては、障害のある入学志願者によりきめ細かに配慮する観点から、拡大文字問題冊子について、14ポイント版、22ポイント版を作成）による出題、筆跡を触って確認できるレーズライター（ビニール製の作図用紙の表面にボールペンで描いた図形や文字がそのままの形で浮き上がるため、描きながら解答者が筆跡を触って確認できる器具）による解答、文字解答・チェック解答（専用の解答用紙に選択肢の数字等を記入·チェックする解答方式）、パソコン（タブレット端末を含む。）の利用、試験時間の延長、代筆解答、試験問題の人による読み上げ等の受験上の配慮を実施している。

令和６年度大学入学共通テストの受験上の配慮においては、より丁寧な情報提供が行えるように、「受験上の配慮案内」の配慮内容や申請書類に関する記載について見直しを行っている。

学校施設については、障害のある人の円滑な利用に配慮するため、従来よりエレベーターやスロープなどのバリアフリー化に関する施設整備を進めるとともに、支障なく学生生活を送れるよう、各大学等において授業支援等の教育上の配慮が行われている。

聴覚障害及び視覚障害のある人のための高等教育機関である筑波技術大学では、社会に貢献できる先駆的な人材を育成すること及び世界的な視野で聴覚・視覚障害者に対する高等教育の充実と発展に寄与することを教育理念とし、障害特性に合わせた情報保障及び障害補償能力の育成による「伝わる・伝える」教育等を提供することにより、主体的に考え、自律的に行動する力、自立した社会人・職業人として社会に貢献できるコミュニケーション力、さらには、多様な文化を理解し、グローバルな幅広い視野をもって発信・行動する力を身につけた人材の育成に取り組んでいる。

テレビ・ラジオ放送等のメディアを効果的に活用して、遠隔教育を行っている放送大学では、自宅で授業を受けることができ、障害のある人を含め広く大学教育を受ける機会を国民に提供しており、障害のある学生に対しては、放送授業の字幕放送化の推進や単位認定試験における点字出題や音声出題、試験時間の延長等を行っている。また、知的障害のある人やその支援者への生涯学習支援につながる学習コンテンツの作成に向けた検討を行っている。

（3）地域における学習機会の提供

障害のある子供の学校外活動や学校教育終了後における活動等を支援するためには、地域における学習機会の確保・充実を図るとともに、障害のある人が地域の人々と共に、地域における学習活動に参加しやすいように配慮を行う必要がある。

文部科学省では、公民館や図書館、博物館といった社会教育施設について、それぞれの施設に関する望ましい基準を定めるなど、障害の有無にかかわらず、全ての人々にとって利用しやすい施設となるよう促している。

（4）生涯を通じた学びの支援

障害の有無にかかわらず共に学び、生きる共生社会の実現とともに、障害のある人が、生涯にわたり自らの可能性を追求できる環境を整え、地域の一員として豊かな人生を送ることができるようにすることが重要である。2018年３月に閣議決定された「障害者基本計画（第４次）」及び2018年６月に閣議決定された「第３期教育振興基本計画」において、障害のある人の生涯学習の推進について初めて明記され、それぞれ現行の計画に引き継がれている。

両計画に記載されているとおり、文部科学省では、「学校卒業後における障害者の学びの支援推進事業」として、学校から社会への移行期や人生の各ステージにおける効果的な生涯学習プログラムの開発、実施体制等に関する実践研究及び生涯を通じた共生社会の実現に関する調査研究を行っている。2023年度の調査研究では、特別支援学校及び社会教育施設を対象とした「生涯学習を通じた共生社会の実現に関する調査研究」を実施した。実践研究は、都道府県が中心となり市区町村や大学、特別支援学校、社会福祉法人等が参画する「地域コンソーシアムによる障害者の生涯学習支援体制の構築」、市区町村と民間団体が連携して障害者を包摂する生涯学習プログラムを開発する「地域連携による障害者の生涯学習機会の拡大促進」、「大学・専門学校等における生涯学習機会創出・運営体制のモデル構築」の３メニューで37団体を採択し、障害のある人の多様な学びの場の創出や持続可能な体制整備等の実現に向けた取組を実施した。

障害のある人の学びに関する普及・啓発や人材育成に向けた取組では、2019年度からは上記研究事業の成果の普及や、障害に関する理解の促進、支援者同士の学び合いによる学びの場の担い手の育成、障害のある人の学びの場の拡大を目指し、「共に学び、生きる共生社会コンファレンス」を主催し、2023年度は全国13か所において開催した。2023年10月には、障害の有無にかかわらず共に学び、生きる共生社会の実現に向けた啓発として、「超福祉の学校@SHIBUYA～障害の有無をこえて、共に学び、創るフォーラム～」を、特定非営利活動法人ピープルデザイン研究所との共催で開催した。そのほか、2017年度より、障害のある方の生涯学習を支える活動について他の模範と認められるものに対して、その功績を称える文部科学大臣表彰を行っている。2023年度は、長年にわたる個人・団体の功績を称える「功労者表彰」について45件、新しいチャレンジや分野を超えた連携の成果が認められた「奨励活動表彰」について6件を表彰した。これらの多様な活動が、今後のモデルとなり各地で広く展開されていくことを期待し、被表彰者の取組事例を事例集にまとめホームページで公開するとともに、注目すべき取組について動画で紹介している。

令和５年度「障害者の生涯学習支援活動」に係る文部科学大臣表彰
資料：文部科学省

第３章第１節　３．社会的及び職業的自立の促進　　／文部科学省

TOPICS(トピックス)（７）

障害の有無をこえて、共に学び、創るフォーラム ～超福祉の学校@SHIBUYA～

障害当事者を始め家族、支援者、教育関係者・福祉関係者等が学び合う啓発イベントとして、2018年より文部科学省と特定非営利活動法人ピープルデザイン研究所の共催で実施しているフォーラムイベント「超福祉の学校@SHIBUYA」が、2023年10月27日～29日にハイブリッド形式で開催された。13のシンポジウムのうち、障害のある人にとっての生涯学習の機会が、学習を受ける障害当事者だけの学びではなく、学びに関わる全ての人々にとって新たな気付きや学びがあることに着目し「共に学ぶ」ことをテーマとした２本のシンポジウムを紹介する。

～超福祉の学校@SHIBUYA　特設ホームページ～
https://peopledesign.or.jp/school/
※シンポジウムはアーカイブにて視聴可能

○シンポジウム「『共に学ぶ』の先にある『共に生きる』を考える」

福祉サービス事業やアートを通じた街づくりに取り組む認定特定非営利活動法人クリエイティブサポートレッツ（静岡県浜松市）では、重度の知的障害のある当事者の方と地域の方々が活動や生活をともにする中で、お互いに新しいことに出会う、それを双方向の学び（共に学ぶ）ととらえてみようという試みで、様々な学びの機会を創出している。シンポジウムでは、その活動紹介に続き、実際に活動に参加した方から、重い知的障害のある方々と「ともにいること」で生じた関係性の変化や発見が語られ、自身にどのような学びがもたらされたのかを共有した。

「『共に学ぶ』の先にある『共に生きる』を考える」

○シンポジウム「大学生発！みんなのマナビ、私のマナビ」

障害のある方の高等教育機関への進学は、いまだ限られている現実がある。進学という形ではなくとも、履修プログラムやゼミ、サークルやボランティア活動等様々な形で、大学が関わる障害のある人の学校卒業後の学びの機会が広がりつつある。

シンポジウムの登壇者は、神戸大学「KUPI」、相模女子大学「インクルーシブ生涯学習プログラム」、田園調布大学重度重複障害者への訪問学習支援サークル「Bonds」、名古屋大学「ちくさ日曜学校」に参加する学生等で、それぞれの活動を紹介するとともに、彼らが気付いたこと、考えたことが発表された。

「私たちは支援者ではない。私たちが教えられることもたくさんある。また、一緒により良いプログラムをつくる対等な立場でもある」と「共に学ぶ」ことの楽しみのほか、改めて「学び」の在り方を問う葛藤などが語られた。

「大学生発！みんなのマナビ、私のマナビ」

資料：文部科学省

TOPICS(トピックス)（８）

学校卒業後の障害者の多様な学びのかたち（重度重複障害者の学び）

「障害の有無にかかわらず共に学び、生きる共生社会」の実現を目指し、文部科学省では、「学校卒業後における障害者の学びの支援推進事業」に取り組んでいる。特に、移動や参加に支援が必要な重度の障害や医療的ケアを必要とする方が地域の中で安心・安全に参加できる場づくりについて、「重度重複障害児者等の生涯学習に関する実態調査」を実施し、地域の生涯学習に関わる方々に、学びの現状や生涯学習への期待、実際の取組事例（集合型、訪問型、遠隔型、ICTの活用等）を知っていただくための冊子を作成・配布した。また、実践研究事業にて、モデルとなる事業を採択し、その普及促進に取り組んでいる。

～重度重複障害者の生涯学習～

だれでも参加できる
生涯学習の機会を
作りませんか？

資料：文部科学省

（文部科学省ホームページ「重度重複障害児者等の生涯学習に関する実態調査」）
https://www.mext.go.jp/a_menu/ikusei/gakusyushien/mext_01845.html

○令和５年度実践研究より重度重複障害者が参加する取組事例

（文部科学省ホームページ令和5年度「学校卒業後における障害者の学びの支援推進事業」について）
https://www.mext.go.jp/a_menu/ikusei/gakusyushien/1418341_00005.htm

・地域連携による訪問カレッジ・オープンカレッジ（国立大学法人愛媛大学）

四国地区を中心とした重症心身障害者等に対し、個別型の「訪問カレッジ」及び集団型の「オープンカレッジ」を実施し、学習機会を提供するとともに、オンラインコンテンツの製作やコーディネーター、指導者、スタッフを養成する取組を実施している。

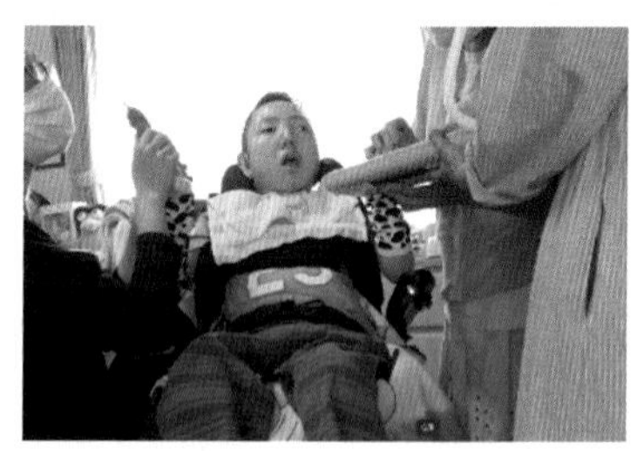

（鍵盤ハーモニカで合奏に挑戦）
資料：文部科学省

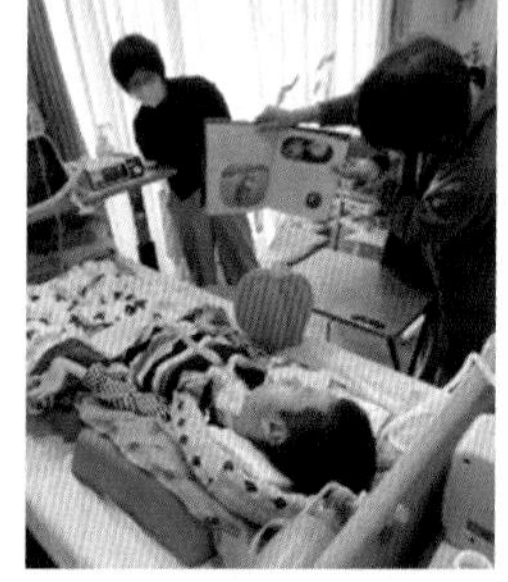

（学習の様子）
資料：文部科学省

・訪問学習支援（重度障害者・生涯学習ネットワーク）

重症心身障害者・医療的ケア者対象の訪問型生涯学習支援「訪問カレッジ」を持続可能な制度にすることを目的に、訪問型生涯学習支援における効果的な学習プログラム、運営・地域連携、人材育成、理解啓発を行っている。

・肢体不自由者へのICTを活用した学習支援（株式会社CMU Holdings ）

特別支援学校卒業後、生活介護事業所に通所する方へ、訪問又はリモートでの支援により、ICTを活用した就労研修や豊かな生活のための学習支援を行っている。

（視線入力体験会の様子）

（リモートで学習）

資料：文部科学省

第1章 第2章 第3章 第4章 第5章 第6章 参考資料 付録 索引

第2節

雇用・就労の促進施策

障害のある人の就労意欲が高まっている中で、障害のある人が、希望や能力、適性を十分にいかし、障害の特性等に応じて活躍できること、障害のある人と共に働くことが当たり前の社会の実現に向けて、障害者雇用対策の一層の充実を図っていく必要がある。

1．障害のある人の雇用の場の拡大

（1）障害者雇用の現状

ア　2023年障害者雇用状況報告

対象障害者を１人以上雇用する義務がある民間企業（常用雇用労働者数43.5人以上）については、毎年６月１日時点の障害者雇用の状況を報告することになっている。2023年の報告結果は次のとおりである。

なお、障害者雇用状況報告では、重度身体障害者又は重度知的障害者については、その１人の雇用をもって、２人の身体障害者又は知的障害者を雇用しているものとしてカウントされる。

また、重度身体障害者又は重度知的障害者である短時間労働者（１週間の所定労働時間が20時間以上30時間未満の労働者）については、１人分として、重度以外の身体障害者及び知的障害者である短時間労働者については、0.5人分としてカウントされる。

ただし、精神障害者である短時間労働者については、当分の間、１人分としてカウントされる（2022年障害者雇用状況報告時点では、新規雇入れから３年以内等の要件が設けられていたが、2023年４月から当該要件を廃止し、当分の間、延長された）。

①　民間企業の状況

2023年６月１日現在の障害者雇用状況は、雇用障害者数が20年連続で過去最高を更新し、642,178.0人（前年同日613,958.0人）となるなど、一層進展している。また、障害者である労働者の実数は534,788人（前年同日516,447人）となった。雇用者のうち身体障害者は360,157.5人（前年同日357,767.5人）、知的障害者は151,722.5人（前年同日146,426.0人）、精神障害者は130,298.0人（前年同日109,764.5人）と、いずれも前年より増加し、特に精神障害者の伸び率が大きかった。

また、民間企業が雇用している障害者の割合（以下本章では「実雇用率」という。）は2.33％（前年同日2.25％）であり、初めて実雇用率が報告時点の法定雇用率（2023年は2.3％）を上回った。

企業規模別に割合をみると、43.5～100人未満規模で1.95％、100～300人未満規模で2.15％、300～500人未満規模で2.18％、500～1,000人未満規模で2.36％、1,000人以上規模で2.55％となった。

一方、法定雇用率を達成した企業の割合は、50.1％となった。なお、雇用されている障害者数については、全ての企業規模で前年の報告より増加した。

■ 図表3-7　民間企業における障害者の雇用状況

○実雇用率と雇用されている障害者の数の推移　　　　　　　　　　　　　（各年6月1日現在）

<障害者の数（千人）>　　　　　　　　　　　　　　　　　　　　　　　　　　　<実雇用率（%）>

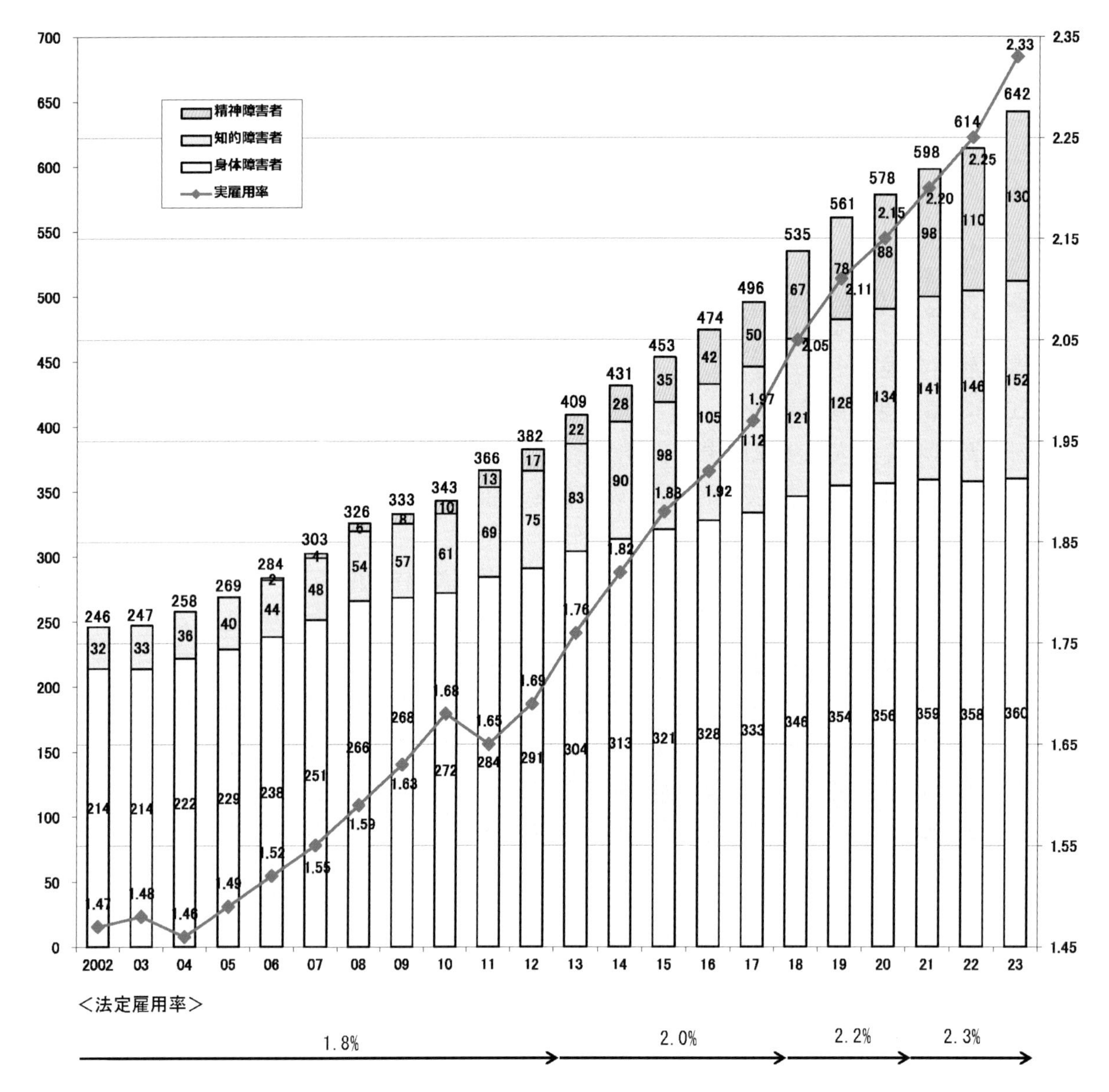

注1：雇用義務のある企業（2012年までは56人以上規模、2013年から2017年までは50人以上規模、
2018年から2020年までは45.5人以上規模、2021年以降は43.5人以上規模の企業）についての集計である。

注2：「障害者の数」とは、次に掲げる者の合計数である。

2005年まで
- 身体障害者（重度身体障害者はダブルカウント）
- 知的障害者（重度知的障害者はダブルカウント）
- 重度身体障害者である短時間労働者
- 重度知的障害者である短時間労働者

2006年以降2010年まで
- 身体障害者（重度身体障害者はダブルカウント）
- 知的障害者（重度知的障害者はダブルカウント）
- 重度身体障害者である短時間労働者
- 重度知的障害者である短時間労働者
- 精神障害者
- 精神障害者である短時間労働者
- （精神障害者である短時間労働者は0.5人でカウント）

2011年以降
- 身体障害者（重度身体障害者はダブルカウント）
- 知的障害者（重度知的障害者はダブルカウント）
- 重度身体障害者である短時間労働者
- 重度知的障害者である短時間労働者
- 精神障害者
- 身体障害者である短時間労働者
- （身体障害者である短時間労働者は0.5人でカウント）
- 知的障害者である短時間労働者
- （知的障害者である短時間労働者は0.5人でカウント）
- 精神障害者である短時間労働者（※）
- （精神障害者である短時間労働者は0.5人でカウント）

※　2018年から2022年までは、精神障害者である短時間労働者であっても、次のいずれかに該当する者についてのみ、1人分とカウントしている。
①　報告年の3年前の年に属する6月2日以降に採用された者であること
②　報告年の3年前の年に属する6月2日より前に採用された者であって、同日以後に精神障害者保健福祉手帳を取得した者であること

2023年以降、精神障害者である短時間労働者については、1人分としてカウントしている。

注3：法定雇用率は2012年までは1.8%、2013年から2017年までは2.0%、2018年から2020年までは2.2%、
2021年以降は2.3%となっている。

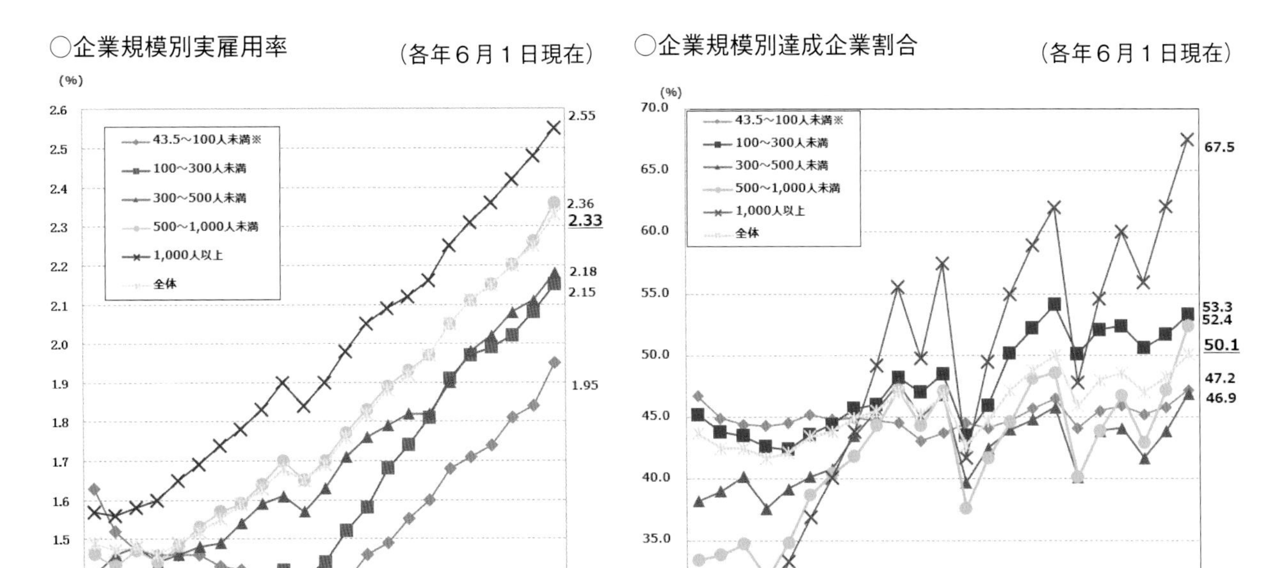

※2012年までは56～100人未満、2013年から2017年までは50～100人未満
※2018年から2020年までは45.5～100人未満
※2021年からは43.5～100人未満

※2012年までは56～100人未満、2013年から2017年までは50～100人未満
※2018年から2020年までは45.5～100人未満
※2021年からは43.5～100人未満

資料：厚生労働省「令和５年障害者雇用状況の集計結果」

■ 図表３-８　民間企業における企業規模別障害者の雇用状況

（2023年６月１日現在）

区分	①企業数	②法定雇用障害者数の算定の基礎となる労働者数	③障害者の数 A．重度身体障害者及び重度知的障害者	B．重度身体障害者及び重度知的障害者である短時間労働者	C．重度以外の身体障害者、知的障害者及び精神障害者	D．重度以外の身体障害者及び知的障害者並びに精神障害者である短時間労働者	E．計 A×２＋B＋C＋D×0.5	F．うち新規雇用分	④実雇用率 E÷②×100	⑤法定雇用率達成企業の数	⑥法定雇用率達成企業の割合
	企業	人	人	人	人	人	人	人	%	企業	%
規模計	108,202	27,523,661.0	127,318	17,553	350,061	39,856	642,178.0	63,557.5	2.33	54,239	50.1
	(107,691)	(27,281,606.5)	(125,433)	(17,969)	(317,201)	(55,844)	(613,958.0)	(58,855.0)	(2.25)	(52,007)	(48.3)
	企業	人	人	人	人	人	人	人	%	企業	%
43.5～100人未満	55,929	3,611,353.0	11,150	3,445	40,128	8,859	70,302.5	8,480.5	1.95	26,372	47.2
	(55,602)	(3,590,481.0)	(10,829)	(3,547)	(34,342)	(12,908)	(66,001.0)	(7,783.5)	(1.84)	(25,460)	(45.8)
100～300人未満	36,926	5,685,618.5	22,043	4,742	68,421	9,892	122,195.0	13,886.0	2.15	19,684	53.3
	(36,824)	(5,676,389.5)	(21,935)	(4,931)	(61,729)	(14,520)	(117,790.0)	(13,018.0)	(2.08)	(19,052)	(51.7)
300～500人未満	7,025	2,481,809.5	10,689	1,667	29,367	3,345	54,084.5	5,485.5	2.18	3,295	46.9
	(7,012)	(2,480,599.5)	(10,591)	(1,753)	(26,963)	(4,683)	(52,239.5)	(5,450.5)	(2.11)	(3,079)	(43.9)
500～1,000人未満	4,825	3,110,460.0	14,609	1,975	40,230	4,025	73,435.5	8,136.0	2.36	2,527	52.4
	(4,778)	(3,068,651.0)	(14,279)	(1,946)	(36,150)	(5,443)	(69,375.5)	(7,170.0)	(2.26)	(2,257)	(47.2)
1,000人以上	3,497	12,634,420.0	68,827	5,724	171,915	13,735	322,160.5	27,569.5	2.55	2,361	67.5
	(3,475)	(12,465,485.5)	(67,799)	(5,792)	(158,017)	(18,290)	(308,552.0)	(25,433.0)	(2.48)	(2,159)	(62.1)

注１：②欄の「法定雇用障害者数の算定の基礎となる労働者数」とは、常用労働者総数から除外率相当数（対象障害者が就業することが困難であると認められる職種が相当の割合を占める業種について定められた率を乗じて得た数）を除いた労働者数である。
注２：③Ａ欄の「重度身体障害者及び重度知的障害者」については法律上、１人を２人に相当するものとしており、Ｅ欄の計を算出するに当たりダブルカウントを行い、Ｄ欄の「重度以外の身体障害者及び知的障害者並びに精神障害者である短時間労働者」については法律上、１人を0.5人に相当するものとしており、Ｅ欄の計を算出するに当たり0.5カウントとしている。ただし、精神障害者である短時間労働者であっても、以下の注４に該当するものについては、１人とカウントしている。
注３：Ａ、Ｃ欄は１週間の所定労働時間が30時間以上の労働者であり、Ｂ、Ｄ欄は１週間の所定労働時間が20時間以上30時間未満の労働者である。
注４：Ｃ欄の精神障害者には、精神障害者であるすべての短時間労働者を含む。
ただし、2022年においては、精神障害者である短時間労働者であって、次のいずれかに該当する者を含む。
①　2019年６月２日以降に採用された者であること
②　2019年６月２日より前に採用された者であって、同日以後に精神障害者保健福祉手帳を取得した者であること
注５：Ｄ欄の2022年の数値における精神障害者である短時間労働者とは、精神障害者である短時間労働者のうち、注４に該当しない者である。
注６：Ｆ欄の「うち新規雇用分」は、2022年６月２日から2023年６月１日までの１年間に新規に雇い入れられた障害者数である。
注７：（　）内は2022年６月１日現在の数値である。

資料：厚生労働省「令和５年障害者雇用状況の集計結果」

② 国・地方公共団体の状況

国の機関（法定雇用率2.6％）に在職している障害者の割合、勤務している障害者数はそれぞれ2.92％、9,940.0人であった。

また、都道府県の機関（法定雇用率2.6％）は2.96％、10,627.5人であり、市町村の機関（法定雇用率2.6％）は2.63％、35,611.5人であった。

さらに、都道府県等の教育委員会（法定雇用率2.5％）は2.34％、16,999.0人であった。

■ 図表３-９ 国・地方公共団体における障害者の在籍状況

1 法定雇用率2.6％が適用される国、地方公共団体 （2023年６月１日現在）

	①法定雇用障害者数の算定の基礎となる職員数	②障害者の数	③実雇用率	④法定雇用率達成機関の数/機関数	⑤達成割合
国の機関	340,707.5人 （ 340,474.5人）	9,940.0人 （ 9,703.0人）	2.92％ （ 2.85％）	44 / 44 （ 44 / 44）	100.0％ （ 100.0％）
都道府県の機関	359,503.0人 （ 363,592.0人）	10,627.5人 （ 10,409.0人）	2.96％ （ 2.86％）	152 / 163 （ 153 / 164）	93.3％ （ 93.3％）
市町村の機関	1,353,753.5人 （ 1,341,687.5人）	35,611.5人 （ 34,535.5人）	2.63％ （ 2.57％）	1,910 / 2,460 （ 1,846 / 2,462）	77.6％ （ 75.0％）

2 法定雇用率2.5％が適用される都道府県等の教育委員会 （2023年６月１日現在）

	①法定雇用障害者数の算定の基礎となる職員数	②障害者の数	③実雇用率	④法定雇用率達成機関の数/機関数	⑤達成割合
都道府県等教育委員会	726,615.5人 （ 726,284.5人）	16,999.0人 （ 16,501.0人）	2.34％ （ 2.27％）	64 / 95 （ 58 / 95）	67.4％ （ 61.1％）

注１：各表の①欄の「法定雇用障害者数の算定の基礎となる職員数」とは、職員総数から除外職員数及び除外率相当職員数（旧除外職員が職員総数に占める割合を元に設定した除外率を乗じて得た数）を除いた職員数である。

注２：各表の②欄の「障害者の数」とは、身体障害者、知的障害者及び精神障害者の計であり、短時間労働者以外の重度身体障害者及び重度知的障害者については法律上、１人を２人に相当するものとしてダブルカウントを行い、重度以外の身体障害者及び知的障害者並びに精神障害者である短時間勤務職員については法律上、１人を0.5人に相当するものとして0.5カウントとしている。

ただし、精神障害者である短時間労働者については、１人を１カウントしている。また、2022年においては、精神障害者である短時間勤務職員であっても、次のいずれかに該当する者についてのみ、１人を１カウントとしていた。

① 2019年６月２日以降に採用された者であること

② 2019年６月２日より前に採用された者であって、同日以後に精神障害者保健福祉手帳を取得した者であること

注３：法定雇用率2.5％が適用される機関とは、都道府県の教育委員会及び一定の市町村の教育委員会である。

注４：（ ）内は、2022年６月１日現在の数値である。

資料：厚生労働省「令和５年障害者雇用状況の集計結果」

■図表３-10　国の機関ごとの障害者の在籍状況

（2023年６月１日現在）

	①法定雇用障害者数の算定の基礎となる職員数	②障害者の数	③実雇用率	④不足数	備考
国の機関合計	340,707.5	9,940.0	2.92	0.0	
行政機関合計	311,259.0	9,121.5	2.93	0.0	
内閣官房	1,515.5	46.0	3.04	0.0	
内閣法制局	80.5	2.0	2.48	0.0	
内閣府	3,451.0	93.0	2.69	0.0	
宮内庁	1,195.5	42.0	3.51	0.0	
公正取引委員会	890.5	26.0	2.92	0.0	
警察庁	2,266.0	72.5	3.20	0.0	
個人情報保護委員会	220.0	6.0	2.73	0.0	
カジノ管理委員会	180.0	4.0	2.22	0.0	
金融庁	1,752.5	50.0	2.85	0.0	
消費者庁	515.5	17.0	3.30	0.0	
こども家庭庁	507.5	17.0	3.35	0.0	注5
デジタル庁	754.5	19.0	2.52	0.0	
復興庁	201.0	6.0	2.99	0.0	
総務省	5,207.0	153.5	2.95	0.0	特例承認あり（注４）
法務省	33,685.0	952.0	2.83	0.0	
出入国在留管理庁	5,056.0	133.5	2.64	0.0	
公安調査庁	1,754.0	49.0	2.79	0.0	
外務省	3,557.5	155.5	4.37	0.0	
財務省	12,436.0	359.5	2.89	0.0	
国税庁	61,851.5	1,808.5	2.92	0.0	
文部科学省	2,837.5	75.0	2.64	0.0	特例承認あり（注４）
厚生労働省	60,075.0	1,816.5	3.02	0.0	
農林水産省	15,759.5	450.5	2.86	0.0	
林野庁	4,684.5	139.5	2.98	0.0	
水産庁	822.5	23.0	2.80	0.0	
経済産業省	6,619.5	188.0	2.84	0.0	特例承認あり（注４）
特許庁	3,524.5	96.5	2.74	0.0	
国土交通省	42,441.0	1,225.5	2.89	0.0	
観光庁	263.0	9.0	3.42	0.0	
気象庁	4,788.0	147.0	3.07	0.0	
運輸安全委員会	189.0	10.0	5.29	0.0	
海上保安庁	294.0	19.0	6.46	0.0	
環境省	2,984.5	91.0	3.05	0.0	
原子力規制委員会	1,225.0	43.0	3.51	0.0	
防衛省	24,024.0	663.5	2.76	0.0	
防衛装備庁	1,713.0	49.5	2.89	0.0	
人事院	670.5	20.0	2.98	0.0	
会計検査院	1,267.0	43.0	3.39	0.0	
立法機関合計	4,011.0	115.0	2.87	0.0	
衆議院事務局	1,622.5	46.0	2.84	0.0	
衆議院法制局	90.0	2.0	2.22	0.0	
参議院事務局	1,253.0	34.0	2.71	0.0	
参議院法制局	67.0	1.0	1.49	0.0	
国立国会図書館	978.5	32.0	3.27	0.0	
司法機関合計	25,437.5	703.5	2.77	0.0	
裁判所	25,437.5	703.5	2.77	0.0	

注１：①欄の「法定雇用障害者数の算定の基礎となる職員数」とは、職員総数から除外職員数及び除外率相当職員数（旧除外職員が職員総数に占める割合を元に設定した除外率を乗じて得た数）を除いた職員数である。
注２：②欄の「障害者の数」とは、身体障害者数、知的障害者数及び精神障害者数の計であり、短時間勤務職員以外の重度身体障害者及び重度知的障害者については、法律上、１人を２人に相当するものとしてダブルカウントとしている。
また、短時間勤務職員である重度身体障害者及び重度知的障害者については１人を１カウントとしている。
さらに、重度以外の身体障害者及び知的障害者並びに精神障害者である短時間勤務職員については、法律上、１人を0.5人に相当するものとして0.5カウントとしている。ただし、短時間勤務職員である精神障害者については、１人１カウントとしている。
注３：④欄の「不足数」とは、①欄の職員数に法定雇用率を乗じて得た数（１未満の端数切り捨て）から②欄の障害者の数を減じて得た数であり、これが0.0となることをもって法定雇用率達成となる。
したがって、実雇用率が法定雇用率を下回っていても、不足数が0.0となることがあり、この場合、法定雇用率達成となる。
注４：注４の省庁は、特例承認を受けている。特例承認とは、省庁及び当該省庁におかれる外局の申請に基づき、厚生労働大臣の承認を受けた場合に、当該省庁におかれる外局に勤務する職員を当該省庁に勤務する職員とみなすものである。

【特例承認一覧】

省庁	総務省	文部科学省	経済産業省
外局等	公害等調整委員会、消防庁	文化庁、スポーツ庁	中小企業庁、資源エネルギー庁

注５：こども家庭庁は、2023年４月１日付けで発足したため、2023年６月１日現在の任免状況通報書より通報対象となる。

資料：厚生労働省「令和５年障害者雇用状況の集計結果」

イ　ハローワークの職業紹介状況

2022年度のハローワークを通じた就職件数は、102,537件（前年度比6.6％増）であった。このうち、身体障害者は21,914件（前年度比5.2％増）、知的障害者は20,573件（前年度比3.1％増）、精神障害者は54,074件（前年度比17.8％増）、その他の障害のある人（発達障害、難病、高次脳機能障害などのある人）（※）は5,976件（前年度比37.2％減）であった。

また、新規求職申込件数は233,429件（前年度比4.2％増）となり、このうち、身体障害者は58,095件（前年度比0.1％増）、知的障害者は35,609件（前年度比2.8％増）、精神障害者は123,591件（前年度比14.2％増）、その他の障害のある人は16,134件（前年度比30.0％減）であった。

※「その他の障害のある人」とは、身体障害者・知的障害者・精神障害者以外の障害者をいい、具体的には、障害者手帳を所持しない発達障害者、難病患者、高次脳機能障害者などである。対前年度差（比）減は、ハローワークシステム刷新の影響により、2021年度において障害者手帳所持者が一部計上されていた影響が大きい。

■ 図表3-11　ハローワークにおける障害者の職業紹介状況

	①新規求職申込件数（注1）		②有効求職者数（注2）		③就職件数（注3）		④就職率（③／①）	
	（件）	前年度比（％）	（人）	前年度比（％）	（件）	前年度比（％）	（％）	前年度差（ポイント）
2012年度	161,941	9.2	198,755	8.9	68,321	15.1	42.2	2.2
2013年度	169,522	4.7	207,956	4.6	77,883	14.0	45.9	3.7
2014年度	179,222	5.7	218,913	5.3	84,602	8.6	47.2	1.3
2015年度	187,198	4.5	231,066	5.6	90,191	6.6	48.2	1.0
2016年度	191,853	2.5	240,744	4.2	93,229	3.4	48.6	0.4
2017年度	202,143	5.4	255,612	6.2	97,814	4.9	48.4	△0.2
2018年度	211,271	4.5	272,481	6.6	102,318	4.6	48.4	0.0
2019年度	223,223	5.7	300,512	10.3	103,163	0.8	46.2	△2.2
2020年度	211,923	△5.1	331,260	10.2	89,840	△12.9	42.4	△3.8
2021年度	223,971	5.7	358,539	8.2	96,180	7.1	42.9	0.5
2022年度	233,429	4.2	382,100	6.6	102,537	6.6	43.9	1.0

※注1：表中の「①新規求職申込件数」の2021年度以降の数値には、2021年９月より開始されたハローワークインターネットサービスにより新規求職申込を行った者（同月中に来所した者を除く）の件数（オンライン新規求職申込件数：2021年度2,864件、2022年6,211件）は計上していない。また、2019年度から2021年度の数値については2024年３月に訂正された数値を計上したため、過去の「障害者白書」の数値と異なっている。
※注2：表中の「②有効求職者」の2021年度以降の数値には、オンライン新規求職申込後も来所せずに求職活動を行う者（オンライン登録者の有効求職者数：2021年度1,424件、2022年度1,429件）は計上していない。また、2019年度から2021年度の数値については2024年３月に訂正された数値を計上したため、過去の「障害者白書」の数値と異なっている。
※注3：表中の「③就職件数」には、ハローワークインターネットサービスのオンライン自主応募（ハローワークの職業紹介を経ずに直接応募できる機能を利用したこと）による就職件数は計上していない。
資料：厚生労働省「令和４年度障害者の職業紹介状況等」

■ 図表3-12　ハローワークにおける障害者の職業紹介状況（障害種別ごと）（2022年度）

	2022年度						
	障害者計	身体障害者	うち重度	知的障害者	うち重度	精神障害者	その他
新規求職申込件数（注1）	233,429	58,095	19,964	35,609	4,054	123,591	16,134
就職件数（注2）	102,537	21,914	7,835	20,573	3,210	54,074	5,976

※注1：表中の「新規求職申込件数」の2022年度数値には、2021年９月より開始されたハローワークインターネットサービスにより新規求職申込を行った者（同月中に来所した者を除く）の件数（オンライン新規求職申込件数）6,211件は計上していない。
※注2：表中の「就職件数」には、ハローワークインターネットサービスのオンライン自主応募（ハローワークの職業紹介を経ずに直接応募できる機能を利用したこと）による就職件数は計上していない。
資料：厚生労働省「令和４年度障害者の職業紹介状況等」

（２）障害のある人の雇用対策について

ア　障害のある人の雇用対策の基本的枠組み

障害者施策の基本理念である、全ての国民が、障害の有無によって分け隔てられることなく、相互に人格と個性を尊重し合いながら共生する社会の実現のためには、職業を通じた社会参加が重要である。この考え方の下に障害のある人の雇用対策の各施策を推進している。

具体的には、「障害者の雇用の促進等に関する法律」（昭和35年法律第123号。以下本章では「障害者雇用促進法」という。）や同法に基づく「障害者雇用対策基本方針」（令和５年厚生労働省告示第126号）等を踏まえ、障害のある人、一人一人がその能力を最大限発揮して働くことができるよう、障害の種類及び程度に応じたきめ細かな対策を講じている。

また、障害のある人の就労意欲が高まるとともに、積極的に障害者雇用に取り組む民間企業が増加するなど障害者雇用は着実に進展している中で、雇用の質の向上の推進や、多様な就労ニーズに対する支援を図る観点から、2022年に「障害者雇用促進法」の一部改正を含む「障害者の日常生活及び社会生活を総合的に支援するための法律等の一部を改正する法律案」が国会に提出され、2022年12月に成立した（2024年４月１日施行。一部の規定は、2023年４月１日施行、公布の日から３年を超えない範囲内において政令で定める日に施行）。

「障害者雇用促進法」の主な改正内容は、事業主の責務として、障害のある人の職業能力の開発及び向上に関する措置を行うことを明確化すること、特に短い労働時間（週所定労働時間10時間以上20時間未満）で働く重度の身体・知的障害者及び精神障害者の就労機会の拡大を図るため、特例的に実雇用率において算定できるようにすること、障害者雇用調整金等の支給方法の見直しや、企業が実施する職場定着等の取組に対する助成措置を強化すること等であり、適正かつ円滑な施行に向けた取組を進めていく。

イ　障害者雇用率制度及び法定雇用率の達成に向けた指導

①　障害者雇用率制度

（ア）障害者雇用率制度

「障害者雇用促進法」では、民間企業等に対し、一定の割合（障害者雇用率）以上の障害のある人の雇用を義務付けている。障害者雇用率は、企業の社会連帯の理念に基づき、身体障害者、知的障害者又は精神障害者に一般労働者と同じ水準の雇用の場を、各事業者の平等な負担の下に確保することを目的として設定している。1960年の制度創設時、民間企業の障害者雇用率は努力義務として事務的事業所1.3％、現場的事業所1.1％であった。その後、1976年に障害者雇用率制度を義務化し、1988年、1998年、2013年及び2018年に障害者雇用率を改正し、2021年３月１日からは、0.1％の引上げを行い、2.3％となった。

また、2023年４月からの民間企業における新たな障害者雇用率は2.7％としており、その引上げについては、雇入れに係る計画的な対応が可能となるよう、2023年度は2.3％に据え置き、2024年４月から2.5％、2026年７月から2.7％と段階的に実施する。国等の公的機関については、2023年４月からの新たな法定雇用率は3.0％（教育委員会は2.9％）とし、段階的な引上げに係る対応（引上げ時期及び引上げ幅）は民間事業主と同様としている。

（イ）特例子会社制度等の特例措置

事業主が障害のある人の雇用に特別の配慮をした子会社（特例子会社）を設立した場合には、一定の要件の下でこの特例子会社に雇用されている労働者を親会社に雇用されている者とみなして、実雇用率を算定できる特例措置（特例子会社制度）を設けている。特例子会社制度は、障害のある人の特性に配慮した仕事の確保・職場環境の整備が容易となり、これにより障害のある人の能力を十分に引き出すことができるなど、事業主及び障害のある人双方にメリットがあると考えられる。2023年6月1日現在で598社を特例子会社として認定している。

また、特例子会社を持つ親会社については、関係するほかの子会社も含め、企業グループ全体での実雇用率の算定を可能としている。

さらに、特例子会社がない場合も、一定の要件を満たす企業グループとして認定を受けたものについては、企業グループ全体で実雇用率を通算できる「企業グループ算定特例」を設けている。

② 法定雇用率の達成に向けた指導の一層の促進

障害者雇用率制度の履行を確保するため、ハローワークにおいて、法定雇用率未達成企業に対する指導を行っている。

（ア）民間企業等に対する指導等

実雇用率の著しく低い民間企業に対しては、ハローワークが障害のある人の雇入れに関する2年間の計画の作成を命じ、当該計画に基づいて障害のある人の雇用を進めるよう継続的な指導を実施している。また、雇入れ計画を作成したものの、障害のある人の雇用が進んでいない企業に対しては、雇入れ計画の適正な実施に関する勧告を行い、計画終期で一定の改善がみられなかった企業に対し企業名公表を前提とした特別指導を行っている。さらに、一連の指導にもかかわらず改善がみられない企業については、企業名を公表している。

（イ）国・地方公共団体に対する指導等

国及び地方公共団体の機関については、民間企業に率先して障害のある人の雇入れを行うべき立場にあり、全ての公的機関における毎年6月1日現在の雇用状況を発表している。また、未達成である機関については、障害のある人の採用に関する計画を作成しなければならず、その計画が適正に実施されていない場合には、厚生労働省は国及び地方公共団体の各機関の任命権者に対し、計画が適正に実施されるよう勧告を行っている。

ウ 障害者雇用納付金制度

「障害者雇用促進法」は、障害者雇用率制度に加え、障害のある人の雇用に伴う事業主の経済的負担を調整するとともに、障害のある人の雇用を容易にし、社会全体として障害のある人の雇用水準を引き上げるため、障害者雇用納付金制度を設けている。この制度では、障害者雇用率未達成の民間企業（常用雇用労働者数100人超）から納付金を徴収するとともに、一定水準を超えて障害のある人を雇用している民間業に対して、障害者雇用調整金、報奨金を支給している。

このほか、障害のある人を雇い入れるために施設、設備の改善等を行う事業主等に対する助成金の支給や在宅就業障害者に仕事を発注する事業主に対する在宅就業障害者特例調整金等の支給を行っている。

■ 図表３-13　障害者雇用納付金制度について

障害者雇用納付金制度

○　全ての事業主は、**社会連帯の理念**に基づき、障害者に雇用の場を提供する共同の責務を有する。
○　障害者の雇用に伴う**経済的負担を調整**するとともに、障害者を雇用する事業主に対する助成・援助を行うため、**事業主の共同拠出**による納付金制度を整備。
・　雇用率未達成企業（常用労働者100人超）から**納付金**（不足１人当たり原則月５万円）を徴収。
・　雇用率達成企業に対して**調整金**（超過１人当たり月２万９千円）・**報奨金**を支給。

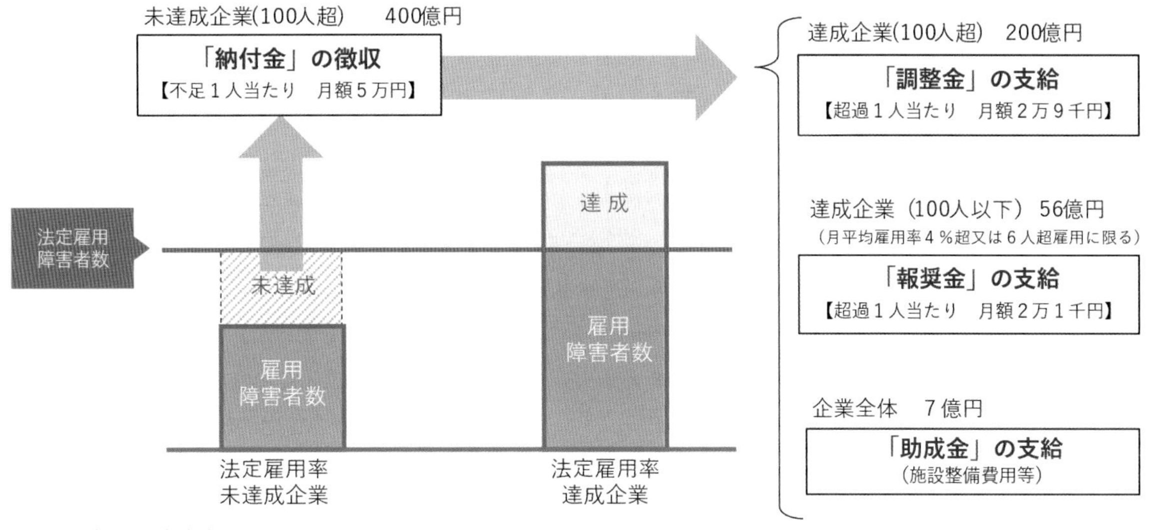

資料：厚生労働省

エ　職業リハビリテーションの実施

「障害者雇用促進法」において、職業リハビリテーションとは、「障害者に対して職業指導、職業訓練、職業紹介その他この法律に定める措置を講じ、その職業生活における自立を図ること」（第２条第７号）としている。これに基づき、障害のある人が職業を通じて社会参加できるよう、ハローワーク、地域障害者職業センター、障害者就業・生活支援センターなどの機関を中心に、障害のある人が希望や能力、適性に応じた職場に就き、就労を継続し、職業生活において自立を図ることができるようにするための支援を実施している。

オ　助成金等による企業支援や普及啓発活動

国では、民間企業が無理なく、かつ積極的に障害のある人を雇用できるよう、障害のある人を雇用した場合などに助成金を支給している。

例えば、身体に障害のある人や知的障害のある人、精神障害のある人を継続して雇用する労働者として雇い入れる民間企業に対して助成する「特定求職者雇用開発助成金（特定就職困難者コース）」や、障害のある有期雇用労働者等を正規雇用労働者等に転換した事業主に対して助成する「キャリアアップ助成金（障害者正社員化コース）」、障害のある人を雇い入れたり、継続して雇用するために必要な職場の環境整備等を行った場合に費用の一部を助成する障害者雇用納付金制度に基づく助成金等を支給している。

また、障害のある人の雇用義務の対象であるものの障害のある人を１人も雇用していない民間企業等を対象に、ハローワーク等が中心となって就労支援機関等と連携した「障害者雇用推進チーム」を設置し、民間企業ごとの状況やニーズ等に合わせて採用に向けた準備から職場定着まで一貫した支援を行う「企業向けチーム支援」を行っている。2024年４月からは、これらの支援に加えて、障害者雇用の経験やノウハウが不足する事業主に対して障害者の一連の雇用管理に関する相談援助の事業を行った事業者に対する助成制度を創設し、民間事業者による取組も推進している。

このほか、民間企業等が積極的に障害のある人の雇用を進めるためには、障害のある人の雇用管理に関する先進的な事例等を普及啓発する必要がある。そのため、各種マニュアル等を発行し、民間企業等への配布等を通じて障害のある人の雇用の啓発を行っている。2017年度からは、一般労働者を対象とした「精神・発達障害者しごとサポーター養成講座」を開催し、職場における精神･発達障害のある人を支援する環境づくりにより職場定着を推進するため、企業内において精神・発達障害のある人を温かく見守り、支援する応援者を養成し、精神・発達障害のある人に対する正しい理解の促進に取り組んでいる。さらに、2020年度より、障害者の雇用の促進等に関する事業主の取組に関し、その実施状況が優良なものであること等の基準に適合するものである旨の認定を行い、認定された事業主について、その商品等に厚生労働大臣の定める表示（認定マーク（愛称：もにす））を付すことができる中小事業主に対する認定制度（もにす認定制度）を設けている。この認定を受けることで、中小事業主にとっては、自社の商品や広告等への認定マークの使用によるダイバーシティ・働き方改革等の広報効果や、障害のない者も含む採用・人材確保の円滑化といった効果が期待できる。2023年９月末時点で331事業主をもにす認定事業主として認定している。

また、厚生労働省では、毎年９月の「障害者雇用支援月間」に障害のある人を積極的に多数雇用している事業所、職業人として模範的な業績をあげている勤労障害者等に対し、厚生労働大臣表彰を行い、障害のある人の職業的自立の意欲を喚起するとともに、障害のある人の雇用に対する国民の関心と理解を一層深めることを目指している。2023年度には９の障害者雇用優良事業所、１名の障害者の雇用の促進と職業の安定に貢献した個人及び10名の優秀勤労障害者の表彰を行った。

（「障害者雇用支援月間」厚生労働省ホームページ）https://www.mhlw.go.jp/stf/newpage_34895.html

精神・発達障害者しごとサポーター養成講座
写真：厚生労働省

カ　税制上の特例措置

障害のある人を雇用する民間企業に対し、税制上の特例措置を講じている。具体的には、障害者雇用納付金制度に基づく助成金（障害者作業施設設置等助成金等）の支給を受け、それを固定資産の取得又は改良に使った場合、その助成金分は、圧縮記帳により損金算入（法人税）、又は総収入金額に不算入（所得税）とする取扱い等を講じている。

キ　障害者差別禁止と合理的配慮の提供

雇用分野において障害があることを理由とした差別を禁止し、過重な負担とならない限り、合理的配慮の提供を事業主に義務付けている。

このため、障害者差別の禁止及び合理的配慮の提供義務に関するリーフレットや合理的配慮に係る事例集等を作成・配布して周知・啓発に努めている。また、全国の都道府県労働局・ハローワークにおいて事業主・障害のある人からの相談に応じ、必要な場合は事業主に助言・指導等を行っているほか、都道府県労働局長による紛争解決の援助や障害者雇用調停会議を行っている（2022年度実績：相談件数225件、助言件数１件、指導件数０件、勧告件数０件、紛争解決援助申立受理件数１件、調停申請受理件数９件。）。

TOPICS(トピックス)（９）

障害者雇用促進法の改正について（雇用の質の観点から）

2023年６月１日時点の障害者雇用状況の集計結果では、実雇用率が2.33％と12年連続で過去最高を更新し、また初めて実雇用率が報告時点の法定雇用率（2023年は2.3％）を上回ったほか、雇用障害者数は642,178.0人と20年連続で過去最高を更新するなど、一層進展している。

他方、今後更なる障害者雇用の進展を図る上では、雇用率の達成を促進していくのみならず、雇用の質の向上にも目を向けていくことが重要であると考えられるが、事業主として雇用率を達成することに注力するあまり、雇用後の障害のある人の活躍やキャリアアップの機会が不十分になることがないよう、「障害者雇用促進法」の事業主の責務規定を改正し、適切な雇用管理等に加え、雇用する障害者に対する「職業能力の開発及び向上」を事業主の責務として追加した。

また、「障害者雇用促進法」では、社会連帯の理念の下、障害者雇用義務制度とあいまって、障害のある人の雇用に伴う経済的負担を調整するため、事業主の共同拠出による障害者雇用納付金制度が設けられているところ、雇用の質の観点を踏まえて改正を行った。

具体的には、一定の数を超えて障害のある人を雇用している場合に、その超過分に応じて事業主に支給する障害者雇用調整金等の額について、一定規模以上の障害のある人を雇用している場合の調整金等の額を減額するとともに、雇用の質を高める観点から、事業主が取り組む職場環境の整備や能力開発のための措置等を支援する障害者雇用納付金助成金において、雇入れや雇用継続を図るために必要な一連の雇用管理に関する相談援助の支援（障害者雇用相談援助事業）の創設、加齢に伴い職場への適応が困難となった障害のある人への雇用継続の支援を行う場合の拡充等の見直しを行った。

納付金制度に基づく障害者雇用関係助成金

障害者が作業を容易に行えるような施設の設置等を行った場合の助成措置

○ 障害者作業施設設置等助成金
障害者が作業を容易に行えるよう配慮された作業施設等の設置・整備・賃借を行う事業主に対して、費用の2/3を助成（上限額：450万円/人※作業施設）

○ 障害者福祉施設設置等助成金
障害者が利用できるよう配慮された保健施設、給食施設等の福利厚生施設の設置・整備を行う事業主に対して、費用の1/3を助成（上限額：225万円/人）

○ 重度障害者多数雇用事業所施設設置等助成金
重度身体障害者、知的障害者又は精神障害者を多数継続して雇用し、かつ、安定した雇用を継続することができると認められる事業主であって、これらの障害者のために事業施設等の設置・整備を行うものに対して、費用の2/3を助成（上限額：5千万円）

障害者を介助する者の配置等を行った場合の助成措置

○ 障害者介助等助成金
障害特性に応じた雇用管理のために必要な介助者等を配置又は委嘱、職場復帰のための職場適応措置を行う事業主に対して助成
- 職場介助者の配置又は委嘱（費用の3/4助成、上限額：配置 月15万/人 委嘱 1万/回　支給期間：原則10年間）
- 手話通訳・要約筆記等担当者の配置又は委嘱（費用の3/4助成、上限額：配置 月15万/人 委嘱 1万/回 支給期間：10年間）
- 職場支援員の委嘱（上限額：月額4万円、支給期間：2年間）　等

職場適応援助者による支援を行った場合の助成措置

○ 職場適応援助者助成金
雇入れ後の職場適応を図るための職場適応援助者による専門的な支援を行う事業主に対して助成
- 訪問型職場適応援助者による支援（1日4時間以上1.8万円、支給期間：最長1年8ヶ月間）
- 企業在籍型職場適応援助者による初回の支援（障害者１人につき8万円/月、支給期間：最長6ヶ月間）　等

通勤の配慮を行った場合の助成措置

○ 重度障害者等通勤対策助成金
障害者の通勤を容易にするための措置を行う事業主・団体に対して、費用の3/4を助成
- 通勤援助者の委嘱（上限額：1回2千円及び交通費計3万円、支給期間：3月間）
- 駐車場の賃借（上限額：障害者１人につき月5万円、支給期間：10年間）　等

障害者の雇入れ等に必要な一連の雇用管理に関する援助を行った場合の助成措置

○ 障害者雇用相談援助助成金
障害者の雇い入れ及びその雇用継続を図るために必要な一連の雇用管理に関する援助の事業を行う事業者に対して助成（80万/回、雇用継続10万/人）

障害者に対する能力開発訓練事業を行った場合の助成措置

○ 障害者能力開発助成金
障害者の能力を開発のため、一定の教育訓練を継続的に実施する施設の設置・運営を行う事業主等に対して、設置等に要する経費の3/4、運営費の4/5を助成

資料：厚生労働省

（3）公務部門における障害者雇用について

ア　障害のある人の活躍の場の拡大に関する措置

国及び地方公共団体の機関については、民間企業に率先して障害のある人の雇入れを行うべき立場にある。加えて、2018年の公務部門における障害者雇用の不適切計上事案が明らかになったことを踏まえ、雇用率の達成はもとより、雇用の質の向上を実現するため、障害者雇用推進者、障害者職業生活相談員の選任義務等に加え、2020年４月からは障害者活躍推進計画の作成・公表義務を課しており、各機関においては当該計画に基づき障害者雇用を進めるとともに、その取組状況について点検し、毎年公表しなければならないとされている。

厚生労働省としては、各機関における活躍推進計画の作成やそれに基づく取組の実施に対して必要な助言、援助等を行うことを通じて、障害のある人が活躍できる職場づくり等に対する各機関の自立的な取組を支援している。

イ　国の行政機関における雇用率の達成や障害のある人の活躍の場の拡大を図るための支援策

①　支援体制の整備

国及び地方公共団体においては、障害者雇用推進者及び障害者職業生活相談員を選任しなければならないとされており、各機関において配置を義務付けている障害者職業生活相談員については、障害のある人の職業生活に関する相談及び指導を行うに当たって必要な知識・スキルの付与を行う「障害者職業生活相談員資格認定講習」の受講等を選任要件としており、当該講習は厚生労働省において実施している。

②　障害者雇用に関する理解の促進

人事院において、一般職国家公務員における合理的配慮の考え方等を定めた「職員の募集及び採用時並びに採用後において障害者に対して各省各庁の長が講ずべき措置に関する指針（国家公務員の合理的配慮指針）」を2018年12月に策定するとともに、2020年１月には各府省において提供された合理的配慮の事例を把握し、厚生労働省とも連携して取りまとめ、各府省に提供している。

内閣人事局を中心として厚生労働省、人事院の協力の下、公務部門において障害のある人を雇用する際に必要となる基礎知識や支援策等を整理した「公務部門における障害者雇用マニュアル」を2019年３月に作成した（「障害者雇用促進法」の改正内容を踏まえ、2024年１月に改訂）。

厚生労働省において、国の機関における障害者雇用に関する理解の促進を図るため、以下の取組を実施している。

・障害者雇用の際に必要となる設備改善・機器導入に関する情報について、国の機関の人事担当者等を対象に、独立行政法人高齢・障害・求職者雇用支援機構に蓄積されたノウハウ・情報の提供
・国の機関等の人事担当者等を対象に、障害のある人の働きやすい職場環境づくりや障害特性に応じた雇用管理を内容とする「障害者雇用セミナー」の開催
・障害のある人とともに働く国の機関及び地方自治体等の職員を対象に、精神・発達障害の特性を正しく理解し、職場でこれら障害者を温かく見守り、支援する応援者となるための「精神・発達障害者しごとサポーター養成講座」（あわせて同講座のe-ラーニング版を提供）を実施
・各府省における障害者雇用の取組を好事例として収集し、各府省に共有（2023年９月に更新）

内閣人事局において、障害特性を理解した上での雇用・配置や業務のコーディネートを行う障害者雇用のキーパーソンとなる職員を養成するための「障害者雇用キーパーソン養成講習会」を実施している。

③　職場実習の実施

厚生労働省において、各府省における障害のある人の採用に向けた着実な取組を推進するため、各府省等の人事担当者等を対象に、各府省が行う特別支援学校等と連携した職場実習の実施に向けた支援を実施している。

④　職場定着支援等の推進

厚生労働省において、ハローワーク等に各府省からの職場定着に関する相談を受け付ける窓口を設置して、各府省において働く障害のある人やその上司・同僚からの相談に応じるほか、専門の支援者を配置して各府省からの要請等に応じて職場適応支援を実施している。

また、各府省が自ら職場適応に係る支援を適切に行えるようにするため、職員の中から選任した支援者に必要な支援スキル等を付与する支援者向けセミナーを実施している。

内閣人事局において、就労支援機関等と連携し、各府省からの依頼に応じて、障害者雇用に知見を有する専門家を一定期間、各府省の職場に派遣し、採用、定着、職業能力の開発及び向上等に関する助言等を行う専門家派遣事業を実施している。

2．総合的支援施策の推進

（1）障害のある人への地域における就労支援

障害のある人の就労支援の充実と活性化を図るため、雇用・福祉・教育・医療の一層の連携強化を図ることとし、ハローワークを中心とした関係機関とのチーム支援や、一般雇用や雇用支援策に関する理解の促進、障害者就業・生活支援センター事業、トライアル雇用、ジョブコーチ等による支援などを実施している。

ア　ハローワーク

就職を希望する障害のある人に対しては、ハローワークの専門窓口で、求職の登録の後にその技能、職業適性、知識、希望職種、身体能力等に基づき、個々の障害特性に応じたきめ細かな職業相談を実施し、安定した職場への就職・就職後の職場定着を支援している。

①　ハローワークを中心とした「障害者向けチーム支援」

ハローワークにおいては、障害者就業・生活支援センター、地域障害者職業センター、就労移行支援事業所、特別支援学校、医療機関等の関係機関からなる「障害者就労支援チーム」を作り、就職に向けた準備から職場定着までの一貫した支援を行う「障害者向けチーム支援」を実施している。

②　トライアル雇用

事業所が障害のある人を一定期間の試行雇用の形で受け入れることにより、障害のある人の適性や業務遂行可能性を見極め、障害のある人と事業主の相互理解を促進すること等を通じて、常用雇用への移行を促進する障害者トライアル雇用事業を実施している。

イ　地域障害者職業センター

独立行政法人高齢・障害・求職者雇用支援機構により各都道府県に１か所（そのほか支所５か所）設置・運営されている地域障害者職業センターでは、ハローワークや地域の就労支援機関との連携の下に、身体に障害のある人、知的障害のある人はもとより、精神障害のある人、発達障害のある人、高次脳機能障害のある人など、個別性の高い専門的な支援を必要とする障害のある人を中心に、専門職の「障害者職業カウンセラー」により、職業評価、職業指導から就職後のアフターケアに至る職業リハビリテーションを専門的かつ総合的に実施している。

①　職業評価・職業指導及び職業リハビリテーション計画の策定

障害のある人個々の就職の希望等を把握した上で、職業評価・職業指導を行い、これらを基に就職及び就職後の職場適応に必要な支援内容等を含む職業リハビリテーション計画の策定を行っている。

②　障害のある人の就職等を促進するための支援（職業準備支援）

障害のある人に対して、職業上の課題の把握とその改善を図るための支援、職業に関する知識の習得のための支援及び社会生活技能等の向上のための支援を行っている。

③　障害のある人の職場適応に関する支援（職場適応援助者（ジョブコーチ）支援事業）

就職又は職場適応に課題を有する精神障害、発達障害、高次脳機能障害のある人等が円滑に職場適応することができるよう、就職時のみならず雇用後においても事業所にジョブコーチを派遣し、障害のある人に障害特性を踏まえた専門的な支援を行うほか、事業主に対して、雇用管理に必要な助言や職場環境の改善の提案等の援助を行っている。

また、安定した雇用継続を図るためのフォローアップも行っている。

なお、地域障害者職業センターのジョブコーチ以外に、社会福祉法人等に所属し事業所に出向いて支援を行う訪問型ジョブコーチ、企業に在籍し同じ企業に雇用されている障害のある労働者を支援する企業在籍型ジョブコーチがいる。

④　精神障害のある人等に対する総合雇用支援

精神障害のある人及び事業主に対して、主治医との連携の下、新規雇入れ、職場復帰、雇用継続のそれぞれの雇用の段階に応じた専門的な支援を総合的に行っている。

特に、休職中の精神障害のある人及びその人を雇用する事業主に対しては、円滑な職場復帰に向けた支援（リワーク支援）を進めており、精神障害のある人に対しては、生活リズムの立直しや集中力・持続力の向上等の支援を行うとともに、事業主に対しては、職場の受け入れ体制の整備等についての支援を行っている。

⑤　地域の関係機関に対する助言、研修その他の援助

各地域における障害者就業・生活支援センターや就労移行支援事業所等の関係機関及びこれらの機関の職員に対して、より効果的な職業リハビリテーションが実施されるよう、職業リハビリテーションに関する技術的事項についての助言、研修及び支援方法に係る援助を行っている。

ウ　障害者就業・生活支援センター

障害者就業・生活支援センターでは、障害のある人の職業生活における自立を図るために、雇用や保健、福祉、教育等の地域の関係機関との連携の下、障害のある人の身近な地域で就業面及び生活面の両面における一体的な支援を行っている（2024年４月現在337か所）。

例えば、就業やそれに伴う日常生活上の支援を必要とする障害のある人に対し、就職に向けた準備支援（職業準備訓練、職場実習のあっせん）や求職活動等の就業に関する相談と、就業するに当たって重要な、健康管理等の生活に関する相談などを行っている。また、必要に応じ、ハローワークや地域障害者職業センターなどの専門的支援機関と連絡を取り合い、支援を引き継ぐなど適切な支援機関への案内窓口としての機能も担っている。

■ 図表3-14　障害者就業・生活支援センターの概要

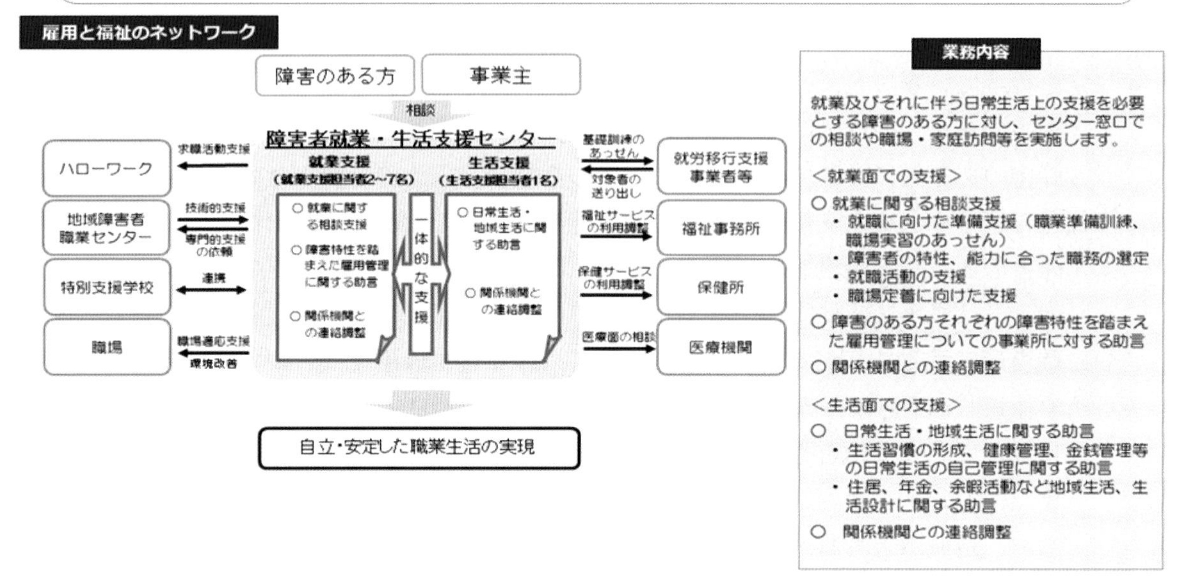

資料；厚生労働省

（2）福祉的就労から一般就労への移行等の支援

障害のある人が地域で自立した日常生活又は社会生活を送るための基盤として就労支援は重要であり、障害のある人の就労支援として以下の取組を行っている。

ア　就労移行支援について

一般就労を希望する障害のある人が、できる限り一般就労が可能となるように、就労移行支援事業所では、在宅就労も含めて生産活動、職場体験等の活動の機会の提供その他の就労に必要な知識及び能力の向上のために必要な訓練、求職活動に関する支援、その適性に応じた職場の開拓、就職後における職場への定着のために必要な相談、その他の必要な支援を行っている。

イ　就労継続支援A型について

雇用契約に基づき、継続的に就労することが可能な障害のある人に対し、生産活動等の活動の機会の提供及びその他の就労に必要な知識及び能力の向上のために必要な訓練を行うとともに、一般就労に向けた支援や職場への定着のための支援等を行っている。また、就労継続支援A型事業所における就労の質を向上させるため、2017年4月に改正した指定障害福祉サービス等基準に基づき、事業所の生産活動の収支を利用者に支払う賃金の総額以上とすることなどとした取扱いを徹底し、安易な事業参入の抑制を図るとともに、指定基準を満たさない事業所に経営改善計画の提出を求めることにより、事業所の経営状況を把握した上で地方公共団体が必要な指導・支援を行うことを通じ、事業所の安定運営を図るとともに、障害のある人の賃金の向上を図ることとした。

ウ　就労継続支援B型について

通常の事業所に雇用されていた障害のある人であって、その年齢、心身の状態その他の事情により、引き続き当該事業所に雇用されることが困難となった者、就労移行支援によっても通常の事業所に雇用されるに至らなかった者、その他の通常の事業所に雇用されることが困難な者につき、生産活動その他の活動の機会の提供、その他の就労に必要な知識及び能力の向上のために必要な訓練を行うとともに、一般就労に向けた支援や職場への定着のための支援等を行っている。また、事業所の経営力強化に向けた支援、共同受注化の推進、「国等による障害者就労施設等からの物品等の調達の推進等に関する法律」（平成24年法律第50号。以下本章では「障害者優先調達推進法」という。）に基づく調達の推進等、就労継続支援Ｂ型事業所等における工賃の向上に向け、官民一体となった取組を推進している。

エ　就労定着支援について

就労移行支援等の障害福祉サービスを利用し、一般就労に移行した障害のある人に対して、一般就労に伴い生じる生活リズムの乱れや給料の浪費などの生活面や就業面の課題に対応できるよう、就職先企業や関係機関との連絡調整等の支援を一定期間にわたって行っている。

（3）障害特性に応じた雇用支援策

ア　精神障害のある人への支援

精神障害のある人については、近年、ハローワークにおける新規求職申込件数が増加傾向にあり、その専門窓口では「精神・発達障害者雇用サポーター」などの専門職員による個々の障害特性に応じたきめ細かな相談支援を行うとともに、事業主に対し、精神障害のある人等の雇用に係る課題解決のための相談・助言を行っている。

また、厚生労働省では、精神障害のある人等の本人の障害に関する理解促進や支援機関同士での情報連携等を進めるとともに、事業主による採用選考時の本人理解や就職後の職場環境整備を促進することを目的として、精神障害のある人等が、働く上での自分の特徴やアピールポイント、希望する配慮等を支援機関とともに整理し、就職や職場定着に向け、事業主や支援機関と必要な支援について話し合う際に活用できる情報共有ツール「就労パスポート」を作成し、普及に向けた取組を行っている。

民間企業に対しては継続雇用する労働者へ移行することを目的に、週の所定労働時間10時間以上20時間未満から一定程度の期間をかけて、週の所定労働時間を20時間以上とすることを目指す「トライアル雇用助成金（障害者短時間トライアルコース）」の支給などを行っている。

イ　発達障害のある人への支援

ハローワークでは、「精神・発達障害者雇用サポーター」を配置し、個々の障害特性や強みを把握するなどきめ細かい求職者支援や事業主が抱える発達障害のある人等の雇用に係る課題解決のための個別相談を実施している。なお、発達障害のある求職者に対する職業紹介を行うに当たっては、地域障害者職業センター、発達障害者支援センター、障害者就業・生活支援センターなどの機関と十分な連携を図って対応している。

また、発達障害のある人をハローワーク等の職業紹介により新たに雇い入れ、雇用管理に関する事項を把握・報告する事業主に対して、「特定求職者雇用開発助成金（発達障害者・難治性疾患患者雇用開発コース）」を支給することにより、その雇用促進を図っている。

さらに、大学等における発達障害のある学生等の増加を踏まえ、就職活動に際して専門的な支援が必要な学生等に対して、大学等と連携して支援対象者の早期把握を図るとともに、就職準備から就職・職場定着までの一貫した支援を実施している。

ウ　難病のある人への支援

ハローワークでは、障害者手帳の有無にかかわらず、就労支援の必要な難病のある人に対して、難病相談支援センターとの連携による就労支援を行っている。2013年度からは、ハローワークに「難病患者就職サポーター」を配置し、難病相談支援センターを始めとした地域の関係機関と連携しながら、個々の難病患者の希望や特性、配慮事項等を踏まえたきめ細かな職業相談・職業紹介、定着支援等総合的な支援を実施している。

また、難病のある人をハローワーク等の職業紹介により新たに雇い入れ、雇用管理に関する事項を把握・報告する事業主に対して、「特定求職者雇用開発助成金（発達障害者・難治性疾患患者雇用開発コース）」を支給することにより、その雇用促進を図っている。

さらに、「難病のある人の雇用管理マニュアル」（独立行政法人高齢・障害・求職者雇用支援機構が2018年に作成）を活用し、ハローワーク等において、難病のある人の就労支援を行っている。

エ　在宅就業への支援

①　在宅就業支援制度

自宅等で就業する障害のある人（在宅就業障害者）の就業機会の確保等を支援するため、これらの障害のある人に直接又は在宅就業障害者に対する支援を行う団体として厚生労働大臣の登録を受けた法人（在宅就業支援団体（2023年６月現在で23団体））を介して業務を発注した事業主に対して、障害のある人に対して業務の対価として支払われた金額に応じて、障害者雇用納付金制度で、在宅就業障害者特例調整金（常用雇用労働者数100人以下の事業主については在宅就業障害者特例報奨金）を支給する制度を運用している。

②　就労支援機器等の普及・啓発

従来、障害のある人が就労困難と考えられていた職業であっても、IT機器を利用することにより、就労の可能性が高まってきている。このため、障害のある人の職域拡大に資することを目的として、独立行政法人高齢・障害・求職者雇用支援機構において、障害のある人や事業主のニーズに対応した就労支援機器に関する情報提供、貸出事業等を通じて、その普及・啓発に努めている。

③　テレワークによる勤務の支援

障害のある人の多様な働き方の推進や、通勤が困難な者、感覚過敏等により通常の職場での勤務が困難な者等の雇用機会の確保の観点から、ICTを活用したテレワークを障害のある人の雇用においても普及することが重要である。このため、好事例集の作成やフォーラムの開催により、先進事例やノウハウを周知している。2024年度は、障害のある人のテレワーク雇用の導入を検討している企業等に対して、導入に向けた手順等の説明を行うセミナーや、個別相談による支援の実施も予定している。

また、トライアル雇用助成金（障害者トライアルコース）について、テレワークによる勤務を行う者については、原則３か月のトライアル雇用期間を、６か月まで延長が可能としている。

テレワークによる障害のある人の雇用の事例

障害のある人が専門性の高い業務を担い主力となって活躍する事例

BIPROGY(株)※

BIPROGYチャレンジド（株）では、通勤が困難な身体障害のある人や、就職のハードルが高くなりがちな精神障害のある人を積極的に採用し、完全在宅勤務制度の導入を通して雇用の継続につなげてきた。主な事業として、専門性の高い「ウェブアクセシビリティ診断サービス」を行っている。2021年の障害者差別解消法改正により、2024年４月１日から民間事業者にも合理的な配慮の提供が義務化されたことから、業務の拡大が見込まれている。

テレワークの活用は、通勤困難者の雇用の機会の確保につながりうるものであることに加えて、新型コロナウイルス感染症の感染拡大に伴うリスクを低減し、事業継続を確保する点でも有効であった。物理的な距離を感じさせず、全員が安心して働けることを目指し、勤怠管理、日報管理、情報共有、メール、業務アプリなど全てITサービスを活用し、全社員がリアルタイムに情報を共有している。ITの活用に係る情報セキュリティ研修は毎年、e-learningと対面型研修で行っている。また、毎朝15～30分程度のウェブ会議は、健康状態の把握も兼ねている。必要に応じて外部の産業カウンセラーに相談ができる仕組みを作るなど、外部契約も行うことで、働く環境整備に取り組んでいる。

2023年度は、初めて九州地区（熊本県）からの就労支援機関経由での採用を行った。2024年度も新たな就労支援機関との連携を強化し、現在の東海地区及び九州・沖縄地区を拠点として、障害のある人々との接点を増やし、事業推進の目的に沿った有望な人材を発掘するため、完全在宅勤務制度の利点もいかして全国の障害のある人を対象に採用活動を行っていく方針に変わりはない。

今後も、ICTサービスを最大限に活用し、全員がオンラインで繋がり情報を共有し、一人一人の個性に合った柔軟な働き方を見出し、働きやすく働きがいのある「職場」の態勢を継続していく。

※BIPROGYチャレンジド（株）はBIPROGY（株）の特例子会社

活躍するテレワーカーからの声

テレワーカー（BIPROGYチャレンジド（株））

〈テレワーカーAさんの声〉

私は通勤に不安を感じており、完全在宅勤務が私にとって最適だと感じています。ウェブ会議を通じて、業務の悩みや健康状態をリアルタイムで上司に伝える機会もあり、安心して働くことができています。また、職業能力開発校で学んだITの知識と技能は、現在の業務に非常に役立っています。私が担当するウェブアクセシビリティ検査は、最近の法改正により、その重要性がますます高まっており、私はその変化に対応することにやりがいと成長を感じることができ、働きがいを感じています。今後も更に幅広い領域で活躍できるように努力していきたいと思います。

〈テレワーカーBさんの声〉

私は就労移行支援を利用して就職しました。応募の決め手は、完全在宅勤務制度があり、ウェブに関連した業務であったことです。また、会社に慣れるまでの半年間、就労支援事業所との面談が定期的にとれるよう業務中に面談することを可能とする環境を構築してくれることが、入社の決め手となりました。入社後は、検査業務をチームメンバーとコミュニケーションを取りながら進めているため、不安を解消する体制や自分の能力を発揮できる環境が整っていると感じています。今後もより多くの分野で活躍できるように努力していきたいと考えています。

(4) 就労に向けた各種訓練の推進

国立障害者リハビリテーションセンター自立支援局においては、一般企業等への就労を希望する障害のある人に対して、就労に必要な知識や技能を習得していただくために、障害福祉サービス（就労移行支援）を実施している。身体障害、高次脳機能障害又は発達障害のある人には、生産活動、職業体験等の必要な訓練を、視覚に障害のある人には、あん摩マッサージ指圧師、はり師、きゅう師の国家資格取得のための教育訓練をそれぞれ行い、就労に関する相談や支援を通じて、障害のある人の職業適性に見合った職場への就労とその定着のための支援を行っている。

(5) 障害のある人の創業・起業等の支援

生活福祉資金貸付制度は、低所得世帯、障害者世帯等に対し、資金の貸付けと必要な相談支援を行うことにより、その経済的自立及び生活意欲の助長促進並びに在宅福祉及び社会参加の促進を図り、安定した生活を送れるようにすることを目的に、都道府県社会福祉協議会を実施主体として運営されている。本制度の資金種類の１つとして、「福祉資金」が設けられており、障害者世帯が生業を営むために必要な経費や技能習得に必要な経費及びその期間中の生計を維持するために必要な経費等の貸付を行っている。

また、経済産業省では、地域経済を活性化させるため、「産業競争力強化法」（平成25年法律第98号）の認定市区町村（2024年４月現在で1,490市区町村）において、新たに創業を行う者に対して、ワンストップで支援する体制を整備するとともに、税制面の優遇、融資制度などの支援策を行っており、障害のある人も活用できる制度となっている。

(6) 障害のある人の就労支援における農福連携

障害者就労施設において、稲作や野菜、果樹、花き、畜産、農産加工や販売等、幅広い分野で農業活動等が取り組まれている。農業を通じて高い賃金・工賃を実現している事業所もあり、障害のある人の就労機会の確保や賃金・工賃の向上といった面のみならず、地域の農業における労働力不足への対応といった面でも意味のある取組であり、農業と福祉の連携の推進を図ることは重要となっている。

農福連携について、全国的な機運の醸成を図り、今後強力に推進していく方策を検討するため、2019年４月に省庁横断の会議として「農福連携等推進会議」を設置し、2019年６月の第２回会議において、農福連携を推進するための取組をまとめた「農福連携等推進ビジョン」を策定し、当該取組を関係省庁等と連携して実施している。

農林水産省では、障害のある人の農業分野における雇用・就労の促進のため、農業用ハウスや加工・販売施設の整備、障害のある人を受け入れる際に必要となる休憩所、手すり及びトイレ等の安全・衛生設備の整備、障害のある人が農業技術を取得するための研修、障害のある人の農業分野での定着を支援する専門人材の育成等の取組を支援している。

一方、厚生労働省では、農福連携による障害のある人の就労支援を推進する取組として、農業に関するノウハウを有していない就労継続支援事業所に対する農業に係る指導・助言や６次産業化の推進を支援するための専門家の派遣、農業に取り組む就労継続支援事業所における農福連携マルシェ（市場）の開催等を支援しており、2023年度は46道府県で支援を実施した。

また、関係省庁が連携し、農福連携を国民的運動として機運を高める仕掛けとした「農福連携等応援コンソーシアム」による農福連携の優良事例の表彰・横展開の取組や農福連携の施策等の周知を目的としたポータルサイトによる情報発信等を実施することにより、農業と福祉の連携や、それを通じた障害のある人の賃金・工賃の向上の推進に取り組むこととしている。

■ 図表3-15　農福連携等推進ビジョン（概要）

農福連携等推進ビジョン（概要）（2019年6月4日農福連携等推進会議決定）

Ⅰ　農福連携等の推進に向けて

農福連携は、農業と福祉が連携し、障害者の農業分野での活躍を通じて、農業経営の発展とともに、障害者の自信や生きがいを創出し、社会参画を実現する取組
年々高齢化している農業現場での貴重な働き手となることや、障害者の生活の質の向上等が期待

農福連携は、様々な目的の下で取組が展開されており、これらが多様な効果を発揮されることが求められるところ
持続的に実施されるには、農福連携に取り組む農業経営が経済活動として発展していくことが重要で、個々の取組が地域の農業、日本の農業・国土を支える力になることを期待
農福連携を全国的に広く展開し、裾野を広げていくには「知られていない」「踏み出しにくい」「広がっていかない」といった課題に対し、官民挙げて取組を推進していく必要

また、ユニバーサルな取組として、高齢者、生活困窮者等の就労・社会参画支援や犯罪・非行をした者の立ち直り支援等、様々な分野にウイングを広げ、地域共生社会の実現を図ることが重要（SDGsにも通じるもの）

農福連携等の推進については、引き続き、関係省庁等による連携を強化

Ⅱ　農福連携を推進するためのアクション

目標：農福連携等に取り組む主体を新たに3,000創出※

1　認知度の向上
- 定量的なデータを収集・解析し、農福連携のメリットを客観的に提示
- 優良事例をとりまとめ、各地の様々な取組内容を分かりやすく情報発信
- 農福連携で生産された商品の消費者向けキャンペーン等のＰＲ活動
- 農福連携マルシェなど東京オリンピック・パラリンピック等に合わせた戦略的プロモーションの実施

2　取組の促進

○　農福連携に取り組む機会の拡大
- ワンストップで相談できる窓口体制の整備　・スタートアップマニュアルの作成
- 試験的に農作業委託等を短期間行う「お試しノウフク」の仕組みの構築
- 特別支援学校における農業実習の充実
- 農業分野における公的職業訓練の推進

※ 令和6（2024）年度までの目標

○　ニーズをつなぐマッチングの仕組み等の構築
- 農業経営体と障害者就労施設等のニーズをマッチングする仕組み等の構築
- コーディネーターの育成・普及
- ハローワーク等関係者における連携強化を通じた、農業分野での障害者雇用の推進

○　障害者が働きやすい環境の整備と専門人材の育成
- 農業法人等への障害者の就職・研修等の推進と、障害者を新たに雇用して行う実践的な研修の推進
- 障害者の作業をサポートする機械器具、スマート農業の技術等の活用
- 全国共通の枠組みとして農業版ジョブコーチの仕組みの構築
- 農林水産研修所等による農業版ジョブコーチ等の育成の推進
- 農業大学校や農業高校等において農福連携を学ぶ取組の推進
- 障害者就労施設等における工賃・賃金向上の支援の強化

○　農福連携に取り組む経営の発展
- 農福連携を行う農業経営体等の収益力強化等の経営発展を目指す取組の推進
- 農福連携の特色を生かした6次産業化の推進　・障害者就労施設等への経営指導
- 農福連携でのGAPの実施の推進

3　取組の輪の拡大
- 各界関係者が参加するコンソーシアムの設置、優良事例の表彰・横展開
- 障害者優先調達推進法の推進とともに、関係団体等による農福連携の横展開等の推進への期待

Ⅲ　農福連携の広がりの推進

「農」と「福」のそれぞれの広がりを推進し、農福連携等を地域づくりのキーワードに据え、地域共生社会の実現へ

1　「農」の広がりへの支援
林業及び水産業において、特殊な環境での作業もあることにも留意しつつ、障害特性等に応じた、マッチング、研修の促進、経営発展を目指す取組の推進、林・水産業等向け障害者就労のモデル事業の創設

2　「福」の広がりへの支援
高齢者、生活困窮者、ひきこもりの状態にある者等の働きづらさや生きづらさを感じている者の就労・社会参画の機会の確保や、犯罪や非行をした者の立ち直りに向けた取組の推進

資料：厚生労働省及び農林水産省

■ 図表3-16　農福連携等による障害者の就労促進プロジェクト

農福連携等による障害者の就労促進プロジェクト（工賃向上計画支援等事業特別事業）

令和6年度当初予算　2.1億円　（3.4億円）　※（）内は前年度当初予算額

事業の趣旨

農業・林業・水産業等の分野での障害者の就労を支援し、障害者の工賃水準の向上及び農業等の支え手の拡大を図るとともに、障害者が地域を支え地域で活躍する社会（「1億総活躍」社会）の実現に資するため、障害者就労施設への農業等に関する専門家の派遣や農福連携マルシェの開催等を支援する。また、過疎地域における取組を後押しする。

実施主体

都道府県
※社会福祉法人等の民間団体へ委託して実施することも可

補助内容・補助率

○農業等の専門家派遣による6次産業化の推進
農業等に関するノウハウを有していない障害者就労施設に対する技術指導・助言や6次産業化に向けた支援を実施するための専門家の派遣等に係る経費を補助する。

○農福連携マルシェ開催支援事業
農業等に取り組む障害者就労施設による農福連携マルシェの開催に係る経費を補助する。（ブロック単位でも開催可）

○意識啓発等
農業等に取り組む障害者就労施設の好事例を収集し、セミナー等を開催する経費を補助する。

○マッチング支援
農業等生産者と障害者就労施設による施設外就労とのマッチング支援を実施する経費を補助する。

※過疎地域における取組を優先的に補助。

○障害福祉分野と農業等の分野の関係者の相互理解促進
障害者就労支援施設等の支援員や農業者等の相互理解が進むように、相互の事業所の訪問や農業体験会等を実施する経費を補助する。

＜事業のスキーム＞

厚生労働省
↓ 補助　補助率：1／2
都道府県
↓ 農福連携マルシェの開催※委託による実施可　／　専門家の派遣等の支援等※委託による実施可

障害者就労施設
↓
農業の取組推進⇒6次産業化

農福連携マルシェへの参加

資料：厚生労働省

（7）職場での適応訓練

ア　職場適応訓練

障害のある人に対し、作業環境への適応を容易にし、訓練修了後も引き続き雇用されることを期待して、都道府県知事又は都道府県労働局長が民間事業主等に委託して実施する訓練で、訓練生には訓練手当が、事業主には職場適応訓練費が支給される（訓練期間６か月以内）。また、重度の障害のある人に対しては、訓練期間を長くし、職場適応訓練費も増額している。

イ　職場適応訓練（短期）

障害のある人に対し、実際に従事することとなる仕事を経験させることにより、就業への自信を持たせ、事業主に対しては対象者の技能程度、適応性の有無等を把握させるため、都道府県知事又は都道府県労働局長が民間事業主等に委託して実施する訓練で、訓練生には訓練手当が、事業主には、職場適応訓練費が支給される（訓練期間２週間以内（原則））。また、重度の障害のある人に対しては、訓練期間を長くし、職場適応訓練費も増額している。

（8）資格取得試験等（法務関係）における配慮

司法試験及び司法試験予備試験においては、提出書類の作成について、障害等の種類・程度に応じて、代筆による作成も認める取扱いとしており、また、障害のある人がその有する知識及び能力を答案等に表すに当たり、その障害が障壁となり、事実上の受験制限とならないために、障害のない人との実質的公平を図り、そのハンディキャップを補うために必要な範囲で措置を講じている。具体的には、視覚障害者に対する措置として、パソコン用電子データ又は点字による出題、解答を作成するに当たってのパソコンの使用、拡大した問題集・答案用紙の配布、試験時間の延長等を、肢体障害者に対する措置として、解答を作成するに当たってのパソコンの使用、拡大した答案用紙の配布、試験時間の延長等を認めるなどの措置を講じている。

司法書士試験、土地家屋調査士試験及び簡裁訴訟代理等能力認定考査においては、その有する知識及び能力を答案等に表すことについて障害のない人と比較してハンディキャップを補うために必要な範囲で措置を講じている。具体的には、弱視者に対する拡大鏡の使用や記述式試験の解答を作成するに当たってのパソコンの使用、また、試験時間の延長を認める等の措置を講じている。

（9）福祉施設等における仕事の確保に向けた取組

ア　これまでの取組

「重点施策実施５か年計画」（2008年度～2012年度）において、国は公共調達における競争性及び公正性の確保に留意しつつ、福祉施設等の受注機会の増大に努めるとともに、地方公共団体等に対し、国の取組を踏まえた福祉施設等の受注機会の増大の推進を要請することとされていた。これを踏まえ、官公需（官公庁の契約）を積極的に進めるため、各府省の会計担当者からなる「福祉施設受注促進担当者会議」を開催し、更なる官公需の促進を依頼するなどの取組を行うとともに、2008年に「地方自治法施行令」（昭和22年政令第16号）を改正し、地方公共団体の契約について随意契約によることができる場合として、地方公共団体が障害者支援施設等から、クリーニングや発送作業などの役務の提供を受ける契約を追加する措置を講じた。

また、「障害者優先調達推進法」の施行（2013年４月）にあわせて、「予算決算及び会計令」（昭和22年勅令第165号）を改正し、随意契約によることができる場合として、「慈善のため設立した救済施設から役務の提供を受けるとき」を追加する措置を講じた。

イ　障害者優先調達推進法について

障害のある人が自立した生活を送るためには、就労によって経済的な基盤を確立することが重要である。そのためには、障害者雇用を支援するための積極的な対策を図っていくことも重要であるが、加えて、障害のある人が就労する施設等の仕事を確保し、その経営基盤を強化する取組が求められている。

このような観点から、障害者就労施設等への仕事の発注に関し、民間企業を始め国や地方公共団体等において様々な配慮が行われてきた。

2013年４月からは、「障害者優先調達推進法」が施行され、障害者就労施設等で就労する障害のある人や在宅で就業する障害のある人の自立の促進に資するため、国や地方公共団体などの公的機関が物品やサービスを調達する際、障害者就労施設等から優先的に購入することを進めるために、必要な措置を講じることとなった。当該法律に基づき、全ての省庁等で調達方針を策定し、障害者就労施設等が供給する物品等の調達に取り組んでおり、2013年度に123億円であった国等における調達実績額が、2022年度には222億円まで増加している。

また、「公務部門における障害者雇用に関する基本方針」（2018年10月23日公務部門における障害者雇用に関する関係閣僚会議決定）において、障害者雇用と併せ、「障害者優先調達推進法」に基づく障害者就労施設等からの物品等の調達を確実に推進するため、対象となる障害者就労施設等に関する詳細な情報や創意・工夫等している取組事例を提供するとともに、地方公共団体に対しても本基本方針を参考にしながら引き続き「障害者優先調達推進法」に基づく取組を推進するよう要請した。

■ 図表３-17　国等による障害者就労施設等からの物品等の調達の推進等に関する法律の概要

国等による障害者就労施設等からの物品等の調達の推進等に関する法律の概要

2013年4月1日施行（2012年6月20日成立）

１．目的（第１条）

障害者就労施設、在宅就業障害者及び在宅就業支援団体（以下「障害者就労施設等」という。）の受注の機会を確保するために必要な事項等を定めることにより、障害者就労施設等が供給する物品等に対する需要の増進等を図り、もって障害者就労施設で就労する障害者、在宅就業障害者等の自立の促進に資する。

２．国等の責務及び調達の推進（第３条～第９条）

<国・独立行政法人等>	<地方公共団体・地方独立行政法人>
優先的に障害者就労施設等から物品等を調達するよう努める責務	***障害者就労施設等の受注機会の増大を図るための措置を講ずるよう努める責務***
基本方針の策定・公表（厚生労働大臣）	調達方針の策定・公表（都道府県の長等）
↓	↓
調達方針の策定・公表（各省各庁の長等）	
↓	
調達方針に即した調達の実施	調達方針に即した調達の実施
↓	↓
調達実績の取りまとめ・公表等	調達実績の取りまとめ・公表等

３．公契約における障害者の就業を促進するための措置等（第１０条）

① 国及び独立行政法人等は、公契約について、競争参加資格を定めるに当たって法定雇用率を満たしていること又は障害者就労施設等から相当程度の物品等を調達していることに配慮する等障害者の就業を促進するために必要な措置を講ずるよう努めるものとする。

② 地方公共団体及び地方独立行政法人は、①による国及び独立行政法人等の措置に準じて必要な措置を講ずるよう努めるものとする。

４．障害者就労施設等の供給する物品等に関する情報の提供（第１１条）

障害者就労施設等は、単独で又は相互に連携して若しくは共同して、購入者等に対し、その物品等に関する情報を提供するよう努めるとともに、当該物品等の質の向上及び供給の円滑化に努めるものとする。

資料：厚生労働省

(10) 職業能力開発の充実

ア 障害者職業能力開発校における職業訓練の推進

一般の公共職業能力開発施設において職業訓練を受けることが困難な重度の障害のある人については、障害者職業能力開発校において、職業訓練を実施している。

2024年４月１日現在、障害者職業能力開発校は国立が13校、府県立が６校で、全国に19校が設置されており、国立13校のうち２校は独立行政法人高齢・障害・求職者雇用支援機構が運営し、他の11校は都道府県に運営を委託している。

障害者職業能力開発校は、入校者の障害の重度化・多様化が進んでいることを踏まえ、個々の訓練生の障害の態様を十分に考慮し、きめ細かい支援を行うとともに、職業訓練内容の充実を図ることにより、障害のある人の雇用の促進に資する職業訓練の実施に努めている。

なお、障害者職業能力開発校の修了者における就職率については、「障害者基本計画（第５次）」において、2027年度に70％となるよう目標設定されており、2022年度は70.1％であった。

イ 一般の公共職業能力開発施設における受入れの促進

都道府県立の一般の公共職業能力開発施設において、精神保健福祉士等の相談体制の整備を図るとともに、精神障害のある人等の受入れに係るノウハウの普及や対応力の強化に取り組んでいる。

ウ 障害のある人の多様なニーズに対応した委託訓練

雇用・就業を希望する障害のある人の増加に対応し、居住する地域で職業訓練が受講できるよう、企業、社会福祉法人、特定非営利活動法人、民間教育訓練機関等を活用した障害のある人の多様なニーズに対応した委託訓練（以下本章では「障害者委託訓練」という。）を各都道府県において実施している。

障害者委託訓練は、主として座学により知識・技能の習得を図る「知識・技能習得訓練コース」、企業の現場を活用して実践的な職業能力の向上を図る「実践能力習得訓練コース」、通校が困難な人などを対象とした「ｅ-ラーニングコース」、特別支援学校高等部等に在籍する生徒を対象とした「特別支援学校早期訓練コース」及び在職障害者を対象とした「在職者訓練コース」の５種類があり、個々の障害特性や企業の人材ニーズに応じて多様な職業訓練を行うことが可能な制度である。なお、障害者委託訓練修了者の就職率については、「障害者基本計画（第５次）」において、2027年度に55％となるよう目標設定されており、2022年度は49.1％であった。

エ 精神障害・発達障害のある人に対する職業訓練

ハローワークに求職を申し込む精神障害や発達障害のある人の増加が近年著しいことを踏まえ、精神障害や発達障害のある人の障害特性に配慮した訓練コースの設置を推進することとしている。このため、都道府県が運営する障害者職業能力開発校で精神障害や発達障害のある人の障害特性に配慮した訓練コースの設置が円滑に行われるよう独立行政法人高齢・障害・求職者雇用支援機構が運営する障害者職業能力開発校において、訓練計画の策定、指導技法、訓練コース設置後のフォローアップ支援を行っている。

オ　障害のある人の職業能力開発に関する啓発

①　全国障害者技能競技大会（愛称：全国アビリンピック）の実施

全国障害者技能競技大会は、障害のある人が日頃培った技能を互いに競い合うことにより、その職業能力の向上を図るとともに、企業や社会一般の人々が障害のある人に対する理解と認識を深め、その雇用の促進を図ることを目的として、全国アビリンピックの愛称の下、1972年から実施している。

2023年度には、愛知県常滑市で第43回大会が開催（11月17日～19日）された。

第43回全国障害者技能競技大会

第43回全国障害者技能競技大会が、2023年11月17日から19日までの３日間にわたり、愛知県常滑市において開催された。

縫製、義肢、家具など25種目の競技に加え、障害者雇用に関する新たな職域を紹介する職種として、「物流ワーク」、「ドローン操作」の２種目による技能デモンストレーションが実施され、日頃培った技能が披露された。

４年ぶりに新型コロナウイルスの制約のない大会となり、約12,000名が来場し、熱戦の様子を観戦した。また、競技や開閉会式の様子は専用Webサイト上で動画配信を行った。

縫製種目競技風景（第43回大会）

ドローン操作実施風景（第43回大会）

資料：独立行政法人高齢・障害・求職者雇用支援機構

②　国際アビリンピックへの日本選手団の派遣

国際アビリンピックは、1981年の「国際障害者年」を記念して、障害のある人の職業的自立意欲の増進と職業技能の向上を図るとともに、事業主及び社会一般の理解と認識を深め、更に国際親善を図ることを目的として、1981年10月に第１回大会が東京で開催され、以降おおむね４年に１度開催されている。第10回国際アビリンピックがフランス共和国メッス市において2023年３月に開催され、日本から30名の選手が参加した。

(11)　雇用の場における障害のある人の人権の確保

全国の法務局では、人権相談等により、雇用の場における障害のある人に対する差別的取扱い等の人権侵害の疑いのある事案を認知した場合は、人権侵犯事件として調査を行い、事案に応じた適切な措置を講じている。

第4章 日々の暮らしの基盤づくり

第1節

生活安定のための施策

1．利用者本位の生活支援体制の整備

（1）障害者総合支援法の沿革

障害保健福祉施策については、障害のある人の地域における自立した生活を支援する「地域生活支援」を主題に、身体に障害のある人、知的障害のある人及び精神障害のある人それぞれについて、住民に最も身近な市町村を中心にサービスを提供する体制の構築に向けて必要な改正を行ってきた。

2006年４月１日に施行された「障害者自立支援法」（平成17年法律第123号）は、2012年に「地域社会における共生の実現に向けて新たな障害保健福祉施策を講ずるための関係法律の整備に関する法律」（平成24年法律第51号）が成立したことで「障害者の日常生活及び社会生活を総合的に支援するための法律」（以下本章では「障害者総合支援法」という。）に改正されている。

「障害者の日常生活及び社会生活を総合的に支援するための法律及び児童福祉法を一部改正する法律」（平成28年法律第65号）の施行後３年を目途とする見直しにより、社会保障審議会障害者部会において、2022年６月に報告書を取りまとめ、本報告書を踏まえ、2022年12月に「障害者の日常生活及び社会生活を総合的に支援するための法律等の一部を改正する法律」（令和４年法律第104号。以下本章では「改正法」という。）が成立した。改正法は、障害のある人の地域生活や就労の支援の強化等を主な内容としており、2024年４月より施行された。

（2）障害者総合支援法の概要

ア　障害福祉サービス

①　障害種別によらない一体的なサービス提供

かつての「支援費制度」では、身体に障害のある人、知的障害のある人に対し、障害の種類ごとにサービスが提供されており、精神障害のある人は「支援費制度」の対象外となっていたが、「障害者自立支援法」の施行により、障害の種類によって異なる各種福祉サービスを一元化し、これによって、障害の種類を超えた共通の場で、それぞれの障害特性などを踏まえたサービスを提供することができるようになった。

また、2013年４月の「障害者総合支援法」の施行により、障害福祉サービス等の対象となる障害者の範囲に難病患者等が含まれることとなった。制度の対象となる疾病（難病等）については、当面の措置として、難病患者等居宅生活支援事業の対象となっていた130疾病を対象としていたが、難病医療費助成の対象となる指定難病の検討状況等を踏まえ、順次見直しを行い、2024年４月１日より369疾病を対象としている。

2018年度の障害福祉サービス等報酬改定（以下本章では「報酬改定」という。）においては、障害種別によって訓練の類型が分かれていた自立訓練（機能訓練、生活訓練）を障害の区別なく利用できる仕組みに改め、利用者の障害特性に応じた訓練を身近な事業所で受けられるようにした。

②　市町村による一元的な実施

「支援費制度」では、精神障害に係る一部のサービスなどの実施主体については、都道府県となっていたが、「障害者自立支援法」施行後は、市町村に実施主体を一元化し、都道府県はこれをバックアップする仕組みに改め、より利用者に身近な市町村が責任を持って、障害のある人たちにサービスを提供できるようになっている。

■ 図表4－1　障害者総合支援法等における給付・事業

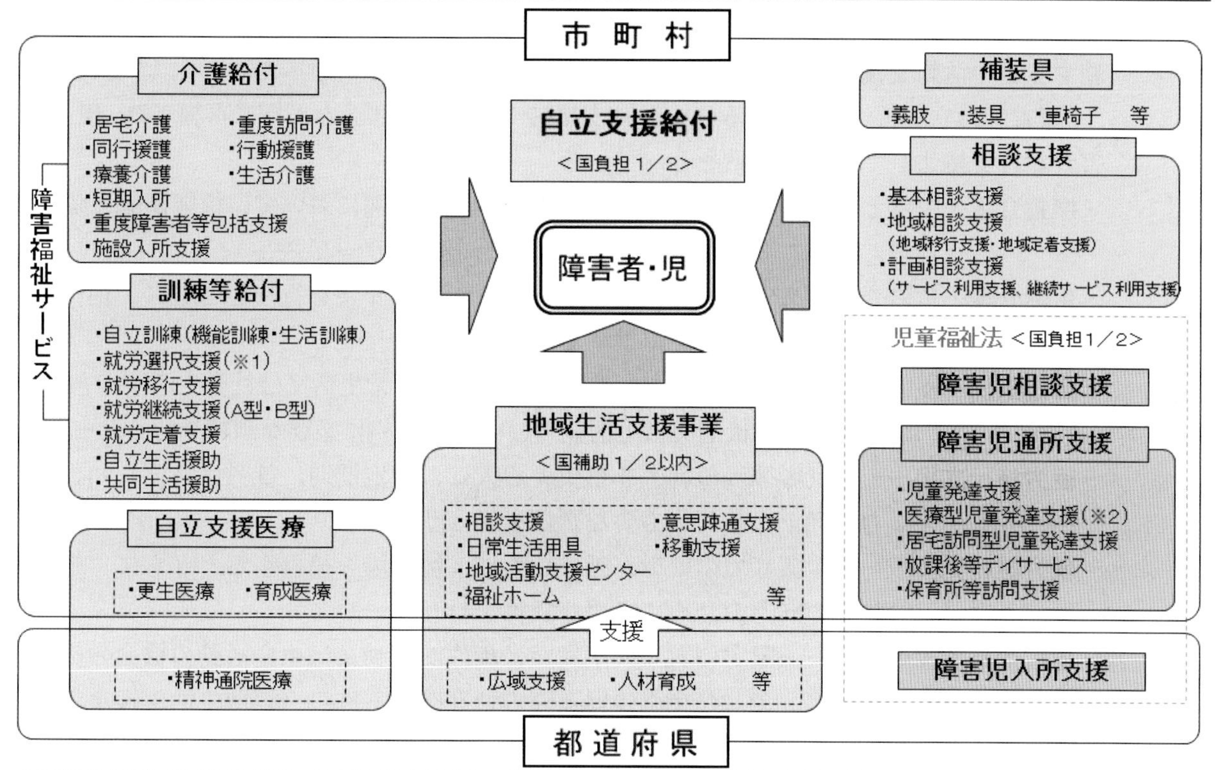

（※1）障害者の日常生活及び社会生活を総合的に支援するための法律等の一部を改正する法律（2022年12月16日公布）により新たに創設。（施行日：公布後3年以内の政令で定める日）
（※2）児童福祉法等の一部を改正する法律（2022年6月15日公布）により、障害種別にかかわらず、身近な地域で必要な発達支援を受けられるよう、2024年4月以降児童発達支援に一元化。

資料：厚生労働省・こども家庭庁

イ　利用者本位のサービス体系

①　地域生活中心のサービス体系

「支援費制度」では、障害種別ごとに複雑な施設・事業体系となっており、また、入所期間の長期化などにより、本来の施設目的と利用者の実態とが乖離している状況になっていた。

そこで、「障害者自立支援法」では、障害のある人が地域で暮らすために必要な支援を効果的に提供することができるよう、33種類に分かれた施設体系を6つの事業に再編するとともに、「地域生活支援」、「就労支援」のための事業や重度の障害がある人を対象としたサービスを創設するなど、地域生活中心のサービス体系へと再編した。

また、2010年12月の「障害者自立支援法」の一部改正により、2012年4月1日から、地域移行支援及び地域定着支援を個別給付化し、障害のある人の地域移行を一層推し進めている。

なお、「障害者総合支援法」により、2014年4月1日から、地域生活への移行のために支援を必要とする者を広く地域移行支援の対象とする観点から、障害者支援施設等に入所している障害のある人又は精神科病院に入院している精神障害のある人に加えて、保護施設、矯正施設等に入所している障害のある人を地域移行支援の対象とすることとした。また、障害のある人が身近な地域において生活するための様々なニーズに対応する観点から、重度の肢体不自由者に加え、行動障害を有する知的障害のある人又は精神障害のある人を重度訪問介護の対象とすることとした。

②　「日中活動の場」と「住まいの場」の分離

地域生活への移行を進めていくため、「障害者自立支援法」では、24時間同じ施設の中で過ごすのではなく、障害のある人が、日中活動と居住の支援を自分で組み合わせて利用できるよう、昼のサービス（日中活動支援）と夜のサービス（居住支援）に分け（昼夜分離）、障害のある人が自分の希望に応じて、複数のサービスを組み合わせて利用できるようにした。

また、この昼夜分離によって、入所施設に入所していない障害のある人も、入所施設が実施する日中活動支援のサービスを利用することができるようになった。

「障害者自立支援法」における日中活動支援については、以下のように再編され、現在の「障害者総合支援法」でも同じ体系をとっている。

・**療養介護**…医療と常時の介護を必要とする人に、医療機関において、機能訓練、療養上の管理、看護、介護及び日常生活の世話を行うサービス
・**生活介護**…常に介護を必要とする人に、昼間、入浴等の介護を行うとともに、創作的活動又は生産活動の機会を提供するサービス
・**自立訓練**…機能訓練と生活訓練とに大別され、自立した日常生活又は社会生活ができるよう、一定期間、身体機能又は生活能力の向上のために必要な訓練を行うサービス
・**就労移行支援**…一般就労等への就労を希望する人に、一定期間、就労に必要な知識及び能力の向上のために必要な訓練を行うサービス
・**就労継続支援**…一般企業等での就労が困難な人に、働く場を提供するとともに、知識及び能力の向上のために必要な訓練を行うサービス
・**地域活動支援センター**…障害のある人が通い、創作的活動又は生産活動の機会の提供、社会との交流の促進等の便宜を図る施設（地域生活支援事業として実施）

③　障害のある人の望む地域生活の支援

2016年の「障害者総合支援法」の一部改正では、障害のある人が自ら望む地域生活を営むことができるよう、支援の一層の充実を図るため、また、就労移行支援事業所又は就労継続支援事業所から一般就労に移行する障害者数の増加を踏まえ、新たなサービスを創設した（2018年４月施行）。

・**就労定着支援**…一般就労に伴う日常生活及び社会生活上の支援ニーズに対応できるよう、就職先企業・関係機関との連絡調整等の支援を行うサービス
・**自立生活援助**…障害者支援施設や精神科病院、グループホーム等から地域での一人暮らしに移行した人等に対して、本人の意向を尊重した地域生活を支援するために、定期的な居宅訪問等により当人の状況を把握し、必要な情報提供等の支援を行うサービス

また、2022年の「障害者総合支援法」の一部改正では、障害のある人が働きやすい社会を実現するため、就労先・働き方についてより良い選択ができるよう、一人一人の希望や能力に沿ったよりきめ細かい就労支援を提供することが求められていることを踏まえ、新たなサービスを創設することとされた（2025年10月１日施行予定）。

・**就労選択支援**…障害のある人が就労先・働き方についてより良い選択ができるよう、就労アセスメントの手法を活用して、本人の希望、就労能力や適性等にあった選択を支援するサービス

加えて、改正法では基幹相談支援センターについて、地域の相談支援の中核的機関としての役割・機能の強化を図るとともに、その設置に関する市町村の努力義務等を設けた。また、地域生活支援拠点等を「障害者総合支援法」に位置付けるとともに、その整備に関する市町村の努力義務等を設けた（2024年４月施行）。

④　地域の限られた社会資源を活かす

障害のある人の身近なところにサービスの拠点を増やしていくためには、既存の限られた社会資源を活かし、地域の多様な状況に対応できるようにしていく必要がある。

このため、通所施設の民間の運営主体については、社会福祉法人に限られていたが、これを特定非営利活動法人、医療法人等、社会福祉法人以外の法人でも運営することができるように規制を緩和した。

ウ　福祉施設で働く障害のある人の一般就労への移行促進等

①　就労支援の強化

障害のある人が地域で自立した生活を送るための基盤として、就労支援は重要であり、一般就労を希望する人には、できる限り一般就労が可能となるように支援を行い、一般就労が困難である人には、就労継続支援Ｂ型事業所等での工賃の水準が向上するように支援を行ってきている。

②　工賃・賃金向上のための取組

2012年度からは「工賃向上計画」を策定することにより、工賃向上に向けた取組を進めている。都道府県は、2024年度から2026年度の新たな「工賃向上計画」を策定し、都道府県内の事業所に対し工賃向上のための経営等の支援や関係行政機関、地域の商工団体等の関係者と連携しながら、工賃向上に取り組んでいる。この「工賃向上計画」に基づく支援では、コンサルタントによる企業経営手法の活用や共同受注の促進など、これまでの計画でも比較的効果のあった取組に重点を置いて取り組むとともに、厚生労働省においても、これらの取組に対して予算補助を行っている。

また、個々の事業所においても「工賃向上計画」を作成し、事業所責任者の意識向上、積極的な取組を促し、都道府県の計画では、官公需による発注促進についても、目標値を掲げて取り組んでおり、地域で障害のある人を支える仕組みを構築することが重要であることから、市町村においても工賃向上のための取組を積極的に支援するよう協力を依頼している。

さらに「工賃向上計画支援等事業」により、各都道府県への補助を通じて、就労継続支援事業所の利用者の工賃・賃金向上等を図るための取組を実施している。

エ　支給決定の透明化・明確化

①　障害程度区分の導入と障害支援区分への見直し

「支援費制度」では、支給決定に際して全国共通の利用ルール（支援の必要度を判定する客観的基準）が定められていなかったことから、同じような障害状態にあっても市町村が決定するサービスの種類や量には、地域格差が生じているとの指摘がされていた。このため、「障害者自立支援法」では、支援の必要度を判定する障害程度区分を導入した。

また、知的障害のある人や精神障害のある人等の特性に応じて適切に支援の必要度を判定できるよう、「障害者総合支援法」では障害程度区分を障害の多様な特性その他の心身の状態に応じて必要とされる標準的な支援の度合いを総合的に示す「障害支援区分」に改め、2014年４月から施行されている。

②　支給決定に係るプロセスの透明化等

「障害者総合支援法」における介護給付費等の支給決定を行うに当たっては、まず市町村が事前に障害のある人の面接調査を行い、その調査を基に障害支援区分の一次判定が行われ、さらに障害保健福祉の有識者などで構成される審査会での審査（二次判定）を経て、障害支援区分の認定が行われる仕組みなどとなっており、支給決定に係るプロセスの透明化が図られている。

また、この支給決定に係るプロセスは、障害支援区分に加え、障害のある人一人一人の心身の状況、サービス利用の意向、家族の状況などを踏まえて相談支援専門員等が作成したサービス等利用計画案を勘案して、適切な支給決定が行われるようにしている。

オ　費用をみんなで負担し合う仕組みの強化

①　国の費用負担の義務付け

「支援費制度」においては、居宅サービスに関する部分の費用については、国はその費用の一部を予算の範囲内で補助する仕組みとなっていたが、制度を安定的かつ継続的に運営するために、「障害者自立支援法」の施行以降は、国が義務的にその費用の一部を負担する仕組みとした（具体的には、国は費用の２分の１、都道府県は費用の４分の１を義務的に負担。市町村は費用の４分の１を負担。）。これにより、当初の予算の範囲を超えて居宅サービスの利用が急増したとしても、国及び都道府県は義務的に費用の一部負担を行うこととし、障害のある人が安心して制度を利用できるような形となった。

②　利用者負担

「障害者自立支援法」の施行以降は、サービスの利用者も含めて皆で制度を支え合うため、国の費用負担の義務付けと併せて、利用者については、所得階層ごとに設定された負担上限月額の範囲内で負担することとした。

また、これに加えて、所得の少ない人については、個別減免の仕組みを設けるなど利用者負担の軽減措置を講じた。

施設を利用した場合などにかかる食費・光熱水費などの実費負担については、在宅で生活をしていたとしてもこれらの実費負担は生じるものであることから、施設と在宅の費用負担の均衡を図るために、自己負担とした。ただし、所得の少ない人については、食費に係る実費負担額が食材料費のみの負担となるよう軽減措置を講じた。

その後、2007年４月に行われた特別対策や、2008年７月に行われた緊急措置において、低所得の障害のある人等を中心とした利用者負担の更なる軽減、障害のある子供のいる世帯における軽減対象範囲の拡大、負担上限月額を算定する際の所得段階区分の個人単位を基本とした見直し等の軽減措置を講じた。また、2009年７月より、軽減措置を適用するために設けていた「資産要件」の廃止や、「心身障害者扶養共済給付金」の収入認定からの除外といった更なる軽減措置を講じた。

さらに、2010年４月から低所得（市町村民税非課税）の障害のある人等につき、福祉サービス及び補装具にかかる利用者負担を無料としている。

2010年の「障害者自立支援法」の一部改正では、障害のある人の地域移行を促進するため、障害のある人が安心して暮らせる「住まいの場」を積極的に確保していくことを目的に、グループホーム等の居住に要する費用を助成する制度を創設した（2011年10月施行）。また、利用者負担について、応能負担を原則とすることを法律上も明確にするとともに、障害福祉サービス等と補装具の利用者負担額を合算し、負担を軽減する仕組みを導入した（2012年４月施行）。

2016年の「障害者総合支援法」の一部改正では、障害福祉サービスを利用してきた人が、65歳に達することにより介護保険サービスに移行することによって利用者負担が増加してしまうという事態を解消するため、一定の要件を満たした高齢障害者については、障害福祉サービスに相当する介護保険サービスを利用する場合の利用者負担（原則１割）をゼロにするという措置を講じた（2018年４月施行）。

カ　障害福祉計画に基づく計画的なサービス基盤整備の推進

「障害者総合支援法」及び「児童福祉法」（昭和22年法律第164号）では、障害のある人に必要なサービスが提供されるよう、将来に向けた計画的なサービス提供体制の整備を進める観点から、「障害福祉サービス等及び障害児通所支援等の円滑な実施を確保するための基本的な指針」（平成29年厚生労働省告示第116号。以下本章では「基本指針」という。）に即して、市町村及び都道府県は、数値目標と必要なサービス量の見込み等を記載した「障害福祉計画」及び「障害児福祉計画」を策定することになっている。

2023年５月には、2024年度を始期とする「第７期障害福祉計画」及び「第３期障害児福祉計画」の策定に係る基本指針について改正を行った。改正の主なポイントは次のとおり。

①入所等から地域生活への移行、地域生活の継続の支援
・重度障害者等への支援に係る記載の拡充
・障害者総合支援法の改正による地域生活支援拠点等の整備の努力義務化等を踏まえた見直し

②精神障害にも対応した地域包括ケアシステムの構築
・「精神保健及び精神障害者福祉に関する法律」（昭和25年法律第123号。以下本章では「精神保健福祉法」という。）の改正等を踏まえた更なる体制整備
・医療計画との連動性を踏まえた目標値の設定

③福祉施設から一般就労への移行等
・一般就労への移行及び定着に係る目標値の設定
・一般就労中の就労系障害福祉サービスの一時利用に係る記載の追記

④障害児のサービス提供体制の計画的な構築
・児童発達支援センターの機能強化と地域の体制整備
・障害児入所施設からの移行調整の取組の推進
・医療的ケア児等支援法の施行による医療的ケア児等に対する支援体制の充実
・聴覚障害児への早期支援の推進の拡充

⑤発達障害者等支援の一層の充実
・ペアレントトレーニング等プログラム実施者養成推進
・発達障害者地域支援マネジャーによる困難事例に対する助言等の推進

⑥地域における相談支援体制の充実強化
・基幹相談支援センターの設置等の推進
・協議会の活性化に向けた成果目標の新設

⑦障害者等に対する虐待の防止
・自治体による障害者虐待への組織的な対応の徹底
・精神障害者に対する虐待の防止に係る記載の新設

⑧「地域共生社会」の実現に向けた取組
・「社会福祉法」（昭和26年法律第45号）に基づく地域福祉計画等との連携や、市町村による包括的な支援体制の構築の推進に係る記載の新設

⑨障害福祉サービスの質の確保
・都道府県による相談支援専門員等への意思決定支援ガイドライン等を活用した研修等の実施を活動指標に追加

⑩障害福祉人材の確保・定着
・ICTの導入等による事務負担の軽減等に係る記載の新設
・相談支援専門員及びサービス管理責任者等の研修修了者数等を活動指標に追加

⑪よりきめ細かい地域ニーズを踏まえた障害（児）福祉計画の策定
・障害福祉DBの活用等による計画策定の推進

・市町村内のより細かな地域単位や重度障害者等のニーズ把握の推進

⑫障害者による情報の取得利用・意思疎通の推進

・障害特性に配慮した意思疎通支援や支援者の養成等の促進に係る記載の新設

⑬障害者総合支援法に基づく難病患者への支援の明確化

・障害福祉計画等の策定時における難病患者、難病相談支援センター等からの意見の尊重

・支援ニーズの把握及び特性に配慮した支援体制の整備

⑭その他：地方分権提案に対する対応

・計画期間の柔軟化

・サービスの見込量以外の活動指標の策定を任意化

■ 図表4-2　第7期障害福祉計画及び第3期障害児福祉計画に係る基本指針の見直しについて

「障害福祉サービス等及び障害児通所支援等の円滑な実施を確保するための基本的な指針」改正後　概要

1．基本指針について

○　「基本指針」（大臣告示）は、市町村及び都道府県が障害福祉計画及び障害児福祉計画を定めるに当たっての基本的な方針。

○　都道府県及び市町村は、基本指針に則して原則3か年の「障害福祉計画」及び「障害児福祉計画」を策定。

○　第7期障害福祉計画及び第3期障害児福祉計画に係る基本指針は、令和5年5月19日に告示。
計画期間は令和6年4月～令和9年3月。

2．本指針の構成

第一　障害福祉サービス等及び障害児通所支援等の提供体制の確保に関する基本的事項

一　基本的理念

二　障害福祉サービスの提供体制の確保に関する基本的考え方

三　相談支援の提供体制の確保に関する基本的考え方

四　障害児支援の提供体制の確保に関する基本的考え方

第二　障害福祉サービス等及び障害児通所支援等の提供体制の確保に係る目標（成果目標）

一　福祉施設の入所者の地域生活への移行

二　精神障害にも対応した地域包括ケアシステムの構築

三　地域生活支援の充実

四　福祉施設から一般就労への移行等

五　障害児支援の提供体制の整備等

六　相談支援体制の充実・強化等

七　障害福祉サービス等の質を向上させるための取組に係る体制の構築

第三　計画の作成に関する事項

一　計画の作成に関する基本的事項

二　市町村障害福祉計画及び市町村障害児福祉計画の作成に関する事項

三　都道府県障害福祉計画及び都道府県障害児福祉計画の作成に関する事項

四　その他

第四　その他自立支援給付及び地域生活支援事業並びに障害児通所支援等の円滑な実施を確保するために必要な事項等

一　障害者等に対する虐待の防止

二　意思決定支援の促進

三　障害者等の芸術文化活動支援による社会参加等の促進

四　障害者等による情報の取得利用・意思疎通の推進

五　障害を理由とする差別の解消の推進

六　障害福祉サービス等及び障害児通所支援等を提供する事業所における利用者の安全確保に向けた取組や事業所における研修等の充実

資料：厚生労働省・こども家庭庁

第４章第１節　１．利用者本位の生活支援体制の整備　／厚生労働省

TOPICS(トピックス)（10）

障害保健福祉施策をめぐる近年の動き

障害保健福祉施策については、障害のある人の地域における自立した生活を支援する「地域生活支援」を主題に、住民に最も身近な市町村を中心にサービスを提供する体制の構築に向けて必要な改正を行ってきた。

2006年度に「障害者自立支援法」が施行されたことにより、これまで身体障害・知的障害の障害の種類ごとに提供されていたサービス体系について、精神障害のある人を新たにサービス対象として一元化するとともに、障害の種類を超えた共通の制度の下で、個別のニーズに応じたサービス提供等を行うことが可能となった。

その後、障がい者制度改革推進本部等における検討を踏まえ、「障害者自立支援法」を「障害者総合支援法」とする内容を含む「地域社会における共生の実現に向けて新たな障害保健福祉施策を講ずるための関係法律の整備に関する法律」が2012年に成立し、2013年より施行された。これにより、障害福祉サービスに係る給付に加え、地域生活支援事業による総合的な支援が可能となるとともに、障害福祉サービス等の対象となる障害者の範囲に難病患者等が含まれることとなった。

2022年12月に成立した「障害者の日常生活及び社会生活を総合的に支援するための法律等の一部を改正する法律」は、①障害者等の地域生活の支援体制の充実、②障害者の多様な就労ニーズに対する支援及び障害者雇用の質の向上の推進、③精神障害者の希望やニーズに応じた支援体制の整備、④難病患者及び小児慢性特定疾病児童等に対する適切な医療の充実及び療養生活支援の強化、⑤障害福祉サービス等、指定難病及び小児慢性特定疾病についてのデータベースに関する規定の整備等の措置を講ずる内容となっている。

2024年度の報酬改定においては、障害福祉分野の人材確保のため、介護と同水準の処遇改善を行うとともに、障害者が希望する地域生活の実現に向けて、介護との収支差率の違いも勘案しつつ、新規参入が増加する中でのサービスの質の確保・向上を図る観点から、経営実態を踏まえたサービスの質等に応じたメリハリのある報酬設定を行った。

障害者の日常生活及び社会生活を総合的に支援するための法律等の一部を改正する法律（令和４年法律第104号）の概要

（2022年12月10日成立、12月16日公布）

改正の趣旨

障害者等の地域生活や就労の支援の強化等により、障害者等の希望する生活を実現するため、①障害者等の地域生活の支援体制の充実、②障害者の多様な就労ニーズに対する支援及び障害者雇用の質の向上の推進、③精神障害者の希望やニーズに応じた支援体制の整備、④難病患者及び小児慢性特定疾病児童等に対する適切な医療の充実及び療養生活支援の強化、⑤障害福祉サービス等、指定難病及び小児慢性特定疾病についてのデータベースに関する規定の整備等の措置を講ずる。

改正の概要

１．障害者等の地域生活の支援体制の充実【障害者総合支援法、精神保健福祉法】

①　共同生活援助（グループホーム）の支援内容として、一人暮らし等を希望する者に対する支援や退居後の相談等が含まれることを、法律上明確化する。

②　障害者が安心して地域生活を送れるよう、地域の相談支援の中核的役割を担う基幹相談支援センター及び緊急時の対応や施設等からの地域移行の推進を担う地域生活支援拠点等の整備を市町村の努力義務とする。

③　都道府県及び市町村が実施する精神保健に関する相談支援について、精神障害者のほか精神保健に課題を抱える者も対象にできるようにするとともに、これらの者の心身の状態に応じた適切な支援の包括的な確保を旨とすることを明確化する。

２．障害者の多様な就労ニーズに対する支援及び障害者雇用の質の向上の推進【障害者総合支援法、障害者雇用促進法】

①　就労アセスメント（就労系サービスの利用意向がある障害者との協同による、就労ニーズの把握や能力・適性の評価及び就労開始後の配慮事項等の整理）の手法を活用した「就労選択支援」を創設するとともに、ハローワークはこの支援を受けた者に対して、そのアセスメント結果を参考に職業指導等を実施する。

②　雇用義務の対象外である週所定労働時間10時間以上20時間未満の重度身体障害者、重度知的障害者及び精神障害者に対し、就労機会の拡大のため、実雇用率において算定できるようにする。

③　障害者の雇用者数で評価する障害者雇用調整金等における支給方法を見直し、企業が実施する職場定着等の取組に対する助成措置を強化する。

３．精神障害者の希望やニーズに応じた支援体制の整備【精神保健福祉法】

①　家族等が同意・不同意の意思表示を行わない場合にも、市町村長の同意により医療保護入院を行うことを可能とする等、適切に医療を提供できるようにするほか、医療保護入院の入院期間を定め、入院中の医療保護入院者について、一定期間ごとに入院の要件の確認を行う。

②　市町村長同意による医療保護入院者を中心に、本人の希望のもと、入院者の体験や気持ちを丁寧に聴くとともに、必要な情報提供を行う「入院者訪問支援事業」を創設する。また、医療保護入院者等に対して行う告知の内容に、入院措置を採る理由を追加する。

③　虐待防止のための取組を推進するため、精神科病院において、従事者等への研修、普及啓発等を行うこととする。また、従事者による虐待を発見した場合に都道府県等に通報する仕組みを整備する。

４．難病患者及び小児慢性特定疾病児童等に対する適切な医療の充実及び療養生活支援の強化【難病法、児童福祉法】

①　難病患者及び小児慢性特定疾病児童等に対する医療費助成について、助成開始の時期を申請日から重症化したと診断された日に前倒しする。

②　各種療養生活支援の円滑な利用及びデータ登録の促進を図るため、「登録者証」の発行を行うほか、難病相談支援センターと福祉・就労に関する支援を行う者の連携を推進するなど、難病患者の療養生活支援や小児慢性特定疾病児童等自立支援事業を強化する。

５．障害福祉サービス等、指定難病及び小児慢性特定疾病についてのデータベース（ＤＢ）に関する規定の整備【障害者総合支援法、児童福祉法、難病法】

障害ＤＢ、難病ＤＢ及び小慢ＤＢについて、障害福祉サービス等や難病患者等の療養生活の質の向上に資するため、第三者提供の仕組み等の規定を整備する。

６．その他【障害者総合支援法、児童福祉法】

①　市町村障害福祉計画に整合した障害福祉サービス事業者の指定を行うため、都道府県知事が行う事業者指定の際に市町村長が意見を申し出る仕組みを創設する。

②　地方分権提案への対応として居住地特例対象施設に介護保険施設を追加する。　等

このほか、障害者総合支援法の平成30年改正の際に手当する必要があった同法附則第18条第２項の規定等について所要の規定の整備を行う。

施行期日

2024年４月１日（ただし、２①及び５の一部は公布後３年以内の政令で定める日、３②の一部、５の一部及び６②は2023年４月１日、４①及び②の一部は2023年10月１日）

資料：厚生労働省

令和６年度障害福祉サービス等報酬改定における主な改定内容

- □ 令和６年度障害福祉サービス等報酬改定の改定率：**＋1.12％**（改定率の外枠で処遇改善加算の一本化の効果等があり、それを合わせれば改定率＋1.5％を上回る水準）
- □ 今般新たに追加措置する処遇改善分を活用し、**障害福祉の現場で働く方々にとって、令和６年度に2.5％、令和７年度に2.0％のベースアップ**へと確実につながるよう、配分方法の工夫を行う。
- □ ２月６日に報酬改定案のとりまとめ、パブコメを実施した上で、３月下旬に報酬告示の改正、関係通知の発出。原則として令和６年４月１日に施行。

- □ 障害福祉分野の人材確保のため、**介護並びの処遇改善を行う**とともに、**障害者が希望する地域生活の実現**に向けて、介護との収支差率の違いも勘案しつつ、**新規参入が増加する中でのサービスの質の確保・向上を図る観点**から、経営実態を踏まえた**サービスの質等に応じたメリハリのある報酬設定**を行う。

○ **障害者が希望する地域生活の実現**
- ・地域生活支援拠点等において、情報連携等を担うコーディネーターの配置を評価する加算を創設
- ・障害者支援施設から地域へ移行した者がいる場合に、入所定員を減らした場合を評価するための加算を創設
- ・支援の質の高い相談支援事業所の整備を推進するため、機能強化型の基本報酬を充実　　等

○ **多様なニーズに応える専門性・体制の評価**
- ・強度行動障害を有する児者を支援する「中核的人材」の配置や「集中的支援」について評価（生活介護・施設・グループホーム等）
- ・医療的ケア児の成人期への移行にも対応した医療的ケア体制の充実（生活介護・施設・短期入所等）
- ・児童発達支援センターの機能強化、児童発達支援・放課後等デイサービスの総合的な支援の推進。支援ニーズの高い児や家族への支援の評価充実、インクルージョンの推進　等

○ **支援時間・内容を勘案したきめ細かい評価**
- ・生活介護の基本報酬設定にサービス提供時間に応じた評価の導入。なお、サービス提供時間については、個別支援計画に定めた個々の支援時間での算定を基本とするなど一定の配慮を設ける
- ・グループホーム、児童発達支援・放課後等デイサービスにおいても、サービス提供時間に応じた評価を導入
- ・就労継続支援A型における生産活動収支や、就労継続支援B型における平均工賃月額に応じた評価
- ・通所系サービスにおける食事提供加算について栄養面を評価しつつ経過措置を延長
- ・障害者虐待防止措置や身体拘束の適正化等、必要な基準を満たしていない場合の減算の導入・見直し（全サービス共通）　等

○ **その他**
- ・重度化・高齢化を踏まえた居宅介護・重度訪問介護の国庫負担基準の見直し
- ・物価高騰を踏まえた施設における補足給付の基準費用額（食費・光熱水費）を見直し　等

資料：厚生労働省

（3）身近な相談支援体制整備の推進

ア　障害のある人や障害のある児童の親に対する一般的な相談支援

障害のある人や障害のある児童の親に対する一般的な相談支援については、「障害者自立支援法」により、2006年10月から、障害種別にかかわらず、事業の実施主体を利用者に身近な市町村に一元化して実施している。また、市町村における相談支援事業の機能を充実・強化するため、2006年10月から住宅入居等支援事業を、2012年４月から基幹相談支援センター等機能強化事業を、それぞれ地域生活支援事業に位置付けている。

また、指定特定相談支援事業所及び指定障害児相談支援事業所に配置されている相談支援専門員がサービス等利用計画又は障害児支援利用計画を作成することにより、障害のある人や障害のある児童の親が障害福祉サービス等を適切に利用することができるよう支援を行っており、2015年４月からは、支給決定前の全ての障害児者が、障害児支援利用計画案又はサービス等利用計画案を作成することとしている。

さらに、2018年度の報酬改定では、利用状況の適切な把握と適正なサービス量の調整が可能となるよう、実施モニタリング期間の一部を見直してモニタリング頻度を高めたほか、質の高い相談支援の実施や専門性の高い支援を行うための体制を適切に評価する加算（「サービス提供時モニタリング加算」等）を創設している。また、2021年度の報酬改定においては、適切なモニタリング頻度の決定を推進する観点から、利用者の個別性も踏まえて、モニタリング頻度の決定を行う旨やモニタリング期間の変更をする際の手続を再度周知している。

広域・専門的な支援や人材育成については、都道府県の地域生活支援事業の中で、都道府県相談支援体制整備事業、高次脳機能障害及びその関連障害に対する支援普及事業、発達障害者支援センター運営事業、障害者就業・生活支援センター事業、障害児等療育支援事業、相談支援従事者研修事業等を実施し、市町村をバックアップしている。

2024年４月から、「障害者総合支援法」において、市町村における基幹相談支援センターの設置が努力義務化されるとともに、新たに地域の相談支援従事者に対する助言・指導や関係機関の連携の緊密化を促進する業務について法律上明記し、地域の相談支援体制の充実・強化を図ることとしている。

イ　都道府県による取組及び市町村区域への対応

都道府県においては、市町村に対する専門的な技術支援、情報提供の役割を担っている更生相談所等が設けられており、それぞれの施設が担う相談支援内容に合わせて、身体障害者相談員、知的障害者相談員、児童に関する相談員及び精神保健福祉相談員を配置している。設置状況は、身体障害者更生相談所（2024年４月現在78か所）、知的障害者更生相談所（2024年４月現在88か所）、児童相談所（2024年４月現在234か所）、精神保健福祉センター（2024年４月現在69か所）となっている。

国においては、市町村の区域で生活に関する相談、助言その他の援助を行う民生委員・児童委員を委嘱している。

ウ　法務局その他

全国の法務局において、法務局職員及び人権擁護委員が、障害のある人に対する差別、虐待等の人権問題について、面談・電話による相談に応じている。また、社会福祉施設や市役所などの公共施設・デパート等において特設の人権相談所を開設しているほか、インターネットによる人権相談の受付を行っている。加えて、人権相談等を通じて人権侵害の疑いのある事案を認知した場合は、人権侵犯事件として調査を行い、事案に応じた適切な措置を講じている。

保健所、医療機関、教育委員会、特別支援学校、ハローワーク、ボランティア団体等においても、相談支援が行われている。

エ　矯正施設入所者等

障害等により自立が困難な矯正施設入所者について、出所後直ちに福祉サービスを受けられるようにするため、刑務所等の社会福祉士等を活用した相談支援体制を整備するとともに、「地域生活定着支援センター」を全国の各都道府県に整備している。同センターは、矯正施設、保護観察所、地域の福祉関係機関等と連携して、社会復帰の支援を行っており、2021年度からは起訴猶予者等への支援も行っている。

また、帰住先が確定しないなどの理由により出所後直ちに福祉による支援が困難な者について、更生保護施設への受入れを促進し、福祉への移行準備、自立した日常生活のための支援等を実施している。

（４）権利擁護の推進

ア　成年後見制度等

認知症、知的障害又は精神障害などのため判断能力の十分でない人を保護し支援するための成年後見制度について、パンフレットの配布や法務省ホームページ上のQ&A掲載など、制度周知のための活動を行っている。また、障害福祉サービスを利用し又は利用しようとする知的障害のある人又は精神障害のある人であり、助成を受けなければ成年後見制度の利用が困難であると認められる場合に、申立てに要する経費及び後見人等の報酬の全部又は一部について補助を行うため、成年後見制度利用支援事業を実施しており、2012年度から市町村地域生活支援事業の必須事業に位置付けている。

報酬等の助成事業については、2022年４月１日現在で1,703市町村が実施しており、今後とも本事業の周知を図ることとしている。

また、2013年度から、後見、保佐及び補助の業務を適正に行うことができる人材の育成及び活用を図るための研修を行う事業である成年後見制度法人後見支援事業を地域生活支援事業として市町村の必須事業に位置付けたほか、指定障害福祉サービス事業者等の責務として、障害のある人等の意思決定の支援に配慮し、常に障害のある人の立場に立ってサービス等の提供を行うことを義務付けている。

日常生活自立支援事業は、認知症高齢者、知的障害のある人、精神障害のある人等のうち必ずしも判断能力が十分でない人が、地域において自立した生活を送ることを支援するため、福祉サービスの利用援助や日常的な金銭管理に関する援助等を行う事業であり、都道府県・指定都市社会福祉協議会を実施主体とし、事業の一部は委託された市区町村社会福祉協議会等が実施している。2023年３月末現在の本事業の実利用者数は56,550人となっており、今後とも本事業の一層の定着を図ることとしている。

成年後見制度の利用促進については、「成年後見制度の利用の促進に関する法律」（平成28年法律第29号）に基づき、2022年３月には、「第二期成年後見制度利用促進基本計画～尊厳のある本人らしい生活の継続と地域社会への参加を図る権利擁護支援の推進～」を閣議決定し、地域連携ネットワークづくりの推進や市民後見人等の担い手の育成、総合的な権利擁護支援策の充実、意思決定支援の浸透など更なる制度の運用改善等に向けた取組を行っている。（なお、財産管理については、後述の「３．経済的自立の支援（２）個人財産の適切な管理の支援」を参照。）

■ 図表４-３　成年後見制度利用支援事業の必須事業化

成年後見制度利用支援事業の必須事業化

・対象者は、障害福祉サービスの利用の観点から成年後見制度を利用することが有用であると認められる知的障害者又は精神障害者で、成年後見制度の利用に要する経費について補助を受けなければ成年後見制度の利用が困難であると認められるもの。

→ 助成費用（主務省令で定める費用）は、成年後見制度の申立てに要する経費（登記手数料、鑑定費用等）及び後見人等の報酬の全部又は一部

※2012年度より、地域生活支援事業費等補助金において、成年後見制度利用支援事業を国庫補助の対象としている。

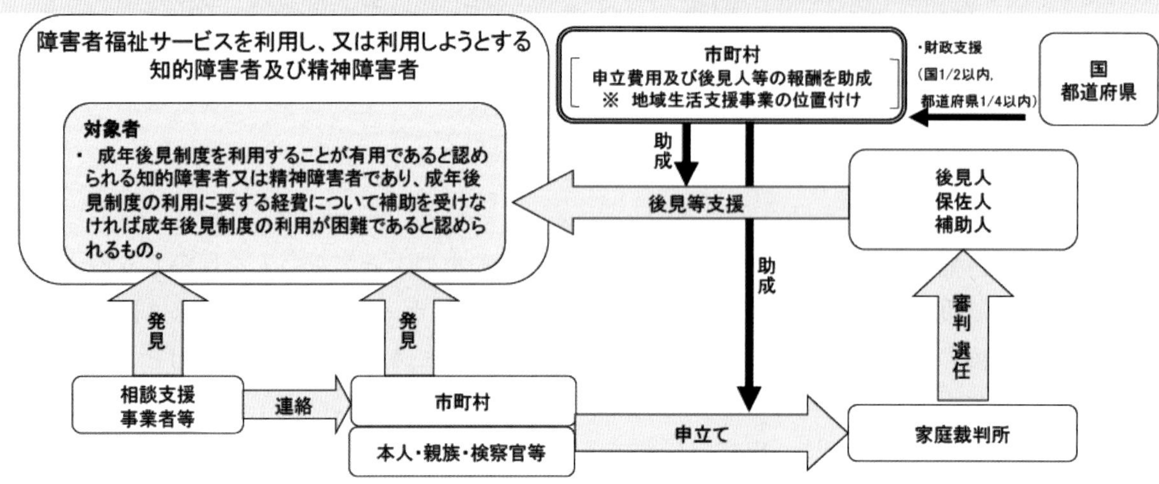

資料：厚生労働省

イ　消費者としての障害のある人

悪質な手口により消費者被害にあったなどとして、全国の消費生活センターや国民生活センター等に、認知症高齢者、障害のある人等から消費生活相談が寄せられている。相談件数は、2013年度に２万件を超えると、2016年度にかけて一旦減少したが、その後増加に転じ、現在まで高水準で推移している。

消費者庁では、認知症高齢者や障害のある人等の配慮を要する消費者を見守るためのネットワークとして、「消費者安全法」（平成21年法律第50号）の改正（2016年４月施行）により規定された、「消費者安全確保地域協議会」の設置促進に取り組んでいる。消費者安全確保地域協議会は、福祉のネットワーク及び地域の消費生活センターや消費者団体等の関係者を構成員とすることで、消費者被害の未然防止、拡大防止、早期発見、早期解決に資する見守りサービスの提供を可能にする取組である。

2023年度地方消費者行政に関する先進的モデル事業として、「見守り活動の促進」を実施し、消費者被害の未然防止や被害救済に資する消費者安全確保地域協議会の設置促進・活性化を図るとともに、関係団体間の連携や必要なツールの開発等を行い、取組への支援策を講じた。

消費者安全確保地域協議会の取組では、地域の関係団体との連携も重要である。消費者庁では、2007年から、障害者団体のほか高齢者団体・福祉関係者等専門職団体・消費者団体、行政機関等を構成員とする「高齢消費者・障がい消費者見守りネットワーク連絡協議会」を開催し、消費者トラブルに関して情報を共有するとともに、悪質商法の新たな手口や対処の方法などの情報提供等を行う仕組みの構築を図ってきた。2023年度には、消費者庁の先進的モデル事業の取組を紹介したほか、最近の消費者行政の動向や地域において積極的な見守り活動を行っている関係団体の取組の情報を共有した。

国民生活センターでは、障害のある人や高齢者、その周りの人々に悪質商法の手口やワンポイントアドバイス等をメールマガジンや同センターホームページで伝える「見守り新鮮情報」を発行するとともに、最新の消費生活情報をコンパクトにまとめた「2024年版くらしの豆知識」の発行に当たってはカラーユニバーサルデザイン認証を取得したほか、デイジー版（デジタル録音図書）を作成し、全国の消費生活センター、消費者団体及び全国の点字図書館等に配布するとともに、国立国会図書館視覚障害者等用データ送信サービスにも登録した。

障害のある人への消費者教育の推進としては、消費者庁が作成した高校生向け消費者教育用教材「社会への扉」の音声読上げツールを提供しているほか、主に知的障害のある生徒を対象とする特別支援学校等向け消費者教育用教材を2021年６月に公表し、2023年度には、特別支援学校等向けの出前講座を実施した。また、「消費者教育ポータルサイト」において、障害者向けの消費者教育教材や取組事例等について登録し、情報提供を行っている。

地域において配慮を要する消費者への取組を進めるためには、消費生活センター等における消費生活相談体制の充実・強化も促進する必要がある。消費者庁では、地方消費者行政強化交付金等を通じ、消費者安全確保地域協議会の設置促進のほか、地方公共団体における障害のある人の特性に配慮した消費生活相談体制の整備を図る取組等も支援している。

第1章
第2章
第3章
第4章
第5章
第6章
参考資料
付録
索引

■図表4-4　認知症高齢者、障害のある人等の消費生活相談件数（年度別）（2013～2023年度）

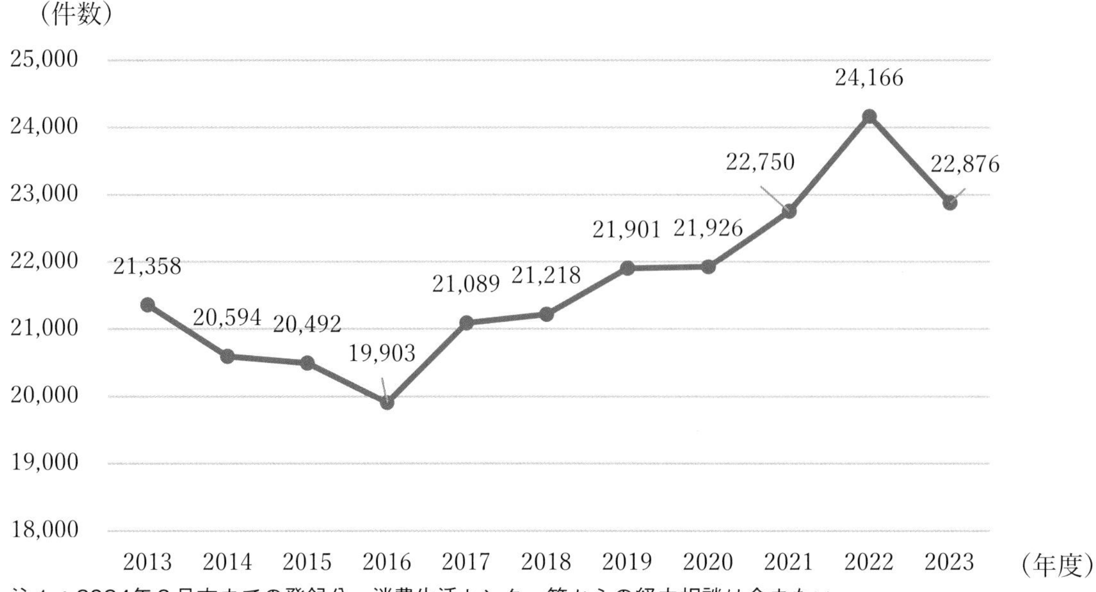

注1：2024年3月末までの登録分。消費生活センター等からの経由相談は含まない。
注2：「判断不十分者契約」又は「心身障害者関連」に関する相談についての集計。
資料：独立行政法人国民生活センター運営のPIO-NET（全国消費生活情報ネットワークシステム）

■図表4-5　認知症高齢者、障害のある人等の消費生活相談件数（商品・役務別10位まで）（2023年度）

	商品・役務	件数
1	商品一般	1,729
2	フリーローン・サラ金	1,336
3	他の健康食品	1,286
4	携帯電話サービス	857
5	新聞	754
6	賃貸アパート	489
7	役務その他サービス	441
8	屋根工事	431
9	修理サービス	376
10	健康食品（全般）	363

注1：2024年3月末までの登録分。消費生活センター等からの経由相談は含まない。
注2：「判断不十分者契約」又は「心身障害者関連」に関する相談についての集計。
資料：独立行政法人国民生活センター運営のPIO-NET（全国消費生活情報ネットワークシステム）

（5）障害者虐待防止対策の推進

障害のある人の尊厳の保持のため障害のある人に対する虐待を防止することは極めて重要であることから、「障害者虐待の防止、障害者の養護者に対する支援等に関する法律」（平成23年法律第79号）が2012年10月から施行されている。

この法律においては、何人も障害者を虐待してはならないことや虐待を受けたと思われる障害者を発見した場合には速やかに通報すること等を規定しており、地方公共団体は障害者虐待対応の窓口として「市町村障害者虐待防止センター」や「都道府県障害者権利擁護センター」の機能を果たすこととされている。各センターでは、障害者虐待の通報・届出の受理に加え、相談や指導・助言を行うほか、国民の理解の促進を図るため、障害者虐待防止の広報・啓発等を行っている。

厚生労働省においては、地方公共団体が関係機関との連携の下、障害者虐待の未然防止や早期発見、迅速な対応等を行えるよう、障害者虐待防止対策支援等の施策を通じて、支援体制の強化や地域における関係機関等との協力体制の整備等を図るとともに、障害のある人の虐待防止や権利擁護等に係る各都道府県における指導的役割を担う者の養成研修等を実施している。

また、2022年に改正された「精神保健福祉法」に基づき、2024年４月から、精神科病院における虐待防止措置の実施の義務化や精神科病院内の業務従事者による虐待を受けたと思われる障害者を発見した場合の都道府県等への通報の義務化等が施行された。

2024年度の報酬改定においては、障害福祉サービス事業所等における虐待防止の取組の徹底を図るため、以下について実施している。

・2022年度に義務化された障害者虐待防止措置を未実施の場合の減算措置の導入
・身体拘束廃止未実施減算について、入所施設・居住系サービスにおける減算額の引き上げ

■ 図表４-６　障害者虐待の防止、障害者の養護者に対する支援等に関する法律の概要

障害者虐待の防止、障害者の養護者に対する支援等に関する法律の概要

（2011年6月17日成立、2011年6月24日公布、2012年10月1日施行）

目 的

障害者に対する虐待が障害者の尊厳を害するものであり、障害者の自立及び社会参加にとって障害者に対する虐待を防止することが極めて重要であること等に鑑み、障害者に対する虐待の禁止、国等の責務、障害者虐待を受けた障害者に対する保護及び自立の支援のための措置、養護者に対する支援のための措置等を定めることにより、障害者虐待の防止、養護者に対する支援等に関する施策を促進し、もって障害者の権利利益の擁護に資することを目的とする。

定 義

1 「障害者」とは、身体・知的・精神障害その他の心身の機能の障害がある者であって、障害及び社会的障壁により継続的に日常生活・社会生活に相当な制限を受ける状態にあるものをいう。
2 「障害者虐待」とは、①養護者による障害者虐待、②障害者福祉施設従事者等による障害者虐待、③使用者による障害者虐待をいう。
3 障害者虐待の類型は、①身体的虐待、②放棄・放置、③心理的虐待、④性的虐待、⑤経済的虐待の5つ。

虐待防止施策

1 何人も障害者を虐待してはならない旨の規定、障害者の虐待の防止に係る国等の責務規定、障害者虐待の早期発見の努力義務規定を置く。
2 「障害者虐待」を受けたと思われる障害者を発見した者に速やかな通報を義務付けるとともに、障害者虐待防止等に係る具体的スキームを定める。

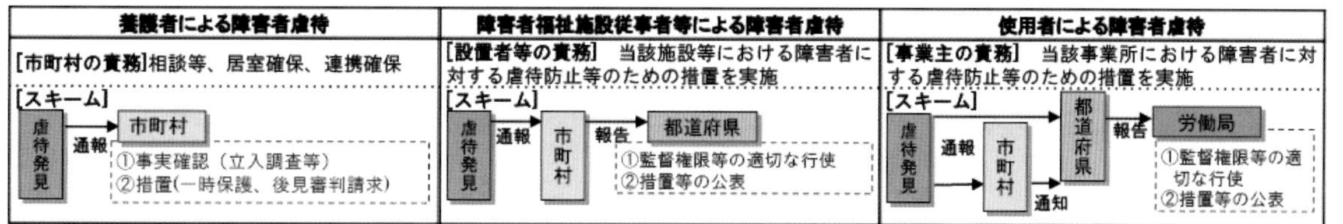

養護者による障害者虐待	障害者福祉施設従事者等による障害者虐待	使用者による障害者虐待
[市町村の責務]相談等、居室確保、連携確保	[設置者等の責務]　当該施設等における障害者に対する虐待防止等のための措置を実施	[事業主の責務]　当該事業所における障害者に対する虐待防止等のための措置を実施
[スキーム] 虐待発見 →通報→ 市町村 ①事実確認（立入調査等） ②措置(一時保護、後見審判請求)	[スキーム] 虐待発見 →通報→ 市町村 →報告→ 都道府県 ①監督権限等の適切な行使 ②措置等の公表	[スキーム] 虐待発見 →通報→ 市町村 →通知→ 都道府県 →報告→ 労働局 虐待発見 →通報→ 都道府県 ①監督権限等の適切な行使 ②措置等の公表

3 就学する障害者、保育所等に通う障害者及び医療機関を利用する障害者に対する虐待への対応について、その防止等のための措置の実施を学校の長、保育所等の長及び医療機関の管理者に義務付ける。

検討

附則第2条
政府は、学校、保育所等、医療機関、官公署等における障害者に対する虐待の防止等の体制の在り方並びに障害者の安全の確認又は安全の確保を実効的に行うための方策、障害者を訪問して相談等を行う体制の充実強化その他の障害者虐待の防止、障害者虐待を受けた障害者の保護及び自立の支援、養護者に対する支援等のための制度について、この法律の施行後三年を目途として、児童虐待、高齢者虐待、配偶者からの暴力等の防止等に関する法制度全般の見直しの状況を踏まえ、この法律の施行状況等を勘案して検討を加え、その結果に基づいて必要な措置を講ずるものとする。

資料：厚生労働省

（6）障害者団体や本人活動の支援

意思決定過程に障害のある人の参画を得て、その視点を施策に反映させる観点から、障害者政策委員会等において障害のある人や障害者団体が、情報保障その他の合理的配慮の提供を受けながら構成員として審議に参画している。

また、「障害者総合支援法」に基づく地域生活支援事業において、障害のある人やその家族、地域住民等が自発的に行う活動に対する支援を行う「自発的活動支援事業」を実施している。

2．在宅サービス等の充実

（1）在宅サービスの充実

障害のある人が地域で暮らしていくためには、在宅で必要な支援を受けられることが必要となる。このため、市町村において「障害者総合支援法」に基づき、利用者の障害の程度や必要な支援の内容等に応じ、居宅介護、重度訪問介護、同行援護、行動援護及び重度障害者等包括支援を実施している。

- **居宅介護**…入浴等の介護や調理等の家事の援助等を短時間集中的に行うサービス
- **重度訪問介護**…常時介護を要する身体に重度の障害のある人、知的障害若しくは精神障害により、行動上著しい困難を有する障害のある人に対し、入浴等の介護や調理等の家事の援助等のほか、日常生活に生じる様々な介護の事態に対応するための見守り等の支援や外出時における移動中の介護を長時間行うとともに、病院、診療所、助産所、介護老人保健施設又は介護医療院に入院又は入所している一定の要件を満たす障害のある人に対して、意思疎通の支援その他の必要な支援を行うサービス
- **同行援護**…重度の視覚障害のある人に対し、外出時において同行し、移動に必要な情報を提供するほか、移動に必要な支援等を行うサービス
- **行動援護**…知的障害又は精神障害により行動上著しい困難を有する障害のある人に対し、居宅内や外出時における危険を伴う行動を予防又は回避するために必要な支援等を行うサービス
- **重度障害者等包括支援**…著しく重度の障害のある人の様々なニーズに応えて、円滑なサービスの利用が可能、利用者のその時々の心身の状態等に応じて必要となる複数の障害福祉サービスを組み合わせて、包括的に提供するサービス

これらのサービスに加え、自宅で介護する人が病気の場合などに、短時間、夜間も含めて施設において入浴等の介護を行うサービスである短期入所も行っている。

（2）住居の確保

ア　福祉施策における住居の確保支援

障害のある人が地域で安心して暮らすことができるよう、単身での生活が困難な障害のある人が共同して自立した生活を営む場として、共同生活援助（グループホーム）を位置付けているところである。グループホームでは、日常生活における家事や相談等の支援のほか、利用者の就労先又は日中活動サービス等との連絡調整や余暇活動等の社会生活上の援助、必要な利用者に対しては、食事や入浴等の介護を行うこととしている。また、2022年の「障害者総合支援法」の一部改正では、グループホームの支援内容として、一人暮らし等を希望する利用者に対する支援や退居後の一人暮らし等の定着のための相談等の支援が含まれることが明確化された（2024年４月施行）。

地域生活支援事業における相談支援事業に住宅入居等支援事業（居住サポート事業）を位置付け、公的賃貸住宅及び民間賃貸住宅への入居を希望する障害のある人に対して、不動産業者に対する物件のあっせん依頼及び家主等との入居契約手続等といった入居支援や、居住後のサ

ポート体制の調整をしている。また、障害のある人が地域の中で生活することができるように、低額な料金で居室などを提供する福祉ホーム事業を実施している。

さらに、障害者支援施設や精神科病院等から地域生活への移行を希望する障害のある人に対して住居の確保等を支援する地域移行支援や、単身で地域生活している障害のある人に対して定期的な居宅訪問等により必要な支援を行う自立生活援助や連絡体制の確保や緊急時の支援を行う地域定着支援を行っている。

イ　住宅施策における住宅の確保支援

障害のある人等の住宅の確保に特に配慮を要する人の居住の安定を確保することは、「住生活基本法」（平成18年法律第61号）の基本理念の一つであり、その理念にのっとり賃貸住宅の供給促進に関する基本事項等を定めた「住宅確保要配慮者に対する賃貸住宅の供給の促進に関する法律」（平成19年法律第112号）に基づき、以下のとおり公営住宅等の公的賃貸住宅の的確な供給及び民間賃貸住宅への円滑な入居の支援等の各種施策を一体的に推進している。

①　障害のある人に配慮した公的賃貸住宅の供給

公的賃貸住宅は、障害のある人の心身の状況、その他の配慮を必要とする事情を勘案し、以下のように供給されている。

公営住宅においては、入居者の募集・選考に際し、障害のある人を含む世帯は特に住宅困窮度が高いものとして、地方公共団体の裁量により一定の上限の下、入居者の収入基準を緩和するとともに、当選率の優遇、別枠選考等の措置を講じている。

地域優良賃貸住宅制度においては、障害のある人を含む世帯等を対象に良質な賃貸住宅を供給するため、民間事業者等に対し、その整備や家賃低廉化に対する支援を行うほか、入居の際、地方公共団体の裁量により別枠選考等の措置ができることとしている。

また、都市再生機構賃貸住宅においては、障害のある人を含む世帯に対して、入居者の収入基準の緩和、1階、2階又はエレベーター停止階への住宅変更、新規賃貸住宅募集時の当選倍率の優遇等の措置を講じている。

②　民間賃貸住宅への円滑な入居の促進

民間賃貸住宅の空き室や空き家を活用した、障害のある人を含む世帯等の住宅確保要配慮者の入居を拒まない賃貸住宅の登録制度等を内容とする住宅セーフティネット制度の活用を推進し、バリアフリー化を含めた住宅の改修、入居者負担の軽減等や居住支援協議会等の居住支援活動等への支援を実施することにより、民間賃貸住宅等への円滑な入居を促進している。また、家賃滞納が発生した場合の家賃を保証する家賃債務保証について、適正に業務を行うことができる者を登録する家賃債務保証業者登録制度を定め、登録・公表している。

ウ　住宅施策と福祉施策との連携

公的賃貸住宅の整備に際して、障害のある人の生活に関連したサービスを備えた住宅を整備するため、障害者福祉施設との一体的な整備を推進している。

公営住宅については、障害のある人の共同生活を支援することを目的とするグループホーム事業へ活用することができることとしており、公営住宅等を障害のある人向けのグループホームとして利用するための改良工事費について支援している。

また、生活支援サービス付き公営住宅（シルバーハウジング）については、住宅施策と福祉施策の密接な連携の下に供給されているところであり、地方公共団体の長が特に必要と認める場合に、障害のある人を含む世帯の入居を可能とし、その居住の安定を図っている。

民間賃貸住宅については、居住支援協議会や居住支援法人を活用し、障害のある人を含む世帯等の民間賃貸住宅への円滑な入居を支援している。

また、住宅市街地総合整備事業、優良建築物等整備事業、市街地再開発事業等において、デイサービスセンター、保育所等の社会福祉施設等を整備する場合、一定の条件を満たすものに対し建築主体工事費の一部を補助対象とし、障害のある人等の生活しやすい市街地環境の形成を図っている（住宅については、第５章第１節も参照）。

（3）自立及び社会参加の促進

障害のある人が社会の構成員として地域で共に生活することができるようにするとともに、その生活の質的向上が図られるよう、生活訓練、コミュニケーション手段の確保等の施策を行っている。

2006年10月から、市町村及び都道府県が創意工夫により地域の特性や利用者の状況に応じて柔軟に事業を行う地域生活支援事業を実施し、障害のある人の社会参加と自立支援を推進している。

なお、「身体障害者補助犬法」（平成14年法律第49号）により、身体に障害のある人が公共的施設や不特定かつ多数の者が利用する施設等を利用する場合において、身体障害者補助犬（盲導犬、介助犬及び聴導犬）の同伴について拒んではならないとされた。さらに、2007年度に「身体障害者補助犬法の一部を改正する法律」（平成19年法律第126号）が成立し、2008年４月から、都道府県等が苦情の申し出等に関する対応をすることが明確化され、2008年10月からは、一定規模以上の事業所や事務所において、勤務する身体に障害のある人が身体障害者補助犬を使用することを拒んではならないこととされた。なお、対象となる事業所や事務所については、雇用する労働者の数によって定められており、2008年度からは56人以上、2013年度からは50人以上、2018年度からは43.5人以上（経過措置として2021年２月28日までは45.5人以上）とされていた。2023年３月に障害者の雇用率が改正されたことに伴い、2024年４月１日からは37.5人以上（経過措置として2026年６月30日までは40人以上）と改正された。

また、2006年度より都道府県地域生活支援事業において、身体障害者補助犬の育成に対する補助を実施してきた。2016年度には育成のみならず、理解促進や育成計画の作成等を補助対象に加え、2018年度からは国として推進すべき事業として、地域生活支援促進事業に位置付ける等充実を図った。2023年度からは身体障害者補助犬の理解促進や普及・啓発を更に促進するため、企業等（公共交通機関、医療機関、飲食店、宿泊施設、複合商業施設、賃貸・分譲マンション等）の実情に即した研修や広報などを行えるよう拡充を図り、全国で事業実施が促進されるよう取り組んでいる。

国立障害者リハビリテーションセンター自立支援局においては、身体に障害のある人に対して、より充実した社会生活を円滑に送ることを目的とした自立訓練（機能訓練）を実施している。視覚に障害のある人に対しては、歩行、日常生活、点字、ICT、録音再生機器、ロービジョン（保有視覚機能を最大限に活用するための訓練）等、日常生活や社会生活に必要な訓練を実施している。近年ニーズが増えてきている視覚に障害のある高齢者への訓練も実施している。重度の肢体不自由のある人に対しては、医学的管理の下に日常生活に必要な機能訓練、日常生活動作訓練、職能訓練、自動車訓練等を実施している。

また、同自立支援局においては、高次脳機能障害のある人に対して、自己の障害の理解を深めながら生活能力を高めることを目的とした自立訓練（生活訓練）も実施している。そこでは、個々の生活状況及び地域での障害福祉サービス利用あるいは復職等の目標に応じ、また目標への円滑な移行ができるように、日常生活訓練やメモリーノート、手順書等を活用した代償手段獲得のための訓練及び支援等を行っている。

さらに、同自立支援局秩父学園においては、知的障害と重複する障害（愛着障害、行動障害、被虐待（疑いも含む）、自閉スペクトラム症）のある入所児童に対して支援を行っている。また、地域の在宅家庭に対しては、就学前児童に対する幼児通園療育事業、小学生に対する発達障害児等デイサービス事業、発達の遅れや偏りが心配な児童と家庭に対する地域子育て支援拠点型事業を行っている。

（４）発達障害児者施策の充実

ア　発達障害の定義

「発達障害者支援法」（平成16年法律第167号）において、「発達障害」は、自閉症、アスペルガー症候群その他の広汎性発達障害、学習障害、注意欠陥多動性障害その他これに類する脳機能の障害であってその症状が通常低年齢において発現するもの等と定義されている。

イ　発達障害者支援の推進

①　発達障害者支援の体制整備

厚生労働省においては、乳幼児期から高齢期までの一貫した発達障害に係る支援体制の整備、困難ケースへの対応や適切な医療の提供を図るため、地域生活支援事業の「発達障害者支援体制整備事業」の中で、都道府県等が地域支援の中核である発達障害者支援センター等に発達障害者地域支援マネジャーを配置し、市町村、事業所等への支援や医療機関との連携を強化することを推進している。

また、厚生労働省では、「発達障害者支援法」の一部改正を受け、2017年度から発達障害のある人やその家族等をきめ細かく支援するために、都道府県等が「発達障害者支援地域協議会」を設置し、市町村又は障害保健福祉圏域ごとの支援体制の整備の状況や発達障害者支援センターの活動状況を検証することを支援している。

■ 図表４-７　発達障害者支援センターの地域支援機能の強化（2014年度～）

発達障害者支援センターの地域支援機能の強化（2014年度～）

発達障害については、支援のためのノウハウが十分普及していないため、各地域における支援体制の確立が喫緊の課題となっている。このため、市町村・事業所等支援、医療機関との連携や困難ケースへの対応等について、地域の中核である発達障害者支援センターの地域支援機能の強化を図り、支援体制の整備を推進。

発達障害者支援センター

●相談支援（来所、訪問、電話等による相談）
●発達支援（個別支援計画の作成・実施等）
●就労支援（発達障害児（者）への就労相談）
●その他研修、普及啓発、機関支援

【課題】
中核機関としてセンターに求められる市町村・事業所等のバックアップや困難事例への対応等が、センターへの直接の相談の増加等により十分に発揮されていない。

都道府県等　発達障害者支援体制整備（地域生活支援事業）

●発達障害者支援地域協議会　●市町村・関係機関及び関係施設への研修
●アセスメントツールの導入促進　●ペアレントメンター（コーディネータ）

地域支援機能の強化へ

地域を支援するマネジメントチーム

発達障害者地域支援マネジャーが中心
・原則として、センターの事業として実施
・地域の実情に応じ、その他機関等に委託可

市町村　*体制整備支援*
全年代を対象とした支援体制の構築
（求められる市町村の取組）
①アセスメントツールの導入
②個別支援ファイルの活用・普及

事業所等　*困難ケース支援*
困難事例の対応能力の向上
（求められる事業所等の取組）
対応困難ケースを含めた支援を的確に実施

医療機関　*医療機関との連携*
身近な地域で発達障害に関する適切な医療の提供
（求められる医療機関の取組）
①専門的な診断評価
②行動障害等の入院治療

資料：厚生労働省

■ 図表4-8　発達障害者支援体制整備事業

発達障害者支援体制整備事業

乳幼児期から成人期における各ライフステージに対応する一貫した支援の提供を目的として、関係機関等によるネットワークの構築や、ペアレントメンター・ペアレントトレーニング等の導入による家族支援体制の整備、発達障害特有のアセスメントツールの導入を促進するための研修会等の開催を行っている。また、地域の中核である発達障害者支援センターの地域支援機能の強化を図るため、「発達障害者地域支援マネジャー」の配置を行い、市町村・事業所・医療機関との連携や困難ケースへの対応を行っている。
　令和５年度予算では、近年の発達障害関係の相談件数の増に伴う困難事例の増等に対応するため、発達障害者地域支援マネジャーの体制強化として、全ての都道府県・指定都市で２名のマネジャーを配置し、困難事例への対応促進等を図ることで、更なる地域支援機能の強化を進める。

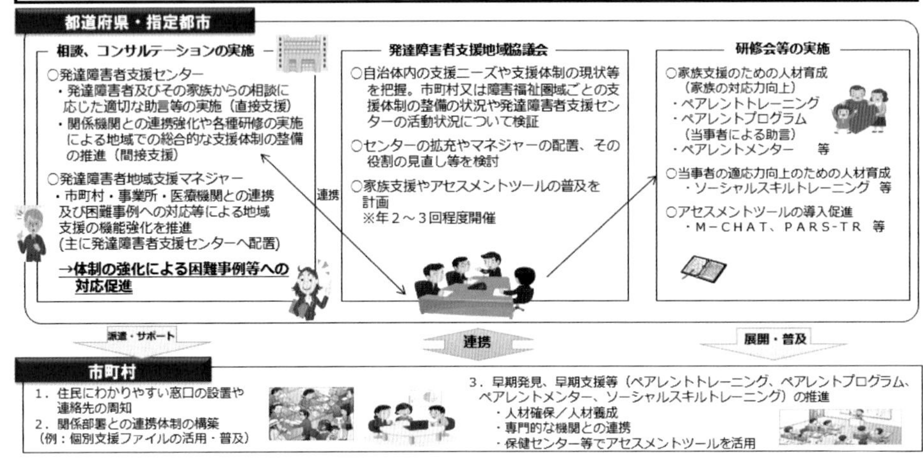

資料：厚生労働省

②　発達障害児者及び家族への支援

「発達障害者支援法」の一部改正により、発達障害のある人の家族が互いに支え合う活動の支援を促進するため、2018年度からは、地域生活支援事業の「発達障害児者及び家族等支援事業」として、従来から実施しているペアレントメンターの養成やペアレントトレーニング等の実施に加え、発達障害児者の家族同士の支援を推進するため、同じ悩みを持つ本人同士や発達障害児者の家族に対するピアサポート等の支援を新たに盛り込んだ。2020年度からは青年期の発達障害のある人等の居場所を作り、社会から孤立しない仕組み作りを行うための支援を新たに実施している。

■ 図表４－９　発達障害児者及び家族等支援事業

発達障害児者及び家族等支援事業　2018年より実施

【事業概要】
　発達障害者の家族が互いに支え合うための活動等を行うことを目的とし、ペアレントメンターの養成や活動の支援、ペアレントプログラム、ペアレントトレーニングの導入、ピアサポートの推進及び青年期の居場所作り等を行い、発達障害児者及びその家族に対する支援体制の構築を図る。
【実施主体】都道府県、市区町村　【補助率】1／2

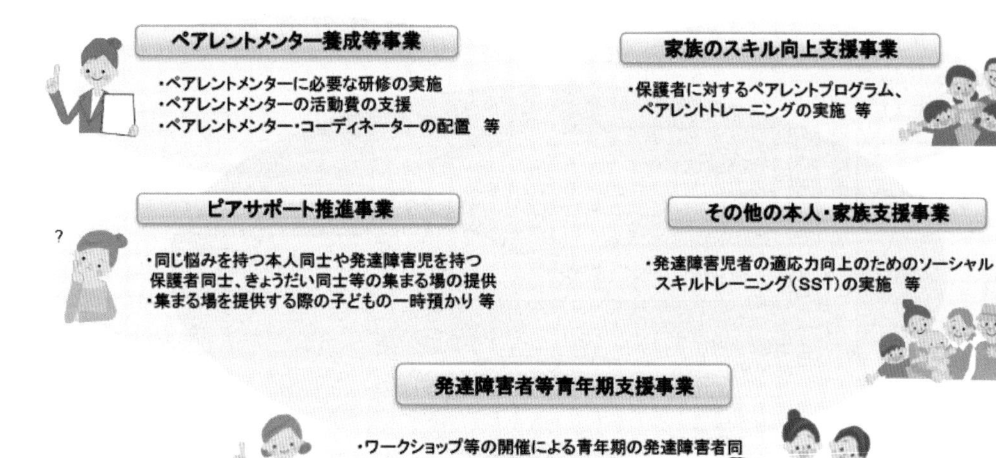

資料：厚生労働省

③　発達障害者支援センター運営事業

　厚生労働省においては、発達障害のある人及びその家族等に対して相談支援、発達支援、就労支援及び情報提供などを行う「発達障害者支援センター」の整備を図ってきたところであり、現在全ての都道府県・指定都市に設置されている。

■ 図表4-10　発達障害者支援センター運営事業

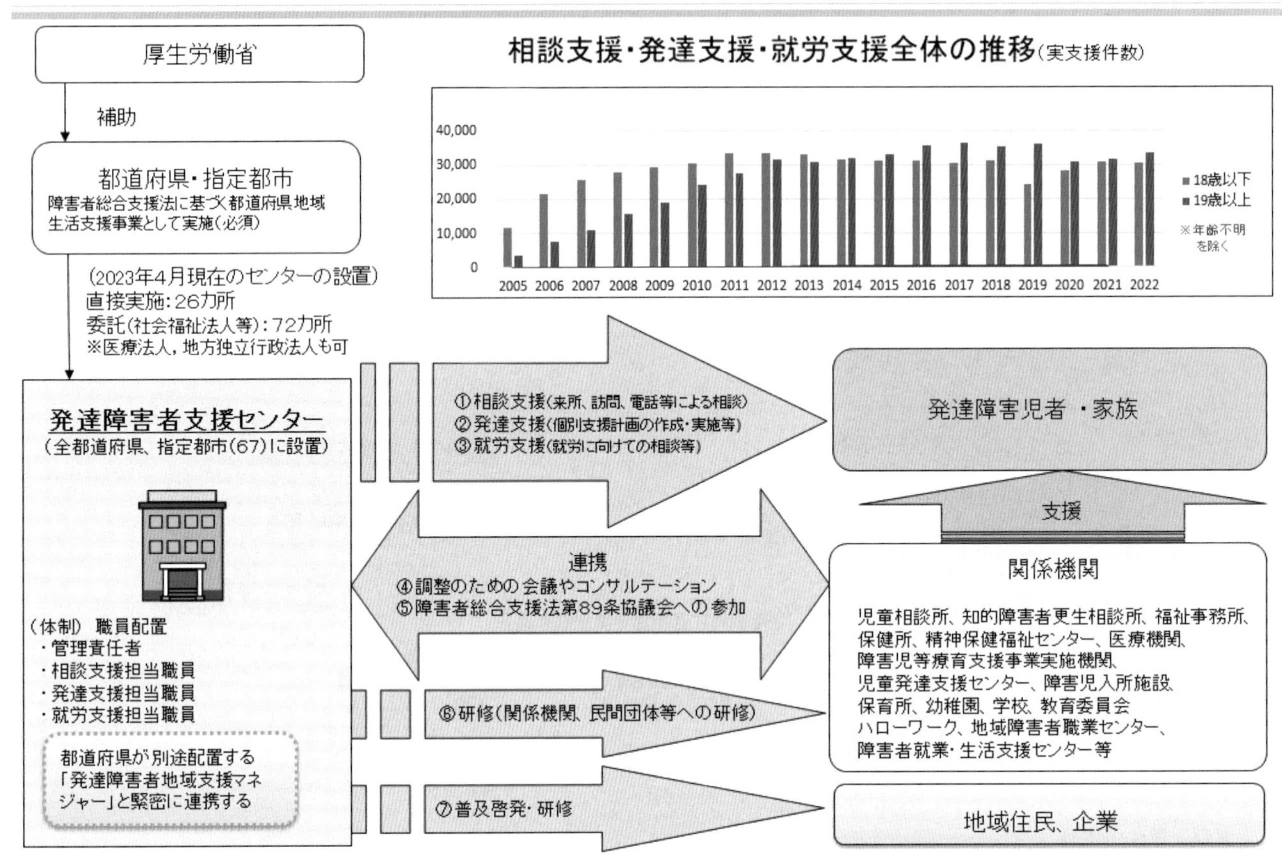

資料：厚生労働省

④　**支援手法の開発と情報発信**

厚生労働省においては、発達障害児者を支援するための支援手法の開発、関係する分野との協働による支援や切れ目のない支援等を整備するための「発達障害児者地域生活支援モデル事業」を実施している。2017年度から、

ア）地域で暮らす発達障害児者に課題や困り事が生じた際に、発達障害児者の特性を理解した上で、地域や関係機関において適切な対応を行うための支援手法の開発

イ）発達障害児者の社会生活等の安定を目的として、当事者同士の活動や当事者、その家族、地域住民が共同で行う活動に対する効果的な支援手法の開発

ウ）ライフステージを通じて、切れ目なく発達障害児者の支援を効果的に行うため、医療、保健、福祉、教育、労働等の分野間で連携した支援手法の開発

をテーマに行っている。

また、発達障害は、見た目では分かりにくい障害であることから、発達障害のある人は、周囲から十分な理解が得られず誤解や不適切な対応を受け、日常生活の様々な場面で多くの困難を抱えている。このような状況を踏まえて、厚生労働省では国立障害者リハビリテーションセンターに「発達障害情報・支援センター」を設置し、ホームページ等を通じた発達障害に関する信頼のおける情報提供を通じて、発達障害に関する国民の理解促進に向けた普及啓発を行っている。また、発達障害のある人の支援に必要な国内外の研究成果や各種研修に関するコンテンツ等、地域における支援人材の育成等に資する情報発信を行っている（http://www.rehab.go.jp/ddis/）。

⑤　**発達障害の早期支援**

こども家庭庁では、2023年には令和５年度補正予算により「地域におけるこどもの発達相談と家族支援の機能強化事業」を開始し、地域の保健、子育て、福祉等と医療機関との連携体制を構築し、こどもの発達相談を実施するとともに、必要な発達支援や家族支援につなぐなど、こどもや家族の支援ニーズに適切な時期に対応できる体制整備を進めている。

⑥　**人材の育成**

都道府県等においては、2016年度から、発達障害における早期発見・早期支援の重要性に鑑み、最初に相談を受け、又は診療することの多い小児科医などのかかりつけ医等の医療従事者に対して、発達障害に関する国の研修内容を踏まえ、発達障害に対する対応力を向上させるための研修を実施し、どの地域においても一定水準の発達障害の診療及び対応が可能となるよう医療従事者の育成に取り組んでいる。

⑦　**発達障害の診断待機解消**

厚生労働省では、2018年度から「発達障害専門医療機関ネットワーク構築事業」において、都道府県等が発達障害に関する医療機関のネットワークを構築し、発達障害の診療や支援を行う医師等を養成するための実地研修等を実施することを支援している。

■ 図表4-11　発達障害専門医療機関ネットワーク構築事業

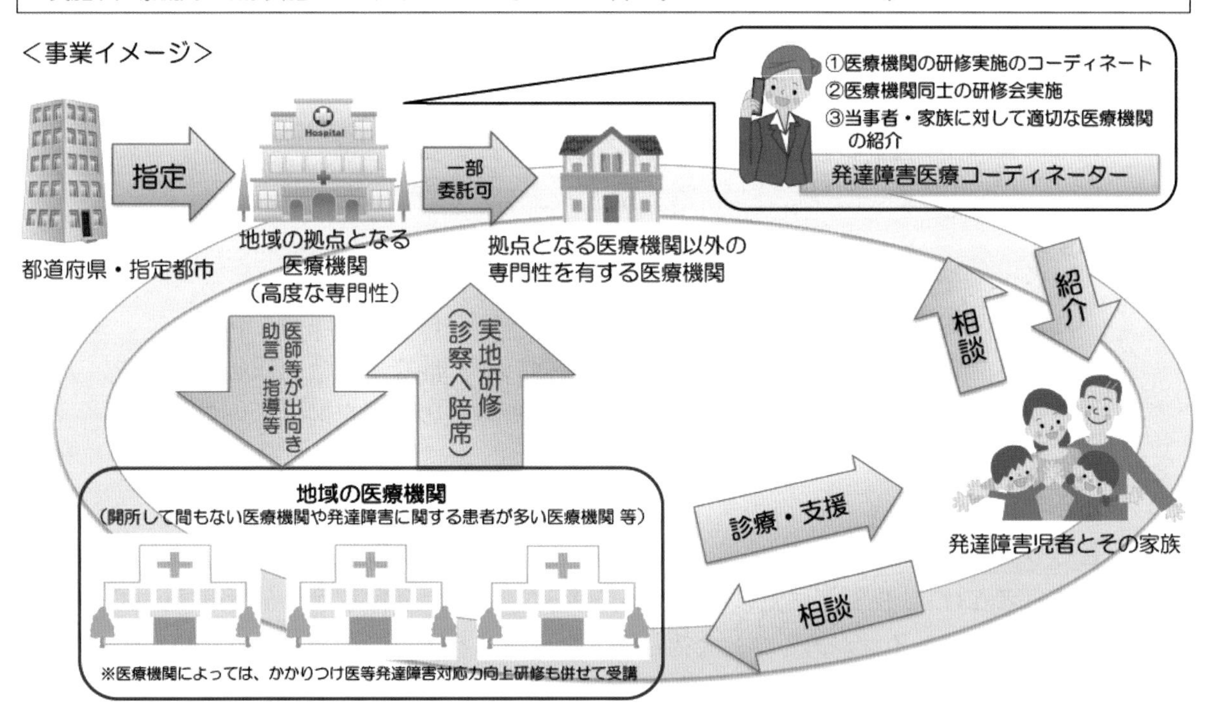

資料：厚生労働省

■ 図表4-12　発達障害専門医療機関初診待機解消事業

発達障害専門医療機関初診待機解消事業

【事業概要】
都道府県等は、発達障害の診断を行う医療機関が実施している発達障害のアセスメント等について、アセスメントを行う職員の配置、外部への委託、行動観察等の情報提供を受けるなどにより、アセスメントの強化を行う。

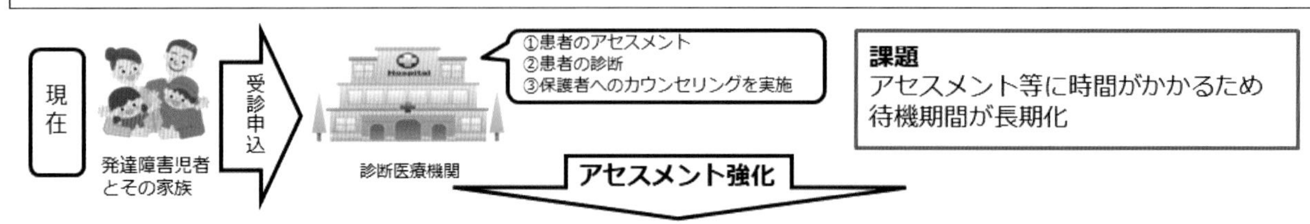

都道府県等は状況に応じて以下の（ア）～（ウ）のいずれか、またはすべてを実施することができる

（ア）診断医療機関にアセスメント対応職員を配置

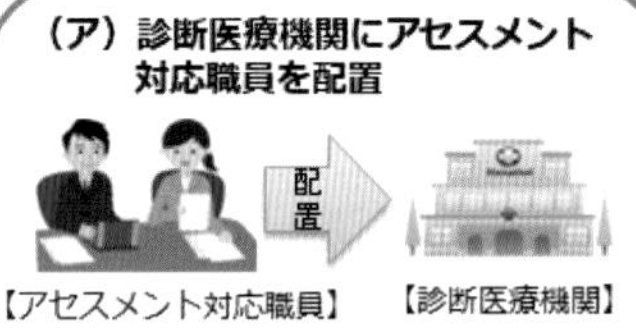

【アセスメント対応職員】　【診断医療機関】

○医療機関内でアセスメント、カウンセリングを実施する職員を配置することでアセスメントを強化し、円滑な診療につなげる

（イ）児童発達支援センター等にアセスメントを委託

【児童発達支援センター等】

○児童発達支援センター、発達障害者支援センター等に委託し、患者のアセスメントや保護者へのカウンセリングを実施し、診断医療機関に引き継ぐ

（ウ）診断医療機関のケースワーカー等による行動観察等

【診断医療機関のケースワーカー等】　【こどもが通う施設】

○こどもが通う施設等に出向き行動観察の視点等を伝えつつ行動観察等を依頼し、得られた情報を関係機関と共有しアセスメントの参考とする

アセスメント強化を行うことで診断期間を短縮

＊診断待機中にアセスメント等を実施することで家族の不安も軽減

厚生労働省 ひと、くらし、みらいのために Ministry of Health, Labour and Welfare

資料：厚生労働省

さらに、2019年度から「発達障害専門医療機関初診待機解消事業」において、発達障害の診断が可能な医療機関に新たにアセスメント対応が可能な職員を配置することや、アセスメントを外部に委託することにより発達障害の診断待機の解消を図っている。

（5）盲ろう者等への対応

ア　盲ろう者への対応

盲ろう者とは、「視覚と聴覚に障害がある者」であり、全盲ろう、全盲難聴、弱視ろう、弱視難聴の４つのタイプがある。社会福祉法人全国盲ろう者協会の「盲ろう者に関する実態調査（2013年３月）」によると、盲ろう者は、約１万4,000人と推計されている。

盲ろう者は、その障害の程度や成育歴等により、コミュニケーション方法も触手話、指文字、指点字、手書き文字など多様な方法があり、コミュニケーションの保障や情報入手、移動の支援が重要である。

このため、「障害者総合支援法」の地域生活支援事業においては、盲ろう者の自立と社会参加を図るため、コミュニケーションや移動の支援を行う「盲ろう者向け通訳・介助員養成研修事業」及び「盲ろう者向け通訳・介助員派遣事業」を、都道府県の必須事業として実施している。

また、盲ろう者にとって、コミュニケーション手段の確保、外出のための移動支援など、社会参加を促進するためのサービス支援の人材確保や派遣事業等を引き続き充実していくことが必要であり、国立障害者リハビリテーションセンター学院では、盲ろう者向け通訳・介助員の養成事業に係る企画立案を担う者や、派遣事業に係るコーディネーターに対する研修を実施するほか、視覚障害学科において盲ろう者支援に係るカリキュラムの充実を図るなど人材育成に努めている。

イ　強度行動障害への対応

強度行動障害とは、周囲の不適切な対応や環境の影響等により、自分の体を叩く、食べられないものを口に入れる、危険につながる道路上への飛び出しなど本人の身体又は生命を損ねる行動や、他人を叩く、物を壊す、何時間も大泣きを続けるなどの行動が高い頻度で起こるため、著しく支援が困難な状態のことをいい、行動障害の軽減を目的として障害児入所施設等において適切な支援と環境の提供を行うために「強度行動障害児特別支援加算」等による支援が行われている。

2022年度に「強度行動障害を有する者の地域支援体制に関する検討会」を実施して報告書をまとめた。その報告を基に令和６年度障害福祉サービス等報酬改定では、強度行動障害を有する者の受入体制の強化や、状態が悪化した強度行動障害を有する児者への集中的支援を盛り込むことで支援の更なる充実を図った。

■ 図表４-13　強度行動障害を有する障害者等への支援体制の充実

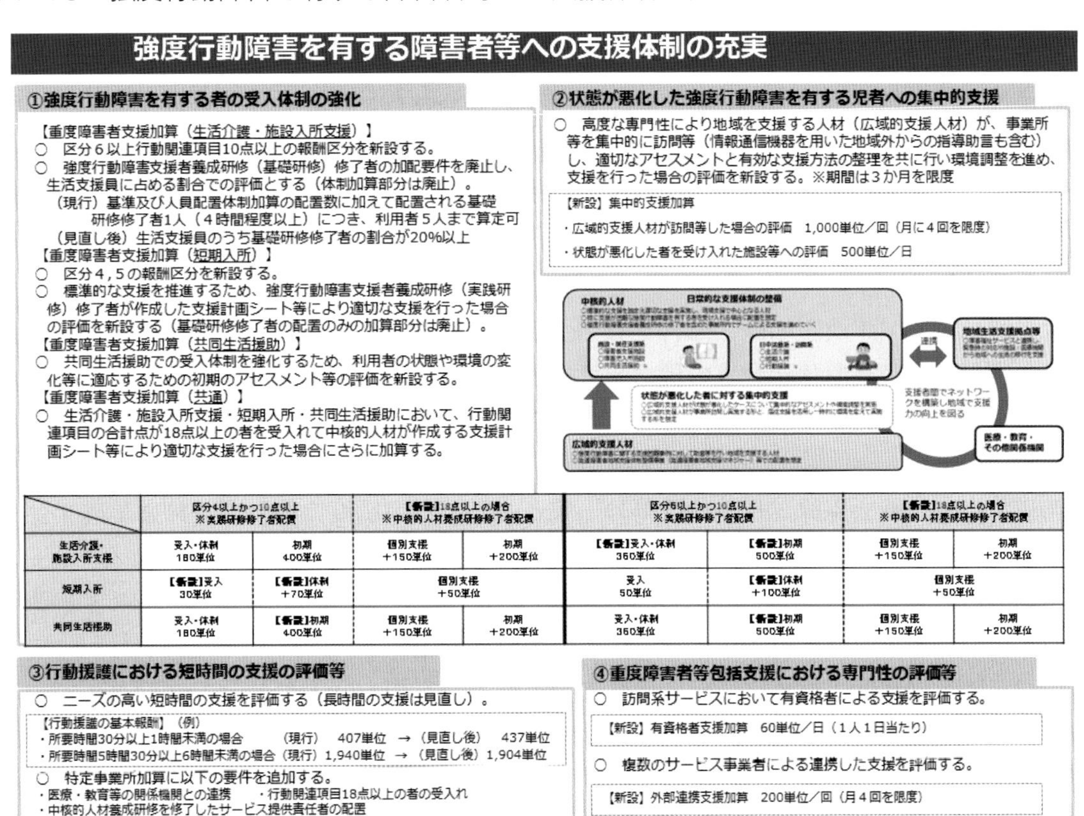

	区分4以上かつ10点以上 ※実践研修修了者配置		【新設】18点以上の場合 ※中核的人材養成研修修了者配置		区分6以上かつ10点以上 ※実践研修修了者配置		【新設】18点以上の場合 ※中核的人材養成研修修了者配置	
生活介護・施設入所支援	受入・体制 180単位	初期 400単位	個別支援 +150単位	初期 +200単位	【新設】受入・体制 360単位	【新設】初期 500単位	個別支援 +150単位	初期 +200単位
短期入所	【新設】受入 30単位	【新設】体制 +70単位	個別支援 +50単位		受入 50単位	【新設】体制 +100単位	個別支援 +50単位	
共同生活援助	受入・体制 180単位	【新設】初期 400単位	個別支援 +150単位	初期 +200単位	受入・体制 360単位	【新設】初期 500単位	個別支援 +150単位	初期 +200単位

資料：厚生労働省

ウ　難病患者等への対応

2012年度までは、難病患者等の居宅における療養生活を支援するため、要介護の状況にありながら「障害者自立支援法」等の施策の対象とならない等の要件を満たす難病患者等を対象として、市町村等を事業主体として、難病患者等居宅生活支援事業を実施していた。

また、2013年４月から施行された「障害者総合支援法」においては、障害者の定義に難病患者等を追加して障害福祉サービス等の対象とし、新たに対象となる難病患者等は、身体障害者手帳の所持の有無にかかわらず、必要に応じて障害程度区分（2014年４月からは障害支援区分）

の認定などの手続を経た上で、市区町村において必要と認められた障害福祉サービス等（障害児にあっては、「児童福祉法」に基づく障害児支援）が利用できることとなった。また、「障害者総合支援法」における対象疾病（難病等）の範囲については、当面の措置として、難病患者等居宅生活支援事業の対象となっていた130疾病を対象としていたが、難病医療費助成の対象となる指定難病の検討状況等を踏まえ、順次見直しを行い、2024年４月１日より369疾病を対象としている。

３．経済的自立の支援

（１）年金制度等による所得保障

障害のある人に対する所得保障は、障害のある人の経済的自立を図る上で極めて重要な役割を果たしており、障害基礎年金や障害厚生年金の制度と、障害による特別の負担に着目し、その負担の軽減を図るために支給される各種手当制度がある。

我が国では、日本国内に住所を有する全ての方がいずれかの年金制度に加入することとされている。これによって、被保険者期間中の障害については障害基礎年金や障害厚生年金が支給されるほか、国民年金の加入期間外である20歳より前などに発した障害についても障害基礎年金が支給されることから、年金制度は障害のある人の所得保障において重要な役割を果たしている。年金制度は、全国民共通の基礎年金とサラリーマンや公務員に対し基礎年金の上乗せとして厚生年金が支給されるという、いわゆる２階建ての体系がとられている。

年金制度による障害のある人の所得保障については、1985年改正の際の障害福祉年金から障害基礎年金への移行による大幅な年金額の引上げや支給要件の改善など、これまで着実にその充実が図られてきた。

近年では、2004年改正の際、障害を有しながら働いたことを年金制度上評価する仕組みとして障害基礎年金と老齢厚生年金等の併給を可能とする障害年金の改善等が行われているほか、2011年４月からは、障害年金受給者に対する、子や配偶者がいる場合の加算の対象範囲が拡大されている。

2012年には、社会保障・税一体改革の一環として、年金制度の枠外で、障害基礎年金受給者等に対して福祉的な給付金を支給する「年金生活者支援給付金の支給に関する法律」（平成24年法律第102号）が成立し、2019年10月から実施されている。また、2013年には、障害基礎年金等の支給要件の特例措置（直近１年間において保険料の滞納がないこと）の延長が行われている。

1985年の年金制度の改革に伴い、それまで重度の障害のある人に対して支給されていた福祉手当についても見直しが行われ、特に重度の障害のある人を対象とする特別障害者手当と、障害基礎年金が支給されない重度の障害のある児童に支給される障害児福祉手当とに改編された。同時に、特別障害者手当の支給額が福祉手当と比較してほぼ倍額に引き上げられた。このほか、障害のある児童の父母等に対しては、従来より、特別児童扶養手当を支給している。

また、「特定障害者に対する特別障害給付金の支給に関する法律」（平成16年法律第166号）により、1991年度より前に国民年金任意加入対象であった学生や、1986年度より前に国民年金任意加入対象であった被用者の配偶者のうち任意加入していなかった間に障害を負ったことにより障害基礎年金を受給していない者について、上記に述べたような国民年金制度の発展過程において生じた特別な事情を踏まえ、特別障害給付金の支給が行われている。

これらの年金及び手当については、毎年物価の変動等に合わせて支給額の改定が行われている。

そのほか、都道府県・指定都市において、保護者が生存中掛金を納付することで、保護者が死亡した場合等に、障害のある人に生涯年金を支給する障害者扶養共済制度（任意加入）が実施されている。

■ 図表4-14　障害年金のあらまし（2024年度）

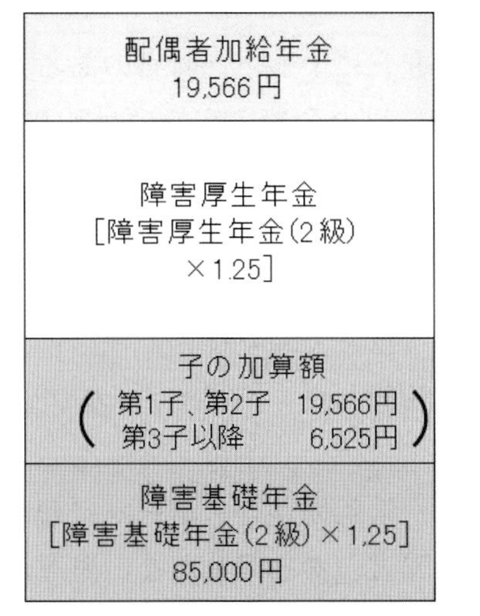

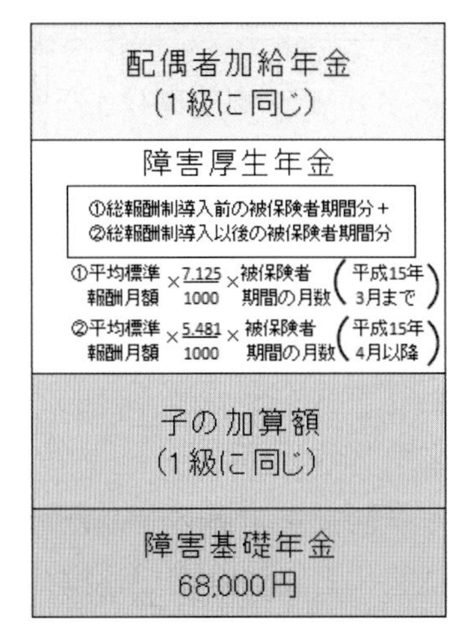

障害厚生年金
（障害厚生年金（2級）に同じ
ただし、最低保障額51,000円）

［1級］　［2級］　［3級］

※図では、1956年４月２日以後生まれの方の年金額の例を示しています。
資料：厚生労働省

（2）個人財産の適切な管理の支援

認知症の人、知的障害のある人、精神障害のある人など、判断能力の不十分な人々の財産管理の支援等に資する成年後見制度及び成年後見登記制度について周知を図っている。

また、都道府県・指定都市社会福祉協議会等では、認知症高齢者、知的障害のある人、精神障害のある人等のうち判断能力が必ずしも十分でない人の自立を支援するため、日常生活自立支援事業において、福祉サービスの利用に伴う預金の払い戻しや預け入れの手続等、利用者の日常的な金銭管理に関する援助を行っている。

４．施設サービスの再構築

（1）地域生活を支える拠点としての体制整備

障害のある人の意向を尊重し、入所施設や病院等からの地域生活への移行を促進するとともに、障害のある人の重度化・高齢化への対応や親亡き後を見据えるため、「障害福祉サービス等及び障害児通所支援等の円滑な実施を確保するための基本的な指針」（平成29年厚生労働省告示第116号）に基づき、地域生活への移行・継続の支援と地域生活における安心を確保するために地域生活支援の体制整備を進めることとしている。

（2）施設の地域利用

施設に対しては、従来のように、入所者を対象にするだけではなく、施設が蓄えてきた知識や経験を活用し、あるいは施設の持っている様々な機能を地域で生活している障害のある人が利用できるように、支援を行うことが求められており、今後、障害者支援施設は、各種在宅サービスを提供する在宅支援の拠点として地域の重要な資源として位置付け、その活用を図ることが重要であり、こうした取組の一層の充実を図ることとしている。

5．スポーツ・文化芸術活動の推進

（1）スポーツの振興

ア　障害者スポーツの普及促進

令和５年度「障害児・者のスポーツライフに関する調査研究」によると、障害のある人（20歳以上）の週１回以上の運動・スポーツ実施率は32.5％（20歳以上全般の実施率は52.0％（令和５年度「スポーツの実施状況等に関する世論調査」））にとどまっている。2023年度は、公園や商業施設等のオープンスペースを活用することで、場所にとらわれず、障害のある人とない人が、ともに気軽な形でウォーキングフットボールやシットスキーなどを体験する取組や、障害のある人のスポーツアクセスへの障壁解消に向けて、競技団体と民間企業の連携により、デジタル技術を活用して、カヌーなど、在宅の障害のある人が体験しにくいスポーツを身近な場所で体験できるような環境整備を行っている。

また、生涯にわたってスポーツ活動を定着させるためには、学齢期からスポーツに親しむことが重要であることから、競技団体と民間企業が連携の下、障害のある児童とない児童が同一チームを編成して競技を行うボッチャ大会を開催したほか、特別支援学校等の児童生徒がスポーツ活動に継続して親しむことができる機会を確保するために、多様な活動実態を踏まえ、総合型地域スポーツクラブや社会福祉施設等多様な地域資源と連携した運動部活動の地域連携・地域移行に向けたモデルの創出に取り組んでいる。

さらに、2025年日本国際博覧会（略称「大阪・関西万博」）において、展示・体験ブースや映像配信等により新たなスポーツの価値創造に係る取組を発信する中で、障害者スポーツにおける先端技術を活用した取組やパラスポーツ体験の周知などの情報発信を予定している。

インクルーシブな小学生ボッチャ競技会
出典　(株)NHKエンタープライズ

商業施設内オープンスペースでの
ウォーキングフットボール体験
出典　日本障がい者サッカー連盟（JIFF）

イ　障害者スポーツの競技力向上

スポーツ庁では、パラリンピックの競技特性や環境等に十分配慮しつつ、オリンピック競技とパラリンピック競技の支援内容に差を設けない一体的な競技力強化支援に取り組んでいる。

具体的には、障害者スポーツの競技団体を含む各競技団体が行う強化活動に必要な経費等を支援する「競技力向上事業」を実施している。また、パリ2024パラリンピック競技大会に向けては、メダル獲得が期待される競技を対象に「パリ重点支援競技」を選定し、競技力向上事業助成金の加算を行っているほか、「ハイパフォーマンス・サポート事業」によるアスリート支援として、トレーニング、映像分析など各分野の専門スタッフの派遣費用や、サポート拠点を設営し、アスリート、コーチ、スタッフが競技へ向けた最終準備を行うための医・科学、情報サポート等の支援を可能とする拠点整備を実施している。

また、「スポーツ支援強靭化のための基盤整備事業」において、ハイパフォーマンススポーツセンターを中心として、競技特性に対応した最適なコンディショニングの研究、先端技術を活用した多様な支援手法の研究、チェアスキーなどの競技用具等の研究等、継続的にパラアスリートの選手強化が行えるシステムを構築している。

2024年度に日本パラリンピック委員会（JPC）に設置される、クラス分け情報センターの開設に対する支援に取り組むなど、パラリンピック競技の国際競技力向上を図ることとしている。

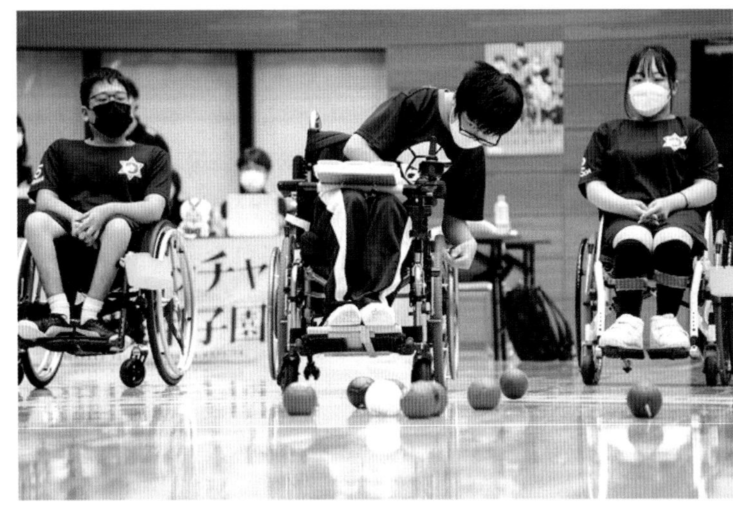

全国ボッチャ選抜甲子園の様子
出典：一般社団法人日本ボッチャ協会

（2）文化芸術活動の振興

我が国の障害のある人による文化芸術活動については、近年、障害福祉分野と文化芸術分野双方から機運が高まっており、広く文化芸術活動の振興につながる取組が行われている。

2018年６月に「障害者による文化芸術活動の推進に関する法律」（平成30年法律第47号）が成立・施行されたことを受け、国は、同法に基づき、2019年３月に第１期、2023年３月に第２期の「障害者による文化芸術活動の推進に関する基本的な計画」を策定した。この計画に基づき、以下の取組を始め障害のある人による文化芸術活動の推進に関する施策を総合的かつ計画的に推進しているところである。

厚生労働省では、2013年に開催された有識者による「障害者の芸術活動への支援を推進するための懇談会」の中間とりまとめを受け、2014年度からは芸術活動を行う障害のある人やその家族、福祉事業所等で障害のある人の芸術活動の支援を行う者を支援するモデル事業を実施し、事業で培った支援ノウハウを全国展開すべく、2017年度からは障害者芸術文化活動普及支援事業を実施し、障害のある人の芸術文化活動（美術、演劇、音楽等）の更なる振興を図っている。

また、障害のある人の生活を豊かにするとともに、国民の障害への理解と認識を深め、障害のある人の自立と社会参加の促進に寄与することを目的として2023年に「いしかわ百万石文化祭2023」（第38回国民文化祭、第23回全国障害者芸術・文化祭）を開催した。

さらに、文化庁では、美術・舞台芸術・音楽等の様々な文化芸術分野における鑑賞・創作活動・発表等に係る幅広い取組の推進や普及展開に向けた人材の育成、文化芸術へのアクセスの改善、助成採択した映画作品や劇場・音楽堂等において公演される実演芸術のバリアフリー字幕・音声ガイド制作への支援、特別支援学校の生徒による作品の展示や実演芸術の発表の場の提供等、障害者の文化芸術活動の充実に向けた支援に取り組んでいる。

また、国立美術館、国立博物館は、障害者手帳を持つ人について展覧会の入場料を無料としているほか、全国各地の劇場、コンサートホール、美術館、博物館などにおいて、車椅子使用者も利用ができるトイレやエレベーターの設置等障害のある人に対する環境改善も進められている。

文化庁では、2025年に開催される日本国際博覧会（略称「大阪・関西万博」）において、東京2020オリンピック・パラリンピック競技大会のレガシーを踏まえ、「日本博2.0」を始めとする各種事業において、引き続き文化芸術による共生社会の実現に向けた我が国の取組を発信していく。

また、2025年に開催される日本国際博覧会（略称「大阪・関西万博」）については、公益社団法人2025年日本国際博覧会協会において、施設整備、運営サービス、交通アクセスの各分野において、障害当事者や学識経験者等の意見をうかがいながら、ユニバーサルデザインについてのガイドラインを策定し、ガイドラインにのっとって準備を進めている。2023年度は、博覧会会場の運営サービスに関する共通指標を示すため、来場者にとって楽しめる万博運営を目的とした「ユニバーサルサービスガイドライン」が策定されたほか、来場者のアクセスにおいて主に利用される鉄道駅等の施設の新設・改良、車両等の調達・改良を行う際の参考指針として「交通アクセスに関するユニバーサルデザインガイドライン」が策定された。ガイドラインは、それぞれ「ユニバーサルサービス検討会」「交通アクセスユニバーサルデザイン検討会」において、学識者、障害当事者等の方々と議論が重ねられたものである。日本政府館についても、ユニバーサルデザインガイドライン等に準拠し、ユニバーサルデザインの実現を図ることを目的として、2022年度に引き続き2023年度も日本国際博覧会（略称「大阪・関西万博」）日本館ユニバーサルデザインワークショップを実施し、検討結果について設計等に反映を行った。

主な国内・国際障害者スポーツ大会

○全国障害者スポーツ大会

2001年度から、それまで別々に開催されていた身体に障害のある人と知的障害のある人の全国スポーツ大会が統合され、「全国障害者スポーツ大会」として開催されている。2008年度から、精神障害者のバレーボール競技が正式種目に加わり、全国の身体、知的、精神に障害のある方々が一堂に会して開催される大会となっている。本大会は、障害のある選手が、競技等を通じ、スポーツの楽しさを体験するとともに、国民の障害に対する理解を深め、障害のある人の社会参加の推進に寄与することを目的として、国民体育大会の直後に、当該開催都道府県で行われている。2023年度は、新型コロナウイルス感染症拡大防止のため延期されていた大会が、特別大会として鹿児島県において開催された。なお、2024年度については、佐賀県で開催される予定である。

○全国ろうあ者体育大会

本大会は、聴覚に障害のある人が、スポーツを通じて技を競い、健康な心と体を養い、自立と社会参加を促進することを目的として、1967年度から開催されている。2023年度は、第57回となる夏季大会が福井県で開催され、11競技に選手・役員合わせて約1,300人が参加した。

なお、2024年度については、群馬県で開催される予定である。

○デフリンピック

４年に一度行われる、聴覚に障害のある人の国際スポーツ大会であり、夏季大会と冬季大会が開催されている。

夏季大会は1924年にフランスのパリで第１回大会が開催され、2022年には、ブラジルのカシアス・ド・スルにおいて第24回大会が開催された。また、第25回大会については、2025年11月に東京都、福島県、静岡県で開催されることが決定している。大会の招致主体である一般社団法人全日本ろうあ連盟は、大会コンセプトとして「デフアスリートを主役に、そしてデフスポーツの魅力を伝え、人々や社会とつなぐ」「デフリンピック・ムーブメント“誰一人取り残さない”世界（SDGs）の実現」「デフリンピック100周年そして歴史的な大会」「オリンピック・パラリンピックのレガシーの活用とさらなる飛躍」を掲げており、東京都の会場を中心に21競技を実施予定。なお、デフリンピックの日本開催は初めてである。

冬季大会については1949年にオーストリアのゼーフェクトで第１回大会が開催され、2024年３月にトルコのエルズルムにおいて第20回大会が開催された。

○スペシャルオリンピックス世界大会

４年に一度行われる、知的障害のある人のスポーツの世界大会であり、夏季大会と冬季大会が開催されている。順位は決定されるものの最後まで競技をやり遂げた選手全員が表彰される、といった特徴がある大会である。

夏季大会は1968年に米国・シカゴで、冬季大会は1977年に米国・コロラドで、第１回大会が開催され、2023年６月にドイツのベルリンにおいて第16回夏季大会が開催された。

また、スペシャルオリンピックスでは、知的障害のある人とない人が共にチームを組みスポーツを楽しむ取組も進めており、世界大会の種目にも採用されている。

なお、2025年については、イタリアのトリノにおいて冬季大会が開催される予定である。

○パラリンピック競技大会

オリンピックの直後に当該開催地で行われる、障害者スポーツの最高峰の大会であり、夏季大会と冬季大会が開催されている。夏季大会は、1960年にイタリアのローマで第１回大会が開催され、オリンピック同様４年に一度開催されている。2021年には、東京において第16回大会が開催された。次回は、2024年、フランスのパリにおいて開催が予定されている。

冬季大会は、1976年にスウェーデンのエンシェルツヴィークで第１回大会が開催されて以降、オリンピック冬季大会の開催年に開催されている。2022年３月には、中国の北京（ペキン）において第13回大会が開催された。次回は、2026年にイタリアのミラノ・コルティナダンペッツォで開催が予定されている。

TOPICS(トピックス)（11）

スポーツを通じた共生社会実現に向けた取組

東京2020オリンピック・パラリンピック競技大会により、障害者スポーツは国民の大きな関心を集め、スポーツを通じた共生社会の実現に向けた取組を進める契機となった。このオリパラレガシーを更に継承・発展する観点から、神戸2024世界パラ陸上競技選手権大会、第25回夏季デフリンピック競技大会 東京2025、愛知・名古屋2026アジアパラ大会等が控えている好機を生かすべく、取組を加速する必要がある。

スポーツ庁では「第３期スポーツ基本計画」や2022年８月にとりまとめた「障害者スポーツ振興方策に関する検討チーム報告書」を踏まえ、スポーツ審議会健康スポーツ部会障害者スポーツ振興ワーキンググループを設置し、「障害者スポーツセンター」の在り方を議論し、中間まとめを公表している。

具体的には、「障害者スポーツセンター」を地域全体で障害者スポーツ振興を行う、幅広い機能と高い専門性を持つ人材と拠点となる施設等から構成される、包括的な地域拠点として位置付け、広域レベル（都道府県単位）で１つ以上整備するために、①ネットワーク機能、②情報拠点機能、③人材育成・関係者支援機能、④指導・相談機能の４つの機能をとりまとめている。

スポーツを通じた共生社会の実現に向けた取組をより一層進めるため、障害者スポーツを支える人材の在り方や障害者スポーツ競技団体の在り方について検討を進めていく。

障害者スポーツセンターにおける活動の様子

出典　東京都障害者総合スポーツセンター

出典　長野県障がい者福祉センター（サンアップル）

第４章第１節　５．スポーツ・文化芸術活動の推進　／文部科学省

TOPICS(トピックス)（12）

「CONNECT⇄＿ ～アートでうずうず　つながる世界～」を京都で開催

文化庁では、2023年12月、京都市岡崎公園に立地する美術館、劇場、図書館、動物園等の文化施設が連携し、「障害者週間」にあわせて共生や多様性について考えるプロジェクト「CONNECT（コネクト）⇄＿～アートでうずうず つながる世界～」を開催した。

京都での４回目の開催となる今回は、CONNECT ⇄＿全体のインフォメーションセンターの役割を担うとともに、来場された方が多様な表現や作品に触れられる展示や実際に表現活動を体験できるスペースを備えた「うずうず広場」を京都国立近代美術館等に設置した。

また、各プログラムをより深く楽しみ、共生について考えることを目的として、「うずうず広場」等のデザインを考えるプロセスを紐解くことで、誰もが気軽に訪れ、安心して時間を過ごすことができる美術館の空間について考えるトークイベント等を開催した。

さらに、参加施設が芸術家を特別支援学校に派遣し、生徒とダンスワークショップを行うなど、特別支援学校と連携したプログラムについても、2022年度に引き続き実施した。

各参加施設でも、CONNECT ⇄＿の開催期間において、筆談による美術鑑賞会や、声に出して伝えることについて学ぶ朗読会、鑑賞マナーのないダンスと音楽のパフォーマンス、視覚に障害のある方との対話型美術鑑賞の映像展示、音の特徴を振動や光で体に伝達する機器Ontenna（オンテナ）を用いた動物園めぐりなど、障害当事者と共に考える多様なプログラムが展開された。

うずうず広場
会場：京都国立近代美術館

共生・多様性・アクセシビリティについて考えるトーク
「CONNECT⇄＿の入口をデザインする―美術館ロビーの設えから」
会場：京都国立近代美術館

なんでもOKなダンスパフォーマンス
会場：ロームシアター京都

Ontennaで感じる、動物たちのこえ・いろ・かたち 2023
会場：京都市動物園

資料：文化庁

6．福祉用具の研究開発・普及促進と利用支援

（1）福祉用具の普及

福祉用具の公的給付としては、補装具費の支給と日常生活用具の給付（貸与）がある。

補装具費の支給は、身体に障害のある人の日常生活や社会生活の向上を図るために、身体機能を補完又は代替するものとして、義肢、装具、車椅子、視覚障害者安全つえ、補聴器等の補装具の購入、借受け又は修理に要した費用の一部について公費を支給するものである。なお、2018年度から、購入を基本とする原則は維持した上で、障害のある人の利便に照らして「借受け」が適切と考えられる場合に限り、借受けに要した費用が補装具費の支給の対象となった。また、「障害者の日常生活及び社会生活を総合的に支援するための法律施行令」（平成18年政令第10号）の一部を改正し、2024年度から障害児の補装具費支給における所得制限が撤廃となった。

日常生活用具の給付（貸与）は、日常生活を営むのに著しく支障のある障害のある人に対して、日常生活の便宜を図るため、特殊寝台、特殊マット、入浴補助用具等を給付又は貸与するものであり、地域生活支援事業の一事業として位置付けられ、実施主体である市町村が地域の障害のある人のニーズを勘案の上、柔軟な運用を行っている。

2013年度から、「障害者総合支援法」の対象となる難病患者等も、補装具費や日常生活用具給付等事業の対象となった。

なお、身体に障害のある人の使用に供するための特殊な性状、構造又は機能を有する一定の物品の譲渡等については、消費税は非課税とされている。

（2）情報・相談体制の充実

福祉用具の情報については、公益財団法人テクノエイド協会において、福祉用具の製造・販売企業の情報や福祉用具の個別情報にかかるデータベース（福祉用具情報システム：TAIS）を構築しており、インターネットを通じてこれらの情報を提供している（公益財団法人テクノエイド協会：https://www.techno-aids.or.jp/）。

また、国立障害者リハビリテーションセンターでは、2018年度に、補装具を始めとする支援機器やその支給制度の普及等を目的として、障害のある人や身体障害者更生相談所等地方公共団体、医療従事者、補装具関係事業者等に向け、総合的な情報発信等を行うための取組を開始した。小児筋電義手の普及促進に向け、関係機関、関係者と連携し、「小児筋電義手専門職養成研修会」等を実施するとともに、ネットワーク構築の強化や情報の収集に努めている。

（3）研究開発の推進

少子高齢化が進展する中、福祉用具に対するニーズは高まっており、利用者への十分な選択肢の提供や費用対効果等がより重要な課題となっている。このため、研究開発の推進、標準化や評価基盤の整備等、産業の基盤整備を進め、福祉用具産業の健全な発展を支援することを通じて、良質で安価な福祉用具の供給による利用者の利便性の向上を図っている。身体に障害のある人が使用する福祉機器の開発普及等については、真に役立つ福祉機器の開発・普及につながるよう、公益財団法人テクノエイド協会に委託して、「福祉用具ニーズ情報収集・提供システム」を運用し、福祉機器のニーズと技術シーズの適切な情報連携に努めている。

また、2010年度より「障害者自立支援機器等開発促進事業」において、障害のある人の要望を反映したテーマで募集を行い、各種専門職による評価体制と障害当事者の試験評価を組み込み、試作機器等を製品化するための開発費用の助成をしている。このうち、「科学技術・イノベーショ

ン創出の活性化に関する法律」（平成20年法律第63号）に基づく新SBIR（Small Business Innovation Research）制度（※）の「指定補助金等」として整理され、2023年度より他省庁と連携し取り組んでいる。

2014年度からは、障害のある人の個別具体的なニーズを的確に反映した機器開発が促進されるよう、利用者と開発者が意見交換を行う場を設けるとともに、開発中の機器について、実証実験の場を紹介すること等により、適切な価格で障害のある人が使いやすい機器の製品化・普及を図ることを目的として、「ニーズ・シーズマッチング強化事業」を実施している。

さらに、2022年度より、障害のある人等の多岐にわたるニーズを的確にとらえ、製品化・事業性を踏まえた支援機器開発を遂行できる障害のある人、医療福祉専門職、開発者等の人材を育成することを目的として、「自立支援機器イノベーション人材育成事業」を展開している。

国立障害者リハビリテーションセンター研究所では「障害者の自立と社会参加並びに生活の質の向上」のために、国立機関として、障害のある人に対する総合的リハビリテーション技術や、福祉機器等に関する研究開発及び評価法の研究開発のほか、制度検討の基礎となる研究を行っている。ロボット等の先進技術の応用に係る調査・技術開発等を通じて、障害のある人の新たな社会参加シーンの拡充を目指す研究に取り組んでいる。そのほか、脳波を利用して意思伝達や運動補助などを行うブレインマシン・インターフェース（BMI）研究の中で開発したリアルタイム脳信号解析技術を、ニューロフィードバックトレーニング（自らの脳活動等の変化を本人にリアルタイムで提示し、その活動を思い通りに変化させるトレーニング）に応用することで認知行動機能を調節する新しい認知リハビリテーション手法の研究開発にも取り組んでいる。また、各種認識技術を応用した重度運動機能障害者向けICT機器操作環境の構築に資する研究などに取り組んでいる。

国立研究開発法人新エネルギー・産業技術総合開発機構（NEDO）では、新SBIR制度の下、高齢者及び障害のある人の自立支援や介護者の負担軽減につながる福祉機器の開発に対する支援を行っている。

さらに、障害のある人の支援機器開発に携わる医療・福祉・工学分野の人材育成モデル構築に資する研究（厚生労働科学研究費補助金（障害者対策総合研究事業））、支援機器の開発プロセスにおける各開発フェーズ移行の判断およびそれを支援する専門人材育成に資する調査研究（厚生労働科学研究費補助金（障害者政策総合研究事業））、技術革新を視野に入れた補装具の構造・機能要件策定のための研究（厚生労働行政推進調査事業費補助金（障害者政策総合研究事業））等を実施し、福祉用具の利活用や普及促進にも取り組んでいる。

障害のある人を含め誰にとっても、より安心・安全で、また識別・操作等もしやすく、快適な生活用品、生活基盤、システム等の開発を支援する観点から、個々の人間のレベルでの様々な行動を計測し、理解・蓄積することにより、人間と製品・環境の適合性を客観的に解析し、個々の人間の行動特性に製品・環境を適合させる基盤技術の研究開発を実施している。

※新SBIR制度：科学技術・イノベーション創出の活性化に関する法律に基づき、スタートアップ等による研究開発を促進し、その結果を円滑に社会実装することによって、我が国のイノベーション創出を促進する制度

TOPICS(トピックス)（13）

障害者自立支援機器等開発促進事業 ～開発助成とニーズ・シーズマッチング交流会～

厚生労働省では、障害のある人の自立や社会参加を支援する機器の実用的製品化を促すため、「障害者自立支援機器等開発促進事業」を実施している。この事業では、支援機器の開発を行う企業等に対する開発助成のほか、障害のある人のニーズ（要望）と支援機器に対する開発側のシーズ（技術）とのマッチング交流会を行っている。

【支援機器の開発に対する助成採択例】

上肢欠損児の両手協調動作を促す訓練用の筋電義手と自助具

筋電義手を用いた小児に対する訓練件数は年々増加している一方で、訓練に使用する筋電義手は病院などの訓練施設側が用意している状況があり、初期投資額が大きく訓練が行える施設が限定されている。また、この筋電義手は輸入品に依存している現状を踏まえ、本事業において、訓練用途主体かつ国産で廉価な小児訓練用筋電義手の開発の取組を行った。さらに、日常生活において、筋電義手の使用を補助する自助具の製作を安定的・継続的にできる仕組みづくりの取組も実施した。

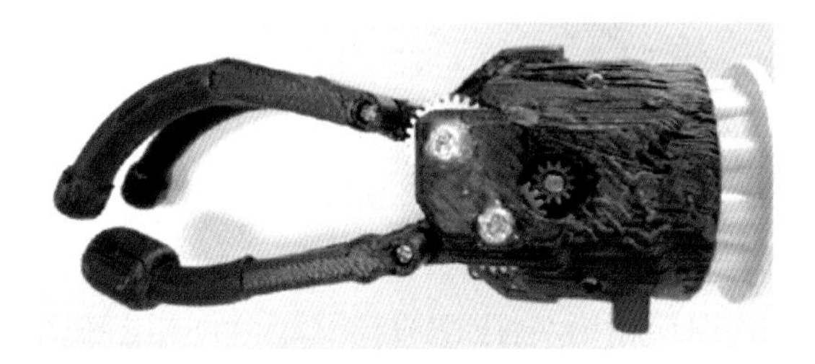

小児訓練用ハンド

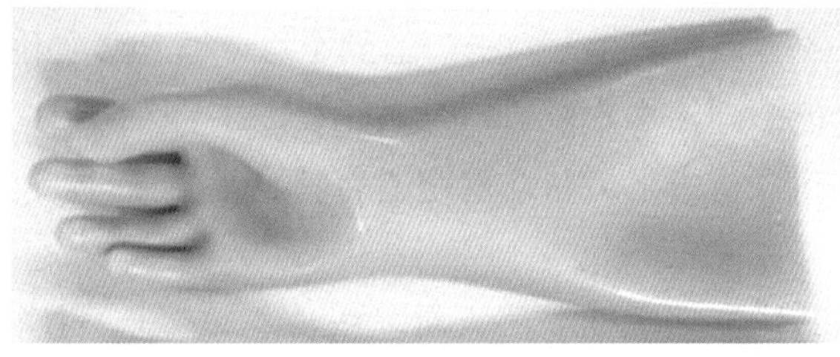

シリコン製グローブ

資料：令和３年度障害者自立支援機器等開発促進事業成果報告

【ニーズ・シーズマッチング交流会】

「ニーズ・シーズマッチング交流会」は2014年度から毎年開催されており、2023年度で10回目となる。開発に取り組む企業や研究者と、ニーズを持つ障害のある人やその支援者などが集まり、体験や交流を行うことで、ニーズを反映した支援機器の開発を促すことなどを目的にしている。2023年度は、遠隔地からでも交流会に参加できるよう、Web開催と会場開催のハイブリッド開催となった。Web開催では、2023年10月から2024年１月まで４か月にわたり毎月新しいコンテンツを定期配信した。その他、基調講演、関係各所との共催イベントについても開催した。

2023年度交流会のチラシ

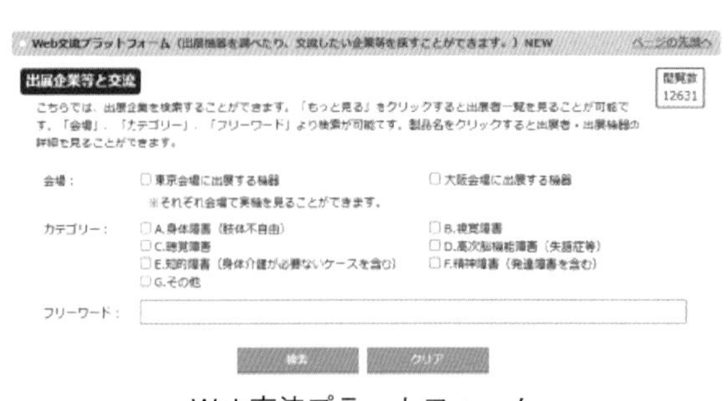

Web交流プラットフォーム

意見交換会、アドバイス支援の実施

資料：公益財団法人テクノエイド協会

（４）標準化の推進

より優れた福祉用具の開発・普及を推進するためには、安全性を含めた品質向上、互換性の確保による生産の合理化、購入者への適切な情報提供に資する観点から、客観的な評価方法・基準の策定と標準化が不可欠である。このため、図表４-15のとおり、2023年度までに日本産業規格（JIS）を活用した福祉用具の標準化を推進した。

一方、障害のある人や高齢者等日常生活に何らかの不便さを感じている人々にも使いやすい設計とするためのアクセシブルデザインの推進について、様々な分野で関心が高まっている。そのため、2023年度までに、「規格におけるアクセシビリティ配慮のための指針（JIS Z8071）」を始め、48規格が制定されるなど、各原案作成団体からのニーズに応じて、アクセシブルデザインに関するJIS開発が行われている。

また、国際規格作成への貢献も積極的に行っており、国際標準化機構（ISO）の福祉用具技術委員会（ISO/TC173）、義肢装具技術委員会（ISO/TC168）、人間工学技術委員会（ISO/TC159）、高齢社会技術委員会（ISO/TC314）及び包装技術委員会（ISO/TC122）に参加している。ISO/TC173/SC２（用語と分類）では幹事国を、TC173/SC７（アクセシブルデザイン）及びTC159/SC３（人体計測及び生体力学）では議長国及び幹事国を担っている。ISO/TC173では、歩行支援用具、車椅子、体位変換用具等について、各国の意見調整、規格原案検討を進めている。

■ 図表４-15　福祉用具JISの制定・改正・廃止状況

施策年度	施策内容
2008年度	移動・移乗支援用リフト関係５規格（JIS T9241-１～５）【制定】 車椅子用可搬形スロープ（JIS T9207）【制定】 在宅用電動介護用ベッド（JIS T9254）【改正】
2009年度	入浴用製品３規格（JIS T9257～9259）【制定】 ハンドル形電動車椅子（JIS T9208）【制定】
2010年度	福祉用具－ポータブルトイレ（JIS T9261）【制定】 福祉用具－和式洋式変換便座（JIS T9262）【制定】 福祉関連機器用語［支援機器部門］（JIS T0102）【改正】
2011年度	福祉用具－入浴用いす（JIS T9260）【制定】 福祉用具－歩行補助具－歩行器（JIS T9264）【制定】 福祉用具－歩行補助具－エルボークラッチ（JIS T9266）【制定】
2012年度	福祉用具－歩行補助具－歩行車（JIS T9265）【制定】 福祉用具－補高便座（JIS T9268）【制定】 福祉用具－ベッド用テーブル（JIS T9269）【制定】
2015年度	福祉関連機器用語－義肢・装具部門（JIS T0101）【改正】 車椅子用可搬形スロープ（JIS T9207）【改正】 移動・移乗支援用リフト関係２規格（JIS T9241-1,4）【廃止】 移動・移乗支援用リフト関係３規格（JIS T9241-2,3,5）【改正】 移動・移乗支援用リフト関係２規格（JIS T9241-6,7）【制定】 福祉用具－車椅子用クッション（JIS T9271）【制定】 福祉用具－車椅子用テーブル（JIS T9272）【制定】 福祉用具－体位変換用具（JIS T9275）【制定】 在宅用電動介護用ベッド（JIS T9254）【改正】
2016年度	在宅用床ずれ防止用具３規格（JIS T9256-1,2,3）【改正】 福祉用具－据置形手すり（JIS T9281）【制定】 ハンドル形電動車椅子（JIS T9208）【改正】 在宅用電動介護用ベッド（JIS T9254）【改正】 病院用ベッド（JIS T9205）【改正】 手動車椅子（JIS T9201）【改正】 電動車椅子（JIS T9203）【改正】 福祉用具－歩行補助具－シルバーカー（JIS T9263）【制定】
2017年度	福祉用具－固定形手すり（JIS T9282）【制定】 福祉用具－留置形手すり（JIS T9283）【制定】 電動６輪車椅子の試験方法（JIS T9209）【制定】
2019年度	福祉用具－歩行補助具－歩行車（JIS T9265）【改正】
2020年度	福祉用具－歩行補助具－多脚つえ（JIS T9267）【制定】 馬乗り形電動車椅子－安全要求事項（JIS T9210）【制定】
2021年度	車椅子用可搬形スロープ（JIS T9207）【改正】
2023年度	福祉用具－車椅子けん引装置（JIS T9273）【制定】

資料：経済産業省

7．サービスの質の向上

（1）障害福祉人材の処遇改善

障害福祉サービス等利用者の障害種別ごとの特性や重度化・高齢化に応じたきめ細かな支援が可能となるよう、障害特性に応じた専門性を持った人材の確保策を講じていく必要がある。

このため、2012年度の報酬改定において、「福祉・介護職員処遇改善加算」を創設し、2015年度の報酬改定において、職員1人当たり月額平均1.2万円相当の処遇改善を行ったことに加え、2016年6月に閣議決定された「ニッポン一億総活躍プラン」等に基づき、2017年度の報酬改定において、競合他産業との賃金差がなくなるよう、職員のキャリアアップの仕組みを構築した事業所について職員1人当たり月額平均1万円相当の処遇改善を行ってきたところである。

また、2017年12月に閣議決定された「新しい経済政策パッケージ」に基づき、2019年10月の報酬改定において、経験・技能のある職員に重点化しつつ、障害福祉人材の更なる処遇改善を行った。

さらに、2021年11月に閣議決定された「コロナ克服・新時代開拓のための経済対策」に基づき、2022年2月から9月までの間、収入を3％程度（月額平均0.9万円相当）引き上げるための措置を行うとともに、この措置が一時的なものとならないよう、2022年10月以降について臨時の報酬改定を行い、同様の措置を継続した。

そして、2023年11月に閣議決定された「デフレ完全脱却のための総合経済対策」に基づき、2024年2月から5月までの間、収入を2％程度（月額平均0.6万円相当）引き上げるための措置を行うとともに、2024年度の報酬改定においては、既存の加算の一本化による新たな処遇改善加算（福祉・介護職員等処遇改善加算）を創設し、障害福祉の現場で働く方々にとって、2024年度に2.5％、2025年度に2.0％のベースアップへと確実につながるよう、配分方法の工夫を行うこととされた。

第４章第１節　７．サービスの質の向上　／厚生労働省

TOPICS(トピックス)（14）

共生社会等に関する基本理念等の普及啓発について

厚生労働省では、2018年度から「共生社会等に関する基本理念等普及啓発事業」を実施している。

この事業は、2016年７月に神奈川県相模原市の障害者支援施設で発生した殺傷事件[※]を踏まえ、「障害者基本法」及び「障害者総合支援法」の共通の目的である「全ての国民が障害の有無によって分け隔てられることなく、相互に人格と個性を尊重し合いながら共生する社会を実現する」ため、「全ての国民が、障害の有無にかかわらず、等しく基本的人権を享有するかけがえのない個人として尊重されるものであるとの理念」等について、障害福祉従事者等が改めて学び、それを実践につなげていくことを目的とした研修を実施している。

共生社会等に関する基本理念等の普及啓発に向けた広報のため、2023年度は「共生社会フォーラム」を全国３か所で開催した。このフォーラムは、誰でも参加できる一般向けプログラムと障害福祉従事者等を対象とした研修プログラムの２部構成となっている。

厚生労働省としては、障害福祉従事者等が、共生社会の理念を理解し、障害のある人やその家族の意思を尊重しながら必要な支援を行うことができるよう、今後も研修の実施等を進めていくこととしている。

（※）2016年７月26日未明、神奈川県相模原市の障害者支援施設「津久井やまゆり園」に元施設職員の男が侵入し、多数の入所者等を刃物で刺し、19人が死亡、26人が負傷した事件。

表現活動「楓葉の会 ファッションショー」（沖縄会場）

開催地及び開催年月

2021年度		2022年度		2023年度	
北海道	2021年10月	静岡県	2022年９月	埼玉県	2023年８月
群馬県	2021年11月	滋賀県	2022年11月	高知県	2023年12月
熊本県	2021年11月	広島県	2022年12月	沖縄県	2024年２月
滋賀県	2021年12月	福島県	2022年12月		
		佐賀県	2023年１月		

企業向け研修の様子（高知会場）

グループワーク研修の様子（埼玉会場）

資料：厚生労働省

（2）第三者評価事業

利用者に質の高いサービスを提供する取組を継続的に行うための目安として、2000年６月に「障害者・児施設のサービス共通評価基準」を作成し、障害者・児施設等による自己評価を実施している。

第三者評価事業については、事業の更なる普及・定着を図るため、2004年５月に、福祉サービス共通の第三者評価基準ガイドライン、第三者評価事業推進体制等について示した指針を各都道府県に通知し、2018年３月に評価の質の向上と一層の受審促進が図られるよう見直した。これを受け、2020年３月には、障害者・児福祉サービス固有の状況を踏まえた評価が適切に実施されるよう、障害者・児福祉サービスに係る共通評価基準及び内容評価基準等についても、見直しを行っている。

（3）障害福祉サービス等情報公表制度

障害福祉サービス等を提供する事業所数が大幅に増加する中、利用者が個々のニーズに応じて良質なサービスを選択できるようにするとともに、事業者によるサービスの質の向上が重要な課題となっている。

このため、2016年の「障害者総合支援法」及び「児童福祉法」の一部改正に伴い、施設や事業者が事業の内容等を都道府県知事へ報告し、報告を受けた都道府県知事がこれを公表する仕組みである「障害福祉サービス等情報公表制度」を創設し、2018年９月末より、独立行政法人福祉医療機構において、障害福祉サービス等事業所情報を公表している。

【独立行政法人福祉医療機構：https://www.wam.go.jp/sfkohyoout/】

８．専門職種の養成・確保

（1）福祉専門職

福祉専門職の養成確保については、「社会福祉法」に基づき、社会福祉事業等従事者に対する研修や無料職業紹介事業等を実施する都道府県福祉人材センター及び社会福祉関係職員の福利厚生の充実を図る福利厚生センターが設置されるなど、総合的な社会福祉事業等従事者確保の対策が進められている。

ア　社会福祉士、介護福祉士

身体上、精神上の障害等により日常生活を営むのに支障がある人に対して、専門的知識及び技術を持って福祉に関する相談援助を行う社会福祉士については、資格登録者数は299,408人（2024年３月末）、専門的知識及び技術を持って心身の状況に応じた介護（喀痰吸引等を含む。）や介護指導を行う介護福祉士については、資格登録者数は1,941,748人（2024年３月末）を数えることとなった。

イ　精神保健福祉士

精神障害のある人の社会復帰に関する相談・援助を行う精神保健福祉士を国家資格化する「精神保健福祉士法」（平成９年法律第131号）が1997年12月に成立し、1998年４月から施行された。1998年以降、精神保健福祉士は着実に養成されており、資格登録者数は106,962人（2024年３月末）を数えることとなった。

■ 図表４-16　福祉専門職の資格登録者（2024年３月末）

社会福祉士	介護福祉士	精神保健福祉士
299,408人	1,941,748人	106,962人

注：資格登録者の数は、公益財団法人社会福祉振興・試験センター調べ。
資料：厚生労働省

（2）リハビリテーション等従事者

高齢化の進展、疾病構造の変化等に伴い、リハビリテーション等の必要性、重要性が一層増してきている。そのため、専門的な技術及び知識を有する人材の確保と資質の向上を図っていくことが重要である。

ア　理学療法士、作業療法士

理学療法士及び作業療法士は、身体や精神に障害のある人々に対し、基本的動作能力・応用的動作能力又は社会的適応能力の回復を図るための理学療法、作業療法を行う専門職である。2023年12月末の資格登録者数は、理学療法士は213,610人、作業療法士は113,830人となっている。

イ　視能訓練士、義肢装具士

視能訓練士は、両眼視機能の回復のための矯正訓練及びこれに必要な検査を行う専門職であり、義肢装具士は、義肢・装具の装着部位の採型並びに製作及び身体への適合を行う専門職である。2023年12月末の資格登録者数は、視能訓練士は19,350人、義肢装具士は6,125人となっている。

ウ　言語聴覚士

言語聴覚士は、音声機能、言語機能又は聴覚に障害のある人々に対し、リハビリテーション等を行う専門職である。2023年12月末の資格登録者数は39,860人となっている。

エ　公認心理師

公認心理師は、保健医療、福祉、教育その他の分野において、心理学に関する専門的知識及び技術をもって、心理に関する支援を要する人に対し、その心理に関する相談に応じ、助言、指導その他の援助等を行う専門職である。2023年12月末の資格登録者数は71,821人となっている。

■ 図表4-17　リハビリテーション等従事者の資格登録者（2023年12月末）

理学療法士	作業療法士	視能訓練士	義肢装具士	言語聴覚士	公認心理師
213,610人	113,830人	19,350人	6,125人	39,860人	71,821人

資料：厚生労働省

（3）国立専門機関等の活用

国立障害者リハビリテーションセンター学院において、障害のある人のリハビリテーション・福祉に従事する専門職を養成する６学科を設置するとともに、現に従事している各種専門職に対して、知識・技術向上のための研修を実施している。

養成部門では、聴覚障害、音声機能障害、言語機能障害及び摂食嚥下障害のリハビリテーションを専門とする言語聴覚士を養成する言語聴覚学科、義肢装具の製作適合に従事する義肢装具士を養成する義肢装具学科、視覚障害のある人の生活訓練を専門とする技術者を養成する視覚障害学科、聴覚障害のある人のコミュニケーションに関わる手話通訳士を養成する手話通訳学科、障害のある人々の健康づくりのための運動・スポーツ及び体育の指導を専門とする技術者を養成するリハビリテーション体育学科、医療・福祉・教育現場において、知的障害や発達障害のある児（者）の支援に携わる専門職を養成する児童指導員科（発達障害支援者養成）を設置している。

また、研修部門では、医療機関や地方公共団体、民間福祉施設などの専門職に対し、年間30を超えるリハビリテーション関連研修会及び知的障害・発達障害関連研修会を実施し、社会的ニーズに対応した人材、各専門職のリーダー等の指導的役割を担う人材を育成している。

このほか、国立障害者リハビリテーションセンター自立支援局において、地域ボランティアや住民を対象とした研修会や福祉教育の一環として教員や小中学生を対象に行われる障害のある人に対する正しい理解と知識や援助方法の習得を目的とした講習会等を行っている。

第2節

保健・医療施策

1．障害の原因となる疾病等の予防・治療

（1）障害の原因となる疾病等の予防・早期発見

ア　健康診査

健康診査は、疾病等を早期発見し、適切な保健指導等に結び付ける重要な機会である。

フェニルケトン尿症等の先天性代謝異常や先天性甲状腺機能低下症（クレチン症）などの早期発見・早期治療のため、新生児を対象としたマススクリーニング検査の実施及び聴覚障害の早期発見・早期療育を目的とした新生児聴覚検査の実施を推進している。

また、幼児期において、身体発育及び精神発達の面から重要な時期である1歳6か月児及び3歳児の全てを対象として、健康診査を実施しており、その結果に基づいて適切な指導を行っている。

教育委員会や学校においては、就学時や毎学年定期に児童生徒等の健康診断を行っており、疾病の早期発見や早期治療に役立っている。

職場においては、労働者の健康確保のため、労働者を雇い入れた時及び定期に健康診断を実施することを事業者に義務付けている。

イ　保健指導

妊産婦や新生児・未熟児等に対して、障害の原因となる疾病等を予防し、健康の保持増進を図るために、家庭訪問等の保健指導が行われている。

身体の機能に障害のある児童又は機能障害を招来するおそれのある児童を早期に発見し、療育の指導等を実施するため、保健所及び市町村において早期に適切な治療上の指導を行い、その障害の治癒又は軽減に努めている。身体に障害のある児童については、障害の状態及び療育の状況を随時把握し、その状況に応じて適切な福祉の措置を行っている。

ウ　生活習慣病の予防

急速な人口の高齢化に伴い、疾病構造が変化し、疾病全体に占める、がん、心疾患、脳血管疾患、糖尿病、慢性閉塞性肺疾患（COPD）等の生活習慣病の割合が増加している中、健康寿命を更に延伸させ、全ての国民が健やかで心豊かに生活できる持続可能な社会を実現するためには、若いうちから生活習慣の見直しなどを通じて積極的に健康を増進し、疾病の「予防」に重点を置いた対策の推進が急務である。

このため、主要な生活習慣病（NCDs）である、がん、循環器病、糖尿病及びCOPDの予防等に関する具体的な目標等を明記した「国民の健康の増進の総合的な推進を図るための基本的な方針」（令和5年厚生労働省告示第207号）に基づき、2024年度から「二十一世紀における第三次国民健康づくり運動」（以下本章では「健康日本21（第三次）」という。）を開始している。具体的施策として、企業・団体・自治体と協力・連携し、適度な運動、適切な食生活、禁煙、健診・検診の受診等を通じて健康づくりを進める「スマート・ライフ・プロジェクト」を展開している。

また、国民の健康の増進に関する目標達成のために、地方公共団体の取組に資する具体的な方策等を提示できるよう、健康日本21（第三次）推進専門委員会で議論を進めている。

（2）障害の原因となる疾病等の治療

リスクの高い妊産婦や新生児などに高度な医療が適切に提供されるよう、各都道府県において、周産期医療の中核となる総合周産期母子医療センター及び地域周産期母子医療センターを整備し、地域の分娩施設との連携体制の確保などを行っている。

また、2015年１月１日に施行された「難病の患者に対する医療等に関する法律」（平成26年法律第50号。以下本章では「難病法」という。）に基づく医療費助成の対象疾病について、これまでに341疾病を指定している。さらに、「難病の患者に対する医療等の総合的な推進を図るための基本的な方針」（平成27年厚生労働省告示第375号）に基づき、国及び地方公共団体等が取り組むべき方向性を示すことにより、難病の患者に対する良質かつ適切な医療の確保及び難病の患者の療養生活の質の維持向上などを図っている。

また、「難病法」附則に基づく施行５年後の見直しについては、2021年７月に厚生科学審議会及び社会保障審議会において「難病・小慢対策の見直しに関する意見書」が取りまとめられた。これを踏まえ、2022年臨時国会に「難病法」の一部改正を含む「障害者の日常生活及び社会生活を総合的に支援するための法律等の一部を改正する法律案」を提出し、成立した。

これにより、2023年10月からは、医療費助成の支給開始日について、支給認定のあった日から一定期間遡ることが可能となった。

（3）学校安全の推進

学校は、子供たちが集い、人と人との触れ合いにより、人格の形成がなされる場であり、そのためには、子供たちの安全が確保されることは不可欠である。

2023年度、文部科学省においては、学校安全の推進に関する有識者会議における議論を踏まえながら、教職員の負担を軽減しつつ質の高い安全点検を行う助けとなる「学校における安全点検要領」を策定した。

また、学校管理下における事故発生の未然予防、発生への備え、事故発生時の適切な対応等を取りまとめた「学校事故対応に関する指針」について、その実効性を高めるため、専門家の意見を聞きながら所要の改訂を行った。

学校安全の充実のため、こうした安全管理の実効性を高める資料等を確実に周知・展開するとともに、安全管理の両輪である安全教育についても、引き続き教育活動全体を通じて実施されるよう取組を推進していく。

2. 障害のある人に対する適切な保健・医療サービスの充実

（1）障害のある人に対する医療・医学的リハビリテーション

ア　医療・リハビリテーション医療の提供

障害のある人のための医療・リハビリテーション医療の充実は、障害の軽減を図り、障害のある人の自立を促進するために不可欠である。

「障害者総合支援法」に基づき、身体障害の状態を軽減するための医療（更生医療及び育成医療）及び精神疾患に対する継続的な治療（精神通院医療）を自立支援医療と位置付け、その医療費の自己負担の一部又は全部を公費負担している。

また、診療報酬、介護報酬及び障害福祉サービス等報酬については、2024年度の同時改定において、医療保険・介護保険のリハビリテーションと障害福祉サービスである自立訓練（機能訓練）との連携を強化する観点から、自立訓練（機能訓練）について、病院及び診療所並びに通所リハビリテーション事業所において、共生型サービス又は基準該当サービスの提供を可能とするとともに、医療保険の疾患別リハビリテーション又は介護保険の通所リハビリテーションと障害福祉サービスの自立訓練（機能訓練）を同時に実施する場合の施設基準等を緩和した。

イ　医学的リハビリテーションの確保

国立障害者リハビリテーションセンター病院では、早期退院・社会復帰に向けて、各障害に対応した機能回復訓練を行うとともに、医療相談及び心理支援を行っている。また、障害のある人の健康増進、機能維持についても必要なサービス及び情報の提供を行っている。

交通事故や病気等により脳に損傷を受け、その後遺症等として記憶、注意、遂行機能、社会的行動といった認知機能（高次脳機能）が低下した状態を高次脳機能障害という。国立障害者リハビリテーションセンター病院では、高次脳機能障害者や失語症患者への復職・復学を目標としたリハビリテーション、訓練プログラムや家族支援の充実を図っている。退院後も外来や生活訓練・職業訓練を利用して連続した支援を行っている。

高次脳機能障害は日常生活の中であらわれ、外見からは障害があるとわかりにくく、「見えない障害」や「隠れた障害」などといわれている。このため、都道府県に高次脳機能障害のある人への支援を行うための支援拠点機関を置き、①支援コーディネーターによる高次脳機能障害のある人に対する専門的な相談支援、②関係機関との地域支援ネットワークの充実、③高次脳機能障害の支援手法等に関する研修等を行う「高次脳機能障害及びその関連障害に対する支援普及事業」を開始し、全国で高次脳機能障害に対する適切な対応が行われるよう取り組んでいる。さらに、2023年度から（１）高次脳機能障害の当事者への専門的相談支援及び医療と福祉の一体的な支援を普及・定着させるため、高次脳機能障害の診断及びその特性に応じた支援サービスの提供を行う協力医療機関（医療機関、リハビリ機関等）及び専門支援機関（就労支援機関、教育機関等）を確保するとともに、明確化し、（２）地域の関係機関が相互に連携・調整を図り、当事者やその家族等の支援に資する情報提供を行う地域支援ネットワークを構築し、切れ目のない充実した支援体制の促進を図ることを目的とする「高次脳機能障害及びその関連障害に対する地域支援ネットワーク構築促進事業」に取り組んでいる。

■ 図表４-18　高次脳機能障害及びその関連障害に対する支援普及事業

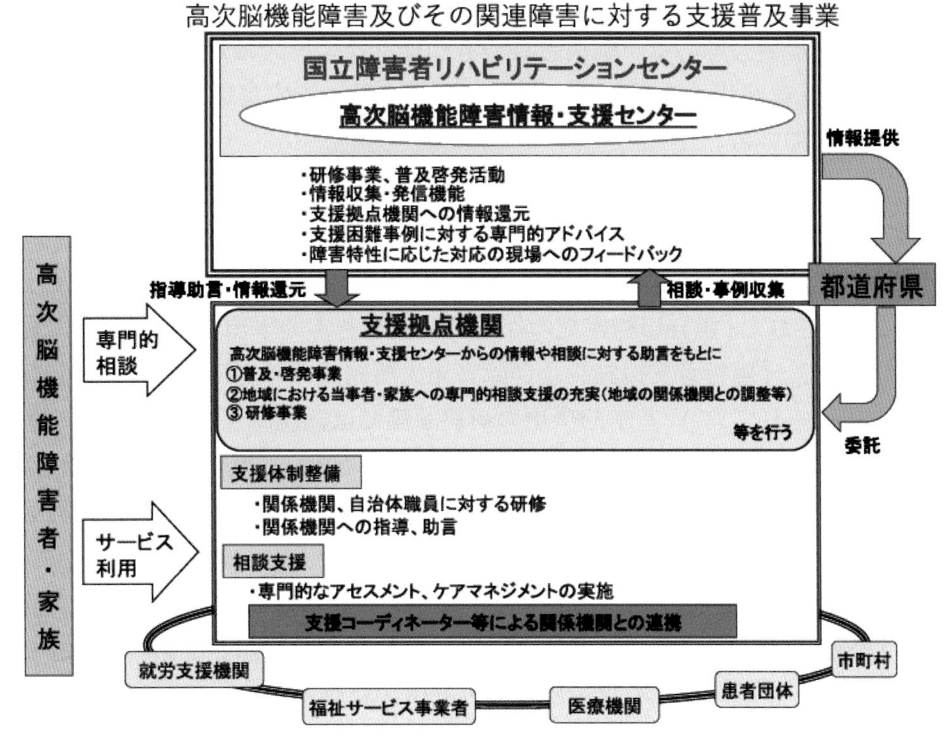

資料：厚生労働省

また、国立障害者リハビリテーションセンターに「高次脳機能障害情報・支援センター」を設置し、高次脳機能障害について一般の方への啓発を行うとともに、高次脳機能障害者支援に必要な最新の国内外の情報や研究成果等を集約し、高次脳機能障害のある人やその家族及び支援関係者等に役立つ情報についてホームページ等を通じて発信している。（http://www.rehab.go.jp/brain_fukyu/）

さらに、国立障害者リハビリテーションセンター学院において、「高次脳機能障害支援・指導者養成研修会」等、現に高次脳機能障害のある人に対する支援を行っている専門職を対象とした研修会を実施している。

障害のある人の健康増進については、国立障害者リハビリテーションセンターに「障害者健康増進・運動医科学支援センター」を設置し、健康の維持・増進及び活動機能の低下を予防するために、運動と栄養の介入や総合検診（人間ドック）を実施するとともに、各地域の専門機関と障害者の健康増進に関する知見の共有を進めている。また、スポーツを通じた社会参加を促進するため、障害のある人のレクリエーションスポーツ指導及びアスリートの運動医科学支援と練習環境の支援を実施している。

刑事施設においては、医療刑務所等にリハビリテーション機器を整備し、受刑者のうち、運動機能に障害を有する者や長期療養等で運動機能が低下した者に対して、機能回復訓練を行っている。

（２）難病患者に対する保健医療サービス

早期に正しい難病の診断ができる体制、診断後はより身近な医療機関で適切な医療を受けることができる体制が整備できるよう、都道府県ごとの難病診療連携拠点病院、難病診療分野別拠点病院整備、難病医療協力病院の整備、保健所を中心とした在宅難病患者に対する地域での支援の強化など、地域における保健医療福祉サービスの提供を推進している。

（3）保健・医療サービス等に関する難病患者への情報提供

難病患者への情報提供について、難病情報センターではインターネットを活用して最新の医学や医療の情報等を提供している。難病患者のもつ様々なニーズに対応したきめ細やかな相談や支援が行えるよう、「難病相談支援センター」を都道府県、指定都市に設置し、地域における難病患者支援を推進している。

（4）口腔の健康づくり

口腔の健康は全身の健康にもつながることから、生涯を通じた歯科保健医療の充実が重要である。2012年に策定された「歯科口腔保健の推進に関する基本的事項」（以下本章では「基本的事項」という。）において、「障害者支援施設及び障害児入所施設での定期的な歯科検診実施率の増加」が目標として掲げられており、基本的事項の最終評価では、「現時点では目標値に達していないが、改善傾向にある」と評価された（直近値77.9％（2019年度）、目標値90％（2022年度））。

2024年度から2035年度までの基本的事項（第二次）においても、「障害者・障害児が利用する施設での過去１年間の歯科検診実施率」を指標（目標値90％（2032年度））として設定している。

「8020運動・口腔保健推進事業」では、歯科疾患の予防等による口腔の健康の保持・増進を図ることを目的として、都道府県等が実施する、定期的に歯科健診又は歯科医療を受けることが困難な障害のある人等に対する歯科保健医療サービスの提供や施設の職員等に対する、口腔の健康の保持・増進及び歯科疾患の予防に係る普及啓発及び指導等に対して支援を行っている。

３．精神保健・医療施策の推進

（1）心の健康づくり

ア　うつ対策の推進

うつ病は、誰もがかかりうる病気であり、早期発見・早期治療が可能であるにもかかわらず、本人や周囲の者からも気付かれないまま重症化し、治療や社会復帰に時間を要する場合があることから、早期に発見し、相談、医療へとつなぐための取組を進めている。

うつ病の患者を最初に診療することが多い一般内科等のかかりつけ医のうつ病診断技術等の向上を図るため、各都道府県・指定都市において、専門的な研修を実施しており、これにより一般内科等のかかりつけ医の診療においてうつ病の疑いがある患者を精神科医療機関へ紹介し、早い段階で治療につなげる取組を推進している。

うつ病に対する効果が明らかとなっている認知行動療法については、専門研修を実施して、認知行動療法を実施できる専門職を増やし、薬物療法のみに頼らない治療法の普及を図っている。

イ　精神疾患に関する情報提供

精神疾患についての情報提供として、10代・20代とそれを取り巻く人々（家族・教育職）を対象に、本人や周囲が心の不調に気付いたときにどうするかなどわかりやすく紹介する「こころもメンテしよう～若者を支えるメンタルヘルスサイト～（https://www.mhlw.go.jp/kokoro/youth/）」のウェブサイトを、厚生労働省ホームページ内に開設している。また、依存症については、依存症対策全国センターのホームページ（https://www.ncasa-japan.jp/）において、情報発信を行うとともに、普及啓発のイベントやシンポジウム等を開催している。

ウ　児童思春期及びPTSDへの対応

幼年期の児童虐待、不登校、家庭内暴力等の思春期における心の問題、災害や犯罪被害等の心的外傷体験により生じるPTSD（心的外傷後ストレス障害）は、専門的な医療やケアに適切に対応できる専門家の養成が必要とされている。そこで、医師、コメディカルスタッフ等を対象に、思春期精神保健の専門家の養成のための「思春期精神保健研修」や、PTSDの専門家の養成のための「PTSD対策専門研修」を行っており、精神保健福祉センター等における児童思春期やPTSDにかかる相談対応の向上にも寄与している。

エ　自殺対策の推進

我が国の自殺者数は、1998年以降、毎年３万人を超える状況が続いていた。このような状況に対処するため、2006年に「自殺対策基本法」（平成18年法律第85号。以下本章では「基本法」という。）が成立し、その翌年には政府が推進すべき自殺対策の指針である自殺総合対策大綱（以下本章では「大綱」という。）が閣議決定された。これにより、個人の問題として認識されがちであった自殺は、広く「社会の問題」として認識されるようになった。

その後、基本法及び大綱に基づき、国をあげて総合的な取組を行ってきた結果、自殺者数は年間３万人台から２万人台に減少した。

一方で、依然として、日本の自殺死亡率（人口10万人当たりの自殺者数）は先進国の中で高い水準にあり、男性が大きな割合を占める状況が続いていること、また、新型コロナウイルス感染症の影響で自殺の要因となり得る様々な状況等が悪化したことなどにより、2020年以降、女性の自殺者は２年連続で増加し、小中高生の自殺者は2020年に499人、2021年は473人と過去最多の水準となったことから、新たな課題も顕在化した。

このような状況に対処するため、2022年10月に第４次大綱が閣議決定され、これまでの取組の充実に加えて、「子ども・若者の自殺対策の更なる推進・強化」「女性に対する支援の強化」「地域自殺対策の取組強化」「総合的な自殺対策の更なる推進・強化」などについて重点的に取り組むこととされている。

「自殺対策の数値目標」については、2026年までに自殺死亡率を2015年と比べて30％以上減少させるとの目標を掲げている（具体的には2015年に自殺死亡率が18.5だったものを、2026年に13.0以下にするもの）。

2023年においては、年間自殺者数は21,837人で、前年から44人減少した。男女別にみると、男性は２年連続の増加、女性は４年ぶりの減少となっている。小中高生の自殺者数は513人であり、過去最多であった前年（2022年は514人）と同水準となった。

国としては、基本法及び大綱に基づく取組を推進しており、例えば、悩みを抱える人がいつでもどこでも相談でき、適切な支援を迅速に受けられるためのよりどころとして、自殺防止のための全国共通ダイヤル（都道府県等が実施している「こころの健康電話相談」等の公的な電話相談事業に全国共通の電話番号を設定する「こころの健康相談統一ダイヤル」）や民間団体による相談窓口への支援を行いながら、多様な相談ニーズに対応するため、SNSや電話による相談支援体制の拡充を行っている。

さらに、2022年の小中高生の自殺者数が過去最多の514人になったこと等を踏まえ、こどもの自殺対策に関し、関係省庁の知見を結集して総合的な施策を推進するために、こども政策担当大臣を議長とする「こどもの自殺対策に関する関係省庁連絡会議」を2023年４月より開催し、2023年６月に同会議において、自殺リスクの早期発見から的確な対応に至る総合的な対応に関する「こどもの自殺対策緊急強化プラン」を策定した。

関係省庁においては、同プランに基づき、自殺に関する情報の集約・分析、全国展開を目指した1人1台端末の活用による自殺リスクの把握や都道府県・指定都市の「こども・若者の自殺危機対応チーム」の設置の推進など、総合的な取組を進めることとしている。

オ　依存症対策の強化について

アルコール・薬物・ギャンブル等の依存症は、適切な治療とその後の支援によって、回復が可能な疾患である。一方で、病気の認識を持ちにくいという依存症の特性や医療機関等の不足、依存症に関する正しい知識と理解が進んでいないことにより、依存症者や家族が適切な治療や支援に結びついていないという課題がある。

これらの課題に対応するため、厚生労働省では、2017年度より依存症対策全国拠点機関として独立行政法人国立病院機構久里浜医療センターを指定し、国立研究開発法人国立精神・神経医療研究センターと連携しながら、地域における依存症の相談対応・治療の指導者の養成等や依存症回復施設職員への研修、依存症に関する情報ポータルサイトの開設等に取り組んでいる。2018年度からは、全国規模で活動する自助グループ等の民間団体への活動支援を実施している。また、普及啓発イベントやシンポジウムの開催、リーフレットの配布等により、依存症に関する正しい知識と理解を広めるための普及啓発事業に取り組んでいる。

都道府県・指定都市においては、精神保健福祉センターや保健所で、相談支援や普及啓発を行うとともに、2017年度より依存症の専門医療機関・治療拠点機関・相談拠点の選定・設置等や依存症問題に取り組んでいる自助グループ等の民間団体への活動支援などを行っている。

（2）精神保健医療福祉施策の取組状況

精神障害のある人の人権に配慮した適正な医療及び保護の実施、精神障害のある人の社会復帰の促進、国民の精神的健康の保持・増進を図るための精神保健施策の一層の推進を図っている。

2022年10月1日現在、我が国の精神病床を有する病院数は約1,600か所、精神病床数は約32万床となっている。また、2023年6月末現在、精神病床の入院患者数は約25.6万人であり、このうち、約12.4万人が任意入院、約12.9万人が医療保護入院、約1,600人が措置入院となっており、措置入院による入院者については、公費による医療費負担制度を設けている。

このほか、夜間や土日・祝日でも安心して精神科の救急医療が受けられるよう精神科救急医療体制の整備をしている。

2021年10月から精神障害を有する方や精神保健上の課題を抱えた方が地域で安心して暮らせる精神保健医療福祉体制を実現するため、「地域で安心して暮らせる精神保健医療福祉体制の実現に向けた検討会」を実施し、身近な市町村等における相談支援体制の整備に向けた取組や医療保護入院等の制度の見直し等について、2022年6月に報告書が取りまとめられた。

報告書を踏まえ、2022年臨時国会には、「精神保健福祉法」の改正を含む改正法案が提出され、改正法が成立した。同法においては、精神障害のある人の希望やニーズに応じた支援体制を整備するため、包括的な支援の確保を明確化するほか、権利擁護等の観点から、医療保護入院制度における入院期間の法定化、地域援助事業者の紹介義務等の退院支援措置の取組、精神科病院における虐待防止措置の義務化や虐待を発見した場合の都道府県等への通報義務等の取組、「入院者訪問支援事業」の創設等について定められた。

（3）心神喪失等の状態で重大な他害行為を行った者への対応について

心神喪失等の状態で重大な他害行為を行った者の社会復帰の受入先である地域の関係機関（障

害福祉サービス事業者等）が、「心神喪失等の状態で重大な他害行為を行った者の医療及び観察等に関する法律」（平成15年法律第110号）及び同法対象者への理解を深められるよう、都道府県・指定都市及び保護観察所等へ「医療観察法対象者に対する差別の解消及び偏見を除去するためのプログラム」（「平成30年度障害者総合福祉推進事業」作成）を配布し、地域の支援者に対する制度説明や研修、会議等による普及啓発活動が促進されるよう取り組んでいる。

4．研究開発の推進

障害の原因となる疾病等の予防や根本的治療法等を確立するため、これまで障害の原因、予防、早期発見、治療及び療育に関する研究が行われてきた。これは、障害児施策の基本である障害の予防や早期治療を確立し、有機的かつ総合的に施策を推進させるための基礎となるものである。

厚生労働科学研究の「障害者政策総合研究事業」においては、障害のある人を取り巻く現状について課題別に調査・分析し、支援の改善方策を研究することにより、障害のある人を取り巻く現状を正しく理解し、障害のある人の社会参加の機会の確保や、地域社会における共生の実現に資する政策実現のための研究を推進している。

また、難病に関する研究については、「難病法」において定義されている難病（発病の機構が明らかでなく、治療方法が確立していない希少な疾病であって、長期にわたり療養が必要な疾病）について、診療ガイドラインの作成や改訂、難病患者のQOL向上に資する知見の収集及びこれらの普及啓発等の研究を行う「難治性疾患政策研究事業」と、病態解明や医薬品・医療機器等の実用化を視野に入れた画期的な診断法、治療法及び予防法の開発を目指す研究を行う「難治性疾患実用化研究事業」を実施しており、互いに連携しながら、難病研究の推進に取り組んでいる。

こども家庭庁においては、こども家庭科学研究において、乳幼児の疾患の克服等に資することを目的とする研究に取り組んでいる。

経済産業省においては、優れた基礎研究の成果による革新的な医療機器の開発を促進するため、「医療機器等における先進的研究開発・開発体制強靱化事業」を実施し、日本の医療機器に関する競争力のポテンシャル、公的支援の必要性及び医療上の価値等を踏まえて策定した重点分野（①検査・診断の一層の早期化・簡易化・低侵襲化、②アウトカムの最大化を図る診断・治療の一体化及び高度化、③予防・自発的な健康増進の推進、④身体機能の補完・QOL（クオリティオブライフ）向上、⑤デジタル化／データ利用による診断・治療の高度化・仕組み構築、⑥環境にやさしい医療機器の開発、⑦UI（ユーザーインターフェース）・UX（ユーザーエクスペリエンス）に優れたインテリジェント医療機器の開発）や、「国民が受ける医療の質の向上のための医療機器の研究開発及び普及の促進に関する基本計画」（令和4年5月31日閣議決定）で設定された重点分野等を対象に、先進的な医療機器・システム等の開発を推進している。

また、「次世代治療・診断実現のための創薬基盤技術開発事業」「再生医療・遺伝子治療の産業化に向けた基盤技術開発事業」を実施し、企業・アカデミア等とともに事業化を指向した製造技術開発及び日本発の革新的な医薬品・再生医療等製品の実用化のための技術開発を推進している。

TOPICS(トピックス)（15）

保健・医療の向上に資する研究開発等の推進

保健・医療の向上に資する研究開発の事例として、国立研究開発法人日本医療研究開発機構（AMED）の「医療機器等における先進的研究開発・開発体制強靱化事業」（経済産業省要求予算事業）において、脳卒中後に併発する運動障害の個別化治療の実現に資するシステムの開発を推進した。

【脳機能再生医療を実現する診断治療システム】

脳卒中後に併発する運動障害は難治性で負荷の高い疾患障害であり、効果のあるリハビリテーションを医師や療法士が効率よく運用できるデジタル支援技術の確立が求められている。

本開発では神経作用メカニズムや治療有効性が明らかになりつつある個々の治療機器等を連携連動させ、診断治療パッケージとしての統合化を進める。

具体的には、機器内で取得される各種生体指標をデジタル化、自動収集化、統合化して、これをビッグデータ解析することによって、患者個々人の病態を診断・把握し、治療法の選定、治療計画の提案、予後予測の実施を実現し、個別化された神経機能再生医療の提供を実現するためのプラットフォームを構築する。

これにより、医療従事者の専門知識と経験から導かれるモデルのデータ検証だけでなく、大量のデータに潜む構造を情報解析によって抽出し、今まで発見できなかった個人特性や医療行為などの関係性を明らかにして、より効果の高い個別化医療を実現する。

2023年度は、複数の病院においてプラットフォームの現場検証を実施した。システム導入による「効果」の定量的アウトカムを取得し、検証結果を通じてアプリケーションの改良を行なったことで、製品の最終仕様が確定した。また、症例数増加に伴う臨床データの蓄積を基に治療法提案アルゴリズム、予後予測機能アルゴリズムのバージョンアップを図り、臨床運用性を評価した。

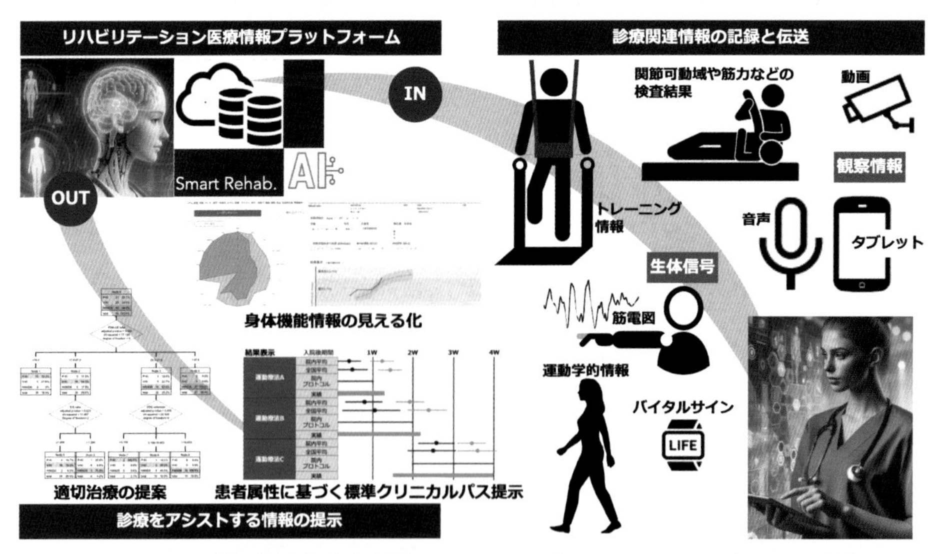

効率的な神経機能再生医療を実現するためのAIプラットフォーム（イメージ図）
出典：国立研究開発法人日本医療研究開発機構

５．専門職種の養成・確保

（１）医師

医師については、卒前教育として、学生が卒業時までに身に付けておくべき必須の実践的診療能力を学修目標として提示した「医学教育モデル・コア・カリキュラム」に「障害者福祉」や「リハビリテーション」に関する項目を設けており、これに基づき、各医科大学（医学部）において教育を行っている。卒後教育においては、一般的な診療において頻繁に関わる負傷又は疾病に適切に対応できるよう、基本的な診療能力を身につけることのできるものとして臨床研修を実施している。さらに、様々なこどもの心の問題等に対応するため、都道府県及び指定都市における拠点病院を中核とし、各医療機関や保健福祉関係機関等と連携した支援体制の構築を図るための事業を実施している。

（２）歯科医師

歯科医師については、卒前教育として、学生が卒業時までに身に付けておくべき必須の実践的診療能力を学修目標として提示した「歯学教育モデル・コア・カリキュラム」に障害者の歯科治療に関する項目を設けており、これに基づき、各歯科大学（歯学部）において教育を行っている。卒後教育においては2021年３月施行の歯科医師臨床研修制度の改正において、研修歯科医が達成すべき「歯科医師臨床研修の到達目標」について、障害を有する患者への対応を明確化し、歯科医師の資質向上等のための方策を講じている。また、「8020運動・口腔保健推進事業」では、歯科疾患の予防等による口腔の健康の保持・増進を図ることを目的として、都道府県等が実施する障害の状況に応じた知識や技術を有する歯科専門職を育成するための研修等の支援を行っている。

（３）看護職員

看護職員の卒前教育においては、「看護師等養成所の運営に関する指導ガイドライン」の基本的考え方に、多職種と連携・協働して保健・医療・介護・福祉サービス等、個人及び社会にとって必要な地域の社会資源の活用や調整を行う能力を養うことを掲げるなど、様々な場面や対象者に対応できる質の高い看護職員の養成に努めている。看護系人材として求められる資質・能力を獲得するために必要な学士課程における具体的な学習目標を大学に対し提示した「看護学教育モデル・コア・カリキュラム」について、2024年度中の改訂に向けた検討を進めるなど、看護職員の資質向上等のための方策を講じている。

卒後教育においては、都道府県が行う看護職員の実務研修などに対し、地域医療介護総合確保基金を通じ、財政支援を行い、リハビリテーションに関わる看護職員の資質向上を推進している。看護職員の確保においては、新規養成、復職支援、定着促進等の施策を講じているところである。

第5章 住みよい環境の基盤づくり

第1節

障害のある人の住みよいまちづくりと安全・安心のための施策

1．移動等の円滑化の一層の促進

改正「バリアフリー法」の全面施行及び更なるバリアフリーの推進

2006年に「高齢者、身体障害者等が円滑に利用できる特定建築物の建築の促進に関する法律」（平成6年法律第44号。通称「旧ハートビル法」）と「高齢者、身体障害者等の公共交通機関を利用した移動の円滑化の促進に関する法律」（平成12年法律第68号。通称「旧交通バリアフリー法」）が統合・拡充され、「高齢者、障害者等の移動等の円滑化の促進に関する法律」（平成18年法律第91号。以下本章では「バリアフリー法」という。）が制定されて以来、10年以上が経過した。

こうした中、2020年5月には、2018年12月の「ユニバーサル社会の実現に向けた諸施策の総合的かつ一体的な推進に関する法律」（平成30年法律第100号）の公布・施行や2020年東京オリンピック競技大会・東京パラリンピック競技大会（以下本章では「東京2020大会」という。）を契機とした共生社会の実現に向けた機運の醸成等を受け、ハード対策に加え、移動等円滑化に係る「心のバリアフリー」の観点からの施策の充実などソフト対策を強化する「高齢者、障害者等の移動等の円滑化の促進に関する法律の一部を改正する法律」（令和2年法律第28号）が2020年通常国会において成立し、2021年4月に全面施行を迎えた。本改正では、公共交通事業者等に対するソフト基準適合義務の創設、優先席・車椅子使用者用駐車施設等の適正な利用の推進、市町村等による「心のバリアフリー」の推進等の内容が盛り込まれている。

2．ユニバーサルデザインの考え方を踏まえたバリアフリー施策の推進

「どこでも、だれでも、自由に、使いやすく」というユニバーサルデザインの考え方を踏まえた、「バリアフリー法」に基づき、施設等（旅客施設、車両等、道路、路外駐車場、都市公園、建築物等）の新設等の際の「移動等円滑化基準」への適合義務、既存の施設等に対する適合努力義務を定めている。

また、「バリアフリー法」に基づく「移動等円滑化の促進に関する基本方針」（令和2年国家公安委員会・総務省・文部科学省・国土交通省告示第1号）に係るバリアフリー整備目標について、障害当事者団体や有識者の参画する検討会において議論を重ね、ハード・ソフト両面でのバリアフリー化の一層の推進、聴覚障害及び知的障害・精神障害・発達障害に係るバリアフリーの進捗状況の見える化、「心のバリアフリー」の推進等を図るとともに、新型コロナウイルス感染症による影響への対応等も考慮して、2020年11月に最終取りまとめを公表し、「移動等円滑化の促進に関する基本方針」を改正して5年間の新たなバリアフリー整備目標を2021年4月に施行した。現在の同整備目標は、2021年度から5年間を目標期間としているものであり、2026年度以降の新たな整備目標の策定に向けて、2024年度以降、検討を開始する。

加えて、「交通政策基本法」（平成25年法律第92号）に基づく「交通政策基本計画」においても、バリアフリー化等の推進を目標の1つとして掲げている。

また、市町村が作成する「移動等円滑化促進方針」及び「移動等円滑化基本構想」に基づき、移動等円滑化促進地区及び重点整備地区において面的かつ一体的なバリアフリー化を推進しているとともに、バリアフリー化の促進に関する国民の理解を深め協力を求める「心のバリアフリー」を推進するため、高齢者、障害のある人等の介助体験や擬似体験を行う「バリアフリー教室」等を開催しているほか、バリアフリー施策のスパイラルアップ（段階的・継続的な発展）を図っている。

■ 図表5-1　「移動等円滑化の促進に関する基本方針」における新たな整備目標について

項目			2022年度末（現状値）	2025年度末までの数値目標
鉄軌道	3,000人/日以上及び基本構想の生活関連施設に位置付けられた2,000人/日以上の鉄軌道駅におけるバリアフリー化率	段差の解消[※1]	約94%[※5]	原則100%
		視覚障害者誘導用ブロック[※2]	約43%[※5]	原則100%
		案内設備[※3]	約77%[※5]	原則100%
		障害者用トイレ[※4]	約92%[※5]	原則100%
	ホームドア・可動式ホーム柵の設置番線数		2,484番線（493番線）[※6]	3,000番線（800番線）[※6]
	鉄軌道車両		約57%[※7]	約70%
バス	3,000人/日以上及び基本構想の生活関連施設に位置付けられた2,000人/日以上のバスターミナルにおけるバリアフリー化率	段差の解消[※1]	約93%[※5]	原則100%
		視覚障害者誘導用ブロック[※2]	約86%[※5]	原則100%
		案内設備[※3]	約77%[※5]	原則100%
		障害者用トイレ[※4]	約71%[※5]	原則100%
	乗合バス車両	ノンステップバス	約68%[※7]	約80%
		リフト付きバス等（適用除外車両）	約7%[※7]	約25%
		空港アクセスバスにおけるバリアフリー車両[※8]	約40%[※7]	約50%
	貸切バス車両		1,157台[※7]	約2,100台
タクシー	福祉タクシー車両		45,311台[※7]	約90,000台
		ユニバーサルデザインタクシー[※9]	約19%[※7]	約25%
旅客船	2,000人/日以上の旅客船ターミナルにおけるバリアフリー化率	段差の解消[※1]	93%[※5]	原則100%
		視覚障害者誘導用ブロック[※2]	67%[※5]	原則100%
		案内設備[※3]	約53%[※5]	原則100%
		障害者用トイレ[※4]	約85%[※5]	原則100%
	旅客船（旅客不定期航路事業の用に供する船舶を含む。）		約56%[※7]	約60%
航空	2,000人/日以上の航空旅客ターミナルにおけるバリアフリー化率	段差の解消[※1]	93%[※5]	原則100%
		視覚障害者誘導用ブロック[※2]	98%[※5]	原則100%
		案内設備[※3]	93%[※5]	原則100%
		障害者用トイレ[※4]	100%[※5]	原則100%
	航空機		100%[※7]	原則100%
道路	重点整備地区内の主要な生活関連経路を構成する道路等で国土交通大臣が指定する特定道路におけるバリアフリー化率		約71%	約70%
都市公園	規模の大きい概ね2ha以上の都市公園におけるバリアフリー化率	園路及び広場	約64%	約70%
		駐車場	約56%	約60%
		便所	約63%	約70%
路外駐車場	特定路外駐車場		約72%	約75%
建築物	床面積の合計が2,000㎡以上の特別特定建築物		約64%	約67%
信号機等	主要な生活関連経路を構成する道路に設置されている信号機等のバリアフリー化率		約98%	原則100%
	主要な生活関連経路を構成する道路のうち、道路又は交通の状況に応じ、視覚障害者の移動上の安全性を確保することが特に必要であると認められる部分に設置されている音響信号機及びエスコートゾーンの設置率		約56%	原則100%
基本構想等	移動等円滑化促進方針の作成		34自治体	約350自治体
	移動等円滑化基本構想の作成		321自治体	約450自治体

心のバリアフリー	「心のバリアフリー」の用語の認知度	約22%※10	約50%
	高齢者、障害者、妊産婦等の立場を理解して行動ができている人の割合	約81%※10	原則100%

※1：バリアフリー法に基づく公共交通移動等円滑化基準第４条（移動経路の幅、傾斜路、エレベーター、エスカレーター等が対象）への適合をもって算定。
※2：バリアフリー法に基づく公共交通移動等円滑化基準第９条への適合をもって算定。
※3：バリアフリー法に基づく公共交通移動等円滑化基準第10条～12条への適合をもって算定。
※4：バリアフリー法に基づく公共交通移動等円滑化基準第13条～15条への適合をもって算定。また、トイレを設置している施設における割合。
※5：旅客施設の各項目の実績値については、新型コロナウイルス感染症に対する行動制限の緩和等により旅客施設の利用者数が増加し、集計対象となる旅客施設数が前年度より増加した影響を受けている。
※6：１日当たりの平均的な利用者数が10万人以上の鉄軌道駅。
※7：各車両等に関する2020年４月に施行された公共交通移動等円滑化基準への適合をもって算定。
※8：１日当たりの平均的な利用者数が2,000人以上の航空旅客ターミナルのうち鉄軌道アクセスがない施設（指定空港（27空港））へのバス路線運行系統の総数における、バリアフリー化した車両を含む運行系統数の割合。
※9：各都道府県のタクシー総車両数における、UDタクシー車両数の割合。
※10：2023年10月に実施したインターネットモニターアンケート「公共交通機関を利用する際の配慮について」による。
資料：国土交通省

（1）基本理念

2018年の「バリアフリー法」改正により、同法に基づく措置は、「共生社会の実現」、「社会的障壁の除去」に資することを旨として行わなければならないことが基本理念として明記された。

（2）公共交通施設や建築物等のバリアフリー化の推進

「バリアフリー法」では、公共交通機関・建築物・道路・路外駐車場・都市公園について、「バリアフリー化基準」に適合するように求め、高齢者や障害のある人などが日常生活や社会生活において利用する施設の整備の促進によって、生活空間におけるバリアフリー化を進めることとしている。

なお、公共交通機関には、車両等も含まれるが、これらを新たに導入する際には、基準に適合させることとしている。

さらに、公共交通事業者等によるハード・ソフト一体的な取組を推進するため、一定の要件を満たす公共交通事業者等に対して、施設整備、旅客支援等を盛り込んだ「ハード・ソフト取組計画」の毎年度報告・公表を義務付けている。

（3）地域における重点的・一体的なバリアフリー化の推進

「バリアフリー法」において、市町村は、移動等円滑化を促進する必要がある地区を移動等円滑化促進地区とし、「移動等円滑化促進方針」を作成するよう努めることとされており、また、重点的かつ一体的に移動等円滑化のための事業を実施する必要がある地区を重点整備地区とし、「移動等円滑化基本構想」を作成するよう努めることとされている。

「移動等円滑化促進方針」及び「移動等円滑化基本構想」の作成に当たっては、利用者の視点を反映するよう、以下の制度を設けている。

ア　協議会制度

「移動等円滑化促進方針」及び「移動等円滑化基本構想」の作成の際、高齢者や障害のある人などの計画段階からの参加促進を図るため、計画作成に関する協議等を行う協議会制度を法律に位置付けている。この協議会は、高齢者や障害のある人、学識経験者その他市町村が必要と認める者で構成され、「移動等円滑化基本構想」の作成の際は、特定事業の実施主体も構成員として必要となる。

加えて、協議会の構成員として市町村から通知を受けた場合に、正当な理由がある場合を除き、必ず協議会に参加することとしており、協議の場の設定を法的に担保することで、調整プロセスの促進を図ることとしている。

イ　移動等円滑化促進方針及び移動等円滑化基本構想の作成における住民提案制度

「移動等円滑化促進方針」及び「移動等円滑化基本構想」を作成する市町村の取組を促す観点から、「移動等円滑化促進方針」及び「移動等円滑化基本構想」の内容を、高齢者や障害のある人などが市町村に対し具体的に提案できる制度を設けている。

■ 図表5-2　移動等円滑化促進方針及び基本構想のイメージ図

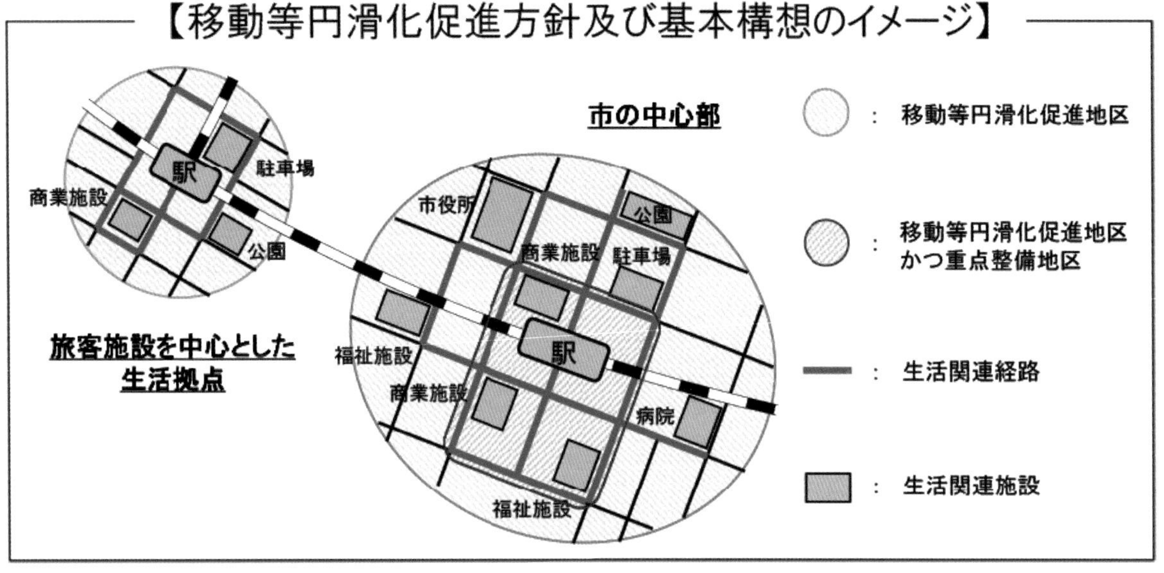

資料：国土交通省

（4）バリアフリー化を推進する上での国及び国民の責務

ア　国民の理解促進

「バリアフリー法」では、バリアフリー化の促進に関する国民の理解を深め、バリアフリー化の実施に関する国民の協力を求めるよう努めることを国の責務として定めるとともに、高齢者や障害のある人などが円滑に移動し施設を利用できるようにすることへの協力だけではなく、高齢者や障害のある人などの自立した日常生活や社会生活を確保することの重要性についての理解を深めることが、国民の責務として定められている。さらに、2020年の「バリアフリー法」改正においては、「心のバリアフリー」の推進のため、国及び国民の責務として、高齢者障害者等用施設等の円滑な利用を確保する上で必要となる適正な配慮について明記した。

イ　「スパイラルアップ」の導入等

高齢化やユニバーサルデザインの考え方が進展する中、バリアフリー化を進めるためには、具体的な施策や措置の内容について、施策に関係する当事者参画の下、検証し、その結果に基づいて新たな施策や措置を講じることによって段階的・継続的な発展を図っていく「スパイラルアップ」の考え方が重要であり、「バリアフリー法」では、これを国の果たすべき責務として位置付けている。この考え方を踏まえ、国が関係行政機関及び障害のある人を含む関係者で構成する会議を設け、定期的に移動等円滑化の進展状況を把握し、評価するよう努めることとされているため、国土交通省では、これまでに「移動等円滑化評価会議」を11回開催するなど、障害のある人等のニーズを丁寧に把握するとともに、バリアフリーに関する好事例を現地調査等により収集し、横展開を図ることで、バリアフリー施策のスパイラルアップを図っている。

第５章第１節　２．ユニバーサルデザインの考え方を踏まえたバリアフリー施策の推進　　／国土交通省

TOPICS(トピックス)（16）

移動等円滑化に関する「心のバリアフリー」の推進

「バリアフリー法」に基づき、駅などのハード面の整備に加え、高齢者、障害のある人等の移動等円滑化の促進に関する国民の理解及び協力を求めること、いわゆる「心のバリアフリー」を国の責務として推進している。これまでに、介助の擬似体験等を通じバリアフリーに対する国民の理解増進を図る「バリアフリー教室」の全国各地での開催や、鉄道利用者への声かけキャンペーン等の啓発活動の推進を行っている。

さらに、東京2020大会を契機とした共生社会の実現に向け、「心のバリアフリー」の観点からの施策の充実などソフト対策を強化する「高齢者、障害者等の移動等の円滑化の促進に関する法律の一部を改正する法律」が成立し、2021年４月に全面施行された。

この改正を踏まえ、①「バリアフリー教室」の開催を一層充実させること、②鉄道の利用に当たり、高齢者、障害のある人等に対するサポートを行っていただくよう、呼びかけるキャンペーンを行うこと、③障害のある人等への接遇を的確に行うため、交通事業者による研修の充実及び適切な接遇の実施を推進するための「公共交通事業者に向けた接遇ガイドライン」及び「接遇研修モデルプログラム」を策定しており、交通事業者への継続的な周知等を行うことで、更なる接遇レベル向上を図ることとしている。また、2020年12月に開始した、バリアフリー対応に取り組み、その情報を積極的に発信している宿泊施設、飲食店、観光案内所、博物館を対象とした「観光施設における心のバリアフリー認定制度」では、2024年３月までに合計1,694施設を認定し、高齢者や障害のある人等がより安全で快適な旅行をするための環境整備を推進している。

「高齢者障害者等用施設等の適正な利用の推進」が国、地方公共団体、施設設置管理者及び国民の責務として規定されたことに伴い、広報活動及び啓発活動の一環として、バリアフリートイレ、車椅子使用者用駐車施設等、旅客施設等のエレベーター及び車両等の優先席の適正な利用の推進に向けて、キャンペーン等を実施し、真に必要な方が利用しやすい環境の整備を推進する。

資料：国土交通省

TOPICS(トピックス)（17）

教育啓発特定事業の実施に関するガイドラインの作成

2020年の「バリアフリー法」改正により、面的・一体的なバリアフリー化を図るために市町村が作成する計画（バリアフリー基本構想）に基づき、市町村や施設設置管理者等が実施する「心のバリアフリー」に関する事業である「教育啓発特定事業」が創設された。「教育啓発特定事業の実施に関するガイドライン」は、市町村等の教育啓発特定事業の継続的・計画的かつ円滑な実施を促進するため、具体的な進め方についての標準的な手法や望ましい実施方法等をマニュアルとして示したものである。

ガイドライン本編では、教育啓発特定事業を実施する意義、計画的かつ継続的な実施の必要性、「心のバリアフリー」や「障害の社会モデル」について理解を得ることの重要性、障害当事者の参画の意義、学校と連携して実施する場合のポイント等を掲載。また、実施マニュアルとして、教育啓発特定事業としての実施が想定される代表的な4つの取組（バリアフリー教室、まち歩き点検等、シンポジウム・セミナー、適正利用等の広報啓発）について、進め方、企画におけるポイントと留意事項、具体的な実施方法、フィードバックのやり方等について、実施事例等を紹介しつつ、標準的な手法や望ましい実施方法を提示している。

「心のバリアフリー」推進に係る取組については、これまでも、地方公共団体等において様々な取組が行われてきたが、引き続き、本ガイドラインを市町村に周知し、教育啓発特定事業を含む基本構想の策定と「心のバリアフリー」の推進を広く市町村に働きかけていく。

教育啓発特定事業の実施に関するガイドラインの概要

国土交通省

○令和2年のバリアフリー法（高齢者、障害者等の移動等の円滑化の促進に関する法律）改正により、面的・一体的なバリアフリー化を図るために市町村が作成する計画（バリアフリー基本構想）に基づき、市町村や施設設置管理者等が実施する**「心のバリアフリー」に関する事業**である**教育啓発特定事業が創設**。

○本ガイドラインは、市町村等の教育啓発特定事業の**継続的・計画的かつ円滑な実施を促進**するため、**具体的な進め方についての標準的な手法や望ましい実施方法等をマニュアル**として示すもの。

○今後、本ガイドラインも参考としつつ、様々な取組が実施されることが期待される。

ガイドラインの構成

<ガイドライン本編>

教育啓発特定事業を実施する意義、計画的かつ継続的な実施の必要性、「心のバリアフリー」や「障害の社会モデル」について理解を得ることの重要性、障害当事者の参画の意義、学校と連携して実施する場合のポイント等を掲載。

<教育啓発特定事業>

①学校連携教育事業

児童等の理解を深めるために学校と連携して行う教育活動の実施に関する事業

（例）学校の場を活用した市町村等によるバリアフリー教室　等

②理解協力啓発事業

住民その他の関係者の理解の増進又はこれらの者の協力の確保のために必要な啓発活動の実施に関する事業

（例）障害当事者を講師とした住民向けバリアフリー講習会やセミナーの開催　等

<実施マニュアル>

教育啓発特定事業としての実施が想定される代表的な4つの取組について、進め方、企画におけるポイントと留意事項、具体的な実施方法、フィードバックのやり方等について、実施事例等を紹介しつつ、標準的な手法や望ましい実施方法を提示。

（バリアフリー教室編）

（まち歩き点検等編）

（シンポジウム・セミナー編）

（適正利用等の広報啓発編）

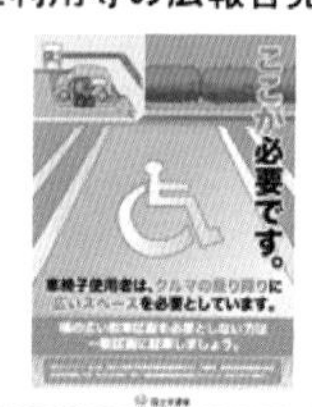

国土交通省ホームページURL
https://www.mlit.go.jp/sogoseisaku/barrierfree/sosei_barrierfree_fr_000051.html

３．住宅のバリアフリー化の推進

（１）設計、設備の面で障害のある人に配慮した住宅の供給

ア　公的賃貸住宅のバリアフリー化の推進

新設される全ての公営住宅、都市再生機構賃貸住宅について、原則として障害のある人の心身の特性に応じた設備等の設置に配慮し、バリアフリーを標準仕様としている。また、既設のものについても、建替えや改善を行うことによりバリアフリー化を進めている。

なお、障害のある人向けの公営住宅等の建設に当たっては、規模の大きなものや特別の設備を設置するものに対して、工事費に係る助成の限度額を特例的に引き上げている。

イ　障害のある人等の利用に配慮した住宅ストックの形成の推進

障害のある人等の利用に配慮した住宅ストックを形成するため、「高齢者が居住する住宅の設計に係る指針」（平成13年国土交通省告示第1301号）により、身体機能が低下した場合にも住み続けられるような住宅の設計上の配慮事項を示している。

独立行政法人住宅金融支援機構の証券化支援事業における【フラット35】Ｓでは、バリアフリー性等が優れた住宅について、融資金利の引下げを行っている。

（２）住宅リフォーム

障害のある人等が安心して快適に自立した生活を送ることのできる環境の整備を促進し、障害のある人等の居住の安定の確保を図るため、障害のある人等が居住する住宅について、一定のバリアフリー改修工事を行った場合に、所得税額や固定資産税額を軽減する特例措置を設けている。

また、「長期優良住宅化リフォーム推進事業」において、性能向上等に資するリフォームと併せて行うバリアフリー改修工事についても支援を行っている。

既存住宅ストックを障害のある人の生活や家族の介護に配慮した住みやすいものへと改修することが可能となるよう、公益財団法人住宅リフォーム・紛争処理支援センターにおいて、バリアフリーリフォーム及び介護保険における住宅改修に関するテキストを作成し、増改築相談員の研修カリキュラムに盛り込んでいる。

住宅リフォームを行うに当たっては、住宅分野と保健福祉分野の連携による適切な相談体制の確立が必要である。このため、関係省庁間の密接な連携の下、国及び地方公共団体において、障害のある人が住みやすい住宅増改築、介護機器についての相談体制を整備している。

■ 図表５-３　障害のある人を含む障害世帯向け住宅建設戸数（公営住宅、都市再生機構賃貸住宅）

年　度	公営住宅建設戸数	都市再生機構（旧公団）賃貸住宅の優遇措置戸数
2010年	97	387
2011年	83	144
2012年	36	213
2013年	20	103
2014年	59	67
2015年	54	183
2016年	49	36
2017年	31	32
2018年	46	244
2019年	11	43
2020年	77	227
2021年	26	27
2022年	51	84

注１：都市再生機構（旧公団）賃貸住宅の優遇措置戸数には、高齢者及び高齢者を含む世帯等に対する優遇措置戸数を含む。
注２：優遇措置の内容としては、当選率を一般の20倍としている。
資料：国土交通省

4．建築物のバリアフリー化の推進

（1）官庁施設のバリアフリー化

官庁施設の整備においては、窓口業務を行う官署が入居する官庁施設について、「バリアフリー法」に基づく「建築物移動等円滑化誘導基準」に規定された整備水準の確保など、障害のある人を始め全ての人が、安全に、安心して、円滑かつ快適に利用できる施設を目指した整備を推進している。

（2）人にやさしい建築物の整備

全ての人が利用しやすい建築物を社会全体で整備していくことが望まれており、デパート、ホテル等の多数の人々が利用する建築物を、障害のある人等が利用しやすくするためには、段差の解消、障害のある人等の利用に配慮したトイレの設置、各種設備の充実等を図る必要がある。

建築物のバリアフリー化を推進するため、「バリアフリー法」においては、出入口、通路、トイレ等に関する基準（建築物移動等円滑化基準）を定め、不特定多数の者が利用し、又は主として障害のある人等が利用する建築物等（特別特定建築物）で一定の規模以上のものに対して基準適合を義務付けるとともに、多数の者が利用する建築物（特定建築物）に対しては基準適合の努力義務を課している。（2,000㎡以上の特別特定建築物（公立小学校等を除く）の総ストックのうち、「建築物移動等円滑化基準」に適合しているものの割合：約64％（2022年度末時点））

また、障害のある人等がより円滑に建築物を利用できるようにするため、「建築物移動等円滑化誘導基準」を満たし、所管行政庁により認定を受けた優良な建築物（認定特定建築物）に対して支援措置等を講じている。

（3）「バリアフリー法」に伴う助成等

建築物のバリアフリー化を推進するため、上述の「建築物移動等円滑化基準」に基づき特定建築物の建築主等への指導・助言を行っている。

また、認定特定建築物のうち一定のものについては、障害のある人等の利用に配慮したエレベーター、幅の広い廊下等の施設整備に対して、不特定多数の者が利用し、又は主として障害のある人等が利用する既存建築物については、バリアフリー改修工事に対してバリアフリー環境整備促進事業により支援している。

地方公共団体が行う、公共施設等のバリアフリー化についても支援している。

総務省では、地方公共団体が実施する公共施設等のユニバーサルデザイン化のための改修事業等について、2018年度から公共施設等適正管理推進事業債に「ユニバーサルデザイン化事業」を追加し、地方財政措置を講じている。

（4）表示方法の統一

ア　点字表示

多くの公共施設等で、点字による情報提供において、表示方法の混乱を避けつつ更なる普及を図るため、「高齢者・障害者配慮設計指針－点字の表示原則及び点字表示方法－公共施設・設備（JIS T0921）」を2006年に制定した。また、2009年には消費生活製品に関して、「高齢者・障害者配慮設計指針－点字の表示原則及び点字表示方法－消費生活製品の操作部（JIS T0923）」を制定したが、規格を利用する際の利便性を向上させるため、2016年度にJIS T0923をJIS T0921に統合し、JIS T0921を「アクセシブルデザイン－標識、設備及び機器への点字の適用方法」へと改正した。

イ　案内用図記号（ピクトグラム）

文字や言語によらず対象物、概念又は状態に関する情報を提供する図形「案内用図記号（JIS Z8210）」はピクトグラムとも言われ、一見してその表現内容を理解できる、遠方からの視認性に優れている、言語の知識を要しないといった利点がある。一般の人だけでなく、障害のある人や視力の低下した高齢者、さらに外国人等でも容易に理解することができることから、不特定多数の人々が利用する交通施設、観光施設、スポーツ文化施設、商業施設などの公共施設や企業内の施設において広く使われている。

本規格は、2002年に開催されたサッカー日韓ワールドカップを契機として、日本人だけでなく外国人観光客の円滑な移動誘導を目的に制定した。また、東京2020大会では、より多くの外国人観光客の来日が見込まれたことから、あらゆる人にとってよりわかりやすい案内用図記号とするため、2017年７月に国際規格との整合化の観点から７つの図記号について変更するとともに、15種類の図記号及び外見からは障害があることがわかりにくい人が周囲に支援を求めやすくする「ヘルプマーク」の図記号を新たに追加した。その後も、2019年２月に「洋風便器」など３つのトイレ関連図記号、2019年７月には「AED(自動体外式除細動器)」及び「加熱式たばこ専用喫煙室」の図記号を追加し、2020年５月には「男女共用お手洗」や「介助用ベッド」など近年の社会情勢の変化を踏まえた９つの案内用図記号を追加した。

災害時の避難誘導標識については、洪水、内水氾濫、高潮、土石流、崖崩れ・地滑り及び大規模な火事が発生した場合にも素早く安全な場所に避難することが可能となるように、避難場所までの道順や距離の情報を含む標識の設置に当たって考慮すべき事項を規定した「災害種別避難誘導標識システム（JIS Z9098）」を2016年３月に制定した。また、これをISO（国際標準化機構）に提案し、2022年２月にISO 22578（Graphical symbols -- Safety colours and safety signs -- Natural disaster safety way guidance system）が発行された。

ウ　公共トイレ、触知案内図

視覚障害のある人が、鉄道駅、公園、病院、百貨店などの不特定多数の人が利用する施設・設備等を安全で、かつ、円滑に利用できるようにするため、「高齢者・障害者配慮設計指針－公共トイレにおける便房内操作部の形状、色、配置及び器具の配置（JIS S0026）」、「高齢者・障害者配慮設計指針－触知案内図の情報内容及び形状並びにその表示方法（JIS T0922）」及び「高齢者・障害者配慮設計指針－触覚情報－触知図形の基本設計方法（JIS S0052）」を制定している。

TOPICS(トピックス)（18）

建築物のバリアフリー基準の見直しに関する検討

高齢者、障害のある人等の外出機会の増大等に伴い、建築物のバリアフリー化を着実に進めるための環境整備を進めるため、国土交通省では、「建築物移動等円滑化基準」のうち、「車椅子使用者用便房」、「車椅子使用者用駐車施設」及び「車椅子使用者用客席」の設置数に係る基準の見直しに向けて、学識経験者、障害者団体、事業者団体、建築関係団体及び地方公共団体で構成される「建築物のバリアフリー基準の見直しに関する検討ワーキンググループ」を2023年６月に設置し、2024年３月に見直しの方向性を以下のとおりとりまとめた。

・車椅子使用者用便房の設置数：原則、各階に１箇所以上

・車椅子使用者用駐車施設の設置数：駐車台数に対する割合で定める

・車椅子使用者用客席の設置数：客席の総数に対する割合で定める

サイトラインの確保等客席に係るその他の事項については、2024年度以降も継続してワーキンググループでの検討を進める。

さらに、建築物のバリアフリー設計のガイドラインである「高齢者、障害者等の円滑な移動等に配慮した建築設計標準」（2021年３月改定）についても、「建築物移動等円滑化基準」の改正内容の反映が必要となること、前回改定から３年が経過することから、「建築物移動等円滑化基準」の改正後に見直しを行うことを検討している。見直しに向けて、2021年10月に設置した「高齢者、障害者等の円滑な移動等に配慮した建築設計標準に関するフォローアップ会議」において、

・次回改正において対応すべき、現行で不十分な事項や新たなニーズ

・「利用者への配慮が足りない事例」や「優良事例」

・「設計段階からの当事者参画・意見聴取の取組事例」

等について、その構成員である障害者団体、事業者団体、建築関係団体から情報提供をいただくこととしている。引き続き建築物のバリアフリー化の更なる促進に向けて、関係者のご意見を踏まえながら、必要な対応を講じていく。

【参考】建築物のバリアフリー基準の見直しに関する検討WGについて

国土交通省

趣旨

○バリアフリー基準のうち、建築物内に設ける「車椅子使用者用便房・駐車施設の設置数」「車椅子使用者用客席」については、建築設計標準の普及等を通じて規模に応じた複数整備が進展しているものの、高齢者、障害者等の外出機会の増大等に伴い、バリアフリー化を着実に進めるための環境整備が求められているところ。

○このため、学識経験者、当事者団体、事業者団体等で構成する「高齢者、障害者等の円滑な移動等に配慮した建築設計標準に関するフォローアップ会議」に、「建築物のバリアフリー基準の見直しに関する検討WG」を設置し、「車椅子使用者用便房・駐車施設」や「車椅子使用者用客席」の設置数に関する基準について、整備状況等の現状分析を実施するとともに、基準見直しの方向性について検討する。

検討WGメンバー

【学識経験者】
・髙橋 儀平 東洋大学 名誉教授（座長）
・佐藤 克志 日本女子大学 教授
・菅原 麻衣子 東洋大学 教授
・松田 雄二 東京大学大学院 准教授
・布田 健 国立研究開発法人 建築研究所

【障害者団体】
・（社福）日本身体障害者団体連合会
・（一社）日本パラリンピアンズ協会
・（公社）全国脊髄損傷者連合会
・（NPO）DPI日本会議

【事業者団体】
・（一社）日本ビルヂング協会連合会
・（一社）不動産協会
・（一社）日本ショッピングセンター協会
・日本チェーンストア協会
・（一社）全日本駐車協会

【劇場等関係団体】
・全国興行生活衛生同業組合連合会
・（公社）全国公立文化施設協会

【建築関係団体】
・（一社）日本建築士事務所協会連合会
・（一社）日本建設業連合会
・（公社）日本建築家協会
・（公社）日本建築士会連合会

【地方公共団体】
・東京都
・大阪府
・横浜市
・日本建築行政会議バリアフリー分科会

検討経過

時期	内容
2022（令和４）年８月～	トイレ・駐車場・客席の実態調査 ［調査対象］ ・調査期間内に確認済証が交付された建築物 ・近年に竣工したスポーツ施設
2023（令和５）年６月23日	第１回検討WG ・実態調査結果、課題の共有
2023（令和５）年８月31日	第２回検討WG ・関係団体の意見の取りまとめ ・バリアフリー基準の素案（トイレ）の提示
2023（令和５）年12月8日	第３回検討WG ・バリアフリー基準の素案（トイレ（再見直し案）、駐車場・客席）の提示
2024（令和６）年3月12日	第４回検討WG ・バリアフリー基準の見直し方向（案）のとりまとめ
2024（令和６）年3月29日	バリアフリー基準の見直しの方向性　公表

資料：国土交通省

５．公共交通機関、歩行空間等のバリアフリー化の推進

（１）公共交通機関のバリアフリー化

ア　法令等に基づく公共交通機関のバリアフリー化の推進

①　「バリアフリー法」に基づく公共交通機関のバリアフリー化の推進

公共交通機関のバリアフリー化については、2000年11月に施行された「旧交通バリアフリー法」に基づく取組が行われてきたが、「バリアフリー法」においても、公共交通事業者等に対して、鉄道駅等の旅客施設の新設、大規模改良及び車両等の新規導入に際し、当該構造及び設備について、「移動等円滑化のために必要な旅客施設又は車両等の構造及び設備並びに旅客施設及び車両等を使用した役務の提供の方法に関する基準を定める省令」（平成18年国土交通省令第111号。以下本章では「公共交通移動等円滑化基準」という。）への適合を義務付けている。また、2020年５月に「バリアフリー法」を改正し、2021年４月より、「バリアフリー法」に基づき整備された旅客施設及び車両等において、バリアフリー設備の機能を十分に発揮するために職員の操作等の役務の提供が必要な場合には、公共交通事業者等に対して当該役務を提供すること（いわゆる「ソフト基準」の遵守）が義務付けられることとなった。さらに、既設の旅客施設・車両等についても「公共交通移動等円滑化基準」に適合させるよう努めなければならないこととしている。

②　旅客施設に関するガイドラインの整備

公共交通機関の旅客施設のバリアフリー整備内容等を示した「公共交通機関の旅客施設に関する移動等円滑化整備ガイドライン」の改訂版を2024年３月に公表し、整備の在り方を具体的に示すことで、利用者にとって望ましい旅客施設のバリアフリー化を推進している。

③　車両等に関するガイドライン等の整備

公共交通機関の車両等のバリアフリー整備内容等を示した「公共交通機関の車両等に関する移動等円滑化整備ガイドライン」の改訂版を2024年３月に公表し、整備の在り方を具体的に示すことで、利用者にとってより望ましい車両等のバリアフリー化を推進している。

また、「旅客船バリアフリーガイドライン」の改訂版を2021年11月に公表し、障害のある人等を始めとした多様な利用者の多彩なニーズに応え、全ての利用者がより円滑に旅客船を利用できるようなバリアフリー化の指針として、その望ましい整備内容等を示している。

④　役務の提供の方法に関するガイドライン

公共交通機関の旅客施設及び車両等に整備されたバリアフリー設備を使用した役務の提供の方法等を示した「公共交通機関の役務の提供に関する移動等円滑化整備ガイドライン」の改訂版を2024年３月に公表し、役務の提供の方法の在り方を具体的に示すことで、利用者にとってより望ましいソフト面のバリアフリー化を推進している。

イ　施設整備及び車両整備に対する支援

①　鉄道駅等旅客施設におけるバリアフリー化に対する助成及び融資

「都市鉄道整備事業」及び「地域公共交通確保維持改善事業」などにおいて、鉄道駅等旅客施設のバリアフリー化に要する経費の一部補助を実施している。

また、地方公営企業の交通事業のうち、地下鉄事業のバリアフリー化を含む建設改良事業に対する財政融資及び地方公共団体金融機構の融資制度が設けられている。

②　障害のある人にやさしい車両の整備に対するの助成及び融資

ノンステップバス、リフト付きバス、福祉タクシー、低床式路面電車（LRV）等の導入

に対して、「ポストコロナを見据えた受入環境整備促進事業」などにおいて経費の一部補助を行っている。

なお、地方公営企業の交通事業のうち、バス事業及び路面電車事業のバリアフリー化を含む建設改良事業に対する財政融資及び地方公共団体金融機構の融資制度が設けられている。また、ノンステップバス、リフト付きバス及びユニバーサルデザインタクシーに係る自動車重量税及び自動車税環境性能割の特例措置が講じられているほか、低床式路面電車（LRV）に対する固定資産税の特例措置が講じられている。

③　共有建造における国内旅客船のバリアフリー化の推進

バリアフリーの高度化・多様化に資する船舶（車椅子対応トイレ、エレベーター等障害のある人等の利便性及び安全性の向上に資する設備を有する船舶）を建造する場合に、独立行政法人鉄道建設・運輸施設整備支援機構の船舶共有建造制度が活用されている。

なお、地方公営企業の交通事業のうち、船舶事業のバリアフリー化を含む建設改良事業に対する財政融資及び地方公共団体金融機構の融資制度が設けられている。

（2）歩行空間等のバリアフリー化

ア　福祉のまちづくりの推進

障害のある人が自立して生活し、積極的に社会参加していく上で、まち全体を障害のある人にとって利用しやすいものへと変えていくことの重要性が、近年、広く認識されるようになっている。このため、幅の広い歩道の整備や建築物の出入口の段差の解消、鉄道駅舎のエレベーターの設置やホームドア等の転落防止設備の導入、音響信号機等の整備等による障害のある人の円滑な移動の確保、公園整備等による憩いと交流の場の確保等、福祉の観点も踏まえた総合的なまちづくりが各地で進められている。

国土交通省においては、「バリアフリー法」に基づき、公共交通機関、建築物、道路等の一体的・連続的なバリアフリー化を推進している。

このほか、福祉のまちづくりへの取組を支援するため、以下のような施策を実施している。

①　公共交通機関の旅客施設等を中心としたまちのバリアフリー化の推進

障害のある人が介助なしに外出し、公共交通機関を利用できるようにするためには、歩行者交通、自動車交通、公共交通が連携し、一連の円滑な交通手段を確保することが必要である。このため、駅等の交通結節点において駅前広場やペデストリアンデッキ、自由通路等を整備するとともに、エレベーター、エスカレーター等の歩行支援施設の整備を行っている。

さらに、障害のある人等に配慮した活動空間の形成を図り、障害のある人等が積極的に社会参加できるようにするために、快適かつ安全な移動を確保するための動く通路、エレベーター等の施設の整備や障害のある人等の利用に配慮した建築物の整備等を行う「バリアフリー環境整備促進事業」を実施している。

②　農山漁村における生活環境の整備

農林水産省においては、障害のある人に配慮した生活環境の整備を図るため、「農山漁村地域整備交付金」や「農山漁村振興交付金」等により農山漁村地域における広幅員歩道の整備や段差の解消等について支援している。

③　普及啓発活動の推進

総務省では、地方公共団体が行う障害のある人、高齢者、児童等全ての人が自立して生き生きと生活し、人と人との交流が深まる共生型の地域社会の実現に向けた取組を支援するため、ハード・ソフト両面から必要な地方財政措置を講じている。ソフト事業として、ユニバーサルデザインによるまちづくりや特定非営利活動法人等の活動の活性化を推進する地方公共団体の取組に要する経費に対して、普通交付税措置を行うとともに、ハード事業として、ユニバーサルデザインによるまちづくり、地域の少子高齢化社会を支える保健福祉施設整備、共生社会を支える市民活動支援のための施設整備等に対して、地域活性化事業債等により財政措置を講じている。

国土交通省では、地方公共団体が面的・一体的なバリアフリー化を進めるため、「移動等円滑化促進方針」及び「移動等円滑化基本構想」の作成を促進している。また、国民一人一人が、高齢者や障害のある人の困難を自らの問題として認識し、その社会参加に積極的に協力する「心のバリアフリー」社会を実現するため、主に小・中学校生を対象とした「バリアフリー教室」を開催している。

バリアフリー教室

高齢者や障害のある人の自立と社会参加を促進するためには、高齢者や障害のある人等が公共交通機関等の施設を円滑に利用できるようにすることが必要であるが、バリアフリー施設の整備といったハード面の対応だけではなく、国民一人一人が高齢者や障害のある人等の移動制約者を見かけた際に進んで手を差し伸べる環境づくりといったソフト面の対応も重要である。

このため、多くの国民が高齢者や障害のある人等に対する基礎的知識を学び、車椅子利用体験や視覚障害者擬似体験・介助体験等を行うことを通じて、バリアフリーについての理解を深めるとともに、ボランティアに関する意識を醸成し、誰もが高齢者や障害のある人等に対して自然に快くサポートできる「心のバリアフリー」社会の実現を目指すことを目的として、全国各地で「バリアフリー教室」を開催している。

2022年度には、全国で171件の「バリアフリー教室」を開催し、約9,200人の参加を得た。小中学生を始めとした児童・生徒や、鉄道やバスといった公共交通関係事業に関わる現場職員等、様々な方にご参加いただいており、本教室が高齢者・障害のある人等の移動制約者に対する理解とボランティアに関する意識啓発の一助となっている。

視覚障害者疑似体験

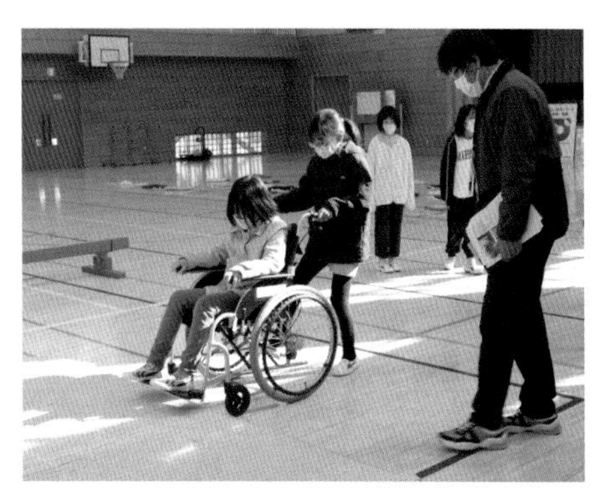

車椅子介助体験

資料：国土交通省

TOPICS(トピックス)（19）

鉄道におけるバリアフリー化

新幹線におけるバリアフリーについては、東京2020大会を契機として、障害当事者団体、鉄道事業者等からなる検討会において議論を重ねた結果、2021年７月より新造された車両に対して、列車定員に応じた車椅子用フリースペースを備えた、世界最高水準のバリアフリー環境を有する車両の導入が進められている。

また、特急車両についても、新幹線車両と同様に、障害当事者団体、鉄道事業者等からなる意見交換会において議論を重ねた結果、2023年４月より新造された車両に対して、新幹線と同水準の車椅子用フリースペースを備えることが義務付けられた。

鉄道駅のバリアフリー化は、全ての方が鉄道を安全・安心かつ円滑に利用できる環境の整備に資するものであり、その推進は大変重要である。国土交通省としては、2020年12月に新たなバリアフリー化の目標を定め、エレベーター等の整備対象駅の拡大やホームドアの整備の加速化に取り組んでいる。

この整備目標の達成に向け、都市部では鉄道駅バリアフリー料金制度（2021年12月創設。2024年３月末時点で17社より届出）、地方部では予算措置による重点的支援と、それぞれの特性に応じた措置を活用しながら、全国の鉄道駅のバリアフリー化を推進していくこととしている。

2024年２月より東日本旅客鉄道株式会社の「えきねっと」及び西日本旅客鉄道株式会社の「e5489」による障害者割引乗車券のウェブ申込みサービスが開始された。

マイナポータルに登録済みのマイナンバーカードを用いて身体障害者手帳情報及び療育手帳情報をオンラインで確認することにより、身体障害者割引、知的障害者割引を適用した乗車券の申込みが可能となった。みどりの窓口での障害者割引乗車券の発売も引き続き取り扱われる。

◆鉄道駅における主な整備内容

段差の解消（エレベーター）

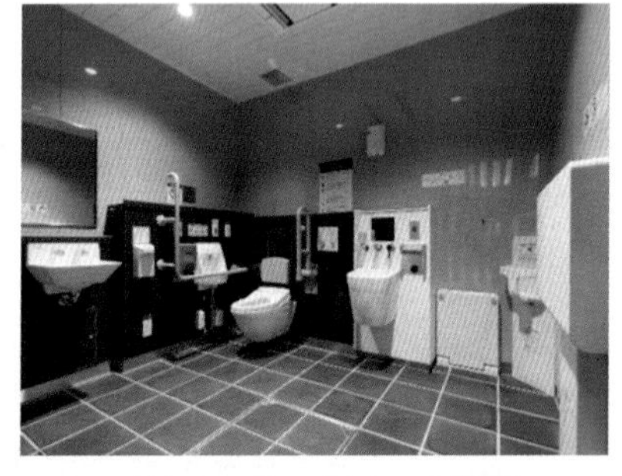

バリアフリートイレの整備

駅ホームからの転落防止対策（ホームドア）

資料：国土交通省

イ　都市計画等による取組

都市計画における総合的な福祉のまちづくりに関する取組としては、適切な土地利用や公共施設の配置を行うとともに、障害のある人に配慮した道路、公園等の都市施設の整備、「土地区画整理事業」や「市街地再開発事業」などの面的な都市整備を着実に進めていることがあげられる。

市町村が具体の都市計画の方針として策定する「市町村の都市計画に関する基本的な方針（市町村マスタープラン）」の中に、まちづくりにおける高齢者や障害のある人等への配慮を積極的に位置付けることも考えられる。

全国の都市の再生を効率的に推進する観点から、地域の歴史・文化・自然環境等の特性を活かした個性あふれるまちづくりを実施するため、「都市再生整備計画」に基づく事業（都市再生整備計画事業）に対して、「社会資本整備総合交付金及び防災・安全交付金」による支援を行っている。さらに、「都市再生整備計画」に基づく事業のうち「立地適正化計画」に位置付けられた誘導施設や公共公益施設整備等に対して集中的に支援する制度として「都市構造再編集中支援事業」を2020年度に創設している。これらの制度の活用により、全国各地において、地域住民の生活の質の向上と地域経済・社会の活性化、持続可能で強靱な都市構造への再編に向けた取組が進められており、その一環として、バリアフリー化等を通じて、安心・快適に過ごせるまちづくりが多くの市町村で実施されている。

「市街地再開発事業」等においては、再開発ビルに一定の社会福祉施設等を導入するものを「福祉空間形成型プロジェクト」と位置付け、通常の助成対象に加え、共用通行部分整備費、駐車場整備費等を助成対象とするとともに、社会福祉施設等と一体的に整備する場合の整備費に関する助成額の割増を実施しており、これにより、再開発ビルへの社会福祉施設等の円滑な導入を促している。

また、バリアフリー化等に対応した施設建築物を整備する場合に生じる付加的経費について、別枠で補助を行っている。

ウ　歩行空間のバリアフリー化

移動は就労、余暇等のあらゆる生活活動を支える要素であり、その障壁を取り除き、全ての人が安全に安心して暮らせるよう歩道、信号機等の交通安全施設等の整備を推進している。

「バリアフリー法」に基づき、駅、官公庁施設、病院等を結ぶ道路や駅前広場等において、高齢者や障害のある人を始めとする誰もが安心して通行できるよう、幅の広い歩道の整備や歩道の段差・傾斜・勾配の改善、踏切道におけるバリアフリー対策、無電柱化、視覚障害者誘導用ブロックの整備等による歩行空間のバリアフリー化を推進している。また、整備に当たっては、「バリアフリー法」を踏まえて、駅構内、病院など公共的施設のバリアフリー化やノンステップバスの導入等と連携して整備を行っている。

また、「移動等円滑化のために必要な道路の構造及び旅客特定車両停留施設を使用した役務の提供の方法に関する基準を定める省令」（平成18年国土交通省令第116号）に基づく道路の整備や管理を行うに当たり必要な考え方を示した「道路の移動等円滑化に関するガイドライン」を周知し、道路のユニバーサルデザイン化を推進している。

さらに、「移動等円滑化の促進に関する基本方針」では、重点整備地区内の主要な生活関連経路を構成する道路に設置されている信号機等については、2025年度までに、原則として全ての当該道路において、バリアフリー対応型信号機等の設置等の移動等円滑化を実施することが定められている。特に、当該道路のうち、道路又は交通の状況に応じ、視覚障害のある人の移動上の安全性を確保することが特に必要であると認められる部分に設置されている信号機等の移動等円滑化については、2025年度までに、原則として全ての当該部分において、音響信号機の設置及びエスコートゾーンの設置を行うことを目標としている。そのため、音響により信号表示の状況を知らせる音響信号機や、歩行者等と車両が通行する時間を分離して交通事故を防止する歩車分離式信号、横断歩道上における視覚障害のある人の安全性及び利便性を向上させるエスコートゾーン等の整備を推進している。

加えて、冬期の安全で快適な歩行空間を確保するため、中心市街地や公共施設周辺等における除雪の充実や消融雪施設の整備等のバリアフリーに資する施設整備を実施している。

エ　特定路外駐車場のバリアフリー化

高齢者、身体に障害のある人等を含む全ての人々が安全で快適に自動車の利用ができるよう、特定路外駐車場のバリアフリー化を図ることが必要である。

「バリアフリー法」に特定路外駐車場のバリアフリー化が位置付けられ、同法の規定に基づき、「移動等円滑化のために必要な特定路外駐車場の構造及び設備に関する基準を定める省令」(平成18年国土交通省令第112号)を制定し、バリアフリー化を推進している(2022年度末現在の特定路外駐車場のバリアフリー化率：72.1%)。

また、「移動等円滑化の促進に関する基本方針」において、特定路外駐車場のバリアフリー化の目標を定めており、引き続き、目標達成に向け、地方公共団体及び関係団体等に対して周知の徹底を図り、特定路外駐車場のバリアフリー化を一層推進していくこととしている。

第５章第１節　５．公共交通機関、歩行空間等のバリアフリー化の推進　　／国土交通省

TOPICS(トピックス)（20）

2024年１月「道路の移動等円滑化に関するガイドライン」の改定を受けた踏切道でのバリアフリー対策について

2020年５月改正の「バリアフリー法」や2021年３月改正の「移動等円滑化のために必要な道路の構造及び旅客特定車両停留施設を使用した役務の提供の方法に関する基準を定める省令」（以下本頁では「道路移動等円滑化基準」という。）を踏まえ、2022年３月に「道路の移動等円滑化に関するガイドライン」（以下本頁では「ガイドライン」という。）が作成された。「ガイドライン」は、「バリアフリー法」や「道路移動等円滑化基準」に加えて、障害のある人や高齢者等を始めとした全ての人が利用しやすいユニバーサルデザインによる道路空間の在り方について、具体的に示した目安である。

2022年４月、奈良県内において視覚に障害のある方が踏切道内で列車に接触してお亡くなりになる事故が発生したことを受け、2022年６月に「ガイドライン」を改定した。その後、2023年９～10月に実施した踏切道での視覚障害者誘導方法に関する実験を踏まえ、2024年１月に「ガイドライン」を図のとおり改定し、踏切道手前部の視覚障害者誘導用ブロックと踏切道内誘導表示の設置方法や構造について規定した。

「道路の移動等円滑化に関するガイドライン」の改定概要（資料：国土交通省）

改定された「ガイドライン」を踏まえ、踏切道手前部の視覚障害者誘導用ブロックと踏切道内誘導表示の設置等について、対策が必要な特定道路(注１)や地域ニーズのある道路（視聴覚障害者情報提供施設等の障害者施設近隣など）と交差する踏切道を優先的に、「改良すべき踏切道」として「踏切道改良促進法」（昭和36年法律第195号）に基づき指定（以下本頁では「法指定」という。）し、道路管理者と鉄道事業者が連携した上で、対策を推進する。

○「道路の移動等円滑化に関するガイドライン」2024年１月改定
　https://www.mlit.go.jp/road/road/traffic/bf/kijun/pdf/all.pdf

注１：バリアフリー基本構想に位置付けられた生活関連経路を構成する道路等で国土交通大臣が指定する道路

その他、2016年度以降「改良すべき踏切道」として法指定した踏切道に対し、全方位型警報装置、非常押ボタンの整備、障害物検知装置の高規格化を引き続き推進する。

（3）移動支援

ア　福祉タクシー等の普及促進

障害のある人等の輸送をより便利にするため、「地域公共交通確保維持改善事業」により福祉タクシー車両の導入等に対して経費の一部補助を行うなど、福祉タクシーの普及促進を図っている。

また、バス事業者、タクシー事業者のみによっては十分な輸送サービスが確保できないと認められる場合において、移動手段の確保のために必要であると地域の関係者による協議が調った場合には市町村や特定非営利活動法人等による自家用車を使用した福祉有償運送を可能としている。これらにより、福祉タクシーと福祉有償運送がそれぞれ多様なニーズに応じて輸送を提供し、障害のある人等の外出が促進されることが期待される。

また、屋外での移動が困難な障害のある人について、外出のための支援を行うことにより、地域における自立生活及び社会参加を促すため、「障害者の日常生活及び社会生活を総合的に支援するための法律」（平成17年法律第123号）に基づく「地域生活支援事業」において、各市町村が地域の特性や利用者のニーズに応じて、個別支援型、グループ支援型及び車両移送型など柔軟な形態で、ガイドヘルパーの派遣などのサービスを提供する「移動支援事業」を実施している。

イ　移動支援システムの規格開発

障害のある人等がITを活用して社会・経済に積極的に参画できる環境を整備するため、2004年度に「高齢者・障害者配慮設計指針－移動支援のための電子的情報提供機器の情報提供方法（JIS T0901）」を制定した。

ウ　障害のある人に対する運賃・料金割引

鉄道、バス、タクシー、旅客船、航空の各公共交通機関では、身体障害者手帳の交付を受けた身体に障害のある人、療育手帳の交付を受けた知的障害のある人及びその介護者に対して、各事業者の経営判断により運賃・料金の割引を実施している。

また、精神障害者保健福祉手帳の交付を受けた精神障害のある人及びその介護者の運賃・料金の割引については、これまで導入促進に向けて、公共交通事業者等に対し、理解と協力を求めてきており、その結果、航空では約９割、旅客船では約７割、鉄道では約６割、乗合バスでは約４割、タクシーでは約５割の事業者が導入するなど、公共交通機関における導入事業者数は着実に増加している。

有料道路では、身体障害者手帳の交付を受けた身体に障害のある人が自ら運転する場合や、身体に重度の障害のある人又は重度の知的障害のある人の移動のために介護者が運転する場合において、通行料金の割引を実施している。

また、精神障害者保健福祉手帳については、2006年10月１日より身体障害者手帳及び療育手帳と同様に写真貼付を行うこととし、本人確認を容易にし、手帳の信頼性を向上させ、各自治体における公共施設の入場料や公共交通機関の運賃に対する割引等の支援の協力を得やすくしている。さらに、発達障害のある人及び高次脳機能障害のある人について、手帳の交付の対象であることを明確化するため、2011年４月には、手帳の診断書の様式及び判定基準を改正した。

また、障害者割引の適用を受ける際の本人確認について、障害者手帳の提示に代えて、交通系ICカードやスマートフォンのアプリ等を活用した確認方法が公共交通事業者等において実施されている。

エ　駐車禁止の交通規制からの除外措置

一定の障害のある人に対して駐車禁止除外指定車標章を交付し、駐車禁止の交通規制の対象から除外している。

オ　車椅子使用者用駐車施設等の適正利用の推進

「バリアフリー法」では、国、地方公共団体、国民、施設設置管理者等の責務等として、車椅子使用者用駐車施設等を含む高齢者障害者等用施設等の適正な利用の推進が位置付けられている。国土交通省では、車椅子使用者用駐車施設等の適正利用の推進に関するソフト面での対応として、「車椅子使用者用駐車施設等の適正利用に関するガイドライン作成に係る検討会」を開催し、地方公共団体、施設設置管理者等及び国民における理解の増進と協力の確保等を図るための望ましい考え方を、「車椅子使用者用駐車施設等の適正利用に関するガイドライン」として取りまとめ、公表した。

カ　歩行空間における移動支援サービスの普及・高度化

国土交通省では、高齢者や車椅子使用者を含むあらゆる人が安心･安全に移動できるユニバーサル社会の構築に向け、歩行空間における移動支援サービスの普及・高度化を推進している。一方、近年では、物流分野における人手不足や電子商取引のニーズの高まりなどもあり、自動配送ロボットが走行して宅配するといった取組が、各地で行われるようになってきており、このような取組の普及は、自動運転車椅子の普及拡大等にも通じるものがあると考えられる。そこで、これまでのプロジェクトをより効率的に展開し、持続可能なものとしていくため、2023年６月に「人・ロボットの移動円滑化のための歩行空間DX研究会」及び有識者を含めた２つのワーキンググループを設置した。ワーキンググループの取組として、現地実証等の結果を踏まえたデータ整備プラットフォームのプロトタイプ構築やデータ整備仕様の改定について検討を行うとともに、研究会の取組として2024年１月には第１回「歩行空間DX研究会シンポジウム」を開催した。

TOPICS(トピックス)（21）

車椅子使用者用駐車施設等の適正利用の推進

「バリアフリー法」により整備が進められている車椅子使用者用駐車施設に、それを必要としない人が駐車すること等により、真に必要な人が利用できない状況が発生していることから、各地方公共団体において、様々な施設の駐車施設の利用対象者に利用証を交付し、適正利用を促す取組（パーキング・パーミット制度）が導入されている。

当該制度では、車椅子使用者のほか、車椅子を使用しないものの移動に配慮が必要な人（高齢者、妊産婦等）も広く対象とし、そのような人向けの優先駐車区画が設けられる場合もあり、利用区分の明確化や不適正利用の減少等の利用環境改善の効果が認められている。

このような共生社会における移動環境を確保するための基本的なインフラの一つとなっている車椅子使用者用駐車施設等の適正利用について、国土交通省では、2021年度より検討を始め、車椅子使用者、車椅子使用者以外の者も含めた様々な障害者団体、事業者団体、駐車場関係団体、地方公共団体等との意見交換や議論等を経て、ソフト面での対応として、地方公共団体、施設設置管理者等及び国民における理解の増進と協力の確保等を図るための望ましい考え方を「車椅子使用者用駐車施設等の適正利用に関するガイドライン」としてとりまとめた。

今後、本ガイドラインを踏まえ、地方公共団体や施設設置管理者等において、車椅子使用者用駐車施設等の適正利用に資する取組が引き続き実施されることが期待される。

車椅子使用者用駐車施設等の適正利用に関するガイドラインの概要

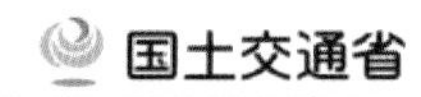

○　共生社会における移動環境確保のための基本的インフラの一つである、車椅子使用者が円滑に利用することができる駐車施設（車椅子使用者用駐車施設）に、それを必要としない人が駐車すること等により、**真に必要な人が利用できない**場合があり、その**適正利用についての課題**が指摘されている。

○　当該駐車施設の利用対象者に**公的利用証を交付し適正利用を促す地方公共団体の取組（パーキング・パーミット制度）**については、車椅子使用者の他、車椅子を使用しないものの移動に配慮が必要な人（高齢者、妊産婦、けが人等）も広く対象とし、そのような人向けの優先駐車区画を設ける場合もあり、**利用区分の明確化や不適正利用の減少等**によって、車椅子使用者等の**利用環境改善**に効果が認められる。

○　引き続き、地域の実情等に応じ、同制度の**導入促進・普及啓発**の他、以下の考え方を踏まえ、地方公共団体、施設設置管理者等及び国民における**理解の増進と協力の確保**等により、**適正利用を推進**。

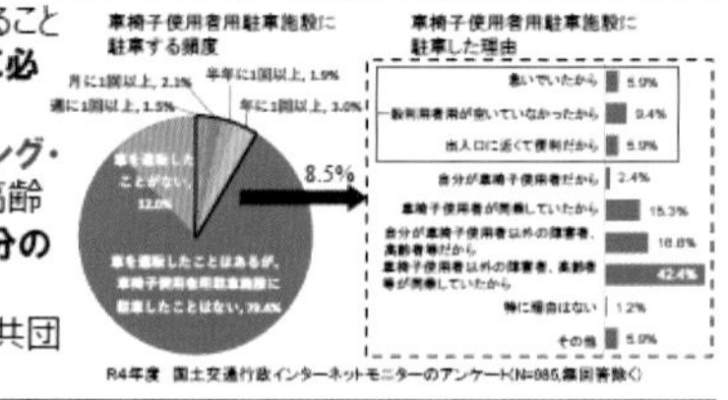

R4年度　国土交通行政インターネットモニターのアンケート

車椅子使用者用駐車施設の利用対象者の明確化

車椅子使用者用駐車施設については、バリアフリー法令上、車椅子使用者その他障害者等を除き、利用を控える等の適正配慮を規定。
不適正利用や利用集中等により**車椅子使用者の円滑な利用環境が阻害**されている場合等には、地域の実情や施設の利用状況等に応じ、**「車椅子使用者用駐車施設」**の利用対象者を**「車椅子使用者」と明確化**することが望ましい。

利用対象者を車椅子使用者と明確化している例

80cm
通過に必要な最低幅

140cm
車椅子が転回（180度）可能な幅

利用対象者の明確な区分とその考え方

車椅子使用者以外の障害者等については、**広い幅員を必ずしも必要としないものの駐車区画の位置等に関し、移動に配慮が必要な人**もいることから、地域の実情や施設の利用状況等に応じ、そのような人への駐車区画を設置・運用する場合には、バリアフリー法令に位置づけられている**「車椅子使用者用駐車施設」とは別に「優先駐車区画」として位置づける**ことが望まれる。

様々な駐車区画の確保・不適正利用対策の取組

多様な利用対象者の駐車区画の確保、**限られた区画の効率的利用、不適正利用対策の取組等を引き続き推進。**

機械式ゲートの設置による不適正利用対策の事例

3台分の区画を2台分の幅広い区画とする運用例

狭小敷地等での車椅子使用者用駐車施設の確保・ダブルライン活用による駐車場全体の緩やかなバリアフリー化のイメージ

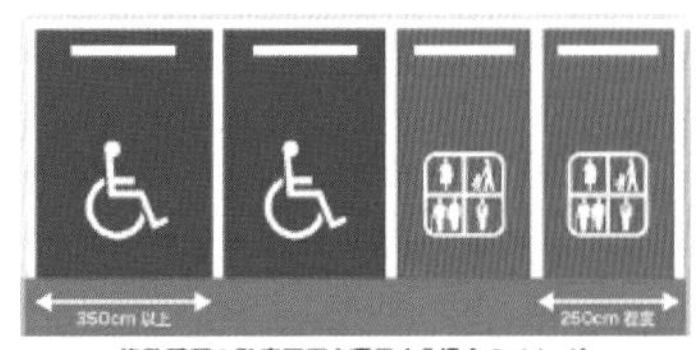

複数種類の駐車区画を運用する場合のイメージ

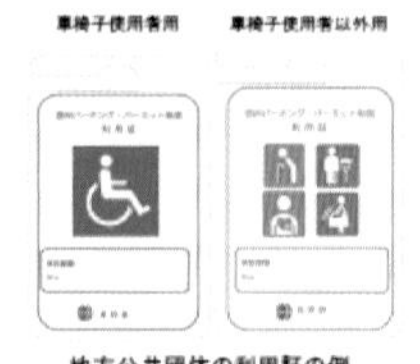

地方公共団体の利用証の例

多様な利用対象者向けの優先駐車区画

一般の駐車区画

敷地活用に制約がある場合等に、一般の駐車区画の隣に乗降スペースを設け、一般の駐車区画においても車椅子使用者が乗降可能となる工夫

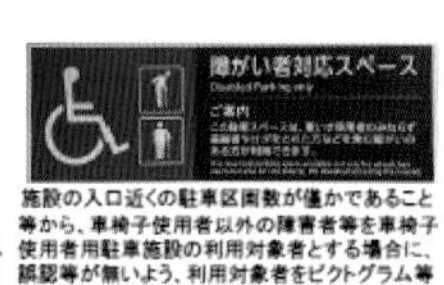

施設の入口近くの駐車区画数が僅かであること等から、車椅子使用者以外の障害者等を車椅子使用者用駐車施設の利用対象者とする場合に、誤認等が無いよう、利用対象者をピクトグラム等で分かりやすく明示している事例

資料：国土交通省

第5章第1節　5．公共交通機関、歩行空間等のバリアフリー化の推進　／国土交通省

TOPICS(トピックス)（22）

第1回 歩行空間DX研究会シンポジウム

「人・ロボットの移動円滑化のための歩行空間DX研究会」の活動として、東洋大学赤羽台キャンパスINIADホールにて第１回「歩行空間DX研究会シンポジウム」を2024年１月に開催した。歩行空間における移動支援サービスの普及・高度化に向けたこれまでの経緯や取組について紹介するとともに研究会と同時に立ち上げた「歩行空間の移動円滑化データワーキンググループ」及び「歩行空間の３次元地図ワーキンググループ」の取組報告を行った。また、『「持続可能」な移動支援サービスの普及・展開に向けて』をテーマとして、有識者、民間事業者、行政機関等の関係者によるパネルディスカッションを行った。

シンポジウム登壇者

パネルディスカッション

ホームページURL：https://www.walkingspacedx.go.jp/
資料：国土交通省

（4）ユニバーサルツーリズムの促進とバリアフリー情報の提供

2012年３月に閣議決定した「観光立国推進基本計画」に基づき、障害のある人を含む誰もが旅行を楽しむことができるユニバーサルツーリズムを促進している。

2021年度には、心のバリアフリーについての理解を深めるため、「観光施設における心のバリアフリー認定制度」の紹介動画や研修動画を作成・公表した。また、認定施設を活用したオンライン視察を実施し、観光施設の更なるバリアフリー対応に向けて情報発信を行った。2022年度及び2023年度にも、引き続き、紹介動画や研修動画の作成・公表を行うとともに、現地モニターツアーを実施し、その成果について情報発信を行った。また、2023年度は、旅行会社が商品造成時に観光施設に求めるバリアフリー情報を検証する実証事業を実施するとともに、障害の種別等に応じた旅行商品造成に資するノウハウ集を作成した。

さらに、障害のある人を含む訪日外国人旅行者がストレスフリーで快適に宿泊できる環境を整備するため、旅館・ホテル等におけるバリアフリー化への改修の支援を実施した。

加えて、公益財団法人交通エコロジー・モビリティ財団では、高齢者や身体に障害のある人等の移動支援のため、インターネットによる公共交通機関のバリアフリー情報提供の一環として「らくらくおでかけネット」を運用している。この「らくらくおでかけネット」では、駅・ターミナルのバリアフリー情報を提供している。

らくらくおでかけネット

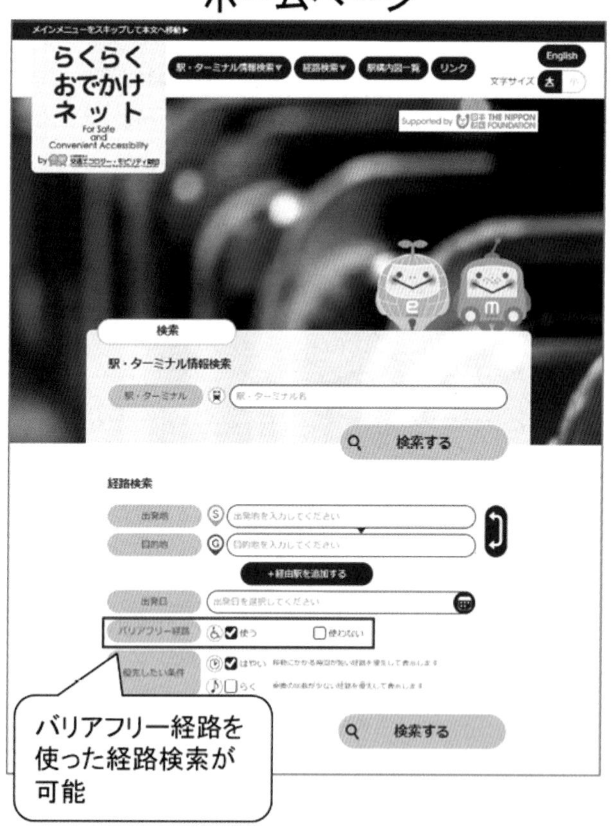

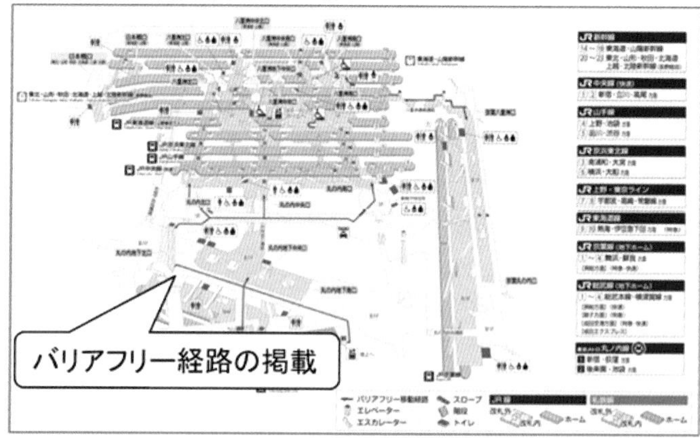

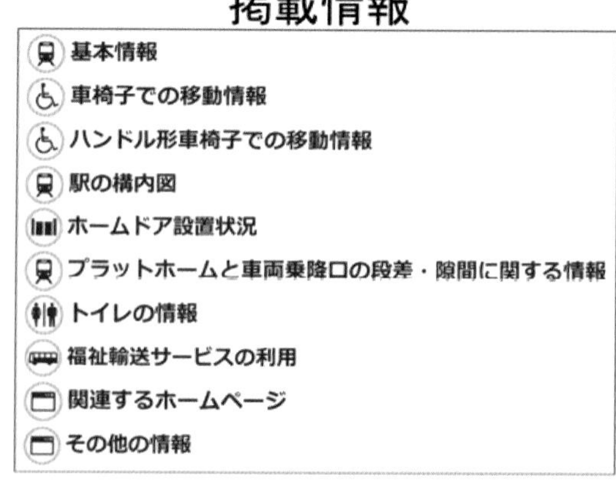

ホームページURL：https://www.ecomo-rakuraku.jp/ja
資料：国土交通省

「観光施設における心のバリアフリー認定制度」紹介動画

ホームページURL：https://www.mlit.go.jp/kankocho/seisaku_seido/kokorono_barrier-free/index.html
資料：国土交通省

（５）公園、水辺空間等のバリアフリー化

ア　公園整備における配慮

都市公園は、良好な都市環境の形成、地震災害時の避難地などの機能を有するとともに、スポーツ、レクリエーション、文化活動などを通じた憩いと交流の場であり、障害のある人の健康増進、社会参加を進める上で重要な役割を担っていることから、利便性及び安全性の向上を図ることが必要である。

都市公園の整備に当たっては、安全で安心した利用のため「バリアフリー法」に基づく基準や支援制度により、出入口や園路の段差解消、高齢者や障害のある人等が利用可能なトイレの設置等を進めている。2023年３月には「都市公園の移動等円滑化整備ガイドライン【改訂第２版】事例集」を公表し、都市公園のバリアフリー化を一層推進している。（2022年度末現在の規模の大きい概ね２ha以上の都市公園におけるバリアフリー化率（園路及び広場：約64％、駐車場：約56％、便所：約63％））。

全国の国営公園においては、身体等に障害のある人や介添する人に対する入園料金を免除することにより、野外活動の機会の増進や経済的負担の軽減を図っているほか、国営昭和記念公園等においては、障害のある人も楽しく安全に遊ぶことができるバリアフリー化した遊具等を設置している。

国立公園等においては、主要な利用施設であるビジターセンター、園路、公衆トイレ等のユニバーサルデザイン化や、利用者の利便性を高めるための情報提供等の取組を推進している。

イ　水辺空間の整備における配慮

河川、海岸等の水辺空間は、公園と同様に、障害のある人にとって憩いと交流の場を提供するための重要な要素となっている。河川では、水辺にアプローチしやすいスロープや手すり付きの階段等の整備によるバリアフリー化に取り組み、高齢者、障害のある人、こども等を含む全ての人々が安心して訪れ、憩い楽しめる河川空間を創出している。また、日常生活の中で海辺に近づき、身近に自然と触れ合えるようにするため、海岸保全施設のバリアフリー化を推進している。

ウ　港湾緑地・マリーナ等における配慮

港湾緑地は、誰もが快適に利用できるよう、計画段階から周辺交通施設との円滑なアクセス向上に配慮するとともに、施設面においてもスロープ、手すりの設置や段差の解消等のバリアフリー対応が図られるよう取り組んでいる。また、マリーナ等については、障害のある人でも気軽に安全に海洋性レクリエーションに参加できるよう、マリーナ等施設のバリアフリー化を推進している。

■ 図表5-4　旅客施設におけるバリアフリー化率の状況

	2022年度末									
	総施設数	段差の解消		視覚障害者誘導用ブロック		案内設備		トイレの総施設数	障害者用トイレ	
旅客施設全体	—	—	93.5%	—	44.6%	—	77.0%	—	—	92.1%
鉄軌道駅	3,460	3,237	93.6%	1,499	43.3%	2,662	76.9%	3,249	2,996	92.2%
バスターミナル	44	41	93.2%	38	86.4%	34	77.3%	35	25	71.4%
旅客船ターミナル	15	14	93.3%	10	66.7%	8	53.3%	13	11	84.6%
航空旅客ターミナル	42	39	92.9%	41	97.6%	39	92.9%	42	42	100.0%

注1：バリアフリー法（高齢者、障害者等の移動等の円滑化の促進に関する法律）に基づく公共交通移動等円滑化基準への適合をもって算定。
注2：「総施設数」は、「鉄軌道駅」及び「バスターミナル」は平均利用者数が3,000人/日以上及び基本構想における重点整備地区内の生活関連施設に位置付けられた平均利用者数が2,000人/日以上3,000人/日未満の施設を計上。「旅客船ターミナル」及び「航空旅客ターミナル」は平均利用者数が2,000人/日以上の施設を計上。
注3：「トイレの総施設数」は、「鉄軌道駅」及び「バスターミナル」は平均利用者数が3,000人/日以上及び基本構想における重点整備地区内の生活関連施設に位置付けられた平均利用者数が2,000人/日以上3,000人/日未満の施設のうち便所を設置している施設を計上。「旅客船ターミナル」及び「航空旅客ターミナル」は平均利用者数が2,000人/日以上の施設のうち便所を設置している施設を計上。
資料：国土交通省「移動等円滑化取組報告書」又は「移動等円滑化実績等報告書」（2023年）

■ 図表5-5　ホームドア又は可動式ホーム柵の整備の状況

	2022年度末	
	総番線数	設置番線数
全鉄軌道駅におけるホームドア又は可動式ホーム柵	19,919	2,484
平均利用者数10万人／日以上の鉄軌道駅におけるホームドア又は可動式ホーム柵	1,056	493

資料：国土交通省

■ 図表５-６　旅客施設におけるバリアフリー化率の推移

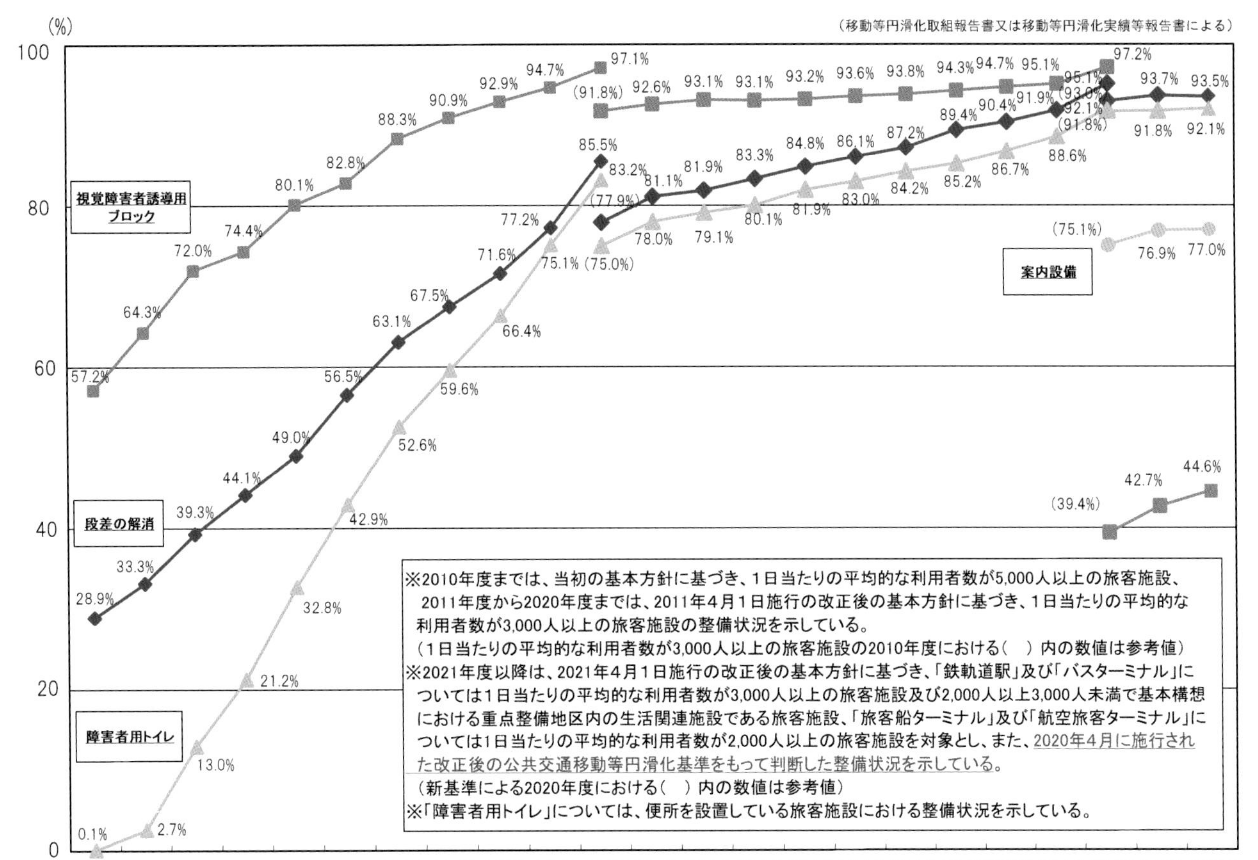

資料：国土交通省「移動等円滑化取組報告書」又は「移動等円滑化実績等報告書」（2023年）

■ 図表５-７　車両等におけるバリアフリー化率の状況

		2022年度末	
		車両等の総数	移動等円滑化基準に適合している車両等
鉄軌道車両		52,150	29,699（56.9%）
バス	ノンステップバス	44,282	30,117（68.0%）
	リフト付きバス等	10,192	664（6.5%）
	空港アクセスバス	172	69（40.1%）
	貸切バス	−	1,157
福祉タクシー		−	45,311
	UDタクシー	173,041	33,272（19.2%）
旅客船		659	370（56.1%）
航空機		602	602（100.0%）

注１：「移動等円滑化基準に適合している車両等」は、各車両等に関する公共交通移動等円滑化基準への適合をもって算定。
注２：「空港アクセスバス」は、１日当たりの平均的な利用者数が2,000人以上の航空旅客ターミナルのうち鉄軌道アクセスがない施設（指定空港（27空港））へのバス路線運行系統の総数における、バリアフリー化した車両を含む運行系統数の割合。
注３：「UDタクシー」は、各都道府県のタクシー総車両数における、UDタクシー車両数の割合。
資料：国土交通省「移動等円滑化取組報告書」又は「移動等円滑化実績等報告書」（2023年）

■ 図表5-8　車両等におけるバリアフリー化率の推移

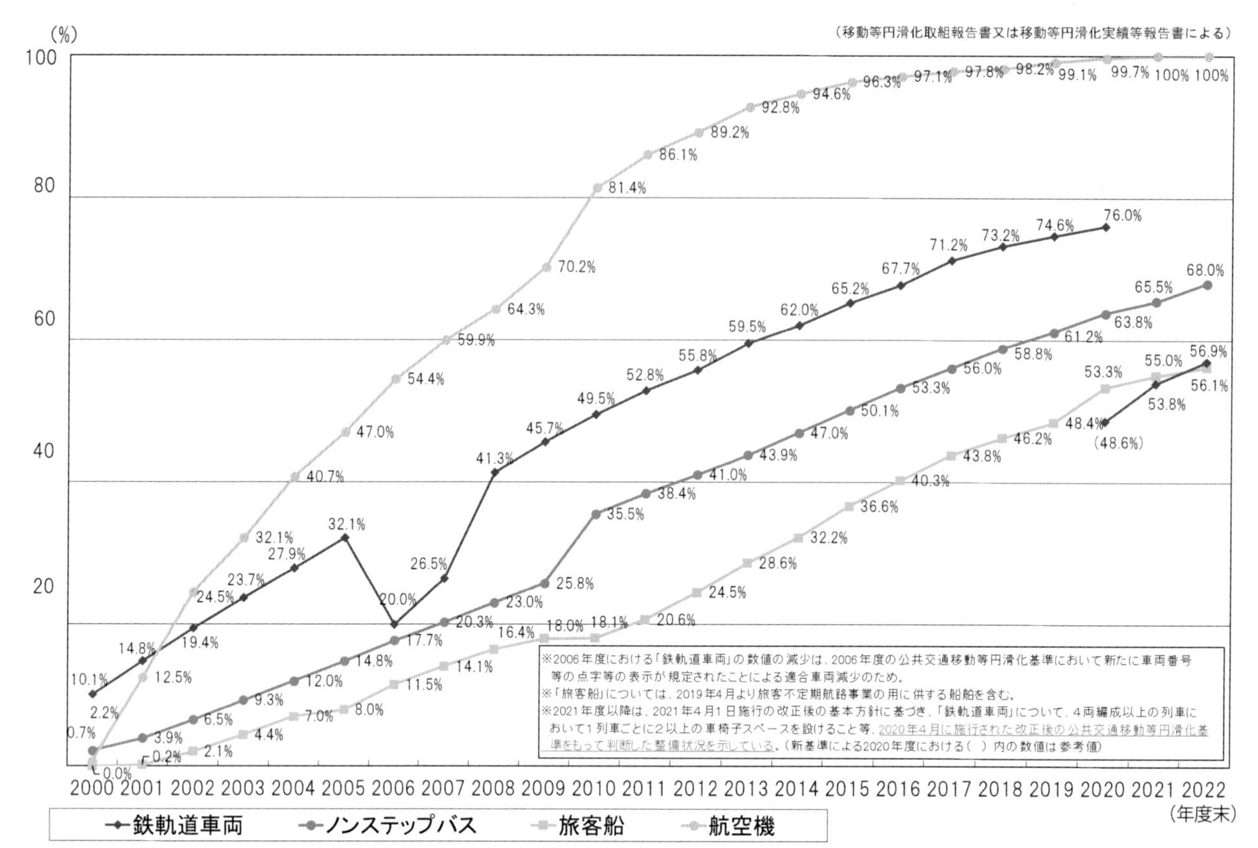

資料：国土交通省「移動等円滑化取組報告書」又は「移動等円滑化実績等報告書」(2023年)

■ 図表5-9　特定道路におけるバリアフリー化率の推移

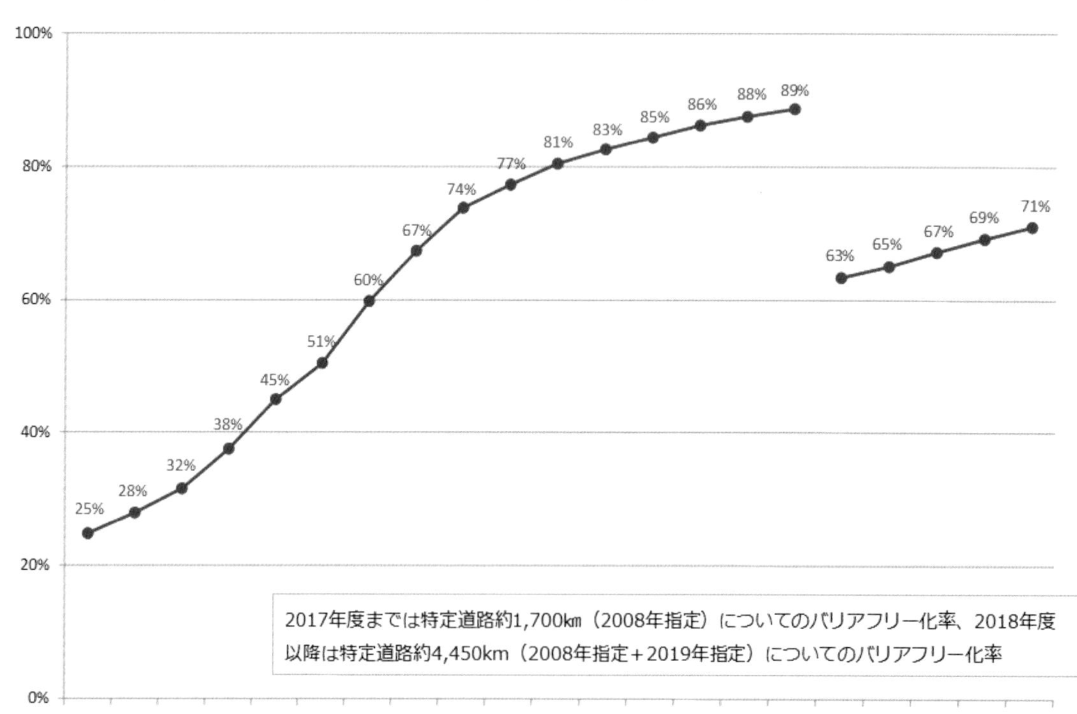

注：特定道路
　　重点整備地区内の主要な生活関連経路を構成する道路等で国土交通大臣が指定するもの。
資料：国土交通省

６．安全な交通の確保

（1）安全かつ円滑な通行の確保

ア　生活道路対策の推進

全交通事故死者に占める歩行者の割合は３割を超えており、歩行者の安全を確保することが重要な課題であることから、障害のある人を含む全ての人が安全に安心して道路を通行できるよう、生活道路等において、警察と道路管理者が緊密に連携し、最高速度30キロメートル毎時の区域規制とハンプ等の物理的デバイスとの適切な組合せにより交通安全の向上を図ろうとする区域を「ゾーン30プラス」として設定し、車両の速度抑制対策や通過交通の進入抑制対策、外周幹線道路の交通を円滑化するための交差点改良等を推進している。

イ　利用する視点からの歩行空間の整備

歩行空間の整備に当たっては、様々な利用者の視点を踏まえて整備され、整備後も、不法占用や放置自転車のない歩行環境が確保されるよう、行政と住民・企業など地域が一体となった取組を行っていく必要がある。このようなことから、様々な利用する人の視点に立って道路交通環境の整備が行われ、適切な利用が図られるよう、「交通安全総点検」の点検結果を新規整備の際に活用するなど計画段階から住民が参加した整備を推進している。

また、道路を通行する者が適正な交通の方法を容易に理解することができるようにするため作成されている「交通の方法に関する教則」（昭和53年国家公安委員会告示第３号）において、自転車を駐車する際には点字ブロック上及びその近辺に駐車しないようにすべきことを明記している。

ウ　障害のある人等の利用に配慮した信号機等の設置

音響により信号表示の状況を知らせる音響信号機、信号表示面に青時間までの待ち時間及び青時間の残り時間を表示する経過時間表示機能付き歩行者用灯器、歩行者等と車両が通行する時間を分離して交通事故を防止する歩車分離式信号、歩行者青時間の延長を行うPICS（歩行者等支援情報通信システム）等のバリアフリー対応型信号機等の整備を推進している。

■図表５-10　バリアフリー対応型信号機等の設置状況（2022年度末）

種　　類	基　数
高齢者等感応信号機	6,460基
歩行者感応信号機	1,199基
視覚障害者用付加装置	21,023基
音響式歩行者誘導付加装置	4,577基
歩行者支援装置	844基

資料：警察庁

エ　障害のある人等が運転しやすい道路交通環境の整備

障害のある人を含む全ての人が安心して運転できるよう、ゆとりある道路構造の確保や視環境の向上、疲労運転の防止等を図ることとし、道の駅等の休憩施設の整備、付加車線（ゆずり車線）の整備、道路照明の増設を行うとともに、高速道路等のサービスエリア（SA）やパーキングエリア（PA）、自動車駐車場等において高齢者障害者等用便房（バリアフリートイレ）や障害者等用駐車スペース等の設置を実施しているほか、信号灯器のLED化、道路標識・道路標示の高輝度化、交通情報提供装置の整備、道路情報板、情報ターミナル等の道路情報提供装置やそれを支える光ファイバ網等の情報通信基盤の整備を推進している。

また、「道路交通法」（昭和35年法律第105号）においては、肢体不自由を理由として免許に条件を付された者が、身体障害者標識を表示して普通自動車を運転している場合には、他の運転者は、危険防止のためやむを得ない場合を除いて、その普通自動車に対して幅寄せや割込みをすることが禁止されている。

さらに、同法においては、身体の障害のある歩行者等その通行に支障がある歩行者が道路を横断し、又は横断しようとしている場合において、当該歩行者から申出があったときその他必要があると認められるときは、警察官等その他その場所に居合わせた者は、当該歩行者が安全に道路を横断することができるように努めなければならないこととし、車両等の運転者は、身体の障害のある歩行者等その通行に支障のある者が通行しているときは、その通行を妨げないようにしなければならないこととされている。

聴覚障害のある人の自動車の運転については、補聴器を使用して一定の音が聞こえる人は、補聴器を使用することを条件に、大型自動車、中型自動車、準中型自動車、普通自動車及び大型特殊自動車（バスやタクシー等の旅客自動車等を含む）を運転することができる。また、補聴器を使用しても一定の音が聞こえない人は、ワイドミラー、補助ミラー又は後方等確認装置の使用を条件に、準中型自動車又は普通自動車を運転することができる。

なお、大型自動二輪車、普通自動二輪車、小型特殊自動車及び原動機付自転車の免許については、聴力の適性試験が廃止されている。

補聴器を使用しても一定の音が聞こえない人が準中型自動車又は普通自動車を運転する際には、聴覚障害者標識の表示が義務付けられており、聴覚障害者標識を表示した自動車に対する幅寄せや割込みは禁止されている。警察では、聴覚障害者標識に関する広報啓発を行うとともに、聴覚障害のある人が安全に運転できるよう、関係団体と連携し、免許取得時の教習等の充実や周囲の運転者が配慮すべき事項についての安全教育に努めている。

さらに、警察では、障害のある人や高齢者が安全で余裕のある駐車ができるよう、都道府県公安委員会が交付した専用場所駐車標章を掲示した普通自動車に限り、指定された区間・場所に駐車又は停車することができる高齢運転者等専用駐車区間を整備している。

オ　走行音の静かなハイブリッド車等への対策

ハイブリッド車や電気自動車は、「音がしなくて危険と感じる」との意見が寄せられていたことを受け、国土交通省においては、2010年１月に「ハイブリッド車等の静音性に関する対策のガイドライン」を定めるとともに、本ガイドラインを基に、2016年３月に国連において日本が策定を主導してきた国際基準を策定した。2016年10月に「道路運送車両の保安基準」（昭和26年運輸省令第67号）等の一部を改正した。この改正により、ハイブリッド車等に車両接近通報装置の搭載を義務付け、歩行者等の安全の確保を図っている。

カ　ITSの推進と自動運転の実現に向けた取組

過疎地域等地方における移動手段の確保や、ドライバー不足への対応等が喫緊の課題であることを踏まえ、障害のある人、高齢者等の安全快適な移動に資するTSPS（信号情報活用運転支援システム）、ETC2.0等のITS（高度道路交通システム）のサービス展開を実施するとともに、高度自動運転システムの開発や、障害のある人、地方、高齢者等向けの無人自動運転移動サービス実現に取り組んでいる。

① TSPS（信号情報活用運転支援システム）

運転者に信号交差点への到着時における信号灯火等に関する情報を事前に提供することで、ゆとりある運転を促し、急停止・急発進に伴う交通事故の防止等を図っている。

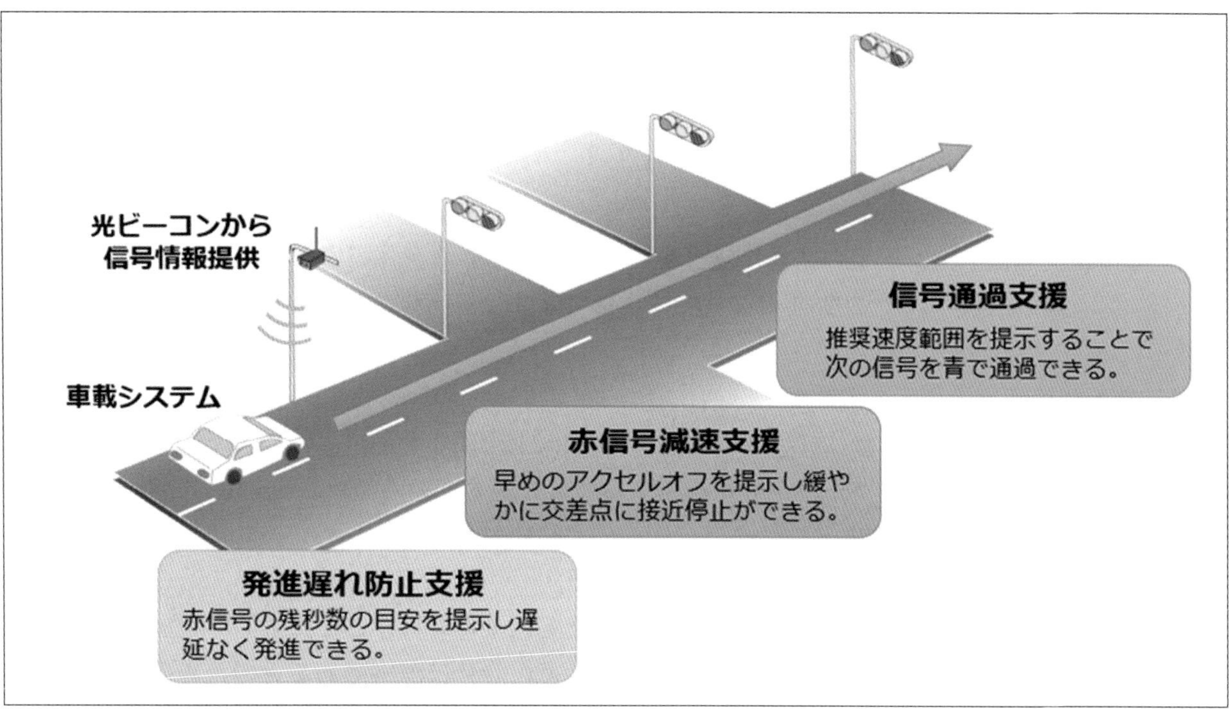

資料：警察庁

② ETC2.0

ETC2.0を活用し、広域的な渋滞情報の提供や、カーブ先の見えない渋滞といった危険な状況の注意喚起など、交通の円滑化と安全に向けた取組を進めている。

また、路側機から収集される速度や利用経路、急ブレーキのデータなど、多種多様できめ細かいビッグデータを活用して、ピンポイント渋滞対策や交通事故対策など、安全な生活道路づくりに取り組んでいる。

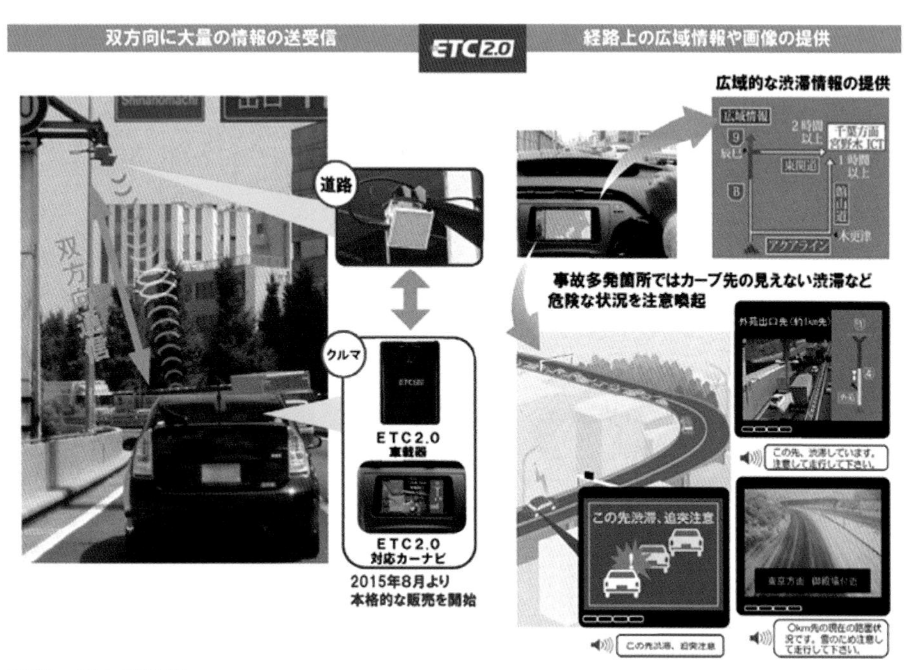

資料：国土交通省

（2）歩行者に対する保護意識の高揚等

運転者に対しては、障害のある人を含む全ての歩行者に対する保護意識の高揚を図るため、関係機関・団体と連携し、運転者教育、安全運転管理者による指導その他広報啓発活動を推進している。

また、障害のある人に対しては、字幕入りビデオの活用や参加・体験・実践型の交通安全教室の開催等により、交通安全のために必要な技能及び知識を習得できるよう、障害の程度に応じたきめ細かい交通安全教育を推進している。

（3）電動車椅子の型式認定

「道路交通法」上、一定の基準に該当する原動機を用いる身体障害者用の車を通行させている者は歩行者とされるが、2023年度において、その基準に該当する３型式が型式認定された。

（4）運転免許取得希望者への配慮

身体に障害のある運転免許取得希望者の利便の向上を図るため、各都道府県警察の運転免許試験場に、スロープ、エレベーター等を整備することに努めているほか、安全運転相談窓口を設け、身体に障害のある人の運転適性について知識の豊富な職員を配置して、運転免許取得に関する相談に対応している。

また、身体に障害のある人が、身体の状態に応じた条件を付すことにより、自動車の安全な運転に支障を及ぼすおそれがないと認められるときは、身体に障害のある人のために改造を行った持込み車両等による技能試験を受けることができることとしているほか、指定自動車教習所に対しても、身体に障害のある人の持込み車両による教習の実施や、身体に障害のある人の教習に使用できる車両や取付部品の整備、施設の改善等を指導している。

このほか、知的障害のある運転免許取得希望者の利便の向上を図るため、学科試験の実施に当たり、試験問題の漢字に振り仮名を付けるなどの対応をしている。

■ 図表5-11　条件付運転免許の保有者数（2023年末現在）

条　　　　件	人　数
補聴器の使用	38,926人
補聴器の使用（使用しない場合はワイドミラー又は補助ミラー又は後方等確認装置と聴覚障害者標識を付けた普通自動車又は準中型自動車に限定）	780人
ワイドミラー、補助ミラー又は後方等確認装置を付けた普通自動車又は準中型自動車に限定	1,549人
身体障害者用車両に限定	175,414人
義手、義足又は装具の条件	3,719人
合　　　　計	220,388人

注：上記区分中、２種類以上の条件が付されている場合は、表の上側となる区分に計上。
資料：警察庁「運転免許統計令和５年版」

身体障害者標識

聴覚障害者標識

７．防災、防犯対策の推進

（１）防災対策

ア　防災対策の基本的な方針

「災害対策基本法」の一部改正

2011年３月11日に発生した東日本大震災を経験し、防災対策における障害のある人や高齢者、乳幼児等の「要配慮者」に対する措置の重要性が一層高まったところである。

このため、障害のある人や高齢者などの多様な主体の参画を促進し、地域防災計画に多様な意見を反映できるよう、地方防災会議の委員として、自主防災組織を構成する者又は学識経験のある者を追加すること等を盛り込んだ「災害対策基本法」（昭和36年法律第223号）の改正が行われた（「災害対策基本法の一部を改正する法律」（平成24年法律第41号））（2012年改正）。

その後、2012年改正で残された課題や、「防災対策推進検討会議」の最終報告書（2012年７月31日）等を踏まえ、市町村長に要配慮者のうち災害時の避難行動に特に支援を要する避難行動要支援者について名簿を作成することを義務付けること、主として要配慮者を滞在させることが想定される避難所に適合すべき基準を設けること等を盛り込んだ法改正が行われた（「災害対策基本法等の一部を改正する法律」（平成25年法律第54号。2013年改正。）。

避難行動要支援者名簿は、100％（2023年１月１日現在）の市町村において作成されるなど、普及が進んだものの、令和元年台風第19号や令和２年７月豪雨など近年の災害においても、多くの高齢者等が被害を受けていた。

令和元年台風第19号等を踏まえた高齢者等の避難に関するサブワーキンググループの最終報告書「令和元年台風第19号等を踏まえた高齢者等の避難のあり方について（最終とりまとめ）」（2020年12月24日。以下本章では「最終報告書」という。）等を踏まえ、避難行動要支援者の円滑かつ迅速な避難の確保を図る観点から、避難行動要支援者ごとに避難支援等を行う者や避難先等の情報を記載した個別避難計画の作成を市町村長の努力義務とすること等を盛り込んだ法改正が行われた（「災害対策基本法等の一部を改正する法律」（令和３年法律第30号））（2021年改正）。

イ　要配慮者対策等の推進

2013年改正を受け、避難行動要支援者名簿の作成・活用に係る具体的手順等を盛り込んだ「避難行動要支援者の避難行動支援に関する取組指針」を2013年８月に策定・公表した。

また、2013年改正においては、避難所における生活環境の整備等に関する努力義務規定も設けられたことから、この取組を進める上で参考となるよう、主に、避難所運営に当たって避難者の支援における留意点等を盛り込んだ、「避難所における良好な生活環境の確保に向けた取組指針」を策定・公表した。2015年度においては、避難所や福祉避難所の指定の推進、避難所のトイレの改善、要配慮者への支援体制の構築等に係る課題について、有識者による検討会を開催し、幅広く検討を行った。これらの検討を踏まえて、2016年度においては、市町村におけるより一層の取組を促進するため、「避難所における良好な生活環境の確保に向けた取組指針」を改定するとともに、「避難所運営ガイドライン」、「避難所におけるトイレの確保・管理ガイドライン」、「福祉避難所の確保・運営ガイドライン」を策定して公表した。

2021年改正を踏まえ、2021年５月、「避難行動要支援者の避難行動支援に関する取組指針」に個別避難計画の作成・活用に係る具体的手順等を追加する改正を行った。また、最終報告書を踏まえ、福祉避難所に受け入れる対象者を特定する公示制度を創設し、個別避難計画等と組み合わせ、福祉避難所への直接の避難が促進されるよう、2021年５月、「災害対策基本法施行規則」（昭和37年総理府令第52号）、「福祉避難所の確保・運営ガイドライン」等の改正を行った。

さらに、2022年４月には、「避難所における良好な生活環境の確保に向けた取組指針」、「避難所運営ガイドライン」、「避難所におけるトイレの確保・管理ガイドライン」について、近年、避難所をめぐって、感染症対策、生活環境等の改善、立地状況に応じた適切な開設・防災機能設備等の確保、女性の視点を踏まえた避難所運営等の対応が必要となっていることから改定し、公表した。また、2024年１月１日に発生した令和６年能登半島地震においては、障害者等要配慮者の避難先となる福祉避難所を設置するとともに、一般の避難所においてもニーズの把握を行い、福祉避難スペースを設けるなどの必要な対応を行うよう被災自治体に対して通知した。

市町村が、要配慮者にも配慮した、避難所、避難路等の整備を計画的、積極的に行えるよう、「防災基盤整備事業」等により支援し、地方債の元利償還金の一部について交付税措置を行っている。

また、地域防災計画上、社会福祉施設など要配慮者等の避難所となる公共施設のうち、耐震改修を進める必要がある施設についても「公共施設等耐震化事業」等により支援し、地方債の元利償還金の一部について交付税措置を行っている。

「防災基盤整備事業」の一つとして「災害時要援護者緊急通報システム」の普及に努めるとともに、要配慮者が入所する施設における避難対策の強化等の防火管理の充実について消防機関に周知している。

地域や企業等における各種防災訓練の際に、要配慮者を重点とした避難誘導訓練を実施し、防災意識の高揚を図っている。

各都道府県警察においては、巡回連絡等を通じて障害のある人の防災に関する知識の普及等障害のある人に対する支援体制の整備促進に努めている。

災害時においては、建物の崩壊、道路の損壊等による交通の混乱が予想されることから、プローブ情報を収集できる高度化光ビーコン、交通情報板等の整備を推進し、災害時に障害のある人等を救援するための緊急通行車両等の通行を確保するとともに、災害時の停電による信号機の機能停止に備え、信号機電源付加装置の整備を推進し、障害のある人等の安全な避難を確保するよう努めている。

ウ　要配慮者利用施設等への対策

要配慮者対策を推進するには、まず、地域における要配慮者の状況を的確に把握した上で、社会福祉施設など要配慮者が入所している施設自らの対策を促進するための情報提供等を行う必要がある。

また、要配慮者や要配慮者利用施設への防災情報の伝達体制を整備し、入所者等の避難・救出・安否確認などの警戒避難体制の具体化を促進するとともに、被災した場合の防災関係機関への迅速な通報体制の整備及び避難先における入所者等の生活確保体制の整備を促進する必要がある。同時に、要配慮者利用施設の職員や消防職団員、自主防災組織等が中心となって、地域の実情に応じた支援体制をつくることが必要である。

水災害時における要配慮者利用施設の利用者の円滑かつ迅速な避難を確保するため、2017年に「水防法」（昭和24年法律第193号）及び「土砂災害警戒区域等における土砂災害防止対策の推進に関する法律」（平成12年法律第57号。以下本章では「土砂災害防止法」という。）が改正され、市町村地域防災計画に位置付けられた浸水想定区域内又は土砂災害警戒区域内の要配慮者利用施設の所有者又は管理者に対し避難確保計画の作成及び訓練の実施が義務付けられた。

2021年の法改正（「特定都市河川浸水被害対策法等の一部を改正する法律」（令和３年法律第31号））によりそれらの報告を受けた市町村長が施設管理者等に対して必要な助言・勧告を行うことができる制度とし、「要配慮者利用施設における避難確保計画の作成・活用の手引き」を公表することで、施設利用者の円滑かつ迅速な避難の実効性の確保を図るとともに、全国防災訓練では、要配慮者利用施設等が市町村と連携し、地域の実情にあわせた防災訓練等を重点的に実施している。

また、要配慮者の安全かつ迅速な避難が可能となるように、防災情報システム等の整備強化を図ることに加え、洪水、津波、高潮、土砂災害等が発生した場合に備え、過去の災害や危険箇所、情報入手方法、避難場所、避難経路等を具体的に示したハザードマップ等によるきめ細かな情報の提供を推進し、防災意識の高揚に努めている。

さらに、山地災害危険地区等のうち病院、社会福祉施設等の要配慮者利用施設が隣接している箇所において計画的な治山対策の推進を図っている。

エ　水害対策

洪水被害を防止又は軽減することを目的に行う河川整備や、過去の高潮・津波等による災害発生の状況等を勘案した海岸保全施設整備等を積極的に推進することとしている。浸水被害は被災後従前の生活に戻るまでに多大な労力を要し、障害のある人にとって日常生活に著しい負担をもたらすものであるため、そうした被害に対しては、再度災害の防止を図るためのハード整備を着実に推進するとともに、ハザードマップなどの円滑かつ迅速な避難を支援するソフト対策を一体的に行っている。特にハザードマップに関しては、視覚障害者も含めて誰もが水害の危険性や取るべき行動を理解できるよう、「ハザードマップのユニバーサルデザインに関する検討会」を立ち上げ、わかる・伝わるハザードマップの在り方について検討し、2023年４月に報告書を取りまとめるとともに、2023年５月には「水害ハザードマップ作成の手引き」を改定し、全国の市町村へ対して、ユニバーサルデザイン化を促している。

また、様々な河川情報を地方公共団体や国民に迅速かつ的確に伝達するため、インターネットや地上デジタル放送等によりリアルタイムで情報提供しており、特に雨量・水位が一定量を超えるなどの緊急時においては、警報等で危険を知らせている。渇水時においても情報提供を推進しており、国土交通省ウェブサイト「渇水情報総合ポータル」において全国のダムの貯水状況、取水制限、給水制限を受けている市町村に関する情報等の提供を行っている。

オ　土砂災害対策

社会福祉施設等を保全するため、土砂災害防止施設の整備を推進し、激甚な土砂災害を受けた場合は早急に再度災害防止対策を実施する。また、「土砂災害防止法」に基づく土砂災害警戒区域等の指定及び土砂災害ハザードマップ等による土砂災害リスクに関する周知や土砂災害警戒避難ガイドライン及び好事例の公表等による警戒避難体制の構築等、ハード・ソフト一体となった土砂災害対策を推進している。(https://www.mlit.go.jp/mizukokudo/sabo/keikaihinan.html)

さらに、地方公共団体の防災活動や国民の警戒避難行動等を支援し、土砂災害から人命を守るため、「土砂災害防止法」に基づき、気象庁及び都道府県が共同して土砂災害警戒情報の提供を行っている。

カ　防火安全対策

全国の消防機関等では、春・秋の全国火災予防運動を通じて「特定防火対象物等における防火安全対策の徹底」等を重点項目として取り組んでおり、障害のある人等が入居する小規模社会福祉施設等においては、適切な避難誘導体制の確保を図るとともに、消防法令違反の重点的な是正の推進など必要な防火安全対策の徹底を図っている。

キ　音声によらない119番通報

多くの消防本部では、聴覚・言語機能に障害のある人を始めとする音声通話による119番通報が困難な人のために、FAXや電子メールなどの通報手段を提供している。

また、消防庁では、スマートフォン等を活用して、音声によらない円滑な通報を行えるシステム（Net119緊急通報システム）について、2017年３月に標準仕様等を取りまとめ、各消防本部での導入を促進するとともに、厚生労働省と連携して障害のある人への周知・利用促進にも取り組んでいる。

さらに、2021年７月から開始された公共インフラとしての電話リレーサービスによる緊急通報については、サービス開始時点より全ての消防本部で対応可能となっている。

第５章第１節　７．防災、防犯対策の推進　／総務省

TOPICS(トピックス)（23）

救急現場における多言語音声翻訳アプリの利用

救急現場において、タブレット型情報通信端末やスマートフォンに導入された多言語音声翻訳アプリを利用することで、救急隊員が外国人や聴覚に障害のある人と円滑なコミュニケーションを図ることができる。

多言語音声翻訳アプリ「救急ボイストラ」は、国立研究開発法人情報通信研究機構（NICT）が開発した多言語音声翻訳アプリ「VoiceTra（ボイストラ）」をベースに、消防庁消防研究センターとNICTが、救急隊用に開発した多言語音声翻訳アプリケーションである。救急ボイストラは、通常の音声翻訳に加えて、救急現場で使用頻度が高い46の会話内容を「定型文」として登録しており、外国語による音声と画面の文字による円滑なコミュニケーションを図ることが可能となっている。また、話した言葉を文字として表示する機能等があるため、聴覚に障害のある人などとのコミュニケーションにも活用できる。定型文対応言語は、英語、中国語（繁体字、簡体字）、韓国語、タイ語、フランス語、スペイン語、インドネシア語、ベトナム語、ミャンマー語、ロシア語、マレー語、ドイツ語、ネパール語及びブラジルポルトガル語の全部で15種類となっている。

消防庁では、2017年４月から各消防本部への提供を開始した。各消防本部において導入されるよう市町村に対する財政措置として、多言語翻訳アプリも利用できるタブレット型情報通信端末等（タブレット端末やスマートフォン）を、救急自動車に配備するために必要な端末費や通信費について、交付税措置を講じている。2022年１月１日時点で92.7％、2023年１月１日時点で94.5％、2024年１月１日時点では95.6％と、導入消防本部数は増加しており、今後も導入率100％を目指し、機会を通じて導入を促進する。最新の導入状況等については、消防庁のホームページに掲載している。

（https://www.fdma.go.jp/mission/enrichment/gaikokujin_syougaisya_torikumi/kyukyu-voicetra.html）

○全国の消防本部の救急ボイストラ導入状況
（2024年１月１日現在）

都道府県	導入本部数	（参考）消防本部数	都道府県	導入本部数	（参考）消防本部数
北海道	56	58	滋賀	7	7
青森	11	11	京都	15	15
岩手	12	12	大阪	26	26
宮城	11	11	兵庫	24	24
秋田	13	13	奈良	3	3
山形	12	12	和歌山	16	17
福島	12	12	鳥取	3	3
茨城	24	24	島根	9	9
栃木	12	12	岡山	13	14
群馬	11	11	広島	13	13
埼玉	26	26	山口	11	12
千葉	31	31	徳島	13	13
東京	5	5	香川	9	9
神奈川	22	23	愛媛	14	14
新潟	17	19	高知	13	15
富山	6	7	福岡	21	24
石川	9	11	佐賀	5	5
福井	7	9	長崎	8	10
山梨	6	10	熊本	9	12
長野	13	13	大分	13	14
岐阜	20	20	宮崎	10	10
静岡	16	16	鹿児島	20	20
愛知	30	34	沖縄	18	18
三重	15	15	合計	690	722

○使用例

○使用画面

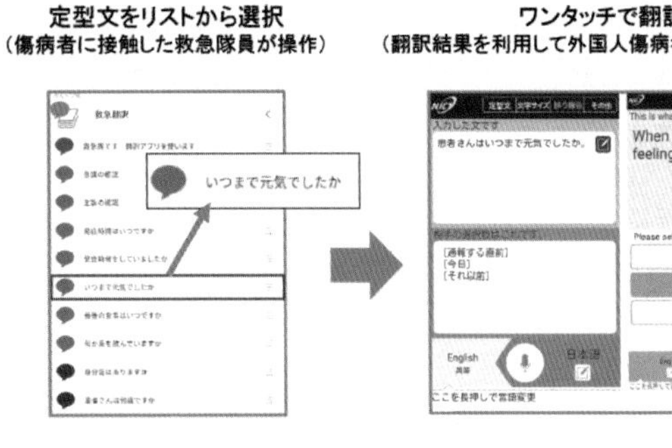

資料：消防庁

TOPICS(トピックス)（24）

音声によらない119番通報

Net119緊急通報システムは、聴覚・言語機能に障害のある人など音声通話での119番通報が困難な人が、スマートフォンなどを活用して音声によらずに消防への通報を行えるシステムである。

〈Net119緊急通報システムの概要〉

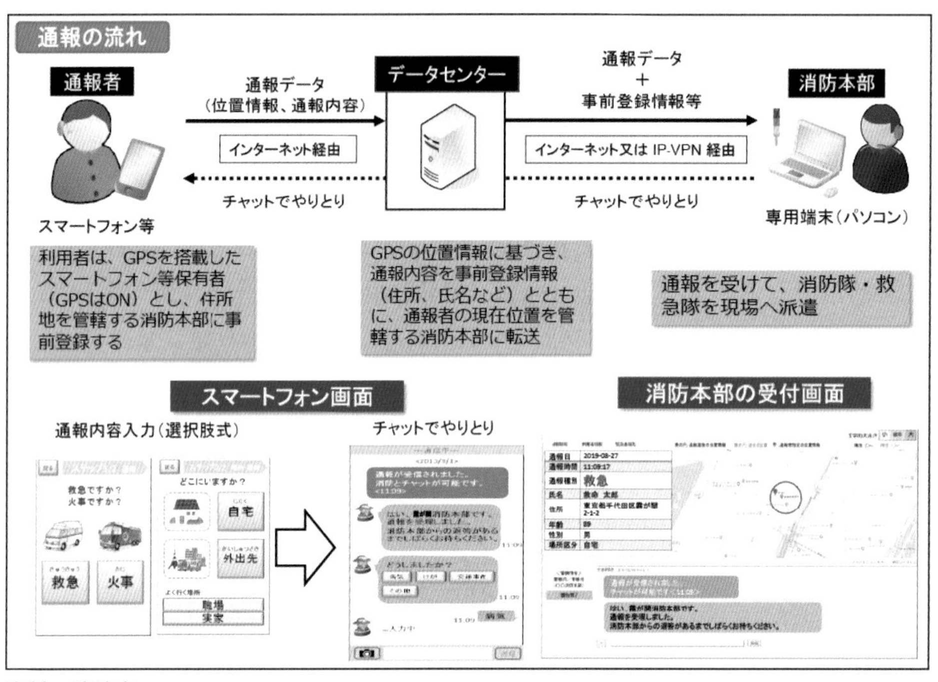

資料：消防庁

Net119緊急通報システムでは、スマートフォンなどから通報用ウェブサイトにアクセスして消防本部に通報を行う。

消防本部が消防隊や救急隊をどこに出動させるべきかを判断するために必要な「救急」「火事」の別と、通報者の位置情報を入力すれば、消防本部に通報がつながり、詳細な情報はその後にチャットで確認する仕組みとなっている。

位置情報については、スマートフォンなどのGPS機能で測位した現在位置を用いることができる。

また、事前に自宅住所などを登録しておくことで、GPS信号が届かない屋内などでも「自宅」などのボタンを選択することにより正確な位置を伝えることが可能である。

消防庁では、全国どこからでも、Net119緊急通報システムによる通報を行った際にその場所を管轄する消防本部につながるようにする環境を構築するために、全国の消防本部に対して同システムの導入を促進するとともに、システム面・技術面での環境を整えるために、Net119緊急通報サービスを提供する複数の事業者間で相互接続が可能となるようにサービス提供事業者側にも働きかけを行っているほか、2018年度からは、システムの導入・運用に関する経費について地方財政措置を講じている。

2023年５月１日時点のNet119緊急通報システム導入消防本部数は全国722本部中640本部（約88.6%）であり、最新の導入状況等については、消防庁のホームページに掲載している。
（https://www.fdma.go.jp/mission/enrichment/kyukyumusen_kinkyutuhou/net119.html）

ク　震災における障害のある人たちへの主な支援

東日本大震災、熊本地震及び令和６年能登半島地震に伴い、被災地、被災者に対して講じられた施策のうち、障害のある人への支援の一環として実施してきたものとして、主に次のような施策がある

①　利用者負担減免等

厚生労働省・こども家庭庁は、障害のある人や障害福祉サービス等の提供を行う事業者に対し、以下のような利用者負担の減免や障害福祉サービスに係る措置を弾力的に行うよう通知等を行った。

（ア）利用者への対応について

・被災した障害のある人等にかかる障害福祉サービス等の利用者負担を市町村が免除した場合、この利用者負担額について、国がその全額を財政支援することとした。

（イ）障害福祉サービス等の提供について

・被災者等を受け入れたときなどに、一時的に、定員を超える場合を含め「人員配置基準」や「施設設備基準」を満たさない場合も報酬の減額等を行わないこととした。

・また、やむを得ない理由により、利用者の避難先等において、安否確認や相談支援等のできる限りの支援の提供を行った場合は、これまでの障害福祉サービス等として報酬の対象とすることとした。

・避難所においてホームヘルプサービスを提供した場合も報酬の対象とすることとした。

・さらに、利用者とともに仮設の施設や他の施設等に避難し、そこにおいて障害福祉サービス等を提供した場合も報酬の対象とすることとした。

・介護給付費等の請求について、被災によりサービス提供記録等を滅失又は棄損した障害福祉サービス等の事業所においては、概算請求を行うことができることとした。

・二次避難先での円滑な障害児支援の提供が受けられるよう、避難先市町村において、障害児の把握に努めるとともに、相談対応や円滑な支給決定を行うことができることとした。

（ウ）介護職員等の派遣、避難者の受入等

・各事業所等において、介護職員等が不足している場合には、国や県等の調整を受けて、別の事業所等より介護職員等の派遣を行った。

・また、被災等により利用者の避難が必要である場合には、国や県等において調整を行い、受入先を確保した。

（エ）被災地における障害福祉サービス等の再開支援について

・震災により被害を受けた障害者支援施設等の復旧事業や事業再開に要する経費に関する国庫補助事業を実施し、復旧支援を行った。

・甚大な被害を受けた被災地の障害福祉サービス事業所等が復興期においても安定したサービス提供を行うことができるよう、被災県ごとに支援拠点を設置し、

（a）障害者就労支援事業所の活動支援（業務発注の確保、流通経路の再建等）

（b）福祉・介護職員等の人材確保のための支援

を行うための予算措置を行った。

② 心のケア

東日本大震災における心のケアについては、被災者の生活の場が災害公営住宅や自宅に移った後も、心のケアが必要な人に必要なケアが継続して行き届くよう、岩手、宮城、福島の各県に「心のケアセンター」を活動拠点として設置し、「専門的な心のケア」を提供している。

熊本地震においては、発災直後から精神保健医療ニーズの情報集約、派遣調整を行い、熊本県からの派遣要請に基づき、震災発生当日に災害派遣精神医療チーム（DPAT）を派遣した。現地では、被災した精神科医療機関から県内及び県外の医療機関への患者搬送や避難所の巡回活動等を実施した。

令和６年能登半島地震においても、発災直後から情報集約を行い、石川県からの派遣要請に基づき、DPATを派遣した。現地では、避難所の巡回活動を通じた精神疾患患者の診察や薬剤調整等を実施した。また、中長期における被災者の心のケアとして、石川県が「こころのケアセンター」を設置し、心のケアを必要とする方に対して、専門ダイヤルによる電話相談等の対応を行った。

③ 発達障害のある人への支援に関する情報提供

国立障害者リハビリテーションセンターに設置されている発達障害情報・支援センターでは、2011年に被災地における発達障害のある人のニーズ調査を実施し、調査結果をもとに災害時の支援において大切な要素をまとめた冊子「災害時の発達障害児・者支援エッセンス―発達障害のある人に対応するみなさんへ―」を2013年に作成した。その後も継続的に、災害発生時に障害のある方への適切な支援提供等に資する情報を収集し、ホームページ等を通じて発信している。また、大規模災害発生時には、前述の冊子より被災地等で発達障害のある方への対応の留意点等を抽出してまとめたリーフレット「災害時の発達障害児・者支援について」を、被災地等で支援にあたる方々に向けて提供している（http://www.rehab.go.jp/ddis/disaster/）。

④ 就学機会確保・就学支援等

文部科学省では、これまでの災害対応において、障害のある児童生徒等も含め、被災した児童生徒等の就学機会の確保に努めるとともに、被災により経済的理由から就学困難となった児童生徒等に対して市町村が行う就学援助等への支援を行ってきた。

また特に障害のある児童生徒等への対応に当たっては、令和６年能登半島地震の被災地域に対し、「令和６年能登半島地震における被災地域の児童生徒等の学習の継続について（事務連絡）」等を発出し、障害のある児童生徒等も含め、就学機会の確保とともに、発達障害のある児童生徒等の障害の状態等に応じた配慮事項や、自立活動の継続、個別の教育支援計画・個別の指導計画の活用について周知している（https://www.mext.go.jp/content/20240119-ope_dev03-000033400-2-1.pdf）。

⑤ 教師のためのハンドブック

独立行政法人国立特別支援教育総合研究所は、東日本大震災に際し、2011年度に「震災後の子どもたちを支える教師のためのハンドブック～発達障害のある子どもへの対応を中心に～」を作成し、関係機関に配布するとともに、ホームページに掲載をした（https://www.nise.go.jp/nc/report_material/disaster/consideration/handbook）。なお、令和６年能登半島地震においても、同研究所ホームページトップに「震災対応関連情報」として、ハンドブックのURLを再掲し、改めて周知を図った。

⑥　**幼児児童生徒の状況把握等**

文部科学省及び厚生労働省では、東日本大震災に際し、被災した障害のある幼児児童生徒の状況把握及び支援、教育委員会・学校等が支援を必要とする幼児児童生徒を把握した場合に保護者の意向を確認した上で市町村障害児福祉主管課に連絡するなどの教育と福祉との連携、障害児支援に関する相談窓口等の周知について、各都道府県教育委員会、障害児福祉主管課に対し要請している。

また、令和６年能登半島地震の被災地域に対し、「令和６年能登半島地震における被災地域の児童生徒等の学習の継続について（事務連絡）」を発出し、学級担当等による家庭訪問や避難所等の巡回により、障害のある児童生徒等の状況を把握することや、学校再開までに時間がかかる場合には、障害の状態や特性等にも配慮しながら、訪問教育やオンラインによる指導などを活用いただきたい旨周知している（https://www.mext.go.jp/content/20240119-ope_dev03-000033400-2-1.pdf）。

⑦　**東日本大震災からの復興における事例集の作成**

復興庁では、自治体や各地で活躍する方々の参考となるよう、障害のある人やジェンダーの視点を踏まえた東日本大震災からの復興における好事例の収集・発信を行っている。（2024年３月末時点で120事例（2023年度に追加した障害者施策に関する事例１件））

（２）防犯対策

ア　警察へのアクセス

障害のある人は、防犯に関する通常のニーズを満たすのに特別の困難を有しており、また、犯罪や事故の被害に遭う危険性が高く、不安感も強いことから、障害のある人の気持ちに配慮した各種施策の推進に努めている。

障害のある人が警察へアクセスする際の困難を取り除くため、警察では、スマートフォン等を使用して、文字等で緊急通報が行える「110番アプリシステム」を全都道府県警察で運用しているほか、巡回連絡等による情報提供、交番等へのスロープ設置等を行っている。

イ　犯罪・事故被害の防止

障害のある人が犯罪や事故の被害に遭うことの不安感を除くための対策としては、巡回連絡等を通じて、障害のある人の相談や警察に対する要望に応じるとともに、身近な犯罪や事故の発生状況、防犯上のノウハウ等の安全確保に必要な情報の提供に努めていることなどがあげられる。

また、警察では、関係省庁及び関係団体と連携して、住宅等に対する侵入犯罪対策として大きな効果が期待できる防犯性能の高い建物部品の開発・普及を図っているほか、公益社団法人日本防犯設備協会と連携し、同協会が策定した「ホームセキュリティガイド」の中で障害のある人に対応した安全で信頼性の高い機器を紹介している。

内閣府では、「女性に対する暴力をなくす運動」を行い、障害のある人を含む女性に対する暴力の予防と根絶に向けた全国的な運動を推進している。また、障害のある人を含む性犯罪・性暴力の被害者や配偶者等からの暴力の被害者に対する支援体制の充実のため、性犯罪・性暴力被害者支援のための交付金等により性犯罪・性暴力被害者のためのワンストップ支援センターの運営の安定化及び相談員等に対する研修の充実や配偶者暴力相談支援センター等における相談・支援機能の充実を図っている。

ウ　障害者支援施設等における防犯対策の推進

2016年7月に神奈川県相模原市の障害者支援施設で発生した殺傷事件を踏まえ、障害者支援施設等を利用する障害のある人が安心して生活できるように、厚生労働省では、2016年9月に「社会福祉施設等における防犯に係る安全の確保について（通知）」を発出し、防犯に係る日常の対応や緊急時の対応に関する具体的な点検項目を示し、各施設において必要な取組がなされるように周知した。

また、防犯に係る安全確保のための施設整備の補助を行うための予算措置を行い、安全確保体制の構築を促進している。

第５章第１節　７．防災、防犯対策の推進　／警察庁

TOPICS(トピックス)（25）

110番アプリシステム

110番アプリシステムは、聴覚や言語機能に障害のある人等、音声による110番通報が困難な方が、スマートフォン等を利用して、文字等で警察に通報できるシステムである。

2023年３月のバージョンアップにより、「ひらがなモード」を追加するなど、機能を改善した。

使い方

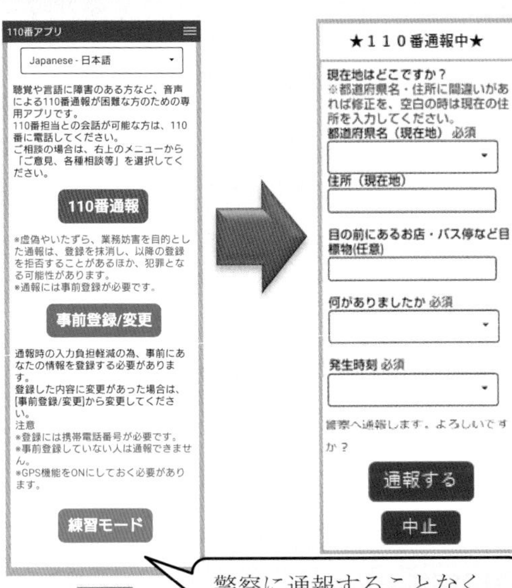

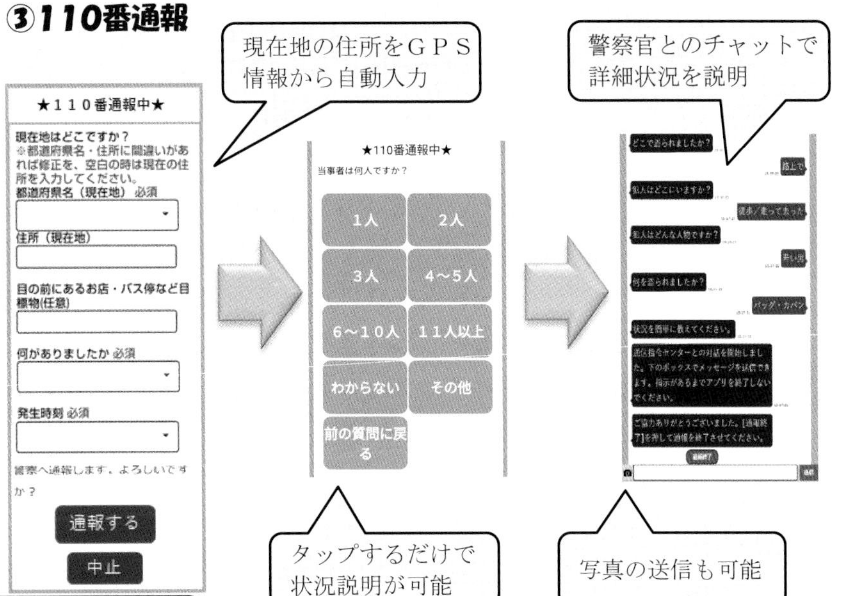

②事前登録

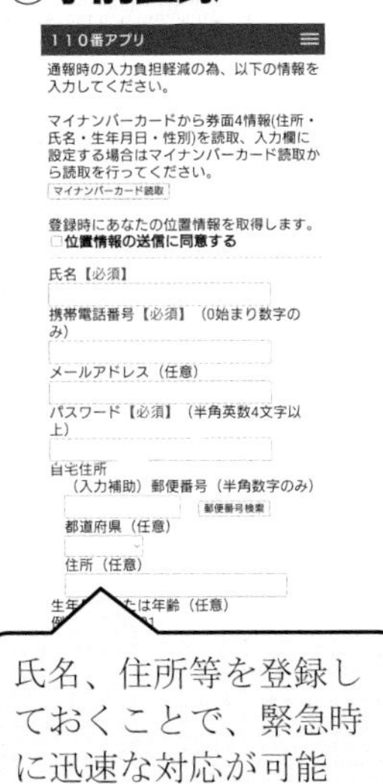

全国どこからでも、同じ方法で、通報場所を管轄する警察本部に通報可能

資料：警察庁

第2節

障害のある人の情報アクセシビリティを向上するための施策

1．情報アクセシビリティの向上

（1）障害者による情報の取得及び利用並びに意思疎通に係る施策の推進に関する法律に係る取組

2022年５月に第208回通常国会において「障害者による情報の取得及び利用並びに意思疎通に係る施策の推進に関する法律」（令和４年法律第50号）が議員立法により成立し、2022年５月25日に公布・施行された。

全ての障害のある人が社会を構成する一員として、社会、経済、文化等あらゆる分野の活動に参加するため、障害のある人が必要とする情報へのアクセシビリティを向上させることやコミュニケーション手段を充実させることは極めて重要であり、より一層の施策の推進が求められている。こうした状況を踏まえ、本法は障害のある人による情報の取得及び利用並びに意思疎通に係る施策に関し、基本理念を定め、国や地方公共団体等の責務を明らかにするとともに、障害のある人による情報の取得及び利用並びに意思疎通に係る施策の基本となる事項を定めること等により、障害のある人による情報の取得及び利用並びに意思疎通に係る施策を総合的に推進し、もって全ての国民が、障害の有無によって分け隔てられることなく、相互に人格と個性を尊重し合いながら共生する社会の実現に資することを目的とするものである。また、2023年３月に閣議決定された「障害者基本計画（第５次）」では、本法第９条第１項の規定に基づき、本法の規定の趣旨を踏まえ「情報アクセシビリティ・意思疎通支援の充実」に係る施策が盛り込まれている。

また、本法第11条第３項に基づき、障害のある人による情報取得等に資する機器等の開発及び普及の促進並びに質の向上に関する協議の場を共管府省庁（内閣府、デジタル庁、総務省、厚生労働省、経済産業省）において開催し、障害のある人による情報取得等に資する機器開発等を行う事業者、障害のある人及び関係行政機関の職員その他の関係者を参集して、障害のある人による情報取得等に資する機器等の開発及び普及の促進並びに質の向上に資するよう情報共有や意見交換等を実施している。2023年度は視覚障害をテーマに、障害者団体や事業者から、取組内容の説明を聴取し、意見交換を行った。

本法を踏まえ、障害のある人が必要とする情報へのアクセシビリティを向上させることやコミュニケーション手段を充実させるなど各種施策の更なる推進に向け、政府全体で取組を推進していく。

■図表5-12　障害者による情報の取得及び利用並びに意思疎通に係る施策の推進に関する法律の概要

障害者による情報の取得及び利用並びに意思疎通に係る施策の推進に関する法律
（障害者情報アクセシビリティ・コミュニケーション施策推進法）概要
（令和4年法律第50号）

目的（1条）

全ての障害者が、あらゆる分野の活動に参加するためには、
情報の十分な取得利用・円滑な意思疎通が極めて重要

障害者による情報の取得利用・意思疎通に係る施策を総合的に推進し、共生社会の実現に資する

※「障害者」：障害者基本法第2条第1号に規定する障害者（2条）

基本理念（3条）

障害者による情報の取得利用・意思疎通に係る施策の推進に当たり旨とすべき事項
①障害の種類・程度に応じた手段を選択できるようにする
②日常生活・社会生活を営んでいる地域にかかわらず等しく情報取得等ができるようにする
③障害者でない者と同一内容の情報を同一時点において取得できるようにする
④高度情報通信ネットワークの利用・情報通信技術の活用を通じて行う（デジタル社会）

関係者の責務・連携協力・意見の尊重（4条～8条）

・国・地方公共団体の責務等（4条）※障害者でない者にも資することを認識しつつ施策を行う
・事業者の責務（5条）
・国民の責務（6条）
・国・地方公共団体・事業者等の相互の連携協力（7条）
・障害者等の意見の尊重（8条）

基本的施策（11条～16条）

(1)障害者による情報取得等に資する機器等（11条）
①機器・サービスの開発提供への助成、規格の標準化、障害者・介助者への情報提供・入手支援
②利用方法習得のための取組（居宅支援・講習会・相談対応等）、当該取組を行う者への支援
③関係者による「協議の場」の設置　など

(2)防災・防犯及び緊急の通報（12条）
①障害の種類・程度に応じた迅速・確実な情報取得のための体制の整備充実、設備・機器の設置の推進
②多様な手段による緊急の通報の仕組みの整備の推進　など

(3)障害者が自立した日常生活・社会生活を営むために必要な分野に係る施策（13条）
①意思疎通支援者の確保・養成・資質の向上
②事業者の取組への支援　など

(4)障害者からの相談・障害者に提供する情報（14条）
国・地方公共団体について
①相談対応に当たっての配慮
②障害の種類・程度に応じて情報を提供するよう配慮

(5)国民の関心・理解の増進（15条）
○機器等の有用性・意思疎通支援者が果たす役割等、障害者による情報取得等の重要性に関する関心・理解を深めるための広報・啓発活動の充実　など

(6)調査研究の推進等（16条）
○障害者による情報取得等に関する調査研究の推進・成果の普及

○障害者基本計画等（障害者基本法）に反映・障害者白書に実施状況を明示（9条）
○施策の実施に必要な法制上・財政上の措置等（10条）

※施行期日：令和4年5月25日

資料：内閣府、デジタル庁、総務省、厚生労働省、経済産業省

（2）総合的な支援

厚生労働省では「障害者の日常生活及び社会生活を総合的に支援するための法律」に基づき、障害のある人の情報通信技術（ICT）の利用・活用の機会の拡大を図るため、ICT関連施策の総合サービス拠点となるICTサポートセンターの運営（32都道府県、8指定都市、1中核市：2023年度末時点）や、パソコンボランティア養成・派遣等の取組を支援している。

総務省では「デジタル活用共生社会実現会議」を開催し、年齢、障害の有無、性別、国籍等にかかわらず、デジタル活用の利便性を享受し、又は担い手となることで、誰もが豊かな人生を送ることができる「デジタル活用共生社会」の実現を目指すべきであるとした「デジタル活用共生社会の実現に向けて～デジタル活用共生社会実現会議 報告～」を2019年4月に公表した。この

報告に基づき、企業等が自社で開発するICT機器・サービスの情報アクセシビリティ基準（JIS X 8341シリーズ等）への対応状況を自己評価する「情報アクセシビリティ自己評価様式」を普及促進する取組や、情報アクセシビリティに配慮したICT機器・サービスの活用、これらの開発を促進するためのデータベース（情報アクセシビリティ支援ナビ（Act-navi））による障害関連情報の提供をそれぞれ推進している。

第５章第２節　１．情報アクセシビリティの向上　／総務省

TOPICS(トピックス)（26）

「情報アクセシビリティ自己評価様式」の普及促進

誰もがデジタル活用の利便性を享受し、豊かな人生を送ることができるデジタル共生社会の実現のためには、障害のある人を含む誰もがICT機器やサービスにアクセスできるよう、情報アクセシビリティの確保が重要である。

「デジタル社会の実現に向けた重点計画」（令和５年６月９日閣議決定）においては、「誰一人取り残されないデジタル社会の実現」に向けて、企業等が開発するデジタル機器・サービスが情報アクセシビリティ基準に適合しているかどうか自己評価し、公表する仕組み等の普及展開を推進するなど、情報アクセシビリティの推進の方向性が示されており、一層の取組を進めていく必要がある。

総務省では、2020年度に、欧米における同様の取組を参考にした「情報アクセシビリティ自己評価様式」を作成し、作成を支援するためのガイドブックと併せて公表を行った。また、政府情報システムに係る調達における当該様式の利活用推進のための調査を実施するとともに、民間企業等による様式作成の普及展開策として、アクセシブルなICT機器・サービスを好事例として公表する「情報アクセシビリティ好事例2023」及び企業向けセミナーを行っている。

2024年度以降においても、障害のある人を含む誰もがICT機器やサービスにアクセスできるよう、情報アクセシビリティの確保に向けて、関係省庁と連携し、当該様式の普及展開を推進していく。

自己評価結果

情報アクセシビリティ自己評価様式(書式1　自己評価結果)

作成日：　年　月　日

企業・団体名	株式会社ABC
ICT機器・サービス名称	Notebook PC
型番	DEF-GH
ICT機器・サービス概要	ノートPC
問合せ先	https://xxx.com/info/contact-abc/contact/
ウェブサイトURL	https://xxx.com/notebooks/business/

製品画像

機能性能

配慮対象項目	評価結果	概要
視力なしでの使用（全盲） 製品・サービスが視覚的な操作モードで提供される場合、視力を必要としない操作モードが用意されているか	部分的に対応している	・入出力のプライバシーをすべての人に等しく提供します。音声出力が可能な場合、自動的に画面がブランクになることはありません。 ・入出力用のデータ接続が存在する場合、業界標準の非独占的なフォーマットに準拠した1つ以上のタイプの接続を提供します。 ・タッチで操作可能で、起動しなくても触覚で判別可能な入力操作を提供します。 ・QWERTY配列のキーボードにアルファベットキーを個別に配置し、「F」「J」キーは他のキーと触覚的に区別しています。 ・時間制限のある応答が必要な場合に、タッチや音だけでなく、視覚的にも警告し、さらに時間が必要であることを指示する機会をユーザーに提供します。
限られた視力での使用（弱視、ロービジョン） 製品・サービスが視覚的な操作モードで提供される場合、限られた視力で対応可能な操作モードが用意されているか	対応している	・生体認証のみを使用しない、または異なる生体特性を使用した少なくとも2つの生体認証オプションを受け入れるユーザー識別または制御を提供します。 ・入出力のプライバシーをすべての人に等しく提供します。音声出力が可能な場合、自動的に画面がブランクになることはありません。 ・背景と視覚的なコントラストがあるキーや操作部、背景と視覚的なコントラストがある文字や記号（暗い背景に明るい文字や記号、明るい背景に暗い文字や記号）を提供します。 ・時間制限のある応答が必要な場合に、タッチや音だけでなく、視覚的にも警告し、さらに時間が必要であることを指示する機会をユーザーに提供します。
色知覚なしでの使用 製品・サービスが視覚的な操作モードで提供される場合、色知覚を必要としない操作モードが用意されているか	対応する必要がない	対象外
聴力なしでの使用（全ろう） 製品・サービスが聴覚的な操作モードで提供される場合、聴	対応している	・可聴信号は、情報を伝える、動作を示す、反応を促す、あるいは視覚的要素を識別するための唯一の手段ではありません。

資料：総務省

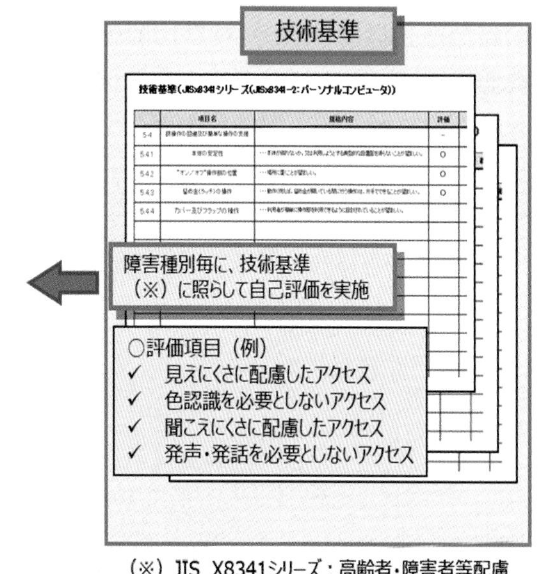

（※）JIS X8341シリーズ：高齢者・障害者等配慮設計指針－情報通信における機器、ソフトウェア及びサービス

（3）障害のある人に配慮した機器・システムの研究開発

情報通信の活用によるメリットを十分に享受するためには、障害のある人を含め誰もが、自由に情報の発信やアクセスができる社会を構築していく必要がある。

障害のある人の利用に配慮した情報通信機器・システムの研究開発の推進に当たっては、その公益性・社会的有用性が極めて高いにもかかわらず、収益性の低い分野であることから、国立研究機関等における研究開発体制の整備及び研究開発の推進を図るとともに、民間事業者等が行う研究開発に対する支援を行うことが重要である。

また、家電メーカーや通信機器メーカーにおいては、引き続き障害のある人・高齢者に配慮した家電製品の開発・製造に努めているところである。

（4）情報アクセシビリティに関する標準化の推進

情報アクセシビリティに関する日本産業規格（JIS）として「高齢者・障害者等配慮設計指針—情報通信における機器、ソフトウェア及びサービス」（JIS X8341シリーズ）を制定している（具体的には「共通指針」、「パーソナルコンピュータ」、「ウェブコンテンツ」、「電気通信機器」、「事務機器」、「対話ソフトウェア」、「アクセシビリティ設定」について制定）。

また、国内の規格開発と並行し、国際的な情報アクセシビリティのガイドライン共通化を図るため、JIS X8341シリーズのうち、「共通指針」、「パーソナルコンピュータ」及び「事務機器」について国際標準化機構（ISO）等へ国際標準化提案を行い、それぞれ国際規格が制定されている。2022年には、2020年に改訂された国際規格との整合性を図るため「事務機器」のJISを改正するとともに、電子書籍のアクセシビリティを評価するJIS X23761を制定している。

国際標準化機構（ISO）及び国際電気標準会議（IEC）の合同専門委員会（JTC 1）は情報通信機器等のアクセシビリティを含む情報技術に関する国際規格を作成しており、我が国としても、引き続き国際標準化の議論に参画していく。

■ 図表５-13　アクセシビリティに関する規格体系

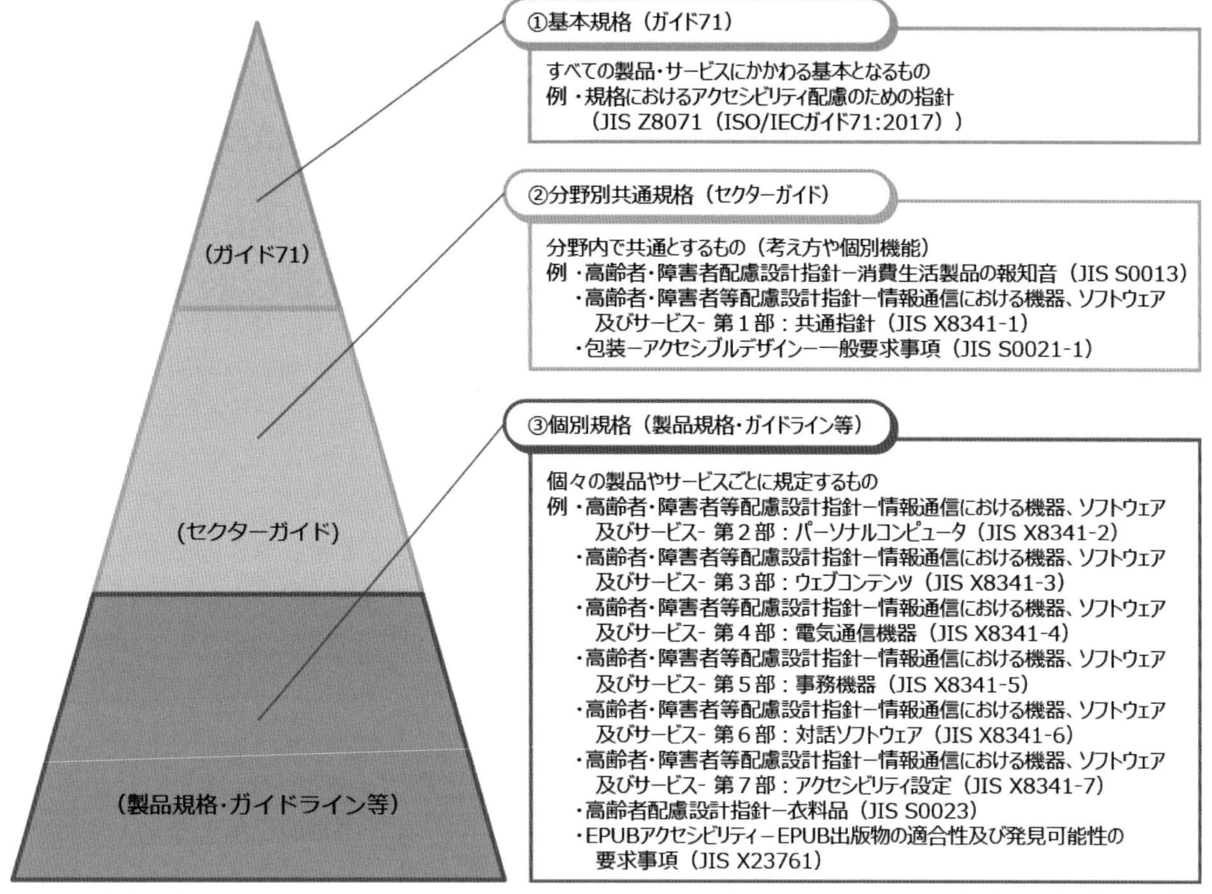

資料：経済産業省

（５）ホームページ等のバリアフリー化の推進

各府省は、障害のある人や高齢者を含めた全ての人々が利用しやすいものとするため、ウェブコンテンツ（掲載情報）に関する日本産業規格（JIS X8341-３）を踏まえ、ホームページにおける行政情報の電子的提供の充実に努めている。

総務省では、公的機関がウェブアクセシビリティ（障害のある人や高齢者を含め、誰もがホームページ等で提供される情報や機能を支障なく利用できること）の向上に取り組む際の手順書となる「みんなの公共サイト運用ガイドライン」を策定し、ウェブアクセシビリティの確保・向上に取り組んでいる。2023年度は、本ガイドラインの一部改訂を行うとともに公的機関を対象とした取組状況に関するアンケート調査及び国、地方公共団体等の公式ホームページのJIS対応状況調査並びに全国５か所での公的機関向け講習会を開催した。2024年度も引き続きウェブアクセシビリティの普及啓発活動に取り組んでいく。

（https://www.soumu.go.jp/main_sosiki/joho_tsusin/b_free/guideline.html）

デジタル庁では、ウェブアクセシビリティに初めて取り組む行政官や事業者向けに、ウェブアクセシビリティの考え方や取り組み方のポイントを解説する「ウェブアクセシビリティ導入ガイドブック」を民間専門人材の知見を活かして作成し、2022年12月にデジタル庁ウェブサイトにおいて公開した。2023年度においても随時更新を行っている。

（https://www.digital.go.jp/resources/introduction-to-web-accessibility-guidebook）

2．社会参加を支援する情報通信システムの開発・普及

（1）電子投票の実施の促進

電子投票とは、電磁的記録式投票機（いわゆる電子投票機）を用いて投票する方法であり、開票事務の迅速化に貢献するとともに、自書が困難な選挙人であっても比較的容易に投票することが可能である。

我が国における電子投票は、2002年２月より、地方公共団体の議会の議員及び長の選挙において導入することが認められている。

総務省としては、2020年３月に、タブレット端末などの汎用機を用いた電子投票が実施できるよう電子投票システムの技術的条件の見直しを行ったところであり、地方公共団体に対する必要な情報の提供に取り組んでいる。

（2）テレワークの推進

テレワークは、ICTを利用し、時間や場所を有効に活用できる柔軟な働き方であり、障害のある人、女性、高齢者等の就業機会の拡大にも寄与するものと期待されている。

国においては、テレワークが様々な働き方を希望する人の就業機会の創出及び地域の活性化等に資するものとして、関係府省が連携し、テレワークの一層の普及拡大に向けた環境整備、普及啓発等を推進している。

また、社内コミュニケーションに不安がある、セキュリティが心配であるといった様々な課題に対応すべく、専門家による無料の個別コンサルティング、先進事例の収集・表彰、セミナーの開催、商工会議所等と連携した地域サポート体制の整備、セキュリティガイドラインの策定等の様々な施策を推進している。なお、先進事例の表彰について、2023年度においては、通勤が困難な重度身体障がい者のテレワークの活用による全国的な雇用創出の取組など、優れた取組事例に対して「テレワークトップランナー2023 総務大臣賞」を授与した。

（https://www.soumu.go.jp/main_sosiki/joho_tsusin/telework/）

3．情報提供の充実

（1）情報提供に係る研究開発の推進

ア　民間による研究開発に対する支援

総務省では、障害のある人や高齢者向けの通信・放送サービスの充実に向けた、新たなICT機器・サービスの研究開発を行う者に対して支援を行っているほか、国立研究開発法人情報通信研究機構（NICT）を通じて、身体に障害のある人のための通信・放送サービスの提供又は開発を行う者に対する助成、情報提供を実施している。

■図表5-14　研究開発の事例（駅構内を想定した視覚障害者の歩行誘導サービス）

地下鉄の駅構内に設置したQRコードからの情報とメガネ型ウェアラブルデバイスから得た情報をスマートフォンで統合し，クラウドサービスを利用しながら，道案内，駅構内情報，危険回避などを実現する。

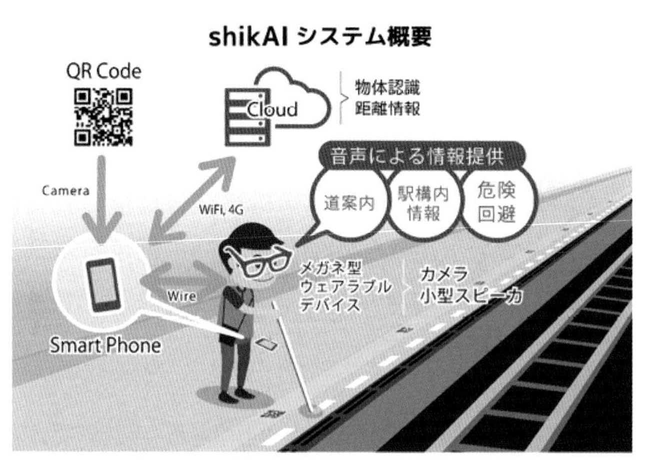

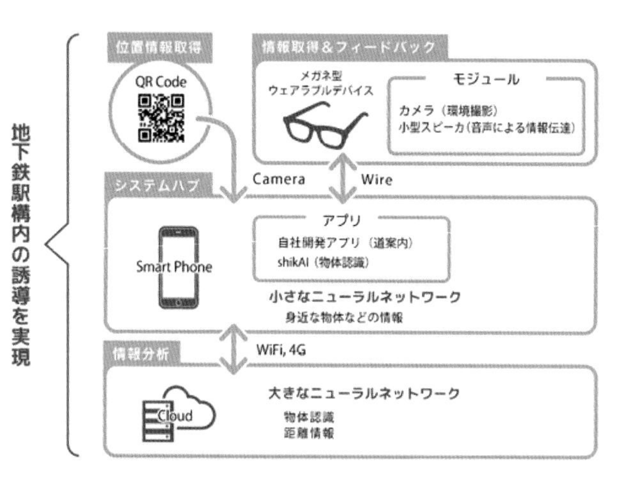

（参考）上記システムは東京メトロの一部の駅において利用可能

資料：総務省

イ　使いやすい電話機の開発

通信サービスの中でも特に電話は、障害のある人にとって日常生活に欠かせない重要な通信手段となっており、こうした状況を踏まえ、電気通信事業者においても、音量調節機能付電話等福祉用電話機器の開発や車椅子用公衆電話ボックスの設置など障害のある人が円滑に電話を利用できるよう種々の措置を講じている。

（2）情報提供体制の整備

ア　情報ネットワークの整備

厚生労働省において、在宅の身体に障害のある人もあまねく高度情報通信技術の恵沢を享受することを目的に、高度情報通信等福祉事業費補助金により、各団体が実施する以下の取組に対する支援を実施している。

① 社会福祉法人日本視覚障害者団体連合においてネットワークを利用し、新聞情報等を即時に全国の点字図書館等で点字データにより受信でき、かつ、視覚障害のある人が自宅にいながらにしてウェブ上で情報を得られる「点字ニュース即時提供事業」

② 社会福祉法人日本点字図書館を中心として運営されている視覚障害者等用情報総合ネットワーク「サピエ」により、点字・録音図書情報等の提供

③　公益財団法人日本障害者リハビリテーション協会が運営している「障害者情報ネットワーク（ノーマネット）」において、障害のある人の社会参加に役立つ各種情報の収集・提供と、情報交換の支援や、国内外の障害保健福祉研究情報を収集・蓄積し、インターネットで提供する「障害保健福祉研究情報システム」

イ　視覚障害者等の読書環境の整備の推進

2020年７月、文部科学省及び厚生労働省において「視覚障害者等の読書環境の整備の推進に関する基本的な計画」（以下本章では「基本計画」という。）を策定した。「基本計画」は2019年６月に施行された「視覚障害者等の読書環境の整備の推進に関する法律」（令和元年法律第49号。以下本章では「読書バリアフリー法」という。）第７条に基づき、視覚障害者等の読書環境の整備の推進に関する施策の総合的かつ計画的な推進を図るため策定したものである。また、同法第８条により、地方公共団体は、「基本計画」を勘案して、当該地方公共団体における視覚障害者等の読書環境の整備の推進に関する計画の策定に努めることとされていることから、「基本計画」の策定に併せ、地方公共団体や関係機関等に向けて、「読書バリアフリー法」の趣旨を踏まえた取組の実施を促すための通知を発出した。

また、同法第18条に基づく関係者協議会を開催し、関係者から聴取した意見を踏まえて各省庁等が講じようとする取組の方向性について検討を行うこととしており、2023年度においても2023年７月に関係者協議会を開催し、地方公共団体における視覚障害者等の読書環境の整備の推進に関する計画の策定状況等の実績や2022年度までの取組及び2023年度以降に講ずる施策について報告し、意見交換を行った。

ウ　政府広報における情報提供

内閣府では、視覚に障害がある人等が、円滑に必要な情報を取得し、利用することができるよう、政府の重要施策等の情報をわかりやすくまとめた音声広報CD「明日への声」及び点字・大活字広報誌「ふれあいらしんばん」を発行（年６回、各号約4,100部）している。「明日への声」及び「ふれあいらしんばん」はそれぞれ全国の視覚障害者情報提供施設、日本視覚障害者団体連合、特別支援学校、公立図書館（都道府県、政令市、中核市、特別区立等）、地方公共団体等に配布（約3,000か所）している。

音声広報CD「明日への声」
資料：内閣府
（https://www.gov-online.go.jp/media/cd/）

点字・大活字広報誌「ふれあいらしんばん」
資料：内閣府
（https://www.gov-online.go.jp/media/katsuji/）

エ　字幕付きビデオ及び点字版パンフレット等の作成

法務省では、犯罪被害者やその家族、さらに一般の人々に対し、検察庁における犯罪被害者の保護・支援のための制度についてわかりやすく説明したDVD「あなたの声を聴かせてください」を2021年度に新たに作成し、全国の検察庁に配布しており、説明のポイントにテロップを利用しているほか、全編に字幕を付けるなど、聴覚障害のある人も利用できるようになっている。

また、犯罪被害者等向けパンフレットの日本語版に音声コード（専用の機械に読み取らせることにより、本文の音声読み上げが可能なもの）を導入したほか、点字版を作成し、全国の検察庁及び点字図書館等へ配布を行い、視覚障害のある人に情報提供している。

法務省の人権擁護機関では、各種人権課題に関する啓発動画を作成する際に、字幕付動画も併せて作成するとともに、啓発冊子等に、音声コードを導入し、聴覚や視覚に障害のある人も利用できるようにしている。

オ　国政選挙における配慮

国政選挙においては、2003年の「公職選挙法」（昭和25年法律第100号）改正により、郵便等投票の対象者が拡大されるとともに、代理記載制度が創設されている。また、障害のある人が投票を行うための必要な配慮として、点字による「候補者名簿及び名簿届出政党等名簿」の投票所等への備付け、投票用紙に点字で選挙の種類を示す取組、点字版やカセットテープ、コンパクトディスク等の音声版による候補者情報の提供、投票所における点字器の備付け等を行っている。加えて、各選挙管理委員会における投票所における取組事例を取りまとめた「障害のある方に配慮した選挙事務の事例について」（令和５年１月30日付け総行管第75号）を発出し、各選挙管理委員会に対し、本資料を参照しつつ、障害のある方に配慮した取組を実施するよう周知した。

また、政見放送における取組として、衆議院比例代表選出議員選挙、参議院選挙区選出議員選挙及び都道府県知事選挙にあっては手話通訳を、参議院比例代表選出議員選挙にあっては手話通訳及び字幕を、それぞれ付与することができることとしている。また、衆議院小選挙区選出議員選挙及び参議院選挙区選出議員選挙にあっては、政見放送として一定の要件の下政党又は候補者が作成したビデオを放送することができ（いわゆる「持込みビデオ方式」）、政党又は候補者の判断により手話通訳や字幕を付与することができることとしている。

（３）字幕放送、解説放送、手話放送等の推進

視聴覚障害のある人等が、テレビジョン放送を通じて情報を取得し、社会参加していく上で、字幕放送、解説放送、手話放送等の普及は重要な課題であり、総務省においては、その普及を推進している。

1997年の「放送法」（昭和25年法律第132号）改正により、字幕番組及び解説番組をできる限り多く放送しなければならないとする努力義務規定が設けられた。これを受けて、1997年、郵政省（当時）は字幕放送の普及目標を定めた「字幕放送普及行政の指針」を策定した。

その後、総務省は、2007年に字幕放送及び解説放送（2012年改定時に手話放送を追加）の普及目標を定めた「視聴覚障害者向け放送普及行政の指針」の策定を経て、2018年に2027年度までの字幕放送、解説放送及び手話放送の普及目標を定めた「放送分野における情報アクセシビリティに関する指針」を策定した。また、2022年11月から有識者、障害者団体、放送事業者等から構成される「視聴覚障害者等向け放送の充実に関する研究会」において、直近の字幕放送等の実績や技術動向等を踏まえ、この指針の見直しを始め、視聴覚障害のある人等に向けた放送の充実に関する施策について議論が行われ、2023年８月に報告書が取りまとめられた。当該報告書を基に、

2023年10月に同指針を改定した。現在はこの指針に基づき、各放送事業者において取組が進められている。

加えて、国立研究開発法人情報通信研究機構（NICT）を通じて字幕番組、解説番組、手話番組等の制作費や生放送番組への字幕付与設備の整備費の一部助成も行っている。特に、生放送番組への字幕付与については、多くの人手とコストがかかり、特殊な技能を有する人材等を要することから、特にローカル局等において普及が進んでいない。また、深夜・早朝に災害が発生した場合には、人員の参集に時間がかかるため、緊急速報等に対する迅速な字幕付与が困難であることも課題となっている。このような課題への対応として、最先端の技術を活用した、生放送番組への字幕付与システムについても上記助成事業の対象とし、設備の導入を促している。

字幕付きCMの普及についても、字幕付きCM普及推進協議会（公益社団法人日本アドバタイザーズ協会、一般社団法人日本広告業協会、一般社団法人日本民間放送連盟の３団体で構成）が、2020年９月に策定した「字幕付きCM普及推進に向けたロードマップ」に基づき、字幕付きCMの放送枠を増やす取組が東名阪地区を中心に進められ、2021年10月からは全国的な取組に拡大されている。

厚生労働省では、聴覚障害のある人のために、字幕（手話）入り映像ライブラリーや手話普及のための教材の制作・貸出し、手話通訳者等の派遣、情報機器の貸出し等を行う聴覚障害者情報提供施設について、ICTの発展に伴うニーズの変化も踏まえつつ、その支援を促進している。

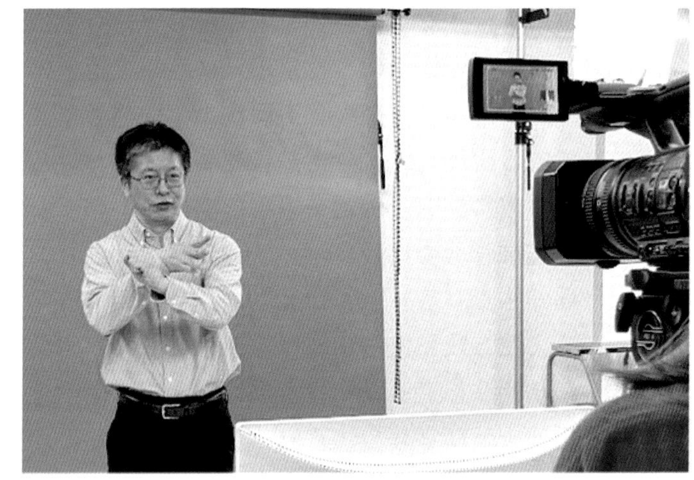
聴覚障害者情報提供施設（聴力障害者情報文化センター）：
手話入り映像の撮影

第５章第２節　３．情報提供の充実　／総務省

TOPICS(トピックス)（27）

情報バリアフリーの促進

　障害のある人がIoT（※）、AI（※）等による利便性を最大限に享受できるようにするため、その前提として、製品やサービスにおけるアクセシビリティの確保が不可欠である。総務省では、年齢や障害の特性を問わず、誰もが公的機関のホームページから必要な情報やサービスを利用できるようにするため、2004年度から取組を行っている。2023年度は、公的機関を対象とした取組状況に関するアンケート調査及び国、地方公共団体等の公式ホームページのJIS対応状況調査並びに全国５か所での公的機関向け講習会を開催した。講習会の模様は総務省YouTubeチャンネル（https://www.youtube.com/watch?v=szdKwU8e994&list=PL7PI1l61-EVKddTXEeoVWl3lXK-OB9Oi4）で公開している。

　また、IoT、AI等の発展により、ICT分野における製品やサービスは、これまでの視覚、聴覚、身体障害中心の対応だけでなく、精神、発達、知的障害、難病を含め、あらゆる障害に対応できる可能性があることから、これらの関連技術の開発を推進していくため、①障害のある人向けのICTサービスを提供する中小企業等への助成、②障害のある人向けの新たなICT機器・サービスの研究開発を行う民間企業等への助成を行っている。

　さらに、視聴覚障害のある人等に向けた放送サービスの提供に対する支援として、字幕番組、解説番組、手話番組等の制作費や生放送番組への字幕付与設備の整備費に対する助成を実施している。

※IoTとは、Internet of Things（モノのインターネット）の略。自動車、家電、ロボット、施設などあらゆるモノがインターネットにつながり、情報のやり取りをすることで、モノのデータ化やそれに基づく自動化等が進展し、新たな付加価値を生み出すというコンセプトを表した語。

※AIとは、Artificial Intelligence（人工知能）の略。コンピュータを使って、学習・推論・判断など人間の知能の働きを人工的に実現するための技術。

【ICTサービスの提供及び研究開発に関する助成事例】

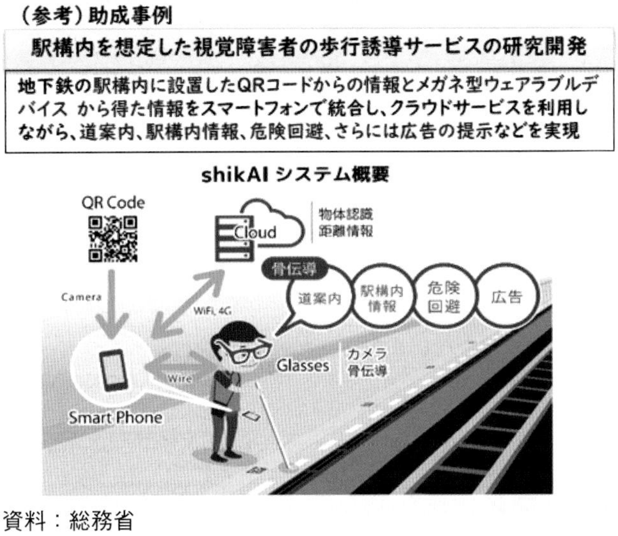

（参考）助成事例

駅構内を想定した視覚障害者の歩行誘導サービスの研究開発

地下鉄の駅構内に設置したQRコードからの情報とメガネ型ウェアラブルデバイス から得た情報をスマートフォンで統合し、クラウドサービスを利用しながら、道案内、駅構内情報、危険回避、さらには広告の提示などを実現

資料：総務省

TOPICS(トピックス)（28）

視覚障害者等の読書環境整備の推進(読書バリアフリーコンソーシアムの設置)

視覚障害者等の読書環境整備の推進にあっては、組織の枠を超えた関係者間の連携体制を構築していくことが重要である。文部科学省では、読書バリアフリー基本計画に基づく施策を効率的かつ効果的に推進するため、地域等において、公立図書館、学校図書館、大学図書館、点字図書館等の様々な館種の図書館や関係行政組織・団体等が連携した「読書バリアフリーコンソーシアム」を設置し、物的・人的資源の共有を始めとした様々な読書バリアフリーの取組を行う委託事業を実施している。

2023年度においては国立大学法人東京大学先端科学技術研究センターが「学校図書館等における読書バリアフリーコンソーシアム」を、国立大学法人筑波技術大学にあっては「読書バリアフリーコンソーシアム　テクノロジーハブ」を組織し、障害のある児童生徒･学生のための読書バリアフリー推進について情報発信を行っている。

学校等の教育現場において、教職員は障害のある児童生徒・学生のため、バリアフリーの図書・資料をどのように複製しどのように製作したらよいのか、また手に入れた資料はどこまで貸出を行ってよいのかといった多くの疑問が付きまとう。

そのような教育現場の疑問を解決できるよう、東京大学は2021年度より本事業を受託し、「学校図書館等における読書バリアフリーコンソーシアム」を組織し、ホームページで「著作権法37条を遵守し学校図書館でできること」を整理・図化したページや、先進的な取組事例を公開するなどして、広く情報発信を行ってきた。

「学校図書館等における読書バリアフリーコンソーシアム」ホームページURL
https://accessreading.org/conso/

2024年１月28日には東京大学が「学校図書館等における読書バリアフリーコンソーシアム公開シンポジウム」をオンライン上で開催し、2024年２月24日には筑波技術大学が「ICTを活用して読書の可能性を広げるシンポジウム」を開催するなど、教育現場に限らず、広く読書バリアフリーの取組に関心のある人々に向けた情報発信や普及啓発の取組を行っている。

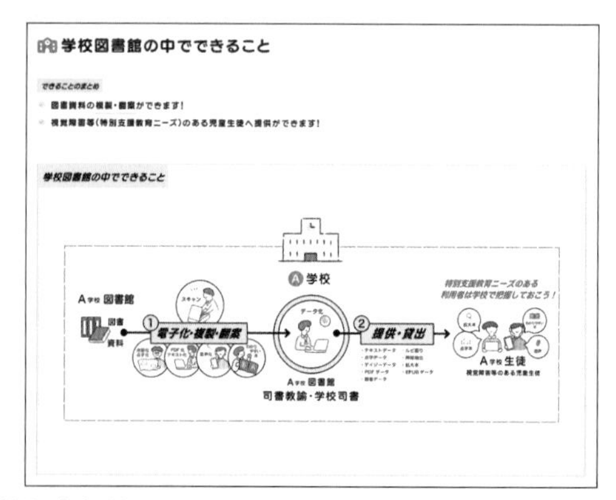

「学校図書館等における読書バリアフリーコンソーシアム」
ホームページURL
https://accessreading.org/conso/remake/

資料：文部科学省

（4）日本銀行券の券種の識別性向上に向けた取組

日本銀行券（いわゆる、お札）については、偽造抵抗力強化の観点に加え、ユニバーサルデザインの観点も踏まえて様式を新しくし、2024年7月3日から発行を開始することとしている（https://www.mof.go.jp/policy/currency/bill/231212.html）。

財務省においては、これまで日本銀行や国立印刷局とともに、視覚に障害のある人が券種を区別しやすくなるよう、関係者からの意見聴取、海外の取組状況の調査を行う等、様々な観点から検討を行ってきており、新しい日本銀行券には、この成果を反映し、触った時や見た時に券種の区別をしやすくする以下のような工夫を施すこととしている。

① 指の感触で券種の区別ができるマークを、現行券よりも触った時にわかりやすい形状に変更し、券種毎に異なる位置に配置。

② 肖像のすかしが入る「すき入れ」部分の形状に違いを設けて差別化した上で、券種毎に異なる位置に配置。

③ 表・裏両面のアラビア数字を大型化。

④ 高額券と千円券のホログラムの形状に違いを設けて差別化した上で、券種毎に異なる位置に配置。

■ 図表5-15　新しい日本銀行券のユニバーサルデザインの内容

（表面）　（裏面）

一万円券

五千円券

千円券

注：図表中の番号は、本文中の番号に対応。
資料：財務省

4．コミュニケーション支援体制の充実

（1）手話や点訳等によるコミュニケーション支援

「障害者の日常生活及び社会生活を総合的に支援するための法律」に基づき、聴覚、言語機能、音声機能、視覚、盲ろう、失語、知的、発達、高次脳機能、重度の身体などの障害や難病のため、意思疎通を図ることに支障がある人に、手話通訳者や要約筆記者、盲ろう者向け通訳・介助員、失語症者向け意思疎通支援者等の派遣等による支援を行う意思疎通支援事業や、手話通訳者等の養成研修等が実施されている。

各都道府県警察においては、聴覚に障害のある人のための手話通訳及びルビを付した字幕入りの映像の活用や手話通訳員の確保に努めている。また、言語での意思伝達を困難とする人たちと警察官とのコミュニケーションを円滑にするため、協力団体と共に開発し、提供を受けた「コミュニケーション支援ボード」を、全国の交番、パトカー等に配備し、活用している。

また、聴覚や発話に障害のある人とそれ以外の人をオペレーターが「手話」や「文字」と「音声」とを通訳することにより、電話で双方向につなぐ電話リレーサービスについては、これまでも民間企業や、公益財団法人日本財団及び厚生労働省の電話リレーサービスのモデルプロジェクトにおいて、提供されていたところであるが、2019年１月より、総務省及び厚生労働省において「電話リレーサービスに係るワーキンググループ」を開催し、公的インフラとしての電話リレーサービスの在り方について検討を行い、2019年12月に報告書を公表した。

その後、公共インフラとしての電話リレーサービスを実現するため、2020年通常国会において「聴覚障害者等による電話の利用の円滑化に関する法律」（令和２年法律第53号）が成立し、2020年12月１日に施行され、同法の規定に基づき、2021年１月、総務大臣により「電話リレーサービス提供機関」及び「電話リレーサービス支援機関」が指定された。

2021年７月より、電話リレーサービス提供機関の指定を受けた（一財）日本財団電話リレーサービスにより、公共インフラとしての電話リレーサービスの提供が開始されている。

電話リレーサービスの更なる普及促進を図るため、総務省は関係省庁と連携して周知広報を実施しているほか、電話リレーサービス提供機関が全国各地で実施する電話リレーサービスの講習会や利用登録会などに協力しており、2023年度末の利用登録者数は１万5,267人となっている。

金融庁では、銀行等や保険会社に対し、電話リレーサービスの導入状況に関する項目を含む「障がい者等に配慮した取組みに関するアンケート調査」を実施しており、アンケートを通じ、顧客に対して電話を用いて提供しているサービスのうち、電話リレーサービスに対応していないものはあるか等、各金融機関における障害のある人等に配慮した取組状況を把握している。そのほか、障がい者団体と金融機関関係団体との意見交換会を実施しており、これらの結果を踏まえ、障害のある人に対する利便性向上について、銀行・保険会社等に対して、業界団体との意見交換会の機会等を通じ、より積極的な対応を促している。

■図表5-16 電話リレーサービスの仕組み

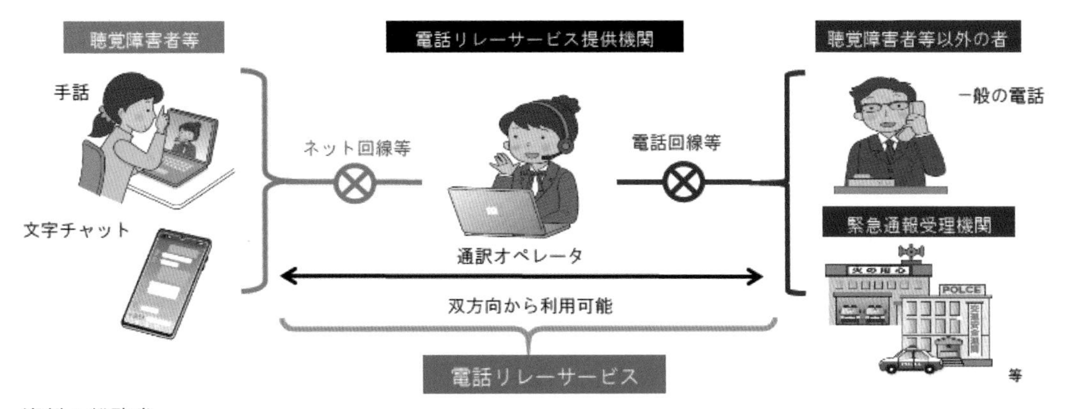

資料：総務省

（2）コミュニケーション支援用絵記号及びアクセシブルミーティング

文字や話し言葉によるコミュニケーションの困難な人が、自分の意思や要求を相手に的確に伝え、正しく理解してもらうことを支援するための絵記号に関する規格として「コミュニケーション支援用絵記号デザイン原則（JIS T0103)」が制定され、2010年に障害のある人が会議に参加しやすいように主催者側の配慮事項の規格として「高齢者·障害者配慮設計指針―アクセシブルミーティング（JIS S0042)」が制定された。

■図表5-17 コミュニケーション支援用絵記号の例

【絵記号の例】

わたし

あなた

感謝する

助ける

【絵記号による意思伝達の例】

朝起きたら、顔を洗って歯を磨いてください。

注：コミュニケーション支援用絵記号デザイン原則（JIS T0103）には参考として約300の絵記号の例を収載しており、これらは公益財団法人共用品推進機構のホームページから無償でダウンロードすることができる。（https://www.kyoyohin.org/ja/index.php）

第6章 国際的な取組

我が国の国際的地位にふさわしい国際協力に関する施策

1．障害者に関する国際的な取組

（1）障害者権利条約

障害者の権利及び尊厳を保護し、促進すること等を目的とする「障害者の権利に関する条約」、いわゆる「障害者権利条約」は、2006年12月、「第61回国際連合総会本会議」（以下本章では国際連合を「国連」という。）において採択され、2008年５月に発効した。2024年４月15日現在、締約国・地域・機関数は191となっている。「障害者権利条約」は、障害者の人権や基本的自由を確保し、障害者の固有の尊厳の尊重を促進するため、障害者の権利の実現のための措置等を規定し、市民的・政治的権利、教育・保健・労働・雇用の権利、社会保障、余暇活動へのアクセスなど、様々な分野における取組を締約国に対して求めている。

我が国は、本条約の起草段階から積極的に参加するとともに、2007年９月28日、同条約に署名した。その後、「障害者基本法」（昭和45年法律第84号）の改正（2011年８月）等の各種法制度整備を行い、2014年１月20日、「障害者権利条約」の批准書を国連に寄託、2014年２月19日に我が国について発効した。

「障害者権利条約」では、各締約国が、「条約に基づく義務を履行するためにとった措置及びこれらの措置によりもたらされた進歩に関する包括的な報告」を「障害者の権利に関する委員会（障害者権利委員会）」に提出することを定めており（条約第35条）、特に初回の報告については、条約発効後２年以内の提出が求められている。

我が国においても、障害者政策委員会における議論やパブリックコメントを踏まえて政府報告作成準備を進め、2016年６月に障害者権利委員会に初回の政府報告を提出した。2022年８月22日及び23日、国連欧州本部（スイス（ジュネーブ））にて、我が国に対する同条約の第１回政府報告の対面審査が行われた。これを踏まえた障害者権利委員会による総括所見については、2022年９月９日にアドバンス版が公表され、その後、2022年10月７日に確定版が公表されている。（詳細については外務省ホームページ（https://www.mofa.go.jp/mofaj/gaiko/jinken/index_shogaisha.html）を参照。）

なお、障害者権利委員会は、条約の締約国から選ばれた18人の専門家から構成され、締約国による報告を検討し、報告について提案や勧告を行う等の活動を行う委員会である。

（2）ESCAPアジア太平洋障害者の十年

アジア太平洋地域において障害のある人への認識を高め、域内障害者施策の水準向上を目指すために、「国連障害者の十年」に続くものとして、1992年に我が国と中国が「アジア太平洋障害者の十年」を主唱し、国連アジア太平洋経済社会委員会（ESCAP）総会において決議された。

その最終年となる2002年にESCAP総会において、我が国の主唱により「ESCAPアジア太平洋障害者の十年」が更に10年延長されるとともに、2002年10月に滋賀県大津市で開催された「ESCAPアジア太平洋障害者の十年最終年ハイレベル政府間会合」において、「ESCAP第２次アジア太平洋障害者の十年（2003-2012年）」の行動計画である「アジア太平洋障害者のための、インクルーシブで、バリアフリーな、かつ権利に基づく社会に向けた行動のためのびわこミレニアム・フレームワーク」（以下本章では「びわこミレニアム・フレームワーク」という。）が採択された。

また、「ESCAP第２次アジア太平洋障害者の十年」の中間年に当たる2007年９月にタイのバンコクで開催された「アジア太平洋障害者の十年の中間評価に関するハイレベル政府間会合」では、「びわこミレニアム・フレームワーク」を補完し、2008年から５年間の実施を促進するための行動指針となる「びわこプラスファイブ」が採択された。

2012年５月にESCAP総会において、我が国の共同提案により「ESCAP第３次アジア太平洋障害者の十年（2013-2022年）」決議が採択され、2012年11月には「第２次アジア太平洋障害者の十年最終レビュー・ハイレベル政府間会合」において、「ESCAP第３次アジア太平洋障害者の十年」の行動計画である「仁川（インチョン）戦略」が採択された。「仁川戦略」では、「貧困の削減と労働及び雇用見通しの改善」、「政治プロセス及び政策決定への参加促進」等障害者施策に関する10の目標、与えられた期間内に達成すべき27のターゲット及びその進捗状況を確認するための62の指標が設定されている。

2022年10月には、インドネシアのジャカルタで「第３次アジア太平洋障害者の十年最終レビュー・ハイレベル政府間会合」が開催され、「アジア太平洋障害者の十年」を更に10年延長することを決議する「ジャカルタ宣言」が採択された。

（３）情報の提供・収集

内閣府では、我が国の障害者施策に関する情報提供のために、「障害者基本法」や「障害者差別解消法」、「障害者白書の概要」等の英語版を作成し、内閣府ホームページ（英語版サイトなど）等にこれらを掲載している（詳細については内閣府障害者施策ページ（https://www8.cao.go.jp/shougai/english/index-e.html）を参照。）。

また、独立行政法人国立特別支援教育総合研究所において、諸外国（アメリカ、イギリス、韓国、オーストラリア、フィンランド、スウェーデン、ドイツ、フランス）の障害のある子どもをめぐる教育施策等に関する調査を行っており、調査結果を独立行政法人国立特別支援教育総合研究所ホームページ（https://www.nise.go.jp/nc/about_nise/inclusive_center/international/02）に掲載している。

TOPICS(トピックス)（29）

G7交通大臣宣言に基づくバリアフリー実務者会合の開催

G7三重・伊勢志摩交通大臣会合（2023年６月開催）において採択されたG7交通大臣宣言に基づき、G7各国における政策、課題、ベストプラクティスに関する情報共有を目的としたG7バリアフリー実務者会合を2024年２月29日に開催した。

日本からは、車椅子使用者用駐車施設等に関する適正利用を推進する制度（パーキングパーミット制度）・バリアフリートイレの機能分散・心のバリアフリーの推進（適正利用キャンペーン等）の３つのテーマについてプレゼンテーションを実施した。各国からは、これらのテーマに限定されず、重点的に取り組まれているテーマ（鉄道や航空におけるバリアフリーの取組や車椅子使用者用駐車施設の確保に向けた取組等）について発表がなされた。

また、G7各国における交通のバリアフリーを推進するため、今後もG7各国間のネットワークを維持し、必要な情報共有等を行うことで一致した。

国土交通省報道発表ページURL
https://www.mlit.go.jp/report/press/sogo09_hh_000365.html

G7バリアフリー実務者会合について

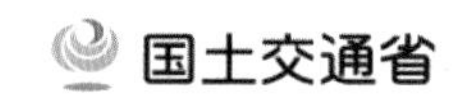

- 昨年６月に開催されたＧ７三重・伊勢志摩交通大臣会合において採択された**Ｇ７交通大臣宣言に基づき、**令和６年２月29日に**Ｇ７バリアフリー実務者会合を開催**
- **Ｇ７各国におけるバリアフリーに係る政策、課題、ベストプラクティスに関する情報共有・議論**を行うとともに、**各国間のネットワークを維持し、必要な情報共有等を行うことで一致**

令和５年度　G7実務者会合の概要

開催日時：２月２９日（木）21：00～23：15（日本時間）

開催場所：国土交通省３号館３階　AB会議室（オンライン形式）

出席者（議長国順）

- フランス　：ポーリン・デルマス　政策担当官
- 米国　：ジュリー・エイブラハム　国際運輸・貿易室長
- 英国　：リズ・ウィルソン　副次長
- ドイツ　：ダイアナ・ハスター　参事官
- 日本　：田中賢二　バリアフリー政策課長
- イタリア　：アントニオ・エラリオ　国際規制部門長
- カナダ　：ジェニス・フェスタ　課長
- EU　：アンドラス・モギョロ　法務担当官

実務者会合実施の様子

G7実務者会合の結果

- 会合では、Ｇ７各国における**政策、課題、ベストプラクティスに関する情報共有を行うとともに、意見交換を実施**

【日本からの報告事項】
- 車椅子使用者用駐車施設に関する適正利用を推進する制度、バリアフリートイレの機能分散、心のバリアフリーの推進に係る取組（優先席、ベビーカーキャンペーン、当事者参画）

【各国からの報告事項】
- 鉄道や航空におけるバリアフリーの取組、車いす使用者用駐車施設の確保に向けた取組　等

- Ｇ７各国における交通のバリアフリーを推進するため、**今後もＧ７各国間のネットワークを維持し、必要な情報共有等を行うことで一致**

資料：国土交通省

２．国際協力等の推進

（１）国際協力の基本的な方針

障害者施策は、福祉、保健・医療、教育、雇用等の広範な分野にわたっているが、我が国がこれらの分野で蓄積してきた技術・経験などを政府開発援助（ODA）などを通じて開発途上国の障害者施策に役立てることは、極めて有効であり、かつ、重要である。協力を行うに当たり、対象国の実態や要請内容を十分把握し、その国の文化を尊重しながら要請に柔軟に対応することが大切である。このため、我が国は「障害者権利条約」第32条「国際協力」に基づき、密接な政策対話を通じ、対象国と我が国の双方が納得いく協力を行うよう努めている。また、「草の根・人間の安全保障無償資金協力」、「日本NGO連携無償資金協力」等の活用を通じたNGOとの連携、JICA海外協力隊の派遣など開発途上国の草の根レベルに直接届く協力も行っており、現地の様々なニーズにきめ細かく対応している。

（２）有償資金協力

有償資金協力では、鉄道建設、空港建設等においてバリアフリー化を図った設計を行う等、障害のある人の利用に配慮した協力を行っている。

（３）無償資金協力

無償資金協力においても、障害のある人の利用に配慮した協力を行うとともに、障害のある人のためのリハビリテーション施設や職業訓練施設の整備、移動用ミニバスの供与、障害者スポーツのための機材・施設整備等、毎年度多くの協力を行っている。2023年度においては、障害者関連援助として「一般文化無償資金協力」、「草の根・人間の安全保障無償資金協力」及び「草の根文化無償資金協力」を対象国政府・NGO・教育機関・地方公共団体等に対し実施した。また、2023年度には「日本NGO連携無償資金協力」により６件の障害者支援関連事業を採択した。

（４）技術協力

技術協力の分野では、開発途上国の障害のある人の社会参加と権利の実現に向けて、独立行政法人国際協力機構（JICA）を通じて、障害のある人を対象とした取組に加え、開発プロセスのあらゆる分野において障害のある人の参加を支援するために、研修員の受入れや専門家及びJICA海外協力隊の派遣など幅広い協力を行っている。2023年度には「地域に根ざしたインクルーシブアプローチによる障害者の社会参加」を始め13の本邦研修コースを実施し、研修員約100名を受け入れたほか、専門家５名、コンサルタント28名、理学療法士等のJICA海外協力隊87名の派遣などを行った。また、NGOや大学等を始めとする市民団体の発意に基づく事業を実施する「JICA草の根技術協力事業」を活用し、2023年度には、これまでに採択された案件計12件を継続して実施した。また、これら技術協力に日本及び開発途上国双方の障害のある人が参加し、中心的な役割を担うことを推進している。

技術協力プロジェクトでは、以下を含む５つのプロジェクトを2023年度に実施した。スリランカでは、2021年11月より、「スリランカにおける障害者の就労支援促進プロジェクト」を実施しており、就労を希望する障害者が円滑に労働市場に参入できるよう労働―福祉行政機関の連携に基づく就労支援サービスを立案し、プロジェクト開始から２年経過した2023年10月末時点で対象全25県中18県において110企業145名の就労成功事例を実現している。また、プロジェクトでは企業において障害のある同僚への支援や職場環境の整備に取り組むことができる企業内ジョブコーチを育成したり、就労する障害当事者会合の開催を支援したりすることで、インクルーシブな就労の在り方の普及と障害当事者の声に基づいたサービス改善にも取り組んでいる。

障害のある人が働くスリランカのパン工場。その働きぶりが認められたことで会社が福祉行政官に他の求職者の紹介を依頼し、他の障害者の就労にもつながった。

また、モンゴルでは、「障害児のための教育改善プロジェクト」を2015年より２フェーズにわたって実施している。フェーズ１で構築した支援モデルをもとに、2020年に開始したフェーズ２では対象を拡大し、幼稚園から小学校、中学校にわたる学校現場と行政双方の連携を含むインクルーシブな教育支援体制づくりを進め、研修等を通じた行政官の能力強化とあわせて、２～16歳の障害児のための発達支援・教育サービスをモンゴル全土に普及させることを目指す。

（5）国際機関等を通じた協力

援助対象国に対する直接的援助のほか、我が国では国連等国際機関を通じた協力も行っている。1988年度から2015年度まで国連障害者基金に対して継続的な拠出を行った。さらに、アジア太平洋地域への協力としては、国連アジア太平洋経済社会委員会（ESCAP）に対し、日本エスカップ協力基金（JECF）を通じた活動支援を実施しており、2017年には、障害のある人を包摂する津波防災のためのe-ラーニングツールの開発について５万ドルの支援、2018年には開発したツールの域内普及に向けて３万ドルの支援、2021年には開発したツールを活用し、ジェンダーの平等も考慮した障害のある人を包摂する津波防災に係る政策形成及び実施に向けて23万ドルの支援を行っている。

■ 図表６-１　技術協力の状況（2023年度）

（１）本邦研修（単位：人）

2023年度実施研修員受入れコース	114
課題別研修「地域に根ざしたインクルーシブアプローチによる障害者の社会参加（A）」（使用言語：スペイン語）	11
課題別研修「地域に根ざしたインクルーシブアプローチによる障害者の社会参加（B（アジア））（C（中東・アフリカ））」（使用言語：英語）	9
課題別研修「スポーツを通じた障害者の社会参加の促進（A）」（使用言語：英語）	5
課題別研修「スポーツを通じた障害者の社会参加の促進（B）」（使用言語：ロシア語）	4
課題別研修「障害者権利条約の実践のための障害者リーダー能力強化」（使用言語：英語）	4
課題別研修「障害者権利条約の実践のための障害者リーダー能力強化（B）」（使用言語：スペイン語）	5
課題別研修「障害者就労促進」	9
課題別研修「インクルーシブ教育制度強化　～障害のある子どもと共に学び共に生きる～」	15
課題別研修「インクルーシブ教育実践強化～すべての子どもを支える授業づくり～」	6
青年研修「タイ／障がい者支援」コース	13
国別研修「エクアドル／地域における障害者に焦点を当てたインクルーシブ防災の実施能力強化」	13
国別研修「パレスチナ／ユニバーサルツーリズムの促進」	8
国別研修「ウズベキスタン／就学前教育におけるインクルーシブ教育実践強化プロジェクト」	12

注：課題別研修／国別研修／青年研修の受入人数。課題別研修への国別上乗せ研修は除く。2023年度における研修員受入れ実績には、オンライン実施による実績も含む。
資料：外務省

（２）ボランティア（単位：人）

JICA海外協力隊		87
青年海外協力隊／海外協力隊		79
内訳	長期派遣：１～２年	76
	障害児・者支援	32
	理学療法士	27
	作業療法士	10
	ソーシャルワーカー	2
	鍼灸マッサージ師	2
	言語聴覚士	3
	短期派遣：１ヵ月～１年未満	3
	障害児・者支援	1
	理学療法士	2
シニア海外協力隊		6
内訳	長期派遣：１～２年	6
	言語聴覚士	1
	障害児・者支援	5
日系社会青年海外協力隊/日系社会海外協力隊		2
内訳	長期派遣：１～２年	2
	ソーシャルワーカー	1
	作業療法士	1
日系社会シニア海外協力隊		0

注：障害児・者支援、理学療法士、言語聴覚士、鍼灸マッサージ師、作業療法士、ソーシャルワーカー、福祉用具、の７職種を障害者支援関連職種とし、2023年度（2023/４/１～2024/３/31時点）の新規派遣人数を計上。（短期ボランティアを含む。）上記の表に記載されていない職種については、2023年度現時点０名。
資料：外務省

（3）技術協力事業

技術協力プロジェクト・個別専門家 事業名	専門家派遣（直営）（人）	専門家派遣（コンサルタント）（人）	研修員受入（人）	機材供与（百万円）
モンゴル 障害児のための教育改善プロジェクト（フェーズ2）	0	8	0	0
モンゴル 障害者就労支援制度構築プロジェクト	0	9	15	0
ウズベキスタン 就学前教育におけるインクルーシブ教育実践強化プロジェクト	0	5	12	0
スリランカ インクルーシブ教育アプローチを通じた特別なニーズのある子どもの教育強化プロジェクト	0	6	0	0
スリランカ スリランカにおける障害者の就労支援促進プロジェクト	2	0	9	0
パラグアイ（個別専門家） 障害者の社会参加促進アドバイザー（フェーズ2）	1	—	0	0
南アフリカ（個別専門家） 障害児及び家族支援アドバイザー	1	—	0	0
タイ（個別専門家） インクルーシブで強靭な地域間協力のための障害者参加促進アドバイザー	1	—	0	0

注：専門家派遣（直営）及び専門家派遣（コンサルタント）の人数については、2022年度からの継続による専門家派遣（直営）及び2023年度の新規派遣（直営もしくはコンサルタント）の合計（実人数）。いずれも第三国人材の派遣は除く。「研修員受入」の人数は当該年度のみ集計。また、「研修員受入」については日本との遠隔研修を含めるが、協力相手国内もしくは第三国で実施された研修コースは除く。
資料：外務省

（4）草の根技術協力事業（2023年度障害者支援関連事業）

対象国	案　件　名
コスタリカ	障害者の社会支援システム構築プロジェクト
ブータン	ソーシャルインクルージョンによる持続可能な障がい者支援の構築に向けた障がい者の社会参加促進プロジェクト
セルビア	セルビアベオグラード市コミュニティレベルにおける知的障害者の自立を支援する事業
南アフリカ	障害者自立生活センターの拡大と持続的発展
インドネシア	中部ジャワ州スラカルタ市「自閉症教育」の人材育成事業
ラオス	知的・発達障害を持つ子供の社会自立を目指したインクルーシブ教育・就労支援の実践
モンゴル	モンゴル自立生活センター強化プロジェクト
ネパール	カトマンズの病院における難聴患者の意思疎通支援パイロットプロジェクト
ペルー	ペルーにおける障害児スポーツ指導力強化および普及促進プロジェクト
ベトナム	ホーチミンの枯葉剤被害障害者のための職業訓練モデル開発プログラム
ベトナム	ベトナムの喉摘失声者に対する食道発声教室開設と発声訓練体制の確立
カンボジア	車いす整備・修理技術及び広報技術向上による女性障がい者の自立支援プロジェクト

資料：外務省

■ 図表6-2　日本NGO連携無償資金協力（2023年度障害者支援関連事業）

（単位：円）

実施国／地域	契約額	事　業　名
タジキスタン	47,242,395	インクルーシブ教育推進のための教職課程構築事業
トーゴ	93,810,500	モー県およびバサール県におけるインクルーシブ教育推進事業
パキスタン	99,781,656	ハリプール郡とアボタバード郡の小学校における、インクルーシブ教育推進事業
ミャンマー	62,430,350	カレン州パアン地区におけるインクルーシブ教育支援事業
ミャンマー	52,239,790	ヤンゴン地域におけるインクルーシブ教育推進体制構築事業
ラオス	44,689,400	ラオスにおける障がいインクルーシブな地域社会推進事業

資料：外務省

TOPICS（トピックス）（30）

誰ひとり取り残さない社会を目指して～障害者リーダーのエンパワメント研修

独立行政法人国際協力機構（JICA）では、開発途上国の障害のある人たちが、彼らの権利を保障するために自国で「障害者権利条約」をどう実践していくかを学ぶ研修「障害者権利条約の実践のための障害者リーダー能力強化」を実施している。本案件は1986年以来30年以上の実績を持ち、多くの世界的リーダーを輩出している。

2006年に国連総会で採択された「障害者権利条約」は障害のある人たちの尊厳と権利を保障し、障害のある人たち自らが同条約を実施するための国内の法令や政策の作成及び実施、また、障害者に関する問題についての他の意思決定過程に関わることを求めている。しかしながら、多くの国では同条約に則した各種整備が遅れており、彼らの権利がいまだに守られていないのが実情である。

そのような状況を踏まえ、本研修では、障害のある人たちが「障害者権利条約」の実践に貢献できるように能力を強化し、彼らの社会的包摂を推進することを目的としている。「障害者権利条約」の基本となる障害のある人たちの権利と平等、障害当事者の政策策定への参画及び社会参加への支援の取組、「障害と開発」の視点から、自国の「障害者権利条約」の実践と課題を共有するとともに、各国の障害のある人たちが国内外でネットワークを構築していくためのノウハウを学ぶことを狙いとしている。

2023年度の研修では、ルワンダ、南アフリカ、スリランカ、ウズベキスタンから、それぞれ異なる障害のある４名の研修員が参加し、異なる立場から議論を重ねた。研修員たちは日本の最前線で活躍する障害者リーダーに出会い、視覚、聴覚、盲ろう、知的、精神等の異なる障害者団体が協力し合うことの大切さ、政府や行政、一般市民を巻き込むことの重要性、障害のある人にとって暮らしやすい世の中はどんな人にとっても暮らしやすい世の中であることなど、多くの気付きを得た。日本でも多くの障害のある人たちが日々奮闘し、リーダーたちは誰もが暮らしやすい世の中の実現に向けて歩み続けている。今後もJICAでは開発途上国と日本の障害者リーダーとの対話を通じ、どこにいても誰にとっても住みやすい安定した世界の実現に貢献していく。

研修閉講式の様子

資料：独立行政法人国際協力機構（JICA）

参考資料

令和５年度　障害者週間のポスター優秀賞受賞
熊本市・熊本市立力合小学校　４年　山田　姫音　さんの作品
「私の大切なおともだち」

障害者の状況

1．障害者の全体的状況

（1）３区分の概数

ここでは、身体障害、知的障害、精神障害の３区分について、厚生労働省による「生活のしづらさなどに関する調査」、「社会福祉施設等調査」又は「患者調査」等に基づき推計された基本的な統計数値を掲載する。

身体障害、知的障害、精神障害の３区分について、各区分における障害者数の概数は、身体障害者（身体障害児を含む。以下同じ。）436万人、知的障害者（知的障害児を含む。以下同じ。）109万４千人、精神障害者614万８千人となっている（図表１）。

これを人口千人当たりの人数（※）でみると、身体障害者は34人、知的障害者は９人、精神障害者は49人となる。複数の障害を併せ持つ者もいるため、単純な合計にはならないものの、国民のおよそ9.2％が何らかの障害を有していることになる。

なお、当該身体障害者数及び知的障害者数は、「生活のしづらさなどに関する調査」に基づき推計されたものである一方、精神障害者数は、医療機関を利用した精神疾患のある患者数を精神障害者数としていることから、精神疾患による日常生活や社会生活上の相当な制限を継続的には有しない者も含まれている可能性がある。

（※）身体障害者、知的障害者については、総務省「人口推計」2016年10月１日（確定値）、精神障害者については、総務省「国勢調査」（2020年）を用いて算出。

（2）施設入所・入院の状況

障害別に状況をみると、身体障害における施設入所者の割合1.7％、精神障害における入院患者の割合4.7％に対して、知的障害者における施設入所者の割合は12.1％となっており、特に知的障害者の施設入所の割合が高い点に特徴がある（図表１）。

■ 図表1　障害者数（推計）

（単位：万人）

		総数	在宅者数	施設入所者数
身体障害児・者	18歳未満	7.2	6.8	0.4
	男性	－	3.2	－
	女性	－	3.4	－
	不詳	－	0.1	－
	18歳以上	419.5	412.5	7.0
	男性	－	215.8	－
	女性	－	196.3	－
	不詳	－	0.3	－
	年齢不詳	9.3	9.3	－
	男性	－	2.9	－
	女性	－	5.4	－
	不詳	－	1.0	－
	総計	436.0	428.7	7.3
	男性	－	222.0	－
	女性	－	205.2	－
	不詳	－	1.5	－
知的障害児・者	18歳未満	22.5	21.4	1.1
	男性	－	14.0	－
	女性	－	7.3	－
	不詳	－	0.1	－
	18歳以上	85.1	72.9	12.2
	男性	－	44.1	－
	女性	－	28.8	－
	不詳	－	0.1	－
	年齢不詳	1.8	1.8	－
	男性	－	0.6	－
	女性	－	0.6	－
	不詳	－	0.5	－
	総計	109.4	96.2	13.2
	男性	－	58.7	－
	女性	－	36.8	－
	不詳	－	0.8	－
		総数	外来患者	入院患者
精神障害者	20歳未満	59.9	59.5	0.4
	男性	38.3	38,1	0.2
	女性	21.7	21.5	0.2
	20歳以上	554.6	526.3	28.4
	男性	225.9	213.0	12.9
	女性	328.6	313.2	15.4
	年齢不詳	0.3	0.3	0.0
	男性	0.1	0.1	0.0
	女性	0.2	0.2	0.0
	総計	614.8	586.1	28.8
	男性	264.3	251.2	13.1
	女性	350.5	334.8	15.7

注1：精神障害者の数は、ICD-10の「V精神及び行動の障害」から知的障害（精神遅滞）を除いた数に、てんかんとアルツハイマー病の数を加えた患者数に対応している。
注2：身体障害児・者及び知的障害児・者の施設入所者数には、高齢者関係施設入所者は含まれていない。
注3：四捨五入で人数を出しているため、合計が一致しない場合がある。
資料：「身体障害者」
　在宅者：厚生労働省「生活のしづらさなどに関する調査」（2016年）
　施設入所者：厚生労働省「社会福祉施設等調査」（2018年）等より厚生労働省社会・援護局障害保健福祉部で作成
「知的障害者」
　在宅者：厚生労働省「生活のしづらさなどに関する調査」（2016年）
　施設入所者：厚生労働省「社会福祉施設等調査」（2018年）等より厚生労働省社会・援護局障害保健福祉部で作成
「精神障害者」
　外来患者：厚生労働省「患者調査」（2020年）より厚生労働省社会・援護局障害保健福祉部で作成
　入院患者：厚生労働省「患者調査」（2020年）より厚生労働省社会・援護局障害保健福祉部で作成

調査の概要

○「生活のしづらさなどに関する調査（全国在宅障害児・者等実態調査）」（厚生労働省）
　在宅の障害児・者等（これまでの法制度では支援の対象とならない方を含む。）の生活実態とニーズを把握することを目的とした調査。全国約2,400の国勢調査の調査地区内に居住する在宅の障害児・者等を対象。これまでの「身体障害児・者実態調査」及び「知的障害児（者）基礎調査」（下記）を拡大・統合して2016年12月に実施。

○身体障害児・者実態調査（厚生労働省）
　在宅の身体障害児・者を対象とした調査であり、５年ごとに実施していた。全国の国勢調査区から無作為抽出した調査地区内に居住する身体障害児・者及びその属する世帯を対象に調査していたもの。

○知的障害児（者）基礎調査（厚生労働省）
　在宅の知的障害児・者を対象とした調査であり、５年ごとに実施していた。全国の国勢調査区から無作為抽出した調査地区内に居住する知的障害児・者のいる世帯を対象に調査していたもの。

○社会福祉施設等調査（厚生労働省）
　全国の社会福祉施設等の数、在所者、従事者の状況などを把握し、社会福祉行政推進のための基礎資料を得ることを目的として、毎年10月１日現在の状況について調査を実施。保育所及び有料老人ホーム（サービス付き高齢者向け住宅以外）は層化無作為抽出した施設、それ以外の施設・事業所は全てを対象に調査。

○患者調査（厚生労働省）
　病院及び診療所を利用する患者について、その属性、入院・来院時の状況及び傷病名等の実態を明らかにし、併せて地域別患者数を推計することにより、医療行政の基礎資料を得ることを目的とした調査であり、３年ごとに実施。全国の医療施設から層化無作為に抽出し、調査日にその医療施設で受診した全ての患者を対象に調査。

２．年齢階層別の障害者数

（１）身体障害者

　在宅の身体障害者428万７千人の年齢階層別の内訳をみると、18歳未満６万８千人（1.6％）、18歳以上65歳未満101万３千人（23.6％）、65歳以上311万２千人（72.6％）となっている（図表２）。

　我が国の総人口に占める65歳以上人口の割合（高齢化率）は調査時点の2016年には27.3％（総務省「人口推計」2016年10月１日（確定値））であり、在宅の身体障害者の65歳以上人口の割合（74.2％）は約2.7倍となっている。

　在宅の身体障害者の65歳以上の割合の推移をみると、在宅の身体障害者の全年齢のうち65歳以上の割合が、1970年には３割程度だったものが、2016年には７割程度まで上昇している（図表２）。

■ 図表２　年齢階層別障害者数の推移（身体障害児・者（在宅））

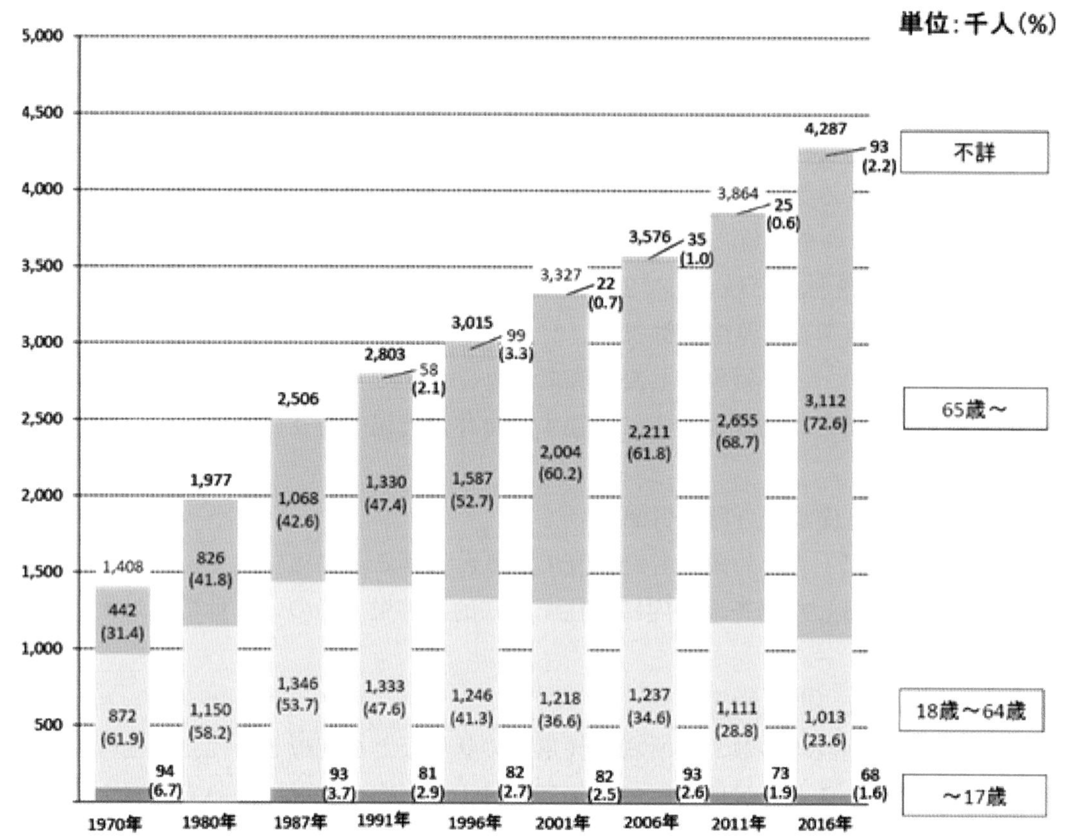

注１：1980年は身体障害児（０～17歳）に係る調査を行っていない。
注２：四捨五入で人数を出しているため、合計が一致しない場合がある。
資料：厚生労働省「身体障害児・者実態調査」（～2006年）、厚生労働省「生活のしづらさなどに関する調査」（2011・2016年）

（２）知的障害者

在宅の知的障害者96万２千人の年齢階層別の内訳をみると、18歳未満21万４千人（22.2％）、18歳以上65歳未満58万人（60.3％）、65歳以上14万９千人（15.5％）となっている。身体障害者と比べて18歳未満の割合が高い一方で、65歳以上の割合が低い点に特徴がある（図表３）。

知的障害者の推移をみると、2011年と比較して約34万人増加している。以前に比べ、知的障害に対する認知度が高くなり、療育手帳取得者の増加が要因の一つと考えられる（図表３）。

■ 図表３　年齢階層別障害者数の推移（知的障害児・者（在宅））

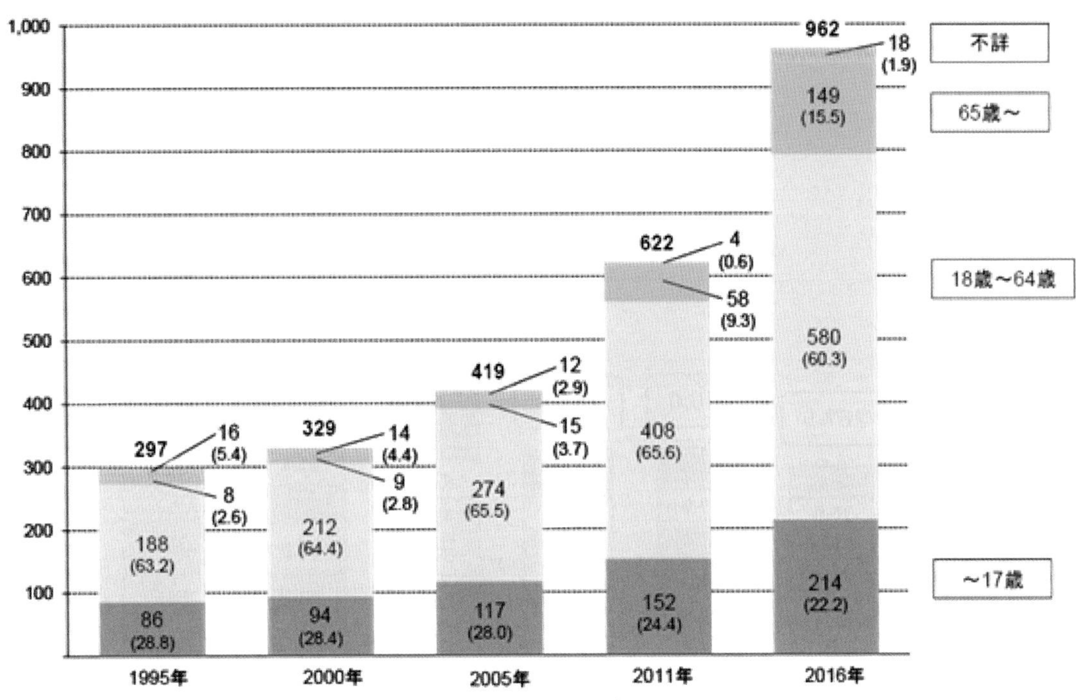

注：四捨五入で人数を出しているため、合計が一致しない場合がある。
資料：厚生労働省「知的障害児（者）基礎調査」（～2005年）、厚生労働省「生活のしづらさなどに関する調査」（2011・2016年）

（3）精神障害者

外来の年齢階層別精神障害者数の推移（図表４）について、2020年においては、精神障害者総数586万１千人のうち、25歳未満79万人（13.5％）、25歳以上65歳未満301万９千人（51.5％）、65歳以上205万６千人（35.1％）となっている。

■ 図表４　年齢階層別障害者数の推移（精神障害者・外来）

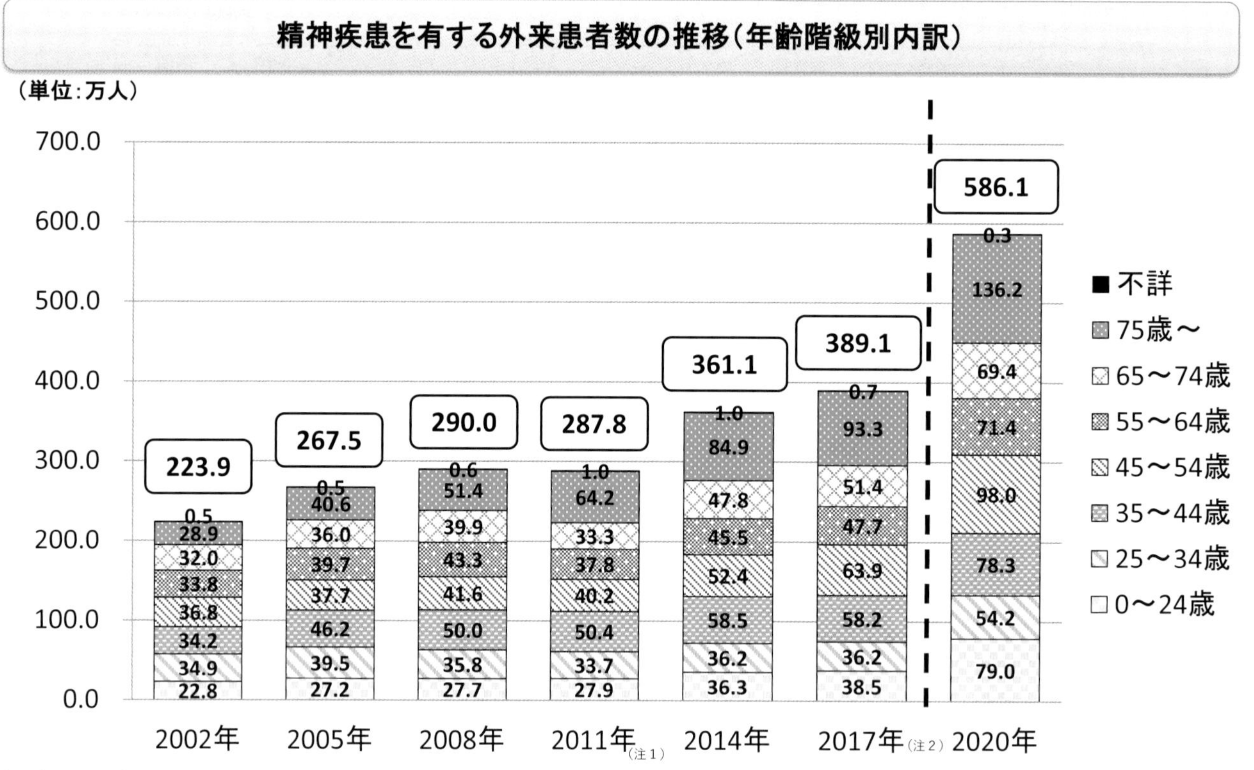

注１）2011年の調査では宮城県の一部と福島県を除いている。
注２）2020年から総患者数の推計方法を変更している。具体的には、外来患者数の推計に用いる平均診療間隔の算出において、前回診療日から調査日までの算定対象の上限を変更している（2017年までは31日以上を除外していたが、2020年からは99日以上を除外して算出）。
注３）四捨五入で人数を出しているため、合計が一致しない場合がある。
資料：厚生労働省「患者調査」（2020年）より厚生労働省社会・援護局障害保健福祉部で作成

３．性別の障害者数

（１）総数

「平成28年生活のしづらさなどに関する調査」において、総数を性別にみると、65歳未満では男性が135万９千人（57.1％）、女性が101万４千人（42.6％）、65歳以上では男性が175万６千人（49.5％）、女性が177万２千人（49.9％）となっている（図表５）。

（２）身体障害者

「平成28年生活のしづらさなどに関する調査」において、身体障害者数（身体障害者手帳所持者数）を性別にみると、65歳未満では男性が59万３千人（54.8％）、女性が48万６千人（44.9％）、65歳以上では男性が162万７千人（50.8％）、女性が156万５千人（48.8％）となっている（図表５）。

（３）知的障害者

「平成28年生活のしづらさなどに関する調査」において、知的障害者数（療育手帳所持者数）を性別にみると、65歳未満では男性が49万７千人（62.5％）、女性が29万５千人（37.1％）、65歳以上では男性が８万９千人（53.0％）、女性が７万３千人（43.5％）となっている（図表５）。

■図表５　障害者手帳所持者数等、性・障害種別等別

（65歳未満）（単位：千人）

性	総数		障害者手帳所持者		障害者手帳の種類（複数回答）						手帳非所持でかつ自立支援給付等を受けている者	
					身体障害者手帳		療育手帳		精神障害者保健福祉手帳			
総数	2,382	(100.0%)	2,237	(100.0%)	1,082	(100.0%)	795	(100.0%)	594	(100.0%)	145	(100.0%)
男性	1,359	57.1%	1,280	57.2%	593	54.8%	497	62.5%	307	51.7%	79	54.5%
女性	1,014	42.6%	950	42.5%	486	44.9%	295	37.1%	282	47.5%	64	44.1%
不詳	9	0.4%	8	0.4%	3	0.3%	3	0.4%	5	0.8%	1	0.7%

（65歳以上及び年齢不詳）

性	総数		障害者手帳所持者		障害者手帳の種類（複数回答）						手帳非所持でかつ自立支援給付等を受けている者	
					身体障害者手帳		療育手帳		精神障害者保健福祉手帳			
総数	3,550	(100.0%)	3,358	(100.0%)	3,205	(100.0%)	168	(100.0%)	247	(100.0%)	193	(100.0%)
男性	1,756	49.5%	1,691	50.4%	1,627	50.8%	89	53.0%	106	42.9%	64	33.2%
女性	1,772	49.9%	1,645	49.0%	1,565	48.8%	73	43.5%	130	52.6%	127	65.8%
不詳	23	0.6%	21	0.6%	13	0.4%	5	3.0%	11	4.5%	1	0.5%

注：四捨五入で人数を出しているため、合計が一致しない場合がある。
資料：厚生労働省「生活のしづらさなどに関する調査」（2016年）

（４）精神障害者

精神障害者数の男女別数（図表６）について、2020年においては20歳未満では男性が38万３千人（63.9%）で、女性が21万７千人（36.2%）、20歳以上では男性が225万９千人（40.7%）で、女性が328万６千人（59.2%）となっている。

65歳未満では男性が189万８千人（48.6%）で、女性が200万６千人（51.4%）、65歳以上では男性が74万４千人（33.2%）で、女性が149万７千人（66.8%）となっている（図表６）。

■図表６　精神障害者の男女別数

単位：千人（%）

	20歳未満	20歳以上
男性	383（63.9%）	2,259（40.7%）
女性	217（36.2%）	3,286（59.2%）
計	599（100.0%）	5,546（100.0%）
	65歳未満	65歳以上
男性	1,898（48.6%）	744（33.2%）
女性	2,006（51.4%）	1,497（66.8%）
計	3,905（100.0%）	2,240（100.0%）

注１：年齢別の男女数には、不詳の数は含まない。
注２：四捨五入で人数を出しているため、合計が一致しない場合がある。
資料：厚生労働省「患者調査」（2020年）より厚生労働省社会・援護局障害保健福祉部で作成

障害者施策関係予算の概要

（令和４年度（決算額を含む））

（単位：百万円）

事　　項	令和４年度 当初予算額	令和４年度 決算額
障害者施策関係予算額・決算額　総計	2,578,091	2,441,667
分野別施策　計	2,578,037	2,441,599
［安全・安心な生活環境の整備］	1,442,676	1,430,628
1　住宅の確保（厚生労働省・国土交通省）	1,442,538	1,430,510
2　移動しやすい環境の整備等（警察庁・国土交通省）	62	50
3　アクセシビリティに配慮した施設、製品等の普及促進（法務省・国土交通省）	58	52
4　障害者に配慮したまちづくりの総合的な推進（警察庁・農林水産省・国土交通省・環境省）	18	16
［情報アクセシビリティの向上及び意思疎通支援の充実］	5,745	5,505
1　情報通信における情報アクセシビリティの向上（総務省・厚生労働省）	4,944	4,724
2　情報提供の充実等（総務省・文部科学省・厚生労働省）	798	778
3　意思疎通支援の充実（厚生労働省）	—	—
4　行政情報のアクセシビリティの向上（総務省）	3	3
［防災、防犯等の推進］	2,795	2,454
1　防災対策の推進（内閣府・復興庁・厚生労働省・国土交通省）	—	—
2　東日本大震災を始めとする災害からの復興の推進（復興庁・厚生労働省）	2,048	1,770
3　防犯対策の推進（内閣府・警察庁・厚生労働省）	737	669
4　消費者トラブルの防止及び被害からの救済（消費者庁・法務省）	10	15
［差別の解消、権利擁護の推進及び虐待の防止］	19,121	19,079
1　権利擁護の推進、虐待の防止（法務省・厚生労働省）	584	597
2　障害を理由とする差別の解消の推進（内閣府・警察庁・法務省・厚生労働省）	18,537	18,482
［自立した生活の支援・意思決定支援の推進］	459,257	394,317
1　意思決定支援の推進（厚生労働省）	—	—
2　相談支援体制の構築（内閣府・厚生労働省）	1,653	1,408
3　地域移行支援、在宅サービス等の充実（厚生労働省）	10,022	9,670
4　障害のある子供に対する支援の充実（内閣府・厚生労働省）	430,930	366,885
5　障害福祉サービスの質の向上等（厚生労働省）	1,203	1,952
6　福祉用具その他アクセシビリティの向上に資する機器の普及促進・研究開発及び身体障害者補助犬の育成等（厚生労働省・経済産業省）	15,449	14,402
7　障害福祉を支える人材の育成・確保（厚生労働省）	—	—
［保健・医療の推進］	405,540	380,711
1　精神保健・医療の適切な提供等（法務省・文部科学省・厚生労働省）	7,811	8,755
2　保健・医療の充実等（厚生労働省）	243,492	238,498
3　保健・医療の向上に資する研究開発等の推進（厚生労働省・経済産業省）	11,248	13,636
4　保健・医療を支える人材の育成・確保（厚生労働省）	38	27
5　難病に関する保健・医療施策の推進（厚生労働省）	142,951	119,795
6　障害の原因となる疾病等の予防・治療（厚生労働省）	—	—

事　　項	令和４年度当初予算額	令和４年度決算額
［行政等における配慮の充実］	600	600
1　司法手続等における配慮等（警察庁・法務省・厚生労働省）	600	600
2　選挙等における配慮等（総務省）	–	–
3　行政機関等における配慮及び障害者理解の促進等（全省庁）	–	–
4　国家資格に関する配慮等（全省庁）	–	–
［雇用・就業、経済的自立の支援］	214,027	191,722
1　総合的な就労支援（厚生労働省）	23,170	6,570
2　経済的自立の支援（全省庁）	183,992	181,198
3　障害者雇用の促進（全省庁）	3,591	2,334
4　障害特性に応じた就労支援及び多様な就業の機会の確保（総務省・厚生労働省・農林水産省・国土交通省）	3,274	1,620
5　福祉的就労の底上げ（厚生労働省）	–	–
［教育の振興］	27,111	15,534
1　インクルーシブ教育システムの推進（文部科学省）	26,366	15,004
2　教育環境の整備（文部科学省）	6	6
3　高等教育における障害学生支援の推進（文部科学省）	36	36
4　生涯を通じた多様な学習活動の充実（文部科学省）	703	488
［文化芸術活動・スポーツ等の振興］	1,119	1,022
1　文化芸術活動、余暇・レクリエーション活動の充実に向けた社会環境の整備（文部科学省・厚生労働省）	300	246
2　スポーツに親しめる環境の整備、パラリンピック等競技スポーツに係る取組の推進（文部科学省）	819	776
［国際社会での協力・連携の推進］	46	27
1　国際社会に向けた情報発信の推進等（内閣府・外務省）	46	27
2　国際的枠組みとの連携の推進（内閣府・外務省）	–	–
3　政府開発援助を通じた国際協力の推進等（外務省）	–	–
4　障害者の国際交流等の推進（内閣府・外務省・厚生労働省）	–	–
基本的な考え方　計	54	68
［施策の円滑な推進］	54	68
1　連携・協力の確保（内閣府）	26	24
2　理解促進・広報啓発に係る取組等の推進（内閣府・法務省・厚生労働省・国土交通省）	28	44

注１：本表は、障害者基本計画（第４次）〈平成30～令和４年度〉における分野別施策等に基づき予算額を計上している。
注２：本表では、百万円未満を四捨五入の上、百万円単位で表記している。
注３：「令和４年度決算額」には、令和４年度当初予算額、補正予算額、前年度繰越額等からの支出額を合算して計上している。
注４：障害者施策関係の額を特定できない施策・事業については、「－」と表示している。
注５：各分野別施策等に係る額の再掲分は計上していない。
注６：本表の「令和４年度当初予算額」については、一部の事項において対象となる事業の見直しを行ったことから、「令和５年版障害者白書」の「令和４年度当初予算額」と比べ、金額が異なる事項がある。

障害者施策関係予算の概要

（令和５～６年度）

（単位：百万円）

事　項	令和５年度 当初予算額	令和６年度 当初予算額	対前年度 増△減額
障害者施策関係予算額　総計	2,695,100	2,841,629	146,529
分野別施策　計	2,695,015	2,841,535	146,520
［差別の解消、権利擁護の推進及び虐待の防止］	70,619	70,429	△190
1　権利擁護の推進、虐待の防止（法務省・厚生労働省）	51,251	51,081	△170
2　障害を理由とする差別の解消の推進（内閣府・警察庁・法務省・厚生労働省）	19,368	19,348	△20
［安全・安心な生活環境の整備］	1,477,628	1,581,429	103,801
1　住宅の確保（こども家庭庁・厚生労働省・国土交通省）	1,477,307	1,581,142	103,835
2　移動しやすい環境の整備等（警察庁・国土交通省）	60	63	3
3　アクセシビリティに配慮した施設、製品等の普及促進（法務省・国土交通省）	231	165	△66
4　障害者に配慮したまちづくりの総合的な推進（警察庁・農林水産省・国土交通省・環境省）	30	59	29
［情報アクセシビリティの向上及び意思疎通支援の充実］	6,141	6,333	192
1　情報通信における情報アクセシビリティの向上（総務省・厚生労働省）	2,447	2,484	37
2　情報提供の充実等（総務省・文部科学省・厚生労働省）	3,691	3,846	155
3　意思疎通支援の充実（厚生労働省）	－	－	－
4　行政情報のアクセシビリティの向上（総務省）	3	3	0
［防災、防犯等の推進］	2,769	2,719	△50
1　防災対策の推進（内閣府・こども家庭庁・復興庁・厚生労働省・国土交通省）	－	－	－
2　東日本大震災を始めとする災害からの復興の推進（復興庁・厚生労働省）	1,835	1,756	△79
3　防犯対策の推進（内閣府・警察庁・こども家庭庁・厚生労働省）	914	953	39
4　消費者トラブルの防止及び被害からの救済（消費者庁・法務省）	20	10	△10
［行政等における配慮の充実］	696	686	△10
1　司法手続等における配慮等（警察庁・法務省・厚生労働省）	696	686	△10
2　選挙等における配慮等（総務省）	－	－	－
3　行政機関等における配慮及び障害者理解の促進等（全省庁）	－	－	－
4　国家資格に関する配慮等（全省庁）	－	－	－
［保健・医療の推進］	410,183	418,056	7,873
1　精神保健・医療の適切な提供等（法務省・文部科学省・厚生労働省）	7,713	8,327	614
2　保健・医療の充実等（こども家庭庁・厚生労働省）	242,825	249,256	6,431
3　保健・医療の向上に資する研究開発等の推進（厚生労働省・経済産業省）	11,819	11,483	△336
4　保健・医療を支える人材の育成・確保（厚生労働省）	40	40	0
5　難病に関する保健・医療施策の推進（厚生労働省）	147,786	148,950	1,164
6　障害の原因となる疾病等の予防・治療（こども家庭庁・厚生労働省）	－	－	－

事　項	令和５年度当初予算額	令和６年度当初予算額	対前年度増△減額
［自立した生活の支援・意思決定支援の推進］	478,224	498,627	20,403
1　意思決定支援の推進（厚生労働省）	−	−	−
2　相談支援体制の構築（内閣府・厚生労働省）	10	11	1
3　地域移行支援、在宅サービス等の充実（厚生労働省）	9,858	9,818	△40
4　障害のあるこどもに対する支援の充実（こども家庭庁・文部科学省・厚生労働省）	467,169	487,612	20,443
5　障害福祉サービスの質の向上等（厚生労働省）	1,187	1,186	△1
6　福祉用具その他アクセシビリティの向上に資する機器の普及促進・研究開発及び身体障害者補助犬の育成等（厚生労働省・経済産業省）	−	−	−
7　障害福祉を支える人材の育成・確保（厚生労働省）	−	−	−
［教育の振興］	27,751	30,078	2,327
1　インクルーシブ教育システムの推進（文部科学省）	27,145	27,935	790
2　教育環境の整備（文部科学省）	7	1,516	1,509
3　高等教育における障害学生支援の推進（文部科学省）	35	49	14
4　生涯を通じた多様な学習活動の充実（文部科学省）	564	578	14
［雇用・就業、経済的自立の支援］	219,748	231,739	11,991
1　総合的な就労支援（厚生労働省）	23,597	24,108	511
2　経済的自立の支援（全省庁）	190,939	202,225	11,286
3　障害者雇用の促進（全省庁）	3,766	4,366	600
4　障害特性に応じた就労支援及び多様な就業の機会の確保（総務省・厚生労働省・農林水産省・国土交通省）	1,446	1,040	△406
5　一般就労が困難な障害児に対する支援（厚生労働省）	−	−	−
［文化芸術活動・スポーツ等の振興］	1,198	1,376	178
1　文化芸術活動、余暇・レクリエーション活動の充実に向けた社会環境の整備（文部科学省・厚生労働省）	300	296	△4
2　スポーツに親しめる環境の整備、パラリンピック等競技スポーツに係る取組の推進（文部科学省）	898	1,080	182
［国際社会での協力・連携の推進］	58	63	5
1　国際社会に向けた情報発信の推進等（内閣府・外務省）	58	63	5
2　国際的枠組みとの連携の推進（内閣府・外務省）	−	−	−
3　政府開発援助を通じた国際協力の推進等（外務省）	−	−	−
4　障害者の国際交流等の推進（内閣府・外務省・厚生労働省）	−	−	−
基本的な考え方　計	85	94	9
［施策の円滑な推進］	85	94	9
1　連携・協力の確保（内閣府）	26	26	0
2　理解促進・広報啓発に係る取組等の推進（内閣府・法務省・厚生労働省・国土交通省）	59	68	9

注１：本表は、障害者基本計画（第５次）〈令和５～９年度〉における分野別施策等に基づき予算額を計上している。
注２：本表では、百万円未満を四捨五入の上、百万円単位で表記している。
注３：障害者施策関係の額を特定できない施策・事業については、「−」と表示している。
注４：各分野別施策等に係る額の再掲分は計上していない。
注５：本表の「令和５年度当初予算額」については、一部の事項において対象となる事業の見直し等を行ったことから、「令和５年版障害者白書」の「令和５年度当初予算額」と比べ、金額が異なる事項がある。

付　録

令和５年度　障害者週間のポスター優秀賞受賞

沖縄県・糸満市立高嶺中学校　3年　髙橋　柚菜　さんの作品

「誰もが主役の明るい世界」

1 障害者基本法

（昭和45年５月21日法律第84号）
最終改正：平成25年６月26日法律第65号

目　次

第一章　総則

（目的）
第一条　この法律は、全ての国民が、障害の有無にかかわらず、等しく基本的人権を享有するかけがえのない個人として尊重されるものであるとの理念にのつとり、全ての国民が、障害の有無によつて分け隔てられることなく、相互に人格と個性を尊重し合いながら共生する社会を実現するため、障害者の自立及び社会参加の支援等のための施策に関し、基本原則を定め、及び国、地方公共団体等の責務を明らかにするとともに、障害者の自立及び社会参加の支援等のための施策の基本となる事項を定めること等により、障害者の自立及び社会参加の支援等のための施策を総合的かつ計画的に推進することを目的とする。

（定義）
第二条　この法律において、次の各号に掲げる用語の意義は、それぞれ当該各号に定めるところによる。
一　障害者　身体障害、知的障害、精神障害（発達障害を含む。）その他の心身の機能の障害（以下「障害」と総称する。）がある者であつて、障害及び社会的障壁により継続的に日常生活又は社会生活に相当な制限を受ける状態にあるものをいう。
二　社会的障壁　障害がある者にとつて日常生活又は社会生活を営む上で障壁となるような社会における事物、制度、慣行、観念その他一切のものをいう。

（地域社会における共生等）
第三条　第一条に規定する社会の実現は、全ての障害者が、障害者でない者と等しく、基本的人権を享有する個人としてその尊厳が重んぜられ、その尊厳にふさわしい生活を保障される権利を有することを前提としつつ、次に掲げる事項を旨として図られなければならない。
一　全て障害者は、社会を構成する一員として社会、経済、文化その他あらゆる分野の活動に参加する機会が確保されること。
二　全て障害者は、可能な限り、どこで誰と生活するかについての選択の機会が確保され、地域社会において他の人々と共生することを妨げられないこと。
三　全て障害者は、可能な限り、言語（手話を含む。）その他の意思疎通のための手段についての選択の機会が確保されるとともに、情報の取得又は利用のための手段についての選択の機会の拡大が図られること。

（差別の禁止）
第四条　何人も、障害者に対して、障害を理由として、差別することその他の権利利益を侵害する行為をしてはならない。
２　社会的障壁の除去は、それを必要としている障害者が現に存し、かつ、その実施に伴う負担が過重でないときは、それを怠ることによつて前項の規定に違反することとならないよう、その実施について必要かつ合理的な配慮がされなければならない。
３　国は、第一項の規定に違反する行為の防止に関する啓発及び知識の普及を図るため、当該行為の防止を図るために必要となる情報の収集、整理及び提供を行うものとする。

（国際的協調）
第五条　第一条に規定する社会の実現は、そのための施策が国際社会における取組と密接な関係を有していることに鑑み、国際的協調の下に図られなければならない。

（国及び地方公共団体の責務）
第六条　国及び地方公共団体は、第一条に規定する社会の実現を図るため、前三条に定める基本原則（以下「基本原則」という。）にのつとり、障害者の自立及び社会参加の支援等のための施策を総合的かつ計画的に実施する責務を有する。

（国民の理解）
第七条　国及び地方公共団体は、基本原則に関する国民の理解を深めるよう必要な施策を講じなければならない。

（国民の責務）
第八条　国民は、基本原則にのつとり、第一条に規定する社会の実現に寄与するよう努めなければならない。

（障害者週間）
第九条　国民の間に広く基本原則に関する関心と理解を深めるとともに、障害者が社会、経済、文化その他あらゆる分野の活動に参加することを促進するため、障害者週間を設ける。
2　障害者週間は、十二月三日から十二月九日までの一週間とする。
3　国及び地方公共団体は、障害者の自立及び社会参加の支援等に関する活動を行う民間の団体等と相互に緊密な連携協力を図りながら、障害者週間の趣旨にふさわしい事業を実施するよう努めなければならない。

（施策の基本方針）
第十条　障害者の自立及び社会参加の支援等のための施策は、障害者の性別、年齢、障害の状態及び生活の実態に応じて、かつ、有機的連携の下に総合的に、策定され、及び実施されなければならない。
2　国及び地方公共団体は、障害者の自立及び社会参加の支援等のための施策を講ずるに当たつては、障害者その他の関係者の意見を聴き、その意見を尊重するよう努めなければならない。

（障害者基本計画等）
第十一条　政府は、障害者の自立及び社会参加の支援等のための施策の総合的かつ計画的な推進を図るため、障害者のための施策に関する基本的な計画（以下「障害者基本計画」という。）を策定しなければならない。
2　都道府県は、障害者基本計画を基本とするとともに、当該都道府県における障害者の状況等を踏まえ、当該都道府県における障害者のための施策に関する基本的な計画（以下「都道府県障害者計画」という。）を策定しなければならない。
3　市町村は、障害者基本計画及び都道府県障害者計画を基本とするとともに、当該市町村における障害者の状況等を踏まえ、当該市町村における障害者のための施策に関する基本的な計画（以下「市町村障害者計画」という。）を策定しなければならない。
4　内閣総理大臣は、関係行政機関の長に協議するとともに、障害者政策委員会の意見を聴いて、障害者基本計画の案を作成し、閣議の決定を求めなければならない。
5　都道府県は、都道府県障害者計画を策定するに当たつては、第三十六条第一項の合議制の機関の意見を聴かなければならない。
6　市町村は、市町村障害者計画を策定するに当たつては、第三十六条第四項の合議制の機関を設置している場合にあつてはその意見を、その他の場合にあつては障害者その他の関係者の意見を聴かなければならない。
7　政府は、障害者基本計画を策定したときは、これを国会に報告するとともに、その要旨を公表しなければならない。
8　第二項又は第三項の規定により都道府県障害者計画又は市町村障害者計画が策定されたときは、都道府県知事又は市町村長は、これを当該都道府県の議会又は当該市町村の議会に報告するとともに、その要旨を公表しなければならない。
9　第四項及び第七項の規定は障害者基本計画の変更について、第五項及び前項の規定は都道府県障害者計画の変更について、第六項及び前項の規定は市町村障害者計画の変更について準用する。

（法制上の措置等）
第十二条　政府は、この法律の目的を達成するため、必要な法制上及び財政上の措置を講じなければならない。

（年次報告）
第十三条　政府は、毎年、国会に、障害者のために講じた施策の概況に関する報告書を提出しなければならない。

第二章　障害者の自立及び社会参加の支援等のための基本的施策

（医療、介護等）
第十四条　国及び地方公共団体は、障害者が生活機能を回復し、取得し、又は維持するために必要な医療の給付及びリハビリテーションの提供を行うよう必要な施策を講じなければならない。
2　国及び地方公共団体は、前項に規定する医療及びリハビリテーションの研究、開発及び普及を促進しなければならない。
3　国及び地方公共団体は、障害者が、その性別、年齢、障害の状態及び生活の実態に応じ、医療、介護、保健、生活支援その他自立のための適切な支援を受けられるよう必要な施策を講じなければならない。
4　国及び地方公共団体は、第一項及び前項に規定する施策を講ずるために必要な専門的技術職員その他の専門的知識又は技能を有する職員を育成するよう努めなければならない。
5　国及び地方公共団体は、医療若しくは介護の給付又はリハビリテーションの提供を行うに当たつては、障害者が、可能な限りその身近な場所においてこれらを受けられるよう必要な施策を講ずるものとするほか、その人権を十分に尊重しなければならない。
6　国及び地方公共団体は、福祉用具及び身体障害者補助犬の給付又は貸与その他障害者が日常生活及び社会生活を営むのに必要な施策を講じなければならない。
7　国及び地方公共団体は、前項に規定する施策を講ずるために必要な福祉用具の研究及び開発、身体障害者補助犬の育成等を促進しなければならない。

（年金等）
第十五条　国及び地方公共団体は、障害者の自立及び生活の安定に資するため、年金、手当等の制度に関し必要な施策を講じなければならない。

（教育）
第十六条　国及び地方公共団体は、障害者が、その年齢及び能力に応じ、かつ、その特性を踏まえた十分な教育が受けられるようにするため、可能な限り障害者である児童及び生徒が障害者でない児童及び生徒と共に教育を受けられるよう配慮しつつ、教育の内容及び方法の改善及び充実を図る等必要な施策を講じなければならない。
2　国及び地方公共団体は、前項の目的を達成するため、障害者である児童及び生徒並びにその保護者に対し十分な情報の提供を行うとともに、可能な限りその意向を尊重しなければならない。
3　国及び地方公共団体は、障害者である児童及び生徒と障害者でない児童及び生徒との交流及び共同学習を積極的に進めることによつて、その相互理解を促進しなければならない。
4　国及び地方公共団体は、障害者の教育に関し、調査及び研究並びに人材の確保及び資質の向上、適切な教材等の提供、学校施設の整備その他の環境の整備を促進しなければならない。

（療育）
第十七条　国及び地方公共団体は、障害者である子どもが可能な限りその身近な場所において療育その他これに関連する支援を受けられるよう必要な施策を講じなければならない。
2　国及び地方公共団体は、療育に関し、研究、開発及び普及の促進、専門的知識又は技能を有する職員の育成その他の環境の整備を促進しなければならない。

（職業相談等）
第十八条　国及び地方公共団体は、障害者の職業選択の自由を尊重しつつ、障害者がその能力に応じて適切な職業に従事することができるようにするため、障害者の多様な就業の機会を確保するよう努めるとともに、個々の障害者の特性に配慮した職業相談、職業指導、職業訓練及び職業紹介の実施その他必要な施策を講じなければならない。

2　国及び地方公共団体は、障害者の多様な就業の機会の確保を図るため、前項に規定する施策に関する調査及び研究を促進しなければならない。
3　国及び地方公共団体は、障害者の地域社会における作業活動の場及び障害者の職業訓練のための施設の拡充を図るため、これに必要な費用の助成その他必要な施策を講じなければならない。

（雇用の促進等）
第十九条　国及び地方公共団体は、国及び地方公共団体並びに事業者における障害者の雇用を促進するため、障害者の優先雇用その他の施策を講じなければならない。
2　事業主は、障害者の雇用に関し、その有する能力を正当に評価し、適切な雇用の機会を確保するとともに、個々の障害者の特性に応じた適正な雇用管理を行うことによりその雇用の安定を図るよう努めなければならない。
3　国及び地方公共団体は、障害者を雇用する事業主に対して、障害者の雇用のための経済的負担を軽減し、もつてその雇用の促進及び継続を図るため、障害者が雇用されるのに伴い必要となる施設又は設備の整備等に要する費用の助成その他必要な施策を講じなければならない。

（住宅の確保）
第二十条　国及び地方公共団体は、障害者が地域社会において安定した生活を営むことができるようにするため、障害者のための住宅を確保し、及び障害者の日常生活に適するような住宅の整備を促進するよう必要な施策を講じなければならない。

（公共的施設のバリアフリー化）
第二十一条　国及び地方公共団体は、障害者の利用の便宜を図ることによつて障害者の自立及び社会参加を支援するため、自ら設置する官公庁施設、交通施設（車両、船舶、航空機等の移動施設を含む。次項において同じ。）その他の公共的施設について、障害者が円滑に利用できるような施設の構造及び設備の整備等の計画的推進を図らなければならない。
2　交通施設その他の公共的施設を設置する事業者は、障害者の利用の便宜を図ることによつて障害者の自立及び社会参加を支援するため、当該公共的施設について、障害者が円滑に利用できるような施設の構造及び設備の整備等の計画的推進に努めなければならない。
3　国及び地方公共団体は、前二項の規定により行われる公共的施設の構造及び設備の整備等が総合的かつ計画的に推進されるようにするため、必要な施策を講じなければならない。
4　国、地方公共団体及び公共的施設を設置する事業者は、自ら設置する公共的施設を利用する障害者の補助を行う身体障害者補助犬の同伴について障害者の利用の便宜を図らなければならない。

（情報の利用におけるバリアフリー化等）
第二十二条　国及び地方公共団体は、障害者が円滑に情報を取得し及び利用し、その意思を表示し、並びに他人との意思疎通を図ることができるようにするため、障害者が利用しやすい電子計算機及びその関連装置その他情報通信機器の普及、電気通信及び放送の役務の利用に関する障害者の利便の増進、障害者に対して情報を提供する施設の整備、障害者の意思疎通を仲介する者の養成及び派遣等が図られるよう必要な施策を講じなければならない。
2　国及び地方公共団体は、災害その他非常の事態の場合に障害者に対しその安全を確保するため必要な情報が迅速かつ的確に伝えられるよう必要な施策を講ずるものとするほか、行政の情報化及び公共分野における情報通信技術の活用の推進に当たつては、障害者の利用の便宜が図られるよう特に配慮しなければならない。
3　電気通信及び放送その他の情報の提供に係る役務の提供並びに電子計算機及びその関連装置その他情報通信機器の製造等を行う事業者は、当該役務の提供又は当該機器の製造等に当たつては、障害者の利用の便宜を図るよう努めなければならない。

（相談等）
第二十三条　国及び地方公共団体は、障害者の意思決定の支援に配慮しつつ、障害者及びその家族その他の関係者に対する相談業務、成年後見制度その他の障害者の権利利益の保護等のための施策又は制度が、適切に行われ又は広く利用されるようにしなければならない。
2　国及び地方公共団体は、障害者及びその家族その他の関係者からの各種の相談に総合的に応ずることができるようにするため、関係機関相互の有機的連携の下に必要な相談体制の整備を図るとともに、障害者の家族に対し、障害者の家族が互いに支え合うための活動の支援その他の支援を適切に行うものとする。

（経済的負担の軽減）
第二十四条　国及び地方公共団体は、障害者及び障害者を扶養する者の経済的負担の軽減を図り、又は障害者の自立の促進を図るため、税制上の措置、公共的施設の利用料等の減免その他必要な施策を講じなければならない。

（文化的諸条件の整備等）
第二十五条　国及び地方公共団体は、障害者が円滑に文化芸術活動、スポーツ又はレクリエーションを行うことができるようにするため、施設、設備その他の諸条件の整備、文化芸術、スポーツ等に関する活動の助成その他必要な施策を講じなければならない。

（防災及び防犯）
第二十六条　国及び地方公共団体は、障害者が地域社会において安全にかつ安心して生活を営むことができるようにするため、障害者の性別、年齢、障害の状態及び生活の実態に応じて、防災及び防犯に関し必要な施策を講じなければならない。

（消費者としての障害者の保護）
第二十七条　国及び地方公共団体は、障害者の消費者としての利益の擁護及び増進が図られるようにするため、適切な方法による情報の提供その他必要な施策を講じなければならない。
２　事業者は、障害者の消費者としての利益の擁護及び増進が図られるようにするため、適切な方法による情報の提供等に努めなければならない。

（選挙等における配慮）
第二十八条　国及び地方公共団体は、法律又は条例の定めるところにより行われる選挙、国民審査又は投票において、障害者が円滑に投票できるようにするため、投票所の施設又は設備の整備その他必要な施策を講じなければならない。

（司法手続における配慮等）
第二十九条　国又は地方公共団体は、障害者が、刑事事件若しくは少年の保護事件に関する手続その他これに準ずる手続の対象となつた場合又は裁判所における民事事件、家事事件若しくは行政事件に関する手続の当事者その他の関係人となつた場合において、障害者がその権利を円滑に行使できるようにするため、個々の障害者の特性に応じた意思疎通の手段を確保するよう配慮するとともに、関係職員に対する研修その他必要な施策を講じなければならない。

（国際協力）
第三十条　国は、障害者の自立及び社会参加の支援等のための施策を国際的協調の下に推進するため、外国政府、国際機関又は関係団体等との情報の交換その他必要な施策を講ずるように努めるものとする。

第三章　障害の原因となる傷病の予防に関する基本的施策

第三十一条　国及び地方公共団体は、障害の原因となる傷病及びその予防に関する調査及び研究を促進しなければならない。
２　国及び地方公共団体は、障害の原因となる傷病の予防のため、必要な知識の普及、母子保健等の保健対策の強化、当該傷病の早期発見及び早期治療の推進その他必要な施策を講じなければならない。
３　国及び地方公共団体は、障害の原因となる難病等の予防及び治療が困難であることに鑑み、障害の原因となる難病等の調査及び研究を推進するとともに、難病等に係る障害者に対する施策をきめ細かく推進するよう努めなければならない。

第四章　障害者政策委員会等

（障害者政策委員会の設置）
第三十二条　内閣府に、障害者政策委員会（以下「政策委員会」という。）を置く。
２　政策委員会は、次に掲げる事務をつかさどる。

一　障害者基本計画に関し、第十一条第四項（同条第九項において準用する場合を含む。）に規定する事項を処理すること。
二　前号に規定する事項に関し、調査審議し、必要があると認めるときは、内閣総理大臣又は関係各大臣に対し、意見を述べること。
三　障害者基本計画の実施状況を監視し、必要があると認めるときは、内閣総理大臣又は内閣総理大臣を通じて関係各大臣に勧告すること。
四　障害を理由とする差別の解消の推進に関する法律（平成二十五年法律第六十五号）の規定によりその権限に属させられた事項を処理すること。

3　内閣総理大臣又は関係各大臣は、前項第三号の規定による勧告に基づき講じた施策について政策委員会に報告しなければならない。

（政策委員会の組織及び運営）
第三十三条　政策委員会は、委員三十人以内で組織する。
2　政策委員会の委員は、障害者、障害者の自立及び社会参加に関する事業に従事する者並びに学識経験のある者のうちから、内閣総理大臣が任命する。この場合において、委員の構成については、政策委員会が様々な障害者の意見を聴き障害者の実情を踏まえた調査審議を行うことができることとなるよう、配慮されなければならない。
3　政策委員会の委員は、非常勤とする。

第三十四条　政策委員会は、その所掌事務を遂行するため必要があると認めるときは、関係行政機関の長に対し、資料の提出、意見の表明、説明その他必要な協力を求めることができる。
2　政策委員会は、その所掌事務を遂行するため特に必要があると認めるときは、前項に規定する者以外の者に対しても、必要な協力を依頼することができる。

第三十五条　前二条に定めるもののほか、政策委員会の組織及び運営に関し必要な事項は、政令で定める。

（都道府県等における合議制の機関）
第三十六条　都道府県（地方自治法（昭和二十二年法律第六十七号）第二百五十二条の十九第一項の指定都市（以下「指定都市」という。）を含む。以下同じ。）に、次に掲げる事務を処理するため、審議会その他の合議制の機関を置く。
一　都道府県障害者計画に関し、第十一条第五項（同条第九項において準用する場合を含む。）に規定する事項を処理すること。
二　当該都道府県における障害者に関する施策の総合的かつ計画的な推進について必要な事項を調査審議し、及びその施策の実施状況を監視すること。
三　当該都道府県における障害者に関する施策の推進について必要な関係行政機関相互の連絡調整を要する事項を調査審議すること。

2　前項の合議制の機関の委員の構成については、当該機関が様々な障害者の意見を聴き障害者の実情を踏まえた調査審議を行うことができることとなるよう、配慮されなければならない。
3　前項に定めるもののほか、第一項の合議制の機関の組織及び運営に関し必要な事項は、条例で定める。
4　市町村（指定都市を除く。）は、条例で定めるところにより、次に掲げる事務を処理するため、審議会その他の合議制の機関を置くことができる。
一　市町村障害者計画に関し、第十一条第六項（同条第九項において準用する場合を含む。）に規定する事項を処理すること。
二　当該市町村における障害者に関する施策の総合的かつ計画的な推進について必要な事項を調査審議し、及びその施策の実施状況を監視すること。
三　当該市町村における障害者に関する施策の推進について必要な関係行政機関相互の連絡調整を要する事項を調査審議すること。

5　第二項及び第三項の規定は、前項の規定により合議制の機関が置かれた場合に準用する。

附　則　抄

（施行期日）
1　この法律は、公布の日から施行する。

附　則　（平成二十三年八月五日法律第九十号）　抄

（施行期日）
第一条　この法律は、公布の日から施行する。ただし、次の各号に掲げる規定は、当該各号に定める日から施行する。
一　第二条並びに附則第四条、第五条（同条の表第三号及び第四号に係る部分に限る。）、第八条第二項及び第九条（内閣府設置法（平成十一年法律第八十九号）第三十七条第二項の表の改正規定に係る部分に限る。）の規定　公布の日から起算して一年を超えない範囲内において政令で定める日
二・三　（略）

（検討）
第二条　国は、この法律の施行後三年を経過した場合において、この法律による改正後の障害者基本法の施行の状況について検討を加え、その結果に基づいて必要な措置を講ずるものとする。
2　国は、障害者が地域社会において必要な支援を受けながら自立した生活を営むことができるようにするため、障害に応じた施策の実施状況を踏まえ、地域における保健、医療及び福祉の相互の有機的連携の確保その他の障害者に対する支援体制の在り方について検討を加え、その結果に基づいて必要な措置を講ずるものとする。

附　則　（平成二十五年六月二十六日法律第六十五号）　抄

（施行期日）
第一条　この法律は、平成二十八年四月一日から施行する。

2 障害を理由とする差別の解消の推進に関する法律

（平成25年法律第65号）

目　次

第一章　総則

（目的）
第一条　この法律は、障害者基本法（昭和四十五年法律第八十四号）の基本的な理念にのっとり、全ての障害者が、障害者でない者と等しく、基本的人権を享有する個人としてその尊厳が重んぜられ、その尊厳にふさわしい生活を保障される権利を有することを踏まえ、障害を理由とする差別の解消の推進に関する基本的な事項、行政機関等及び事業者における障害を理由とする差別を解消するための措置等を定めることにより、障害を理由とする差別の解消を推進し、もって全ての国民が、障害の有無によって分け隔てられることなく、相互に人格と個性を尊重し合いながら共生する社会の実現に資することを目的とする。

（定義）
第二条　この法律において、次の各号に掲げる用語の意義は、それぞれ当該各号に定めるところによる。
一　障害者　身体障害、知的障害、精神障害（発達障害を含む。）その他の心身の機能の障害（以下「障害」と総称する。）がある者であって、障害及び社会的障壁により継続的に日常生活又は社会生活に相当な制限を受ける状態にあるものをいう。
二　社会的障壁　障害がある者にとって日常生活又は社会生活を営む上で障壁となるような社会における事物、制度、慣行、観念その他一切のものをいう。
三　行政機関等　国の行政機関、独立行政法人等、地方公共団体（地方公営企業法（昭和二十七年法律第二百九十二号）第三章の規定の適用を受ける地方公共団体の経営する企業を除く。第七号、第十条及び附則第四条第一項において同じ。）及び地方独立行政法人をいう。
四　国の行政機関　次に掲げる機関をいう。
イ　法律の規定に基づき内閣に置かれる機関（内閣府を除く。）及び内閣の所轄の下に置かれる機関
ロ　内閣府、宮内庁並びに内閣府設置法（平成十一年法律第八十九号）第四十九条第一項及び第二項に規定する機関（これらの機関のうちニの政令で定める機関が置かれる機関にあっては、当該政令で定める機関を除く。）
ハ　国家行政組織法（昭和二十三年法律第百二十号）第三条第二項に規定する機関（ホの政令で定める機関が置かれる機関にあっては、当該政令で定める機関を除く。）
ニ　内閣府設置法第三十九条及び第五十五条並びに宮内庁法（昭和二十二年法律第七十号）第十六条第二項の機関並びに内閣府設置法第四十条及び第五十六条（宮内庁法第十八条第一項において準用する場合を含む。）の特別の機関で、政令で定めるもの
ホ　国家行政組織法第八条の二の施設等機関及び同法第八条の三の特別の機関で、政令で定めるもの
ヘ　会計検査院
五　独立行政法人等　次に掲げる法人をいう。
イ　独立行政法人（独立行政法人通則法（平成十一年法律第百三号）第二条第一項に規定する独立行政法人をいう。ロにおいて同じ。）
ロ　法律により直接に設立された法人、特別の法律により特別の設立行為をもって設立された法人（独立行政法人を除く。）又は特別の法律により設立され、かつ、その設立に関し行政庁の認可を要する法人のうち、政令で定めるもの

六　地方独立行政法人　地方独立行政法人法（平成十五年法律第百十八号）第二条第一項に規定する地方独立行政法人（同法第二十一条第三号に掲げる業務を行うものを除く。）をいう。
七　事業者　商業その他の事業を行う者（国、独立行政法人等、地方公共団体及び地方独立行政法人を除く。）をいう。

（国及び地方公共団体の責務）
第三条　国及び地方公共団体は、この法律の趣旨にのっとり、障害を理由とする差別の解消の推進に関して必要な施策を策定し、及びこれを実施しなければならない。

（国民の責務）
第四条　国民は、第一条に規定する社会を実現する上で障害を理由とする差別の解消が重要であることに鑑み、障害を理由とする差別の解消の推進に寄与するよう努めなければならない。

（社会的障壁の除去の実施についての必要かつ合理的な配慮に関する環境の整備）
第五条　行政機関等及び事業者は、社会的障壁の除去の実施についての必要かつ合理的な配慮を的確に行うため、自ら設置する施設の構造の改善及び設備の整備、関係職員に対する研修その他の必要な環境の整備に努めなければならない。

第二章　障害を理由とする差別の解消の推進に関する基本方針

第六条　政府は、障害を理由とする差別の解消の推進に関する施策を総合的かつ一体的に実施するため、障害を理由とする差別の解消の推進に関する基本方針（以下「基本方針」という。）を定めなければならない。
2　基本方針は、次に掲げる事項について定めるものとする。
一　障害を理由とする差別の解消の推進に関する施策に関する基本的な方向
二　行政機関等が講ずべき障害を理由とする差別を解消するための措置に関する基本的な事項
三　事業者が講ずべき障害を理由とする差別を解消するための措置に関する基本的な事項
四　その他障害を理由とする差別の解消の推進に関する施策に関する重要事項
3　内閣総理大臣は、基本方針の案を作成し、閣議の決定を求めなければならない。
4　内閣総理大臣は、基本方針の案を作成しようとするときは、あらかじめ、障害者その他の関係者の意見を反映させるために必要な措置を講ずるとともに、障害者政策委員会の意見を聴かなければならない。
5　内閣総理大臣は、第三項の規定による閣議の決定があったときは、遅滞なく、基本方針を公表しなければならない。
6　前三項の規定は、基本方針の変更について準用する。

第三章　行政機関等及び事業者における障害を理由とする差別を解消するための措置

（行政機関等における障害を理由とする差別の禁止）
第七条　行政機関等は、その事務又は事業を行うに当たり、障害を理由として障害者でない者と不当な差別的取扱いをすることにより、障害者の権利利益を侵害してはならない。
2　行政機関等は、その事務又は事業を行うに当たり、障害者から現に社会的障壁の除去を必要としている旨の意思の表明があった場合において、その実施に伴う負担が過重でないときは、障害者の権利利益を侵害することとならないよう、当該障害者の性別、年齢及び障害の状態に応じて、社会的障壁の除去の実施について必要かつ合理的な配慮をしなければならない。

（事業者における障害を理由とする差別の禁止）
第八条　事業者は、その事業を行うに当たり、障害を理由として障害者でない者と不当な差別的取扱いをすることにより、障害者の権利利益を侵害してはならない。
2　事業者は、その事業を行うに当たり、障害者から現に社会的障壁の除去を必要としている旨の意思の表明があった場合において、その実施に伴う負担が過重でないときは、障害者の権利利益を侵害することとならないよう、当該障害者の性別、年齢及び障害の状態に応じて、社会的障壁の除去の実施について必要かつ合理的な配慮をするように努めなければならない。

（国等職員対応要領）
第九条　国の行政機関の長及び独立行政法人等は、基本方針に即して、第七条に規定する事項に関し、当該国の行政機関及び独立行政法人等の職員が適切に対応するために必要な要領（以下この条及び附則第三条において「国等職員対応要領」という。）を定めるものとする。
2　国の行政機関の長及び独立行政法人等は、国等職員対応要領を定めようとするときは、あらかじめ、障害者その他の関係者の意見を反映させるために必要な措置を講じなければならない。
3　国の行政機関の長及び独立行政法人等は、国等職員対応要領を定めたときは、遅滞なく、これを公表しなければならない。
4　前二項の規定は、国等職員対応要領の変更について準用する。

（地方公共団体等職員対応要領）
第十条　地方公共団体の機関及び地方独立行政法人は、基本方針に即して、第七条に規定する事項に関し、当該地方公共団体の機関及び地方独立行政法人の職員が適切に対応するために必要な要領（以下この条及び附則第四条において「地方公共団体等職員対応要領」という。）を定めるよう努めるものとする。
2　地方公共団体の機関及び地方独立行政法人は、地方公共団体等職員対応要領を定めようとするときは、あらかじめ、障害者その他の関係者の意見を反映させるために必要な措置を講ずるよう努めなければならない。
3　地方公共団体の機関及び地方独立行政法人は、地方公共団体等職員対応要領を定めたときは、遅滞なく、これを公表するよう努めなければならない。
4　国は、地方公共団体の機関及び地方独立行政法人による地方公共団体等職員対応要領の作成に協力しなければならない。
5　前三項の規定は、地方公共団体等職員対応要領の変更について準用する。

（事業者のための対応指針）
第十一条　主務大臣は、基本方針に即して、第八条に規定する事項に関し、事業者が適切に対応するために必要な指針（以下「対応指針」という。）を定めるものとする。
2　第九条第二項から第四項までの規定は、対応指針について準用する。

（報告の徴収並びに助言、指導及び勧告）
第十二条　主務大臣は、第八条の規定の施行に関し、特に必要があると認めるときは、対応指針に定める事項について、当該事業者に対し、報告を求め、又は助言、指導若しくは勧告をすることができる。

（事業主による措置に関する特例）
第十三条　行政機関等及び事業者が事業主としての立場で労働者に対して行う障害を理由とする差別を解消するための措置については、障害者の雇用の促進等に関する法律（昭和三十五年法律第百二十三号）の定めるところによる。

第四章　障害を理由とする差別を解消するための支援措置

（相談及び紛争の防止等のための体制の整備）
第十四条　国及び地方公共団体は、障害者及びその家族その他の関係者からの障害を理由とする差別に関する相談に的確に応ずるとともに、障害を理由とする差別に関する紛争の防止又は解決を図ることができるよう必要な体制の整備を図るものとする。

（啓発活動）
第十五条　国及び地方公共団体は、障害を理由とする差別の解消について国民の関心と理解を深めるとともに、特に、障害を理由とする差別の解消を妨げている諸要因の解消を図るため、必要な啓発活動を行うものとする。

（情報の収集、整理及び提供）
第十六条　国は、障害を理由とする差別を解消するための取組に資するよう、国内外における障害を理由とする差別及びその解消のための取組に関する情報の収集、整理及び提供を行うものとする。

（障害者差別解消支援地域協議会）
第十七条　国及び地方公共団体の機関であって、医療、介護、教育その他の障害者の自立と社会参加に関連する分野の事務に従事するもの（以下この項及び次条第二項において「関係機関」という。）は、当該地方公共団体の区域において関係機関が行う障害を理由とする差別に関する相談及び当該相談に係る事例を踏まえた障害を理由とする差別を解消するための取組を効果的かつ円滑に行うため、関係機関により構成される障害者差別解消支援地域協議会（以下「協議会」という。）を組織することができる。
2　前項の規定により協議会を組織する国及び地方公共団体の機関は、必要があると認めるときは、協議会に次に掲げる者を構成員として加えることができる。
一　特定非営利活動促進法（平成十年法律第七号）第二条第二項に規定する特定非営利活動法人その他の団体
二　学識経験者
三　その他当該国及び地方公共団体の機関が必要と認める者

（協議会の事務等）
第十八条　協議会は、前条第一項の目的を達するため、必要な情報を交換するとともに、障害者からの相談及び当該相談に係る事例を踏まえた障害を理由とする差別を解消するための取組に関する協議を行うものとする。
2　関係機関及び前条第二項の構成員（次項において「構成機関等」という。）は、前項の協議の結果に基づき、当該相談に係る事例を踏まえた障害を理由とする差別を解消するための取組を行うものとする。
3　協議会は、第一項に規定する情報の交換及び協議を行うため必要があると認めるとき、又は構成機関等が行う相談及び当該相談に係る事例を踏まえた障害を理由とする差別を解消するための取組に関し他の構成機関等から要請があった場合において必要があると認めるときは、構成機関等に対し、相談を行った障害者及び差別に係る事案に関する情報の提供、意見の表明その他の必要な協力を求めることができる。
4　協議会の庶務は、協議会を構成する地方公共団体において処理する。
5　協議会が組織されたときは、当該地方公共団体は、内閣府令で定めるところにより、その旨を公表しなければならない。

（秘密保持義務）
第十九条　協議会の事務に従事する者又は協議会の事務に従事していた者は、正当な理由なく、協議会の事務に関して知り得た秘密を漏らしてはならない。

（協議会の定める事項）
第二十条　前三条に定めるもののほか、協議会の組織及び運営に関し必要な事項は、協議会が定める。

第五章　雑則

（主務大臣）
第二十一条　この法律における主務大臣は、対応指針の対象となる事業者の事業を所管する大臣又は国家公安委員会とする。

（地方公共団体が処理する事務）
第二十二条　第十二条に規定する主務大臣の権限に属する事務は、政令で定めるところにより、地方公共団体の長その他の執行機関が行うこととすることができる。

（権限の委任）
第二十三条　この法律の規定により主務大臣の権限に属する事項は、政令で定めるところにより、その所属の職員に委任することができる。

（政令への委任）
第二十四条　この法律に定めるもののほか、この法律の実施のため必要な事項は、政令で定める。

第六章　罰則

第二十五条　第十九条の規定に違反した者は、一年以下の懲役又は五十万円以下の罰金に処する。
第二十六条　第十二条の規定による報告をせず、又は虚偽の報告をした者は、二十万円以下の過料に処する。

附　則

（施行期日）
第一条　この法律は、平成二十八年四月一日から施行する。ただし、次条から附則第六条までの規定は、公布の日から施行する。

（基本方針に関する経過措置）
第二条　政府は、この法律の施行前においても、第六条の規定の例により、基本方針を定めることができる。この場合において、内閣総理大臣は、この法律の施行前においても、同条の規定の例により、これを公表することができる。
2　前項の規定により定められた基本方針は、この法律の施行の日において第六条の規定により定められたものとみなす。

（国等職員対応要領に関する経過措置）
第三条　国の行政機関の長及び独立行政法人等は、この法律の施行前においても、第九条の規定の例により、国等職員対応要領を定め、これを公表することができる。
2　前項の規定により定められた国等職員対応要領は、この法律の施行の日において第九条の規定により定められたものとみなす。

（地方公共団体等職員対応要領に関する経過措置）
第四条　地方公共団体の機関及び地方独立行政法人は、この法律の施行前においても、第十条の規定の例により、地方公共団体等職員対応要領を定め、これを公表することができる。
2　前項の規定により定められた地方公共団体等職員対応要領は、この法律の施行の日において第十条の規定により定められたものとみなす。

（対応指針に関する経過措置）
第五条　主務大臣は、この法律の施行前においても、第十一条の規定の例により、対応指針を定め、これを公表することができる。
2　前項の規定により定められた対応指針は、この法律の施行の日において第十一条の規定により定められたものとみなす。

（政令への委任）
第六条　この附則に規定するもののほか、この法律の施行に関し必要な経過措置は、政令で定める。

（検討）
第七条　政府は、この法律の施行後三年を経過した場合において、第八条第二項に規定する社会的障壁の除去の実施についての必要かつ合理的な配慮の在り方その他この法律の施行の状況について検討を加え、必要があると認めるときは、その結果に応じて所要の見直しを行うものとする。

（障害者基本法の一部改正）
第八条　障害者基本法の一部を次のように改正する。
　第三十二条第二項に次の一号を加える。
四　障害を理由とする差別の解消の推進に関する法律（平成二十五年法律第六十五号）の規定によりその権限に属させられた事項を処理すること。

（内閣府設置法の一部改正）
第九条　内閣府設置法の一部を次のように改正する。

第四条第三項第四十四号の次に次の一号を加える。
四十四の二　障害を理由とする差別の解消の推進に関する基本方針（障害を理由とする差別の解消の推進に関する法律（平成二十五年法律第六十五号）第六条第一項に規定するものをいう。）の作成及び推進に関すること。

3 障害を理由とする差別の解消の推進に関する法律の一部を改正する法律　新旧対照条文

（令和３年法律第56号）

（傍線部分は改正部分）

改　正　後	改　正　前
（国及び地方公共団体の責務） 第三条　（略） ２　国及び地方公共団体は、障害を理由とする差別の解消の推進に関して必要な施策の効率的かつ効果的な実施が促進されるよう、適切な役割分担を行うとともに、相互に連携を図りながら協力しなければならない。	（国及び地方公共団体の責務） 第三条　（略） （新設）
第六条　（略） ２　基本方針は、次に掲げる事項について定めるものとする。 一　障害を理由とする差別の解消の推進に関する施策に関する基本的な方向 二　行政機関等が講ずべき障害を理由とする差別を解消するための措置に関する基本的な事項 三　事業者が講ずべき障害を理由とする差別を解消するための措置に関する基本的な事項 四　国及び地方公共団体による障害を理由とする差別を解消するための支援措置の実施に関する基本的な事項 五　その他障害を理由とする差別の解消の推進に関する施策に関する重要事項 ３～６　（略）	第六条　（略） ２　基本方針は、次に掲げる事項について定めるものとする。 一　障害を理由とする差別の解消の推進に関する施策に関する基本的な方向 二　行政機関等が講ずべき障害を理由とする差別を解消するための措置に関する基本的な事項 三　事業者が講ずべき障害を理由とする差別を解消するための措置に関する基本的な事項 （新設） 四　その他障害を理由とする差別の解消の推進に関する施策に関する重要事項 ３～６　（略）
（事業者における障害を理由とする差別の禁止） 第八条　（略） ２　事業者は、その事業を行うに当たり、障害者から現に社会的障壁の除去を必要としている旨の意思の表明があった場合において、その実施に伴う負担が過重でないときは、障害者の権利利益を侵害することとならないよう、当該障害者の性別、年齢及び障害の状態に応じて、社会的障壁の除去の実施について必要かつ合理的な配慮をしなければならない。	（事業者における障害を理由とする差別の禁止） 第八条　（略） ２　事業者は、その事業を行うに当たり、障害者から現に社会的障壁の除去を必要としている旨の意思の表明があった場合において、その実施に伴う負担が過重でないときは、障害者の権利利益を侵害することとならないよう、当該障害者の性別、年齢及び障害の状態に応じて、社会的障壁の除去の実施について必要かつ合理的な配慮をするように努めなければならない。
（相談及び紛争の防止等のための体制の整備） 第十四条　国及び地方公共団体は、障害者及びその家族その他の関係者からの障害を理由とする差別に関する相談に的確に応ずるとともに、障害を理由とする差別に関する紛争の防止又は解決を図ることができるよう人材の育成及び確保のための措置その他の必要な体制の整備を図るものとする。	（相談及び紛争の防止等のための体制の整備） 第十四条　国及び地方公共団体は、障害者及びその家族その他の関係者からの障害を理由とする差別に関する相談に的確に応ずるとともに、障害を理由とする差別に関する紛争の防止又は解決を図ることができるよう必要な体制の整備を図るものとする。
（情報の収集、整理及び提供） 第十六条　（略） ２　地方公共団体は、障害を理由とする差別を解消するための取組に資するよう、地域における障害を理由とする差別及びその解消のための取組に関する情報の収集、整理及び提供を行うよう努めるものとする。	（情報の収集、整理及び提供） 第十六条　（略） （新設）

※改正法は、公布の日から起算して３年を超えない範囲内において政令で定める日から施行することとされている。

4 障害を理由とする差別の解消の推進に関する基本方針

（平成27年２月24日閣議決定）

障害を理由とする差別の解消の推進に関する基本方針

政府は、障害を理由とする差別の解消の推進に関する法律（平成25年法律第65号。以下「法」という。）第６条第１項の規定に基づき、障害を理由とする差別の解消の推進に関する基本方針（以下「基本方針」という。）を策定する。基本方針は、障害を理由とする差別（以下「障害者差別」という。）の解消に向けた、政府の施策の総合的かつ一体的な実施に関する基本的な考え方を示すものである。

第１　障害を理由とする差別の解消の推進に関する施策に関する基本的な方向

１　法制定の背景

近年、障害者の権利擁護に向けた取組が国際的に進展し、平成18年に国連において、障害者の人権及び基本的自由の享有を確保すること並びに障害者の固有の尊厳の尊重を促進するための包括的かつ総合的な国際条約である障害者の権利に関する条約（以下「権利条約」という。）が採択された。我が国は、平成19年に権利条約に署名し、以来、国内法の整備を始めとする取組を進めてきた。

権利条約は第２条において、「「障害に基づく差別」とは、障害に基づくあらゆる区別、排除又は制限であって、政治的、経済的、社会的、文化的、市民的その他のあらゆる分野において、他の者との平等を基礎として全ての人権及び基本的自由を認識し、享有し、又は行使することを害し、又は妨げる目的又は効果を有するものをいう。障害に基づく差別には、あらゆる形態の差別（合理的配慮の否定を含む。）を含む。」と定義し、その禁止について、締約国に全ての適当な措置を求めている。我が国においては、平成16年の障害者基本法（昭和45年法律第84号）の改正において、障害者に対する差別の禁止が基本的理念として明示され、さらに、平成23年の同法改正の際には、権利条約の趣旨を踏まえ、同法第２条第２号において、社会的障壁について、「障害がある者にとつて日常生活又は社会生活を営む上で障壁となるような社会における事物、制度、慣行、観念その他一切のものをいう。」と定義されるとともに、基本原則として、同法第４条第１項に、「何人も、障害者に対して、障害を理由として、差別することその他の権利利益を侵害する行為をしてはならない」こと、また、同条第２項に、「社会的障壁の除去は、それを必要としている障害者が現に存し、かつ、その実施に伴う負担が過重でないときは、それを怠ることによつて前項の規定に違反することとならないよう、その実施について必要かつ合理的な配慮がされなければならない」ことが規定された。

法は、障害者基本法の差別の禁止の基本原則を具体化するものであり、全ての国民が、障害の有無によって分け隔てられることなく、相互に人格と個性を尊重し合いながら共生する社会の実現に向け、障害者差別の解消を推進することを目的として、平成25年６月に制定された。我が国は、本法の制定を含めた一連の障害者施策に係る取組の成果を踏まえ、平成26年１月に権利条約を締結した。

２　基本的な考え方

(1)　法の考え方

全ての国民が、障害の有無によって分け隔てられることなく、相互に人格と個性を尊重し合いながら共生する社会を実現するためには、日常生活や社会生活における障害者の活動を制限し、社会への参加を制約している社会的障壁を取り除くことが重要である。このため、法は、後述する、障害者に対する不当な差別的取扱い及び合理的配慮の不提供を差別と規定し、行政機関等及び事業者に対し、差別の解消に向けた具体的取組を求めるとともに、普及啓発活動等を通じて、障害者も含めた国民一人ひとりが、それぞれの立場において自発的に取り組むことを促している。

特に、法に規定された合理的配慮の提供に当たる行為は、既に社会の様々な場面において日常的に実践されているものもあり、こうした取組を広く社会に示すことにより、国民一人ひとりの、障害に関する正しい知識の取得や理解が深まり、障害者との建設的対話による相互理解が促進され、取組の裾野が一層広がることを期待するものである。

(2)　基本方針と対応要領・対応指針との関係

基本方針に即して、国の行政機関の長及び独立行政法人等においては、当該機関の職員の取組に資するための対応要領を、主務大臣においては、事業者における取組に資するための対応指針を作成することされている。地方公共団体及び公営企業型以外の地方独立行政法人（以下「地方公共団体等」という。）については、地方分権の観点から、対応要領の作成は努力義務とされているが、積極的に取り組むことが望まれる。
対応要領及び対応指針は、法に規定された不当な差別的取扱い及び合理的配慮について、具体例も盛り込みながら分かりやすく示しつつ、行政機関等の職員に徹底し、事業者の取組を促進するとともに、広く国民に周知するものとする。

⑶ 条例との関係
地方公共団体においては、近年、法の制定に先駆けて、障害者差別の解消に向けた条例の制定が進められるなど、各地で障害者差別の解消に係る気運の高まりが見られるところである。法の施行後においても、地域の実情に即した既存の条例（いわゆる上乗せ・横出し条例を含む。）については引き続き効力を有し、また、新たに制定することも制限されることはなく、障害者にとって身近な地域において、条例の制定も含めた障害者差別を解消する取組の推進が望まれる。

第２ 行政機関等及び事業者が講ずべき障害を理由とする差別を解消するための措置に関する共通的な事項

１ 法の対象範囲
⑴ 障害者
対象となる障害者は、障害者基本法第２条第１号に規定する障害者、即ち、「身体障害、知的障害、精神障害（発達障害を含む。）その他の心身の機能の障害（以下「障害」と総称する。）がある者であつて、障害及び社会的障壁により継続的に日常生活又は社会生活に相当な制限を受ける状態にあるもの」である。これは、障害者が日常生活又は社会生活において受ける制限は、身体障害、知的障害、精神障害（発達障害を含む。）その他の心身の機能の障害（難病に起因する障害を含む。）のみに起因するものではなく、社会における様々な障壁と相対することによって生ずるものとのいわゆる「社会モデル」の考え方を踏まえている。したがって、法が対象とする障害者は、いわゆる障害者手帳の所持者に限られない。なお、高次脳機能障害は精神障害に含まれる。
また、特に女性である障害者は、障害に加えて女性であることにより、更に複合的に困難な状況に置かれている場合があること、障害児には、成人の障害者とは異なる支援の必要性があることに留意する。

⑵ 事業者
対象となる事業者は、商業その他の事業を行う者（地方公共団体の経営する企業及び公営企業型地方独立行政法人を含み、国、独立行政法人等、地方公共団体及び公営企業型以外の地方独立行政法人を除く。）であり、目的の営利・非営利、個人・法人の別を問わず、同種の行為を反復継続する意思をもって行う者である。したがって、例えば、個人事業者や対価を得ない無報酬の事業を行う者、非営利事業を行う社会福祉法人や特定非営利活動法人も対象となる。

⑶ 対象分野
法は、日常生活及び社会生活全般に係る分野が広く対象となる。ただし、行政機関等及び事業者が事業主としての立場で労働者に対して行う障害を理由とする差別を解消するための措置については、法第13条により、障害者の雇用の促進等に関する法律（昭和35年法律第123号）の定めるところによることとされている。

２ 不当な差別的取扱い
⑴ 不当な差別的取扱いの基本的な考え方
ア 法は、障害者に対して、正当な理由なく、障害を理由として、財・サービスや各種機会の提供を拒否する又は提供に当たって場所・時間帯などを制限する、障害者でない者に対しては付さない条件を付けることなどにより、障害者の権利利益を侵害することを禁止している。
なお、障害者の事実上の平等を促進し、又は達成するために必要な特別の措置は、不当な差別的取扱いではない。
イ したがって、障害者を障害者でない者と比べて優遇する取扱い（いわゆる積極的改善措置）、法に規定された障害者に対する合理的配慮の提供による障害者でない者との異なる取扱いや、合理的配慮を提供等するために必要な範囲で、プライバシーに配慮しつつ障害者に障害の状況等を確認することは、不当な差別的取扱いには当たらない。不当な差別的取扱いとは、正当な理由なく、障害者を、問題となる事務・事業について本質的に関係する諸事情が同じ障害者でない者より不利に扱うことである点に留意する必要がある。

(2)　正当な理由の判断の視点

正当な理由に相当するのは、障害者に対して、障害を理由として、財・サービスや各種機会の提供を拒否するなどの取扱いが客観的に見て正当な目的の下に行われたものであり、その目的に照らしてやむを得ないと言える場合である。行政機関等及び事業者においては、正当な理由に相当するか否かについて、個別の事案ごとに、障害者、事業者、第三者の権利利益（例：安全の確保、財産の保全、事業の目的・内容・機能の維持、損害発生の防止等）及び行政機関等の事務・事業の目的・内容・機能の維持等の観点に鑑み、具体的場面や状況に応じて総合的・客観的に判断することが必要である。行政機関等及び事業者は、正当な理由があると判断した場合には、障害者にその理由を説明するものとし、理解を得るよう努めることが望ましい。

3　合理的配慮

(1)　合理的配慮の基本的な考え方

ア　権利条約第２条において、「合理的配慮」は、「障害者が他の者との平等を基礎として全ての人権及び基本的自由を享有し、又は行使することを確保するための必要かつ適当な変更及び調整であって、特定の場合において必要とされるものであり、かつ、均衡を失した又は過度の負担を課さないもの」と定義されている。

法は、権利条約における合理的配慮の定義を踏まえ、行政機関等及び事業者に対し、その事務・事業を行うに当たり、個々の場面において、障害者から現に社会的障壁の除去を必要としている旨の意思の表明があった場合において、その実施に伴う負担が過重でないときは、障害者の権利利益を侵害することとならないよう、社会的障壁の除去の実施について、必要かつ合理的な配慮（以下「合理的配慮」という。）を行うことを求めている。合理的配慮は、障害者が受ける制限は、障害のみに起因するものではなく、社会における様々な障壁と相対することによって生ずるものとのいわゆる「社会モデル」の考え方を踏まえたものであり、障害者の権利利益を侵害することとならないよう、障害者が個々の場面において必要としている社会的障壁を除去するための必要かつ合理的な取組であり、その実施に伴う負担が過重でないものである。

合理的配慮は、行政機関等及び事業者の事務・事業の目的・内容・機能に照らし、必要とされる範囲で本来の業務に付随するものに限られること、障害者でない者との比較において同等の機会の提供を受けるためのものであること、事務・事業の目的・内容・機能の本質的な変更には及ばないことに留意する必要がある。

イ　合理的配慮は、障害の特性や社会的障壁の除去が求められる具体的場面や状況に応じて異なり、多様かつ個別性の高いものであり、当該障害者が現に置かれている状況を踏まえ、社会的障壁の除去のための手段及び方法について、「(2)過重な負担の基本的な考え方」に掲げた要素を考慮し、代替措置の選択も含め、双方の建設的対話による相互理解を通じて、必要かつ合理的な範囲で、柔軟に対応がなされるものである。さらに、合理的配慮の内容は、技術の進展、社会情勢の変化等に応じて変わり得るものである。

現時点における一例としては、

・車椅子利用者のために段差に携帯スロープを渡す、高い所に陳列された商品を取って渡すなどの物理的環境への配慮
・筆談、読み上げ、手話などによるコミュニケーション、分かりやすい表現を使って説明をするなどの意思疎通の配慮
・障害の特性に応じた休憩時間の調整などのルール・慣行の柔軟な変更

などが挙げられる。合理的配慮の提供に当たっては、障害者の性別、年齢、状態等に配慮するものとする。内閣府及び関係行政機関は、今後、合理的配慮の具体例を蓄積し、広く国民に提供するものとする。

なお、合理的配慮を必要とする障害者が多数見込まれる場合、障害者との関係性が長期にわたる場合等には、その都度の合理的配慮の提供ではなく、後述する環境の整備を考慮に入れることにより、中・長期的なコストの削減・効率化につながる点は重要である。

ウ　意思の表明に当たっては、具体的場面において、社会的障壁の除去に関する配慮を必要としている状況にあることを言語（手話を含む。）のほか、点字、拡大文字、筆談、実物の提示や身振りサイン等による合図、触覚による意思伝達など、障害者が他人とコミュニケーションを図る際に必要な手段（通訳を介するものを含む。）により伝えられる。

また、障害者からの意思表明のみでなく、知的障害や精神障害（発達障害を含む。）等により本人の意思表明が困難な場合には、障害者の家族、介助者等、コミュニケーションを支援する者が本人を補佐して行う意思の表明も含む。

なお、意思の表明が困難な障害者が、家族、介助者等を伴っていない場合など、意思の表明がない場合であっても、当該障害者が社会的障壁の除去を必要としていることが明白である場合には、法の趣旨に鑑みれば、当該障害者に対して適切と思われる配慮を提案するために建設的対話を働きかけるなど、自主的な取組に努めることが望ましい。

エ　合理的配慮は、障害者等の利用を想定して事前に行われる建築物のバリアフリー化、介助者等の人的支援、情報アクセシビリティの向上等の環境の整備（「第５」において後述）を基礎として、個々の障害者に対して、その状況に応じて個別に実施される措置である。したがって、各場面における環境の整備の状況により、合理的配慮の内容は異なることとなる。また、障害の状態等が変化することもあるため、特に、障害者との関係性が長期にわたる場合等には、提供する合理的配慮について、適宜、見直しを行うことが重要である。

⑵　過重な負担の基本的な考え方

過重な負担については、行政機関等及び事業者において、個別の事案ごとに、以下の要素等を考慮し、具体的場面や状況に応じて総合的・客観的に判断することが必要である。行政機関等及び事業者は、過重な負担に当たると判断した場合は、障害者にその理由を説明するものとし、理解を得るよう努めることが望ましい。

○　事務・事業への影響の程度（事務・事業の目的・内容・機能を損なうか否か）
○　実現可能性の程度（物理的・技術的制約、人的・体制上の制約）
○　費用・負担の程度
○　事務・事業規模
○　財政・財務状況

第３　行政機関等が講ずべき障害を理由とする差別を解消するための措置に関する基本的な事項

１　基本的な考え方

行政機関等においては、その事務・事業の公共性に鑑み、障害者差別の解消に率先して取り組む主体として、不当な差別的取扱いの禁止及び合理的配慮の提供が法的義務とされており、国の行政機関の長及び独立行政法人等は、当該機関の職員による取組を確実なものとするため、対応要領を定めることとされている。行政機関等における差別禁止を確実なものとするためには、差別禁止に係る具体的取組と併せて、相談窓口の明確化、職員の研修・啓発の機会の確保等を徹底することが重要であり、対応要領においてこの旨を明記するものとする。

２　対応要領

⑴　対応要領の位置付け及び作成手続

対応要領は、行政機関等が事務・事業を行うに当たり、職員が遵守すべき服務規律の一環として定められる必要があり、国の行政機関であれば、各機関の長が定める訓令等が、また、独立行政法人等については、内部規則の様式に従って定められることが考えられる。

国の行政機関の長及び独立行政法人等は、対応要領の作成に当たり、障害者その他の関係者を構成員に含む会議の開催、障害者団体等からのヒアリングなど、障害者その他の関係者の意見を反映させるために必要な措置を講ずるとともに、作成後は、対応要領を公表しなければならない。

⑵　対応要領の記載事項

対応要領の記載事項としては、以下のものが考えられる。

○　趣旨
○　障害を理由とする不当な差別的取扱い及び合理的配慮の基本的な考え方
○　障害を理由とする不当な差別的取扱い及び合理的配慮の具体例
○　相談体制の整備
○　職員への研修・啓発

3　地方公共団体等における対応要領に関する事項

地方公共団体等における対応要領の作成については、地方分権の趣旨に鑑み、法においては努力義務とされている。地方公共団体等において対応要領を作成する場合には、2(1)及び(2)に準じて行われることが望ましい。国は、地方公共団体等における対応要領の作成に関し、適時に資料・情報の提供、技術的助言など、所要の支援措置を講ずること等により協力しなければならない。

第4　事業者が講ずべき障害を理由とする差別を解消するための措置に関する基本的な事項

1　基本的な考え方

事業者については、不当な差別的取扱いの禁止が法的義務とされる一方で、事業における障害者との関係が分野・業種・場面・状況によって様々であり、求められる配慮の内容・程度も多種多様であることから、合理的配慮の提供については、努力義務とされている。このため、各主務大臣は、所掌する分野における対応指針を作成し、事業者は、対応指針を参考として、取組を主体的に進めることが期待される。主務大臣においては、所掌する分野の特性を踏まえたきめ細かな対応を行うものとする。各事業者における取組については、障害者差別の禁止に係る具体的取組はもとより、相談窓口の整備、事業者の研修・啓発の機会の確保等も重要であり、対応指針の作成に当たっては、この旨を明記するものとする。

同種の事業が行政機関等と事業者の双方で行われる場合は、事業の類似性を踏まえつつ、事業主体の違いも考慮した上での対応に努めることが望ましい。また、公設民営の施設など、行政機関等がその事務・事業の一環として設置・実施し、事業者に運営を委託等している場合は、提供される合理的配慮の内容に大きな差異が生ずることにより障害者が不利益を受けることのないよう、委託等の条件に、対応要領を踏まえた合理的配慮の提供について盛り込むよう努めることが望ましい。

2　対応指針

(1)　対応指針の位置付け及び作成手続

主務大臣は、個別の場面における事業者の適切な対応・判断に資するための対応指針を作成するものとされている。作成に当たっては、障害者や事業者等を構成員に含む会議の開催、障害者団体や事業者団体等からのヒアリングなど、障害者その他の関係者の意見を反映させるために必要な措置を講ずるとともに、作成後は、対応指針を公表しなければならない。

なお、対応指針は、事業者の適切な判断に資するために作成されるものであり、盛り込まれる合理的配慮の具体例は、事業者に強制する性格のものではなく、また、それだけに限られるものではない。事業者においては、対応指針を踏まえ、具体的場面や状況に応じて柔軟に対応することが期待される。

(2)　対応指針の記載事項

対応指針の記載事項としては、以下のものが考えられる。

○　趣旨
○　障害を理由とする不当な差別的取扱い及び合理的配慮の基本的な考え方
○　障害を理由とする不当な差別的取扱い及び合理的配慮の具体例
○　事業者における相談体制の整備
○　事業者における研修・啓発
○　国の行政機関（主務大臣）における相談窓口

3　主務大臣による行政措置

事業者における障害者差別解消に向けた取組は、主務大臣の定める対応指針を参考にして、各事業者により自主的に取組が行われることが期待される。しかしながら、事業者による自主的な取組のみによっては、その適切な履行が確保されず、例えば、事業者が法に反した取扱いを繰り返し、自主的な改善を期待することが困難である場合など、主務大臣は、特に必要があると認められるときは、事業者に対し、報告を求め、又は助言、指導若しくは勧告をすることができることとされている。

こうした行政措置に至る事案を未然に防止するため、主務大臣は、事業者に対して、対応指針に係る十分な情報提供を行うとともに、事業者からの照会・相談に丁寧に対応するなどの取組を積極的に行うものとする。また、主務大臣による行政措置に当たっては、事業者における自主的な取組を尊重する法の趣旨に沿って、まず、報告徴収、助言、指導により改善を促すことを基本とする必要がある。主務大臣が事業者に対して行った助言、指導及び勧告については、取りまとめて、毎年国会に報告するものとする。

第5　その他障害を理由とする差別の解消の推進に関する施策に関する重要事項

1　環境の整備

法は、不特定多数の障害者を主な対象として行われる事前的改善措置（いわゆるバリアフリー法に基づく公共施設や交通機関におけるバリアフリー化、意思表示やコミュニケーションを支援するためのサービス・介助者等の人的支援、障害者による円滑な情報の取得・利用・発信のための情報アクセシビリティの向上等）については、個別の場面において、個々の障害者に対して行われる合理的配慮を的確に行うための環境の整備として実施に努めることとしている。新しい技術開発が環境の整備に係る投資負担の軽減をもたらすこともあることから、技術進歩の動向を踏まえた取組が期待される。また、環境の整備には、ハード面のみならず、職員に対する研修等のソフト面の対応も含まれることが重要である。

障害者差別の解消のための取組は、このような環境の整備を行うための施策と連携しながら進められることが重要であり、ハード面でのバリアフリー化施策、情報の取得・利用・発信におけるアクセシビリティ向上のための施策、職員に対する研修等、環境の整備の施策を着実に進めることが必要である。

2　相談及び紛争の防止等のための体制の整備

障害者差別の解消を効果的に推進するには、障害者及びその家族その他の関係者からの相談等に的確に応じることが必要であり、相談等に対応する際には、障害者の性別、年齢、状態等に配慮することが重要である。法は、新たな機関は設置せず、既存の機関等の活用・充実を図ることとしており、国及び地方公共団体においては、相談窓口を明確にするとともに、相談や紛争解決などに対応する職員の業務の明確化・専門性の向上などを図ることにより、障害者差別の解消の推進に資する体制を整備するものとする。内閣府においては、相談及び紛争の防止等に関する機関の情報について収集・整理し、ホームページへの掲載等により情報提供を行うものとする。

3　啓発活動

障害者差別については、国民一人ひとりの障害に関する知識・理解の不足、意識の偏りに起因する面が大きいと考えられることから、内閣府を中心に、関係行政機関と連携して、各種啓発活動に積極的に取り組み、国民各層の障害に関する理解を促進するものとする。

⑴　行政機関等における職員に対する研修

行政機関等においては、所属する職員一人ひとりが障害者に対して適切に対応し、また、障害者及びその家族その他の関係者からの相談等に的確に対応するため、法の趣旨の周知徹底、障害者から話を聞く機会を設けるなどの各種研修等を実施することにより、職員の障害に関する理解の促進を図るものとする。

⑵　事業者における研修

事業者においては、障害者に対して適切に対応し、また、障害者及びその家族その他の関係者からの相談等に的確に対応するため、研修等を通じて、法の趣旨の普及を図るとともに、障害に関する理解の促進に努めるものとする。

⑶　地域住民等に対する啓発活動

ア　障害者差別が、本人のみならず、その家族等にも深い影響を及ぼすことを、国民一人ひとりが認識するとともに、法の趣旨について理解を深めることが不可欠であり、また、障害者からの働きかけによる建設的対話を通じた相互理解が促進されるよう、障害者も含め、広く周知・啓発を行うことが重要である。

　内閣府を中心に、関係省庁、地方公共団体、事業者、障害者団体、マスメディア等の多様な主体との連携により、インターネットを活用した情報提供、ポスターの掲示、パンフレットの作成・配布、法の説明会やシンポジウム等の開催など、多様な媒体を用いた周知・啓発活動に積極的に取り組む。

イ　障害のある児童生徒が、その年齢及び能力に応じ、可能な限り障害のない児童生徒と共に、その特性を踏まえた十分な教育を受けることのできるインクルーシブ教育システムを推進しつつ、家庭や学校を始めとする社会のあらゆる機会を活用し、子供の頃から年齢を問わず障害に関する知識・理解を深め、全ての障害者が、障害者でない者と等しく、基本的人権を享有する個人であることを認識し、障害の有無にかかわらず共に助け合い・学び合う精神を涵養する。障害のない児童生徒の保護者に対する働きかけも重要である。

ウ　国は、グループホーム等を含む、障害者関連施設の認可等に際して、周辺住民の同意を求める必要がないことを十分に周知するとともに、地方公共団体においては、当該認可等に際して、周辺住民の同意を求める必要がないことに留意しつつ、住民の理解を得るために積極的な啓発活動を行うことが望ましい。

4　障害者差別解消支援地域協議会

(1)　趣旨

障害者差別の解消を効果的に推進するには、障害者にとって身近な地域において、主体的な取組がなされることが重要である。地域において日常生活、社会生活を営む障害者の活動は広範多岐にわたり、相談等を行うに当たっては、どの機関がどのような権限を有しているかは必ずしも明らかではない場合があり、また、相談等を受ける機関においても、相談内容によっては当該機関だけでは対応できない場合がある。このため、地域における様々な関係機関が、相談事例等に係る情報の共有・協議を通じて、各自の役割に応じた事案解決のための取組や類似事案の発生防止の取組など、地域の実情に応じた差別の解消のための取組を主体的に行うネットワークとして、障害者差別解消支援地域協議会（以下「協議会」という。）を組織することができることとされている。協議会については、障害者及びその家族の参画について配慮するとともに、性別・年齢、障害種別を考慮して組織することが望ましい。内閣府においては、法施行後における協議会の設置状況等について公表するものとする。

(2)　期待される役割

協議会に期待される役割としては、関係機関から提供された相談事例等について、適切な相談窓口を有する機関の紹介、具体的事案の対応例の共有・協議、協議会の構成機関等における調停、斡旋等の様々な取組による紛争解決、複数の機関で紛争解決等に対応することへの後押し等が考えられる。

なお、都道府県において組織される協議会においては、紛争解決等に向けた取組について、市町村において組織される協議会を補完・支援する役割が期待される。また、関係機関において紛争解決に至った事例、合理的配慮の具体例、相談事案から合理的配慮に係る環境の整備を行うに至った事例などの共有・分析を通じて、構成機関等における業務改善、事案の発生防止のための取組、周知・啓発活動に係る協議等を行うことが期待される。

5　差別の解消に係る施策の推進に関する重要事項

(1)　情報の収集、整理及び提供

本法を効果的に運用していくため、内閣府においては、行政機関等による協力や協議会との連携などにより、個人情報の保護等に配慮しつつ、国内における具体例や裁判例等を収集・整理するものとする。あわせて、海外の法制度や差別解消のための取組に係る調査研究等を通じ、権利条約に基づき設置された、障害者の権利に関する委員会を始めとする国際的な動向や情報の集積を図るものとする。これらの成果については、障害者白書や内閣府ホームページ等を通じて、広く国民に提供するものとする。

(2)　基本方針、対応要領、対応指針の見直し等

技術の進展、社会情勢の変化等は、特に、合理的配慮について、その内容、程度等に大きな進展をもたらし、また、実施に伴う負担を軽減し得るものであり、法の施行後においては、こうした動向や、不当な差別的取扱い及び合理的配慮の具体例の集積等を踏まえるとともに、国際的な動向も勘案しつつ、必要に応じて、基本方針、対応要領及び対応指針を見直し、適時、充実を図るものとする。

法の施行後３年を経過した時点における法の施行状況に係る検討の際には、障害者政策委員会における障害者差別の解消も含めた障害者基本計画の実施状況に係る監視の結果も踏まえて、基本方針についても併せて所要の検討を行うものとする。基本方針の見直しに当たっては、あらかじめ、障害者その他の関係者の意見を反映させるために必要な措置を講ずるとともに、障害者政策委員会の意見を聴かなければならない。対応要領、対応指針の見直しに当たっても、障害者その他の関係者の意見を反映させるために必要な措置を講じなければならない。

なお、各種の国家資格の取得等において障害者に不利が生じないよう、いわゆる欠格条項について、各制度の趣旨や、技術の進展、社会情勢の変化等を踏まえ、適宜、必要な見直しを検討するものとする。

5 障害を理由とする差別の解消の推進に関する基本方針新旧対照表

（傍線部分は改正部分）

改定後	改定前
政府は、障害を理由とする差別の解消の推進に関する法律（平成25年法律第65号。以下「法」という。）第６条第１項の規定に基づき、障害を理由とする差別の解消の推進に関する基本方針（以下「基本方針」という。）を策定する。基本方針は、障害を理由とする差別の解消に向けた、政府の施策の総合的かつ一体的な実施に関する基本的な考え方を示すものである。	政府は、障害を理由とする差別の解消の推進に関する法律（平成25年法律第65号。以下「法」という。）第６条第１項の規定に基づき、障害を理由とする差別の解消の推進に関する基本方針（以下「基本方針」という。）を策定する。基本方針は、障害を理由とする差別（以下「障害者差別」という。）の解消に向けた、政府の施策の総合的かつ一体的な実施に関する基本的な考え方を示すものである。
第１　障害を理由とする差別の解消の推進に関する施策に関する基本的な方向	**第１　障害を理由とする差別の解消の推進に関する施策に関する基本的な方向**
１　法制定の背景及び経過	**１　法制定の背景**
（同右）	近年、障害者の権利擁護に向けた取組が国際的に進展し、平成18年に国連において、障害者の人権及び基本的自由の享有を確保すること並びに障害者の固有の尊厳の尊重を促進するための包括的かつ総合的な国際条約である障害者の権利に関する条約（以下「権利条約」という。）が採択された。我が国は、平成19年に権利条約に署名し、以来、国内法の整備を始めとする取組を進めてきた。 権利条約は第２条において、「「障害に基づく差別」とは、障害に基づくあらゆる区別、排除又は制限であって、政治的、経済的、社会的、文化的、市民的その他のあらゆる分野において、他の者との平等を基礎として全ての人権及び基本的自由を認識し、享有し、又は行使することを害し、又は妨げる目的又は効果を有するものをいう。障害に基づく差別には、あらゆる形態の差別（合理的配慮の否定を含む。）を含む。」と定義し、その禁止について、締約国に全ての適当な措置を求めている。我が国においては、平成16年の障害者基本法（昭和45年法律第84号）の改正において、障害者に対する差別の禁止が基本的理念として明示され、さらに、平成23年の同法改正の際には、権利条約の趣旨を踏まえ、同法第２条第２号において、社会的障壁について、「障害がある者にとつて日常生活又は社会生活を営む上で障壁となるような社会における事物、制度、慣行、観念その他一切のものをいう。」と定義されるとともに、基本原則として、同法第４条第１項に、「何人も、障害者に対して、障害を理由として、差別することその他の権利利益を侵害する行為をしてはならない」こと、また、同条第２項に、「社会的障壁の除去は、それを必要としている障害者が現に存し、かつ、その実施に伴う負担が過重でないときは、それを怠ることによつて前項の規定に違反することとならないよう、その実施について必要かつ合理的な配慮がされなければならない」ことが規定された。
法は、障害者基本法の差別の禁止の基本原則を具体化するものであり、全ての国民が、障害の有無に	法は、障害者基本法の差別の禁止の基本原則を具体化するものであり、全ての国民が、障害の有無に

改　定　後	改　定　前
よって分け隔てられることなく、相互に人格と個性を尊重し合いながら共生する社会の実現に向け、障害を理由とする差別の解消を推進することを目的として、平成25年６月に制定された。我が国は、本法の制定を含めた一連の障害者施策に係る取組の成果を踏まえ、平成26年１月に権利条約を締結した。 　また、令和３年６月には、事業者による合理的配慮の提供を義務付けるとともに、行政機関相互間の連携の強化を図るほか、相談体制の充実や情報の収集・提供など障害を理由とする差別を解消するための支援措置の強化を内容とする改正法が公布された（障害を理由とする差別の解消の推進に関する法律の一部を改正する法律（令和３年法律第56号））。	よって分け隔てられることなく、相互に人格と個性を尊重し合いながら共生する社会の実現に向け、障害者差別の解消を推進することを目的として、平成25年６月に制定された。我が国は、本法の制定を含めた一連の障害者施策に係る取組の成果を踏まえ、平成26年１月に権利条約を締結した。 （新設）
2　基本的な考え方 （１）法の考え方 　法は、全ての障害者が、障害者でない者と等しく、基本的人権を享有する個人としてその尊厳が重んぜられ、その尊厳にふさわしい生活を保障される権利を有することを踏まえ、障害を理由とする差別の解消の推進に関する基本的な事項等を定めることにより、障害を理由とする差別の解消を推進することで、共生社会の実現に資することを目的としている。全ての国民が、障害の有無によって分け隔てられることなく、相互に人格と個性を尊重し合いながら共生する社会を実現するためには、日常生活や社会生活における障害者の活動を制限し、社会への参加を制約している社会的障壁を取り除くことが重要である。このため、法は、後述する、障害者に対する不当な差別的取扱い及び合理的配慮の不提供を差別と規定し、行政機関等及び事業者に対し、差別の解消に向けた具体的取組を求めるとともに、普及啓発活動等を通じて、障害者も含めた国民一人一人が、それぞれの立場において自発的に取り組むことを促している。 　特に、法に規定された合理的配慮の提供に当たる行為は、既に社会の様々な場面において日常的に実践されているものもある。こうした取組を広く社会に示しつつ、また、権利条約が採用する、障害者が日常生活又は社会生活において受ける制限は、身体障害、知的障害、精神障害（発達障害及び高次脳機能障害を含む。）その他の心身の機能の障害（難病等に起因する障害を含む。）のみに起因するものではなく、社会における様々な障壁と相対することによって生ずるものとする、いわゆる「社会モデル」の考え方の国民全体への浸透を図ることによって、国民一人一人の障害に関する正しい知識の取得や理解が深まるとともに、障害者や行政機関等・事業者、地域住民といった様々な関係者の建設的対話による協力と合意により、共生社会の実現という共通の目標の実現に向けた取組が推進されることを期待するものである。	**2　基本的な考え方** （１）法の考え方 （新設） 全ての国民が、障害の有無によって分け隔てられることなく、相互に人格と個性を尊重し合いながら共生する社会を実現するためには、日常生活や社会生活における障害者の活動を制限し、社会への参加を制約している社会的障壁を取り除くことが重要である。このため、法は、後述する、障害者に対する不当な差別的取扱い及び合理的配慮の不提供を差別と規定し、行政機関等及び事業者に対し、差別の解消に向けた具体的取組を求めるとともに、普及啓発活動等を通じて、障害者も含めた国民一人ひとりが、それぞれの立場において自発的に取り組むことを促している。 　特に、法に規定された合理的配慮の提供に当たる行為は、既に社会の様々な場面において日常的に実践されているものもあり、こうした取組を広く社会に示すことにより、国民一人ひとりの、障害に関する正しい知識の取得や理解が深まり、障害者との建設的対話による相互理解が促進され、取組の裾野が一層広がることを期待するものである。

改　定　後	改　定　前
（２）基本方針と対応要領・対応指針との関係 *（同右）* 対応要領及び対応指針は、法に規定された不当な差別的取扱い及び合理的配慮について、障害種別に応じた具体例も盛り込みながら分かりやすく示しつつ、行政機関等の職員に徹底し、事業者の取組を促進するとともに、広く国民に周知するものとする。	（２）基本方針と対応要領・対応指針との関係 基本方針に即して、国の行政機関の長及び独立行政法人等においては、当該機関の職員の取組に資するための対応要領を、主務大臣においては、事業者における取組に資するための対応指針を作成することとされている。地方公共団体及び公営企業型以外の地方独立行政法人（以下「地方公共団体等」という。）については、地方分権の観点から、対応要領の作成は努力義務とされているが、積極的に取り組むことが望まれる。 対応要領及び対応指針は、法に規定された不当な差別的取扱い及び合理的配慮について、具体例も盛り込みながら分かりやすく示しつつ、行政機関等の職員に徹底し、事業者の取組を促進するとともに、広く国民に周知するものとする。
（３）条例との関係 地方公共団体においては、障害を理由とする差別の解消に向けた条例の制定が進められるなど、各地で障害を理由とする差別の解消に係る気運の高まりが見られるところである。法との関係では、地域の実情に即した既存の条例（いわゆる上乗せ・横出し条例を含む。）については引き続き効力を有し、また、新たに制定することも制限されることはなく、障害者にとって身近な地域において、条例の制定も含めた障害を理由とする差別を解消する取組の推進が望まれる。	（３）条例との関係 地方公共団体においては、近年、法の制定に先駆けて、障害者差別の解消に向けた条例の制定が進められるなど、各地で障害者差別の解消に係る気運の高まりが見られるところである。法の施行後においても、地域の実情に即した既存の条例（いわゆる上乗せ・横出し条例を含む。）については引き続き効力を有し、また、新たに制定することも制限されることはなく、障害者にとって身近な地域において、条例の制定も含めた障害者差別を解消する取組の推進が望まれる。
第２　行政機関等及び事業者が講ずべき障害を理由とする差別を解消するための措置に関する共通的な事項 **１　法の対象範囲** （１）障害者 対象となる障害者は、法第２条第１号に規定する障害者、即ち、身体障害、知的障害、精神障害（発達障害及び高次脳機能障害を含む。）その他の心身の機能の障害（難病等に起因する障害を含む。）（以下「障害」と総称する。）がある者であって、障害及び社会的障壁により継続的に日常生活又は社会生活に相当な制限を受ける状態にあるものである。これは、障害者基本法第２条第１号に規定する障害者の定義と同様であり、いわゆる「社会モデル」の考え方を踏まえている。したがって、法が対象とする障害者の該当性は当該者の状況等に応じて個別に判断されることとなり、いわゆる障害者手帳の所持者に限られない。 *（削除）*	**第２　行政機関等及び事業者が講ずべき障害を理由とする差別を解消するための措置に関する共通的な事項** **１　法の対象範囲** （１）障害者 対象となる障害者は、障害者基本法第２条第１号に規定する障害者、即ち、「身体障害、知的障害、精神障害（発達障害を含む。）その他の心身の機能の障害（以下「障害」と総称する。）がある者であつて、障害及び社会的障壁により継続的に日常生活又は社会生活に相当な制限を受ける状態にあるもの」である。これは、障害者が日常生活又は社会生活において受ける制限は、身体障害、知的障害、精神障害（発達障害を含む。）その他の心身の機能の障害（難病に起因する障害を含む。）のみに起因するものではなく、社会における様々な障壁と相対することによって生ずるものとのいわゆる「社会モデル」の考え方を踏まえている。したがって、法が対象とする障害者は、いわゆる障害者手帳の所持者に限られない。なお、高次脳機能障害は精神障害に含まれる。 また、特に女性である障害者は、障害に加えて女性であることにより、更に複合的に困難な状況に置かれている場合があること、障害児には、成人の障害者とは異なる支援の必要性があることに留意する。

<table>
<tr><th>改　　定　　後</th><th>改　　定　　前</th></tr>
<tr><td>（2）事業者
対象となる事業者は、商業その他の事業を行う者（地方公共団体の経営する企業及び公営企業型地方独立行政法人を含み、国、独立行政法人等、地方公共団体及び公営企業型以外の地方独立行政法人を除く。）であり、目的の営利・非営利、個人・法人の別を問わず、同種の行為を反復継続する意思をもって行う者である。したがって、例えば、個人事業者や対価を得ない無報酬の事業を行う者、非営利事業を行う社会福祉法人や特定非営利活動法人も対象となり、また対面やオンラインなどサービス等の提供形態の別も問わない。</td><td>（2）事業者
対象となる事業者は、商業その他の事業を行う者（地方公共団体の経営する企業及び公営企業型地方独立行政法人を含み、国、独立行政法人等、地方公共団体及び公営企業型以外の地方独立行政法人を除く。）であり、目的の営利・非営利、個人・法人の別を問わず、同種の行為を反復継続する意思をもって行う者である。したがって、例えば、個人事業者や対価を得ない無報酬の事業を行う者、非営利事業を行う社会福祉法人や特定非営利活動法人も対象となる。</td></tr>
<tr><td>（3）対象分野
（同右）</td><td>（3）対象分野
法は、日常生活及び社会生活全般に係る分野が広く対象となる。ただし、行政機関等及び事業者が事業主としての立場で労働者に対して行う障害を理由とする差別を解消するための措置については、法第13条により、障害者の雇用の促進等に関する法律（昭和35年法律第123号）の定めるところによることとされている。</td></tr>
<tr><td>2　不当な差別的取扱い
（1）不当な差別的取扱いの基本的な考え方
ア　法は、障害者に対して、正当な理由なく、障害を理由として、財・サービスや各種機会の提供を拒否する又は提供に当たって場所・時間帯などを制限する、障害者でない者に対しては付さない条件を付けることなどにより、障害者の権利利益を侵害することを禁止している。なお、車椅子、補助犬その他の支援機器等の利用や介助者の付添い等の社会的障壁を解消するための手段の利用等を理由として行われる不当な差別的取扱いも、障害を理由とする不当な差別的取扱いに該当する。
また、障害者の事実上の平等を促進し、又は達成するために必要な特別の措置は、不当な差別的取扱いではない。

イ（同右）</td><td>2　不当な差別的取扱い
（1）不当な差別的取扱いの基本的な考え方
ア　法は、障害者に対して、正当な理由なく、障害を理由として、財・サービスや各種機会の提供を拒否する又は提供に当たって場所・時間帯などを制限する、障害者でない者に対しては付さない条件を付けることなどにより、障害者の権利利益を侵害することを禁止している。
（新設）
なお、障害者の事実上の平等を促進し、又は達成するために必要な特別の措置は、不当な差別的取扱いではない。

イ　したがって、障害者を障害者でない者と比べて優遇する取扱い（いわゆる積極的改善措置）、法に規定された障害者に対する合理的配慮の提供による障害者でない者との異なる取扱いや、合理的配慮を提供等するために必要な範囲で、プライバシーに配慮しつつ障害者に障害の状況等を確認することは、不当な差別的取扱いには当たらない。不当な差別的取扱いとは、正当な理由なく、障害者を、問題となる事務・事業について本質的に関係する諸事情が同じ障害者でない者より不利に扱うことである点に留意する必要がある。</td></tr>
<tr><td>（2）正当な理由の判断の視点
（同右）</td><td>（2）正当な理由の判断の視点
正当な理由に相当するのは、障害者に対して、障害を理由として、財・サービスや各種機会の提供を拒否するなどの取扱いが客観的に見て正当な目的の</td></tr>
</table>

改　定　後	改　定　前
	下に行われたものであり、その目的に照らしてやむを得ないと言える場合である。行政機関等及び事業者においては、正当な理由に相当するか否かについて、個別の事案ごとに、障害者、事業者、第三者の権利利益（例：安全の確保、財産の保全、事業の目的・内容・機能の維持、損害発生の防止等）及び行政機関等の事務・事業の目的・内容・機能の維持等の観点に鑑み、具体的場面や状況に応じて総合的・客観的に判断することが必要である。
正当な理由がなく、不当な差別的取扱いに該当すると考えられる例及び正当な理由があるため、不当な差別的取扱いに該当しないと考えられる例としては、次のようなものがある。なお、記載されている内容はあくまでも例示であり、正当な理由に相当するか否かについては、個別の事案ごとに、前述の観点等を踏まえて判断することが必要であること、正当な理由があり不当な差別的取扱いに該当しない場合であっても、合理的配慮の提供を求められる場合には別途の検討が必要であることに留意する。	*（新設）*
（正当な理由がなく、不当な差別的取扱いに該当すると考えられる例） ・　障害の種類や程度、サービス提供の場面における本人や第三者の安全性などについて考慮することなく、漠然とした安全上の問題を理由に施設利用を拒否すること。 ・　業務の遂行に支障がないにもかかわらず、障害者でない者とは異なる場所での対応を行うこと。 ・　障害があることを理由として、障害者に対して、言葉遣いや接客の態度など一律に接遇の質を下げること。 ・　障害があることを理由として、具体的場面や状況に応じた検討を行うことなく、障害者に対し一律に保護者や支援者・介助者の同伴をサービスの利用条件とすること。	*（新設）*
（正当な理由があるため、不当な差別的取扱いに該当しないと考えられる例） ・　実習を伴う講座において、実習に必要な作業の遂行上具体的な危険の発生が見込まれる障害特性のある障害者に対し、当該実習とは別の実習を設定すること。（障害者本人の安全確保の観点） ・　飲食店において、車椅子の利用者が畳敷きの個室を希望した際に、敷物を敷く等、畳を保護するための対応を行うこと。（事業者の損害発生の防止の観点） ・　銀行において口座開設等の手続を行うため、預金者となる障害者本人に同行した者が代筆をしようとした際に、必要な範囲で、プライバシーに配慮しつつ、障害者本人に対し障害の状況や本人の取引意思等を確認すること。（障害者本人の財産の保全の観点） ・　電動車椅子の利用者に対して、通常よりも搭乗手続や保安検査に時間を要することから、十分な研修を受けたスタッフの配置や関係者間の情報共有により所要時間の短縮を図った上で必要最小限の時間を説明するとともに、搭乗に間に合う時間に空港に来てもらうよう依頼すること。（事業の目的・内容・機	*（新設）*

改　定　後	改　定　前
能の維持の観点） 行政機関等及び事業者は、正当な理由があると判断した場合には、障害者にその理由を丁寧に説明するものとし、理解を得るよう努めることが望ましい。その際、行政機関等及び事業者と障害者の双方が、お互いに相手の立場を尊重しながら相互理解を図ることが求められる。	行政機関等及び事業者は、正当な理由があると判断した場合には、障害者にその理由を説明するものとし、理解を得るよう努めることが望ましい。
3　合理的配慮	**3　合理的配慮**
（1）合理的配慮の基本的な考え方	（1）合理的配慮の基本的な考え方
ア *（同右）*	ア　権利条約第２条において、「合理的配慮」は、「障害者が他の者との平等を基礎として全ての人権及び基本的自由を享有し、又は行使することを確保するための必要かつ適当な変更及び調整であって、特定の場合において必要とされるものであり、かつ、均衡を失した又は過度の負担を課さないもの」と定義されている。
法は、権利条約における合理的配慮の定義を踏まえ、行政機関等及び事業者に対し、その事務・事業を行うに当たり、個々の場面において、障害者から現に社会的障壁の除去を必要としている旨の意思の表明があった場合において、その実施に伴う負担が過重でないときは、障害者の権利利益を侵害することとならないよう、社会的障壁の除去の実施について、必要かつ合理的な配慮を行うこと（以下「合理的配慮」という。）を求めている。合理的配慮は、障害者が受ける制限は、障害のみに起因するものではなく、社会における様々な障壁と相対することによって生ずるものとのいわゆる「社会モデル」の考え方を踏まえたものであり、障害者の権利利益を侵害することとならないよう、障害者が個々の場面において必要としている社会的障壁を除去するための必要かつ合理的な取組であり、その実施に伴う負担が過重でないものである。	法は、権利条約における合理的配慮の定義を踏まえ、行政機関等及び事業者に対し、その事務・事業を行うに当たり、個々の場面において、障害者から現に社会的障壁の除去を必要としている旨の意思の表明があった場合において、その実施に伴う負担が過重でないときは、障害者の権利利益を侵害することとならないよう、社会的障壁の除去の実施について、必要かつ合理的な配慮（以下「合理的配慮」という。）を行うことを求めている。合理的配慮は、障害者が受ける制限は、障害のみに起因するものではなく、社会における様々な障壁と相対することによって生ずるものとのいわゆる「社会モデル」の考え方を踏まえたものであり、障害者の権利利益を侵害することとならないよう、障害者が個々の場面において必要としている社会的障壁を除去するための必要かつ合理的な取組であり、その実施に伴う負担が過重でないものである。
（右記載は後述イに移動）	合理的配慮は、行政機関等及び事業者の事務・事業の目的・内容・機能に照らし、必要とされる範囲で本来の業務に付随するものに限られること、障害者でない者との比較において同等の機会の提供を受けるためのものであること、事務・事業の目的・内容・機能の本質的な変更には及ばないことに留意する必要がある。
イ　合理的配慮は、障害の特性や社会的障壁の除去が求められる具体的場面や状況に応じて異なり、多様かつ個別性の高いものである。また、その内容は、後述する「環境の整備」に係る状況や、技術の進展、社会情勢の変化等に応じて変わり得るものである。 合理的配慮は、行政機関等及び事業者の事務・事業の目的・内容・機能に照らし、必要とされる範囲で本来の業務に付随するものに限られること、障害者でない者との比較において同等の機会の提供を受けるためのものであること、事務・事業の目的・内容・機能の本質的な変更には及ばな	イ　合理的配慮は、障害の特性や社会的障壁の除去が求められる具体的場面や状況に応じて異なり、多様かつ個別性の高いものであり、当該障害者が現に置かれている状況を踏まえ、社会的障壁の除去のための手段及び方法について、「（2）過重な負担の基本的な考え方」に掲げた要素を考慮し、代替措置の選択も含め、双方の建設的対話による相互理解を通じて、必要かつ合理的な範囲で、柔軟に対応がなされるものである。さらに、合理的配慮の内容は、技術の進展、社会情勢の変化等に応じて変わり得るものである。

改　定　後	改　定　前
いことに留意する必要がある。その提供に当たってはこれらの点に留意した上で、当該障害者が現に置かれている状況を踏まえ、社会的障壁の除去のための手段及び方法について、当該障害者本人の意向を尊重しつつ「(2) 過重な負担の基本的な考え方」に掲げた要素も考慮し、代替措置の選択も含め、双方の建設的対話による相互理解を通じて、必要かつ合理的な範囲で柔軟に対応がなされる必要がある。 建設的対話に当たっては、障害者にとっての社会的障壁を除去するための必要かつ実現可能な対応案を障害者と行政機関等・事業者が共に考えていくために、双方がお互いの状況の理解に努めることが重要である。例えば、障害者本人が社会的障壁の除去のために普段講じている対策や、行政機関等や事業者が対応可能な取組等を対話の中で共有する等、建設的対話を通じて相互理解を深め、様々な対応策を柔軟に検討していくことが円滑な対応に資すると考えられる。	
ウ　現時点における合理的配慮の一例としては以下の例が挙げられる。なお、記載されている内容はあくまでも例示であり、あらゆる事業者が必ずしも実施するものではないこと、以下の例以外であっても合理的配慮に該当するものがあることに留意する。	現時点における一例としては、
(合理的配慮の例)	
・車椅子利用者のために段差に携帯スロープを渡す、高い所に陳列された商品を取って渡すなどの物理的環境に係る対応を行うこと。	・車椅子利用者のために段差に携帯スロープを渡す、高い所に陳列された商品を取って渡すなどの物理的環境への配慮
・筆談、読み上げ、手話、コミュニケーションボードの活用などによるコミュニケーション、振り仮名や写真、イラストなど分かりやすい表現を使って説明をするなどの意思疎通に係る対応を行うこと。	・筆談、読み上げ、手話などによるコミュニケーション、分かりやすい表現を使って説明をするなどの意思疎通の配慮
・障害の特性に応じた休憩時間の調整や必要なデジタル機器の使用の許可などのルール・慣行の柔軟な変更を行うこと。	・障害の特性に応じた休憩時間の調整などのルール・慣行の柔軟な変更などが挙げられる。
・店内の単独移動や商品の場所の特定が困難な障害者に対し、店内移動と買物の支援を行うこと。	(新設)
また、合理的配慮の提供義務違反に該当すると考えられる例及び該当しないと考えられる例としては、次のようなものがある。なお、記載されている内容はあくまでも例示であり、合理的配慮の提供義務違反に該当するか否かについては、個別の事案ごとに、前述の観点等を踏まえて判断することが必要であることに留意する。	(新設)
(合理的配慮の提供義務違反に該当すると考えられる例)	(新設)
・試験を受ける際に筆記が困難なためデジタル機器の使用を求める申出があった場合に、デジタル機器の持込みを認めた前例がないことを理由に、必要な調整を行うことなく一律に対応を断ること。	
・イベント会場内の移動に際して支援を求める申出	

改　定　後	改　定　前
があった場合に、「何かあったら困る」という抽象的な理由で具体的な支援の可能性を検討せず、支援を断ること。 ・電話利用が困難な障害者から電話以外の手段により各種手続が行えるよう対応を求められた場合に、自社マニュアル上、当該手続は利用者本人による電話のみで手続可能とすることとされていることを理由として、メールや電話リレーサービスを介した電話等の代替措置を検討せずに対応を断ること。 ・自由席での開催を予定しているセミナーにおいて、弱視の障害者からスクリーンや板書等がよく見える席でのセミナー受講を希望する申出があった場合に、事前の座席確保などの対応を検討せずに「特別扱いはできない」という理由で対応を断ること。	
（合理的配慮の提供義務に反しないと考えられる例） ・飲食店において、食事介助等を求められた場合に、当該飲食店が当該業務を事業の一環として行っていないことから、その提供を断ること。（必要とされる範囲で本来の業務に付随するものに限られることの観点） ・抽選販売を行っている限定商品について、抽選申込みの手続を行うことが困難であることを理由に、当該商品をあらかじめ別途確保しておくよう求められた場合に、当該対応を断ること。（障害者でない者との比較において同等の機会の提供を受けるためのものであることの観点） ・オンライン講座の配信のみを行っている事業者が、オンラインでの集団受講では内容の理解が難しいことを理由に対面での個別指導を求められた場合に、当該対応はその事業の目的・内容とは異なるものであり、対面での個別指導を可能とする人的体制・設備も有していないため、当該対応を断ること。（事務・事業の目的・内容・機能の本質的な変更には及ばないことの観点） ・小売店において、混雑時に視覚障害者から店員に対し、店内を付き添って買物の補助を求める配慮の申出があった場合に、混雑時のため付添いはできないが、店員が買物リストを書き留めて商品を準備することができる旨を提案すること。（過重な負担（人的・体制上の制約）の観点）	*（新設）*
また、合理的配慮の提供に当たっては、障害者の性別、年齢、状態等に配慮するものとし、特に障害のある女性に対しては、障害に加えて女性であることも踏まえた対応が求められることに留意する。 *（右記載は後述の「（３）環境の整備との関係」に移動）*	合理的配慮の提供に当たっては、障害者の性別、年齢、状態等に配慮するものとする。内閣府及び関係行政機関は、今後、合理的配慮の具体例を蓄積し、広く国民に提供するものとする。 なお、合理的配慮を必要とする障害者が多数見込まれる場合、障害者との関係性が長期にわたる場合等には、その都度の合理的配慮の提供ではなく、後述する環境の整備を考慮に入れることにより、中・長期的なコストの削減・効率化につながる点は重要である。
エ　意思の表明に当たっては、具体的場面において、社会的障壁の除去を必要としている状況にあること	ウ　意思の表明に当たっては、具体的場面において、社会的障壁の除去に関する配慮を必要としている状

改　　　定　　　後	改　　　定　　　前
を言語（手話を含む。）のほか、点字、拡大文字、筆談、実物の提示や身振りサイン等による合図、触覚による意思伝達など、障害者が他人とコミュニケーションを図る際に必要な手段（通訳を介するものを含む。）により伝えられる。その際には、社会的障壁を解消するための方法等を相手に分かりやすく伝えることが望ましい。	況にあることを言語（手話を含む。）のほか、点字、拡大文字、筆談、実物の提示や身振りサイン等による合図、触覚による意思伝達など、障害者が他人とコミュニケーションを図る際に必要な手段（通訳を介するものを含む。）により伝えられる。
また、障害者からの意思表明のみでなく、障害の特性等により本人の意思表明が困難な場合には、障害者の家族、介助者等、コミュニケーションを支援する者が、本人を補佐して行う意思の表明も含む。	また、障害者からの意思表明のみでなく、知的障害や精神障害（発達障害を含む。）等により本人の意思表明が困難な場合には、障害者の家族、介助者等、コミュニケーションを支援する者が本人を補佐して行う意思の表明も含む。
なお、意思の表明が困難な障害者が、家族や支援者・介助者等を伴っていない場合など、意思の表明がない場合であっても、当該障害者が社会的障壁の除去を必要としていることが明白である場合には、法の趣旨に鑑みれば、当該障害者に対して適切と思われる配慮を提案するために建設的対話を働きかけるなど、自主的な取組に努めることが望ましい。	なお、意思の表明が困難な障害者が、家族、介助者等を伴っていない場合など、意思の表明がない場合であっても、当該障害者が社会的障壁の除去を必要としていることが明白である場合には、法の趣旨に鑑みれば、当該障害者に対して適切と思われる配慮を提案するために建設的対話を働きかけるなど、自主的な取組に努めることが望ましい。
（右記載は後述の「（３）環境の整備との関係」に移動）	エ　合理的配慮は、障害者等の利用を想定して事前に行われる建築物のバリアフリー化、介助者等の人的支援、情報アクセシビリティの向上等の環境の整備（「第５」において後述）を基礎として、個々の障害者に対して、その状況に応じて個別に実施される措置である。したがって、各場面における環境の整備の状況により、合理的配慮の内容は異なることとなる。また、障害の状態等が変化することもあるため、特に、障害者との関係性が長期にわたる場合等には、提供する合理的配慮について、適宜、見直しを行うことが重要である。
（２）過重な負担の基本的な考え方	（２）過重な負担の基本的な考え方
過重な負担については、行政機関等及び事業者において、個別の事案ごとに、以下の要素等を考慮し、具体的場面や状況に応じて総合的・客観的に判断することが必要である。行政機関等及び事業者は、過重な負担に当たると判断した場合は、障害者に丁寧にその理由を説明するものとし、理解を得るよう努めることが望ましい。その際には前述のとおり、行政機関等及び事業者と障害者の双方が、お互いに相手の立場を尊重しながら、建設的対話を通じて相互理解を図り、代替措置の選択も含めた対応を柔軟に検討することが求められる。	過重な負担については、行政機関等及び事業者において、個別の事案ごとに、以下の要素等を考慮し、具体的場面や状況に応じて総合的・客観的に判断することが必要である。行政機関等及び事業者は、過重な負担に当たると判断した場合は、障害者にその理由を説明するものとし、理解を得るよう努めることが望ましい。
（同右）	○　事務・事業への影響の程度（事務・事業の目的・内容・機能を損なうか否か） ○　実現可能性の程度（物理的・技術的制約、人的・体制上の制約） ○　費用・負担の程度 ○　事務・事業規模 ○　財政・財務状況

改　　定　　後	改　　定　　前
（３）環境の整備との関係 ア　環境の整備の基本的な考え方 法は、個別の場面において、個々の障害者に対して行われる合理的配慮を的確に行うための不特定多数の障害者を主な対象として行われる事前的改善措置（施設や設備のバリアフリー化、意思表示やコミュニケーションを支援するためのサービス・介助者等の人的支援、障害者による円滑な情報の取得・利用・発信のための情報アクセシビリティの向上等）を、環境の整備として行政機関等及び事業者の努力義務としている。環境の整備においては、新しい技術開発が投資負担の軽減をもたらすこともあることから、技術進歩の動向を踏まえた取組が期待される。また、ハード面のみならず、職員に対する研修や、規定の整備等の対応も含まれることが重要である。 障害を理由とする差別の解消のための取組は、法や高齢者、障害者等の移動等の円滑化の促進に関する法律（平成18年法律第91号）等不特定多数の障害者を対象とした事前的な措置を規定する法令に基づく環境の整備に係る施策や取組を着実に進め、環境の整備と合理的配慮の提供を両輪として進めることが重要である。 イ　合理的配慮と環境の整備 環境の整備は、不特定多数の障害者向けに事前的改善措置を行うものであるが、合理的配慮は、環境の整備を基礎として、その実施に伴う負担が過重でない場合に、特定の障害者に対して、個別の状況に応じて講じられる措置である。したがって、各場面における環境の整備の状況により、合理的配慮の内容は異なることとなる。 合理的配慮の提供と環境の整備の関係に係る一例としては以下の例が挙げられる。 ・　障害者から申込書類への代筆を求められた場合に円滑に対応できるよう、あらかじめ申込手続における適切な代筆の仕方について店員研修を行う（環境の整備）とともに、障害者から代筆を求められた場合には、研修内容を踏まえ、本人の意向を確認しながら店員が代筆する（合理的配慮の提供）。 ・　オンラインでの申込手続が必要な場合に、手続を行うためのウェブサイトが障害者にとって利用しづらいものとなっていることから、手続に際しての支援を求める申出があった場合に、求めに応じて電話や電子メールでの対応を行う（合理的配慮の提供）とともに、以後、障害者がオンライン申込みの際に不便を感じることのないよう、ウェブサイトの改良を行う（環境の整備）。 なお、多数の障害者が直面し得る社会的障壁をあらかじめ除去するという観点から、他の障害者等への波及効果についても考慮した環境の整備を行うことや、相談・紛争事案を事前に防止する観点からは、合理的配慮の提供に関する相談対応等を契機に、行	*（参考）第５　その他障害を理由とする差別の解消の推進に関する施策に関する重要事項* *１　環境の整備* *法は、不特定多数の障害者を主な対象として行われる事前的改善措置（いわゆるバリアフリー法に基づく公共施設や交通機関におけるバリアフリー化、意思表示やコミュニケーションを支援するためのサービス・介助者等の人的支援、障害者による円滑な情報の取得・利用・発信のための情報アクセシビリティの向上等）については、個別の場面において、個々の障害者に対して行われる合理的配慮を的確に行うための環境の整備として実施に努めることとしている。新しい技術開発が環境の整備に係る投資負担の軽減をもたらすこともあることから、技術進歩の動向を踏まえた取組が期待される。また、環境の整備には、ハード面のみならず、職員に対する研修等のソフト面の対応も含まれることが重要である。* *障害者差別の解消のための取組は、このような環境の整備を行うための施策と連携しながら進められることが重要であり、ハード面でのバリアフリー化施策、情報の取得・利用・発信におけるアクセシビリティ向上のための施策、職員に対する研修等、環境の整備の施策を着実に進めることが必要である。* *（新設）*

改　　　定　　　後	改　　　定　　　前
政機関等及び事業者の内部規則やマニュアル等の制度改正等の環境の整備を図ることは有効である。また環境の整備は、障害者との関係が長期にわたる場合においても、その都度の合理的配慮の提供が不要となるという点で、中・長期的なコストの削減・効率化にも資することとなる。	
第3　行政機関等が講ずべき障害を理由とする差別を解消するための措置に関する基本的な事項	**第3　行政機関等が講ずべき障害を理由とする差別を解消するための措置に関する基本的な事項**
1　基本的な考え方 行政機関等においては、その事務・事業の公共性に鑑み、障害を理由とする差別の解消に率先して取り組む主体として、不当な差別的取扱いの禁止及び合理的配慮の提供が法的義務とされており、国の行政機関の長及び独立行政法人等は、当該機関の職員による取組を確実なものとするため、対応要領を定めることとされている。行政機関等における差別禁止を確実なものとするためには、差別禁止に係る具体的取組と併せて、相談窓口の明確化、職員の研修・啓発の機会の確保等を徹底することが重要であり、対応要領においてこの旨を明記するものとする。	**1　基本的な考え方** 行政機関等においては、その事務・事業の公共性に鑑み、障害者差別の解消に率先して取り組む主体として、不当な差別的取扱いの禁止及び合理的配慮の提供が法的義務とされており、国の行政機関の長及び独立行政法人等は、当該機関の職員による取組を確実なものとするため、対応要領を定めることとされている。行政機関等における差別禁止を確実なものとするためには、差別禁止に係る具体的取組と併せて、相談窓口の明確化、職員の研修・啓発の機会の確保等を徹底することが重要であり、対応要領においてこの旨を明記するものとする。
2　対応要領 （1）対応要領の位置付け及び作成・変更手続 対応要領は、行政機関等が事務・事業を行うに当たり、職員が遵守すべき服務規律の一環として定められる必要があり、国の行政機関であれば、各機関の長が定める訓令等が、また、独立行政法人等については、内部規則の様式に従って定められることが考えられる。 国の行政機関の長及び独立行政法人等は、対応要領の作成・変更に当たり、障害者その他の関係者を構成員に含む会議の開催、障害者団体等からのヒアリングなど、障害者その他の関係者の意見を反映させるために必要な措置を講ずるとともに、作成等の後は、対応要領を公表しなければならない。	**2　対応要領** （1）対応要領の位置付け及び作成手続 対応要領は、行政機関等が事務・事業を行うに当たり、職員が遵守すべき服務規律の一環として定められる必要があり、国の行政機関であれば、各機関の長が定める訓令等が、また、独立行政法人等については、内部規則の様式に従って定められることが考えられる。 国の行政機関の長及び独立行政法人等は、対応要領の作成に当たり、障害者その他の関係者を構成員に含む会議の開催、障害者団体等からのヒアリングなど、障害者その他の関係者の意見を反映させるために必要な措置を講ずるとともに、作成後は、対応要領を公表しなければならない。
（2）対応要領の記載事項 対応要領の記載事項としては、以下のものが考えられる。なお、具体例を記載する際には、障害特性や年齢、性別、具体的な場面等を考慮したものとなるよう留意することとする。 ○　趣旨 ○　障害を理由とする不当な差別的取扱い及び合理的配慮の基本的な考え方 ○　障害を理由とする不当な差別的取扱い及び合理的配慮の具体例 ○　相談体制の整備 ○　職員への研修・啓発	（2）対応要領の記載事項 対応要領の記載事項としては、以下のものが考えられる。 ○　趣旨 ○　障害を理由とする不当な差別的取扱い及び合理的配慮の基本的な考え方 ○　障害を理由とする不当な差別的取扱い及び合理的配慮の具体例 ○　相談体制の整備 ○　職員への研修・啓発
3　地方公共団体等における対応要領に関する事項 地方公共団体等における対応要領の作成については、地方分権の趣旨に鑑み、法においては努力義務とされている。地方公共団体等において対応要領を	**3　地方公共団体等における対応要領に関する事項** 地方公共団体等における対応要領の作成については、地方分権の趣旨に鑑み、法においては努力義務とされている。地方公共団体等において対応要領を

改　定　後	改　定　前
作成・変更する場合には、2（1）及び（2）に準じて行われることが望ましい。国は、地方公共団体等における対応要領の作成等に関し、適時に資料・情報の提供、技術的助言など、所要の支援措置を講ずること等により協力しなければならない。	作成する場合には、2（1）及び（2）に準じて行われることが望ましい。国は、地方公共団体等における対応要領の作成に関し、適時に資料・情報の提供、技術的助言など、所要の支援措置を講ずること等により協力しなければならない。
第4　事業者が講ずべき障害を理由とする差別を解消するための措置に関する基本的な事項	**第4　事業者が講ずべき障害を理由とする差別を解消するための措置に関する基本的な事項**
1　基本的な考え方	**1　基本的な考え方**
事業者については、令和3年の法改正により、合理的配慮の提供が法的義務へと改められた。これを契機として、事業者においては、各主務大臣が作成する対応指針に基づき、合理的配慮の必要性につき一層認識を深めることが求められる。主務大臣においては、所掌する分野の特性を踏まえたきめ細かな対応を行うものとする。各事業者における取組については、障害を理由とする差別の禁止に係る具体的取組はもとより、相談窓口の整備、事業者の研修・啓発の機会の確保、個別事案への対応等を契機とした障害を理由とする差別の解消の推進に資する内部規則やマニュアルなど制度等の整備等も重要であり、対応指針の作成・変更に当たっては、この旨を明記するものとする。	事業者については、不当な差別的取扱いの禁止が法的義務とされる一方で、事業における障害者との関係が分野・業種・場面・状況によって様々であり、求められる配慮の内容・程度も多種多様であることから、合理的配慮の提供については、努力義務とされている。このため、各主務大臣は、所掌する分野における対応指針を作成し、事業者は、対応指針を参考として、取組を主体的に進めることが期待される。主務大臣においては、所掌する分野の特性を踏まえたきめ細かな対応を行うものとする。各事業者における取組については、障害者差別の禁止に係る具体的取組はもとより、相談窓口の整備、事業者の研修・啓発の機会の確保等も重要であり、対応指針の作成に当たっては、この旨を明記するものとする。
（削除）	同種の事業が行政機関等と事業者の双方で行われる場合は、事業の類似性を踏まえつつ、事業主体の違いも考慮した上での対応に努めることが望ましい。また、公設民営の施設など、行政機関等がその事務・事業の一環として設置・実施し、事業者に運営を委託等している場合は、提供される合理的配慮の内容に大きな差異が生ずることにより障害者が不利益を受けることのないよう、委託等の条件に、対応要領を踏まえた合理的配慮の提供について盛り込むよう努めることが望ましい。
2　対応指針	**2　対応指針**
（1）対応指針の位置付け及び作成・変更手続	（1）対応指針の位置付け及び作成手続
主務大臣は、個別の場面における事業者の適切な対応・判断に資するための対応指針を作成するものとされている。作成・変更に当たっては、障害者や事業者等を構成員に含む会議の開催、障害者団体や事業者団体等からのヒアリングなど、障害者その他の関係者の意見を反映させるために必要な措置を講ずるとともに、作成等の後は、対応指針を公表しなければならない。	主務大臣は、個別の場面における事業者の適切な対応・判断に資するための対応指針を作成するものとされている。作成に当たっては、障害者や事業者等を構成員に含む会議の開催、障害者団体や事業者団体等からのヒアリングなど、障害者その他の関係者の意見を反映させるために必要な措置を講ずるとともに、作成後は、対応指針を公表しなければならない。
対応指針は事業者の適切な判断に資するために作成されるものであり、盛り込まれる合理的配慮の具体例は、事業者に強制する性格のものではなく、また、それだけに限られるものではない。事業者においては、対応指針を踏まえ、具体的場面や状況に応じて柔軟に対応することが期待される。	なお、対応指針は、事業者の適切な判断に資するために作成されるものであり、盛り込まれる合理的配慮の具体例は、事業者に強制する性格のものではなく、また、それだけに限られるものではない。事業者においては、対応指針を踏まえ、具体的場面や状況に応じて柔軟に対応することが期待される。
また、対応指針は事業者に加え、障害者が相談を行う際や、国や地方公共団体における相談機関等が相談対応を行う際等にも、相談事案に係る所管府省	*（新設）*

改　定　後	改　定　前
庁の確認のため参照され得るものであることから、対応指針においては、各主務大臣が所掌する分野及び当該分野に対応する相談窓口を分かりやすく示すことが求められる。	
（２）対応指針の記載事項 対応指針の記載事項としては、以下のものが考えられる。なお、具体例を記載する際には、障害特性や年齢、性別、具体的な場面等を考慮したものとなるよう留意することとする。 ○　趣旨 ○　障害を理由とする不当な差別的取扱い及び合理的配慮の基本的な考え方 ○　障害を理由とする不当な差別的取扱い及び合理的配慮の具体例 ○　事業者における相談体制の整備 ○　事業者における研修・啓発、障害を理由とする差別の解消の推進に資する制度等の整備 ○　国の行政機関（主務大臣）における所掌する分野ごとの相談窓口	（２）対応指針の記載事項 対応指針の記載事項としては、以下のものが考えられる。 ○　趣旨 ○　障害を理由とする不当な差別的取扱い及び合理的配慮の基本的な考え方 ○　障害を理由とする不当な差別的取扱い及び合理的配慮の具体例 ○　事業者における相談体制の整備 ○　事業者における研修・啓発 ○　国の行政機関（主務大臣）における相談窓口
3　主務大臣による行政措置 事業者における障害を理由とする差別の解消に向けた取組は、主務大臣の定める対応指針を参考にして、各事業者により自主的に取組が行われることが期待される。しかしながら、事業者による自主的な取組のみによっては、その適切な履行が確保されず、例えば、事業者が法に反した取扱いを繰り返し、自主的な改善を期待することが困難である場合などには、主務大臣は、法第12条に基づき、特に必要があると認められるときは、事業者に対し、報告を求め、又は助言、指導若しくは勧告をすることができることとされている。また、障害を理由とする差別の解消の推進に関する法律施行令（平成28年政令第32号。以下「施行令」という。）第３条により、各事業法等における監督権限に属する事務を地方公共団体の長等が行うこととされているときは、法第12条に規定する主務大臣の権限に属する事務についても、当該地方公共団体の長等が行うこととされている。この場合であっても、障害を理由とする差別の解消に対処するため特に必要があると認めるときは、主務大臣が自らその事務を行うことは妨げられていない。	**3　主務大臣による行政措置** 事業者における障害者差別解消に向けた取組は、主務大臣の定める対応指針を参考にして、各事業者により自主的に取組が行われることが期待される。しかしながら、事業者による自主的な取組のみによっては、その適切な履行が確保されず、例えば、事業者が法に反した取扱いを繰り返し、自主的な改善を期待することが困難である場合など、主務大臣は、特に必要があると認められるときは、事業者に対し、報告を求め、又は助言、指導若しくは勧告をすることができることとされている。 *（新設）*
こうした行政措置に至る事案を未然に防止するため、主務大臣は、事業者に対して、対応指針に係る十分な情報提供を行うとともに、事業者からの照会・相談に丁寧に対応するなどの取組を積極的に行うものとする。特に、事業者による合理的配慮の提供の義務化に伴い、事業者から様々な相談が寄せられることが見込まれることから、円滑な相談対応等が可能となるよう、各主務大臣は、相談事案に関係する他の主務大臣や地方公共団体など関係機関との連携を十分に図ること等が求められる。また、主務大臣による行政措置に当たっては、事業者における自主的な取組を尊重する法の趣旨に沿って、まず、報告	こうした行政措置に至る事案を未然に防止するため、主務大臣は、事業者に対して、対応指針に係る十分な情報提供を行うとともに、事業者からの照会・相談に丁寧に対応するなどの取組を積極的に行うものとする。 *（新設）* また、主務大臣による行政措置に当たっては、事業者における自主的な取組を尊重する法の趣旨に沿って、まず、報告徴収、助言、指導により改善を

改定後	改定前
徴収、助言、指導により改善を促すことを基本とする必要がある。主務大臣が事業者に対して行った助言、指導及び勧告については、取りまとめて、毎年国会に報告するものとする。	促すことを基本とする必要がある。主務大臣が事業者に対して行った助言、指導及び勧告については、取りまとめて、毎年国会に報告するものとする。
第５　国及び地方公共団体による障害を理由とする差別を解消するための支援措置の実施に関する基本的な事項	**第５　その他障害を理由とする差別の解消の推進に関する施策に関する重要事項**
（右記載は第２の「３合理的配慮」の（３）のアに移動）	**１　環境の整備** 法は、不特定多数の障害者を主な対象として行われる事前的改善措置（いわゆるバリアフリー法に基づく公共施設や交通機関におけるバリアフリー化、意思表示やコミュニケーションを支援するためのサービス・介助者等の人的支援、障害者による円滑な情報の取得・利用・発信のための情報アクセシビリティの向上等）については、個別の場面において、個々の障害者に対して行われる合理的配慮を的確に行うための環境の整備として実施に努めることとしている。新しい技術開発が環境の整備に係る投資負担の軽減をもたらすこともあることから、技術進歩の動向を踏まえた取組が期待される。また、環境の整備には、ハード面のみならず、職員に対する研修等のソフト面の対応も含まれることが重要である。 障害者差別の解消のための取組は、このような環境の整備を行うための施策と連携しながら進められることが重要であり、ハード面でのバリアフリー化施策、情報の取得・利用・発信におけるアクセシビリティ向上のための施策、職員に対する研修等、環境の整備の施策を着実に進めることが必要である。
１　相談及び紛争の防止等のための体制の整備	**２　相談及び紛争の防止等のための体制の整備**
（１）障害を理由とする差別に関する相談対応の基本的な考え方 法第14条において、国及び地方公共団体は、障害者及びその家族その他の関係者からの障害を理由とする差別に関する相談に的確に応ずるとともに、障害を理由とする差別に関する紛争の防止又は解決を図ることができるよう、人材の育成及び確保のための措置その他の必要な体制の整備を図るものとされている。	*（新設）*
障害を理由とする差別の解消を効果的に推進するには、公正・中立な立場である相談窓口等の担当者が、障害者や事業者等からの相談等に的確に応じることが必要である。	障害者差別の解消を効果的に推進するには、障害者及びその家族その他の関係者からの相談等に的確に応じることが必要であり、相談等に対応する際には、障害者の性別、年齢、状態等に配慮することが重要である。
国においては、主務大臣がそれぞれの所掌する分野ごとに法第12条に基づく権限を有しており、各府省庁において所掌する分野に応じた相談対応を行っている。また、地方公共団体においては、障害を理由とする差別の解消に関する相談につき分野を問わず一元的に受け付ける窓口や相談員を配置して対応する例、各部署・機関の窓口で対応する例などがある。 相談対応の基本的なプロセスとしては、以下のような例が考えられる。相談対応過程では相談者及び	*（新設）*

改　　　定　　　後	改　　　定　　　前
その相手方から丁寧な事実確認を行った上で、相談窓口や関係部局において対応方針の検討等を行い、建設的対話による相互理解を通じて解決を図ることが望ましい。その際には、障害者の性別、年齢、状態等に配慮するとともに、個人情報の適正な取扱いを確保することが重要である。なお、相談窓口等の担当者とは別に、必要に応じて、相談者となる障害者や事業者に寄り添い、相談に際して必要な支援を行う役割を担う者を置くことも円滑な相談対応に資すると考えられる。 　その上で、基本的な対応での解決が難しい場合は、事案の解決・再発防止に向けた次の段階の取組として、国においては、法第12条に基づく主務大臣による行政措置や、地方公共団体においては、前述の施行令第３条に基づく措置のほか、一部の地方公共団体において条例で定められている報告徴収、助言、指導、勧告、公表などの措置や紛争解決のための措置による対応が考えられる。	
（相談対応のプロセスの例） 　○　相談者への丁寧な事実確認 　○　関係者（関係部局）における情報共有、対応方針の検討 　○　相手方への丁寧な事実確認 　○　関係者（関係部局）における情報共有、事案の評価分析、対応方針の検討 　○　相談者と相手方との調整、話合いの場の設定 　なお、障害を理由とする差別に関する相談を担うこととされている窓口のみならず、日常的に障害者や事業者と関わる部局等も相談の一次的な受付窓口としての機能を担い得ることに留意する。	（新設）
（２）国及び地方公共団体の役割分担並びに連携・協力に向けた取組 　国及び地方公共団体には、様々な障害を理由とする差別の解消のための相談窓口等が存在している。法は、新たな機関は設置せず、既存の機関等の活用・充実を図ることとしているところ、差別相談の特性上、個々の相談者のニーズに応じた相談窓口等の選択肢が複数あることは望ましく、国及び地方公共団体においては、適切な役割分担の下、相談窓口等の間の連携・協力により業務を行うことで、障害を理由とする差別の解消に向けて、効率的かつ効果的に対応を行うことが重要である。 　相談対応等に際しては、地域における障害を理由とする差別の解消を促進し、共生社会の実現に資する観点から、まず相談者にとって一番身近な市区町村が基本的な窓口の役割を果たすことが求められる。都道府県は、市区町村への助言や広域的・専門的な事案についての支援・連携を行うとともに、必要に応じて一次的な相談窓口等の役割を担うことが考えられる。また、国においては各府省庁が所掌する分野に応じて相談対応等を行うとともに、市区町村や都道府県のみでは対応が困難な事案について、適切な支援等を行う役割を担うことが考えられる。	（新設）

改　定　後	改　定　前
相談対応等においては、このような国・都道府県・市区町村の役割分担を基本とし、適切な関係機関との間で必要な連携・協力がなされ、国及び地方公共団体が一体となって適切な対応を図ることができるような取組を、内閣府が中心となり、各府省庁や地方公共団体と連携して推進することが重要である。このため内閣府においては、事業分野ごとの相談窓口の明確化を各府省庁に働きかけ、当該窓口一覧の作成・公表を行うほか、障害者や事業者、都道府県・市区町村等からの相談に対して法令の説明や適切な相談窓口等につなぐ役割を担う国の相談窓口について検討を進め、どの相談窓口等においても対応されないという事案が生じることがないよう取り組む。また、（3）の各相談窓口等に従事する人材の確保・育成の支援及び3の事例の収集・整理・提供を通じた相談窓口等の対応力の強化等にも取り組むこととする。	
（3）人材の確保・育成 障害を理由とする差別に関する相談の解決を図るためには、障害者や事業者等からの相談を適切に受け止め、対応する人材の確保・育成が重要である。相談対応を行う人材は、公正中立な立場から相談対応を行うとともに、法や解決事例に関する知識、当事者間を調整する能力、連携・協力すべき関係機関に関する知識、障害特性に関する知識等が備わっていることが望ましい。国及び地方公共団体においては、必要な研修の実施等を通じて、相談対応を行う人材の専門性向上、相談対応業務の質向上を図ることが求められる。人材育成に係る取組に格差が生じることのないよう、内閣府においては、相談対応を担う人材育成に係る研修の実施を支援すること等を通じ、国及び地方公共団体における人材育成の取組を推進することとする。	（新設）
2　啓発活動 障害を理由とする差別については、国民一人一人の障害に関する知識・理解の不足、意識の偏りに起因する面が大きいと考えられる。全ての国民が障害の有無によって分け隔てられることなく、相互に人格と個性を尊重し合いながら共生する社会を実現するためには、障害者に対する障害を理由とする差別は解消されなければならないこと、また障害を理由とする差別が、本人のみならずその家族等にも深い影響を及ぼすことを国民一人一人が認識するとともに、障害を理由とする差別の解消のための取組は、障害者のみならず、全ての国民にとっての共生社会の実現に資するものであることについて、理解を深めることが不可欠である。このため、内閣府を中心に、関係行政機関等と連携して、いわゆる「社会モデル」の考え方も含めた各種啓発活動に積極的に取り組み、国民各層の障害に関する理解を促進するものとする。また、各種啓発活動や研修等の実施に当たっては、障害のある女性は、障害があることに加	**3　啓発活動** 障害者差別については、国民一人ひとりの障害に関する知識・理解の不足、意識の偏りに起因する面が大きいと考えられることから、内閣府を中心に、関係行政機関と連携して、各種啓発活動に積極的に取り組み、国民各層の障害に関する理解を促進するものとする。

改　定　後	改　定　前
えて女性であることにより合理的配慮の提供を申し出る場面等において機会が均等に得られなかったり、不当な差別的取扱いを受けやすかったりする場合があるといった意見があること、障害のある性的マイノリティについても同様の意見があること、障害のあるこどもには、成人の障害者とは異なる支援の必要性があることについても理解を促す必要があることに留意する。	
（1）行政機関等における職員に対する研修 行政機関等においては、所属する職員一人一人が障害者に対して適切に対応し、また、障害者や事業者等からの相談等に的確に対応するため、法や基本方針、対応要領・対応指針の周知徹底、障害者から話を聞く機会を設けるなどの各種研修等を実施することにより、職員の障害に関する理解の促進を図るものとする。	（1）行政機関等における職員に対する研修 行政機関等においては、所属する職員一人ひとりが障害者に対して適切に対応し、また、障害者及びその家族その他の関係者からの相談等に的確に対応するため、法の趣旨の周知徹底、障害者から話を聞く機会を設けるなどの各種研修等を実施することにより、職員の障害に関する理解の促進を図るものとする。
（2）事業者における研修 事業者においては、障害者に対して適切に対応し、また、障害者及びその家族その他の関係者からの相談等に的確に対応するため、研修等を通じて、法や基本方針、対応指針の普及を図るとともに、障害に関する理解の促進に努めるものとする。 内閣府においては、障害者の差別解消に向けた理解促進のためのポータルサイトにおいて、事業者が障害者に対応する際に参考となる対応例等の提供を通じ、事業者を含め社会全体における障害を理由とする差別の解消に向けた理解や取組の進展を図ることとする。	（2）事業者における研修 事業者においては、障害者に対して適切に対応し、また、障害者及びその家族その他の関係者からの相談等に的確に対応するため、研修等を通じて、法の趣旨の普及を図るとともに、障害に関する理解の促進に努めるものとする。 （新設）
（3）地域住民等に対する啓発活動 ア　国民一人一人が法の趣旨について理解を深め、建設的対話を通じた相互理解が促進されるよう、障害者も含め、広く周知・啓発を行うことが重要である。このため、内閣府を中心に、関係省庁、地方公共団体、事業者、障害者団体、マスメディア等の多様な主体との連携により、インターネットを活用した情報提供、ポスターの掲示、パンフレットの作成・配布、法の説明会やシンポジウム等の開催など、アクセシビリティにも配慮しつつ、多様な媒体を用いた周知・啓発活動に積極的に取り組む。	（3）地域住民等に対する啓発活動 ア　障害者差別が、本人のみならず、その家族等にも深い影響を及ぼすことを、国民一人ひとりが認識するとともに、法の趣旨について理解を深めることが不可欠であり、また、障害者からの働きかけによる建設的対話を通じた相互理解が促進されるよう、障害者も含め、広く周知・啓発を行うことが重要である。 内閣府を中心に、関係省庁、地方公共団体、事業者、障害者団体、マスメディア等の多様な主体との連携により、インターネットを活用した情報提供、ポスターの掲示、パンフレットの作成・配布、法の説明会やシンポジウム等の開催など、多様な媒体を用いた周知・啓発活動に積極的に取り組む。
イ　障害のあるこどもが、幼児教育の段階からその年齢及び能力に応じ、可能な限り障害のないこどもと共に、その特性を踏まえた十分な教育を受けることのできる、権利条約が求めるインクルーシブ教育システムの構築を推進しつつ、家庭や学校を始めとする社会のあらゆる機会を活用し、こどもの頃から年齢を問わず障害に関する知識・理解を深め、全ての障害者が、障害者でない者と等しく、基本的人権を享有する個人であることを認識	イ　障害のある児童生徒が、その年齢及び能力に応じ、可能な限り障害のない児童生徒と共に、その特性を踏まえた十分な教育を受けることのできるインクルーシブ教育システムを推進しつつ、家庭や学校を始めとする社会のあらゆる機会を活用し、子供の頃から年齢を問わず障害に関する知識・理解を深め、全ての障害者が、障害者でない者と等しく、基本的人権を享有する個人であることを認識し、障害の有無にかかわらず共に助け合い・

改　定　後	改　定　前
し、障害の有無にかかわらず共に助け合い・学び合う精神を涵養する。障害のないこどもの保護者に対する働きかけも重要である。	学び合う精神を涵養する。障害のない児童生徒の保護者に対する働きかけも重要である。
ウ　*（同右）*	ウ　国は、グループホーム等を含む、障害者関連施設の認可等に際して、周辺住民の同意を求める必要がないことを十分に周知するとともに、地方公共団体においては、当該認可等に際して、周辺住民の同意を求める必要がないことに留意しつつ、住民の理解を得るために積極的な啓発活動を行うことが望ましい。
3　情報の収集、整理及び提供 障害を理由とする差別の解消を推進するためには、事例の共有等を通じて障害を理由とする不当な差別的取扱いや合理的配慮の考え方等に係る共通認識の形成を図ることも重要である。内閣府では、引き続き各府省庁や地方公共団体と連携・協力して事例を収集するとともに、参考となる事案の概要等を分かりやすく整理してデータベース化し、ホームページ等を通じて公表・提供することとする。 事例の収集・整理に当たっては、個人情報の適切な取扱いを確保しつつ、特に障害のある女性やこども等に対し実態を踏まえた適切な措置の実施が可能となるよう、性別や年齢等の情報が収集できるように努めることとする。あわせて、海外の法制度や差別解消のための取組に係る調査研究等を通じ、権利条約に基づき設置された、障害者の権利に関する委員会を始めとする国際的な動向や情報の集積を図るものとする。	***（参考）第５　その他障害を理由とする差別の解消の推進に関する施策に関する重要事項*** ***５　差別の解消に係る施策の推進に関する重要事項*** *（１）情報の収集、整理及び提供* *本法を効果的に運用していくため、内閣府においては、行政機関等による協力や協議会との連携などにより、個人情報の保護等に配慮しつつ、国内における具体例や裁判例等を収集・整理するものとする。あわせて、海外の法制度や差別解消のための取組に係る調査研究等を通じ、権利条約に基づき設置された、障害者の権利に関する委員会を始めとする国際的な動向や情報の集積を図るものとする。これらの成果については、障害者白書や内閣府ホームページ等を通じて、広く国民に提供するものとする。*
4　障害者差別解消支援地域協議会 （１）趣旨 障害を理由とする差別の解消を効果的に推進するには、障害者にとって身近な地域において、主体的な取組がなされることが重要である。地域において日常生活、社会生活を営む障害者の活動は広範多岐にわたり、相談等を行うに当たっては、どの機関がどのような権限を有しているかは必ずしも明らかではない場合があり、また、相談等を受ける機関においても、相談内容によっては当該機関だけでは対応できない場合がある。このため、国の地方支分部局を含め、地域における様々な関係機関が、相談事例等に係る情報の共有・協議を通じて、各自の役割に応じた事案解決のための取組や類似事案の発生防止の取組など、地域における障害を理由とする差別の解消の機運醸成を図り、それぞれの実情に応じた差別の解消のための取組を主体的に行うネットワークとして、障害者差別解消支援地域協議会（以下「協議会」という。）を組織することができることとされている。協議会については、障害者及びその家族の参画を進めるとともに、性別・年齢、障害種別等を考慮して組織することが望ましい。また、情報やノウハウを共有し、関係者が一体となって事案に取り組むという観点から、地域の事業者や事業者団体に	**4　障害者差別解消支援地域協議会** （１）趣旨 障害者差別の解消を効果的に推進するには、障害者にとって身近な地域において、主体的な取組がなされることが重要である。地域において日常生活、社会生活を営む障害者の活動は広範多岐にわたり、相談等を行うに当たっては、どの機関がどのような権限を有しているかは必ずしも明らかではない場合があり、また、相談等を受ける機関においても、相談内容によっては当該機関だけでは対応できない場合がある。このため、地域における様々な関係機関が、相談事例等に係る情報の共有・協議を通じて、各自の役割に応じた事案解決のための取組や類似事案の発生防止の取組など、地域の実情に応じた差別の解消のための取組を主体的に行うネットワークとして、障害者差別解消支援地域協議会（以下「協議会」という。）を組織することができることとされている。協議会については、障害者及びその家族の参画について配慮するとともに、性別・年齢、障害種別を考慮して組織することが望ましい。 *（新設）*

改　　定　　後	改　　定　　前
ついても協議会に参画することが有効である。内閣府においては、協議会の設置状況等について公表するものとする。	内閣府においては、法施行後における協議会の設置状況等について公表するものとする。
（２）期待される役割 協議会に期待される役割としては、関係機関から提供された相談事例等について、適切な相談窓口を有する機関の紹介、具体的事案の対応例の共有・協議、協議会の構成機関等における調停、斡旋等の様々な取組による紛争解決、複数の機関で紛争解決等に対応することへの後押し等が考えられる。	（２）期待される役割 協議会に期待される役割としては、関係機関から提供された相談事例等について、適切な相談窓口を有する機関の紹介、具体的事案の対応例の共有・協議、協議会の構成機関等における調停、斡旋等の様々な取組による紛争解決、複数の機関で紛争解決等に対応することへの後押し等が考えられる。
（右記載は後述の「（３）設置促進等に向けた取組」に移動）	なお、都道府県において組織される協議会においては、紛争解決等に向けた取組について、市町村において組織される協議会を補完・支援する役割が期待される。
このほか、関係機関において紛争解決に至った事例や合理的配慮の具体例、相談事案から合理的配慮に係る環境の整備を行うに至った事例などの共有・分析を通じて、構成機関等における業務改善、事案の発生防止のための取組、周知・啓発活動に係る協議等を行うことも期待される。	また、関係機関において紛争解決に至った事例、合理的配慮の具体例、相談事案から合理的配慮に係る環境の整備を行うに至った事例などの共有・分析を通じて、構成機関等における業務改善、事案の発生防止のための取組、周知・啓発活動に係る協議等を行うことが期待される。
（３）設置促進等に向けた取組 各地方公共団体における協議会の設置促進のためには、協議会の単独設置が困難な場合等に、必要に応じて圏域単位など複数の市区町村による協議会の共同設置・運営を検討することや、必要な構成員は確保しつつ、他の協議会等と一体的に運営するなど開催形式を柔軟に検討することが効果的と考えられる。 また、市区町村における協議会の設置等の促進に当たっては都道府県の役割が重要であり、都道府県においては、管内市区町村における協議会の設置・実施状況の把握や好事例の展開等を通じて、市区町村における取組のバックアップを積極的に行うことが望ましい。加えて、都道府県において組織される協議会においても、紛争解決等に向けた取組について、市区町村において組織される協議会を補完・支援する役割が期待される。内閣府においても、地方公共団体の担当者向けの研修の実施を通じ、地域における好事例が他の地域において共有されるための支援を行うなど、体制整備を促進する。	*（新設）*
*（右記載は前述の「**3　情報の収集、整理及び提供**」に移動）*	**5　差別の解消に係る施策の推進に関する重要事項** （１）情報の収集、整理及び提供 本法を効果的に運用していくため、内閣府においては、行政機関等による協力や協議会との連携などにより、個人情報の保護等に配慮しつつ、国内における具体例や裁判例等を収集・整理するものとする。あわせて、海外の法制度や差別解消のための取組に係る調査研究等を通じ、権利条約に基づき設置された、障害者の権利に関する委員会を始めとする国際的な動向や情報の集積を図るものとする。これらの成果については、障害者白書や内閣府ホームページ

改　定　後	改　定　前
	等を通じて、広く国民に提供するものとする。
第6　その他障害を理由とする差別の解消の推進に関する施策に関する重要事項 技術の進展、社会情勢の変化等は、特に、合理的配慮について、その内容、程度等に大きな進展をもたらし、また、実施に伴う負担を軽減し得るものであり、こうした動向や不当な差別的取扱い及び合理的配慮の具体例の集積等を踏まえるとともに、国際的な動向も勘案しつつ、必要に応じて、基本方針、対応要領及び対応指針を見直し、適時、充実を図るものとする。	（2）基本方針、対応要領、対応指針の見直し等 技術の進展、社会情勢の変化等は、特に、合理的配慮について、その内容、程度等に大きな進展をもたらし、また、実施に伴う負担を軽減し得るものであり、法の施行後においては、こうした動向や、不当な差別的取扱い及び合理的配慮の具体例の集積等を踏まえるとともに、国際的な動向も勘案しつつ、必要に応じて、基本方針、対応要領及び対応指針を見直し、適時、充実を図るものとする。
（削除）	法の施行後3年を経過した時点における法の施行状況に係る検討の際には、障害者政策委員会における障害者差別の解消も含めた障害者基本計画の実施状況に係る監視の結果も踏まえて、基本方針についても併せて所要の検討を行うものとする。
基本方針の見直しに当たっては、あらかじめ、障害者その他の関係者の意見を反映させるために必要な措置を講ずるとともに、障害者政策委員会の意見を聴かなければならない。対応要領及び対応指針の見直しに当たっても、障害者その他の関係者の意見を反映させるために必要な措置を講じなければならない。 行政機関等においては、各種の国家資格の取得等において障害者に不利が生じないよう、高等教育機関に対し、入学試験の実施や国家資格試験の受験資格取得に必要な単位の修得に係る試験の実施等において合理的配慮の提供等を促すとともに、国家資格試験の実施等に当たり、障害特性に応じた合理的配慮を提供する。民間資格の試験を実施する事業者に対しても同様に、試験の実施等に当たっての合理的配慮の提供を促す。また、いわゆる欠格条項について、各制度の趣旨や、技術の進展、社会情勢の変化等を踏まえ、適宜、必要な見直しを検討するものとする。	基本方針の見直しに当たっては、あらかじめ、障害者その他の関係者の意見を反映させるために必要な措置を講ずるとともに、障害者政策委員会の意見を聴かなければならない。対応要領、対応指針の見直しに当たっても、障害者その他の関係者の意見を反映させるために必要な措置を講じなければならない。 なお、各種の国家資格の取得等において障害者に不利が生じないよう、いわゆる欠格条項について、各制度の趣旨や、技術の進展、社会情勢の変化等を踏まえ、適宜、必要な見直しを検討するものとする。
附　則 この基本方針は、障害を理由とする差別の解消の推進に関する法律の一部を改正する法律の施行の日から適用する。	*（新設）*

6 障害者基本計画（第５次）

（令和５（2023）年度からの５年間）　　（令和５年３月14日閣議決定）

はじめに

（我が国におけるこれまでの主な取組）

我が国における障害者施策に関する基本法としての位置付けを有する法律を遡ると、昭和45（1970）年に制定された心身障害者対策基本法（昭和45年法律第84号）に端を発することとなる。同法は、心身障害者対策の総合的推進を図ることを目的として、心身障害者の福祉に関する施策の基本となる事項等を定めており、心身障害があるため長期にわたり日常生活又は社会生活に相当な制限を受ける者を「心身障害者」と位置付けていた。

平成５（1993）年、同法は障害者基本法（以下「基本法」という。）に改正され、従来の心身障害者に加え、精神障害により長期にわたり日常生活又は社会生活に相当な制限を受ける者についても、新たに「障害者」と位置付けられることとなった。さらに、法の目的も、障害者の自立とあらゆる分野の活動への参加の促進に改められた。

その後、平成16（2004）年の改正では、障害者差別等をしてはならない旨が基本的理念として新たに規定されるとともに、中央障害者施策推進協議会が創設された。さらに、多くの障害当事者の参画の下で検討が進められた平成23（2011）年の改正では、平成19（2007）年に我が国が署名した障害者の権利に関する条約（以下「条約」という。）の批准に向けた国内法整備の一環として、条約が採用する、いわゆる「社会モデル」の考え方や「合理的配慮」の概念が新たに取り入れられるとともに、国内において障害者基本計画の実施状況を監視し、勧告を行う機関として、障害者政策委員会が新たに設置された。

この基本法に基づき、平成25（2013）年９月には「障害者基本計画（第３次）」、平成30（2018）年３月には「障害者基本計画（第５次）」（以下「本基本計画」という。）の前身に当たる「障害者基本計画（第４次）」（以下「旧基本計画」という。）が閣議決定された。旧基本計画は、我が国が条約を批准した後に初めて策定される障害者基本計画として条約との整合性確保に留意しつつ、各分野に共通する横断的視点として、「条約の理念の尊重及び整合性の確保」、「社会のあらゆる場面におけるアクセシビリティの向上」、「当事者本位の総合的かつ分野横断的な支援」、「障害特性等に配慮したきめ細かい支援」、「障害のある女性、子供及び高齢者の複合的困難に配慮したきめ細かい支援」及び「PDCA[1]サイクル等を通じた実効性のある取組の推進」の６点が掲げられるとともに、11の施策分野ごとに基本的考え方や具体的な取組が示されており、本基本計画の策定に至るまでの間、障害者政策委員会における実施状況の監視を経ながら、それぞれの施策分野で着実に取組が進められてきた。

また、令和４（2022）年５月には、障害者による情報の取得及び利用並びに意思疎通に係る施策を総合的に推進することを目的として、障害者による情報の取得及び利用並びに意思疎通に係る施策の推進に関する法律（令和４年法律第50号。以下「障害者情報アクセシビリティ・コミュニケーション施策推進法」という。）が制定され、障害者基本計画の策定や変更に当たっては同法の規定の趣旨を踏まえることとされた。

（障害者政策委員会における検討）

旧基本計画の計画期間が令和４（2022）年度をもって満了することを踏まえ、障害者政策委員会において、令和３（2021）年11月以降、本基本計画の策定に向けた精力的な調査審議が行われてきた。

本基本計画の調査審議が開始されるまでの間、障害者施策の分野では、2020年東京オリンピック・パラリンピック競技大会（以下「2020年東京オリンピック・パラリンピック」という。）の開催、障害を理由とする差別の解消の推進に関する法律（平成25年法律第65号。以下「障害者差別解消法」という。）の改正（障害を理由とする差別の解消の推進に関する法律の一部を改正する法律（令和３年法律第56号。以下「障害者差別解消法改正法」という。）の成立・公布）等の大きな動きが見られた。また、令和４（2022）年８月には、条約の締約国として、国際連合（以下「国連」という。）ジュネーブ本部にて、障害者の権利に関する委員会（以下「障害者権利委員会」という。）による我が国政府報告の審査が実施され、同年９月には同委員会の見解及び勧告を含めた総括所見が採択・公表された。審査に際しては、「条約の実施を監視するための枠組み」である障害者政策委員会も、障害者権利委

1　企画（Plan）、実施（Do）、評価（Check）及び見直し（Act）をいう。

員会に対し我が国の取組の進捗状況や今後の課題に係る見解を提出するとともに、政府報告の審査にも参加し、我が国の施策の実施状況に係る説明を行った。
　障害者政策委員会における調査審議においては、こうした動向も踏まえつつ、障害者施策の大きな方向性や取り組むべき政策課題等について、大局的・俯瞰（ふかん）的見地より議論が行われた。その結果、計12回にわたる審議を経て、令和４（2022）年12月、「障害者基本計画（第５次）の策定に向けた障害者政策委員会意見」が取りまとめられた。

（本基本計画の策定）
　政府においては、障害者政策委員会の意見に即して本基本計画の案を作成し、案文に対する意見募集（以下「パブリックコメント」という。）を経て、令和５（2023）年３月に本基本計画を閣議決定した。

（本基本計画を通じて実現を目指すべき社会）
　基本法第１条は、全ての国民が、障害の有無によって分け隔てられることなく、相互に人格と個性を尊重し合いながら共生する社会を実現するため、障害者の自立及び社会参加の支援等のための施策を総合的かつ計画的に推進することが同法の目的である旨を規定している。
　本基本計画は、同法の目的の達成はもちろんのこと、次に掲げる社会の実現にも寄与することが期待されている。
・「一人ひとりの命の重さは障害の有無によって少しも変わることはない」という当たり前の価値観を国民全体で共有できる共生社会
・「誰一人取り残さない」というSDGs（持続可能な開発目標：Sustainable Development Goals）の理念とも軌を一にした、障害の有無にかかわらず国民誰もが相互に人格と個性を尊重し支え合う社会
・デジタルの活用により、国民一人一人の特性やニーズ、希望に即したサービスを選ぶことができ、障害の有無にかかわらず多様な幸せが実現できる社会
・障害者施策が国民の安全・安心や社会経済の進歩につながるしなやかで豊かな社会
　本基本計画に基づく施策を策定し、及び実施するに当たっては、こうした目指すべき社会の姿を常に念頭に置くとともに、その実現に向けた観点から不断に取組を進めていくことが重要である。

Ⅰ　障害者基本計画（第５次）について

１．位置付け
　本基本計画は、基本法第11条第１項の規定に基づき、障害者の自立及び社会参加の支援等のための施策の総合的かつ計画的な推進を図るために策定されるものであり、政府が講ずる障害者のための施策の最も基本的な計画として位置付けられる。
　また、障害者情報アクセシビリティ・コミュニケーション施策推進法第９条第１項の規定に基づき、障害者基本計画の策定や変更に当たっては同法の規定の趣旨を踏まえることとされている。

２．対象期間
　本基本計画は、令和５（2023）年度からの５年間を対象とする。

３．構成
　本基本計画は、この「Ⅰ　障害者基本計画（第５次）について」、「Ⅱ　基本的な考え方」及び「Ⅲ　各分野における障害者施策の基本的な方向」で構成される。
　「Ⅱ　基本的な考え方」では、本基本計画全体の基本理念及び基本原則を示すとともに、各分野に共通する横断的視点や、施策の円滑な推進に向けた考え方を示している。
　「Ⅲ　各分野における障害者施策の基本的な方向」では、障害者の自立及び社会参加の支援等のための施策を11の分野に整理し、それぞれの分野について、本基本計画の対象期間に政府が講ずる施策の基本的な方向を示している。

４．条約との関係
（１）条約の概要
　①経緯
　　平成18（2006）年６月に条約が採択される前から、国連総会では、障害者の人権を促進及び保護すべく、障害者の権利に関する宣言を採択するなど、様々な取組が行われてきた。

しかしながら、こうした取組にもかかわらず、依然として障害者が人権侵害に直面する状況が指摘されてきたところであり、こうした事態を改善すべく、国際社会において法的拘束力を有する新たな文書を作成する必要性が強く認識されるようになった。

このため、平成13（2001）年12月、第56回国連総会において、障害者の権利及び尊厳を保護し、及び促進するための包括的かつ総合的な国際条約を検討するための条約起草委員会が設置された。

その後、平成14（2002）年から計８回にわたり開催された条約起草委員会を経て、平成18（2006）年12月、条約が国連総会で採択され、平成20（2008）年５月、効力発生の要件が整い発効した。

②主な内容

条約は、障害者の人権及び基本的自由の享有を確保し、障害者の固有の尊厳の尊重を促進することを目的として、障害者の権利の実現のための措置等について定めており、障害者に関する初の国際条約に当たる。その主な内容は次のとおりである。

・一般原則（障害者の尊厳、自律及び自立の尊重、無差別、社会への完全かつ効果的な参加及び包容等）
・一般的義務（合理的配慮の実施を怠ることを含め、障害に基づくいかなる差別もなしに、全ての障害者のあらゆる人権及び基本的自由を完全に実現することを確保し、及び促進すること等）
・障害者の権利実現のための措置（身体の自由、拷問の禁止、表現の自由等の自由権的権利及び教育、労働等の社会権的権利について締約国が採るべき措置等を規定）
・条約の実施のための仕組み（条約の実施及び監視のための国内の枠組みの設置、障害者権利委員会における各締約国からの報告の検討）

③我が国の関連するこれまでの取組

我が国は、条約が国連総会で採択された翌年に当たる平成19（2007）年９月に条約に署名した。一方、条約の批准については、国内の障害当事者等から、批准に先立ち国内法の整備等を進めるべきとの意見が寄せられた。

我が国は、これらの意見も踏まえ、基本法の改正（平成23（2011）年８月）、障害者自立支援法（平成17年法律第123号）の改正（平成24（2012）年６月。このとき、障害者の日常生活及び社会生活を総合的に支援するための法律（以下「障害者総合支援法」という。）に改称）、障害者差別解消法の制定（平成25（2013）年６月）、障害者の雇用の促進等に関する法律（昭和35年法律第123号。以下「障害者雇用促進法」という。）の改正（平成25（2013）年６月）など、様々な国内法の整備を進めてきた。

こうした国内法整備を経て、平成25（2013）年11月に衆議院、12月に参議院で共に全会一致で締結が承認され、平成26（2014）年２月、条約が我が国について効力を生じた。

条約は、締約国に対し、「条約に基づく義務を履行するために採った措置及びこれらの措置によりもたらされた進歩に関する包括的な報告」の定期的な提出を求めており、我が国は、条約が我が国について効力を生じてから平成28（2016）年２月までの期間を対象とした政府報告を取りまとめ、同年６月、国連事務総長を通じて障害者権利委員会に提出した。

政府報告には、我が国において条約第33条に規定する「条約の実施を監視するための枠組み」の機能を担う障害者政策委員会のコメントを反映させるとともに、パブリックコメントを実施した。また、付属文書として、政府報告の提出を視野に入れて障害者政策委員会が実施した障害者基本計画（第３次）の実施状況の監視の結果を取りまとめた文書（「議論の整理」）を添付した。また、令和４（2022）年８月には、条約の締約国として、国連ジュネーブ本部にて、障害者権利委員会による我が国政府報告の審査が実施され、同年９月には同委員会の見解及び勧告を含めた総括所見が採択・公表された。審査に際しては、「条約の実施を監視するための枠組み」である障害者政策委員会も、障害者権利委員会に対し我が国の取組の進捗状況や今後の課題に係る見解を提出するとともに、政府報告の審査にも参加し、我が国の施策の実施状況に係る説明を行った。

（2）条約の基本的な考え方

①「障害」の捉え方

従来の「障害」の捉え方は、心身の機能の障害のみに起因するとする、いわゆる「医学モデル」の考え方を反映したものであった。一方、条約では、障害者が日常生活又は社会生活において受ける制限は、心身の機能の障害のみに起因するものではなく、社会における様々な障壁と相対することによって生ずるものとする、いわゆる「社会モデル」の考え方が貫かれている。

②平等・無差別及び合理的配慮

条約は、第１条において「全ての障害者によるあらゆる人権及び基本的自由の完全かつ平等な享有を促進し、保護し、確保すること並びに障害者の固有の尊厳の尊重を促進すること」を目的と定めている。

また、第２条では、障害者の人権と基本的自由を確保するための「必要かつ適当な変更及び調整」であって、「均衡を失した又は過度の負担を課さないもの」を「合理的配慮」と定義し、第５条で、締約国に対し、障害に基づくあらゆる差別を禁止することや、合理的配慮の提供が確保されるための適当な措置を採ることを求めている。

さらに、第４条では、締約国に対し、障害者に関する問題についての意思決定過程において、障害者と緊密に協議し、障害者を積極的に関与させることを求めている。

③実施に関する仕組み

条約は、第33条において、自国の法律上・行政上の制度に従って「条約の実施を監視するための枠組み」を自国内に設置することを締約国に求めている。我が国では、障害者、障害者の自立・社会参加に関する事業の従事者及び学識経験者から構成される障害者政策委員会が設置されており、障害者基本計画の実施状況の監視を通じて条約の実施状況を監視している。この「条約の実施を監視するための枠組み」は、これまでの人権条約には見られない新たな規定である。

また、第35条において、締約国に対し、「条約に基づく義務を履行するために採った措置及びこれらの措置によりもたらされた進歩に関する包括的な報告」を、国連事務総長を経由して障害者権利委員会に提出することを求めている。この報告の作成に当たっては、公開された透明性のある過程を踏むことを検討するとともに、障害者の関与について十分な考慮を払うことが求められている。

障害者権利委員会は、締約国から選ばれた18名の専門家から構成され、締約国による報告を検討し、提案や勧告を行うことが定められている。この仕組みにより、締約国は条約の実施について国際的に審査されることになる。

（３）条約との整合性の確保

本基本計画では、障害者施策を、条約との整合性を一層高めつつ強力に進めていくために、「Ⅲ　各分野における障害者施策の基本的な方向」で掲げる各分野と、条約の各条項の対応関係を明示するとともに、条約の各条項の順序におおむね沿った構成としている。これにより、本基本計画の実施状況と、条約の国内実施の状況とを対応させつつ、本基本計画に基づく取組をより効果的かつ適切に進めるとともに、本基本計画の実施状況の監視を通じた障害者政策委員会による条約の実施状況の監視の円滑化に資することが期待される。

また、本基本計画に掲げる施策のPDCAサイクルの中で、条約の実施状況に関し令和４（2022）年９月に採択・公表された障害者権利委員会による総括所見等も踏まえて議論が行われ、本基本計画が策定されたことも考慮するなど、本基本計画と条約に係る取組の適切な連携に努めていく。

Ⅱ　基本的な考え方

１．基本理念

条約は、障害者の人権及び基本的自由の享有を確保し、障害者の固有の尊厳の尊重を促進することを目的として、障害者の権利の実現のための措置等について定めている。

こうした条約の理念に即して改正された基本法第１条に規定されているように、障害者施策は、全ての国民が、障害の有無にかかわらず、等しく基本的人権を享有するかけがえのない個人として尊重されるという理念にのっとり、全ての国民が、障害の有無によって分け隔てられることなく、相互に人格と個性を尊重し合いながら共生する社会の実現を目指して講じられる必要がある。

本基本計画では、このような社会の実現に向け、障害者を、必要な支援を受けながら、自らの決定に基づき社会のあらゆる活動に参加する主体として捉え、障害者が自らの能力を最大限発揮し自己実現できるよう支援するとともに、障害者の活動を制限し、社会への参加を制約している社会的な障壁を除去するため、政府が取り組むべき障害者施策の基本的な方向を定めるものとする。

２．基本原則

障害者を、必要な支援を受けながら自らの決定に基づき社会のあらゆる活動に参加する主体として捉えた上で、政府は、条約の理念に即して改正された次に掲げる基本法の各基本原則にのっとり、当該理念の実現に向けた障害者の自立及び社会参加の支援等のための施策を総合的かつ計画的に実施する。

（地域社会における共生等）

基本法第３条において、共生社会の実現は、全ての障害者が、障害者でない者と等しく、基本的人権を享有する個人としてその尊厳が重んぜられ、その尊厳にふさわしい生活を保障される権利を有することを前提とする旨が規定されていること、また、条約も「全ての障害者によるあらゆる人権及び基本的自由の完全かつ平等な享有を促進し、保護し、確保すること並びに障害者の固有の尊厳の尊重を促進すること」を目的としていることに鑑みれば、本基本計画に関しても、全ての障害者が、障害者でない者と平等に、基本的人権を享有する個人として、その尊厳が重んぜられ、その尊厳にふさわしい生活を保障される権利を有することを前提としつつ、次に掲げる機会の適切な確保・拡大を図ることを旨として障害者施策を実施する必要がある。

・社会を構成する一員として社会、経済、文化その他のあらゆる分野の活動に参加する機会の確保
・障害者の地域生活への移行を促進するための基盤整備を進め、地域社会において他の人々と共生することを妨げられず、どこで誰と生活するかについて選択する機会の確保
・言語（手話を含む。以下同じ。）その他の意思疎通のための手段について選択する機会の確保
・情報の取得又は利用のための手段について選択する機会の拡大

（差別の禁止）

基本法第４条において、障害者差別その他の障害者に対する権利利益の侵害行為が禁止されるとともに、合理的配慮の提供が求められていること、また、条約第５条においても、障害に基づくあらゆる差別を禁止するとともに、合理的配慮の提供が確保されるための適当な措置を採ることが求められていること、さらに、障害者差別解消法においてこうした趣旨が具体化されていることに鑑みれば、障害者差別その他の権利利益を侵害する行為を禁止するとともに、社会的障壁を除去するための合理的配慮が提供される必要がある。

我が国においては、平成28（2016）年４月から障害者差別解消法が施行された後、検討規定に基づく所要の見直しが行われ、令和３（2021）年６月に障害者差別解消法改正法が公布された。障害者差別解消法改正法では、事業者に対し合理的配慮の提供を義務付けるとともに、行政機関相互間の連携の強化を図るほか、障害を理由とする差別を解消するための支援措置が強化され、その施行期日は、公布の日（令和３（2021）年６月４日）から起算して３年を超えない範囲内において政令で定める日（令和６（2024）年４月１日）とされている。障害者差別解消法改正法の施行に向けては、政府全体の方針として改定された「障害を理由とする差別の解消の推進に関する基本方針」（令和５年３月14日閣議決定）を受けて、各省庁において所管分野を対象とした対応指針の見直しや、各地方自治体における相談体制の整備を始めとした様々な対応が必要となる。これらの取組や国民全体への周知啓発といった施行前に必要となる準備を十分に行うことが求められる。

（国際的協調）

基本法第５条において、共生社会の実現は、国際的協調の下に図られなければならない旨が規定されていること、また、条約第32条においても、国際協力及びその促進の重要性について規定されていること、さらに、障害者の自立及び社会参加の支援等のための施策が国際社会における取組と密接な関係を有していることに鑑みれば、国際的な協調の下で共生社会の実現が図られる必要がある。

我が国においては、条約を批准するとともに、政府報告を障害者権利委員会に提出するなど、これまでも国際的な枠組みとの連携を深めてきたところであるが、今後、こうした連携をより一層推進し、国際的協調の理念を体現していくことが求められる。

３．社会情勢の変化

（１）2020年東京オリンピック・パラリンピックのレガシー継承

令和３（2021）年夏、東京は夏季パラリンピック競技大会が同一都市で２度開催された史上初めての地となった。同大会は共生社会の実現に向けて社会の在り方を大きく変える絶好の機会であり、この機を逃さぬよう、政府においては、共生社会の実現に向けた大きな二つの柱として、「心のバリアフリー」[2]及び「ユニバーサルデザインの街づくり」を「ユニバーサルデザイン2020行動計画」（平成29年２月20日ユニバーサルデザイン2020関係閣僚会議決定。以下「行動計画」という。）として取りまとめるとともに、平成30（2018）年12月には、障害者の視点を施策に反映させる更なる枠組みとして、ユニバーサルデザイン2020評価会議を創設し、同会議を通じて行動計画の実行の加速化を図ってきた。

新型コロナウイルス感染症の世界的な流行により、2020年東京オリンピック・パラリンピックは史上初めて１年延期された大会となり、大会を取り巻く環境も当初想定されていた形から大きく変わることとなったが、ユニバーサルデザイン2020評価会議における総括でも述べられているとおり、障害当事者の意見を取り入れた新国立競技場の整備、２度にわたる高齢者、障害者等の移動等の円滑化の促進に関する法律（平成18年法律第91号。以下「バリアフリー法」という。）の改正、新しい学習指導要領における「心のバリアフリー」に関する記載の充実、一定規模以上のホテルにおけるバリアフリー客室の１％以上の整備義務化など、行動計画の取組を通じて「心のバリアフリー」と「ユニバーサルデザインの街づくり」は大きく進展した。一方で、地方部における障害当事者の参画、人口減少や技術革新による非対面サービスの広がりに起因する格差の拡大への対応や情報アクセシビリティの確保等といった、引き続き取り組むべき課題や新たな課題も指摘されている。

2020年東京オリンピック・パラリンピックを契機とした機運を一過性のものにすることなく、日本全国に広げていくことが重要であり、これまでの取組が大会のレガシーとして大きく花開くよう、本基本計画においても引き続き横断的視点において「共生社会の実現に資する取組の推進」の一つとして社会のあらゆる場面におけるアクセシビリティの向上を掲げ、具体的施策にも反映するとともに、「重点的に理解促進等を図る事項」として「心のバリアフリー」の理解促進に継続して取り組む旨等を明記し、その実施状況を障害者政策委員会において評価・監視すること等を通じて、世界に誇れる共生社会の実現に向けた取組を推進していくこととする。

（２）新型コロナウイルス感染症拡大とその対応

令和２（2020）年１月以降の新型コロナウイルス感染症の感染拡大は国民生活に様々な影響を及ぼしており、特に、障害者を含め脆弱な立場に置かれている人々が大きな影響を受けている。感染拡大防止措置の影響による地域の交流・見守りの場、相談支援を受ける機会の喪失等によって、社会に内在していた孤独・孤立の問題も顕在化・深刻化しており、障害者やその家族等に対しても、「孤独・孤立対策の重点計画」（令和４年12月26日孤独・孤立対策推進会議決定）を踏まえた支援が必要となっている。また、障害者へのサービス提供を担う事業者側でも、経営に影響が出るなどの課題が生じている。さらに、感染症拡大防止のため身体的距離の確保やマスク着用等の「新しい生活様式」の実践が求められる中、オンライン活用の拡大等がアクセシビリティ向上等に寄与する一方で、コミュニケーション方法の制約等が生じ情報取得等に困難を抱える障害者もいる。

このような感染症拡大時を始め、地震・台風等の災害発生時といった非常時には、障害者を含め脆弱な立場にある人々がより深刻な影響を受けることから、本基本計画に掲げる各種施策についても、非常時に障害者が受ける影響やニーズの違いに留意しながら取組を進めることが求められる。

（３）持続可能で多様性と包摂性のある社会の実現（SDGsの視点）

平成27（2015）年９月、国連サミットにおいてSDGsが全会一致で採択された。SDGsは「誰一人取り残さない」持続可能で多様性と包摂性のある社会の実現を目指す世界共通の目標であり、令和12（2030）年を達成年限として、17のゴールと169のターゲットから構成されるものである。我が国ではSDGsの採択を受け、平成28（2016）年12月にSDGs推進のための中長期戦略である「SDGs実施指針」（平成28年12月22日SDGs推進本部決定）が策定され、令和元（2019）年12月には同指針の改定が行われた。同指針では、「あらゆる人々が活躍する社会・ジェンダー平等の実現」を始めとした８つの優先課題と課題に取り組むための主要原則が掲げられている。

「誰一人取り残さない」というSDGsの理念は、共生社会の実現に向け、政府が取り組むべき障害者施策の基本的な方向を定める旨を基本理念として掲げる本基本計画においても、その重要性に何ら変わるところはない。障害者施策の推進に当たっては、SDGs推進の取組とも軌を一にし、障害者のみならず行政機関等・事業者といった様々な関係者が共生社会の実現という共通の目標の実現に向け、協力して取組を推進することが求められる。

４．各分野に共通する横断的視点

本基本計画に記載する各分野の施策については、前述の基本原則や社会情勢の変化を踏まえつつ、

2　様々な心身の特性や考え方を持つ全ての人々が、相互に理解を深めようとコミュニケーションを取り、支え合うこと。「心のバリアフリー」を体現するためのポイントは、「ユニバーサルデザイン2020行動計画」では、以下の３点とされている。
（１）障害のある人への社会的障壁を取り除くのは社会の責務であるという「障害の社会モデル」を理解すること。
（２）障害のある人（及びその家族）への差別（不当な差別的取扱い及び合理的配慮の不提供）を行わないよう徹底すること。
（３）自分とは異なる条件を持つ多様な他者とコミュニケーションを取る力を養い、全ての人が抱える困難や痛みを想像し共感する力を培うこと。

以下の視点に留意しながら推進するものとする。

（1）条約の理念の尊重及び整合性の確保

障害者に係る施策、制度、事業等を策定し、及び実施するに当たっては、条約の理念を尊重するとともに、条約との整合性を確保することが重要である。

「私たちのことを、私たち抜きに決めないで[3]」の考え方の下、「インクルージョン[4]」を推進する観点から、障害者を施策の客体ではなく、必要な支援を受けながら、自らの決定に基づき社会に参加する主体として捉えるとともに、障害者施策の検討及び評価に当たっては、障害者が政策決定過程に参画することとし、障害者の意見を施策に反映させることが求められる。その際、障害者の社会参加は、障害者の自立にもつながることに留意する。

また、障害者の政策決定過程への参画を促進する観点から、国の審議会等の委員[5]の選任に当たっては、障害者の委員の選任に配慮する。特に、障害者施策を審議する国の審議会等における障害者の委員については、障害種別及び性別にも配慮して選任を行うものとする。また、障害者である委員に対する障害特性に応じた適切な情報保障[6]その他の合理的配慮を行う。

あわせて、障害者本人の自己決定を尊重する観点から、障害者本人が適切に意思決定を行い、その意思を表明することができるよう、相談の実施等による意思決定の支援とともに、言語その他の意思疎通のための手段を選択する機会の提供を促進する。

（2）共生社会の実現に資する取組の推進

①社会のあらゆる場面におけるアクセシビリティ向上の視点の採用

条約が採用している、いわゆる「社会モデル」の考え方に即して改正された基本法第２条においても、障害者を「障害がある者であって、障害及び社会的障壁により継続的に日常生活又は社会生活に相当な制限を受ける状態にあるもの」と定義しており、障害者が経験する困難や制限が障害者個人の障害と社会的な要因の双方に起因するという視点が示されている。

こうした視点に照らして、障害者の活動を制限し、社会への参加を制約している事物、制度、慣行、観念等の社会的障壁の除去を進めることにより、障害者の社会への参加を実質的なものとし、障害の有無にかかわらず、その能力を伸長し、最大限に発揮しながら安心して生活できるようにする必要がある。加えて、社会的障壁の除去を進めるに当たっては、障害者の参加を確保し、障害者の意見を施策に反映させるとともに、障害者・行政機関・事業者・地域住民といった様々な関係者が、障害のある人と障害のない人が同じ地域社会でともに暮らし、学び、働く共生社会（インクルーシブな社会）という共通の目標の実現に向け、協力して取組を進めていくことが重要である。

そのためには、バリアフリー法に基づく公共施設等のバリアフリー化や障害者による円滑な情報の取得・利用・発信のための情報アクセシビリティの向上、意思表示・コミュニケーションを支援するためのサービス・介助者等の人的支援等による環境整備と、障害者差別解消法に基づく合理的配慮の提供を両輪として障害者のアクセシビリティ[7]向上を図ることが重要であり、社会的障壁の除去に向けた各種の取組をより強力に推進していくため、社会のあらゆる場面でアクセシビリティ向上の視点を取り入れていく。

また、障害を理由とする差別は、障害者の自立又は社会参加に深刻な悪影響を与えるものであり、社会のあらゆる場面においてその解消に向けた取組が行われる必要がある。このため、障害者差別解消法及び障害者雇用促進法に基づき、地方公共団体や障害者団体を始めとする様々な主体の取組との連携を図りつつ、事業者・事業主や国民一般の幅広い理解の下、障害者差別の解消に向けた取組を積極的に推進する。

あわせて、社会のあらゆる場面におけるアクセシビリティの向上を推進する観点から、積極的な広報・啓発活動に努めるとともに、企業・市民団体等の取組を積極的に支援する。

さらに、審議会等の開催時を含め、情報を公開する際や、命令、計画等に関するパブリックコメントを行う際には、障害特性に配慮した適切な情報保障を実施するなど、障害者がその必要とする情報を十分に取得できるようアクセシビリティの向上が求められることに留意する。

3　英語表記では「Nothing About Us Without Us」。
4　英語表記では「inclusion」。条約第３条（c）では「包容」と訳されている。
5　臨時委員、特別委員及び専門委員を含む。
6　障害により情報の取得が困難な者に対して、代替手段を用いて情報を提供すること。
7　施設・設備、サービス、情報、制度等の利用しやすさのこと。

②アクセシビリティ向上に資する新技術の利活用の推進

近年、画像認識、音声認識、文字認識等のAI技術が進展し、自分に合った方法（音声、ジェスチャー、視線の動き等）でデジタル機器・サービスが利用可能となっている。こうした新たな技術を用いた機器やサービスは、アクセシビリティとの親和性が高いという特徴があり、社会的障壁の除去の観点から、障害者への移動の支援や情報の提供、意思疎通、意思決定支援等様々な場面でアクセシビリティに配慮したICTを始めとする新たな技術の利活用について検討を行い、積極的な導入を推進する。

「デジタル社会の実現に向けた改革の基本方針」（令和２年12月25日閣議決定）においても、多様な国民がニーズに合ったサービスを選択でき、国民一人一人の幸福に資する「誰一人取り残さない、人に優しいデジタル化」を進めることとされており、「デジタル社会の実現に向けた重点計画」（令和４年６月７日閣議決定）の定めるところにより、国、地方公共団体、企業、国民等が皆で支え合うデジタル共生社会の実現を図るため、デジタル機器・サービスに不慣れな障害者の支援も含めデジタル機器・サービスに係るアクセシビリティ環境の整備を促進するための各種取組を推進することとする。

また、アクセシビリティに配慮した機器・サービス等の政府調達を一層推進するため、WTO政府調達協定等の適用を受ける調達等[8]を行うに当たっては、WTO政府調達協定等[9]の定めるところにより、適当な場合には、アクセシビリティに関する国際規格が存在するときは当該国際規格[10]に基づいて技術仕様を定める。

さらに、アクセシビリティの向上に資する技術等を含め、中小・ベンチャー企業が行う先進的な技術等については、市場創出が大きな課題となるため、市場創出の呼び水としての初期需要の確保等の観点から、国が需要側の視点に立った施策の充実を図る必要がある。このため、アクセシビリティの向上に資する新技術を含め、公共部門における新技術を用いた製品の調達に当たっては、「科学技術・イノベーション基本計画」（令和３年３月26日閣議決定）の定めるところにより、日本版SBIR制度[11]を活用して開発された製品等を政府が調達し、初期需要を創出するなどの必要な措置を講ずる。

なお、新たな技術を用いた機器やサービスの利活用に当たっては、当該機器・サービスが新たな社会的障壁となる可能性があることにも留意することとする。

あわせて、遺伝子診断、再生医療等に見られるように、科学技術の社会実装に関し、倫理的・法制度的な課題について社会としての意思決定が必要となる事例が増加しつつあることにも留意する。

（３）当事者本位の総合的かつ分野横断的な支援

障害者の尊厳、自律及び自立の尊重を目指す条約の趣旨を踏まえ、障害者が多様なライフステージに対応した適切な支援を受けられるよう、教育、文化芸術、スポーツ、福祉、医療、雇用等の各分野の有機的な連携の下、施策を総合的に展開し、切れ目のない支援を行う。

支援に当たっては、基本法第２条の障害者の定義を踏まえ、障害者施策が、障害者が日常生活又は社会生活で直面する困難に着目して講じられる必要があること、障害者の支援は障害者が直面するその時々の困難の解消だけに着目するのではなく、障害者の自立と社会参加の支援という観点に立って行われる必要があること、障害者の家族やヤングケアラーを含む介助者など関係者への支援も重要であることに留意する。

また、複数の分野にまたがる課題については、各分野の枠のみにとらわれることなく、関係する機関、制度等の必要な連携を図ることを通じて総合的かつ横断的に対応していく必要がある。

（４）障害特性等に配慮したきめ細かい支援

障害者一人一人の固有の尊厳を重視する条約の理念を踏まえ、障害者施策は、障害特性、障害の状態、生活実態等に応じた障害者の個別的な支援の必要性を踏まえて策定及び実施する。その際、外見からは分かりにくい障害が持つ特有の事情を考慮するとともに、状態が変動する障害は、症状が多様化しがちであり、一般に、障害の程度を適切に把握することが難しい点に留意する必要がある。

また、知的障害、精神障害、発達障害、難病、高次脳機能障害[12]、盲ろう、重症心身障害その他

8　WTOの政府調達に関する協定（以下「WTO政府調達協定」という。）その他の国際約束の適用を受ける調達又は「政府調達手続に関する運用指針等について」（平成26年３月31日関係省庁申合せ。以下「運用指針等」という。）の適用を受ける調達をいう。
9　WTO政府調達協定その他の国際約束又は運用指針等をいう。
10　JISZ8071「規格におけるアクセシビリティ配慮のための指針」など、国際規格に整合する国内の指針等を含む。
11　中小企業等に対する研究開発補助金等の支出機会の増大を図り、その成果の事業化を支援する省庁横断的な制度（SBIR：Small Business Innovation Research）。

の重複障害等について、障害特性等の社会全体の更なる理解の促進に向けた広報・啓発活動を行うとともに、施策の充実を図る必要がある。
特に発達障害、難病、高次脳機能障害については、社会全体の理解促進、家族支援、福祉・労働・教育・医療分野の取組等を総合的に進めていくことが重要である。

（5）障害のある女性、こども及び高齢者に配慮した取組の推進

条約第６条、第７条等の趣旨を踏まえ、障害のある女性を始め、複合的に困難な状況に置かれた障害者に対するきめ細かい配慮が求められていることを踏まえて障害者施策を策定し、及び実施する必要がある。

①障害のある女性

障害のある女性は、それぞれの障害の種別ごとの特性、状態により様々な支援が必要であることに加えて、女性であることにより、いわゆる複合的差別など更に困難な状況に置かれている場合があることから、こうした点も念頭に置いた障害者施策の策定・実施には政策決定過程への当事者参画が重要である。このため、「第５次男女共同参画基本計画」（令和２年12月25日閣議決定）の定めるところにより、女性の参画拡大に向けた取組を行うとともに、障害のある女性の政策決定過程への参画拡大に向け、前述のとおり障害者施策を審議する国の審議会等における障害者の委員の選定に当たっては、性別のバランスに配慮しつつ、障害のある女性委員の人数・比率について定期的に調査・公表を行う。あわせて、団体推薦による障害のある審議会等委員について、各団体等に対して、団体からの委員の推薦に当たって性別に配慮するよう格段の協力を要請することとする。

②障害のあるこども

「こども政策の新たな推進体制に関する基本方針」（令和３年12月21日閣議決定）においては、こども[13]に関する取組・政策を我が国社会の真ん中に据えて（「こどもまんなか社会」）、こどもの視点で、こどもを取り巻くあらゆる環境を視野に入れ、こどもの権利を保障し、こどもを誰一人取り残さず、健やかな成長を後押しすることとされている。障害のあるこどもに対しても、地域社会への参加・包容（インクルージョン）を推進する観点等を踏まえた、こどもと家族に対する妊娠期からの切れ目のない継続支援を早期から行うことが必要であり、この場合、成人の障害者とは異なる支援を行う必要性があることに留意することとする。

③障害のある高齢者

障害のある高齢者は、障害に加えて高齢であることにより、更に困難な状況に置かれている場合があることから、こうした点も念頭に置き、また、条約との整合性に留意して障害者施策の策定・実施が求められる。

（6）PDCAサイクル等を通じた実効性のある取組の推進

「確かな根拠に基づく政策立案[14]」の実現に向けた必要なデータ収集及び統計の充実を図るとともに、PDCAサイクルの構築、着実な実行及びPDCAサイクル等を通じた施策の不断の見直しを図ることについては、条約第31条（統計及び資料の収集）、第33条（国内における実施及び監視）等の趣旨を踏まえ、旧基本計画においても各府省に対し取組を進めるよう求めてきたが、当事者参画の観点等において分野ごとに進捗の差がみられる。

障害者施策の更なる推進のためには、障害者政策委員会が政府全体の見地から本基本計画の実施状況を監視するのみならず、各府省において取り組む個々の施策に対しても、国の審議会等及び懇談会等行政運営上の会合への障害者委員の参画や、障害者やその家族を始めとする関係者への意見聴取等を通じた当事者参画の推進に留意しつつ、適切な評価・監視がなされることが重要である。障害者政策委員会及び各府省においては、次に掲げるところにより、各施策の進捗状況の点検をより充実させるとともに、更なる取組の推進を図るよう努めることとする。

12　交通事故や病気などによる脳への損傷に基づく後遺症により、記憶、注意、遂行機能、社会的行動などの認知機能（高次脳機能）が障害された状態を指し、器質性精神障害として位置付けられる。
13　同基本方針における「こども」とは、大人として円滑な社会生活を送ることができるようになるまでの成長の過程にある者をいうとされている。
14　英語表記では「Evidence-Based Policy Making」。

①企画（Plan）

「確かな根拠に基づく政策立案」を実現する観点から、障害当事者や障害当事者を取り巻く社会環境の実態把握を適切に行うため、障害者の性別、年齢、障害種別等の観点に留意しつつ必要なデータ収集や統計の充実を行うことが重要である。

このため、各分野における障害者施策の一義的な責任を負うこととなる各府省は、「公的統計の整備に関する基本的な計画」（令和２年６月２日閣議決定）において施策上のニーズ等を踏まえた障害者統計の充実が求められていることも踏まえつつ、障害者の状況や障害者施策等に関する情報・データの適切な収集・評価の在り方等を検討するとともに、本基本計画に掲げる施策について具体的な成果目標を設定し、より効果的な施策を企画できるよう努める。

本基本計画の着実な推進を図るために策定する各分野における成果目標は、それぞれの分野における具体的施策を、他の分野の施策との連携の下、総合的に実施することにより、政府全体で達成を目指す水準であり、地方公共団体や民間団体等の政府以外の機関・団体等が成果目標に係る項目に直接取り組む場合においては、成果目標は、政府がこれらの機関・団体等に働きかける際に、政府として達成を目指す水準として位置付けられる。本基本計画に掲げる施策を計画的に推進していく観点からは、施策の特性等に応じ、各府省において、施策の実施に当たり成果目標の達成に向けた年度ごとの目標設定等に取り組むことが望ましい。

②実施（Do）

各府省は、障害の多様性にも留意しつつ、障害者やその家族を始めとする関係者の意見を聴き、本基本計画に基づく取組の計画的な実施に努める。また、障害者施策を適切に講ずるため、障害者の実態調査等を通じて、障害者の状況や障害者施策等に関する情報・データの収集・分析を行うとともに、障害者の性別、年齢、障害種別等の観点に留意しつつ、その充実を図る。

また、効果的かつ効率的に施策を推進する観点から、高齢者施策、医療関係施策、こども・子育て関係施策、男女共同参画施策等、障害者施策に関係する他の施策・計画等との整合性を確保し、総合的な施策の展開を図る。

③評価（Check）

障害者施策の評価に当たっては、障害者が政策決定過程に参画することとし、障害の多様性にも留意しながら、障害者の意見を施策に反映させることが求められる。また、当事者参画にも留意しつつ、障害者施策の推進に係る取組の実施状況の継続的な評価・監視を行うことが重要である。

こうした考え方の下、各府省は、数値等に基づき取組の実施状況及びその効果の把握・評価を行う。また、障害者施策の実施に当たり課題や支障が生じている場合は、その円滑な解消に資するよう、具体的な要因について必要な分析を行う。

また、障害者政策委員会は、基本法に基づき、政府全体の見地から本基本計画の実施状況の評価・監視を行う。

④見直し（Act）

各府省は、障害者施策の推進に係る取組の実施状況やその効果に係る評価結果を踏まえ、不断に取組の見直しを行う。また、必要があると認められる場合には、所要の法制的な整備を含め検討を行う。

障害者政策委員会においては、基本法に基づき、政府全体の見地から本基本計画の実施状況を評価・監視し、必要に応じて内閣総理大臣又は内閣総理大臣を通じて関係各大臣に本基本計画の実施に関して勧告を行う。さらに、「条約の実施を監視するための枠組み」としての立場から、本基本計画の実施状況の監視を通じて条約の実施状況の監視を行う。また、障害者政策委員会の円滑かつ適切な運営のため、事務局機能の充実を図る。

社会情勢の変化等により本基本計画の変更の必要性が生じた場合、あるいは本基本計画の推進及び評価を通じて本基本計画の変更の必要性が生じた場合には、計画期間の途中であっても、政府は本基本計画を柔軟に見直すこととする。

また、成果目標のうち、計画期間の途中で目標の期限が到来するものについては、本基本計画を通じて実現を目指すべき社会の姿に照らしつつ、当該目標の達成状況等も踏まえて、連続性の確保に留意しながら新たな成果目標の設定を行うなど、必要な対応を行う。

障害者の実態調査等を通じて得られた知見については、本基本計画の推進状況の評価及び評価を踏まえた取組の見直しへの活用に努める。

5．施策の円滑な推進

（1）連携・協力の確保

政府の障害者施策を一体的に推進し、総合的な企画立案及び横断的な調整を確保するため、各府省相互間の緊密な連携・協力を図る。

また、本基本計画は政府の障害者施策の基本的方向を定めるものであるが、障害者の地域移行を推進し、障害者が必要なときに必要な場所で、地域の実情に即した適切な支援を受けられるようにするなど、実効性ある形で取組を実施していくためには、地方公共団体との連携・協力が必要不可欠である。このため、適切な役割分担の下、地方公共団体との連携・協力体制の一層の強化を図るとともに、地方公共団体において優良かつ先進的な取組やモデルを実施している場合は、その知見もいかしつつ施策を展開する。

さらに、SDGs推進の取組と軌を一にしつつ障害者の自立と社会参加に関する取組を社会全体で進めるためには、「SDGs実施指針」に掲げられる包摂性・参画型の原則も踏まえ、障害者団体のみならず、専門職による職能団体、企業、経済団体等の関係者も一体となり全員参加型で施策の推進に取り組むことが重要であり、施策の推進に当たっては、これら関係団体等の協力を得るよう努める。特に、障害者の自立及び社会参加の支援に当たり、障害者団体等の自主的な活動は重要な役割を果たしており、本基本計画の推進に当たっては、これらの団体等との情報共有等の一層の促進を図る必要がある。

また、国際機関、諸外国政府等との連携に努めるとともに、関係行政機関相互の緊密な連携の下、条約の国内実施に十分留意する必要がある。

障害者政策委員会においても、政府の障害者施策の一体的な推進を図る観点から必要があると認められる場合は、他の審議会等との情報共有等を図ることとする。

（2）理解促進・広報啓発に係る取組等の推進

①重点的に理解促進等を図る事項

障害者への偏見や差別意識を社会から払拭し、一人一人の命の重さは障害の有無によって少しも変わることはない、という当たり前の価値観を社会全体で共有し、全ての国民が、障害の有無にかかわらず、等しく基本的人権を享有するかけがえのない個人として尊重されるという理念にのっとり、全ての国民が、障害の有無によって分け隔てられることなく、相互に人格と個性を尊重し合いながら共生する社会が実現するよう、国民の理解促進に努める。また、本基本計画の実施を通じて実現を目指す「共生社会」の理念やいわゆる「社会モデル」の考え方について必要な広報啓発を推進するとともに、2020年東京オリンピック・パラリンピック後も「心のバリアフリー」への理解を深めるための取組を継続して進める。

知的障害、精神障害、発達障害、難病、高次脳機能障害、盲ろう、重症心身障害その他の重複障害など、より一層の国民の理解が必要な障害や、外見からは分かりにくい障害について、その障害特性や必要な配慮等に関する理解の促進を図る。

一般国民における、点字、手話、視覚障害者誘導用ブロック、身体障害者補助犬[15]、障害者用駐車スペース等に対する理解を促進するとともに、その円滑な利活用に必要な配慮等について周知を図る。また、障害者団体等が作成する啓発・周知のためのマーク等について、関連する事業者等の協力の下、国民に対する情報提供を行い、その普及及び理解の促進を図る。

こどもや地域住民等のボランティア活動に対する理解を深め、その活動を支援するよう努めるとともに、企業等の社会貢献活動に対する理解と協力を促進する。

②理解促進等に当たり配慮する事項

障害者施策は幅広い国民の理解を得ながら進めていくことが重要であり、行政はもとより、企業、民間団体、マスメディア等の多様な主体との連携による幅広い広報・啓発活動を計画的かつ効果的に推進する。その際、効果的な情報提供や、国民の意見の反映に努めるとともに、障害当事者以外に対する訴求も重要であることに留意する。

また、地域社会における障害者への理解を促進するため、福祉施設、教育機関等と地域住民等との日常的交流の一層の拡大を図るとともに、NPO法人（特定非営利活動法人）、ボランティア団体等、障害者も含む多様な主体による障害者のための取組を促進するため、必要な活動環境の整備を図る。

国内外の取組等に関する調査研究や先進的な事例の紹介等に努める。その際、障害に係る訳語の

15　盲導犬、介助犬及び聴導犬をいう。

統一を図ることが分かりやすさや比較の便宜に資することに留意する。

また、基本法に定められた障害者週間[16]における各種行事を中心に、一般市民、ボランティア団体、障害者団体など幅広い層の参加による啓発活動を推進する。

障害のあるこどもと障害のないこどもとの相互理解を深めるための活動を一層促進するとともに、障害者に対する理解と認識を深めるための取組を推進する。

第1章
第2章
第3章
第4章
第5章
第6章
参考資料
付録
索引

Ⅲ　各分野における障害者施策の基本的な方向

１．差別の解消、権利擁護の推進及び虐待の防止

【基本的考え方】

社会のあらゆる場面において障害を理由とする差別の解消を進めるため、地方公共団体、障害者団体等の様々な主体の取組との連携を図りつつ、障害者差別解消法の一層の浸透に向けた各種の広報・啓発活動を展開するとともに、事業者や国民一般の幅広い理解の下、環境の整備に係る取組を含め、障害者差別の解消に向けた取組を幅広く実施することにより、障害者差別解消法等の実効性ある施行を図る。

また、障害者虐待の防止、障害者の養護者に対する支援等に関する法律（平成23年法律第79号。以下「障害者虐待防止法」という。）等の適正な運用を通じて障害者虐待を防止するとともに、障害者の権利侵害の防止や被害の救済を図るため、相談・紛争解決体制の充実等に取り組むことにより、障害者の権利擁護のための取組を着実に推進する。

（１）権利擁護の推進、虐待の防止

○　障害者虐待防止法等に関する積極的な広報・啓発活動を行うとともに、障害者虐待防止法等の適切な運用を通じ、障害児者に対する虐待の相談支援専門員等による未然防止、一時保護に必要な居室の確保及び養護者を含めた家族に対する相談等の支援に取り組む。また、障害福祉サービス事業所等における虐待防止委員会の設置や従事者への虐待の防止のための研修の実施、虐待防止責任者の設置を徹底し、虐待の早期発見や防止に向けて取り組む。［１-（１）-１］

○　強度行動障害を有する者の支援体制の整備が障害者虐待の防止に重要な関わりがあるとの観点を踏まえつつ、強度行動障害を有する者の支援に関する研修の実施などの支援体制の整備に取り組む。［１-（１）-２］

○　障害福祉サービスの提供に当たっては、利用者の意向を踏まえ、本人の意思に反した異性介助が行われることがないよう取組を進める。［１-（１）-３］

○　障害者本人に対する意思決定支援（意思を形成及び表明する段階の支援を含む。）を踏まえた自己決定を尊重する観点から、相談支援専門員やサービス管理責任者及び児童発達支援管理責任者等に対する研修等を通じた意思決定支援の質の向上や意思決定支援ガイドラインの普及を図るとともに、成年後見制度の適切な利用の促進に向けた取組を進める。［１-（１）-４］

○　自ら意思を決定すること（意思を形成及び表明する段階を含む。）に支援が必要な障害者等が障害福祉サービス等を適切に利用することができるよう、本人の自己決定を尊重する観点から、相談支援専門員やサービス管理責任者及び児童発達支援管理責任者等に対する研修等を通じた意思決定支援の質の向上や意思決定支援ガイドラインの普及を図ること等により、意思決定の支援に配慮しつつ、必要な支援等が行われることを推進する。［１-（１）-５］

○　当事者等により実施される障害者の権利擁護のための取組を支援する。［１-（１）-６］

○　障害者に対する差別及びその他の権利侵害を防止し、その被害からの救済を図るため、相談・紛争解決等を実施する体制の充実等に取り組むとともに、その利用の促進を図る。［１-（１）-７］

○　知的障害又は精神障害[17]により判断能力が不十分な者による成年後見制度の適切な利用を促進するため、必要な経費について助成を行うとともに、成年後見、保佐及び補助の業務を適正に行うことができる人材の育成及び活用を図るための研修を行う。あわせて、尊厳のある本人らしい生活の継続や本人の地域社会への参加等へのノーマライゼーションの理念を十分考慮した上で、成年後見制度の見直しに向けた検討を行う。［１-（１）-８］

16　毎年12月３日から９日までの１週間を期間とする。
17　発達障害を含む（７-（１）-２において同じ）。

○　都道府県労働局において、使用者による障害者虐待の防止など労働者である障害者の適切な権利保護のため、個別の相談等への丁寧な対応を行うとともに、関係法令の遵守に向けた指導等を行う。［1-(1)-9］

（2）障害を理由とする差別の解消の推進

○　障害者差別解消法並びに同法に基づく基本方針、対応要領及び対応指針に基づき、障害を理由とする不当な差別的取扱いの禁止や、障害者に対する必要かつ合理的な配慮（合理的配慮）の提供を徹底するなど、障害を理由とする差別の解消に向けて着実に取組を進めるとともに、事業者による合理的配慮の提供を義務付けること等を内容とする障害者差別解消法改正法の円滑な施行に向け、事業者が適切に対応できるよう必要な取組を行う。［1-(2)-1］

○　障害者差別解消法及び同法に基づく基本方針に基づき、社会的障壁の除去の実施についての合理的配慮を的確に行うため、技術進歩の動向を踏まえつつ、ハード面でのバリアフリー化施策、情報の取得・利用・発信におけるアクセシビリティ向上のための施策、職員に対する研修等の環境の整備の施策を着実に進める。その際、各施策分野の特性を踏まえつつ、当該施策分野における環境の整備に係る具体的な考え方等を指針等において具体化するなど、施策の円滑な実施に配意する。［1-(2)-2］

○　地域における障害を理由とする差別の解消を推進するため、都道府県とも連携しつつ、地方公共団体における対応要領の策定及び障害者差別解消支援地域協議会の設置等の促進に向けた取組を行うとともに、対応要領の策定状況、障害者差別解消支援地域協議会の設置状況等について把握を行い、取りまとめて公表する。［1-(2)-3］

○「障害を理由とする差別の解消の推進に関する基本方針」を踏まえ、障害者や事業者、都道府県・市区町村等からの相談に対して法令の説明や適切な相談窓口等につなぐ役割を担う国の相談窓口について検討を進め、どの相談窓口等においても対応されないという事案が生じることがないよう取り組む。［1-(2)-4］

○　障害者差別解消法等の意義や趣旨、求められる取組等について幅広い国民の理解を深めるため、内閣府を中心に、関係省庁、地方公共団体、事業者、障害者団体等の多様な主体との連携により、同法の一層の浸透に向けた各種の広報・啓発活動を展開するとともに、差別事例や合理的配慮の事例等を収集・整理してデータベース化し、ホームページ等を通じて公表するなどの取組を行う。［1-(2)-5］

○　都道府県労働局及び公共職業安定所（以下「ハローワーク」という。）において、雇用分野における障害者に対する差別の禁止及び合理的配慮の提供に係る相談・通報等があった場合は、必要に応じて助言、指導、勧告を行うとともに、当事者からの求めに応じ、労働局長による紛争解決援助又は第三者による調停の紛争解決援助を行う。［1-(2)-6］

○　障害者に対する差別及びその他の権利侵害を防止し、その被害からの救済を図るため、相談・紛争解決等を実施する体制の充実等に取り組むとともに、その利用の促進を図る。［1-(2)-7：再掲］

○　心神喪失等の状態で重大な他害行為を行った者の医療及び観察等に関する法律（平成15年法律第110号）の対象者の社会復帰の促進を図るため、同法対象者に対する差別の解消を進める。［1-(2)-8］

○　各種の国家資格の取得等において障害者に不利が生じないよう、高等教育機関に対し、入学試験の実施や国家資格試験の受験資格取得に必要な単位の修得に係る試験の実施等において合理的配慮の提供等を促すとともに、国家資格試験の実施等に当たり障害特性に応じた合理的配慮を提供する。また、民間資格の試験を実施する事業者に対しても同様に、試験の実施等に当たっての合理的配慮の提供を促す。［1-(2)-9］

○　法令上、自署によることを求められている手続を除き、本人の意思確認を適切に実施できる場合に代筆による対応を認めることを促すとともに、銀行や保険会社等の金融機関の職員に対する周知の状況等をフォローするなど、書類の記入が必要な手続におけるアクセシビリティの確保に向けた対応を検討する。［1-(2)-10］

※本基本計画においては、障害者に対する合理的配慮の提供や環境の整備等に関する取組については、分野横断的なものを除き、原則として各分野において掲載している（例えば、行政サービス等の分野における配慮等は5に、教育分野における配慮等は8に、雇用・就業分野における配慮等は9に掲載。）。

２．安全・安心な生活環境の整備

【基本的考え方】

障害者がそれぞれの地域で安全に安心して暮らしていくことができる生活環境の実現を図るため、障害当事者等の意見を踏まえ、障害者が安全に安心して生活できる住環境の整備、障害者が移動しやすい環境の整備、アクセシビリティに配慮した施設等の普及促進、障害者に配慮したまちづくりの総合的な推進等を通じ、障害者の生活環境における社会的障壁の除去を進め、アクセシビリティの向上を推進する。

第1章 第2章 第3章 第4章 第5章 第6章 参考資料 付録 索引

（1）住宅の確保

○　公営住宅を新たに整備する際にはバリアフリー対応を原則とするとともに、既存の公営住宅のバリアフリー化改修を促進し、障害者向けの公共賃貸住宅の供給を推進する。また、障害者に対する優先入居の実施や単身入居を可能とするための取組、保証人の免除などの配慮が地方において行われるよう、福祉部局と住宅部局が連携して障害者に対する取組を進めていくよう地方公共団体に対して周知・情報提供を行っていく。［2-(1)-1］

○　民間賃貸住宅の空き室や空き家を活用した、障害者等の住宅確保要配慮者の入居を拒まない賃貸住宅の登録制度等を内容とする住宅セーフティネット制度の活用を推進し、バリアフリー化を含めた住宅の改修、入居者負担の軽減等や居住支援協議会等の居住支援活動等への支援を実施することにより、民間賃貸住宅等への円滑な入居を促進する。［2-(1)-2］

○　障害者や民間賃貸住宅の賃貸人が行うバリアフリー改修等を促進するとともに、障害者の日常生活上の便宜を図るため、日常生活用具の給付又は貸与及び用具の設置に必要な住宅改修に対する支援を行う。［2-(1)-3］

○　障害者の地域における居住の場の一つとして、日常生活上の介護や相談援助等を受けながら共同生活するグループホームの整備を促進するとともに、重度障害者にも対応した一層の体制の充実を図る。また、地域で生活する障害者の支援の拠点となる地域生活支援拠点等の整備を図る。こうした取組と合わせて、精神障害者とその家族が地域の一員として安心して自分らしい暮らしをすることができるよう、当事者・家族・保健・医療・福祉・教育等関係者による協議の場及び住まい[18]の確保支援も含めた地域の基盤整備を推進し、「精神障害にも対応した地域包括ケアシステム」の構築を推進する。［2-(1)-4］

○　障害福祉サービス等を利用しながら、障害者が安心して生活できるよう、障害福祉施設等について非常災害時における消防団や近隣住民との連携体制の構築を促進するとともに、建築基準法（昭和25年法律第201号）及び消防法（昭和23年法律第186号）の基準に適合させるための改修費用や消火設備の設置費用の一部を助成すること等により、防火安全体制の強化を図る。［2-(1)-5］

（2）移動しやすい環境の整備等

○　駅等の旅客施設における段差解消、ホームドア等の転落防止設備や様々な障害特性を持つ方に対する案内設備等、公共交通移動等円滑化基準に適合した旅客施設や車両等の整備を促進することにより、ハード面における公共交通機関のバリアフリー化を推進する。［2-(2)-1］

○　交通事業者等における障害者に対する適切な対応の確保に向け、旅客施設や車両等を使用した役務の提供に関する基準の遵守等を目的として、接遇ガイドライン等の普及・啓発やガイドラインを活用した教育訓練の促進を図るなど、「心のバリアフリー」を始めソフト面における公共交通機関のバリアフリー化を推進する。［2-(2)-2］

○　過疎地域等地方における移動手段の確保や、ドライバー不足への対応等が喫緊の課題であることを踏まえ、高齢者、障害者等の安全快適な移動に資するTSPS（信号情報活用運転支援システム）、ETC2.0等のITS（高度道路交通システム）の研究開発及びサービス展開を実施するとともに、高度自動運転システムの開発や、地方、高齢者、障害のある人等向けの無人自動運転移動サービス実現に取り組む。［2-(2)-3］

（3）アクセシビリティに配慮した施設、製品等の普及促進

○　バリアフリー法に基づき、一定の建築物の新築時等における建築物移動等円滑化基準への適合

18　医療を受けられる環境の整備を含む（6-(1)-7及び7-(3)-8において同じ）。

義務に加え、同法に基づく条例による適合義務付けの対象となる建築物の追加及び規模の引下げ等、地域の実情を踏まえた取組や「高齢者、障害者等の円滑な移動等に配慮した建築設計標準[19]」の設計者等への周知を通じ、店舗やホテル、共同住宅等多数の者が利用する建築物のバリアフリー化を促進する。[2-(3)-1]

○ 小規模店舗については、バリアフリー法に基づく条例により小規模建築物に対応した基準を柔軟に設定可能とした[20]ことを踏まえ、地方公共団体に対して条例の制定を働きかける。さらに、「高齢者、障害者等の円滑な移動等に配慮した建築設計標準」に盛り込んだ小規模店舗のバリアフリー設計等に関する考え方・留意点を店舗事業者や設計者に周知し、バリアフリー整備を促進する。また、既存の小規模店舗等のバリアフリー改修に対して支援を行う。[2-(3)-2]

○ 窓口業務を行う官署が入居する官庁施設については、バリアフリー法に基づく建築物移動等円滑化誘導基準に規定された整備水準の確保などによる整備を推進する。[2-(3)-3]

○ 都市公園の整備に当たっては、安全で安心した利用のためバリアフリー法に基づく基準や支援制度により、出入口や園路の段差解消、高齢者や障害者等が利用可能なトイレの設置等を進める。[2-(3)-4]

○ 身近な自然空間である河川の魅力を誰もが享受できるような水辺整備をまちづくりと一体となって進める。[2-(3)-5]

○ 日常生活製品等のユニバーサルデザイン化[21]に関し、障害者の利用に配慮した製品、設備等の普及のニーズがある場合、高齢者・障害者配慮設計等に関する標準化を推進する。[2-(3)-6]

○ 多様な消費者のアクセシビリティにも配慮しつつ、分かりやすく活用される食品表示の検討を行う。[2-(3)-7]

○ 障害者が安心して商品の購入やサービスを利用できるよう、事業者が電話や電子メール等多様な障害特性に配慮したサポートを適切に提供するよう周知・啓発を行う。[2-(3)-8]

(4)障害者に配慮したまちづくりの総合的な推進

○ バリアフリー法及びバリアフリー整備目標に基づき、地方部を含めたバリアフリー化の一層の促進、聴覚障害及び知的障害・精神障害・発達障害に係るバリアフリーの進捗状況の見える化、「心のバリアフリー」の推進等、ハード・ソフト両面でのバリアフリー化をより一層推進する。[2-(4)-1]

○ 福祉・医療施設の市街地における適正かつ計画的な立地の推進、公園等との一体的整備の促進、生活拠点の集約化等により、バリアフリーに配慮し、障害者が安心・快適に暮らせるまちづくりを推進する。[2-(4)-2]

○ バリアフリー法に基づき市町村が定める重点整備地区内の旅客施設周辺等の主要な生活関連経路[22]において、公共交通機関等のバリアフリー化と連携しつつ、幅の広い歩道の整備や歩道の段差・傾斜・勾配の改善、無電柱化、視覚障害者誘導用ブロックの整備等を推進する。[2-(4)-3]

○ 歩道等が設置されていない道路における視覚障害者誘導用ブロックや踏切道における「表面に凹凸のついた誘導表示等」の設置の在り方等について検討する。[2-(4)-4]

○ 特定道路や障害者等の利用がある踏切道において、路面の平滑化、視覚障害者誘導用ブロックの整備等により安全な歩行空間の確保を図る。また、全方位型警報装置、非常押ボタンの整備、障害物検知装置の高規格化を推進する。[2-(4)-5]

○ 国立公園等においては、優れた自然景観の魅力を利用者の誰もが楽しめるようにする観点から、魅力の本質である自然資源を損なわないよう留意しつつ、主要な利用施設であるビジターセンター、園路、公衆トイレ等のバリアフリー化を実施するとともに、情報提供等のソフト面を含めた取組を推進する。[2-(4)-6]

○ バリアフリー法に基づき市町村が定める重点整備地区内の主要な生活関連経路を構成する道路において、音響により信号表示の状況を知らせる音響式信号機、歩行者等と車両が通行する時間を分離する歩車分離式信号、歩行者青時間の延長を行うPICS(歩行者等支援情報通信システム)等のバリアフリー対応型信号機、見やすく分かりやすい道路標識等の整備を推進する。[2-(4)-7]

○ バリアフリー法に基づき市町村が定める重点整備地区内の主要な生活関連経路を構成する道路のうち、道路又は交通の状況に応じ、視覚障害者の移動上の安全性を確保することが特に必要で

19 令和3(2021)年3月に改正。
20 バリアフリー法施行令改正(令和2(2020)年12月9日公布、令和3(2021)年10月1日施行)による。
21 施設や製品等について、誰にとっても利用しやすいデザインにするという考え方。
22 駅、官公庁施設、病院等を相互に連絡する道路をいう(2-(4)-7及び2-(4)-8において同じ)。

あると認められる部分における音響信号機及びエスコートゾーンの整備を推進する。［２-（４）-８］
○　障害者が安全に安心して自動車を運転できるよう、信号灯器のLED（発光ダイオード）化、道路標識・道路標示の高輝度化等を推進する。［２-（４）-９］
○　障害のある人を含む全ての人が安全に安心して道路を通行できるよう、生活道路等において、警察と道路管理者が緊密に連携し、最高速度30km/hの区域規制と物理的デバイスとの適切な組合せにより交通安全の向上を図ろうとする区域を「ゾーン30プラス」として設定し、人優先の安全・安心な通行空間の整備の更なる推進を図るとともに、外周幹線道路の交通を円滑化するための交差点改良やエリア進入部におけるハンプや狭さくの設置等によるエリア内への通過車両の抑制対策を推進する。［２-（４）-10］
○　車椅子使用者用駐車施設やバリアフリートイレ等を始めとした高齢者障害者等用施設等の在り方等についての検討を踏まえ、トイレの機能分散等も含めた施設整備の優良事例等の周知や適正利用推進キャンペーン等を行い、高齢者障害者等用施設等の適正利用を推進する。［２-（４）-11］
○　高齢者や障害者等も含め、誰もが屋内外でストレスなく自由に活動できるユニバーサル社会の構築に向け、ICTを活用した歩行者移動支援の普及促進を図るため、歩行空間情報等のデータを収集・活用しやすいオープンデータ環境の整備を加速させるとともに、民間事業者等が多様な歩行者移動支援サービスを提供できる環境づくりを推進する。［２-（４）-12］

３．情報アクセシビリティの向上及び意思疎通支援の充実

【基本的考え方】

障害者情報アクセシビリティ・コミュニケーション施策推進法に基づき、障害者による情報の取得及び利用並びに意思疎通に係る施策を充実させ、障害者が必要な情報に円滑にアクセスすることができるよう、障害者に配慮した情報通信機器・サービス等の企画、開発及び提供の促進や、障害者が利用しやすい放送・出版の普及等の様々な取組を通じて情報アクセシビリティの向上を一層推進する。あわせて、障害者が円滑に意思表示やコミュニケーションを行うことができるよう、意思疎通支援を担う人材の育成・確保やサービスの円滑な利用の促進、支援機器の開発・提供等の取組を通じて意思疎通支援の充実を図る。

（１）情報通信における情報アクセシビリティの向上

○　障害者の情報通信機器及びサービス等の利用における情報アクセシビリティの確保及び向上・普及を図るため、障害者に配慮した情報通信機器及びサービス等の企画、開発及び提供を促進する。［３-（１）-１］
○　研究開発やニーズ、ICTの発展等を踏まえつつ、情報アクセシビリティの確保及び向上を促すよう、適切な標準化[23]を進めるとともに、必要に応じて国際規格提案を行う。また、各府省における情報通信機器等[24]の調達は、情報アクセシビリティの観点に配慮し、国際規格、日本産業規格への準拠・配慮に関する関係法令に基づいて実施する。特に、WTO政府調達協定等の適用を受ける調達等を行うに当たっては、WTO政府調達協定等の定めるところにより、適当な場合には、アクセシビリティに関する国際規格が存在するときは当該国際規格に基づいて技術仕様を定める。［３-（１）-２］
○　官民挙げての利用者視点からのアクセシビリティやユーザビリティ確保のためのサービスデザインの取組について、政府機関・地方公共団体等に横展開を図る。［３-（１）-３］
○　企業等が自社で開発するデジタル機器・サービスが情報アクセシビリティ基準（JIS X 8341シリーズ等）に適合しているかどうかを自己評価するチェックシートである「情報アクセシビリティ自己評価様式」等の普及展開を促進する。また、引き続き、デジタル・ガバメント推進標準ガイドラインにのっとり、政府情報システムに係る調達において当該様式などを用いて、障害の種類・程度を考慮した確認を求める。［３-（１）-４］
○　国立研究機関等において障害者の利用に配慮した情報通信機器・システムの研究開発を推進する。［３-（１）-５］
○　障害者に対するICT機器の紹介や貸出、利用に係る相談等を行うICTサポートセンターの設置

23　日本産業規格等を想定。
24　ウェブコンテンツ（掲載情報）に関するサービスやシステムを含む。

や、障害者に対しICT機器の操作についての支援を行うパソコンボランティアの養成・派遣等により、障害種別や障害特性を考慮しつつ、障害者のICT機器の利用機会の拡大や活用能力の向上を図る。また、このような取組も含め、関係省庁、地方公共団体、ボランティア団体等と連携し、デジタル機器・サービスに不慣れな方に対するサポートを行う「デジタル推進委員」の取組について、全国津々浦々に展開できるよう国民運動として更なる拡大を図りつつ、地域における相談体制の整備を図る。[3-(1)-6]

○　公共インフラとしての電話リレーサービスが、国民に広く認知及び理解され、その利活用が推進されるよう関係機関と連携して取組を推進するとともに、利用者ニーズや今後の技術の進展等を踏まえたサービス提供内容の充実を図る。また、銀行や保険会社等の金融機関に対し、顧客に対して電話にて提供されているサービスについては、電話リレーサービスを利用した場合であっても同様に提供されるよう促すとともに、その対応状況をフォローする。[3-(1)-7]

(2)情報提供の充実等

○　身体障害者の利便の増進に資する通信・放送身体障害者利用円滑化事業の推進に関する法律(平成5年法律第54号)に基づく放送事業者等への番組制作費や設備整備費への助成、「放送分野における情報アクセシビリティに関する指針」に基づく放送事業者の取組等の促進により、ローカル局も含め、字幕放送[25]、解説放送、手話放送等の普及を通じた障害者の円滑な放送の利用を図る。[3-(2)-1]

○　聴覚障害者に対して、字幕(手話)付き映像ライブラリー等の制作及び貸出し、手話通訳者や要約筆記者の養成・派遣、相談等を行う聴覚障害者情報提供施設について、ICTの発展に伴うニーズの変化も踏まえつつ、その支援を促進する。[3-(2)-2]

○　身体障害者の利便の増進に資する通信・放送身体障害者利用円滑化事業の推進に関する法律に基づく助成等により、民間事業者が行うサービスの提供や技術の研究開発を促進し、障害によって利用が困難なテレビや電話等の通信・放送サービスへのアクセスの改善を図る。[3-(2)-3]

○　電子出版は、視覚障害、上肢障害、学習障害等により紙の出版物の読書に困難を抱える障害者の出版物の利用の拡大に資すると期待されることから、新たな技術開発の促進や、電子書店、電子図書館、出版社その他の関係事業者への普及啓発等を通じて、アクセシビリティに配慮された電子出版の普及に向けた取組を進めるとともに、今後、これらの取組の一層の促進を図る。また、電子出版物の教育における活用を図る。[3-(2)-4]

○　心身障害者用低料第三種郵便については、障害者の社会参加に資する観点から、利用の実態等を踏まえながら、引き続き検討する。[3-(2)-5]

○「デジタル社会の実現に向けた重点計画」を踏まえ、デジタル社会推進標準ガイドライン群において多様な障害特性に考慮した内容の充実を図り、障害者等を始めとする誰もがICT機器・サービスにアクセスできるよう環境整備の推進に努める。[3-(2)-6]

(3)意思疎通支援の充実

○　聴覚、言語機能、音声機能、視覚、盲ろう、失語、知的、発達、高次脳機能、重度の身体などの障害や難病のため意思疎通を図ることに支障がある障害者に対して、手話通訳者、要約筆記者、盲ろう者向け通訳・介助員、失語症者向け意思疎通支援者等の派遣、設置等による支援や点訳、代筆、代読、音声訳等による支援を行うとともに、手話通訳者、要約筆記者、盲ろう者向け通訳・介助員、失語症者向け意思疎通支援者、点訳・音声訳を行う者等の養成研修等の実施や若年層を中心とする人材の確保が促進されるよう、高等教育機関等と連携した人材養成等の取組を進めることにより、意思疎通支援者の育成・確保を図り、コミュニケーション支援を充実させる。[3-(3)-1]

○　情報やコミュニケーションに関する支援機器を必要とする障害者に対して日常生活用具の給付又は貸与を行うとともに、障害者等と連携してニーズを踏まえた支援機器の開発の促進を図る。[3-(3)-2]

○　意思疎通に困難を抱える人が自分の意思や要求を的確に伝え、正しく理解してもらうことを支援するための絵記号等の普及及び理解の促進を図る。[3-(3)-3]

25　CM番組を含む。

（４）行政情報のアクセシビリティの向上

○　各府省において、行政情報、特に障害者や障害者施策に関する情報提供及び緊急時における情報提供等を行う際には、字幕・音声等の適切な活用や、知的障害者、精神障害者等にも分かりやすい情報の提供を徹底し、多様な障害の特性に応じた配慮を行う。［３-（４）-１］

○　各府省において、障害者を含む全ての人の利用しやすさに配慮した行政情報の電子的提供の充実に取り組むとともに、ウェブサイト等で情報提供を行うに当たっては、キーボードのみで操作可能な仕様の採用、動画への字幕や音声解説の付与など、最新のウェブアクセシビリティ規格を踏まえ、必要な対応を行う。また、「みんなの公共サイト運用ガイドライン[26]」について必要な見直しを行うこと等により、公的機関等のウェブアクセシビリティの向上等に向けた取組を促進する。［３-（４）-２］

○　各府省における行政情報の提供等に当たっては、ICTの利活用も踏まえ、アクセシビリティに配慮した情報提供を行う。［３-（４）-３］

○　災害発生時若しくは災害が発生するおそれがある場合、又は事故発生時に障害者に対して適切に情報を伝達できるよう、民間事業者、消防機関、都道府県警察等の協力を得つつ、障害特性に配慮した多様な伝達手段や方法による情報伝達の体制や環境の整備を促進する。［３-（４）-４］

○　政見放送への手話通訳・字幕の付与、点字版、CDや音声コード等による音声版、拡大文字版又はインターネットを通じた候補者情報の提供等、ICTの進展等も踏まえながら、障害特性に応じた選挙等に関する情報提供の充実を図る。［３-（４）-５］

４．防災、防犯等の推進

【基本的考え方】

障害者が地域社会において安全に安心して生活することができるよう、第３回国連防災世界会議[27]で採択された「仙台防災枠組2015-2030」を踏まえつつ、災害に強い地域づくりを推進するとともに、災害発生時における障害特性に配慮した適切な情報保障や避難支援、福祉避難所[28]（福祉避難スペース）を含む避難所や応急仮設住宅の確保、福祉・医療サービスの継続等を行うことができるよう、防災や復興に向けた取組を推進する。また、障害者を犯罪被害や消費者被害から守るため、防犯対策や消費者トラブルの防止に向けた取組を推進する。

（１）防災対策の推進

○　障害者や福祉関係者等の参加及び防災関係部局と福祉関係部局の連携の下での、地域防災計画等の作成、防災訓練の実施等の取組を促進し、災害に強い地域づくりを推進する。［４-（１）-１］

○　自力避難の困難な障害者等が利用する要配慮者利用施設が立地する土砂災害のおそれのある箇所において、砂防えん堤[29]等の施設整備及び土砂災害警戒区域等における土砂災害防止対策の推進に関する法律（平成12年法律第57号）に基づく基礎調査や区域指定等、ハード・ソフト一体となった土砂災害対策を重点的に推進する。［４-（１）-２］

○　災害発生時若しくは災害が発生するおそれがある場合、又は事故発生時に障害者に対して適切に情報を伝達できるよう、民間事業者、消防機関、都道府県警察等の協力を得つつ、障害特性に配慮した多様な伝達手段や方法による情報伝達の体制や環境の整備を促進する。［４-（１）-３：再掲］

○　障害者に対する避難支援などの充実を図るため、福祉や防災などの関係者が連携し、避難確保計画、非常災害対策計画、業務継続計画、個別避難計画等の各種計画の策定や実効性の確保等を促進することにより、当事者参画の下、地域の関係者が協力し、安全な避難先を定めるなど計画策定を通じた災害に強い地域社会づくりにつなげる。［４-（１）-４］

○　避難所、応急仮設住宅のバリアフリー化を推進するとともに、「福祉避難所の確保・運営ガイドライン」等を踏まえ、必要な福祉避難所の確保、避難所における障害特性に応じた支援[30]と合

26　ウェブアクセシビリティ（誰もがウェブサイト等で提供される情報や機能を支障なく利用できること）の維持・向上に向けた公的機関の取組を支援することを目的とした手順書。

27　我が国で開催された国連関係の国際会議としては史上最大級として、平成27（2015）年３月に仙台市で開催された。「アクセシブル・カンファレンス」（障害者も苦労することなく会議に参加できる会議）とすることを目指してバリアフリー化や情報保障等の様々な取組が行われ、200名以上の障害当事者の参加が得られた。また、全体会合でも初めて障害者グループの代表の発言機会が確保され、障害当事者の登壇者より、各国が取り組む防災の行動枠組みが障害者を含めインクルーシブなものであることを求める主張等がなされた。

28　一般の避難所では生活することが困難な要配慮者のために特別な配慮がなされた避難所。福祉避難所の指定に当たっては、要配慮者や同居家族の生活圏やコミュニティとのつながりに配慮することが望ましい。

29　土砂災害防止のために渓流等に設置される砂防設備。

理的配慮、福祉避難所への直接避難等が促進されるよう市町村の取組を促していく。さらに、被災者のニーズに応じて、車椅子利用者も使用できる応急仮設住宅の確保が適切に図られるよう、地域の実情を踏まえつつ、災害救助法（昭和22年法律第118号）に基づく応急救助の実施主体である都道府県の取組を促していく。［4-(1)-5］

○　災害発生後にも継続して福祉・医療サービスを提供することができるよう、障害者支援施設・医療機関等における災害対策を推進するとともに、福祉避難所の協定など、地域内外の他の社会福祉施設・医療機関・教育機関等との広域的なネットワークの形成に取り組む。［4-(1)-6］

○　火災や救急事案の発生時に聴覚・言語機能障害者がいつでもどこからでも円滑な緊急通報を行えるよう、全国の消防本部におけるスマートフォン等を活用した音声によらない緊急通報システムの導入を推進する。［4-(1)-7］

○　水害・土砂災害時に要配慮者の円滑かつ迅速な避難の確保を図るため、浸水想定区域や土砂災害警戒区域内の要配慮者利用施設における避難確保計画の作成及び訓練の実施を促進する。［4-(1)-8］

○　障害等に対応する一人一人の環境やニーズに合った水害ハザードマップの作成を促進する。［4-(1)-9］

○　障害福祉サービス等を利用しながら、障害者が安心して生活できるよう、障害福祉施設等について非常災害時における消防団や近隣住民との連携体制の構築を促進するとともに、建築基準法、消防法の基準に適合させるための改修費用や消火設備の設置費用の一部を助成すること等により、防火安全体制の強化を図る。［4-(1)-10：再掲］

○　各地方公共団体における平常時の防災体制や、災害発生後の避難所、応急仮設住宅等において、障害のある女性を含め、防災・復興の取組での女性への配慮を促すため、「災害対応力を強化する女性の視点～男女共同参画の視点からの防災・復興ガイドライン～」等の内容を踏まえ、情報提供を行う。［4-(1)-11］

○　災害発生後も精神障害や発達障害など障害の特性により障害者が在宅に留まる場合に、必要となる情報の収集や適切な対応が行えるよう、在宅に留まる障害者への支援方法を紹介しているリーフレットの周知に取り組む。［4-(1)-12］

○　訪問診療が必要な人工呼吸器使用患者が使用する人工呼吸器が長期停電時においても稼働できるよう、停電時に備えて患者に貸し出せる簡易自家発電装置等を整備し、災害時においても患者の生命を維持できる体制の整備を図る。［4-(1)-13］

(2)東日本大震災を始めとする災害からの復興の推進

○　それぞれの地域の復興施策の企画・立案及び実施における、障害者やその家族等の参画を促進し、地域全体のまちづくりを推進するため、事例集の作成・公表などの情報提供を行う。［4-(2)-1］

○　障害者の被災地での生活の継続、被災地への帰還を支援するため、被災地の障害福祉サービス事業者に対する支援を実施し、被災地における安定的な障害福祉サービスの提供を図る。［4-(2)-2］

○　住み慣れた生活環境から離れて避難生活を行っている障害者に対する心のケア、見守り活動、相談活動等の取組の充実を図る。［4-(2)-3］

○　被災地における雇用情勢を踏まえ、産業政策と一体となった雇用の創出、求人と求職のミスマッチの解消を図り、障害者の就職支援を推進する。［4-(2)-4］

(3)防犯対策の推進

○　聴覚に障害のある方等、音声による110番通報が困難な方が、スマートフォン等を利用して、文字等で警察に通報できる「110番アプリシステム」を運用しているほか、電話リレーサービスを利用した手話による110番通報を受け付けるなど、障害者からの緊急通報に対して迅速・的確な対応を行う。［4-(3)-1］

○　警察職員に対し障害及び障害者に対する理解を深めるための研修の充実に取り組むとともに、障害者のコミュニケーションを支援するため、手話で会話ができる警察官等の交番等への配置、コミュニケーション支援ボードの活用等を図る。［4-(3)-2］

○　警察と地域の障害者団体、福祉施設、行政等との連携の促進等により、犯罪被害の防止と犯罪

30　必要な物資を含む。

被害の早期発見に努める。［4-(3)-3］

○　平成28（2016）年７月に発生した障害者支援施設における殺傷事件を踏まえ、障害者支援施設等を利用する障害者が安心して生活できるように、防犯に係る安全確保のための施設整備や防犯に係る職員の対応に関する点検等の取組を促進するとともに、関係機関や地域住民等と連携し安全確保体制の構築を図る。［4-(3)-4］

○「女性に対する暴力をなくす運動[31]」等を通じて、障害者を含む女性に対する暴力の予防と根絶に向けた国民運動を一層推進するとともに、障害者を含む性犯罪・性暴力の被害者や配偶者等からの暴力の被害者に対する支援体制の充実を図るため、行政の関与する性犯罪・性暴力被害者のためのワンストップ支援センターの運営の安定化及び相談員等に対する研修の充実や配偶者暴力相談支援センター等における相談機能の充実を図る。［4-(3)-5］

(4)消費者トラブルの防止及び被害からの救済

○　消費者トラブルの防止及び障害者の消費者としての利益の擁護・増進に資するよう、必要な情報提供、障害者及び障害者に対する支援を行う者の各種消費者関係行事への参加の促進、研修の実施等を行いつつ、障害者等に対する消費者教育を推進する。［4-(4)-1］

○　障害者団体、消費者団体、福祉関係団体、行政等、地域の多様な主体の連携により、障害者等の消費者被害防止のための見守りネットワーク（消費者安全確保地域協議会）の設置を促進する。［4-(4)-2］

○　地方公共団体の消費生活センター等におけるメール等での消費生活相談の受付や、消費生活相談員の障害者理解のための研修の実施等の取組を促進することにより、障害者の特性に配慮した消費生活相談体制の整備を図る。［4-(4)-3］

○　被害を受けた障害者の被害回復に係る法制度の利用の促進のため、日本司法支援センター（以下「法テラス」という。）の各種業務及びこれを遂行する体制の一層の充実に努める。［4-(4)-4］

○　常勤弁護士を始めとする法テラスの契約弁護士が、福祉機関等との連携・協力体制を密にすることにより、配慮を要する障害者などの振り込め詐欺の被害や悪質商法による消費者被害の早期発見・被害回復に努める。［4-(4)-5］

５．行政等における配慮の充実

【基本的考え方】

障害者がその権利を円滑に行使できるよう、司法手続や選挙等において必要な環境の整備や障害特性に応じた合理的配慮の提供を行う。また、障害者情報アクセシビリティ・コミュニケーション施策推進法も踏まえ、行政機関の窓口等における障害者への配慮を徹底するとともに、行政情報の提供等に当たっては、ICT等の利活用も踏まえ、アクセシビリティに配慮した情報提供を行う。さらに、心身の障害等により制限を付している法令の規定（いわゆる相対的欠格条項）については各制度の趣旨や技術の進展、社会情勢の変化、障害者やその他関係者の意見等を踏まえ、真に必要な規定か検証し、必要に応じて見直しを行う。

(1)司法手続等における配慮等

○　被疑者・被告人あるいは被害者・参考人となった障害者が、意思疎通等を円滑に行うことができるよう、手話通訳の利用を含め、刑事事件における運用において手続上の配慮を適切に行う。あわせて、これらの手続に携わる職員に対して、障害や障害者に対する理解を深めるため必要な研修を実施する。［5-(1)-1］

○　知的障害等によりコミュニケーションに困難を抱える被疑者等に対する取調べの録音・録画や心理・福祉関係者の助言等の取組を継続するとともに、更なる検討を行う。［5-(1)-2］

○　矯正施設に入所する障害者に対して、社会復帰支援のためのプログラムの提供を促進するとともに、これらの施設の職員に対して必要な研修を実施する。［5-(1)-3］

○　矯正施設に入所する障害者等の円滑な社会復帰を促進するため、地域生活定着支援センター、保護観察所等の関係機関等の連携の下、矯正施設に入所する障害者等が出所等後に必要な福祉サービスを受けるための支援を行う。［5-(1)-4］

31　毎年11月12日から11月25日（女性に対する暴力撤廃国際日）までの２週間に行われる。

○　弁護士、弁護士会、日本弁護士連合会、法テラス等の連携の下、罪を犯した知的障害者等の社会復帰の障害となり得る法的紛争の解決等に必要な支援を行うなど、再犯防止の観点からの社会復帰支援の充実を図る。［5-(1)-5］
○　障害者が民事事件、家事事件等の法的紛争の当事者その他の関係人となった場合において、その障害特性に応じた意思疎通等の手段を確保するべく、日本弁護士連合会や法テラス等と連携の下、障害者に対する配慮・支援の充実を図るとともに、これらの手続に携わる職員等に対して、障害や障害者に対する理解を深めるため必要な研修を実施する。［5-(1)-6］

(2)選挙等における配慮等

○　政見放送への手話通訳・字幕の付与、点字版、CDや音声コード等による音声版、拡大文字版又はインターネットを通じた候補者情報の提供等、ICTの進展等も踏まえながら、障害特性に応じた選挙等に関する情報提供の充実を図る。［5-(2)-1：再掲］
○　移動に困難を抱える障害者に配慮した投票所のバリアフリー化、障害者の利用に配慮した投票設備の設置、投票所における投票環境の向上に努めるとともに、障害者が障害特性に応じて、自らの意思に基づき円滑に投票できるよう、取組事例の周知等を通じて投票の秘密に配慮した代理投票の適切な実施等の取組を促進する。また、選挙人を介護する者やその他の選挙人とともに投票所に入ることについてやむを得ない事情がある者として、投票管理者が認めた者は投票所に入ることができることの周知を図る。［5-(2)-2］
○　指定病院等における不在者投票、郵便等による不在者投票の適切な実施の促進により、選挙の公正を確保しつつ、投票所での投票が困難な障害者の投票機会の確保を図る。［5-(2)-3］
○　全国の選挙管理委員会による主権者教育の取組の調査を行うとともに、障害のある個々のこどもに応じた取組の実施に向け、各自治体の実施事例について周知を行うなど、主権者教育の充実を図る。［5-(2)-4］

(3)行政機関等における配慮及び障害者理解の促進等

○　各行政機関等における事務・事業の実施に当たっては、障害者差別解消法に基づき、障害者が必要とする社会的障壁の除去の実施について必要かつ合理的な配慮（合理的配慮）を行うとともに、ソフト・ハードの両面にわたり、合理的配慮を的確に行うために必要な環境の整備を着実に進める。［5-(3)-1］
○　行政機関の職員等に対する障害者に関する理解を促進するため、より一層の理解の促進が必要な障害や、外見からは分かりにくい障害の特性、コミュニケーションに困難を抱える障害や、複合的に困難な状況に置かれた障害者に求められる合理的配慮を含めた必要な配慮等を含めて必要な研修を実施し、窓口等における障害者への配慮の徹底を図る。［5-(3)-2］
○　各府省において、行政情報、特に障害者や障害者施策に関する情報提供及び緊急時における情報提供等を行う際には、字幕・音声等の適切な活用や、知的障害者、精神障害者等にも分かりやすい情報の提供を徹底し、多様な障害の特性に応じた配慮を行う。［5-(3)-3：再掲］
○　各府省において、障害者を含む全ての人の利用しやすさに配慮した行政情報の電子的提供の充実に取り組むとともに、ウェブサイト等で情報提供を行うに当たっては、キーボードのみで操作可能な仕様の採用、動画への字幕や音声解説の付与など、最新のウェブアクセシビリティ規格を踏まえ、必要な対応を行う。また、「みんなの公共サイト運用ガイドライン」について必要な見直しを行うこと等により、公的機関等のウェブアクセシビリティの向上等に向けた取組を促進する。［5-(3)-4：再掲］
○　各府省における行政情報の提供等に当たっては、ICTの利活用も踏まえ、アクセシビリティに配慮した情報提供を行う。［5-(3)-5：再掲］

(4)国家資格に関する配慮等

○　各種の国家資格の取得等において障害者に不利が生じないよう、高等教育機関に対し、入学試験の実施や国家資格試験の受験資格取得に必要な単位の修得に係る試験の実施等において合理的配慮の提供等を促すとともに、国家資格試験の実施等に当たり障害特性に応じた合理的配慮を提供する。また、いわゆる相対的欠格条項について各制度の趣旨や技術の進展、社会情勢の変化、障害者やその他関係者の意見等を踏まえ、真に必要な規定か検証し、必要に応じて見直しを行う。［5-(4)-1］

６．保健・医療の推進

【基本的考え方】

精神障害者が地域の一員として安心して自分らしい暮らしをすることができるよう、精神障害者への医療の提供・支援を可能な限り地域において行う。また、入院中の精神障害者の早期退院及び地域移行を推進し、いわゆる社会的入院の解消を進める。また、精神障害者の地域への円滑な移行・定着が進むよう、切れ目のない退院後の支援に関する取組を行う。

障害者が身近な地域で必要な医療やリハビリテーションを受けられるよう、地域医療体制等の充実を図る。

また、優れた基礎研究の成果による革新的な医薬品等の開発を促進するとともに、最新の知見や技術を活用し、疾病等の病因・病態の解明、予防、治療等に関する研究開発を推進する。さらに、質の高い医療サービスに対するニーズに応えるため、AIやICT、ロボット技術の活用等による革新的な医療機器の開発を推進する。

あわせて、保健・医療人材の育成・確保や、難病に関する保健・医療施策、障害の原因となる疾病等の予防・治療に関する施策を着実に進める。

（１）精神保健・医療の適切な提供等

○　精神障害者への医療の提供・支援を可能な限り地域において行うとともに、入院中の精神障害者の早期退院（入院期間の短縮）及び地域移行を推進し、いわゆる社会的入院を解消するため、次に掲げる取組を通じて、精神障害者が地域で生活できるよう正しい理解を促進し、支援体制や社会資源を整備する。[６-(１)-１]

ア　専門診療科以外の診療科、保健所等、健診の実施機関等と専門診療科との連携を促進するとともに、様々な救急ニーズに対応できる精神科救急システムを確立するなど地域における適切な精神医療提供体制の確立や相談機能の向上を推進する。[６-(１)-１-ア]

イ　精神科デイケアのサービス提供内容の充実を図るとともに、外来医療、ひきこもり等の精神障害に対する多職種によるアウトリーチ（訪問支援・在宅医療）を充実させる。[６-(１)-１-イ]

ウ　居宅介護など訪問系サービスの充実や地域相談支援（地域移行支援・地域定着支援）、自立生活援助の提供体制の整備を図る。[６-(１)-１-ウ]

エ　精神障害者の地域移行の取組を担う精神科医、看護職員、精神保健福祉士、公認心理師等について、人材育成や連携体制の構築等を図る。[６-(１)-１-エ]

○　学校、職域及び地域における心の健康に関する相談、カウンセリング等の機会の充実により、一般国民の心の健康づくり対策を推進する。加えて、学校においてはこどもの心の変化に気付くための取組の促進、職域においては事業者によるメンタルヘルス不調者への適切な対応、地域においては保健所、精神保健福祉センターで心の健康相談を行う。また、精神疾患の予防と早期発見方法の確立及び発見の機会の確保・充実を図り、適切な支援につなげる。[６-(１)-２]

○　精神障害者及び家族のニーズに対応した多様な相談体制の構築を図る。精神障害者とその家族に対する当事者及び家族による相談活動に取り組む地方公共団体に対し支援を行う。また、身近な地域で、必要なサービスを切れ目なく受けられるよう、市町村における相談支援体制を整備するための支援を行う。[６-(１)-３]

○　精神医療における人権の確保を図るため、精神医療審査会運営マニュアルの見直しや地方公共団体における好事例の周知などにより、都道府県及び指定都市に対し、その機能の充実・適正化を促す。[６-(１)-４]

○　精神疾患について、患者の状態像や特性に応じた精神病床の機能分化を進めるとともに、適切な医療の提供を確保し、患者・家族による医療機関の選択に資するよう、精神医療に関する情報提供及び安全対策の推進を図る。[６-(１)-５]

○　令和４（2022）年６月に取りまとめられた「地域で安心して暮らせる精神保健医療福祉体制の実現に向けた検討会」の報告書の内容を踏まえ、精神科病院に入院中の患者の権利擁護等の観点から、研修を受講した第三者により病院を訪問して行う相談支援の仕組みを都道府県等の事業として構築する。[６-(１)-６]

○　精神障害者とその家族が地域の一員として安心して自分らしい暮らしをすることができるよう、当事者・家族・保健・医療・福祉・教育等関係者による協議の場及び住まいの確保支援も含めた地域の基盤整備を推進し、「精神障害にも対応した地域包括ケアシステム」の構築を推進する。

［6-（1）-7：再掲］
○ 精神障害者の地域への円滑な移行・定着を進められるよう、社会的活動の拠点、在宅医療の充実や地域住民の理解の促進を図るとともに、働くことを含めた、精神障害者の退院後及び外来通院時の切れ目のない支援に係る取組を行う。［6-（1）-8］
○ 心神喪失等の状態で重大な他害行為を行った者の医療及び観察等に関する法律に基づき、同法対象者に対する精神保健医療の提供や医療と福祉が連携した支援を充実させる。［6-（1）-9］
○ 精神科病院において、誰もが安心して信頼できる入院医療が実現されるよう、今後、非自発的入院のあり方及び身体拘束等に関し、精神障害を有する当事者等の意見を聞きながら、課題の整理を進め、必要な見直しについて検討を行う。［6-（1）-10］

（2）保健・医療の充実等
○ 障害者が身近な地域で必要な医療やリハビリテーションを受けられるよう、地域医療体制等の充実を図る。その際、特に、高齢化等による障害の重度化・重複化の予防及びその対応に留意する。［6-（2）-1］
○ 障害者総合支援法に基づき、障害者等の心身の障害の状態の軽減を図り、自立した日常生活又は社会生活を営むために必要な医療について、医療費（自立支援医療費）の助成を行う。［6-（2）-2］
○ 国立障害者リハビリテーションセンターにおいて、乳幼児期から高齢期までの重度・重複障害者等に対して医療から職業訓練・社会生活にかけて一貫した支援を提供するとともに、二次障害の予防や健康増進活動等の支援サービスを提供する。また、発達支援及びリハビリテーション手法の開発や、試行的サービスを提供し、その情報発信を行う。［6-（2）-3］
○ 骨、関節等の機能や感覚器機能の障害、高次脳機能障害等のリハビリテーションによる機能の維持、回復が期待される障害について、適切な評価、病院から地域等への一貫したリハビリテーションの確保を図る。［6-（2）-4］
○ 障害者の健康の保持・増進を図るため、福祉サービスと連携した保健サービスの提供体制の充実を図る。また、障害に起因して合併しやすい疾患、外傷、感染症等の予防と、これらを合併した際の障害及び合併症に対して適切な医療の確保を図る。［6-（2）-5］
○ 定期的に歯科検診を受けること等又は歯科医療を受けることが困難な障害者に対する歯科疾患の予防等による口腔の健康の保持・増進を図る取組を進めるとともに、障害の状況に応じた知識や技術を有する歯科専門職を育成するための取組を促進する。［6-（2）-6］

（3）保健・医療の向上に資する研究開発等の推進
○ 優れた基礎研究の成果による革新的な医薬品・医療機器の開発を促進するため、研究の支援、臨床研究・治験環境の整備、独立行政法人医薬品医療機器総合機構のRS戦略[32]相談の活用等を推進する。［6-（3）-1］
○ 最新の知見や技術を活用し、倫理的側面に配慮しつつ、疾病等の病因・病態の解明、予防、治療等に関する研究開発を推進する。また、再生医療について、多くの障害者、患者が活用できるよう、研究開発の推進及び実用化の加速に取り組む。［6-（3）-2］
○ 脳機能研究の推進により、高次脳機能障害、感覚認知機能障害等に関する新たな診断法の開発、リハビリテーションの効率化及び訓練プログラムの改善を進める。［6-（3）-3］
○ 障害者の生活機能全体の維持・回復のため、リハビリテーション技術の開発を推進する。［6-（3）-4］
○ 質の高いサービスに対するニーズに応えるため、AI（人工知能）やICT、ロボット技術の活用等による革新的な医療機器の開発を推進するとともに、障害者の生活や自立を支援する機器の開発を支援する。［6-（3）-5］

（4）保健・医療を支える人材の育成・確保
○ 医師・歯科医師の養成課程及び生涯学習において、障害者に対する医療や総合的なリハビリテーションに関する教育の充実を図り、「社会モデル」の考え方を踏まえ障害に関する理解を深めるなど、資質の向上に努めるとともに、様々な場面や対象者に対応できる質の高い看護職員等の養

32 レギュラトリーサイエンス戦略相談（大学・研究機関、ベンチャー企業を主な対象とし、医薬品、医療機器又は再生医療等製品の候補選定の最終段階から臨床開発初期に至るまでに必要な試験・治験計画策定等に関する相談）。

成に努める。[６-（４）-１]
○　理学療法士、作業療法士、言語聴覚士等のリハビリテーションに従事する者について、専門的な技術及び知識を有する人材の確保と資質の向上を図る。[６-（４）-２]
○　地域において健康相談等を行う保健所、保健センター等の職員の資質の向上を図るとともに、障害者にとって必要な福祉サービス等の情報提供が速やかに行われるよう地域の保健・医療・福祉事業従事者及び教育関係者間の連携を図る。[６-（４）-３]
○　発達障害の早期発見、早期支援の重要性に鑑み、発達障害の診療・支援ができる医師の養成を図るとともに、巡回支援専門員等の支援者の配置の促進を図る。[６-（４）-４]

（５）難病に関する保健・医療施策の推進
○　難病患者の実態把握、病因・病態の解明、画期的な診断・治療法の開発を推進するとともに、診断基準・治療指針の確立及び普及を通じて、難病患者が受ける医療水準の向上を図るため、幅広い難病の研究を推進する。[６-（５）-１]
○　難病患者に対し、総合的な相談・支援や地域における受入病院の確保を図るとともに、在宅療養上の適切な支援を行うことにより、安定した療養生活の確保と難病患者及びその家族の生活の質の向上を図る。[６-（５）-２]
○　難病に関する医療の確立、普及を図るとともに、難病患者の医療費の負担軽減を図るため、医療費助成を行う。[６-（５）-３]
○　長期にわたり療養を必要とし、及びその生命に危険が及ぶおそれがある疾病であって、療養のために多額の費用を要するものに対し、健全育成の観点から、その疾病にかかっている患児家庭の医療費の負担軽減を図るため、医療費助成を行う。[６-（５）-４]
○　難病患者の療養上、日常生活上での悩みや不安等の解消を図るとともに、難病患者の様々なニーズに対応したきめ細やかな相談や支援を通じて地域における難病患者支援対策を実施するため、各種相談支援事業やピアサポート等を行う難病相談支援センターを中心とし、難病診療連携拠点病院、地方公共団体等の様々な関係者間での連携を推進し、地域で生活する難病患者の日常生活における相談・支援や地域交流活動の促進などを行う。[６-（５）-５]
○　小児慢性特定疾病児童等においては、幼少期から慢性的な疾病にかかっており、長期にわたり療養が必要なことから、社会との接点が希薄になり、社会生活を行う上での自立が阻害されているため、地域の実情に応じた相談支援等の充実により社会生活への自立の促進を図る取組を行う。[６-（５）-６]
○　難病患者等に対する障害福祉サービス等の提供に当たっては、障害者総合支援法の対象疾病の拡大を図っていくとともに、各地方公共団体において、難病等の特性（病状の変化や進行、福祉ニーズ等）に配慮した円滑な事務が実施されるよう、理解と協力の促進を図る。[６-（５）-７]

（６）障害の原因となる疾病等の予防・治療
○　妊産婦・乳幼児・児童に対する健診及び保健指導、新生児聴覚スクリーニング等の適切な実施、周産期医療・小児医療体制の充実等を図るとともに、これらの機会の活用により、疾病等の早期発見及び治療、早期療養を図る。また、障害の早期発見と早期の発達支援を図るため、診断、治療及び発達支援の知見と経験を有する医療・福祉の専門職の確保を図る。[６-（６）-１]
○　生活習慣病を予防するとともに合併症の発症や症状の進展等を予防するため、栄養・食生活、身体活動・運動、休養、飲酒、喫煙及び歯・口腔の健康に関する生活習慣の改善による健康の増進、医療連携体制の推進、健康診査・保健指導の実施等に取り組む。[６-（６）-２]
○　疾患、外傷等に対して適切な治療を行うため、専門医療機関、身近な地域における医療機関及び在宅における医療の提供体制の充実並びに保健所、精神保健福祉センター、児童相談所、市町村等による保健サービス等の提供体制の充実並びにこれらの連携を促進する。[６-（６）-３]

７．自立した生活の支援・意思決定支援の推進

【基本的考え方】
障害者の望む暮らしを実現できるよう自ら意思を決定すること及び表明することが困難な障害者に対し、本人の自己決定を尊重する観点から必要な意思決定支援を行うとともに、障害者が自らの決定に基づき、身近な地域で相談支援を受けることのできる体制を構築する。
また、障害者の地域移行を一層推進し、障害者が必要なときに必要な場所で、地域の実情に即した適切な支援を受けられるよう取組を進めることを通じ、障害の有無にかかわらず、国民が相互に

人格と個性を尊重し、安全に安心して暮らすことのできる地域社会の実現を図る。
さらに、障害者及び障害のあるこどもが、基本的人権を享有する個人としての尊厳にふさわしい日常生活又は社会生活を営むことができるよう、在宅サービスの量的・質的な充実、障害のあるこどもへの支援の充実、障害福祉サービスの質の向上、アクセシビリティ向上に資する機器の研究開発、障害福祉人材の育成・確保等に着実に取り組む。

(1)意思決定支援の推進

○　自ら意思を決定すること（意思を形成及び表明する段階を含む。）に支援が必要な障害者等が障害福祉サービス等を適切に利用することができるよう、本人の自己決定を尊重する観点から、相談支援専門員やサービス管理責任者及び児童発達支援管理責任者等に対する研修等を通じた意思決定支援の質の向上や意思決定支援ガイドラインの普及を図ること等により、意思決定の支援に配慮しつつ、必要な支援等が行われることを推進する。[7-(1)-1：再掲]
○　知的障害又は精神障害により判断能力が不十分な者による成年後見制度の適切な利用を促進するため、必要な経費について助成を行うとともに、成年後見、保佐及び補助の業務を適正に行うことができる人材の育成及び活用を図るための研修を行う。あわせて、尊厳のある本人らしい生活の継続や本人の地域社会への参加等へのノーマライゼーションの理念を十分考慮した上で、成年後見制度の見直しに向けた検討を行う。[7-(1)-2：再掲]

(2)相談支援体制の構築

○　障害者が自らの決定に基づき、身近な地域で相談支援を受けることのできる体制を構築するため、様々な障害種別、年齢、性別、状態等に対応し、総合的な相談支援を提供する体制の整備を図る。[7-(2)-1]
○　障害者個々の心身の状況、サービス利用の意向や家族の意向等を踏まえたサービス等利用計画案の作成等、当事者の支援の必要性に応じた適切な支給決定の実施に向けた取組を進める。[7-(2)-2]
○　相談支援事業者への専門的指導や人材育成、障害者等の相談等を総合的に行い、地域における相談支援の中核的な役割を担う基幹相談支援センターの必要性を周知し、その設置を促進する。また、関係機関の連携の緊密化や地域の実情に応じた体制整備についての協議会の運営の活性化を図ることにより、障害者等への支援体制の整備を進める。[7-(2)-3]
○　発達障害者支援センター等において、発達障害児者やその家族に対する相談支援やペアレントメンター[33]の養成等を行うとともに、地域の医療、保健、福祉、教育、雇用等の関係者による発達障害者支援地域協議会で地域の課題等を協議し、発達障害者支援センターを中心とした地域生活支援体制の充実を図る。[7-(2)-4]
○　高次脳機能障害児者[34]への支援について、地域の支援拠点に相談支援コーディネーターを配置し、ライフステージに応じた専門的な相談支援や都道府県及び市町村が障害者等への支援体制の整備を図るために設置する協議会を始めとした関係機関との連携・調整等を行うとともに、高次脳機能障害に関する情報発信の充実を図る。[7-(2)-5]
○　難病患者の療養上、日常生活上での悩みや不安等の解消を図るとともに、難病患者の様々なニーズに対応したきめ細やかな相談や支援を通じて地域における難病患者支援対策を推進するため、難病相談支援センター等により、地域で生活する難病患者の日常生活における相談・支援を行う。[7-(2)-6]
○　障害者虐待防止法等に関する積極的な広報・啓発活動を行うとともに、障害者虐待防止法等の適切な運用を通じ、障害児者に対する虐待の相談支援専門員等による未然防止、一時保護に必要な居室の確保及び養護者を含めた家族に対する相談等の支援に取り組む。また、障害福祉サービス事業所等における虐待防止委員会の設置や従事者への虐待の防止のための研修の実施、虐待防止責任者の設置を徹底し、虐待の早期発見や防止に向けて取り組む。[7-(2)-7：再掲]
○　各種ガイドラインの策定及び普及、障害者相談員や相談支援に従事する職員に対する研修の実施等により、相談業務の質の向上を図るとともに、児童相談所、更生相談所、保健所等の関係機関間のネットワークの形成及びその活用を推進し、障害者が身近な地域で専門的相談を行うこと

33　発達障害児の子育て経験のある親であって、その経験をいかし、こどもが発達障害の診断を受けて間もない親などに対して相談や助言を行う人のこと。
34　失語症等の関連症状を併発した場合を含む。

ができる体制を構築する。［7-（2）-8］

○　家族と暮らす障害者について情報提供や相談支援等によりその家庭や家族を支援する。また、ピアサポーターの育成を行うとともに、ピアカウンセリング、ピアサポート体制の強化等[35]の障害者同士・家族同士が行う援助として有効かつ重要な手段である当事者等による相談活動の更なる拡充を図る。［7-（2）-9］

○　発達障害児者やその家族に対する支援を強化するため、地域生活支援事業の活用によって、ピアサポートを行う人材を育成するとともに、ピアサポートを推進する。［7-（2）-10］

○「女性に対する暴力をなくす運動」等を通じて、障害者を含む女性に対する暴力の予防と根絶に向けた国民運動を一層推進するとともに、障害者を含む性犯罪・性暴力の被害者や配偶者等からの暴力の被害者に対する支援体制の充実を図るため、行政の関与する性犯罪・性暴力被害者のためのワンストップ支援センターの運営の安定化及び相談員等に対する研修の充実や配偶者暴力相談支援センター等における相談機能の充実を図る。［7-（2）-11：再掲］

（3）地域移行支援、在宅サービス等の充実

○　障害者が基本的人権を享有する個人としての尊厳にふさわしい日常生活又は社会生活を営むことができるよう、個々の障害者のニーズ及び実態に応じて、在宅の障害者に対する日常生活又は社会生活を営む上での、居宅介護、重度訪問介護、同行援護、行動援護等の支援を行うとともに、短期入所及び日中活動の場の確保等により、在宅サービスの量的・質的充実を図るほか、必要な時に救急医療が受けられる体制整備を推進する。［7-（3）-1］

○　常時介護を必要とする障害者が、自らが選択する地域で生活できるよう、日中及び夜間における医療的ケアを含む支援の充実を図るとともに、体調の変化・支援者の状況等に応じて一時的に利用することができる社会資源の整備を促進する。［7-（3）-2］

○　障害者の身体機能又は生活能力の向上を目的とした自立訓練（機能訓練、生活訓練）の整備を推進するとともに、利用者の障害特性に応じた専門職員による訓練の取組を促進し、利用者が身近な事業所において必要な訓練を受けられるようにする。［7-（3）-3］

○　外出のための移動支援、創作的活動や生産活動の機会を提供するとともに、日常生活に必要な便宜を供与する地域活動支援センターの機能の充実等、地域生活を支援するために地方公共団体が地域の特性や利用者の状況に応じて実施する取組に対する支援を推進する。［7-（3）-4］

○　地域で生活する障害者の支援を進めるために、地域生活支援拠点等の整備を図り、障害の重度化・高齢化にも対応できるよう、居住支援、サービスの提供体制の確保及び専門的ケアの支援を行う機能を強化する。また、地域生活支援拠点等については、緊急時の受入れ対応とともに、体験の機会・場の提供や入所施設・病院、親元からグループホームや一人暮らしなどへの生活の場の移行支援などの役割を担う。［7-（3）-5］

○　地域生活への移行を進める観点から、障害者支援施設においては、入所者の意思決定の支援を行いながら、地域生活移行支援や地域で生活する障害者の支援を推進し、また、障害者の地域における居住の場の一つとして、多様な形態のグループホームの整備を促進するとともに、重度障害者にも対応した体制の充実を図る。［7-（3）-6］

○　障害者の一人暮らし等を支える自立生活援助を使いやすい制度にすることにより、障害者の地域生活への移行を推進する。［7-（3）-7］

○　精神障害者とその家族が地域の一員として安心して自分らしい暮らしをすることができるよう、当事者・家族・保健・医療・福祉・教育等関係者による協議の場及び住まいの確保支援も含めた地域の基盤整備を推進し、「精神障害にも対応した地域包括ケアシステム」の構築を推進する。［7-（3）-8：再掲］

○　ヤングケアラーを始めとする障害者の家族支援について、相談や障害福祉サービス等に関する情報提供を実施して必要な支援につなぐとともに、こども等の負担軽減を図る観点も含め、障害者の家事援助、短期入所等の必要なサービスの提供体制の確保に取り組む。［7-（3）-9］

（4）障害のあるこどもに対する支援の充実

○　障害児やその家族を含め、全てのこどもや子育て家庭を対象として、身近な地域において、子ども・子育て支援法（平成24年法律第65号）に基づく給付その他の支援を可能な限り講ずるとと

35　ピア（peer）は「仲間、同輩、対等者」の意。同じ課題や環境を体験する者がその体験から来る感情を共有することにより、専門職による支援では得がたい安心感や自己肯定感を得ることなどを目的とする。

もに、障害児を受け入れる保育所のバリアフリー化の促進、障害児保育を担当する職員の確保や専門性向上を図るための研修の実施、保育所等訪問支援事業の活用等により、障害児の保育所での受入れを促進する。［7-(4)-1］

○　障害児の発達を支援する観点から、幼児の成長記録や支援上の配慮に関する情報を、情報の取扱いに留意しながら、必要に応じて関係機関間で共有するなど、障害児及びその家族に対して、乳幼児期から学校卒業以降も一貫した効果的な支援を地域の身近な場所で提供する体制の構築を図り、発達支援等に関する情報提供やカウンセリング等の支援を行う。［7-(4)-2］

○　発達障害の早期発見、早期支援の重要性に鑑み、発達障害の診療・支援ができる医師の養成を図るとともに、巡回支援専門員等の支援者の配置の促進を図る。［7-(4)-3：再掲］

○　児童福祉法（昭和22年法律第164号）に基づき、障害児に対して発達支援等を行う児童発達支援等を提供するとともに、障害者総合支援法に基づき、居宅介護、短期入所、障害児を一時的に預かって見守る日中一時支援等を提供し、障害児が身近な地域で必要な支援を受けられる体制の充実を図る。また、障害児の発達段階に応じて、保育所等訪問支援及び放課後等デイサービス等の適切な支援を提供する。［7-(4)-4］

○　医療的ケア児及びその家族に対する支援に関する法律（令和３年法律第81号）に基づき、医療的ケアが必要な障害児等に対して、医療的ケア児支援センターが、相談に応じ、情報の提供や助言その他の支援、関係機関等への情報提供及び研修の実施等を推進する。また、地域において包括的な支援が受けられるように、保健・医療・福祉・教育等の関係機関の連携促進に努める。［7-(4)-5］

○　障害児について情報提供や相談支援等によりその家庭や家族を支援するとともに、在宅で生活する重症心身障害児者について、専門的な支援の体制を備えた短期入所や居宅介護、児童発達支援等、在宅支援の充実を図る。［7-(4)-6］

○　児童発達支援センターについて、障害の重度化・重複化や多様化を踏まえ、その専門的機能の強化を図るとともに、地域における中核的支援施設と位置付け、地域の事業所等との連携や、障害児の医療的ケアを含めた多様なニーズに対応する機関としての役割を担うため、必要な体制整備を図る。また、障害児入所施設についても、地域において、虐待を受けた障害児等への対応を含め、様々なニーズに対応するため、専門的機能の強化を図った上で、より家庭的な環境の整備等、必要な体制整備を図る。なお、これらの機関が、相互に連携しながら支援体制を構築することを推進する。［7-(4)-7］

○　こどもの意見を聴く機会の確保等が重要とされていることから、障害児においても、こどもの意思形成支援を含む意思決定支援等に配慮しつつ必要な支援等が行われることを推進する。［7-(4)-8］

（5）障害福祉サービスの質の向上等

○　障害福祉サービス及び相談支援が円滑に実施されるよう、これらのサービス等を提供する者、又はこれらの者に対し必要な指導を行う者を養成し配置を促進する。［7-(5)-1］

○　障害福祉サービス事業所等の職員が、条約などを踏まえ、共生社会の理念を理解し、障害者やその家族の意思を尊重しながら必要な支援を行うことができるよう、研修の実施等を推進する。［7-(5)-2］

○　障害福祉サービス等を提供する事業者に対する適切な苦情解決の推進、事業者による自己評価や外部評価など、サービスごとの特性を踏まえた質の評価の取組の推進等に努める。また、障害福祉サービス等情報公表制度の活用により、障害福祉サービス等を利用する障害者等が個々のニーズに応じて良質なサービスを選択できるようにするとともに、事業者によるサービスの質の向上を図る。［7-(5)-3］

○　自ら意思を決定すること（意思を形成及び表明する段階を含む。）に支援が必要な障害者等が障害福祉サービス等を適切に利用することができるよう、本人の自己決定を尊重する観点から、相談支援専門員やサービス管理責任者及び児童発達支援管理責任者等に対する研修等を通じた意思決定支援の質の向上や意思決定支援ガイドラインの普及を図ること等により、意思決定の支援に配慮しつつ、必要な支援等が行われることを推進する。［7-(5)-4：再掲］

○　地方公共団体における障害福祉計画の策定に当たり、国において、障害者の地域生活を支援するためのサービス基盤整備等に係る数値目標等を定めた基本指針を策定し、障害福祉サービス及び相談支援並びに市町村及び都道府県の地域生活支援事業を提供するための体制の確保が計画的に図られるように取り組む。［7-(5)-5］

○　長時間サービスを必要とする重度訪問介護利用者等に対して、適切な支給決定がなされるよう

実施主体である市町村への周知に取り組むとともに、都道府県との連携の下、市町村に対する支援を行う。［7-（5）-6］

○　障害福祉サービスの提供に当たっては、都道府県による管内市町村への適切な支援等を通じ、地域間におけるサービスの格差について引き続き均てんを図る。また、65歳を超えた障害者が必要な支援を受けるための、障害福祉サービスの支給決定について市町村ごとの運用状況の差異をできる限りなくし、より適切な運用がなされるよう、地方自治体への周知に取り組む。［7-（5）-7］

○　難病患者等に対する障害福祉サービス等の提供に当たっては、障害者総合支援法の対象疾病の拡大を図っていくとともに、各地方公共団体において、難病等の特性（病状の変化や進行、福祉ニーズ等）に配慮した円滑な事務が実施されるよう、理解と協力の促進を図る。［7-（5）-8：再掲］

○　障害者の日常生活及び社会生活を総合的に支援するための法律及び児童福祉法の一部を改正する法律（平成28年法律第65号）による改正後の障害者総合支援法及び児童福祉法の施行後３年を目処とした見直しや、都道府県及び市町村が策定する障害福祉計画や障害児福祉計画に基づく業務の実施状況等を踏まえながら、障害者の生活ニーズを踏まえた障害福祉サービスの更なる充実等を図るための方策について、継続的な検討を加え、必要があると認めるときは、その結果に基づいて必要な措置を講ずる。［7-（5）-9］

（6）福祉用具その他アクセシビリティの向上に資する機器の普及促進・研究開発及び身体障害者補助犬の育成等

○　良質で安価な福祉用具の供給による利用者の利便性の向上を図るため、研究開発の推進等を進める。また、研究開発や障害者等のニーズを踏まえ、ユニバーサルデザイン化を促進し、誰もが使いやすいものづくりを推進する。さらに、福祉用具の適切な普及促進を図るため、積極的に標準化を進めるとともに、必要に応じて国際規格提案を行う。［7-（6）-1］

○　補装具の購入、借受け又は修理に要する費用の一部に対する公費の支給、日常生活用具の給付・貸与を行うとともに、福祉用具に関する情報提供などにより、障害者のニーズや時代に応じた福祉用具等の普及を促進する。日常生活用具の給付・貸与については、市町村の実施状況について情報収集を行い、品目や対象者、基準額などの見直しに資する効果的な取組について検討のうえ、市町村に検討の成果を発信することにより、地域の障害者のニーズを踏まえた対応を促していく。［7-（6）-2］

○　情報提供機関や相談機関のネットワーク体制の構築により、福祉用具に関する情報の提供や相談窓口の整備を推進するとともに、研修の充実等により、福祉用具の相談等に従事する専門職員の資質向上を図る。［7-（6）-3］

○　身体障害者補助犬の育成を図るとともに、身体障害者補助犬を使用する身体障害者が施設等の利用を拒まれることがないよう、普及啓発を推進する。［7-（6）-4］

○　障害者等の自立行動支援の観点から、安全・安心な生活に向けた支援のためのロボット技術等の研究開発を推進する。また、ロボット介護機器の開発を推進する。［7-（6）-5］

（7）障害福祉を支える人材の育成・確保

○　社会福祉士、精神保健福祉士、介護福祉士等の福祉専門職について、その専門性や知見の有効な活用を図りつつ、養成及び確保に努めるとともに、理学療法士、作業療法士、視能訓練士、義肢装具士、言語聴覚士、公認心理師[36]等のリハビリテーション等に従事する者[37]について、専門的な技術及び知識を有する人材の確保と資質の向上を図り、相談支援の質の向上を図る観点から、地域の中核的な役割を担う主任相談支援専門員の養成を推進する。また、ホームヘルプサービスについて、障害特性を理解したホームヘルパーの養成及び研修を行う。さらに、障害福祉サービス等を提供する事業者に対し、労働法規の遵守を徹底するとともに、サービス従事者の処遇改善や職場環境の改善などに努める。［7-（7）-1］

○　国立障害者リハビリテーションセンター等の国立専門機関等において障害に係る専門的な研究を行うとともに、情報の収集・提供等を行い、障害保健福祉に従事する職員の養成・研修においてこれらの機関の積極的な活用を図る。［7-（7）-2］

○　発達障害児者やその家族に対する支援を強化するため、地域生活支援事業の活用によって、ピアサポートを行う人材を育成するとともに、ピアサポートを推進する。［7-（7）-3：再掲］

36　平成30年に第１回国家試験を実施。
37　理学療法士は「PT」、作業療法士は「OT」、言語聴覚士は「ST」と表記する場合もある。

8．教育の振興

【基本的考え方】

障害の有無によって分け隔てられることなく、国民が相互に人格と個性を尊重し合う共生社会の実現に向け、可能な限り共に教育を受けることのできる仕組みの整備を進めるとともに、いわゆる「社会モデル」を踏まえつつ、障害に対する理解を深めるための取組を推進する。また、高等教育を含む学校教育における障害のある幼児児童生徒及び学生に対する支援を推進するため、障害のある幼児児童生徒及び学生に対する適切な支援を行うことができるよう環境の整備に努めるとともに、合理的配慮の提供等の一層の充実を図る。さらに、障害者が、学校卒業後も含めたその一生を通じて、自らの可能性を追求できる環境を整え、地域の一員として豊かな人生を送ることができるよう、生涯を通じて教育やスポーツ、文化等の様々な機会に親しむための関係施策を横断的かつ総合的に推進するとともに、共生社会の実現を目指す。

(1)インクルーシブ教育システム[38]の推進

○ 障害のある幼児児童生徒の自立と社会参加に向けた主体的な取組を支援するという視点に立ち、基礎的環境の整備を進めつつ、個別の指導計画や個別の教育支援計画の活用を通じて、幼稚園、小・中学校、高等学校、特別支援学校等（以下「全ての学校」という。）に在籍する障害のある幼児児童生徒が合理的配慮の提供を受けながら、適切な指導や必要な支援を受けられるようにする。こうした取組を通じて、障害のある幼児児童生徒に提供される配慮や学びの場の選択肢を増やし、障害の有無にかかわらず可能な限り共に教育を受けられるように条件整備を進めるとともに、個々の幼児児童生徒の教育的ニーズに最も的確に応える指導を受けることのできる、インクルーシブ教育システム（包容する教育制度）の整備を推進する。[8-(1)-1]

○ あわせて、「いじめの防止等のための基本的な方針」（平成25年10月11日文部科学大臣決定）等を踏まえ、障害のある幼児児童生徒が関わるいじめ等の防止や早期発見等のための適切な措置を講ずる。[8-(1)-2]

○ 「社会モデル」の考え方を踏まえ、学校の教育活動全体を通じた障害に対する理解の促進や、異なる学校間の取組に当たっての体制整備を含む交流及び共同学習の事例や在り方等に関する情報収集や周知を行うことで、一層の推進を図り、障害の有無等にかかわらず互いを尊重し合いながら協働する社会を目指す。[8-(1)-3]

○ 障害のある児童生徒の就学先決定に当たっては、本人・保護者に対する十分な情報提供や相談の下、本人・保護者の意見を最大限尊重しつつ、本人・保護者と市町村教育委員会、学校等が、教育的ニーズと必要な支援について合意形成を行うことを原則とすることについて引き続き関係者への周知を行う。また適切な「学びの場」の選択に関する情報や、教育的ニーズに応じて、柔軟に「学びの場」を変更できることについて、引き続き、関係者への周知を行う。特別支援学校と小・中・高等学校のいずれかを一体的に運営するインクルーシブな学校運営モデルを創設する。[8-(1)-4]

○ 校長のリーダーシップの下、校内の状況を適切に把握するとともに、必要に応じて外部の専門家等とも連携し、特別支援教育コーディネーターを中心とした校内支援体制を構築し、スクールカウンセラー、スクールソーシャルワーカー、看護師、言語聴覚士、作業療法士、理学療法士等の専門家及び特別支援教育支援員の活用を図ることで、全ての学校が組織として、障害のある幼児児童生徒の多様なニーズに応じた支援を提供できるよう促す。[8-(1)-5]

○ 各学校における障害のある幼児児童生徒に対する合理的配慮の提供に当たっては、全ての学びの場において、情報保障やコミュニケーションの方法について配慮するとともに、幼児児童生徒一人一人の障害の状態や教育的ニーズ等を把握し、それに応じて設置者・学校と本人・保護者間で可能な限り合意形成を図った上で決定・提供されることが望ましいことを引き続き周知する。[8-(1)-6]

○ 医療的ケアを必要とする幼児児童生徒や病気療養児等長期入院を余儀なくされている幼児児童生徒が教育を受けたり、他の幼児児童生徒と共に学んだりする機会を確保するため、医療的ケア看護職員の配置やこれらの幼児児童生徒への支援体制の整備に向けた調査研究等の施策の充実に

38 条約第24条において、「インクルーシブ教育システム」（inclusive education system、包容する教育制度）とは、人間の多様性の尊重等の強化、障害者が精神的及び身体的な能力等を可能な最大限度まで発達させ、自由な社会に効果的に参加することを可能とするとの目的の下、障害のある者と障害のない者が共に学ぶ仕組みとされている。

努める。［８-（１）-７］

○　障害のある生徒の高等学校の入学試験の実施に際して、別室実施や時間の延長、ICTの活用など、個別のニーズに応じた合理的配慮を含めた必要な配慮の充実を図る。［８-（１）-８］

○　小・中学校における通級による指導を担当する教師に係る定数が段階的に基礎定数化されていることや、高等学校における通級による指導が制度化されたこと等を踏まえ、自校通級、巡回通級の充実を始めとして、通級による指導がより一層普及するよう努める。［８-（１）-９］

○　障害のある児童生徒が様々な支援を利用しつつ、自立と社会参加を促進できるよう、福祉、労働等との連携の下、障害のある児童生徒のキャリア教育や就労支援の充実を図る。［８-（１）-10］

○　医療、保健、福祉等との連携の下、乳幼児に対する健康診査や就学時の健康診断の結果等を活用し、障害の早期発見や早期支援につなげる。また、個別の教育支援計画等も活用し、入学後の児童生徒の状態等を踏まえ、本人や保護者に対する教育相談・支援体制の充実を図る。［８-（１）-11］

○　障害者が就学前から卒業後まで切れ目ない指導・支援を受けられるよう、幼児児童生徒の成長記録や指導内容等に関する情報を、情報の取扱いに留意しながら、必要に応じて関係機関間で共有・活用するため、本人・保護者の意向等を踏まえつつ、医療、保健、福祉、労働等との連携の下、個別の指導計画や個別の教育支援計画の活用を促進する。［８-（１）-12］

（２）教育環境の整備

○　障害により特別な支援を必要とする幼児児童生徒は、全ての学校、全ての学級に在籍することを前提に、教職課程において必修化されている特別支援教育に関する内容の着実な実施のほか、全ての学校における特別支援教育の体制の整備を促すとともに、最新の知見も踏まえながら、管理職を含む全ての教職員への研修等を促進することを通して、障害に対する理解や特別支援教育に係る専門性を深める取組を推進する。その際、柔軟な運用に配慮しつつ、小・中学校、高等学校等の全ての新規採用教員がおおむね10年目までの期間内において、特別支援学級の教師や、特別支援学校の教師を複数年経験することや、都道府県教育委員会等が策定する教員育成指標において特別支援教育を明確に位置付けることを目指し、必要な周知・調査等を行う。［８-（２）-１］

○　幼稚園、小・中学校、高等学校等における特別支援教育の体制整備や地域における障害のある幼児児童生徒の支援強化に資するよう、特別支援学校の地域における特別支援教育のセンターとしての機能を充実する。［８-（２）-２］

○　幼稚園、小・中学校、高等学校等に在籍する障害のある幼児児童生徒の支援における特別支援教育支援員の役割の重要性に鑑み、各地方公共団体における特別支援教育支援員の配置の促進を図る。［８-（２）-３］

○　障害のある児童生徒の教育機会の確保や自立と社会参加の推進に当たってのコミュニケーションの重要性に鑑み、アクセシブルなデジタル教科書等の円滑な制作・供給やコミュニケーションに関するICTの活用も含め、障害のある児童生徒一人一人の教育的ニーズに応じた教科書、教材、支援機器等の活用を促進する。［８-（２）-４］

○　学校施設のバリアフリー化や特別支援学校の教室不足解消に向けた取組等を推進する。特に、災害発生時の避難所として活用されることもある公立小・中学校施設については、令和２（2020）年度に定めた令和７（2025）年度末までの５年間の緊急かつ集中的なバリアフリー化の整備目標を踏まえ整備を推進することや、トイレの洋式化、自家発電設備を含む防災機能強化については、学校設置者の要望を踏まえて、必要な支援に努める。［８-（２）-５］

○　障害のある幼児児童生徒の学校教育活動に伴う通学を含む移動に係る支援の充実に努めるとともに、各地域における教育と福祉部局との連携を促す。［８-（２）-６］

○　特別支援学校、特別支援学級、通級による指導を担当する教師については、特別支援教育に関する専門性が特に求められることに鑑み、特別支援学校教諭免許状コアカリキュラムに基づいた教職課程の充実や、特別支援学校教諭等免許状保有率の向上の推進など、専門性向上のための施策を進める。［８-（２）-７］

○　病気の状態により学校に通うことが困難な病気療養児の支援の充実に向け、ICTを活用した学習機会の確保を促す等、環境の整備を促す。［８-（２）-８］

（３）高等教育における障害学生支援の推進

○　大学等が提供する様々な機会において、障害のある学生が障害のない学生と平等に参加できるよう、授業等における情報保障やコミュニケーション上の合理的配慮を含めた必要な配慮、教科書・教材に関する合理的配慮を含めた必要な配慮等及び施設のバリアフリー化を促進する。［８-（３）-１］

○　障害のある学生一人一人の個別のニーズを踏まえた建設的対話に基づく支援を促進するため、各大学等における相談窓口の統一や支援担当部署及び紛争の防止、解決等に関する調整機関の設置、専門知識や技術を有する障害学生支援担当者の養成・配置など、支援体制の整備や、大学間連携等の支援担当者間ネットワークの構築を推進する。［8-(3)-2］
○　障害学生支援についての姿勢・方針、手続などに関する学内規程や、支援事例を大学ホームページで公表することを促進する。加えて、これらの学内規程や支援事例のガイダンスにおける学生への周知を促進する。［8-(3)-3］
○　障害のある学生の就職を支援するため、学内の修学支援担当と就職支援担当、障害のある学生への支援を行う部署等の連携を図り、学外における、地域の労働・福祉機関等就職・定着支援を行う機関、就職先となる企業・団体等との連携やネットワークづくりを促進する。［8-(3)-4］
○　障害のある学生の支援について理解促進・普及啓発を行うため、その基礎となる調査研究や様々な機会を通じた情報提供、教職員に対する研修等の充実を図る。［8-(3)-5］
○　大学入学共通テストにおいて実施されている障害等のある受験者の配慮については、一人一人のニーズに応じて、ICTの活用等により、より柔軟な対応に努めるとともに、高等学校及び大学関係者に対し、合理的配慮を含めた必要な配慮の取組について、一層の周知を図る。［8-(3)-6］
○　障害のある学生の能力・適性、学習の成果等を適切に評価するため、大学等の入試や単位認定等の試験における適切な合理的配慮を含めた必要な配慮の実施を促進する。［8-(3)-7］
○　大学等の入試における合理的配慮を含めた必要な配慮の内容、施設のバリアフリー化の状況、学生に対する支援内容・支援体制、障害のある学生の受入れ実績等に関する大学等の情報公開を促進する。［8-(3)-8］

(4)生涯を通じた多様な学習活動の充実
○　学校卒業後の障害者が社会で自立して生きるために必要となる力を生涯にわたり維持・開発・伸長するため、効果的な学習や支援の在り方等に関する研究や成果普及等を行い、障害者の各ライフステージにおける学びを支援する。このことを通じ、障害者の地域や社会への参加を促進し、共生社会の実現につなげる。［8-(4)-1］
○　障害の有無にかかわらず、全てのこどもたちの成長を地域全体で支える社会が実現できるよう、コミュニティ・スクールと地域学校協働活動を一体的に推進し、こどもたちの多様な学習・体験活動等を充実する。［8-(4)-2］
○　放送大学において、テレビ授業への字幕の付与や点字試験問題の作成など、障害のある学生への学習支援を一層充実する。［8-(4)-3］
○　視覚障害者等の読書環境の整備の推進に関する法律（令和元年法律第49号）及び「視覚障害者等の読書環境の整備の推進に関する基本的な計画」(令和２年７月策定)等を踏まえ、公共図書館、学校図書館、国立国会図書館、視覚障害者情報提供施設等が連携を図りながら、障害者の読書環境の整備を促進するとともに、図書館サービス人材等の育成を図る。［8-(4)-4］
○　障害者が生涯にわたり教育やスポーツ、文化などの様々な機会に親しむことができるよう、訪問支援を含む多様な学習活動を行う学びの場やその機会を提供・充実する。［8-(4)-5］

9．雇用・就業、経済的自立の支援

【基本的考え方】

障害者が地域で質の高い自立した生活を営むためには就労が重要であるとの考え方の下、働く意欲のある障害者がその適性に応じて能力を十分に発揮することができるよう、多様な就業の機会を確保するとともに、就労支援の担い手の育成等を図る。また、一般就労が困難な者に対しては工賃の水準の向上を図るなど、総合的な支援を推進する。

さらに、雇用・就業の促進に関する施策と福祉施策との適切な組合せの下、年金や諸手当の支給、経済的負担の軽減等により障害者の経済的自立を支援する。

(1)総合的な就労支援
○　福祉、教育、医療等から雇用への一層の推進のため、ハローワークや地域障害者職業センター、障害者就業・生活支援センターを始めとする地域の関係機関が密接に連携して、職場実習の推進や雇用前の雇入れ支援から雇用後の職場定着支援までの一貫した支援を実施する。［9-(1)-1］
○　ハローワークにおいて、障害の種類・程度に応じたきめ細かな職業相談・紹介、職場適応指導

等を実施する。［9-（1）-2］

○　障害者雇用への不安を解消するため、トライアル雇用[39]の推進等の取組を通じて、事業主の障害者雇用への理解の促進を図る。［9-（1）-3］

○　障害者を雇用するための環境整備等に関する各種助成金制度を活用し、障害者を雇用する企業に対する支援を行う。 あわせて、障害者雇用に関するノウハウの提供等に努める。［9-（1）-4］

○　地域障害者職業センターにおいて、障害者に対する専門的な職業リハビリテーションを行うとともに、事業主に対して雇用管理に関する助言等の支援を行う。また、障害者の職場への適応を促進するため、職場適応援助者（ジョブコーチ）による直接的・専門的な支援を行うとともに、地域の就労支援機関等に対し、職業リハビリテーションサービスに関する技術的な助言・援助等を行い、地域における障害者の就労支援の担い手の育成と専門性の向上を図る。［9-（1）-5］

○　障害者の身近な地域において、雇用、保健福祉、教育等の関係機関の連携拠点である障害者就業・生活支援センターの設置の促進・機能の充実を図り、障害者に対し就業面及び生活面からの一体的な相談支援を実施する。また、地域の就労支援機関と連携をしながら、継続的な職場定着支援を実施する。［9-（1）-6］

○　障害者職業能力開発校における受講については、障害者本人の希望を尊重するよう努め、障害の特性に応じた職業訓練を実施するとともに、技術革新の進展等に対応した在職者訓練等を実施する。また、一般の公共職業能力開発施設においては、障害者向けの職業訓練を円滑に実施できるよう体制を整備するほか、民間教育訓練機関等の訓練委託先を活用し、障害者の身近な地域において障害者の態様に応じた多様な委託訓練を実施する。さらに、障害者の職業能力の開発・向上の重要性に対する事業主や国民の理解を高めるための啓発に努める。［9-（1）-7］

○　就労移行支援事業所等を利用して一般就労をした障害者については、就労に伴う生活面の課題に対する支援を行う就労定着支援により職場定着を推進する。［9-（1）-8］

○　就労移行支援事業所等において、一般就労をより促進するため、積極的な企業での実習や求職活動の支援（施設外支援）等の推進を図る。また、好事例等を収集し周知することで支援ノウハウの共有を図り、就労の質を向上させる。［9-（1）-9］

（2）経済的自立の支援

○　障害者が地域で質の高い自立した生活を営み、自らのライフスタイルを実現することができるよう、雇用・就業（自営業を含む。）の促進に関する施策と福祉施策との適切な組合せの下、年金や諸手当を支給するとともに、各種の税制上の優遇措置、低所得者に対する障害福祉サービスにおける利用者負担の無料化などの各種支援制度を運用し、経済的自立を支援する。また、受給資格を有する障害者が、制度への理解が十分でないことにより、障害年金を受け取ることができないことのないよう、制度の周知に取り組む。さらに、年金生活者支援給付金制度の着実な実施により所得保障の充実を図るとともに、障害者の所得状況を定期的に把握する。［9-（2）-1］

○　特定障害者に対する特別障害給付金の支給に関する法律（平成16年法律第166号）に基づき、同法にいう特定障害者に対し、特別障害給付金を支給する。［9-（2）-2］

○　障害者による国や政府関係法人が所有・管理する施設の利用等に当たり、その必要性や利用実態を踏まえながら、利用料等に対する減免等の措置を講ずる。［9-（2）-3］

（3）障害者雇用の促進

○　障害者雇用促進法に基づく障害者雇用率制度を中心に、引き続き、障害者雇用の促進を図る。平成25（2013）年の障害者雇用促進法の改正により、精神障害者の雇用が義務化[40]されたことも踏まえ、精神障害者の雇用の促進のための取組を充実させる。［9-（3）-1］

○　障害者雇用ゼロ企業を始め、法定雇用率を達成していない民間企業については、ハローワークによる指導などを通じ、法定雇用率の達成に向けた取組を進める。また、国の機関においては、民間企業に率先垂範して障害者雇用を進める立場であることを踏まえ、引き続き積極的に障害者雇用を推進する。あわせて、官民ともに法定雇用率の達成のみならず、障害者が個々に持てる能力を発揮していきいきと活躍できるよう雇用の質の向上に向けて取り組む。［9-（3）-2］

○　地方公共団体における障害者雇用を一層促進するため、地方公務員の募集及び採用並びに採用後の各段階において、平等取扱いの原則[41]及び合理的配慮指針[42]に基づく必要な措置が講じられ

39　障害者を短期の試行雇用の形で受け入れることにより、その後の常用雇用への移行の促進を図ることを目的とする。
40　平成30（2018）年４月施行。
41　地方公務員法（昭和25年法律第261号）第13条の規定に基づく原則。

るよう、引き続き、地方公共団体の取組を促していく。[9-(3)-3]

○ 特例子会社制度等を活用し、引き続き、障害者の職域の拡大及び職場環境の整備を図るとともに、障害者雇用率制度[43]の活用等により、引き続き、重度障害者の雇用の拡大を図る。[9-(3)-4]

○ 一般企業等への就職につなげることを目的として、各府省において知的障害者等を雇用し、1～3年の業務を経験するチャレンジ雇用[44]を実施する。[9-(3)-5]

○ 都道府県労働局において、使用者による障害者虐待の防止など労働者である障害者の適切な権利保護のため、個別の相談等への丁寧な対応を行うとともに、関係法令の遵守に向けた指導等を行う。[9-(3)-6]

○ 都道府県労働局及びハローワークにおいて、雇用分野における障害者に対する差別の禁止及び合理的配慮の提供に係る相談・通報等があった場合は、必要に応じて助言、指導、勧告を行うとともに、当事者からの求めに応じ、労働局長による紛争解決援助又は第三者による調停の紛争解決援助を行う。[9-(3)-7：再掲]

○ 障害者雇用に関する優良な中小事業主に対する認定制度（もにす認定制度）により、個々の中小事業主における障害者雇用の取組を促進することに加え、既に認定を受けた事業主の取組状況を、地域における障害者雇用のロールモデルとして公表し、認定事業主の社会的認知度を高め、他社の参考とできるようにすることで、中小事業主全体で障害者雇用の取組が進展することを図る。[9-(3)-8]

○ 国の機関の職員の中から選任された支援者（職場適応支援者）に対して、必要な知識・スキルを習得するためのセミナーを開催するなど、公務部門における自律的な障害者雇用を促進するための取組を実施する。[9-(3)-9]

(4)障害特性に応じた就労支援及び多様な就業の機会の確保

○ 多様な障害の特性に応じた支援の充実・強化を図る。また、採用後に障害者となった者についても、必要な職業訓練の機会の確保等円滑な職場復帰や雇用の安定のための施策を講ずる。[9-(4)-1]

○ 職場内で精神・発達障害のある同僚を見守る精神・発達障害者しごとサポーターの養成講座を開催するなどにより精神障害に関する事業主等の理解を一層促進するとともに、精神・発達障害者の特性に応じた支援の充実・強化を通じて、精神障害者等の雇用拡大と定着促進を図る。その際、精神障害者に対する就労支援に当たっては、医療機関等と十分な連携を図るほか、発達障害者、難病患者等に対する専門的な支援の強化を図る。[9-(4)-2]

○ 短時間労働や在宅就業、自営業など障害者が多様な働き方を選択できる環境を整備するとともに、ICTを活用したテレワーク[45]の一層の普及・拡大を図り、適切な雇用管理を行った上で、時間や場所を有効活用できる柔軟な働き方を推進する。[9-(4)-3]

○ 国等による障害者就労施設等からの物品等の調達の推進等に関する法律(平成24年法律第50号。以下「障害者優先調達推進法」という。)に基づき、障害者就労施設等の提供する物品・サービスの優先購入（調達）を推進する。[9-(4)-4]

○ 障害者等の農林水産業に関する技術習得、多世代・多属性が交流・参加するユニバーサル農園の開設、障害者等が作業に携わる生産・加工・販売施設等の障害者の就労訓練及び雇用を目的とした福祉農園の整備等を推進する（「農」と福祉の連携の推進プロジェクト）。[9-(4)-5]

○ 農業に取り組む障害者就労施設や企業等に対する情報提供、6次産業化支援等を通じて、農業分野での障害者の就労支援を推進する。[9-(4)-6]

(5) 一般就労が困難な障害者に対する支援

○ 事業所の経営力強化に向けた支援、共同受注化の推進等、就労継続支援B型事業所等における工賃の向上に向け、官民一体となった取組を推進する。また、就労継続支援A型事業所における就労の質を向上させるため、平成29（2017）年4月に改正した指定障害福祉サービス等基準[46]に基づき、事業所の生産活動の収支を利用者に支払う賃金の総額以上とすることなどとした取扱い

42 雇用の分野における障害者と障害者でない者との均等な機会若しくは待遇の確保又は障害者である労働者の有する能力の有効な発揮の支障となっている事情を改善するために事業主が講ずべき措置に関する指針（平成27年厚生労働省告示第117号）
43 障害者雇用率制度では、重度身体障害者及び重度知的障害者（短時間労働者を除く。）については、1人を2人として算定することとされている。
44 各府省・各地方公共団体において知的障害者等を雇用し、1～3年の業務の経験を積んだ後、ハローワーク等を通じて一般企業等への就職の実現を図ることを目的とする。
45 ICTを活用した、場所や時間を有効活用できる柔軟な働き方のこと。
46 障害者総合支援法に基づく指定障害福祉サービスの事業等の人員、設備及び運営に関する基準（平成18年厚生労働省令第171号）

を徹底し、安易な事業参入の抑制を図るとともに、基準を満たさない事業所に経営改善計画の提出を求めることにより、事業所の経営状況を把握した上で地方公共団体が必要な指導・支援を行うことを通じ、障害者の賃金の向上を図る。［９-（５）-１］

○　障害者優先調達推進法に基づき、障害者就労施設等の提供する物品・サービスの優先購入（調達）を推進する。［９-（５）-２：再掲］

10．文化芸術活動・スポーツ等の振興

【基本的考え方】

全ての障害者の芸術及び文化活動への参加を通じて、障害者の生活と社会を豊かにするとともに、国民の障害への理解と認識を深め、障害者の自立と社会参加の促進に寄与する。また、レクリエーション活動を通じて、障害者等の体力の増強や交流、余暇の充実等を図る。さらに、共生社会の実現に向け、障害の有無にかかわらず誰もが障害者スポーツに親しめる機会をつくるとともに、地域における障害者スポーツの一層の普及に努め、競技性の高い障害者スポーツにおけるアスリートの育成強化を図る。

（１）文化芸術活動、余暇・レクリエーション活動の充実に向けた社会環境の整備

○　共生社会の実現に向けて、障害者が地域において鑑賞、創造、発表等の多様な文化芸術活動に参加することができるよう、施設・設備の整備等を進めるとともに、障害者のニーズに応じた文化芸術活動を支援する人材の養成や確保、相談体制の整備、関係者のネットワークづくり等の取組を行い、障害者差別解消法改正法により事業者による合理的配慮の提供が義務付けられたことも踏まえて、障害の有無にかかわらず文化芸術活動を行うことのできる環境づくりに取り組む。特に、障害者の文化芸術活動に対する支援や、障害者の優れた芸術作品の展示等の推進、地方公共団体における障害者による文化芸術活動に関する計画策定の促進を図る。［10-（１）-１］

○　小・中学校・特別支援学校等において、文化芸術活動団体による実演芸術の公演や、障害のある芸術家の派遣を実施することにより、こどもたちに対し文化芸術の鑑賞・体験等の機会を提供する。［10-（１）-２］

○　国立博物館、国立美術館、国立劇場等における文化芸術活動の公演、展示等において、字幕、音声による解説、手話による案内、触察資料の提供、障害者向けの鑑賞イベントの実施等、障害者のニーズを踏まえつつ、ICT等を活用しながら、アクセシビリティの向上を図る。［10-（１）-３］

○　全ての障害者の芸術及び文化活動への参加を通じて障害者の生活と社会を豊かにするとともに、国民の障害への理解と認識を深め、障害者の自立と社会参加の促進に寄与するため、障害者芸術・文化祭を開催し、障害者の文化芸術活動の普及を図る。また、文化芸術団体や地方公共団体等が行う障害者の文化芸術活動に関する取組を支援する。［10-（１）-４］

○　文化芸術振興費補助金において、聴覚障害者のためのバリアフリー字幕及び視覚障害者のための音声ガイド制作支援を行うことにより、我が国の映像芸術の普及・振興を図る。［10-（１）-５］

○　視覚障害者等の読書環境の整備の推進に関する法律及び「視覚障害者等の読書環境の整備の推進に関する基本的な計画」等を踏まえ、公共図書館、学校図書館、国立国会図書館、視覚障害者情報提供施設等が連携を図りながら、障害者の読書環境の整備を促進するとともに、図書館サービス人材等の育成を図る。［10-（１）-６：再掲］

○　レクリエーション活動を通じて、障害者等の体力増強、交流、余暇活動等に資するため、各種レクリエーション教室や大会・運動会などを開催し、障害者等が地域社会における様々な活動に参加するための環境の整備や必要な支援を行う。［10-（１）-７］

○　劇場・音楽堂等や博物館などの地域の文化施設において、ユニバーサルデザイン化・バリアフリー化を推進し、文化施設へのアクセシビリティの向上を支援する。［10-（１）-８］

○　令和７（2025）年に開催される日本国際博覧会において、2020年東京オリンピック・パラリンピックのレガシーを踏まえ、障害の有無にかかわらず全ての人が快適に移動や利用ができ、不安や不自由なく過ごすことができる施設を整備するとともに、文化芸術による共生社会の実現に向けた我が国の取組を発信する。［10-（１）-９］

（２）スポーツに親しめる環境の整備、パラリンピック等競技スポーツに係る取組の推進

○　障害者が地域においてスポーツに親しむことができる施設・設備の整備等を進めるとともに、障害者のニーズに応じたスポーツに関する人材の養成及び活用の推進等の取組を行い、障害の有

無にかかわらずスポーツを行うことのできる環境づくりに取り組む。その際、指導者になる障害者の増加や障害者自身のボランティアへの参画を図る。併せて、特別支援学校中学部等を含めた運動部活動の地域連携・地域移行に向けて、生徒のスポーツ機会の実態等を踏まえ、広く障害者スポーツに係るリソースも積極的に活用し、人材の育成や、地域の体制整備を図る。さらに、2020年東京オリンピック・パラリンピックのレガシーをいかし、共生社会の実現に向け、障害の有無にかかわらず誰もが障害者スポーツに親しめる機会をつくり、パラリンピック等の障害者スポーツの振興を図る。[10-(2)-1]
○ 全国障害者スポーツ大会の開催を通じて障害者スポーツの普及を図るとともに、民間団体等が行うスポーツ等に関する取組を支援する。[10-(2)-2]
○ パラリンピック競技大会、デフリンピック競技大会[47]、スペシャルオリンピックス世界大会[48]等への参加の支援等、スポーツ等における障害者の国内外の交流を支援するとともに、国立障害者リハビリテーションセンター等の関係機関と連携し、パラリンピック等の競技性の高い障害者スポーツにおけるアスリートの育成強化を図る。[10-(2)-3]
○ 性別、年齢、能力等に関係なく、地域において誰もがスポーツ施設でスポーツを行いやすくするため、模範となるTokyo2020アクセシビリティ・ガイドラインを踏まえ、ハード面の整備だけでなくソフト面での知恵と工夫による積極的な対応も含めた施設のユニバーサルデザイン化等について、2020年東京オリンピック・パラリンピックを契機に整備された施設の取組を含む先進事例の情報提供等により推進する。[10-(2)-4]

11．国際社会での協力・連携の推進

【基本的考え方】
条約の締約国として、障害者権利委員会による審査等に適切に対応するとともに、障害者施策を国際的な協調の下に推進するため、障害分野における国際的な取組に積極的に参加する。また、開発協力の実施に当たっては、SDGsの達成に向けて、条約が規定するように、障害者を包容し、かつ、障害者にとって利用しやすいものであることを確保するとともに、能力の開発[49]を容易にし、及び支援することなどに取り組む。さらに、文化芸術活動やスポーツ等の分野を含め、障害者の国際交流等を推進する。

(1)国際社会に向けた情報発信の推進等
○ 我が国の障害者施策について、国連や地域の国際機関等、国際的な非政府機関における障害者のための取組への積極的な参加や、障害者権利委員会による審査等への適切な対応も含めて、その特徴や先進性に留意しつつ、対外的な情報発信を推進する。[11-(1)-1]
○ 障害者権利委員会を始めとする国際機関や外国政府等の障害者施策に関する情報の収集及び提供に努める。[11-(1)-2]

(2)国際的枠組みとの連携の推進
○ 障害者施策は国際的な協調の下に行われることが必要であり、国連や地域の国際機関等、国際的な非政府機関における障害者のための取組に積極的に参加するほか、条約の締約国として、障害者権利委員会による審査等に適切に対応する。[11-(2)-1]
○ 平成27（2015）年に国連で採択された「持続可能な開発のための2030アジェンダ」に基づき、SDGsの達成のため、障害者を含めた「誰一人取り残さない」取組を推進する。[11-(2)-2]
○ 令和5（2023）年から10年間の「アジア太平洋障害者の十年」について、アジア太平洋経済社会委員会（ESCAP）事務局や他加盟国と十分に連携しながら、域内の障害分野における国際協力に積極的に取り組む。[11-(2)-3]

(3)政府開発援助を通じた国際協力の推進等
○ 「開発協力大綱」（平成27年2月10日閣議決定）に基づき、開発協力の実施に当たっては、相手国の実情やニーズを踏まえるとともに、障害者を含む脆弱な立場に置かれやすい人々に特に焦点

47 4年に一度行われる聴覚障害者の国際スポーツ大会であり、夏季大会と冬季大会が開催されている。
48 4年に一度行われる知的障害者の国際スポーツ大会であり、夏季大会と冬季大会が開催されている。
49 情報、経験、研修計画及び最良の実例の交換及び共有を通じたものを含む。

を当て、その保護と能力強化を通じて、人間の安全保障の実現に向けた努力を行い、相手国においてもこうした我が国の理念が理解され、浸透するように努め、国際社会における主流化を一層推進する。[11-(３)-１]

○　開発途上国において障害分野における活動に携わる組織・人材の能力向上を図るため、独立行政法人国際協力機構（JICA）を通じた研修員の受入れや専門家の派遣等の協力を行う。また、草の根・人間の安全保障無償資金協力等を通じて、各障害分野における活動を行う現地の非政府組織（以下「NGO」という。）等に対する支援を行う。[11-(３)-２]

○　障害分野における国際協力の実施に当たっては、支援の提供と受入れの両面における障害者の一層の参画を得るように努める。[11-(３)-３]

（４）障害者の国際交流等の推進

○　障害者団体等による国際交流や障害分野において社会活動の中核を担う青年リーダーの育成を支援する。また、開発途上国における障害者関連事業に携わる我が国のNGOと連携を図るとともに、当該NGOの事業に対する支援を行う。[11-(４)-１]

○　スポーツ外交推進の観点から、障害者スポーツに関しても、スポーツ器材の輸送支援を可能な限り実施する。[11-(４)-２]

○　広報文化外交の観点から、障害者の文化芸術活動を含む日本の多様な魅力の発信に努める。[11-(４)-３]

おわりに　～今後に向けて～

本基本計画は、障害者を、必要な支援を受けながら自らの決定に基づき社会のあらゆる活動に参加する主体として捉えた上で、障害者の自立及び社会参加の支援等のための施策を総合的かつ計画的に推進することで、条約が目指す社会の実現につなげる。

加えて、災害発生時や新型コロナウイルス感染症の感染拡大など、非常時に障害者が受ける影響やニーズの違いに留意しながら取組を進めることが必要であることや、2020年東京オリンピック・パラリンピックを契機とした機運を一過性のものにすることなく、障害者への偏見や差別意識を社会から払拭し、障害の「社会モデル」等障害者の人権の確保の上で基本となる考え方や原則への理解促進に継続して取り組み、多様性と包摂性のある社会の実現を目指すことが重要である。これらの社会情勢の変化を踏まえ、政府において本基本計画に記載する各分野の施策を総合的かつ計画的に実施する。

令和４（2022）年８月に、条約の締約国として、障害者権利委員会による我が国政府報告の審査が実施され、同年９月には同委員会の見解及び勧告を含めた総括所見が採択・公表された。総括所見では、インクルーシブ教育を受ける権利の認識、障害者の脱施設化及び自立生活支援、精神障害者の非自発的入院及び隔離・拘束に関わる法制度の見直し、意思決定を代行する制度から支援を受けて意思決定をする仕組みへの転換等多岐にわたる事項に関し、見解及び勧告が示されたことを受け、各府省において、本基本計画に盛り込まれていない事項も含め、勧告等を踏まえた適切な検討や対応が求められる。また、障害者政策委員会においても、必要に応じ、各府省における検討や対応を踏まえながら、本基本計画の実施状況の把握等を通じ、勧告等への対応について監視を行っていく。なお、障害者施策の検討及び評価に当たっては、「私たちのことを、私たち抜きに決めないで」の考え方の下、障害者が政策決定過程に参画し、障害者の意見を施策に反映させることが重要である。

全ての国民が、障害の有無によって分け隔てられることなく、相互に人格と個性を尊重し合いながら、世界に誇れる共生社会の実現を目指して、政府全体で不断に取組を進めていく。

障害者基本計画（第５次）関連成果目標

1．差別の解消、権利擁護の推進及び虐待の防止

目標分野	把握すべき状況	指標	現状値（直近の値）	目標値
権利擁護の推進、虐待の防止	成年後見制度の適切な利用のための支援の実施状況	地域生活支援事業（成年後見制度利用支援事業）を実施する地方公共団体の数	1,650団体（2020年度）	1,741団体（2024年度末）
		担い手（法人後見実施団体）の養成研修を実施する都道府県の数	15都道府県（2020年度）	全都道府県（2024年度末）
	ピアサポートの実施状況	精神障害にも対応した地域包括ケアシステムの構築推進事業（ピアサポートの活用に係る事業）を実施する地方公共団体の数	52団体（2020年度）	前年度比増（～2027年度）
		障害者ピアサポート研修事業を実施する都道府県の数及び研修修了者数	9都道府県（2021年度）	全都道府県（2023年度末）
			641人 ※ピアサポーター、管理者及び基礎・専門・フォローアップ研修の合計値	前年度比増（～2027年度）
	ピアカウンセリングの実施状況	地域生活支援事業（ピアカウンセリングの活用に係る事業）を実施する地方公共団体の数	634団体（2021年４月）	前年度比増（～2027年度）
障害を理由とする差別の解消の推進	障害者差別解消に向け行政機関職員が遵守すべき服務規律の整備状況	障害者差別解消法に基づく対応要領を策定している地方公共団体の割合	市町村（※１）：73.5%（2021年４月）	100%（2027年度）
	地域で取組を効果的かつ円滑に行うためのネットワークの形成状況	障害者差別解消支援地域協議会を設置している地方公共団体の割合	中核市等（※２）：83%（2021年４月）	100%（2027年度）
			その他市町村（※１）：55.9%（2021年４月）	80%以上（2027年度）

（※１）政令指定都市及び中核市等（※２）以外の市並びに町村
（※２）中核市、特別区及び県庁所在地（政令指定都市を除く。）

2．安全・安心な生活環境の整備

目標分野	把握すべき状況	指標	現状値（直近の値）	目標値
住宅の確保	障害者が地域で安全に安心して暮らせる住環境の整備状況	公的賃貸住宅団地（100戸以上）における地域拠点施設併設率 （注）高齢者世帯、障害者世帯、子育て世帯等の支援に資する施設。	29%（2019年度）	おおむね４割（2030年度）
	障害者が地域で安全に安心して暮らすための支援の実施状況	共同生活援助のサービス見込量	154,680人（2022年１月）	（地方公共団体が作成する第６期障害福祉計画等の状況を踏まえ設定）
	障害者が地域で安全に安心して暮らすための支援体制の整備状況	地域生活支援拠点を少なくとも一つ整備している市町村又は障害福祉圏域の数	921市町村118圏域（2021年４月）	全ての地域（2027年度） （注）各市町村又は各障害福祉圏域に少なくとも一つ整備
		精神障害にも対応した地域包括ケアシステム構築推進事業（精神障害者の住まいの確保支援に係る事業）を実施する地方公共団体の数	５地方公共団体（2020年３月）	前年度比増（～2027年度）
		居住支援協議会を設立する市区町村による人口カバー率	28%（2021年度）	50%（2030年度）

目標分野	把握すべき状況	指標	現状値（直近の値）	目標値
移動しやすい環境の整備等	旅客施設のバリアフリー化の進捗状況	一定の旅客施設のバリアフリー化率（※３）	段差解消：94.5% （2020年度）	原則100% （2025年度）
			視覚障害者誘導用ブロックの整備：96.7% （2020年度）	原則100% （2025年度）
			案内設備の設置：80.3% （2020年度）	原則100% （2025年度）
			障害者用トイレの設置：91.6% （2020年度）	原則100% （2025年度）
			ホームドア又は可動式ホーム柵の整備番線数（鉄軌道駅全体）：2192番線 （2020年度）	3000番線 （2025年度）
			ホームドア又は可動式ホーム柵の整備番線数（平均利用者数１日10万人以上の駅）：334番線 （2020年度）	800番線 （2025年度）
	車両等のバリアフリー化の進捗状況	車両等のバリアフリー化率（※４）	鉄軌道車両のバリアフリー化率：48.6% （2020年度）	約70% （2025年度）
			バス車両（基準の適用除外の認定を受けた車両を除く。）のうち、ノンステップバスの導入率：63.8% （2020年度）	約80% （2025年度）
			適用除外認定を受けたバス車両のうち、リフト付きバス又はスロープ付きバスの導入率：5.8% （2020年度）	約25% （2025年度）
			鉄軌道アクセスがない一定の航空旅客ターミナル（※３）へのアクセスバス路線における、バリアフリー化されたバス車両が運行されている運行系統の割合：32% （2020年度）	約50% （2025年度）
			貸切バスの導入台数：1,975台 （2020年度）	約2,100台 （2025年度）
			タクシー車両のうち、福祉タクシーの導入台数：41,464台 （2020年度）	約90,000台 （2025年度）
			各都道府県におけるタクシーの総車両数に対するユニバーサルデザインタクシーの割合：―% （2020年度）	約25% （2025年度）
			旅客船のバリアフリー化率：53.3% （2020年度）	約60% （2025年度）
			航空機のバリアフリー化率：99.7% （2020年度）	原則100% （2025年度）
アクセシビリティに配慮した施設、製品等の普及促進	不特定多数が利用する施設等のバリアフリー化の進捗状況	不特定多数の者等が利用する一定の建築物のバリアフリー化率（※５）	約63% （2021年度）	約67% （2025年度）
		規模の大きいおおむね２ha以上の都市公園における園路及び広場、駐車場、便所のバリアフリー化率	園路及び広場：約63% （2018年度）	約70% （2025年度）
			駐車場：約53% （2018年度）	約60% （2025年度）
			便所：約61% （2018年度）	約70% （2025年度）
	障害者に配慮した道路の整備状況	特定道路におけるバリアフリー化率	67% （2020年度）	70% （2025年度）
	障害者に配慮した交通安全施設等の整備状況	主要な生活関連経路における信号機等のバリアフリー化率	99% （2019年度）	原則100% （2025年度）
		視覚障害者の移動上の安全性を確保することが特に必要と認められる部分に設置されている音響信号機及びエスコートゾーンの設置率	50.8% （2021年度）	原則100% （2025年度）

（※３）鉄軌道駅及びバスターミナルについては、平均利用者数が3,000人/日以上の施設及び2,000人/日以上3,000人/日未満で重点整備地区内の生活関連施設に位置付けられた施設、旅客船ターミナル及び航空旅客ターミナルについては、平均利用者数が2,000人/日以上の施設を対象。なお、鉄軌道駅の現状値については、平成30年３月に改正された公共交通移動等円滑化基準の改正前の基準をもって適合率を算定
（※４）公共交通移動等円滑化基準に適合した車両等の割合又は台数
（※５）床面積2,000㎡以上の特別特定建築物（病院、劇場、ホテル、老人ホーム等の不特定多数の者又は主として高齢者、障害者等が利用する建築物。公立小学校等を除く。）の総ストック数のうち、バリアフリー法に基づく建築物移動等円滑化基準に適合するものの割合

3．情報アクセシビリティの向上及び意思疎通支援の充実

目標分野	把握すべき状況	指標	現状値（直近の値）	目標値
情報通信における情報アクセシビリティの向上	障害者に配慮した情報通信の充実に向けた支援の進捗状況	「デジタル・ディバイド解消に向けた技術等研究開発支援」事業終了後３年以上経過した案件の事業化率	58.3% （2018年度）	前年度比同水準 （～2027年度）
	意思疎通支援に資する機器の実用化に向けた状況	障害者自立支援機器等開発促進事業の開発助成を経て製品化された機器数（累計） （注）助成から製品化まで数年間を要するものが多い	21件 （2020年度）	前年度比増 （～2027年度）
	ICTサポートセンターの設置状況	ICTサポートセンターを設置している都道府県数	31都道府県 （2022年度）	全都道府県 （2024年度）
	電話リレーサービスの普及状況	電話リレーサービスの認知及び理解に資する講習会や利用登録会等の実施を通じた利用者の登録件数	— （注）2022年度から電話リレーサービス提供機関において利用者登録会等を実施	前年度比増 （～2027年度）
情報提供の充実等	障害者に配慮した放送番組の普及状況	「放送分野における情報アクセシビリティに関する指針」の対象の放送番組の放送時間に占める字幕放送時間の割合	NHK総合：100% 在京キー５局平均：100% （2021年度）	（「視聴覚障害者等向け放送の充実に関する研究会」における議論を踏まえ設定） 【参考】現行の「放送分野における情報アクセシビリティに関する指針」における目標値 NHK総合及び在京キー５局：100%（2027年度）
		「放送分野における情報アクセシビリティに関する指針」の対象の放送番組の放送時間に占める解説放送時間の割合	NHK総合：15.2% NHK教育：19.9% 在京キー５局平均：17.6% （2021年度）	（「視聴覚障害者等向け放送の充実に関する研究会」における議論を踏まえ設定） 【参考】現行の「放送分野における情報アクセシビリティに関する指針」における目標値 NHK総合及び在京キー５局：15%以上（2027 年度） NHK教育：20%以上（2027年度）
		１週間当たりの手話放送時間	NHK総合：１時間16分 NHK教育：４時間８分 在京キー５局平均：18分 （2021年度）	（「視聴覚障害者等向け放送の充実に関する研究会」における議論を踏まえ設定） 【参考】現行の「放送分野における情報アクセシビリティに関する指針」における目標値 NHK及び在京キー５局：平均15分／週以上（2027年度）
	障害者に配慮した通信・放送サービスの普及に向けた支援の進捗状況	「身体障害者向け通信・放送役務の提供・開発等の推進」助成終了後２年経過時の事業継続率	100% （2019年度）	前年度比同水準 （～2027年度）
意思疎通支援の充実	意思疎通支援に資する機器の実用化に向けた状況	障害者自立支援機器等開発促進事業の開発助成を経て製品化された機器数（累計）［再掲］ （注）助成から製品化まで数年間を要するものが多い	21件 （2020年度）	前年度比増 （～2027年度）
行政情報のアクセシビリティの向上	公的機関のウェブサイトにおける情報アクセシビリティの確保状況	公的機関のウェブサイトの情報バリアフリーに関するJIS規格への準拠率	76.5% （2021年度）	84.5% （2027年度）

4．防災、防犯等の推進

目標分野	把握すべき状況	指標	現状値（直近の値）	目標値
防災対策の推進	災害発生時における迅速な避難等に関する取組の実施状況	土砂災害ハザードマップにおける土砂災害警戒区域の新規公表数	約16,000か所（2020年度）	約56,000か所（2025年度）
復興の推進	復興施策における障害者に関する取組の実施状況	「男女共同参画の視点からの復興～参考事例集～」等に掲載されている障害者関係施策のフォローアップ記事や新規事例記事の掲載件数	１件（2022年度）	３件（2023～2027年度）
消費者トラブルの防止及び被害からの救済	障害者等の消費生活上特に配慮を要する消費者を見守るための体制の整備状況	消費者安全確保地域協議会の設置市区町村の都道府県内人口カバー率50％以上の都道府県数	16府県（2022年４月）	全都道府県（2024年度）
		地域の見守り活動に消費生活協力員・協力団体を活用する市区町村の都道府県内人口カバー率50％以上の都道府県数	３県（2021年４月）	全都道府県（2024年度）
		消費者生活相談員の研修参加率（各年度）が100％となる都道府県数	３県（2021年４月）	全都道府県（2024年度）
		消費者行政職員の研修参加率（各年度）が80％以上となる都道府県数	全ての都道府県で未達成（2021年４月）	全都道府県（2024年度）

5．行政等における配慮の充実

目標分野	把握すべき状況	指標	現状値（直近の値）	目標値
選挙等における配慮等	選挙における視覚障害者への配慮の状況	国政選挙において「選挙のお知らせ」の点字版及び音声版を配布する都道府県の数	全都道府県（2019年度）	全都道府県（2027年度）
	選挙における身体障害者への配慮の状況	国政選挙における投票所及び期日前投票所の段差解消等への対応状況	期日前投票所：99.6％（2019年度）	100％（2027年度）
			投票所：99.8％（2019年度）	100％（2027年度）

6．保健・医療の推進

目標分野	把握すべき状況	指標	現状値（直近の値）	目標値
精神保健・医療の適切な提供等	精神病棟における長期入院の状況	精神病床における１年以上の長期入院患者数（注） （注）認知症患者を含む。	約17.1万人 （2020年度）	13.8万人 （2026年度）
	精神保健観察の対象者の社会復帰の状況	精神保健観察事件年間取扱件数に占める処遇終了決定（注）を受けた者及び期間満了により精神保健観察を終了した者の数の割合 （注）心神喪失等の状態で重大な他害行為を行った者の医療及び観察等に関する法律（平成15年法律第110号）第56条第１項第２号に基づく保護観察所長の申立てによる処遇終了決定に限る。	26.1% （2021年度）	前年度比増 （～2027年度）
	精神障害者の地域移行に向けた支援の実施状況	地域移行支援のサービス見込量	0.05万人 （2021年11月）	（地方公共団体が作成する第６期障害福祉計画等の状況を踏まえ設定）
		地域定着支援のサービス見込量	0.4万人 （2021年11月）	（地方公共団体が作成する第６期障害福祉計画等の状況を踏まえ設定）
		地域移行・地域生活支援事業を実施する地方公共団体の数	アウトリーチ事業：30団体 （2021年度）	前年度比増 （～2027年度）
			ピアサポート活用事業：25団体 （2021年度）	前年度比増 （～2027年度）
		精神障害にも対応した地域包括ケアシステム構築推進事業を実施する事業所数	9,111事業所 （2020年３月）	前年度比増 （～2027年度）
		精神障害者の地域移行の取組を担う精神保健福祉士及び公認心理師の資格登録数	精神保健福祉士：97,339人 （2021年度）	前年度比増 （～2027年度）
			公認心理師：54,248人 （2021年度）	前年度比増 （～2027年度）
	精神保健・医療を提供する体制の整備状況	指定通院医療機関 （病院、診療所）の数	689か所 （2022年度）	前年度比増 （～2027年度）
		全国の精神医療審査会における退院等請求の平均審査期間（請求受理から結果通知まで）	35日 （2020年度）	前年度比減 （～2027年度）
		訪問系サービスの見込量	居宅介護　185,183人 （2020年度月次平均）	前年度比増 （～2027年度）
			重度訪問介護　11,331人 （2020年度月次平均）	前年度比増 （～2027年度）
			同行援護　23,997人 （2020年度月次平均）	前年度比増 （～2027年度）
			行動援護　10,611人 （2020年度月次平均）	前年度比増 （～2027年度）
	心の健康づくり対策の実施状況	メンタルヘルス対策に取り組んでいる事業所の割合	61.4% （2020年度）	80%以上 （2027年度）
	心の健康づくりに関する情報発信の状況	ウェブサイト「みんなのメンタルヘルス」のアクセス件数	13,538,191件 （2020年度）	前年度比増 （～2027年度）
保健・医療の充実等	医療の提供が必要な障害者の受入れ体制の整備状況	医療型短期入所のサービス見込量	22,863人／日 （2020年度）	（地方公共団体が作成する第６期障害福祉計画等の状況を踏まえ設定）
			289か所 （2020年４月）	（地方公共団体が作成する第６期障害福祉計画等の状況を踏まえ設定）
		精神障害にも対応した地域包括ケアシステム構築推進事業を実施する事業所数［再掲］	9,111事業所 （2020年３月）	前年度比増 （～2027年度）
		都道府県が指定する高次脳機能障害における支援拠点機関の設置数	119か所 （2022年４月）	前年度比増 （～2027年度）
	障害者の地域移行に向けた支援の実施状況	地域移行・地域生活支援事業を実施する地方公共団体の数［再掲］	アウトリーチ事業：30団体 （2021年度）	前年度比増 （～2027年度）
			ピアサポート活用事業：25団体 （2021年度）	前年度比増 （～2027年度）
	福祉施設における歯科口腔保健の推進に向けた取組状況	障害者支援施設及び障害児入所施設における定期的な歯科検診の実施率	77.9% （2019年度）	（次期の歯科口腔保健の推進に関する基本的事項を踏まえて策定）
	難病患者等に対する相談支援の実施状況	難病相談支援センターにおける相談件数	108,374件 （2018年度）	前年度比増 （～2027年度）

目標分野	把握すべき状況	指標	現状値（直近の値）	目標値
保健・医療の向上に資する研究開発等の推進	医薬品等の研究開発の状況	治験の届出数	808件（2021年度）	前年度比増（～2027年度）
		医療上の必要性の高い未承認薬・適応外薬検討会議で医療上の必要性が高いと判断され、開発要請がかかった品目の薬事承認や適応拡大の件数	11件（2021年度）	年間７件
		再生医療等の安全性の確保等に関する法律（平成25年法律第85号）に基づく再生医療等提供計画の届出件数（注）臨床研究に限る。	109件（2021年度）	前年度比増（～2027年度）
	医療機器等の研究開発の状況	革新的な医療機器・システムの実用化の件数	４件（2021年度）	５件（2027年度）
		SBIR推進プログラム（福祉課題）のうち高齢者の自立支援や介護者の負担軽減等に資する福祉機器の開発の採択件数	３件（2022年度まで）	10件（～2027年度）
	医薬品等の研究開発に対する支援の実施状況	RS戦略相談の実施件数（注）RS戦略相談：レギュラトリーサイエンス戦略相談	104件（2020年度）	前年度比増（～2027年度）
保健・医療を支える人材の育成・確保	地域における保健・医療人材の育成に向けた体制の整備状況	地域保健従事者現任教育推進事業を実施する地方公共団体の数	59団体（2021年度）	前年度比増（～2027年度）
難病に関する保健・医療施策の推進	難病に関する医療費助成の状況	特定医療費受給者証の所持者数	1,033,770人（2020年度）	前年度比増（～2027年度）
		小児慢性特定疾病医療受給者証の所持者数	123,693人（2020年度）	前年度比増（～2027年度）
	難病患者等に対する相談支援の実施状況	難病相談支援センターにおける相談件数［再掲］	108,374件（2018年度）	前年度比増（～2027年度）
	難病に関する研究の支援状況	難病に関する研究課題の採択状況	101課題（難治性疾患政策研究事業：公募19課題、指定１課題、難治性疾患実用化研究事業：１次公募67課題、２次公募14課題）（2021年度）	前年度比同水準以上（～2027年度）
	難病に関する医療を提供する体制の整備状況	都道府県における難病診療連携拠点病院の設置率	93%（2021年度）	100%（2027年度）
障害の原因となる疾病等の予防・治療	疾病等の患者に対する支援の実施状況	地域移行・地域生活支援事業（アウトリーチ事業）を実施する地方公共団体の数	30団体（2021年度）	前年度比増（～2027年度）
		精神障害にも対応した地域包括ケアシステム構築推進事業を実施する事業所数［再掲］	9,111事業所（2020年３月）	前年度比増（～2027年度）

7．自立した生活の支援・意思決定支援の推進

目標分野	把握すべき状況	指標	現状値（直近の値）	目標値
意思決定支援の推進	成年後見制度の適切な利用のための支援の実施状況	地域生活支援事業（成年後見制度利用支援事業）を実施する地方公共団体の数［再掲］	1,650団体（2020年度）	1,741団体（2024年度末）
		担い手（法人後見実施団体）の養成研修を実施する都道府県の数［再掲］	15都道府県（2020年度）	全都道府県（2024年度末）
相談支援体制の構築	障害者等に対する相談支援の実施状況	相談支援事業の利用者数	計画相談支援：22.3万人（2021年12月）	前年度比増（～2027年度）
			障害児相談支援：7.3万人（2021年12月）	前年度比増（～2027年度）
		都道府県が開催する「相談支援従事者研修」（初任者・現任）の修了者数	7,392人（2020年度）	前年度比増（～2027年度）
		障害者ピアサポート研修事業を実施する都道府県の数及び研修修了者数［再掲］	９都道府県（2021年度）	全都道府県（2023年度末）
			641人 ※ピアサポーター、管理者及び基礎・専門・フォローアップ研修の合計値	前年度比増（～2027年度）
		難病相談支援センターにおける相談件数［再掲］	108,374件（2018年度）	前年度比増（～2027年度）
		都道府県が指定する高次脳機能障害における支援拠点機関の設置数［再掲］	119か所（2022年４月）	前年度比増（～2027年度）

目標分野	把握すべき状況	指標	現状値（直近の値）	目標値
地域移行支援、在宅サービス等の充実	福祉施設入所者の地域移行の状況	福祉施設入所者の地域生活への移行者数（累計）	4.6万人（2008～2018年度）	（地方公共団体が作成する第６期障害福祉計画等の状況を踏まえ設定）
	円滑な地域生活に向けた支援の実施状況	共同生活援助のサービス見込量［再掲］	154,680人（2022年１月）	（地方公共団体が作成する第６期障害福祉計画等の状況を踏まえ設定）
		自立生活援助のサービス見込量	1,251人（2022年１月）	（地方公共団体が作成する第６期障害福祉計画等の状況を踏まえ設定）
		訪問系サービスの見込量［再掲］	居宅介護　185,183人（2020年度月次平均）	前年度比増（～2027年度）
			重度訪問介護　11,331人（2020年度月次平均）	前年度比増（～2027年度）
			同行援護　23,997人（2020年度月次平均）	前年度比増（～2027年度）
			行動援護　10,611人（2020年度月次平均）	前年度比増（～2027年度）
		自立訓練（機能訓練・生活訓練）のサービス見込量	1.9万人（2021年３月）	（地方公共団体が作成する第６期障害福祉計画等の状況を踏まえ設定）
		短期入所のサービス見込量	385,523人／日（2021年度）	（地方公共団体が作成する第６期障害福祉計画等の状況を踏まえ設定）
	円滑な地域生活に向けた支援体制の整備状況	地域生活支援拠点を少なくとも一つ整備している市町村数	921市町村（2021年４月）	全ての地域（2023年度） （注）各市町村に少なくとも一つ整備
		精神障害にも対応した地域包括ケアシステム構築推進事業を実施する事業所数［再掲］	9,111事業所（2020年３月）	前年度比増（～2027年度）
障害のあるこどもに対する支援の充実	障害のあるこどもに対する支援の実施状況	児童発達支援事業等を行う事業所数 （注）児童福祉法等に基づくもの	児童発達支援：8,408事業所（2021年３月）	（地方公共団体が作成する第２期障害児福祉計画等の状況を踏まえ設定）
			医療型児童発達支援：90事業所（2021年３月）	
			放課後等デイサービス：15,994事業所（2021年３月）	
			保育所等訪問支援：985事業所（2021年３月）	
			児童発達支援センター：719事業所（2021年３月）	
			障害児入所施設：379事業所（2021年３月）	
		巡回支援専門員整備事業を行う市町村数	460市町村（2020年度）	500市町村（2025年度）
	重症心身障害児に対する支援の実施状況	重症心身障害児を対象に児童発達支援事業等を行う事業所数 （注）児童福祉法等に基づくもの	児童発達支援：598事業所（2021年３月）	（地方公共団体が作成する第２期障害児福祉計画等の状況を踏まえ設定） （注）原則として各市町村に少なくとも１か所以上を想定
			医療型児童発達支援：59事業所（2021年３月）	
			放課後等デイサービス：1,859事業所（2021年３月）	
	発達障害者の支援体制の整備状況	発達障害者支援センターの複数設置又は地域支援マネージャーの配置のいずれかを行っている都道府県及び政令指定都市の割合	79%（2021年度） （注）内訳 ・発達障害者支援センターの複数設置の割合：31% ・地域支援マネージャーの配置の割合：78%	100%（2027年度）
	発達障害に対する医療関係者の理解促進に向けた取組状況	かかりつけ医等発達障害対応力向上研修を実施している都道府県数	30都道府県（2021年度）	全都道府県（2027年度）
障害福祉サービスの質の向上等	サービスを提供する者に対し指導を行う者の養成状況	都道府県が開催する「サービス管理責任者研修」・「児童発達支援管理責任者研修」（基礎・実践・更新）の修了者数	25,295人（2020年度）	前年度比増（～2027年度）
福祉用具その他アクセシビリティの向上に資する機器の普及促進・研究開発及び身体障害者補助犬の育成等	障害者のアクセシビリティの向上に資する機器の製品化に向けた状況	障害者自立支援機器等開発促進事業の開発助成を経て製品化された機器数（累計）［再掲］ （注）助成から製品化まで数年間を要するものが多い	21件（2020年度）	前年度比増（～2027年度）
	福祉用具の製品化に向けた状況	SBIR推進プログラム（福祉課題）のうち高齢者の自立支援や介護者の負担軽減等に資する福祉機器の開発の採択件数［再掲］	３件（2022年度まで）	10件（～2027年度）
障害福祉を支える人材の育成・確保	障害福祉を支える人材の育成状況	精神障害者の地域移行の取組を担う精神保健福祉士及び公認心理師の資格登録数［再掲］	精神保健福祉士：97,339人（2021年度）	前年度比増（～2027年度）
			公認心理師：54,248人（2021年度）	前年度比増（～2027年度）

8. 教育の振興

目標分野	把握すべき状況	指標	現状値（直近の値）	目標値
インクルーシブ教育システムの推進	個別の指導計画や個別の教育支援計画の活用	幼・小・中・高等学校等において、個別の指導計画の作成を必要とする児童等のうち、実際に個別の指導計画が作成されている児童等の割合	90.9% （2018年度）	おおむね100% （2027年度）
		幼・小・中・高等学校等において、個別の教育支援計画の作成を必要とする児童等のうち、実際に個別の教育支援計画が作成されている児童等の割合	84.8% （2018年度）	おおむね100% （2027年度）
		幼・小・中・高等学校等において、合理的配慮の提供について個別の指導計画又は個別の教育支援計画に明記することとしている学校の割合	72.4% （2018年度）	おおむね100% （2027年度）
	通級による指導の普及状況	小・中・高等学校等において通級による指導を受けている児童生徒数	164,697人 （2020年度）	前年度比増 （～2027年度）
	特別支援教育の推進に向けた体制の整備状況	特別支援教育を行うための体制の整備及び必要な取組を行っている幼・小・中・高等学校等の割合 （注）校内委員会の設置、特別支援教育コーディネーターの指名、教師の専門性向上	校内委員会の設置 86.1% （2018年度）	前年度比増 （～2027年度）
			特別支援教育コーディネーターの指名率 84.9% （2018年度）	前年度比増 （～2027年度）
			教師の専門性向上 78.4% （2018年度）	前年度比増 （～2027年度）

目標分野	把握すべき状況	指標	現状値（直近の値）	目標値
教育環境の整備	特別支援学校の教師の専門性の向上	下記の要件のいずれかに該当せず、かつ特別支援学校教諭免許状を取得していない特別支援学校教諭の割合 （要件） ①当該教師の前任校が、小学校等の他の学校種又は他の障害種を対象とする特別支援学校である ②配置しようとする障害種の特別支援学校の教師として必要な特別支援教育領域の特別支援学校教諭免許状を取得する計画がある者	― （注）今後把握予定のため、現時点では不掲載。	おおむね０％ （2027年度）
		小・中・高等学校等に採用後、おおむね10年目までの期間内において、特別支援学級の教師や、特別支援学校の教師を複数年経験した教員の割合	― （注）今後把握予定のため、現時点では不掲載。	前年度比増 （～2027年度）
		管理職の選考に当たり、特別支援教育の経験も考慮している都道府県教育委員会等の割合	― （注）今後把握予定のため、現時点では不掲載。	前年度比増 （～2027年度）
		教員育成指標において特別支援教育を明確に位置付けている都道府県教育委員会等の割合	― （注）今後把握予定のため、現時点では不掲載。	前年度比増 （～2027年度）
	特別支援学校のセンター的機能の発揮状況	センター的機能を主として担当する校務分掌・組織（例：「地域支援部」等）を設けている割合	96.3％ （2017年度）	100％ （2027年度）
	学校施設のトイレの洋式化状況	全国の公立小中学校における約136万基の便器を対象としたトイレの洋式化率	57％ （2020年度）	95％ （2025年度）
	公立小中学校等施設のバリアフリー化に関する整備状況（校舎）	車椅子使用者用トイレの整備率	65.2％ （2020年度）	避難所に指定されている全ての学校に整備する。（令和２年度調査時点で約95％に相当） （2025年度）
		スロープ等による段差解消 ①門から建物の前まで ②昇降口・玄関等から教室等まで	①78.5％ ②57.3％ （2020年度）	全ての学校に整備する。 （2025年度）
		エレベーターの整備率	27.1％ （2020年度）	要配慮児童生徒等が在籍する全ての学校に整備する。（令和２年度調査時点で約40％に相当） （2025年度）
	公立小中学校等施設のバリアフリー化に関する整備状況（屋内運動場）	車椅子使用者用トイレの整備率	36.9％ （2020年度）	避難所に指定されている全ての学校に整備する。（令和２年度調査時点で約95％に相当） （2025年度）
		スロープ等による段差解消 ①門から建物の前まで ②昇降口・玄関等から教室等まで	①74.4％ ②57.0％ （2020年度）	全ての学校に整備する。 （2025年度）
		エレベーターの整備率	65.9％ （2020年度）	要配慮児童生徒等が在籍する全ての学校に整備する。（令和２年度調査時点で約75％に相当） （2025年度）

<table>
<tr><th>目標分野</th><th>把握すべき状況</th><th>指標</th><th>現状値（直近の値）</th><th>目標値</th></tr>
<tr><td rowspan="10">高等教育における障害学生支援の推進</td><td rowspan="2">障害学生に対する合理的配慮の提供等の状況</td><td>障害学生が在籍する大学等において、授業に関する支援を実施している大学等の割合</td><td>82.7%
（2020年度）</td><td>おおむね100%
（2025年度）</td></tr>
<tr><td>障害学生が在籍する大学等において、授業以外の支援を実施している大学等の割合</td><td>74.3%
（2020年度）</td><td>おおむね100%
（2025年度）</td></tr>
<tr><td rowspan="5">障害学生の支援等に関する体制の整備状況</td><td>障害学生支援に関する規程等、又は障害者差別解消法に関する対応要領、基本方針等を整備している大学等の割合</td><td>69.6%
（2020年度）</td><td>100%
（2025年度）</td></tr>
<tr><td>障害学生支援担当者を配置している大学等の割合</td><td>96.0%
（2020年度）</td><td>100%
（2025年度）</td></tr>
<tr><td>紛争の防止、解決等に関する調整機関を設置している大学等の割合</td><td>50.7%
（2020年度）</td><td>100%
（2025年度）</td></tr>
<tr><td>ホームページで障害学生支援情報を公開している大学等の割合</td><td>58.1%
（2020年度）</td><td>100%
（2025年度）</td></tr>
<tr><td>ガイダンスにおいて、障害学生支援の手続などに関する学内規程や支援事例等を周知している大学等の割合</td><td>22.2%
（2020年度）</td><td>100%
（2025年度）</td></tr>
<tr><td rowspan="2">障害学生への就職指導の状況</td><td>障害学生が在籍する大学等において、就職先の開拓、就職活動支援を実施している大学等の割合</td><td>23.5%
（2020年度）</td><td>おおむね100%
（2025年度）</td></tr>
<tr><td>障害学生が在籍する大学等において、障害学生向け求人情報の提供を実施している大学等の割合</td><td>22.5%
（2020年度）</td><td>おおむね100%
（2025年度）</td></tr>
<tr><td>大学等の入試における障害学生への配慮に関する情報公開の状況</td><td>募集要項等への障害学生への配慮に関する記載を行っている大学等の割合</td><td>85.8%
（2020年度）</td><td>100%
（2025年度）</td></tr>
<tr><td rowspan="4">生涯を通じた多様な学習活動の充実</td><td>学校卒業後の障害者の生涯学習の状況</td><td>学校卒業後に学習やスポーツ・文化等の生涯学習の機会があると回答する障害者の割合</td><td>34.3%
（2018年度）</td><td>50%
（2025年度）</td></tr>
<tr><td rowspan="2">公共図書館、学校図書館における障害者の読書環境の整備状況</td><td>サピエ図書館を利用している施設・団体数（公共図書館を含む。）</td><td>458件
（2022年度）</td><td>前年度比増
（～2027年度）</td></tr>
<tr><td>国立国会図書館から視覚障害者等用データ提供を受けている図書館数</td><td>153件
（2022年度）</td><td>前年度比増
（～2027年度）</td></tr>
<tr><td>全国の学校におけるコミュニティ・スクールの導入状況</td><td>全国の公立学校におけるコミュニティ・スクールの数</td><td>15,221校
（2022年度）</td><td>（文部科学省が作成する次期教育振興基本計画等を踏まえ検討）</td></tr>
</table>

9．雇用・就業、経済的自立の支援

目標分野	把握すべき状況	指標	現状値（直近の値）	目標値
総合的な就労支援	就労支援の実施状況	「障害者向けチーム支援」による障害者の就職率	54.6% （2021年度）	55.6% （2027年度）
		就労移行支援の利用者数	63.9万人日分 （2020年度）	（地方公共団体が作成する第6期障害福祉計画等の状況を踏まえ設定）
		福祉施設から障害者就業・生活支援センターへ誘導する福祉施設利用者数	12,595人 （2020年度）	（地方公共団体が作成する第6期障害福祉計画等の状況を踏まえ設定）
	就労支援に向けた体制の整備状況	ジョブコーチの養成数	14,062人 （2021年度）	（独立行政法人高齢・障害・求職者雇用支援機構の新たな中期目標の状況を踏まえ設定）
	就労支援を受けた障害者の就職状況	一般就労への年間移行者数	1.7万人 （2020年度）	（地方公共団体が作成する第6期障害福祉計画等の状況を踏まえ設定）
		障害者就業・生活支援センター登録者の就職件数	1.8万人 （2021年度）	2.4万人 （2027年度）
		障害者職業能力開発校の修了者における就職率	62.9% （2020年度）	70% （2027年度）
		障害者の委託訓練修了者における就職率	48.5% （2020年度）	55% （2027年度）
	就労支援を受けた障害者の職場定着状況	就労定着支援事業所のうち就労定着率が8割以上の事業所の割合	— （注）2022年度から調査を開始したため、現時点では現状値を算出不可	（地方公共団体が作成する第6期障害福祉計画等の状況を踏まえ設定）
		ジョブコーチによる支援の終了者のうち精神障害者、発達障害者及び高次脳機能障害者の職場定着率	89.8% （2021年度）	（独立行政法人高齢・障害・求職者雇用支援機構の新たな中期目標の状況を踏まえ設定）
		障害者就業・生活支援センター登録者のうち精神障害者の就職者の職場定着率	75.3% （2021年度）	79.4% （2027年度）
障害者雇用の促進	民間企業における障害者雇用の状況	障害者の雇用率達成企業の割合	47.0% （2021年６月）	56.0% （2027年度）
	公的機関における障害者雇用の状況	障害者雇用率を達成する公的機関の数	2,002機関（2,782機関中） （72%） （2021年６月）	全ての公的機関 （2027年度）
	公共職業安定所における職業紹介の状況	公共職業安定所における就職件数（障害者）	96,180件 （2018～2021年度の累計39.2万人）	62.2万件 （2023～2027年度の累計）
障害特性に応じた就労支援及び多様な就業の機会の確保	障害者が多様な働き方を選択できる環境の整備状況	テレワーク制度等に基づく雇用型テレワーカーの割合	24.5% （2021年度）	（新型コロナウイルス感染症への対応状況及びその後の社会情勢の変化を踏まえ設定）
	ICTを活用したテレワークの普及・拡大に向けた取組状況	通信利用動向調査の企業におけるテレワーク導入率	51.9% （2022年５月）	（最新の調査結果を踏まえ、テレワーク推進に関する新たな政府目標を検討）
	農業分野における障害者の就労支援に向けた取組状況	農福連携による障害者の就農促進プロジェクトを実施する都道府県の数	24道府県 （2020年度）	全都道府県 （2027年度）
	障害者就労施設等の受注機会の確保に向けた取組状況	障害者就労施設等が提供する物品・サービスの優先購入（調達）の実績額	199億円 （2020年度）	前年度比増 （～2027年度）
一般就労が困難な障害者に対する支援	就労継続支援B型事業所から得られる収入の状況	就労継続支援B型事業所の月額平均工賃額	15,776円 （2020年度）	（地方公共団体が作成する第6期障害福祉計画等の状況を踏まえ設定）
	障害者就労施設等の受注機会の確保に向けた取組状況	障害者就労施設等が提供する物品・サービスの優先購入（調達）の実績額［再掲］	199億円 （2020年度）	前年度比増 （～2027年度）

10. 文化芸術活動・スポーツ等の振興

目標分野	把握すべき状況	指標	現状値（直近の値）	目標値
文化芸術活動の充実に向けた社会環境の整備	障害者の文化芸術活動に対する支援の状況	障害者芸術文化活動普及支援事業を実施する都道府県数	37都道府県 （2021年度）	全都道府県 （2027年度）
	地域における障害者の文化芸術活動の取組状況	障害者による文化芸術活動の推進に関する計画を策定した都道府県数	27都道府県 （2021年10月）	全都道府県 （2027年度）
スポーツに親しめる環境の整備	地域における障害者スポーツの普及状況	障害者の週１回以上のスポーツ実施率	成人：31％ （2021年度）	成人：40％程度 （2026年度）
			若年層：41.8％ （2021年度） （注）７～19歳	若年層：50％程度 （2026年度）
	一般の成人の障害者スポーツの実施状況	一般の成人の障害者スポーツを体験したことのある者の割合	5.7％ （2021年度）	20％程度 （2026年度）
	スポーツ施設のユニバーサルデザイン化	対策の優先順位の考え方等を記載した質の高い個別施設計画における地方公共団体の策定率	11％ （2019年度）	50％ （2026年度）
競技スポーツに係る取組の推進	アスリートの育成強化の状況	パラリンピック競技大会における金メダル数	夏季大会：13個 （2021年） 冬季大会：４個 （2022年）	過去最高の金メダル数 （注）夏季大会：18個以上 （2024年） 冬季大会：13個以上 （2026年）

11. 国際社会での協力・連携の推進

目標分野	把握すべき状況	指標	現状値（直近の値）	目標値
政府開発援助を通じた国際協力の推進等	国際協力の担い手の育成状況	障害者を対象としたJICAの取組における研修員の受入れ数	215人 （2021年度）	前年度比同水準以上 （～2027年度）
	国際協力の担い手の活動状況	障害者を対象としたJICAの取組における専門家の派遣数	16人 （2021年度）	前年度比同水準以上 （～2027年度）
		障害者を対象としたJICAの取組におけるJICAボランティアの数	29人 （2021年度）	前年度比同水準以上 （～2027年度）
	障害者に関する技術協力の実施状況	JICAを通じた障害者を対象とする技術協力プロジェクト事業の件数	６件 （2021年度）	前年度比同水準以上 （～2027年度）
障害者の国際交流等の推進	国際交流等を担う民間団体等への支援の状況	日本NGO連携無償資金協力を通じた事業の採択件数	６件 （2021年度）	前年度比同水準以上 （～2027年度）

7 障害者の権利に関する条約（和文）

前　文

この条約の締約国は、

(a) 国際連合憲章において宣明された原則が、人類社会の全ての構成員の固有の尊厳及び価値並びに平等のかつ奪い得ない権利が世界における自由、正義及び平和の基礎を成すものであると認めていることを想起し、

(b) 国際連合が、世界人権宣言及び人権に関する国際規約において、全ての人はいかなる差別もなしに同宣言及びこれらの規約に掲げる全ての権利及び自由を享有することができることを宣明し、及び合意したことを認め、

(c) 全ての人権及び基本的自由が普遍的であり、不可分のものであり、相互に依存し、かつ、相互に関連を有すること並びに障害者が全ての人権及び基本的自由を差別なしに完全に享有することを保障することが必要であることを再確認し、

(d) 経済的、社会的及び文化的権利に関する国際規約、市民的及び政治的権利に関する国際規約、あらゆる形態の人種差別の撤廃に関する国際条約、女子に対するあらゆる形態の差別の撤廃に関する条約、拷問及び他の残虐な、非人道的な又は品位を傷つける取扱い又は刑罰に関する条約、児童の権利に関する条約及び全ての移住労働者及びその家族の構成員の権利の保護に関する国際条約を想起し、

(e) 障害が発展する概念であることを認め、また、障害が、機能障害を有する者とこれらの者に対する態度及び環境による障壁との間の相互作用であって、これらの者が他の者との平等を基礎として社会に完全かつ効果的に参加することを妨げるものによって生ずることを認め、

(f) 障害者に関する世界行動計画及び障害者の機会均等化に関する標準規則に定める原則及び政策上の指針が、障害者の機会均等を更に促進するための国内的、地域的及び国際的な政策、計画及び行動の促進、作成及び評価に影響を及ぼす上で重要であることを認め、

(g) 持続可能な開発に関連する戦略の不可分の一部として障害に関する問題を主流に組み入れることが重要であることを強調し、

(h) また、いかなる者に対する障害に基づく差別も、人間の固有の尊厳及び価値を侵害するものであることを認め、

(i) さらに、障害者の多様性を認め、

(j) 全ての障害者（より多くの支援を必要とする障害者を含む。）の人権を促進し、及び保護することが必要であることを認め、

(k) これらの種々の文書及び約束にもかかわらず、障害者が、世界の全ての地域において、社会の平等な構成員としての参加を妨げる障壁及び人権侵害に依然として直面していることを憂慮し、

(l) あらゆる国（特に開発途上国）における障害者の生活条件を改善するための国際協力が重要であることを認め、

(m) 障害者が地域社会における全般的な福祉及び多様性に対して既に貴重な貢献をしており、又は貴重な貢献をし得ることを認め、また、障害者による人権及び基本的自由の完全な享有並びに完全な参加を促進することにより、その帰属意識が高められること並びに社会の人的、社会的及び経済的開発並びに貧困の撲滅に大きな前進がもたらされることを認め、

(n) 障害者にとって、個人の自律及び自立（自ら選択する自由を含む。）が重要であることを認め、

(o) 障害者が、政策及び計画（障害者に直接関連する政策及び計画を含む。）に係る意思決定の過程に積極的に関与する機会を有すべきであることを考慮し、

(p) 人種、皮膚の色、性、言語、宗教、政治的意見その他の意見、国民的な、種族的な、先住民族としての若しくは社会的な出身、財産、出生、年齢又は他の地位に基づく複合的又は加重的な形態の差別を受けている障害者が直面する困難な状況を憂慮し、

(q) 障害のある女子が、家庭の内外で暴力、傷害若しくは虐待、放置若しくは怠慢な取扱い、不当な取扱い又は搾取を受ける一層大きな危険にしばしばさらされていることを認め、

(r) 障害のある児童が、他の児童との平等を基礎として全ての人権及び基本的自由を完全に享有すべきであることを認め、また、このため、児童の権利に関する条約の締約国が負う義務を想起し、

(s) 障害者による人権及び基本的自由の完全な享有を促進するためのあらゆる努力に性別の視点を組み込む必要があることを強調し、

(t) 障害者の大多数が貧困の状況下で生活している事実を強調し、また、この点に関し、貧困が障害

者に及ぼす悪影響に対処することが真に必要であることを認め、
(u) 国際連合憲章に定める目的及び原則の十分な尊重並びに人権に関する適用可能な文書の遵守に基づく平和で安全な状況が、特に武力紛争及び外国による占領の期間中における障害者の十分な保護に不可欠であることに留意し、
(v) 障害者が全ての人権及び基本的自由を完全に享有することを可能とするに当たっては、物理的、社会的、経済的及び文化的な環境並びに健康及び教育を享受しやすいようにし、並びに情報及び通信を利用しやすいようにすることが重要であることを認め、
(w) 個人が、他人に対し及びその属する地域社会に対して義務を負うこと並びに国際人権章典において認められる権利の増進及び擁護のために努力する責任を有することを認識し、
(x) 家族が、社会の自然かつ基礎的な単位であること並びに社会及び国家による保護を受ける権利を有することを確信し、また、障害者及びその家族の構成員が、障害者の権利の完全かつ平等な享有に向けて家族が貢献することを可能とするために必要な保護及び支援を受けるべきであることを確信し、
(y) 障害者の権利及び尊厳を促進し、及び保護するための包括的かつ総合的な国際条約が、開発途上国及び先進国において、障害者の社会的に著しく不利な立場を是正することに重要な貢献を行うこと並びに障害者が市民的、政治的、経済的、社会的及び文化的分野に均等な機会により参加することを促進することを確信して、

次のとおり協定した。

第1条　目的

この条約は、全ての障害者によるあらゆる人権及び基本的自由の完全かつ平等な享有を促進し、保護し、及び確保すること並びに障害者の固有の尊厳の尊重を促進することを目的とする。

障害者には、長期的な身体的、精神的、知的又は感覚的な機能障害であって、様々な障壁との相互作用により他の者との平等を基礎として社会に完全かつ効果的に参加することを妨げ得るものを有する者を含む。

第2条　定義

この条約の適用上、

「意思疎通」とは、言語、文字の表示、点字、触覚を使った意思疎通、拡大文字、利用しやすいマルチメディア並びに筆記、音声、平易な言葉、朗読その他の補助的及び代替的な意思疎通の形態、手段及び様式（利用しやすい情報通信機器を含む。）をいう。

「言語」とは、音声言語及び手話その他の形態の非音声言語をいう。

「障害に基づく差別」とは、障害に基づくあらゆる区別、排除又は制限であって、政治的、経済的、社会的、文化的、市民的その他のあらゆる分野において、他の者との平等を基礎として全ての人権及び基本的自由を認識し、享有し、又は行使することを害し、又は妨げる目的又は効果を有するものをいう。障害に基づく差別には、あらゆる形態の差別（合理的配慮の否定を含む。）を含む。

「合理的配慮」とは、障害者が他の者との平等を基礎として全ての人権及び基本的自由を享有し、又は行使することを確保するための必要かつ適当な変更及び調整であって、特定の場合において必要とされるものであり、かつ、均衡を失した又は過度の負担を課さないものをいう。

「ユニバーサルデザイン」とは、調整又は特別な設計を必要とすることなく、最大限可能な範囲で全ての人が使用することのできる製品、環境、計画及びサービスの設計をいう。ユニバーサルデザインは、特定の障害者の集団のための補装具が必要な場合には、これを排除するものではない。

第3条　一般原則

この条約の原則は、次のとおりとする。
(a) 固有の尊厳、個人の自律（自ら選択する自由を含む。）及び個人の自立の尊重
(b) 無差別
(c) 社会への完全かつ効果的な参加及び包容
(d) 差異の尊重並びに人間の多様性の一部及び人類の一員としての障害者の受入れ
(e) 機会の均等
(f) 施設及びサービス等の利用の容易さ
(g) 男女の平等
(h) 障害のある児童の発達しつつある能力の尊重及び障害のある児童がその同一性を保持する権利の尊重

第4条　一般的義務

1　締約国は、障害に基づくいかなる差別もなしに、全ての障害者のあらゆる人権及び基本的自由を完全に実現することを確保し、及び促進することを約束する。このため、締約国は、次のことを約束する。

(a) この条約において認められる権利の実現のため、全ての適当な立法措置、行政措置その他の措置をとること。
(b) 障害者に対する差別となる既存の法律、規則、慣習及び慣行を修正し、又は廃止するための全ての適当な措置（立法を含む。）をとること。
(c) 全ての政策及び計画において障害者の人権の保護及び促進を考慮に入れること。
(d) この条約と両立しないいかなる行為又は慣行も差し控えること。また、公の当局及び機関がこの条約に従って行動することを確保すること。
(e) いかなる個人、団体又は民間企業による障害に基づく差別も撤廃するための全ての適当な措置をとること。
(f) 第２条に規定するユニバーサルデザインの製品、サービス、設備及び施設であって、障害者に特有のニーズを満たすために必要な調整が可能な限り最小限であり、かつ、当該ニーズを満たすために必要な費用が最小限であるべきものについての研究及び開発を実施し、又は促進すること。また、当該ユニバーサルデザインの製品、サービス、設備及び施設の利用可能性及び使用を促進すること。さらに、基準及び指針を作成するに当たっては、ユニバーサルデザインが当該基準及び指針に含まれることを促進すること。
(g) 障害者に適した新たな機器（情報通信機器、移動補助具、補装具及び支援機器を含む。）についての研究及び開発を実施し、又は促進し、並びに当該新たな機器の利用可能性及び使用を促進すること。この場合において、締約国は、負担しやすい費用の機器を優先させる。
(h) 移動補助具、補装具及び支援機器（新たな機器を含む。）並びに他の形態の援助、支援サービス及び施設に関する情報であって、障害者にとって利用しやすいものを提供すること。
(i) この条約において認められる権利によって保障される支援及びサービスをより良く提供するため、障害者と共に行動する専門家及び職員に対する当該権利に関する研修を促進すること。

2　各締約国は、経済的、社会的及び文化的権利に関しては、これらの権利の完全な実現を漸進的に達成するため、自国における利用可能な手段を最大限に用いることにより、また、必要な場合には国際協力の枠内で、措置をとることを約束する。ただし、この条約に定める義務であって、国際法に従って直ちに適用されるものに影響を及ぼすものではない。

3　締約国は、この条約を実施するための法令及び政策の作成及び実施において、並びに障害者に関する問題についての他の意思決定過程において、障害者（障害のある児童を含む。以下この３において同じ。）を代表する団体を通じ、障害者と緊密に協議し、及び障害者を積極的に関与させる。

4　この条約のいかなる規定も、締約国の法律又は締約国について効力を有する国際法に含まれる規定であって障害者の権利の実現に一層貢献するものに影響を及ぼすものではない。この条約のいずれかの締約国において法律、条約、規則又は慣習によって認められ、又は存する人権及び基本的自由については、この条約がそれらの権利若しくは自由を認めていないこと又はその認める範囲がより狭いことを理由として、それらの権利及び自由を制限し、又は侵してはならない。

5　この条約は、いかなる制限又は例外もなしに、連邦国家の全ての地域について適用する。

第５条　平等及び無差別

1　締約国は、全ての者が、法律の前に又は法律に基づいて平等であり、並びにいかなる差別もなしに法律による平等の保護及び利益を受ける権利を有することを認める。

2　締約国は、障害に基づくあらゆる差別を禁止するものとし、いかなる理由による差別に対しても平等かつ効果的な法的保護を障害者に保障する。

3　締約国は、平等を促進し、及び差別を撤廃することを目的として、合理的配慮が提供されることを確保するための全ての適当な措置をとる。

4　障害者の事実上の平等を促進し、又は達成するために必要な特別の措置は、この条約に規定する差別と解してはならない。

第６条　障害のある女子

1　締約国は、障害のある女子が複合的な差別を受けていることを認識するものとし、この点に関し、障害のある女子が全ての人権及び基本的自由を完全かつ平等に享有することを確保するための措置をとる。

2　締約国は、女子に対してこの条約に定める人権及び基本的自由を行使し、及び享有することを保障することを目的として、女子の完全な能力開発、向上及び自律的な力の育成を確保するための全ての適当な措置をとる。

第７条　障害のある児童

1　締約国は、障害のある児童が他の児童との平等を基礎として全ての人権及び基本的自由を完全に享有することを確保するための全ての必要な措置をとる。

2　障害のある児童に関する全ての措置をとるに当たっては、児童の最善の利益が主として考慮されるものとする。
3　締約国は、障害のある児童が、自己に影響を及ぼす全ての事項について自由に自己の意見を表明する権利並びにこの権利を実現するための障害及び年齢に適した支援を提供される権利を有することを確保する。この場合において、障害のある児童の意見は、他の児童との平等を基礎として、その児童の年齢及び成熟度に従って相応に考慮されるものとする。

第8条　意識の向上

1　締約国は、次のことのための即時の、効果的なかつ適当な措置をとることを約束する。
(a)　障害者に関する社会全体（各家庭を含む。）の意識を向上させ、並びに障害者の権利及び尊厳に対する尊重を育成すること。
(b)　あらゆる活動分野における障害者に関する定型化された観念、偏見及び有害な慣行（性及び年齢に基づくものを含む。）と戦うこと。
(c)　障害者の能力及び貢献に関する意識を向上させること。
2　このため、1の措置には、次のことを含む。
(a)　次のことのための効果的な公衆の意識の啓発活動を開始し、及び維持すること。
i　障害者の権利に対する理解を育てること。
ii　障害者に対する肯定的認識及び一層の社会の啓発を促進すること。
iii　障害者の技能、長所及び能力並びに職場及び労働市場に対する障害者の貢献についての認識を促進すること。
(b)　教育制度の全ての段階（幼年期からの全ての児童に対する教育制度を含む。）において、障害者の権利を尊重する態度を育成すること。
(c)　全ての報道機関が、この条約の目的に適合するように障害者を描写するよう奨励すること。
(d)　障害者及びその権利に関する啓発のための研修計画を促進すること。

第9条　施設及びサービス等の利用の容易さ

1　締約国は、障害者が自立して生活し、及び生活のあらゆる側面に完全に参加することを可能にすることを目的として、障害者が、他の者との平等を基礎として、都市及び農村の双方において、物理的環境、輸送機関、情報通信（情報通信機器及び情報通信システムを含む。）並びに公衆に開放され、又は提供される他の施設及びサービスを利用する機会を有することを確保するための適当な措置をとる。この措置は、施設及びサービス等の利用の容易さに対する妨げ及び障壁を特定し、及び撤廃することを含むものとし、特に次の事項について適用する。
(a)　建物、道路、輸送機関その他の屋内及び屋外の施設（学校、住居、医療施設及び職場を含む。）
(b)　情報、通信その他のサービス（電子サービス及び緊急事態に係るサービスを含む。）
2　締約国は、また、次のことのための適当な措置をとる。
(a)　公衆に開放され、又は提供される施設及びサービスの利用の容易さに関する最低基準及び指針を作成し、及び公表し、並びに当該最低基準及び指針の実施を監視すること。
(b)　公衆に開放され、又は提供される施設及びサービスを提供する民間の団体が、当該施設及びサービスの障害者にとっての利用の容易さについてあらゆる側面を考慮することを確保すること。
(c)　施設及びサービス等の利用の容易さに関して障害者が直面する問題についての研修を関係者に提供すること。
(d)　公衆に開放される建物その他の施設において、点字の表示及び読みやすく、かつ、理解しやすい形式の表示を提供すること。
(e)　公衆に開放される建物その他の施設の利用の容易さを促進するため、人又は動物による支援及び仲介する者（案内者、朗読者及び専門の手話通訳を含む。）を提供すること。
(f)　障害者が情報を利用する機会を有することを確保するため、障害者に対する他の適当な形態の援助及び支援を促進すること。
(g)　障害者が新たな情報通信機器及び情報通信システム（インターネットを含む。）を利用する機会を有することを促進すること。
(h)　情報通信機器及び情報通信システムを最小限の費用で利用しやすいものとするため、早い段階で、利用しやすい情報通信機器及び情報通信システムの設計、開発、生産及び流通を促進すること。

第10条　生命に対する権利

締約国は、全ての人間が生命に対する固有の権利を有することを再確認するものとし、障害者が他の者との平等を基礎としてその権利を効果的に享有することを確保するための全ての必要な措置をとる。

第11条　危険な状況及び人道上の緊急事態

締約国は、国際法（国際人道法及び国際人権法を含む。）に基づく自国の義務に従い、危険な状況（武力紛争、人道上の緊急事態及び自然災害の発生を含む。）において障害者の保護及び安全を確保するための全ての必要な措置をとる。

第12条　法律の前にひとしく認められる権利

1　締約国は、障害者が全ての場所において法律の前に人として認められる権利を有することを再確認する。

2　締約国は、障害者が生活のあらゆる側面において他の者との平等を基礎として法的能力を享有することを認める。

3　締約国は、障害者がその法的能力の行使に当たって必要とする支援を利用する機会を提供するための適当な措置をとる。

4　締約国は、法的能力の行使に関連する全ての措置において、濫用を防止するための適当かつ効果的な保障を国際人権法に従って定めることを確保する。当該保障は、法的能力の行使に関連する措置が、障害者の権利、意思及び選好を尊重すること、利益相反を生じさせず、及び不当な影響を及ぼさないこと、障害者の状況に応じ、かつ、適合すること、可能な限り短い期間に適用されること並びに権限のある、独立の、かつ、公平な当局又は司法機関による定期的な審査の対象となることを確保するものとする。当該保障は、当該措置が障害者の権利及び利益に及ぼす影響の程度に応じたものとする。

5　締約国は、この条の規定に従うことを条件として、障害者が財産を所有し、又は相続し、自己の会計を管理し、及び銀行貸付け、抵当その他の形態の金融上の信用を利用する均等な機会を有することについての平等の権利を確保するための全ての適当かつ効果的な措置をとるものとし、障害者がその財産を恣意的に奪われないことを確保する。

第13条　司法手続の利用の機会

1　締約国は、障害者が全ての法的手続（捜査段階その他予備的な段階を含む。）において直接及び間接の参加者（証人を含む。）として効果的な役割を果たすことを容易にするため、手続上の配慮及び年齢に適した配慮が提供されること等により、障害者が他の者との平等を基礎として司法手続を利用する効果的な機会を有することを確保する。

2　締約国は、障害者が司法手続を利用する効果的な機会を有することを確保することに役立てるため、司法に係る分野に携わる者（警察官及び刑務官を含む。）に対する適当な研修を促進する。

第14条　身体の自由及び安全

1　締約国は、障害者に対し、他の者との平等を基礎として、次のことを確保する。

(a)　身体の自由及び安全についての権利を享有すること。

(b)　不法に又は恣意的に自由を奪われないこと、いかなる自由の剥奪も法律に従って行われること及びいかなる場合においても自由の剥奪が障害の存在によって正当化されないこと。

2　締約国は、障害者がいずれの手続を通じて自由を奪われた場合であっても、当該障害者が、他の者との平等を基礎として国際人権法による保障を受ける権利を有すること並びにこの条約の目的及び原則に従って取り扱われること（合理的配慮の提供によるものを含む。）を確保する。

第15条　拷問又は残虐な、非人道的な若しくは品位を傷つける取扱い若しくは刑罰からの自由

1　いかなる者も、拷問又は残虐な、非人道的な若しくは品位を傷つける取扱い若しくは刑罰を受けない。特に、いかなる者も、その自由な同意なしに医学的又は科学的実験を受けない。

2　締約国は、障害者が、他の者との平等を基礎として、拷問又は残虐な、非人道的な若しくは品位を傷つける取扱い若しくは刑罰を受けることがないようにするため、全ての効果的な立法上、行政上、司法上その他の措置をとる。

第16条　搾取、暴力及び虐待からの自由

1　締約国は、家庭の内外におけるあらゆる形態の搾取、暴力及び虐待（性別に基づくものを含む。）から障害者を保護するための全ての適当な立法上、行政上、社会上、教育上その他の措置をとる。

2　また、締約国は、特に、障害者並びにその家族及び介護者に対する適当な形態の性別及び年齢に配慮した援助及び支援（搾取、暴力及び虐待の事案を防止し、認識し、及び報告する方法に関する情報及び教育を提供することによるものを含む。）を確保することにより、あらゆる形態の搾取、暴力及び虐待を防止するための全ての適当な措置をとる。締約国は、保護事業が年齢、性別及び障害に配慮したものであることを確保する。

3　締約国は、あらゆる形態の搾取、暴力及び虐待の発生を防止するため、障害者に役立つことを意図した全ての施設及び計画が独立した当局により効果的に監視されることを確保する。

4　締約国は、あらゆる形態の搾取、暴力又は虐待の被害者となる障害者の身体的、認知的及び心理的な回復、リハビリテーション並びに社会復帰を促進するための全ての適当な措置（保護事業の提供によるものを含む。）をとる。このような回復及び復帰は、障害者の健康、福祉、自尊心、尊厳及び自律を育成する環境において行われるものとし、性別及び年齢に応じたニーズを考慮に入れる。

5　締約国は、障害者に対する搾取、暴力及び虐待の事案が特定され、捜査され、及び適当な場合には訴追されることを確保するための効果的な法令及び政策（女子及び児童に重点を置いた法令及び政策を含む。）を策定する。

第17条　個人をそのままの状態で保護すること

全ての障害者は、他の者との平等を基礎として、その心身がそのままの状態で尊重される権利を有する。

第18条　移動の自由及び国籍についての権利

1　締約国は、障害者に対して次のことを確保すること等により、障害者が他の者との平等を基礎として移動の自由、居住の自由及び国籍についての権利を有することを認める。

(a)　国籍を取得し、及び変更する権利を有すること並びにその国籍を恣意的に又は障害に基づいて奪われないこと。

(b)　国籍に係る文書若しくは身元に係る他の文書を入手し、所有し、及び利用すること又は移動の自由についての権利の行使を容易にするために必要とされる関連手続（例えば、出入国の手続）を利用することを、障害に基づいて奪われないこと。

(c)　いずれの国（自国を含む。）からも自由に離れることができること。

(d)　自国に戻る権利を恣意的に又は障害に基づいて奪われないこと。

2　障害のある児童は、出生の後直ちに登録される。障害のある児童は、出生の時から氏名を有する権利及び国籍を取得する権利を有するものとし、また、できる限りその父母を知り、かつ、その父母によって養育される権利を有する。

第19条　自立した生活及び地域社会への包容

この条約の締約国は、全ての障害者が他の者と平等の選択の機会をもって地域社会で生活する平等の権利を有することを認めるものとし、障害者が、この権利を完全に享受し、並びに地域社会に完全に包容され、及び参加することを容易にするための効果的かつ適当な措置をとる。この措置には、次のことを確保することによるものを含む。

(a)　障害者が、他の者との平等を基礎として、居住地を選択し、及びどこで誰と生活するかを選択する機会を有すること並びに特定の生活施設で生活する義務を負わないこと。

(b)　地域社会における生活及び地域社会への包容を支援し、並びに地域社会からの孤立及び隔離を防止するために必要な在宅サービス、居住サービスその他の地域社会支援サービス（個別の支援を含む。）を障害者が利用する機会を有すること。

(c)　一般住民向けの地域社会サービス及び施設が、障害者にとって他の者との平等を基礎として利用可能であり、かつ、障害者のニーズに対応していること。

第20条　個人の移動を容易にすること

締約国は、障害者自身ができる限り自立して移動することを容易にすることを確保するための効果的な措置をとる。この措置には、次のことによるものを含む。

(a)　障害者自身が、自ら選択する方法で、自ら選択する時に、かつ、負担しやすい費用で移動することを容易にすること。

(b)　障害者が質の高い移動補助具、補装具、支援機器、人又は動物による支援及び仲介する者を利用する機会を得やすくすること（これらを負担しやすい費用で利用可能なものとすることを含む。）。

(c)　障害者及び障害者と共に行動する専門職員に対し、移動のための技能に関する研修を提供すること。

(d)　移動補助具、補装具及び支援機器を生産する事業体に対し、障害者の移動のあらゆる側面を考慮するよう奨励すること。

第21条　表現及び意見の自由並びに情報の利用の機会

締約国は、障害者が、第２条に定めるあらゆる形態の意思疎通であって自ら選択するものにより、表現及び意見の自由（他の者との平等を基礎として情報及び考えを求め、受け、及び伝える自由を含む。）についての権利を行使することができることを確保するための全ての適当な措置をとる。この措置には、次のことによるものを含む。

(a)　障害者に対し、様々な種類の障害に相応した利用しやすい様式及び機器により、適時に、かつ、追加の費用を伴わず、一般公衆向けの情報を提供すること。

(b)　公的な活動において、手話、点字、補助的及び代替的な意思疎通並びに障害者が自ら選択する他の全ての利用しやすい意思疎通の手段、形態及び様式を用いることを受け入れ、及び容易にすること。

(c)　一般公衆に対してサービス（インターネットによるものを含む。）を提供する民間の団体が情報及びサービスを障害者にとって利用しやすい又は使用可能な様式で提供するよう要請すること。

(d)　マスメディア（インターネットを通じて情報を提供する者を含む。）がそのサービスを障害者にとって利用しやすいものとするよう奨励すること。

(e)　手話の使用を認め、及び促進すること。

第22条　プライバシーの尊重
1　いかなる障害者も、居住地又は生活施設のいかんを問わず、そのプライバシー、家族、住居又は通信その他の形態の意思疎通に対して恣意的に又は不法に干渉されず、また、名誉及び信用を不法に攻撃されない。障害者は、このような干渉又は攻撃に対する法律の保護を受ける権利を有する。
2　締約国は、他の者との平等を基礎として、障害者の個人、健康及びリハビリテーションに関する情報に係るプライバシーを保護する。
第23条　家庭及び家族の尊重
1　締約国は、他の者との平等を基礎として、婚姻、家族、親子関係及び個人的な関係に係る全ての事項に関し、障害者に対する差別を撤廃するための効果的かつ適当な措置をとる。この措置は、次のことを確保することを目的とする。
(a)　婚姻をすることができる年齢の全ての障害者が、両当事者の自由かつ完全な合意に基づいて婚姻をし、かつ、家族を形成する権利を認められること。
(b)　障害者が子の数及び出産の間隔を自由にかつ責任をもって決定する権利を認められ、また、障害者が生殖及び家族計画について年齢に適した情報及び教育を享受する権利を認められること。さらに、障害者がこれらの権利を行使することを可能とするために必要な手段を提供されること。
(c)　障害者（児童を含む。）が、他の者との平等を基礎として生殖能力を保持すること。
2　締約国は、子の後見、養子縁組又はこれらに類する制度が国内法令に存在する場合には、それらの制度に係る障害者の権利及び責任を確保する。あらゆる場合において、子の最善の利益は至上である。締約国は、障害者が子の養育についての責任を遂行するに当たり、当該障害者に対して適当な援助を与える。
3　締約国は、障害のある児童が家庭生活について平等の権利を有することを確保する。締約国は、この権利を実現し、並びに障害のある児童の隠匿、遺棄、放置及び隔離を防止するため、障害のある児童及びその家族に対し、包括的な情報、サービス及び支援を早期に提供することを約束する。
4　締約国は、児童がその父母の意思に反してその父母から分離されないことを確保する。ただし、権限のある当局が司法の審査に従うことを条件として適用のある法律及び手続に従いその分離が児童の最善の利益のために必要であると決定する場合は、この限りでない。いかなる場合にも、児童は、自己の障害又は父母の一方若しくは双方の障害に基づいて父母から分離されない。
5　締約国は、近親の家族が障害のある児童を監護することができない場合には、一層広い範囲の家族の中で代替的な監護を提供し、及びこれが不可能なときは、地域社会の中で家庭的な環境により代替的な監護を提供するようあらゆる努力を払う。
第24条　教育
1　締約国は、教育についての障害者の権利を認める。締約国は、この権利を差別なしに、かつ、機会の均等を基礎として実現するため、障害者を包容するあらゆる段階の教育制度及び生涯学習を確保する。当該教育制度及び生涯学習は、次のことを目的とする。
(a)　人間の潜在能力並びに尊厳及び自己の価値についての意識を十分に発達させ、並びに人権、基本的自由及び人間の多様性の尊重を強化すること。
(b)　障害者が、その人格、才能及び創造力並びに精神的及び身体的な能力をその可能な最大限度まで発達させること。
(c)　障害者が自由な社会に効果的に参加することを可能とすること。
2　締約国は、1の権利の実現に当たり、次のことを確保する。
(a)　障害者が障害に基づいて一般的な教育制度から排除されないこと及び障害のある児童が障害に基づいて無償のかつ義務的な初等教育から又は中等教育から排除されないこと。
(b)　障害者が、他の者との平等を基礎として、自己の生活する地域社会において、障害者を包容し、質が高く、かつ、無償の初等教育を享受することができること及び中等教育を享受することができること。
(c)　個人に必要とされる合理的配慮が提供されること。
(d)　障害者が、その効果的な教育を容易にするために必要な支援を一般的な教育制度の下で受けること。
(e)　学問的及び社会的な発達を最大にする環境において、完全な包容という目標に合致する効果的で個別化された支援措置がとられること。
3　締約国は、障害者が教育に完全かつ平等に参加し、及び地域社会の構成員として完全かつ平等に参加することを容易にするため、障害者が生活する上での技能及び社会的な発達のための技能を習得することを可能とする。このため、締約国は、次のことを含む適当な措置をとる。
(a)　点字、代替的な文字、意思疎通の補助的及び代替的な形態、手段及び様式並びに定位及び移動のための技能の習得並びに障害者相互による支援及び助言を容易にすること。

(b)　手話の習得及び聾社会の言語的な同一性の促進を容易にすること。
(c)　盲人、聾者又は盲聾者（特に盲人、聾者又は盲聾者である児童）の教育が、その個人にとって最も適当な言語並びに意思疎通の形態及び手段で、かつ、学問的及び社会的な発達を最大にする環境において行われることを確保すること。

4　締約国は、1の権利の実現の確保を助長することを目的として、手話又は点字について能力を有する教員（障害のある教員を含む。）を雇用し、並びに教育に従事する専門家及び職員（教育のいずれの段階において従事するかを問わない。）に対する研修を行うための適当な措置をとる。この研修には、障害についての意識の向上を組み入れ、また、適当な意思疎通の補助的及び代替的な形態、手段及び様式の使用並びに障害者を支援するための教育技法及び教材の使用を組み入れるものとする。

5　締約国は、障害者が、差別なしに、かつ、他の者との平等を基礎として、一般的な高等教育、職業訓練、成人教育及び生涯学習を享受することができることを確保する。このため、締約国は、合理的配慮が障害者に提供されることを確保する。

第25条　健康

締約国は、障害者が障害に基づく差別なしに到達可能な最高水準の健康を享受する権利を有することを認める。締約国は、障害者が性別に配慮した保健サービス（保健に関連するリハビリテーションを含む。）を利用する機会を有することを確保するための全ての適当な措置をとる。締約国は、特に、次のことを行う。

(a)　障害者に対して他の者に提供されるものと同一の範囲、質及び水準の無償の又は負担しやすい費用の保健及び保健計画（性及び生殖に係る健康並びに住民のための公衆衛生計画の分野のものを含む。）を提供すること。
(b)　障害者が特にその障害のために必要とする保健サービス（早期発見及び適当な場合には早期関与並びに特に児童及び高齢者の新たな障害を最小限にし、及び防止するためのサービスを含む。）を提供すること。
(c)　これらの保健サービスを、障害者自身が属する地域社会（農村を含む。）の可能な限り近くにおいて提供すること。
(d)　保健に従事する者に対し、特に、研修を通じて及び公私の保健に関する倫理基準を広く知らせることによって障害者の人権、尊厳、自律及びニーズに関する意識を高めることにより、他の者と同一の質の医療（例えば、事情を知らされた上での自由な同意を基礎とした医療）を障害者に提供するよう要請すること。
(e)　健康保険及び国内法により認められている場合には生命保険の提供に当たり、公正かつ妥当な方法で行い、及び障害者に対する差別を禁止すること。
(f)　保健若しくは保健サービス又は食糧及び飲料の提供に関し、障害に基づく差別的な拒否を防止すること。

第26条　ハビリテーション（適応のための技能の習得）及びリハビリテーション

1　締約国は、障害者が、最大限の自立並びに十分な身体的、精神的、社会的及び職業的な能力を達成し、及び維持し、並びに生活のあらゆる側面への完全な包容及び参加を達成し、及び維持することを可能とするための効果的かつ適当な措置（障害者相互による支援を通じたものを含む。）をとる。このため、締約国は、特に、保健、雇用、教育及び社会に係るサービスの分野において、ハビリテーション及びリハビリテーションについての包括的なサービス及びプログラムを企画し、強化し、及び拡張する。この場合において、これらのサービス及びプログラムは、次のようなものとする。

(a)　可能な限り初期の段階において開始し、並びに個人のニーズ及び長所に関する学際的な評価を基礎とするものであること。
(b)　地域社会及び社会のあらゆる側面への参加及び包容を支援し、自発的なものであり、並びに障害者自身が属する地域社会（農村を含む。）の可能な限り近くにおいて利用可能なものであること。

2　締約国は、ハビリテーション及びリハビリテーションのサービスに従事する専門家及び職員に対する初期研修及び継続的な研修の充実を促進する。

3　締約国は、障害者のために設計された補装具及び支援機器であって、ハビリテーション及びリハビリテーションに関連するものの利用可能性、知識及び使用を促進する。

第27条　労働及び雇用

1　締約国は、障害者が他の者との平等を基礎として労働についての権利を有することを認める。この権利には、障害者に対して開放され、障害者を包容し、及び障害者にとって利用しやすい労働市場及び労働環境において、障害者が自由に選択し、又は承諾する労働によって生計を立てる機会を有する権利を含む。締約国は、特に次のことのための適当な措置（立法によるものを含む。）をとることにより、労働についての障害者（雇用の過程で障害を有することとなった者を含む。）の権利が実現されることを保障し、及び促進する。

(a) あらゆる形態の雇用に係る全ての事項（募集、採用及び雇用の条件、雇用の継続、昇進並びに安全かつ健康的な作業条件を含む。）に関し、障害に基づく差別を禁止すること。

(b) 他の者との平等を基礎として、公正かつ良好な労働条件（均等な機会及び同一価値の労働についての同一報酬を含む。）、安全かつ健康的な作業条件（嫌がらせからの保護を含む。）及び苦情に対する救済についての障害者の権利を保護すること。

(c) 障害者が他の者との平等を基礎として労働及び労働組合についての権利を行使することができることを確保すること。

(d) 障害者が技術及び職業の指導に関する一般的な計画、職業紹介サービス並びに職業訓練及び継続的な訓練を利用する効果的な機会を有することを可能とすること。

(e) 労働市場において障害者の雇用機会の増大を図り、及びその昇進を促進すること並びに職業を求め、これに就き、これを継続し、及びこれに復帰する際の支援を促進すること。

(f) 自営活動の機会、起業家精神、協同組合の発展及び自己の事業の開始を促進すること。

(g) 公的部門において障害者を雇用すること。

(h) 適当な政策及び措置（積極的差別是正措置、奨励措置その他の措置を含めることができる。）を通じて、民間部門における障害者の雇用を促進すること。

(i) 職場において合理的配慮が障害者に提供されることを確保すること。

(j) 開かれた労働市場において障害者が職業経験を得ることを促進すること。

(k) 障害者の職業リハビリテーション、職業の保持及び職場復帰計画を促進すること。

2　締約国は、障害者が、奴隷の状態又は隷属状態に置かれないこと及び他の者との平等を基礎として強制労働から保護されることを確保する。

第28条　相当な生活水準及び社会的な保障

1　締約国は、障害者が、自己及びその家族の相当な生活水準（相当な食糧、衣類及び住居を含む。）についての権利並びに生活条件の不断の改善についての権利を有することを認めるものとし、障害に基づく差別なしにこの権利を実現することを保障し、及び促進するための適当な措置をとる。

2　締約国は、社会的な保障についての障害者の権利及び障害に基づく差別なしにこの権利を享受することについての障害者の権利を認めるものとし、この権利の実現を保障し、及び促進するための適当な措置をとる。この措置には、次のことを確保するための措置を含む。

(a) 障害者が清浄な水のサービスを利用する均等な機会を有し、及び障害者が障害に関連するニーズに係る適当なかつ費用の負担しやすいサービス、補装具その他の援助を利用する機会を有すること。

(b) 障害者（特に、障害のある女子及び高齢者）が社会的な保障及び貧困削減に関する計画を利用する機会を有すること。

(c) 貧困の状況において生活している障害者及びその家族が障害に関連する費用についての国の援助（適当な研修、カウンセリング、財政的援助及び介護者の休息のための一時的な介護を含む。）を利用する機会を有すること。

(d) 障害者が公営住宅計画を利用する機会を有すること。

(e) 障害者が退職に伴う給付及び計画を利用する均等な機会を有すること。

第29条　政治的及び公的活動への参加

締約国は、障害者に対して政治的権利を保障し、及び他の者との平等を基礎としてこの権利を享受する機会を保障するものとし、次のことを約束する。

(a) 特に次のことを行うことにより、障害者が、直接に、又は自由に選んだ代表者を通じて、他の者との平等を基礎として、政治的及び公的活動に効果的かつ完全に参加することができること（障害者が投票し、及び選挙される権利及び機会を含む。）を確保すること。

ⅰ　投票の手続、設備及び資料が適当な及び利用しやすいものであり、並びにその理解及び使用が容易であることを確保すること。

ⅱ　障害者が、選挙及び国民投票において脅迫を受けることなく秘密投票によって投票し、選挙に立候補し、並びに政府のあらゆる段階において実質的に在職し、及びあらゆる公務を遂行する権利を保護すること。この場合において、適当なときは支援機器及び新たな機器の使用を容易にするものとする。

ⅲ　選挙人としての障害者の意思の自由な表明を保障すること。このため、必要な場合には、障害者の要請に応じて、当該障害者により選択される者が投票の際に援助することを認めること。

(b) 障害者が、差別なしに、かつ、他の者との平等を基礎として、政治に効果的かつ完全に参加することができる環境を積極的に促進し、及び政治への障害者の参加を奨励すること。政治への参加には、次のことを含む。

ⅰ　国の公的及び政治的活動に関係のある非政府機関及び非政府団体に参加し、並びに政党の活動及び運営に参加すること。

ⅱ　国際、国内、地域及び地方の各段階において障害者を代表するための障害者の組織を結成し、並びにこれに参加すること。

第30条　文化的な生活、レクリエーション、余暇及びスポーツへの参加

1　締約国は、障害者が他の者との平等を基礎として文化的な生活に参加する権利を認めるものとし、次のことを確保するための全ての適当な措置をとる。

(a)　障害者が、利用しやすい様式を通じて、文化的な作品を享受する機会を有すること。

(b)　障害者が、利用しやすい様式を通じて、テレビジョン番組、映画、演劇その他の文化的な活動を享受する機会を有すること。

(c)　障害者が、文化的な公演又はサービスが行われる場所（例えば、劇場、博物館、映画館、図書館、観光サービス）を利用する機会を有し、並びに自国の文化的に重要な記念物及び場所を享受する機会をできる限り有すること。

2　締約国は、障害者が、自己の利益のためのみでなく、社会を豊かにするためにも、自己の創造的、芸術的及び知的な潜在能力を開発し、及び活用する機会を有することを可能とするための適当な措置をとる。

3　締約国は、国際法に従い、知的財産権を保護する法律が、障害者が文化的な作品を享受する機会を妨げる不当な又は差別的な障壁とならないことを確保するための全ての適当な措置をとる。

4　障害者は、他の者との平等を基礎として、その独自の文化的及び言語的な同一性（手話及び聾文化を含む。）の承認及び支持を受ける権利を有する。

5　締約国は、障害者が他の者との平等を基礎としてレクリエーション、余暇及びスポーツの活動に参加することを可能とすることを目的として、次のことのための適当な措置をとる。

(a)　障害者があらゆる水準の一般のスポーツ活動に可能な限り参加することを奨励し、及び促進すること。

(b)　障害者が障害に応じたスポーツ及びレクリエーションの活動を組織し、及び発展させ、並びにこれらに参加する機会を有することを確保すること。このため、適当な指導、研修及び資源が他の者との平等を基礎として提供されるよう奨励すること。

(c)　障害者がスポーツ、レクリエーション及び観光の場所を利用する機会を有することを確保すること。

(d)　障害のある児童が遊び、レクリエーション、余暇及びスポーツの活動（学校制度におけるこれらの活動を含む。）への参加について他の児童と均等な機会を有することを確保すること。

(e)　障害者がレクリエーション、観光、余暇及びスポーツの活動の企画に関与する者によるサービスを利用する機会を有することを確保すること。

第31条　統計及び資料の収集

1　締約国は、この条約を実効的なものとするための政策を立案し、及び実施することを可能とするための適当な情報（統計資料及び研究資料を含む。）を収集することを約束する。この情報を収集し、及び保持する過程においては、次のことを満たさなければならない。

(a)　障害者の秘密の保持及びプライバシーの尊重を確保するため、法令に定める保障措置（資料の保護に関する法令を含む。）を遵守すること。

(b)　人権及び基本的自由を保護するための国際的に受け入れられた規範並びに統計の収集及び利用に関する倫理上の原則を遵守すること。

2　この条の規定に従って収集された情報は、適宜分類されるものとし、この条約に基づく締約国の義務の履行の評価に役立てるために、並びに障害者がその権利を行使する際に直面する障壁を特定し、及び当該障壁に対処するために利用される。

3　締約国は、これらの統計の普及について責任を負うものとし、これらの統計が障害者及び他の者にとって利用しやすいことを確保する。

第32条　国際協力

1　締約国は、この条約の目的及び趣旨を実現するための自国の努力を支援するために国際協力及びその促進が重要であることを認識し、この点に関し、国家間において並びに適当な場合には関連のある国際的及び地域的機関並びに市民社会（特に障害者の組織）と連携して、適当かつ効果的な措置をとる。これらの措置には、特に次のことを含むことができる。

(a)　国際協力（国際的な開発計画を含む。）が、障害者を包容し、かつ、障害者にとって利用しやすいものであることを確保すること。

(b)　能力の開発（情報、経験、研修計画及び最良の実例の交換及び共有を通じたものを含む。）を容易にし、及び支援すること。

(c) 研究における協力を容易にし、並びに科学及び技術に関する知識を利用する機会を得やすくすること。
(d) 適当な場合には、技術援助及び経済援助（利用しやすい支援機器を利用する機会を得やすくし、及びこれらの機器の共有を容易にすることによる援助並びに技術移転を通じた援助を含む。）を提供すること。

2 この条の規定は、この条約に基づく義務を履行する各締約国の義務に影響を及ぼすものではない。

第33条 国内における実施及び監視

1 締約国は、自国の制度に従い、この条約の実施に関連する事項を取り扱う一又は二以上の中央連絡先を政府内に指定する。また、締約国は、異なる部門及び段階における関連のある活動を容易にするため、政府内における調整のための仕組みの設置又は指定に十分な考慮を払う。

2 締約国は、自国の法律上及び行政上の制度に従い、この条約の実施を促進し、保護し、及び監視するための枠組み（適当な場合には、一又は二以上の独立した仕組みを含む。）を自国内において維持し、強化し、指定し、又は設置する。締約国は、このような仕組みを指定し、又は設置する場合には、人権の保護及び促進のための国内機構の地位及び役割に関する原則を考慮に入れる。

3 市民社会（特に、障害者及び障害者を代表する団体）は、監視の過程に十分に関与し、かつ、参加する。

第34条 障害者の権利に関する委員会

1 障害者の権利に関する委員会（以下「委員会」という。）を設置する。委員会は、以下に定める任務を遂行する。

2 委員会は、この条約の効力発生の時は12人の専門家で構成する。効力発生の時の締約国に加え更に60の国がこの条約を批准し、又はこれに加入した後は、委員会の委員の数を６人増加させ、上限である18人とする。

3 委員会の委員は、個人の資格で職務を遂行するものとし、徳望が高く、かつ、この条約が対象とする分野において能力及び経験を認められた者とする。締約国は、委員の候補者を指名するに当たり、第４条３の規定に十分な考慮を払うよう要請される。

4 委員会の委員については、締約国が、委員の配分が地理的に衡平に行われること、異なる文明形態及び主要な法体系が代表されること、男女が衡平に代表されること並びに障害のある専門家が参加することを考慮に入れて選出する。

5 委員会の委員は、締約国会議の会合において、締約国により当該締約国の国民の中から指名された者の名簿の中から秘密投票により選出される。締約国会議の会合は、締約国の３分の２をもって定足数とする。これらの会合においては、出席し、かつ、投票する締約国の代表によって投じられた票の最多数で、かつ、過半数の票を得た者をもって委員会に選出された委員とする。

6 委員会の委員の最初の選挙は、この条約の効力発生の日の後６箇月以内に行う。国際連合事務総長は、委員会の委員の選挙の日の遅くとも４箇月前までに、締約国に対し、自国が指名する者の氏名を２箇月以内に提出するよう書簡で要請する。その後、同事務総長は、指名された者のアルファベット順による名簿（これらの者を指名した締約国名を表示した名簿とする。）を作成し、この条約の締約国に送付する。

7 委員会の委員は、４年の任期で選出される。委員は、一回のみ再選される資格を有する。ただし、最初の選挙において選出された委員のうち６人の委員の任期は、２年で終了するものとし、これらの６人の委員は、最初の選挙の後直ちに、５に規定する会合の議長によりくじ引で選ばれる。

8 委員会の６人の追加的な委員の選挙は、この条の関連規定に従って定期選挙の際に行われる。

9 委員会の委員が死亡し、辞任し、又は他の理由のためにその職務を遂行することができなくなったことを宣言した場合には、当該委員を指名した締約国は、残余の期間その職務を遂行する他の専門家であって、資格を有し、かつ、この条の関連規定に定める条件を満たすものを任命する。

10 委員会は、その手続規則を定める。

11 国際連合事務総長は、委員会がこの条約に定める任務を効果的に遂行するために必要な職員及び便益を提供するものとし、委員会の最初の会合を招集する。

12 この条約に基づいて設置される委員会の委員は、国際連合総会が委員会の任務の重要性を考慮して決定する条件に従い、同総会の承認を得て、国際連合の財源から報酬を受ける。

13 委員会の委員は、国際連合の特権及び免除に関する条約の関連規定に規定する国際連合のための職務を遂行する専門家の便益、特権及び免除を享受する。

第35条 締約国による報告

1 各締約国は、この条約に基づく義務を履行するためにとった措置及びこれらの措置によりもたらされた進歩に関する包括的な報告を、この条約が自国について効力を生じた後２年以内に国際連合事務総長を通じて委員会に提出する。
2　その後、締約国は、少なくとも４年ごとに、更に委員会が要請するときはいつでも、その後の報告を提出する。
3　委員会は、報告の内容について適用される指針を決定する。
4　委員会に対して包括的な最初の報告を提出した締約国は、その後の報告においては、既に提供した情報を繰り返す必要はない。締約国は、委員会に対する報告を作成するに当たり、公開され、かつ、透明性のある過程において作成することを検討し、及び第４条３の規定に十分な考慮を払うよう要請される。
5　報告には、この条約に基づく義務の履行の程度に影響を及ぼす要因及び困難を記載することができる。

第36条　報告の検討

1　委員会は、各報告を検討する。委員会は、当該報告について、適当と認める提案及び一般的な性格を有する勧告を行うものとし、これらの提案及び一般的な性格を有する勧告を関係締約国に送付する。当該関係締約国は、委員会に対し、自国が選択する情報を提供することにより回答することができる。委員会は、この条約の実施に関連する追加の情報を当該関係締約国に要請することができる。
2　いずれかの締約国による報告の提出が著しく遅延している場合には、委員会は、委員会にとって利用可能な信頼し得る情報を基礎として当該締約国におけるこの条約の実施状況を審査することが必要であることについて当該締約国に通報（当該通報には、関連する報告が当該通報の後３箇月以内に行われない場合には審査する旨を含む。）を行うことができる。委員会は、当該締約国がその審査に参加するよう要請する。当該締約国が関連する報告を提出することにより回答する場合には、１の規定を適用する。
3　国際連合事務総長は、１の報告を全ての締約国が利用することができるようにする。
4　締約国は、１の報告を自国において公衆が広く利用することができるようにし、これらの報告に関連する提案及び一般的な性格を有する勧告を利用する機会を得やすくする。
5　委員会は、適当と認める場合には、締約国からの報告に記載されている技術的な助言若しくは援助の要請又はこれらの必要性の記載に対処するため、これらの要請又は必要性の記載に関する委員会の見解及び勧告がある場合には当該見解及び勧告とともに、国際連合の専門機関、基金及び計画その他の権限のある機関に当該報告を送付する。

第37条　締約国と委員会との間の協力

1　各締約国は、委員会と協力するものとし、委員の任務の遂行を支援する。
2　委員会は、締約国との関係において、この条約の実施のための当該締約国の能力を向上させる方法及び手段（国際協力を通じたものを含む。）に十分な考慮を払う。

第38条　委員会と他の機関との関係

この条約の効果的な実施を促進し、及びこの条約が対象とする分野における国際協力を奨励するため、
(a)　専門機関その他の国際連合の機関は、その任務の範囲内にある事項に関するこの条約の規定の実施についての検討に際し、代表を出す権利を有する。委員会は、適当と認める場合には、専門機関その他の権限のある機関に対し、これらの機関の任務の範囲内にある事項に関するこの条約の実施について専門家の助言を提供するよう要請することができる。委員会は、専門機関その他の国際連合の機関に対し、これらの機関の任務の範囲内にある事項に関するこの条約の実施について報告を提出するよう要請することができる。
(b)　委員会は、その任務を遂行するに当たり、それぞれの報告に係る指針、提案及び一般的な性格を有する勧告の整合性を確保し、並びにその任務の遂行における重複を避けるため、適当な場合には、人権に関する国際条約によって設置された他の関連する組織と協議する。

第39条　委員会の報告

委員会は、その活動につき２年ごとに国際連合総会及び経済社会理事会に報告するものとし、また、締約国から得た報告及び情報の検討に基づく提案及び一般的な性格を有する勧告を行うことができる。これらの提案及び一般的な性格を有する勧告は、締約国から意見がある場合にはその意見とともに、委員会の報告に記載する。

第40条　締約国会議

1　締約国は、この条約の実施に関する事項を検討するため、定期的に締約国会議を開催する。
2　締約国会議は、この条約が効力を生じた後６箇月以内に国際連合事務総長が招集する。その後の締約国会議は、２年ごとに又は締約国会議の決定に基づき同事務総長が招集する。

第41条　寄託者

この条約の寄託者は、国際連合事務総長とする。

第42条　署名

この条約は、2007年３月30日から、ニューヨークにある国際連合本部において、全ての国及び地域的な統合のための機関による署名のために開放しておく。

第43条　拘束されることについての同意

この条約は、署名国によって批准されなければならず、また、署名した地域的な統合のための機関によって正式確認されなければならない。この条約は、これに署名していない国及び地域的な統合のための機関による加入のために開放しておく。

第44条　地域的な統合のための機関

1　「地域的な統合のための機関」とは、特定の地域の主権国家によって構成される機関であって、この条約が規律する事項に関してその構成国から権限の委譲を受けたものをいう。地域的な統合のための機関は、この条約の規律する事項に関するその権限の範囲をこの条約の正式確認書又は加入書において宣言する。その後、当該機関は、その権限の範囲の実質的な変更を寄託者に通報する。

2　この条約において「締約国」についての規定は、地域的な統合のための機関の権限の範囲内で当該機関について適用する。

3　次条１並びに第47条２及び３の規定の適用上、地域的な統合のための機関が寄託する文書は、これを数に加えてはならない。

4　地域的な統合のための機関は、その権限の範囲内の事項について、この条約の締約国であるその構成国の数と同数の票を締約国会議において投ずる権利を行使することができる。当該機関は、その構成国が自国の投票権を行使する場合には、投票権を行使してはならない。その逆の場合も、同様とする。

第45条　効力発生

1　この条約は、20番目の批准書又は加入書が寄託された後30日目の日に効力を生ずる。

2　この条約は、20番目の批准書又は加入書が寄託された後にこれを批准し、若しくは正式確認し、又はこれに加入する国又は地域的な統合のための機関については、その批准書、正式確認書又は加入書の寄託の後30日目の日に効力を生ずる。

第46条　留保

1　この条約の趣旨及び目的と両立しない留保は、認められない。

2　留保は、いつでも撤回することができる。

第47条　改正

1　いずれの締約国も、この条約の改正を提案し、及び改正案を国際連合事務総長に提出することができる。同事務総長は、締約国に対し、改正案を送付するものとし、締約国による改正案の審議及び決定のための締約国の会議の開催についての賛否を通報するよう要請する。その送付の日から４箇月以内に締約国の３分の１以上が会議の開催に賛成する場合には、同事務総長は、国際連合の主催の下に会議を招集する。会議において出席し、かつ、投票する締約国の３分の２以上の多数によって採択された改正案は、同事務総長により、承認のために国際連合総会に送付され、その後受諾のために全ての締約国に送付される。

2　１の規定により採択され、かつ、承認された改正は、当該改正の採択の日における締約国の３分の２以上が受諾書を寄託した後30日目の日に効力を生ずる。その後は、当該改正は、いずれの締約国についても、その受諾書の寄託の後30日目の日に効力を生ずる。改正は、それを受諾した締約国のみを拘束する。

3　締約国会議がコンセンサス方式によって決定する場合には、１の規定により採択され、かつ、承認された改正であって、第34条及び第38条から第40条までの規定にのみ関連するものは、当該改正の採択の日における締約国の３分の２以上が受諾書を寄託した後30日目の日に全ての締約国について効力を生ずる。

第48条　廃棄

締約国は、国際連合事務総長に対して書面による通告を行うことにより、この条約を廃棄することができる。廃棄は、同事務総長がその通告を受領した日の後１年で効力を生ずる。

第49条　利用しやすい様式

この条約の本文は、利用しやすい様式で提供される。

第50条　正文

この条約は、アラビア語、中国語、英語、フランス語、ロシア語及びスペイン語をひとしく正文とする。

以上の証拠として、下名の全権委員は、各自の政府から正当に委任を受けてこの条約に署名した。

第1章 第2章 第3章 第4章 第5章 第6章 参考資料 付録 索引

CONVENTION ON THE RIGHTS OF PERSONS WITH DISABILITIES

Preamble

The States Parties to the present Convention,

(a) Recalling the principles proclaimed in the Charter of the United Nations which recognize the inherent dignity and worth and the equal and inalienable rights of all members of the human family as the foundation of freedom, justice and peace in the world,

(b) Recognizing that the United Nations, in the Universal Declaration of Human Rights and in the International Covenants on Human Rights, has proclaimed and agreed that everyone is entitled to all the rights and freedoms set forth therein, without distinction of any kind,

(c) Reaffirming the universality, indivisibility, interdependence and interrelatedness of all human rights and fundamental freedoms and the need for persons with disabilities to be guaranteed their full enjoyment without discrimination,

(d) Recalling the International Covenant on Economic, Social and Cultural Rights, the International Covenant on Civil and Political Rights, the International Convention on the Elimination of All Forms of Racial Discrimination, the Convention on the Elimination of All Forms of Discrimination against Women, the Convention against Torture and Other Cruel, Inhuman or Degrading Treatment or Punishment, the Convention on the Rights of the Child, and the International Convention on the Protection of the Rights of All Migrant Workers and Members of Their Families,

(e) Recognizing that disability is an evolving concept and that disability results from the interaction between persons with impairments and attitudinal and environmental barriers that hinders their full and effective participation in society on an equal basis with others,

(f) Recognizing the importance of the principles and policy guidelines contained in the World Programme of Action concerning Disabled Persons and in the Standard Rules on the Equalization of Opportunities for Persons with Disabilities in influencing the promotion, formulation and evaluation of the policies, plans, programmes and actions at the national, regional and international levels to further equalize opportunities for persons with disabilities,

(g) Emphasizing the importance of mainstreaming disability issues as an integral part of relevant strategies of sustainable development,

(h) Recognizing also that discrimination against any person on the basis of disability is a violation of the inherent dignity and worth of the human person,

(i) Recognizing further the diversity of persons with disabilities,

(j) Recognizing the need to promote and protect the human rights of all persons with disabilities, including those who require more intensive support,

(k) Concerned that, despite these various instruments and undertakings, persons with disabilities continue to face barriers in their participation as equal members of society and violations of their human rights in all parts of the world,

(l) Recognizing the importance of international cooperation for improving the living conditions of persons with disabilities in every country, particularly in developing countries,

(m) Recognizing the valued existing and potential contributions made by persons with disabilities to the overall well-being and diversity of their communities, and that the promotion of the full enjoyment by persons with disabilities of their human rights and fundamental freedoms and of full participation by persons with disabilities will result in their enhanced sense of belonging and in significant advances in the human, social and economic development of society and the eradication of poverty,

(n) Recognizing the importance for persons with disabilities of their individual autonomy and independence, including the freedom to make their own choices,

(o) Considering that persons with disabilities should have the opportunity to be actively involved in decision-making processes about policies and programmes, including those directly concerning them,

(p) Concerned about the difficult conditions faced by persons with disabilities who are subject to multiple or aggravated forms of discrimination on the basis of race, colour, sex, language, religion, political or other opinion, national, ethnic, indigenous or social origin, property, birth, age or other status,

(q) Recognizing that women and girls with disabilities are often at greater risk, both within and outside the home, of violence, injury or abuse, neglect or negligent treatment, maltreatment or exploitation,

(r) Recognizing that children with disabilities should have full enjoyment of all human rights and fundamental freedoms on an equal basis with other children, and recalling obligations to that end undertaken by States Parties to the Convention on the Rights of the Child,

(s) Emphasizing the need to incorporate a gender perspective in all efforts to promote the full enjoyment of human rights and fundamental freedoms by persons with disabilities,

(t) Highlighting the fact that the majority of persons with disabilities live in conditions of poverty, and in this regard recognizing the critical need to address the negative impact of poverty on persons with disabilities,

(u) Bearing in mind that conditions of peace and security based on full respect for the purposes and principles contained in the Charter of the United Nations and observance of applicable human rights instruments are indispensable for the full protection of persons with disabilities, in particular during armed conflicts and foreign occupation,

(v) Recognizing the importance of accessibility to the physical, social, economic and cultural environment, to health and education and to information and communication, in enabling persons with disabilities to fully enjoy all human rights and fundamental freedoms,

(w) Realizing that the individual, having duties to other individuals and to the community to which he or she belongs, is under a responsibility to strive for the promotion and observance of the rights recognized in the International Bill of Human Rights,

(x) Convinced that the family is the natural and fundamental group unit of society and is entitled to protection by society and the State, and that persons with disabilities and their family members should receive the necessary protection and assistance to enable families to contribute towards the full and equal enjoyment of the rights of persons with disabilities,

(y) Convinced that a comprehensive and integral international convention to promote and protect the rights and dignity of persons with disabilities will make a significant contribution to redressing the profound social disadvantage of persons with disabilities and promote their participation in the civil, political, economic, social and cultural spheres with equal opportunities, in both developing and developed countries,

Have agreed as follows:

Article 1　Purpose

The purpose of the present Convention is to promote, protect and ensure the full and equal enjoyment of all human rights and fundamental freedoms by all persons with disabilities, and to promote respect for their inherent dignity.

Persons with disabilities include those who have long-term physical, mental, intellectual or sensory impairments which in interaction with various barriers may hinder their full and effective participation in society on an equal basis with others.

Article 2　Definitions

For the purposes of the present Convention:

"Communication" includes languages, display of text, Braille, tactile communication, large print, accessible multimedia as well as written, audio, plain-language, human-reader and augmentative and alternative modes, means and formats of communication, including accessible information and communication technology;

"Language" includes spoken and signed languages and other forms of non spoken languages;

"Discrimination on the basis of disability" means any distinction, exclusion or restriction on the basis of disability which has the purpose or effect of impairing or nullifying the recognition, enjoyment or exercise, on an equal basis with others, of all human right and fundamental freedoms in the political, economic, social, cultural, civil or any other field. It includes all forms of discrimination, including denial of reasonable accommodation;

"Reasonable accommodation" means necessary and appropriate modification and adjustments not imposing a disproportionate or undue burden, where needed in a particular case, to ensure to persons with disabilities the enjoyment or exercise on an equal basis with others of all human rights and fundamental freedoms;

"Universal design" means the design of products, environments, programmes and services to be usable by all people, to the greatest extent possible, without the need for adaptation or specialized design. "Universal design" shall not exclude assistive devices for particular groups of persons with disabilities where this is needed.

Article 3　General principles

The principles of the present Convention shall be:

(a) Respect for inherent dignity, individual autonomy including the freedom to make one's own choices, and independence of persons;

(b) Non-discrimination;

(c) Full and effective participation and inclusion in society;

(d) Respect for difference and acceptance of persons with disabilities as part of human diversity and humanity;

(e) Equality of opportunity;

(f) Accessibility;

(g) Equality between men and women;

(h) Respect for the evolving capacities of children with disabilities and respect for the right of children with disabilities to preserve their identities.

Article 4 General obligations

1. States Parties undertake to ensure and promote the full realization of all human rights and fundamental freedoms for all persons with disabilities without discrimination of any kind on the basis of disability. To this end, States Parties undertake:

(a) To adopt all appropriate legislative, administrative and other measures for the implementation of the rights recognized in the present Convention;

(b) To take all appropriate measures, including legislation, to modify or abolish existing laws, regulations, customs and practices that constitute discrimination against persons with disabilities;

(c) To take into account the protection and promotion of the human rights of persons with disabilities in all policies and programmes;

(d) To refrain from engaging in any act or practice that is inconsistent with the present Convention and to ensure that public authorities and institutions act in conformity with the present Convention;

(e) To take all appropriate measures to eliminate discrimination on the basis of disability by any person, organization or private enterprise;

(f) To undertake or promote research and development of universally designed goods, services, equipment and facilities, as defined in article 2 of the present Convention, which should require the minimum possible adaptation and the least cost to meet the specific needs of a person with disabilities, to promote their availability and use, and to promote universal design in the development of standards and guidelines;

(g) To undertake or promote research and development of, and to promote the availability and use of new technologies, including information and communications technologies, mobility aids, devices and assistive technologies, suitable for persons with disabilities, giving priority to technologies at an affordable cost;

(h) To provide accessible information to persons with disabilities about mobility aids, devices and assistive technologies, including new technologies, as well as other forms of assistance, support services and facilities;

(i) To promote the training of professionals and staff working with persons with disabilities in the rights recognized in the present Convention so as to better provide the assistance and services guaranteed by those rights.

2. With regard to economic, social and cultural rights, each State Party undertakes to take measures to the maximum of its available resources and, where needed, within the framework of international cooperation, with a view to achieving progressively the full realization of these rights, without prejudice to those obligations contained in the present Convention that are immediately applicable according to international law.

3. In the development and implementation of legislation and policies to implement the present Convention, and in other decision-making processes concerning issues relating to persons with disabilities, States Parties shall closely consult with and actively involve persons with disabilities, including children with disabilities, through their representative organizations.

4. Nothing in the present Convention shall affect any provisions which are more conducive to the realization of the rights of persons with disabilities and which may be contained in the law of a State Party or international law in force for that State. There shall be no restriction upon or derogation from any of the human rights and fundamental freedoms recognized or existing in any State Party to the present Convention pursuant to law, conventions, regulation or custom on the pretext that the present Convention does not recognize such rights or freedoms or that it recognizes them to a lesser extent.

5. The provisions of the present Convention shall extend to all parts of federal States without any limitations or exceptions.

Article 5　Equality and non-discrimination

1. States Parties recognize that all persons are equal before and under the law and are entitled without any discrimination to the equal protection and equal benefit of the law.

2. States Parties shall prohibit all discrimination on the basis of disability and guarantee to persons with disabilities equal and effective legal protection against discrimination on all grounds.

3. In order to promote equality and eliminate discrimination, States Parties shall take all appropriate steps to ensure that reasonable accommodation is provided.

4. Specific measures which are necessary to accelerate or achieve de facto equality of persons with disabilities shall not be considered discrimination under the terms of the present Convention.

Article 6　Women with disabilities

1. States Parties recognize that women and girls with disabilities are subject to multiple discrimination, and in this regard shall take measures to ensure the full and equal enjoyment by them of all human rights and fundamental freedoms.

2. States Parties shall take all appropriate measures to ensure the full development, advancement and empowerment of women, for the purpose of guaranteeing them the exercise and enjoyment of the human rights and fundamental freedoms set out in the present Convention.

Article 7　Children with disabilities

1. States Parties shall take all necessary measures to ensure the full enjoyment by children with disabilities of all human rights and fundamental freedoms on an equal basis with other children.

2. In all actions concerning children with disabilities, the best interests of the child shall be a primary consideration.

3. States Parties shall ensure that children with disabilities have the right to express their views freely on all matters affecting them, their views being given due weight in accordance with their age and maturity, on an equal basis with other children, and to be provided with disability and age-appropriate assistance to realize that right.

Article 8 Awareness-raising

1. States Parties undertake to adopt immediate, effective and appropriate measures:

(a) To raise awareness throughout society, including at the family level, regarding persons with disabilities, and to foster respect for the rights and dignity of persons with disabilities;

(b) To combat stereotypes, prejudices and harmful practices relating to persons with disabilities, including those based on sex and age, in all areas of life;

(c) To promote awareness of the capabilities and contributions of persons with disabilities.

2. Measures to this end include:

(a) Initiating and maintaining effective public awareness campaigns designed:

i To nurture receptiveness to the rights of persons with disabilities;

ii To promote positive perceptions and greater social awareness towards persons with disabilities;

iii To promote recognition of the skills, merits and abilities of persons with disabilities, and of their contributions to the workplace and the labour market;

(b) Fostering at all levels of the education system, including in all children from an early age, an attitude of respect for the rights of persons with disabilities;

(c) Encouraging all organs of the media to portray persons with disabilities in a manner consistent with the purpose of the present Convention;

(d) Promoting awareness-training programmes regarding persons with disabilities and the rights of persons with disabilities.

Article 9 Accessibility

1. To enable persons with disabilities to live independently and participate fully in all aspects of life, States Parties shall take appropriate measures to ensure to persons with disabilities access, on an equal basis with others, to the hysical environment, to transportation, to information and communications, including information and communications technologies and systems, and to other facilities and services open or provided to the public, both in urban and in rural areas. These measures, which shall include the identification and elimination of obstacles and barriers to accessibility, shall apply to, inter alia:

(a) Buildings, roads, transportation and other indoor and outdoor facilities, including schools, housing, medical facilities and workplaces;

(b) Information, communications and other services, including electronic services and emergency services.

2. States Parties shall also take appropriate measures:

(a) To develop, promulgate and monitor the implementation of minimum standards and guidelines for the accessibility of facilities and services open or provided to the public;

(b) To ensure that private entities that offer facilities and services which are open or provided to the public take into account all aspects of accessibility for persons with disabilities;

(c) To provide training for stakeholders on accessibility issues facing persons with disabilities;

(d) To provide in buildings and other facilities open to the public signage in Braille and in easy to read and understand forms;

(e) To provide forms of live assistance and intermediaries, including guides, readers and professional sign language interpreters, to facilitate accessibility to buildings and other facilities open to the public;

(f) To promote other appropriate forms of assistance and support to persons with disabilities to ensure their access to information;

(g) To promote access for persons with disabilities to new information and communications technologies and systems, including the Internet;

(h) To promote the design, development, production and distribution of accessible information and communications technologies and systems at an early stage, so that these technologies and systems become accessible at minimum cost.

Article 10　Right to life

States Parties reaffirm that every human being has the inherent right to life and shall take all necessary measures to ensure its effective enjoyment by persons with disabilities on an equal basis with others.

Article 11　Situations of risk and humanitarian emergencies

States Parties shall take, in accordance with their obligations under international law, including international humanitarian law and international human rights law, all necessary measures to ensure the protection and safety of persons with disabilities in situations of risk, including situations of armed conflict, humanitarian emergencies and the occurrence of natural disasters.

Article 12　Equal recognition before the law

1. States Parties reaffirm that persons with disabilities have the right to recognition everywhere as persons before the law.

2. States Parties shall recognize that persons with disabilities enjoy legal capacity on an equal basis with others in all aspects of life.

3. States Parties shall take appropriate measures to provide access by persons with disabilities to the support they may require in exercising their legal capacity.

4. States Parties shall ensure that all measures that relate to the exercise of legal capacity provide for appropriate and effective safeguards to prevent abuse in accordance with international human rights law. Such safeguards shall ensure that measures relating to the exercise of legal capacity respect the rights, will and preferences of the person, are free of conflict of interest and undue influence, are proportional and tailored to the person's circumstances, apply for the shortest time

possible and are subject to regular review by a competent, independent and impartial authority or judicial body. The safeguards shall be proportional to the degree to which such measures affect the person's rights and interests.

5. Subject to the provisions of this article, States Parties shall take all appropriate and effective measures to ensure the equal right of persons with disabilities to own or inherit property, to control their own financial affairs and to have equal access to bank loans, mortgages and other forms of financial credit, and shall ensure that persons with disabilities are not arbitrarily deprived of their property.

Article 13　Access to justice

1. States Parties shall ensure effective access to justice for persons with disabilities on an equal basis with others, including through the provision of procedural and age-appropriate accommodations, in order to facilitate their effective role as direct and indirect participants, including as witnesses, in all legal proceedings, including at investigative and other preliminary stages.

2. In order to help to ensure effective access to justice for persons with disabilities, States Parties shall promote appropriate training for those working in the field of administration of justice, including police and prison staff.

Article 14　Liberty and security of person

1. States Parties shall ensure that persons with disabilities, on an equal basis with others:

(a) Enjoy the right to liberty and security of person;

(b) Are not deprived of their liberty unlawfully or arbitrarily, and that any deprivation of liberty is in conformity with the law, and that the existence of a disability shall in no case justify a deprivation of liberty.

2. States Parties shall ensure that if persons with disabilities are deprived of their liberty through any process, they are, on an equal basis with others, entitled to guarantees in accordance with international human rights law and shall be treated in compliance with the objectives and principles of the present Convention, including by provision of reasonable accommodation.

Article 15　Freedom from torture or cruel, inhuman or degrading treatment or punishment

1. No one shall be subjected to torture or to cruel, inhuman or degrading treatment or punishment. In particular, no one shall be subjected without his or her free consent to medical or scientific experimentation.

2. States Parties shall take all effective legislative, administrative, judicial or other measures to prevent persons with disabilities, on an equal basis with others, from being subjected to torture or cruel, inhuman or degrading treatment or punishment.

Article 16　Freedom from exploitation, violence and abuse

1. States Parties shall take all appropriate legislative, administrative, social, educational and other measures to protect persons with disabilities, both within and outside the home, from all forms of exploitation, violence and abuse, including their gender-based aspects.

2. States Parties shall also take all appropriate measures to prevent all forms of exploitation, violence and abuse by ensuring, inter alia, appropriate forms of gender- and age-sensitive assistance and

support for persons with disabilities and their families and caregivers, including through the provision of information and education on how to avoid, recognize and report instances of exploitation, violence and abuse. States Parties shall ensure that protection services are age-, gender- and disability-sensitive.

3. In order to prevent the occurrence of all forms of exploitation, violence and abuse, States Parties shall ensure that all facilities and programmes designed to serve persons with disabilities are effectively monitored by independent authorities.

4. States Parties shall take all appropriate measures to promote the physical, cognitive and psychological recovery, rehabilitation and social reintegration of persons with disabilities who become victims of any form of exploitation, violence or abuse, including through the provision of protection services. Such recovery and reintegration shall take place in an environment that fosters the health, welfare, self-respect, dignity and autonomy of the person and takes into account gender- and age-specific needs.

5. States Parties shall put in place effective legislation and policies, including women- and child-focused legislation and policies, to ensure that instances of exploitation, violence and abuse against persons with disabilities are identified, investigated and, where appropriate, prosecuted.

Article 17　Protecting the integrity of the person

Every person with disabilities has a right to respect for his or her physical and mental integrity on an equal basis with others.

Article 18　Liberty of movement and nationality

1. States Parties shall recognize the rights of persons with disabilities to liberty of movement, to freedom to choose their residence and to a nationality, on an equal basis with others, including by ensuring that persons with disabilities:

(a) Have the right to acquire and change a nationality and are not deprived of their nationality arbitrarily or on the basis of disability;

(b) Are not deprived, on the basis of disability, of their ability to obtain, possess and utilize documentation of their nationality or other documentation of identification, or to utilize relevant processes such as immigration proceedings, that may be needed to facilitate exercise of the right to liberty of movement;

(c) Are free to leave any country, including their own;

(d) Are not deprived, arbitrarily or on the basis of disability, of the right to enter their own country.

2. Children with disabilities shall be registered immediately after birth and shall have the right from birth to a name, the right to acquire a nationality and, as far as possible, the right to know and be cared for by their parents.

Article 19　Living independently and being included in the community

States Parties to the present Convention recognize the equal right of all persons with disabilities to live in the community, with choices equal to others, and shall take effective and appropriate measures to facilitate full enjoyment by persons with disabilities of this right and their full inclusion and participation in the community, including by ensuring that:

(a) Persons with disabilities have the opportunity to choose their place of residence and where and with whom they live on an equal basis with others and are not obliged to live in a particular living arrangement;

(b) Persons with disabilities have access to a range of in-home, residential and other community support services, including personal assistance necessary to support living and inclusion in the community, and to prevent isolation or segregation from the community;

(c) Community services and facilities for the general population are available on an equal basis to persons with disabilities and are responsive to their needs.

Article 20　Personal mobility

States Parties shall take effective measures to ensure personal mobility with the greatest possible independence for persons with disabilities, including by:

(a) Facilitating the personal mobility of persons with disabilities in the manner and at the time of their choice, and at affordable cost;

(b) Facilitating access by persons with disabilities to quality mobility aids, devices, assistive technologies and forms of live assistance and intermediaries, including by making them available at affordable cost;

(c) Providing training in mobility skills to persons with disabilities and to specialist staff working with persons with disabilities;

(d) Encouraging entities that produce mobility aids, devices and assistive technologies to take into account all aspects of mobility for persons with disabilities.

Article 21　Freedom of expression and opinion, and access to information

States Parties shall take all appropriate measures to ensure that persons with disabilities can exercise the right to freedom of expression and opinion, including the freedom to seek, receive and impart information and ideas on an equal basis with others and through all forms of communication of their choice, as defined in article 2 of the present Convention, including by:

(a) Providing information intended for the general public to persons with disabilities in accessible formats and technologies appropriate to different kinds of disabilities in a timely manner and without additional cost;

(b) Accepting and facilitating the use of sign languages, Braille, augmentative and alternative communication, and all other accessible means, modes and formats of communication of their choice by persons with disabilities in official interactions;

(c) Urging private entities that provide services to the general public, including through the Internet, to provide information and services in accessible and usable formats for persons with disabilities;

(d) Encouraging the mass media, including providers of information through the Internet, to make their services accessible to persons with disabilities;

(e) Recognizing and promoting the use of sign languages.

Article 22　Respect for privacy

1. No person with disabilities, regardless of place of residence or living arrangements, shall be subjected to arbitrary or unlawful interference with his or her privacy, family, home or correspondence or other types of communication or to unlawful attacks on his or her honour and reputation. Persons with disabilities have the right to the protection of the law against such interference or attacks.

2. States Parties shall protect the privacy of personal, health and rehabilitation information of persons with disabilities on an equal basis with others.

Article 23　Respect for home and the family

1. States Parties shall take effective and appropriate measures to eliminate discrimination against persons with disabilities in all matters relating to marriage, family, parenthood and relationships, on an equal basis with others, so as to ensure that:

(a) The right of all persons with disabilities who are of marriageable age to marry and to found a family on the basis of free and full consent of the intending spouses is recognized;

(b) The rights of persons with disabilities to decide freely and responsibly on the number and spacing of their children and to have access to age-appropriate information, reproductive and family planning education are recognized, and the means necessary to enable them to exercise these rights are provided;

(c) Persons with disabilities, including children, retain their fertility on an equal basis with others.

2. States Parties shall ensure the rights and responsibilities of persons with disabilities, with regard to guardianship, wardship, trusteeship, adoption of children or similar institutions, where these concepts exist in national legislation; in all cases the best interests of the child shall be paramount. States Parties shall render appropriate assistance to persons with disabilities in the performance of their child-rearing responsibilities.

3. States Parties shall ensure that children with disabilities have equal rights with respect to family life. With a view to realizing these rights, and to prevent concealment, abandonment, neglect and segregation of children with disabilities, States Parties shall undertake to provide early and comprehensive information, services and support to children with disabilities and their families.

4. States Parties shall ensure that a child shall not be separated from his or her parents against their will, except when competent authorities subject to judicial review determine, in accordance with applicable law and procedures, that such separation is necessary for the best interests of the child. In no case shall a child be separated from parents on the basis of a disability of either the child or one or both of the parents.

5. States Parties shall, where the immediate family is unable to care for a child with disabilities, undertake every effort to provide alternative care within the wider family, and failing that, within the community in a family setting.

Article 24　Education

1. States Parties recognize the right of persons with disabilities to education. With a view to realizing this right without discrimination and on the basis of equal opportunity, States Parties shall ensure an inclusive education system at all levels and lifelong learning directed to:

(a) The full development of human potential and sense of dignity and self-worth, and the strengthening of respect for human rights, fundamental freedoms and human diversity;

(b) The development by persons with disabilities of their personality, talents and creativity, as well as their mental and physical abilities, to their fullest potential;

(c) Enabling persons with disabilities to participate effectively in a free society.

2. In realizing this right, States Parties shall ensure that:

(a) Persons with disabilities are not excluded from the general education system on the basis of disability, and that children with disabilities are not excluded from free and compulsory primary education, or from secondary education, on the basis of disability;

(b) Persons with disabilities can access an inclusive, quality and free primary education and secondary education on an equal basis with others in the communities in which they live;

(c) Reasonable accommodation of the individual's requirements is provided;

(d) Persons with disabilities receive the support required, within the general education system, to facilitate their effective education;

(e) Effective individualized support measures are provided in environments that maximize academic and social development, consistent with the goal of full inclusion.

3. States Parties shall enable persons with disabilities to learn life and social development skills to facilitate their full and equal participation in education and as members of the community. To this end, States Parties shall take appropriate measures, including:

(a) Facilitating the learning of Braille, alternative script, augmentative and alternative modes, means and formats of communication and orientation and mobility skills, and facilitating peer support and mentoring;

(b) Facilitating the learning of sign language and the promotion of the linguistic identity of the deaf community;

(c) Ensuring that the education of persons, and in particular children, who are blind, deaf or deafblind, is delivered in the most appropriate languages and modes and means of communication for the individual, and in environments which maximize academic and social development.

4. In order to help ensure the realization of this right, States Parties shall take appropriate measures to employ teachers, including teachers with disabilities, who are qualified in sign language and/or Braille, and to train professionals and staff who work at all levels of education. Such training shall incorporate disability awareness and the use of appropriate augmentative and alternative modes, means and formats of communication, educational techniques and materials to support persons with disabilities.

5. States Parties shall ensure that persons with disabilities are able to access general tertiary education, vocational training, adult education and lifelong learning without discrimination and on an equal basis with others. To this end, States Parties shall ensure that reasonable accommodation is provided to persons with disabilities.

Article 25　Health

States Parties recognize that persons with disabilities have the right to the enjoyment of the highest attainable standard of health without discrimination on the basis of disability. States Parties shall take all appropriate measures to ensure access for persons with disabilities to health services that are gender-sensitive, including health-related rehabilitation. In particular, States Parties shall:

(a) Provide persons with disabilities with the same range, quality and standard of free or affordable health care and programmes as provided to other persons, including in the area of sexual and reproductive health and population- based public health programmes;

(b) Provide those health services needed by persons with disabilities specifically because of their disabilities, including early identification and intervention as appropriate, and services designed to minimize and prevent further disabilities, including among children and older persons;

(c) Provide these health services as close as possible to people's own communities, including in rural areas;

(d) Require health professionals to provide care of the same quality to persons with disabilities as to others, including on the basis of free and informed consent by, inter alia, raising awareness of the human rights, dignity, autonomy and needs of persons with disabilities through training and the promulgation of ethical standards for public and private health care;

(e) Prohibit discrimination against persons with disabilities in the provision of health insurance, and life insurance where such insurance is permitted by national law, which shall be provided in a fair and reasonable manner;

(f) Prevent discriminatory denial of health care or health services or food and fluids on the basis of disability.

Article 26　Habilitation and rehabilitation

1. States Parties shall take effective and appropriate measures, including through peer support, to enable persons with disabilities to attain and maintain maximum independence, full physical, mental, social and vocational ability, and full inclusion and participation in all aspects of life. To that end, States Parties shall organize, strengthen and extend comprehensive habilitation and rehabilitation services and programmes, particularly in the areas of health, employment, education and social services, in such a way that these services and programmes:

(a) Begin at the earliest possible stage, and are based on the multidisciplinary assessment of individual needs and strengths;

(b) Support participation and inclusion in the community and all aspects of society, are voluntary, and are available to persons with disabilities as close as possible to their own communities, including in rural areas.

2. States Parties shall promote the development of initial and continuing training for professionals and staff working in habilitation and rehabilitation services.

3. States Parties shall promote the availability, knowledge and use of assistive devices and technologies, designed for persons with disabilities, as they relate to habilitation and rehabilitation.

Article 27 Work and employment

1. States Parties recognize the right of persons with disabilities to work, on an equal basis with others; this includes the right to the opportunity to gain a living by work freely chosen or accepted in a labour market and work environment that is open, inclusive and accessible to persons with disabilities. States Parties shall safeguard and promote the realization of the right to work, including for those who acquire a disability during the course of employment, by taking appropriate steps, including through legislation, to, inter alia:

(a) Prohibit discrimination on the basis of disability with regard to all matters concerning all forms of employment, including conditions of recruitment, hiring and employment, continuance of employment, career advancement and safe and healthy working conditions;

(b) Protect the rights of persons with disabilities, on an equal basis with others, to just and favourable conditions of work, including equal opportunities and equal remuneration for work of equal value, safe and healthy working conditions, including protection from harassment, and the redress of grievances;

(c) Ensure that persons with disabilities are able to exercise their labour and trade union rights on an equal basis with others;

(d) Enable persons with disabilities to have effective access to general technical and vocational guidance programmes, placement services and vocational and continuing training;

(e) Promote employment opportunities and career advancement for persons with disabilities in the labour market, as well as assistance in finding, obtaining, maintaining and returning to employment;

(f) Promote opportunities for self-employment, entrepreneurship, the development of cooperatives and starting one's own business;

(g) Employ persons with disabilities in the public sector;

(h) Promote the employment of persons with disabilities in the private sector through appropriate policies and measures, which may include affirmative action programmes, incentives and other measures;

(i) Ensure that reasonable accommodation is provided to persons with disabilities in the workplace;

(j) Promote the acquisition by persons with disabilities of work experience in the open labour market;

(k) Promote vocational and professional rehabilitation, job retention and return-to-work programmes for persons with disabilities.

2. States Parties shall ensure that persons with disabilities are not held in slavery or in servitude, and are protected, on an equal basis with others, from forced or compulsory labour.

Article 28 Adequate standard of living and social protection

1. States Parties recognize the right of persons with disabilities to an adequate standard of living for themselves and their families, including adequate food, clothing and housing, and to the continuous improvement of living conditions, and shall take appropriate steps to safeguard and promote the realization of this right without discrimination on the basis of disability.

2. States Parties recognize the right of persons with disabilities to social protection and to the

enjoyment of that right without discrimination on the basis of disability, and shall take appropriate steps to safeguard and promote the realization of this right, including measures:

(a) To ensure equal access by persons with disabilities to clean water services, and to ensure access to appropriate and affordable services, devices and other assistance for disability-related needs;

(b) To ensure access by persons with disabilities, in particular women and girls with disabilities and older persons with disabilities, to social protection programmes and poverty reduction programmes;

(c) To ensure access by persons with disabilities and their families living in situations of poverty to assistance from the State with disability- related expenses, including adequate training, counselling, financial assistance and respite care;

(d) To ensure access by persons with disabilities to public housing programmes;

(e) To ensure equal access by persons with disabilities to retirement benefits and programmes.

Article 29　Participation in political and public life

States Parties shall guarantee to persons with disabilities political rights and the opportunity to enjoy them on an equal basis with others, and shall undertake:

(a) To ensure that persons with disabilities can effectively and fully participate in political and public life on an equal basis with others, directly or through freely chosen representatives, including the right and opportunity for persons with disabilities to vote and be elected, inter alia, by:

i Ensuring that voting procedures, facilities and materials are appropriate, accessible and easy to understand and use;

ii Protecting the right of persons with disabilities to vote by secret ballot in elections and public referendums without intimidation, and to stand for elections, to effectively hold office and perform all public functions at all levels of government, facilitating the use of assistive and new technologies where appropriate;

iii Guaranteeing the free expression of the will of persons with disabilities as electors and to this end, where necessary, at their request, allowing assistance in voting by a person of their own choice;

(b) To promote actively an environment in which persons with disabilities can effectively and fully participate in the conduct of public affairs, without discrimination and on an equal basis with others, and encourage their participation in public affairs, including:

i Participation in non-governmental organizations and associations concerned with the public and political life of the country, and in the activities and administration of political parties;

ii Forming and joining organizations of persons with disabilities to represent persons with disabilities at international, national, regional and local levels.

Article 30　Participation in cultural life, recreation, leisure and sport

1. States Parties recognize the right of persons with disabilities to take part on an equal basis with others in cultural life, and shall take all appropriate measures to ensure that persons with disabilities:

(a) Enjoy access to cultural materials in accessible formats;

(b) Enjoy access to television programmes, films, theatre and other cultural activities, in accessible formats;

(c) Enjoy access to places for cultural performances or services, such as theatres, museums, cinemas, libraries and tourism services, and, as far as possible, enjoy access to monuments and sites of national cultural importance.

2. States Parties shall take appropriate measures to enable persons with disabilities to have the opportunity to develop and utilize their creative, artistic and intellectual potential, not only for their own benefit, but also for the enrichment of society.

3. States Parties shall take all appropriate steps, in accordance with international law, to ensure that laws protecting intellectual property rights do not constitute an unreasonable or discriminatory barrier to access by persons with disabilities to cultural materials.

4. Persons with disabilities shall be entitled, on an equal basis with others, to recognition and support of their specific cultural and linguistic identity, including sign languages and deaf culture.

5. With a view to enabling persons with disabilities to participate on an equal basis with others in recreational, leisure and sporting activities, States Parties shall take appropriate measures:

(a) To encourage and promote the participation, to the fullest extent possible, of persons with disabilities in mainstream sporting activities at all levels;

(b) To ensure that persons with disabilities have an opportunity to organize, develop and participate in disability-specific sporting and recreational activities and, to this end, encourage the provision, on an equal basis with others, of appropriate instruction, training and resources;

(c) To ensure that persons with disabilities have access to sporting, recreational and tourism venues;

(d) To ensure that children with disabilities have equal access with other children to participation in play, recreation and leisure and sporting activities, including those activities in the school system;

(e) To ensure that persons with disabilities have access to services from those involved in the organization of recreational, tourism, leisure and sporting activities.

Article 31　Statistics and data collection

1.1. States Parties undertake to collect appropriate information, including statistical and research data, to enable them to formulate and implement policies to give effect to the present Convention. The process of collecting and maintaining this information shall:

(a) Comply with legally established safeguards, including legislation on data protection, to ensure confidentiality and respect for the privacy of persons with disabilities;

(b) Comply with internationally accepted norms to protect human rights and fundamental freedoms and ethical principles in the collection and use of statistics.

2. The information collected in accordance with this article shall be disaggregated, as appropriate, and used to help assess the implementation of States Parties' obligations under the present Convention and to identify and address the barriers faced by persons with disabilities in exercising their rights.

3. States Parties shall assume responsibility for the dissemination of these statistics and ensure their

accessibility to persons with disabilities and others.

Article 32　International cooperation

1. States Parties recognize the importance of international cooperation and its promotion, in support of national efforts for the realization of the purpose and objectives of the present Convention, and will undertake appropriate and effective measures in this regard, between and among States and, as appropriate, in partnership with relevant international and regional organizations and civil society, in particular organizations of persons with disabilities. Such measures could include, inter alia:

(a) Ensuring that international cooperation, including international development programmes, is inclusive of and accessible to persons with disabilities;

(b) Facilitating and supporting capacity-building, including through the exchange and sharing of information, experiences, training programmes and best practices;

(c) Facilitating cooperation in research and access to scientific and technical knowledge;

(d) Providing, as appropriate, technical and economic assistance, including by facilitating access to and sharing of accessible and assistive technologies, and through the transfer of technologies.

2. The provisions of this article are without prejudice to the obligations of each State Party to fulfil its obligations under the present Convention.

Article 33　National implementation and monitoring

1. States Parties, in accordance with their system of organization, shall designate one or more focal points within government for matters relating to the implementation of the present Convention, and shall give due consideration to the establishment or designation of a coordination mechanism within government to facilitate related action in different sectors and at different levels.

2. States Parties shall, in accordance with their legal and administrative systems, maintain, strengthen, designate or establish within the State Party, a framework, including one or more independent mechanisms, as appropriate, to promote, protect and monitor implementation of the present Convention. When designating or establishing such a mechanism, States Parties shall take into account the principles relating to the status and functioning of national institutions for protection and promotion of human rights.

3. Civil society, in particular persons with disabilities and their representative organizations, shall be involved and participate fully in the monitoring process.

Article 34　Committee on the Rights of Persons with Disabilities

1. There shall be established a Committee on the Rights of Persons with Disabilities (hereafter referred to as "the Committee"), which shall carry out the functions hereinafter provided.

2. The Committee shall consist, at the time of entry into force of the present Convention, of twelve experts. After an additional sixty ratifications or accessions to the Convention, the membership of the Committee shall increase by six members, attaining a maximum number of eighteen members.

3. The members of the Committee shall serve in their personal capacity and shall be of high moral standing and recognized competence and experience in the field covered by the present Convention. When nominating their candidates, States Parties are invited to give due consideration to the provision set out in article 4, paragraph 3, of the present Convention.

4. The members of the Committee shall be elected by States Parties, consideration being given to equitable geographical distribution, representation of the different forms of civilization and of the principal legal systems, balanced gender representation and participation of experts with disabilities.

5. The members of the Committee shall be elected by secret ballot from a list of persons nominated by the States Parties from among their nationals at meetings of the Conference of States Parties. At those meetings, for which two thirds of States Parties shall constitute a quorum, the persons elected to the Committee shall be those who obtain the largest number of votes and an absolute majority of the votes of the representatives of States Parties present and voting.

6. The initial election shall be held no later than six months after the date of entry into force of the present Convention. At least four months before the date of each election, the Secretary- General of the United Nations shall address a letter to the States Parties inviting them to submit the nominations within two months. The Secretary-General shall subsequently prepare a list in alphabetical order of all persons thus nominated, indicating the State Parties which have nominated them, and shall submit it to the States Parties to the present Convention.

7. The members of the Committee shall be elected for a term of four years. They shall be eligible for re-election once. However, the term of six of the members elected at the first election shall expire at the end of two years; immediately after the first election, the names of these six members shall be chosen by lot by the chairperson of the meeting referred to in paragraph 5 of this article.

8. The election of the six additional members of the Committee shall be held on the occasion of regular elections, in accordance with the relevant provisions of this article.

9. If a member of the Committee dies or resigns or declares that for any other cause she or he can no longer perform her or his duties, the State Party which nominated the member shall appoint another expert possessing the qualifications and meeting the requirements set out in the relevant provisions of this article, to serve for the remainder of the term.

10. The Committee shall establish its own rules of procedure.

11. The Secretary-General of the United Nations shall provide the necessary staff and facilities for the effective performance of the functions of the Committee under the present Convention, and shall convene its initial meeting.

12. With the approval of the General Assembly of the United Nations, the members of the Committee established under the present Convention shall receive emoluments from United Nations resources on such terms and conditions as the Assembly may decide, having regard to the importance of the Committee's responsibilities.

13. The members of the Committee shall be entitled to the facilities, privileges and immunities of experts on mission for the United Nations as laid down in the relevant sections of the Convention on the Privileges and Immunities of the United Nations.

Article 35 Reports by States Parties

1. Each State Party shall submit to the Committee, through the Secretary-General of the United Nations, a comprehensive report on measures taken to give effect to its obligations under the present Convention and on the progress made in that regard, within two years after the entry into force of the present Convention for the State Party concerned.

2. Thereafter, States Parties shall submit subsequent reports at least every four years and further whenever the Committee so requests.

3. The Committee shall decide any guidelines applicable to the content of the reports.

4. A State Party which has submitted a comprehensive initial report to the Committee need not, in its subsequent reports, repeat information previously provided. When preparing reports to the Committee, States Parties are invited to consider doing so in an open and transparent process and to give due consideration to the provision set out in article 4, paragraph 3, of the present Convention.

5. Reports may indicate factors and difficulties affecting the degree of fulfilment of obligations under the present Convention.

Article 36　Consideration of reports

1. Each report shall be considered by the Committee, which shall make such suggestions and general recommendations on the report as it may consider appropriate and shall forward these to the State Party concerned. The State Party may respond with any information it chooses to the Committee. The Committee may request further information from States Parties relevant to the implementation of the present Convention.

2. If a State Party is significantly overdue in the submission of a report, the Committee may notify the State Party concerned of the need to examine the implementation of the present Convention in that State Party, on the basis of reliable information available to the Committee, if the relevant report is not submitted within three months following the notification. The Committee shall invite the State Party concerned to participate in such examination. Should the State Party respond by submitting the relevant report, the provisions of paragraph 1 of this article will apply.

3. The Secretary-General of the United Nations shall make available the reports to all States Parties.

4. States Parties shall make their reports widely available to the public in their own countries and facilitate access to the suggestions and general recommendations relating to these reports.

5. The Committee shall transmit, as it may consider appropriate, to the specialized agencies, funds and programmes of the United Nations, and other competent bodies, reports from States Parties in order to address a request or indication of a need for technical advice or assistance contained therein, along with the Committee's observations and recommendations, if any, on these requests or indications.

Article 37　Cooperation between States Parties and the Committee

1. Each State Party shall cooperate with the Committee and assist its members in the fulfilment of their mandate.

2. In its relationship with States Parties, the Committee shall give due consideration to ways and means of enhancing national capacities for the implementation of the present Convention, including through international cooperation.

Article 38　Relationship of the Committee with other bodies

In order to foster the effective implementation of the present Convention and to encourage international cooperation in the field covered by the present Convention:

(a) The specialized agencies and other United Nations organs shall be entitled to be represented at the consideration of the implementation of such provisions of the present Convention as fall within the scope of their mandate. The Committee may invite the specialized agencies and other competent bodies as it may consider appropriate to provide expert advice on the implementation of the

Convention in areas falling within the scope of their respective mandates. The Committee may invite specialized agencies and other United Nations organs to submit reports on the implementation of the Convention in areas falling within the scope of their activities;

(b) The Committee, as it discharges its mandate, shall consult, as appropriate, other relevant bodies instituted by international human rights treaties, with a view to ensuring the consistency of their respective reporting guidelines, suggestions and general recommendations, and avoiding duplication and overlap in the performance of their functions.

Article 39 Report of the Committee

The Committee shall report every two years to the General Assembly and to the Economic and Social Council on its activities, and may make suggestions and general recommendations based on the examination of reports and information received from the States Parties. Such suggestions and general recommendations shall be included in the report of the Committee together with comments, if any, from States Parties.

Article 40 Conference of States Parties

1. The States Parties shall meet regularly in a Conference of States Parties in order to consider any matter with regard to the implementation of the present Convention.

2. No later than six months after the entry into force of the present Convention, the Conference of States Parties shall be convened by the Secretary-General of the United Nations. The subsequent meetings shall be convened by the Secretary-General biennially or upon the decision of the Conference of States Parties.

Article 41 Depositary

The Secretary-General of the United Nations shall be the depositary of the present Convention.

Article 42 Signature

The present Convention shall be open for signature by all States and by regional integration organizations at United Nations Headquarters in New York as of 30 March 2007.

Article 43 Consent to be bound

The present Convention shall be subject to ratification by signatory States and to formal confirmation by signatory regional integration organizations. It shall be open for accession by any State or regional integration organization which has not signed the Convention.

Article 44 Regional integration organizations

1. "Regional integration organization" shall mean an organization constituted by sovereign States of a given region, to which its member States have transferred competence in respect of matters governed by the present Convention. Such organizations shall declare, in their instruments of formal confirmation or accession, the extent of their competence with respect to matters governed by the present Convention. Subsequently, they shall inform the depositary of any substantial modification in the extent of their competence.

2. References to "States Parties" in the present Convention shall apply to such organizations within the limits of their competence.

3. For the purposes of article 45, paragraph 1, and article 47, paragraphs 2 and 3, of the present Convention, any instrument deposited by a regional integration organization shall not be counted.

4. Regional integration organizations, in matters within their competence, may exercise their right to vote in the Conference of States Parties, with a number of votes equal to the number of their member States that are Parties to the present Convention. Such an organization shall not exercise its right to vote if any of its member States exercises its right, and vice versa.

Article 45　Entry into force

1. The present Convention shall enter into force on the thirtieth day after the deposit of the twentieth instrument of ratification or accession.

2. For each State or regional integration organization ratifying, formally confirming or acceding to the present Convention after the deposit of the twentieth such instrument, the Convention shall enter into force on the thirtieth day after the deposit of its own such instrument.

Article 46　Reservations

1. Reservations incompatible with the object and purpose of the present Convention shall not be permitted.

2. Reservations may be withdrawn at any time.

Article 47　Amendments

1. Any State Party may propose an amendment to the present Convention and submit it to the Secretary-General of the United Nations. The Secretary-General shall communicate any proposed amendments to States Parties, with a request to be notified whether they favour a conference of States Parties for the purpose of considering and deciding upon the proposals. In the event that, within four months from the date of such communication, at least one third of the States Parties favour such a conference, the Secretary-General shall convene the conference under the auspices of the United Nations. Any amendment adopted by a majority of two thirds of the States Parties present and voting shall be submitted by the Secretary-General to the General Assembly of the United Nations for approval and thereafter to all States Parties for acceptance.

2. An amendment adopted and approved in accordance with paragraph 1 of this article shall enter into force on the thirtieth day after the number of instruments of acceptance deposited reaches two thirds of the number of States Parties at the date of adoption of the amendment.

Thereafter, the amendment shall enter into force for any State Party on the thirtieth day following the deposit of its own instrument of acceptance. An amendment shall be binding only on those States Parties which have accepted it.

3. If so decided by the Conference of States Parties by consensus, an amendment adopted and approved in accordance with paragraph 1 of this article which relates exclusively to articles 34, 38, 39 and 40 shall enter into force for all States Parties on the thirtieth day after the number of instruments of acceptance deposited reaches two thirds of the number of States Parties at the date of adoption of the amendment.

Article 48　Denunciation

A State Party may denounce the present Convention by written notification to the Secretary-General of the United Nations. The denunciation shall become effective one year after the date of receipt of the notification by the Secretary-General.

Article 49　Accessible format

The text of the present Convention shall be made available in accessible formats.

Article 50　Authentic texts

The Arabic, Chinese, English, French, Russian and Spanish texts of the present Convention shall be equally authentic.

IN WITNESS THEREOF the undersigned plenipotentiaries, being duly authorized thereto by their respective Governments, have signed the present Convention.

9 障害者施策の主な歩み

年	国内	国外（日本で開催された国際的行事を含む）
昭和21年 (1946)	4月「官立盲学校及び聾唖学校官制」公布〈勅〉 11月「日本国憲法」公布	・UNESCO(国連教育科学文化機構）設立 ・UNICEF(国連児童基金）設立 ・イギリス「労働災害法」制定
昭和22年 (1947)	3月「教育基本法」、「学校教育法」公布（養護学校を規定、特殊教育を学校教育の一環として位置付ける） 4月「労働者災害補償保険法」公布 5月「全日本聾唖連盟」結成 11月「職業安定法」公布（身体障害者公共職業補導所設置等） 12月「児童福祉法」公布 12月「あん摩、はり、きゅう、柔道整復等営業法」公布 12月「肢体障害者職業安定要綱」策定（労働省）	3月 ESCAP(アジア太平洋経済社会委員会）設立（1974年にECAFEから現在の名称に変更） ・オランダ「障害者雇用法」制定（雇用率２％） ・ドイツ「重度障害者法」制定
昭和23年 (1948)	4月「中学校の就学義務並びに盲学校及び聾学校の就学義務及び設置義務に関する政令」公布（盲学校・聾学校小学部への義務制が学年進行により施行） 7月「国立光明寮設置法」公布 7月 国立東京光明寮及び国立塩原光明寮設置（昭39.6国立東京視力障害センター、国立塩原視力障害センターに改称） 8月「日本盲人会連合」結成 9月「日本肢体不自由児協会」結成 9月 第１回身体障害者職業更生週間（９月１日～７日） 12月 第１回人権週間実施（以後毎年）（12月４日～10日） 12月「社会保障制度審議会設置法」公布	4月 世界保健機関（WHO）憲章効力発生 12月 第３回国連総会「世界人権宣言」採択 ・世界精神衛生連盟（WFMH）結成
昭和24年 (1949)	5月 職業安定法の改正（身体障害者に対する職業補導等を規定） 5月「教育職員免許法」公布 6月 児童福祉法の改正（盲ろうあ児施設を療育施設から分離） 6月「特殊教育研究連盟」結成 10月 国立身体障害者更生指導所設置（昭39．４　国立身体障害センターに改称） 12月「身体障害者福祉法」公布（18歳以上の障害者に、身体障害者手帳・補装具の交付、更生援護など規定） 12月「日本精神薄弱者愛護協会」結成（平10．日本知的障害者愛護協会に改称） 12月「全国身体障害者団体連合会」結成	2月 第１回世界ろう者冬季競技大会、オーストリアで開催（以後４年ごとに開催） 8月 第６回世界ろう者競技大会、コペンハーゲンで開催（戦後最初の大会、４年毎開催）
昭和25年 (1950)	5月「生活保護法」公布 5月「精神衛生法」公布（精神衛生相談所、訪問指導、仮入院、仮退院制度の新設等） 5月 児童福祉法の改正（療育施設を虚弱児施設と肢体不自由児施設とに明確化） 12月 中央身体障害者福祉審議会発足	6月 ILO勧告88号を採択（身体障害者を含む成年者の職業訓練に関する勧告） ・国連第11回社会経済理事会 「身体障害者の社会リハビリテーション」決議
昭和26年 (1951)	1月 財団法人中央社会福祉協議会発足（昭30．４　社会福祉法人全国社会福祉協議会に改称） 3月「社会福祉事業法」公布 4月 第１回身体障害者福祉展開催（日本橋白木屋百貨店） 5月 国立神戸光明寮設置（昭39．６　国立神戸視力障害センターに改称）	5月 第４回WHO総会（日本参加、加盟承認） 6月 第３回ILO総会（日本参加、加盟承認） 7月 戦後初のRI(1922年国際肢体不自由者福祉協会として設立、1972年国際障害者リハビリテーション協会と改称）世界会議（第５回）【ストックホルム】（高木憲次、理事になる） ・UNESCOに日本加盟

年	国内	国外（日本で開催された国際的行事を含む）
昭和26年 （1951）	5月「児童憲章」制定 6月 身体障害児の療育指導、補装具の交付制度創設 10月 福祉事務所発足（民生安定所を改組） 12月 第１回身体障害者実態調査実施（以後５年ごとに実施）（厚生省）	・世界ろう連盟（WFD）結成（ローマ会議）
昭和27年 （1952）	1月 国立精神衛生研究所設置 3月 厚生省、肢体不自由児実態調査実施 4月「身体障害者旅客運賃割引規程」を国鉄公示 4月 身体障害者の雇用促進に関する重要事項について閣議決定 4月「戦傷病者戦没者遺族等援護法」公布 7月「全国精神薄弱児育成会（手をつなぐ親の会）」結成（平7．全日本手をつなぐ育成会に改称） 9月 事務次官会議で中央官庁・地方公共団体が身体障害者を優先雇用すべきことを決定 11月 国立別府保養所設置（戦傷病者を収容、医学的管理のもとに保養）（昭39．4 国立別府重度障害者センターに改称）	7月 第１回国際ストークマンデビル競技大会【イギリス】（ストークマンデビルゲームと呼ばれ、パラリンピックの発祥） 8月 アメリカで、障害者自身による会社「アビリティーズ社」設立
昭和28年 （1953）	1月 国立伊東保養所設置（昭39．4 国立伊東重度障害者センターに改称） 8月「社会福祉事業振興会法」公布 10月 第１回全国精神衛生大会開催（以後毎年） 10月「盲学校及び聾学校の就学に関する部分の規定の施行期日を定める政令」公布（盲学校・聾学校中学部への義務制を学年進行により施行） 11月「精神薄弱児対策基本要綱」事務次官会議で決定	・世界障害者関係団体協議会（CWOIH）結成
昭和29年 （1954）	3月 児童福祉法の改正（身体障害児の育成医療の給付） 3月 身体障害者福祉法の改正（身体障害者に対する更生医療給付の創設、「ろうあ者更生施設」の創設） 5月「厚生年金保険法」公布 6月 精神衛生法の改正（覚醒剤中毒者を精神障害者に準じて取り扱う） 6月「盲学校、ろう学校及び養護学校への就学奨励に関する法律」公布 7月 厚生省、戦後初の「精神衛生実態調査」を実施 12月 中央教育審議会「特殊教育及びへき地教育振興について」答申	5月 第７回WHO総会（日本、執行理事国になる） 6月 第37回ILO総会（日本、常任理事国になる）
昭和30年 （1955）		6月 第38回ILO総会「障害者の職業リハビリテーションに関する勧告」（第99号勧告）採択 10月 第１回アジア盲人福祉会議【東京都】
昭和31年 （1956）	4月 大阪府立養護学校、愛知県立養護学校創設（最初の公立肢体不自由養護学校） 6月「公立養護学校整備特別措置法」公布	12月 第11回国連総会（日本加盟承認）
昭和32年 （1957）	1月 東京都立青鳥養護学校創設（最初の公立知的障害養護学校） 4月 児童福祉法の改正（知的障害児通園施設を明記等） 5月「盲学校、聾学校及び養護学校の幼稚部及び高等部における学校給食に関する法律」公布 6月 学校教育法の改正（養護学校への就学を就学義務の履行とみなすことを規定）	

年	国内	国外（日本で開催された国際的行事を含む）
昭和33年（1958）	4月　国立聴力言語障害センター開所（東京都新宿区戸山） 4月　東京教育大学教育学部附属養護学校（肢体不自由）を設置 4月「学校保健法」公布 5月「公立義務教育諸学校の学級編制及び教職員定数の標準に関する法律」公布 5月「職業訓練法」公布（身体障害者職業訓練所設置を規定） 6月　国立知的障害児施設・秩父学園、所沢市に開設（昭38. 10. 1　国立秩父学園に改称） 12月「国民健康保険法」公布	
昭和34年（1959）	3月　社会福祉事業法の改正（知的障害者援護施設を第１種社会福祉事業にする） 4月「国民年金法」公布 7月　戦後初の「精神薄弱児全国実態調査」を実施 12月　中央教育審議会「特殊教育の充実振興について」答申	・第１回汎太平洋リハビリテーション会議【シドニー】 ・デンマーク「1959年法」制定（バンク・ミケルセンの唱えたノーマライゼーションの理念が基調になったもの）
昭和35年（1960）	3月「精神薄弱者福祉法」公布（平11. 知的障害者福祉法に改正） 4月　東京学芸大学附属養護学校（知的障害）設置 4月　東京教育大学教育学部附属大塚養護学校（知的障害）設置 6月「道路交通法」公布（身体障害者の運転免許取得可能となる） 7月「身体障害者雇用促進法」公布（最低雇用率の義務付け〔非強制〕） 10月　第１回身体障害者雇用状況調査実施（労働省） 10月　国立療養所の再編計画策定（重度障害者等への病床転用を逐次促進）（厚生省） 11月「全国肢体不自由児父母の会連合会」結成	9月　第１回パラリンピック競技大会【ローマ】（この大会以後、オリンピック開催年に、原則として同じ場所でパラリンピックを開催することとなる） ・国際精神薄弱者育成会連盟（ILSMH）設立（H７インクルージョン・インターナショナル（Ⅱ）へ改称）
昭和36年（1961）	4月　中央職業訓練所開設（昭40. 2　職業訓練大学校に改称） 4月　精神衛生法の改正（措置入院の経費の国庫負担２分の１から10分の８に引上げ） 5月　郵便法の改正（点字郵便物の郵便料の減免） 6月　児童福祉法の改正（３歳児健康診査及び新生児訪問指導制度の創設等） 7月「雇用促進事業団」設立 9月「身体障害者雇用促進月間」設定（以後毎年） 10月　学校教育法の改正（特殊教育の規定を大幅に整理） 11月　障害福祉年金支給開始 11月「公立高等学校の設置適正配置及び教職員定数の標準等に関する法律」公布	〔国連の世界精神衛生年〕 ・カナダ「職業リハビリテーション法」制定 ・「身体障害者にアクセスしやすく使用しやすい建築設備に関するアメリカ基準仕様書」策定（世界で最初）
昭和37年（1962）	3月「義務教育諸学校の教科用図書の無償に関する法律」公布 9月　サリドマイド薬禍報告により、厚生省、薬剤の販売停止・回収を指示	7月　第11回国際ストークマンデビル競技大会【イギリス】（この大会以後、日本参加）

年	国内	国外（日本で開催された国際的行事を含む）
昭和38年（1963）	5月 国立療養所東京病院附属リハビリテーション学院開校 7月 国立身体障害者更生指導所にリハビリテーション技術研修所を設置 9月 第１回障害者雇用促進月間実施（以後毎年） 10月 国立秩父学園附属保護指導職員養成所開所 11月 国立久里浜療養所にアルコール専門病棟開設 12月「義務教育諸学校の教科用図書の無償措置に関する法律」公布	7月 国際身体障害者スポーツ大会【オーストリア】（日本選手団12名）
昭和39年（1964）	1月 国立函館光明寮設置（６月に国立函館視力障害センターと改称） 2月「日本肢体不自由者リハビリテーション協会」設立（昭45. 日本障害者リハビリテーション協会に改称） 5月 事務次官会議で昭39年度に1333人の身体障害者を国家公務員に採用申合せ 6月「全国重症心身障害児（者）を守る会」結成 7月「重度精神薄弱児扶養手当法」公布（家庭介護の重度知的障害児に、重度知的障害児扶養手当を支給） 9月 第１回精神薄弱者福祉月間実施（以後毎年） 12月「全国特殊教育推進連盟」結成	・アメリカ「公民権法」制定 ・UNESUCO「障害者の教育に関する決議」採択 11月 アジア地域で最初のパラリンピック東京大会開催（22か国567人参加）
昭和40年（1965）	4月 国立小児病院開設 5月「財団法人日本身体障害者スポーツ協会」設立 5月 国民年金法等の改正（障害年金の支給範囲の拡大、福祉年金の額の引上げ） 6月 精神衛生法の改正（通院患者の医療費に２分の１の公費負担制度新設、精神衛生センターの設置など） 6月「理学療法士及び作業療法士法」公布 8月「母子保健法」公布（母子保健施策を総合的、体系的に整備） 9月「全国精神障害者家族会連合会」結成 10月 大分県に「太陽の家」設立 11月 第１回全国身体障害者スポーツ大会【岐阜県】（以後毎年秋季国体開催地で開催）	〔国連の国際協力年〕 4月 第３回汎太平洋リハビリテーション会議【東京都】
昭和41年（1966）	2月 文部省「盲学校及び聾学校の高等部の学科を定める省令」を公布 7月「特別児童扶養手当法」公布（重度精神薄弱児扶養手当法を改正し、支給対象を重度の身体障害児に拡大等） 7月 閣議決定で、総理府に「心身障害児対策連絡会議」を設置	
昭和42年（1967）	8月 身体障害者福祉法の改正（障害の範囲拡大〔心臓、呼吸機能障害〕、身体障害者相談員の設置、身体障害者家庭奉仕員の派遣、内部障害者更生施設の設置） 8月 児童福祉法の改正（重症心身障害児施設の創設等） 8月 精神薄弱者福祉法の改正（授産施設の新設） 8月「自閉症児親の会」結成 10月 第１回全国ろうあ者体育大会【東京都】	6月 第51回ILO総会128号「障害、老齢及び遺族給付に関する条約」採択
昭和43年（1968）	4月 日本放送協会受信料の免除基準公告（NHK）	〔国連の国際人権年〕 11月 第23回国連総会「児童権利憲章」採択 ・ILSMH第４回世界大会で「精神薄弱者の一般的及び特別の権利に関する宣言（エルサレム宣言）」決議

年	国内	国外（日本で開催された国際的行事を含む）
昭和44年（1969）	1月　国立福岡視力障害センター設置 4月　心身障害児発生の原因となる先天性代謝異常４疾患と血友病に対し医療給付を開始 4月　東京教育大学教育学部に理療科職員養成施設を設置 6月「職業訓練法」全面改正（身体障害者職業訓練所を身体障害者職業訓練校に改称） 8月　肢体不自由児通園施設事業開始 9月　厚生省、スモン調査研究協議会発足 12月　心身障害者扶養保険制度実施（障害者の保護者が死亡し、又は重度障害になったとき障害者に年金を支給）	・ドイツ「雇用促進法」制定 ・第11回RI世界会議【ダブリン】で「国際シンボルマーク」及び「リハビリテーションの十年（1970～1980年）」を採択 ・オランダ「保護雇用法」制定 ・第24回国連総会「社会的発展と開発に関する宣言」採択
昭和45年（1970）	5月「心身障害者福祉協会法」公布（コロニーの設置運営主体として、特殊法人心身障害者福祉協会設立） 5月「心身障害者対策基本法」公布（心身障害者福祉に関する施策の基本的事項を規定） 8月　国立身体障害者センターに、「補装具研究所」開設 8月　中央心身障害者対策協議会発足	〔国連の国際教育年〕 ・イギリス「慢性疾患・身体障害者法」制定
昭和46年（1971）	3月　日本点字委員会「日本点字表記法（現代語編）」を刊行 4月　国立聴力言語障害センターに聴能言語専門職員養成所設置 4月「心身障害者世帯向公営住宅の建設等について」通達（公営住宅優先入居の推進等）（建設省） 4月　心身障害者福祉協会国立コロニーのぞみの園（心身障害者用施設、高崎市）開所 5月「視能訓練士法」公布 10月　国立特殊教育総合研究所設置（神奈川県横須賀市） 11月　第１回日本車椅子バスケットボール選手権大会【東京都】 12月　道路交通法の改正（身体障害者用車いす利用者を歩行者として扱う）	8月　第６回ろうあ者世界大会【パリ】で「聴力障害者の権利宣言」決議 12月　第26回国連総会「知的障害者の権利宣言」採択
昭和47年（1972）	2月　第１回全国身体障害者スキー大会【長野県】（以後毎年） 7月　身体障害者福祉法の改正（身体障害者の範囲拡大〔腎臓機能障害〕、身体障害者療護施設の設置運営を規定） 10月　特別児童扶養手当法の対象障害の範囲を拡大（内部障害、精神障害、併合障害） 10月「難病対策要綱」の策定（スモン患者等の公費負担制度）（厚生省） 11月　第１回全国身体障害者技能競技大会（アビリンピック）【東京都】（以後毎年開催） 12月　中央心身障害者対策協議会が「総合的な心身障害者対策の推進について」答申（心身障害者の社会復帰と雇用、教育、社会活動の促進など） 12月　身体障害者雇用審議会が「心身障害者の雇用促進対策について」の中間報告を答申（心身障害者受入れの企業に対する金融上の優遇措置等）	2月　第１回盲人タイピンク大会開催【ソウル】 6月　第１回国連人間環境会議開催【ストックホルム】
昭和48年（1973）	5月　全国身体障害者アーチェリー選手権大会【横浜市】 7月「身体障害者モデル都市設置要綱」策定（厚生省） 9月　国電中央線に老人・身体障害者優先席『シルバーシート』を指定 9月　国立久里浜養護学校設立 9月「療育手帳制度要綱」通知（厚生省）	11月　第１回アジア精神薄弱者会議開催【マニラ】 ・アメリカ「リハビリテーション改正法」公布

年	国内	国外（日本で開催された国際的行事を含む）
昭和48年 (1973)	11月　心身障害児の養護教育を昭和54年４月から、小・中学校と同様に義務教育化することを閣議決定	
昭和49年 (1974)	4月　「日本精神薄弱者福祉連盟」結成（平10. 日本知的障害福祉連盟に改称） 6月　「特別児童扶養手当等の支給に関する法律」公布（特別児童扶養手当法を改正。重度の知的障害と重度の身体障害が重複する特別障害者に特別福祉手当を支給等） 8月　国際協力事業団（JICA）設立 9月　「小児慢性特定疾患治療研究事業」を実施（厚生省）	6月　国際障害者生活環境専門家会議が、バリアフリーデザイン（建築上障壁のない設計）について報告書をまとめる 9月　世界身体障害者競技大会【イギリス】（日本選手団４名） ・オーストラリア「障害者援助法」制定
昭和50年 (1975)	4月　道路交通法施行規則の改正（運転免許の適性試験の基準の見直し） 5月　（財）重複障害教育研究所設立 6月　第１回極東・南太平洋身体障害者スポーツ大会（フェスピック）開催【大分市、別府市】（参加者18か国、973人） 6月　特別児童扶養手当等の支給に関する法律の改正（中程度の障害児に拡大） 8月　第14回聴覚障害児教育国際会議【東京都】 11月　第１回社会福祉機器展開催（以後毎年開催） 12月　身体障害者雇用審議会「障害者の雇用の促進と安定のための講ずべき今後の対策について」を答申	〔国連の「国際婦人年」〕 12月　第30回国連総会「障害者の権利に関する宣言」採択 ・第60回ILO総会「心身障害者の職業更生及び社会復帰に関する決議」 ・アメリカ「全障害児教育法」制定 ・ドイツ「障害者社会保険法」制定 ・フランス「障害者福祉基本法」制定 ・世界車いすバスケットボール選手権大会、ベルギーで開催
昭和51年 (1976)	5月　身体障害者雇用促進法の改正（身体障害者雇用制度の強化、身体障害者雇用納付金制度の創設） 8月　技術研究組合医療福祉機器研究所の設立	3月　第１回パラリンピック冬季競技大会、スウェーデンで開催 5月　第29回WHO世界保健総会「障害の防止とリハビリテーション」採択 パラリンピックトロント大会【カナダ】（この大会から、脊髄損傷者のほかに切断者、視覚障害者が参加） 第31回国連総会「国連障害者年（1981年）」決議〔テーマ「完全参加と平等」〕
昭和52年 (1977)	3月　身体障害者雇用促進協会を設立（昭63. 日本障害者雇用促進協会に改称） 6月　1歳６か月児健康診査制度創設（厚生省） 9月　全国心身障害者雇用促進大会【東京都】（以後毎年）	
昭和53年 (1978)	12月　道路交通法等の改正（視覚障害者が盲導犬を帯同して道路を通行する場合には、つえを携えなくても良いこととなり、また、この場合、車両等の運転者は、一時停止し、又は徐行して、その通行を妨げないようにしなければならない旨規定）	11月　UNESCO総会「特殊教育分野におけるユネスコ活動の拡大に関する報告」採択 ・UNESCO「体育・スポーツ国際憲章」採択
昭和54年 (1979)	4月　養護学校教育の義務制を実施 6月　総合せき損センターを設置（福岡県飯塚市） 7月　国立身体障害者リハビリテーションセンターを設置（所沢市）〔国立身体障害センター、国立東京視力障害センター、国立聴力言語障害センターを統合し、発足〕 7月　国立職業リハビリテーションセンターを設置（所沢市） 12月　民法及び民法施行法の改正（身体障害者を準禁治産宣告の要件から廃止）	〔国連の「国際児童年」〕 7月　第65回ILO総会「身体障害者に関する決議」採択 10月　UNESCO総会「特殊教育に関するユネスコ専門家会議の結果」報告 12月　第34回国連総会「国際障害者年行動計画」決議〔各国に「国内長期行動計画」策定等を勧告〕
昭和55年 (1980)	2月　10年振りに身体障害者実態調査を実施 3月　総理府に国際障害者年推進本部を設置（閣議決定）	5月　UNICEF1980年委員会「児童の障害：その予防とリハビリテーション」採択 6月　国際障害者リハビリテーション協会（RI）世界会議（カナダ）で「80年代憲章」制定

年	国内	国外（日本で開催された国際的行事を含む）
昭和55年 （1980）	3月　国際障害者年記念式典及び各種事業の実施 4月　心身障害児総合医療療育センターを設置（事業を日本肢体不自由協会に委託） 4月「国際障害者年日本推進協議会」発足 4月　公営住宅法の改正（身体障害者等の単身入居の途を開く） 5月　中央心身協の中に「国際障害者年特別委員会」（委員60名）を設置 6月　身体障害者の航空旅客運賃の割引実施 8月　中央心身障害者対策協議会「国際障害者年事業の在り方について」意見具申 8月　政府の国際障害者年推進本部「国際障害者年事業の推進方針」を決定 9月「勤労意識・心身障害者の就業に関する世論調査」実施（総理府） 12月　身体障害者雇用促進法の一部改正（身体障害者雇用納付金制度に基づく助成金の拡充）	6月　パラリンピックアーヘン大会【オランダ】（この大会から脳性マヒ者が参加） ・WHO「国際障害分類試案」（ICIDH）発表（障害を「機能障害」、「能力低下」、「社会的不利」の３つのレベルに区分）
昭和56年 （1981）	1月　首相「国際障害者年を迎えて」と題する声明発表 2月「官庁営繕における身体障害者の利用を考慮した設計指針」を策定（建設省） 5月　第３セクター方式による最初の重度障害者雇用企業「吉備松下（株）」操業開始 5月「障害に関する用語の整理のための医師法等の一部を改正する法律」公布（つんぼ・おし・盲を改める） 11月　第１回大分国際車いすマラソン大会開催（117名参加） 11月　政府、毎年12月９日を「障害者の日」と決定 12月　国際障害者記念「ひろがる希望のつどい」開催、第１回障害者関係功労者内閣総理大臣表彰実施（以後概ね５年毎）	〔国際障害者年（IYDP）〕 3月　世界リハビリテーション機器展開催【フランス】 10月　第１回国際アビリンピック（国際身体障害者技能競技大会）【東京都】（以後４年毎に開催） 11月　障害者インターナショナル（DPI）第１回世界会議開催【シンガポール】
昭和57年 （1982）	1月　中央心身障害者対策協議会「国内長期行動計画の在り方について」意見具申 3月　国際障害者年推進本部「障害者対策に関する長期計画」を決定 3月「身体障害者の利用を配慮した建築設計標準」を策定 4月　障害者対策推進本部を設置（閣議決定） 7月　道路交通法施行令の改正（身体の障害に係る運転免許の欠格事由の見直し） 12月　第１回「障害者の日・記念の集い」を開催（以後毎年）（総理府）	7月　国連高齢者問題世界会議【ウィーン】 12月　第37回国連総会「障害者に関する世界行動計画」及び「障害者に関する世界行動計画の実施」採択「国連障害者の十年」（1983年～1992年）の宣言
昭和58年 （1983）	3月「公共交通ターミナルにおける身体障害者用施設設備ガイドライン」策定（運輸省） 7月「障害者に関する用語の整理に関する法律」公布（不具・奇形・廃疾・白痴者を改める） 10月　第１回障害者自転車競技大会群馬県で開催	〔「国連障害者の十年」開始年〕 6月　第69回ILO総会「職業リハビリテーション及び雇用に関する条約」（159号条約）、「職業リハビリテーション及び雇用に関する勧告」採択〔心身障害者に関する雇用〕
昭和59年 （1984）	4月　第１回国際障害者レジャーレクレーション・スポーツ大会（レスポ）【愛知県】 6月　身体障害者雇用促進法の改正（障害者の範囲の拡大等）	11月　DPI第１回アジア・太平洋地域会議開催【アデレード】 11月　世界盲人連合（WBU）設立（サウジアラビア）

年	国内	国外（日本で開催された国際的行事を含む）
昭和59年（1984）	8月　身体障害者福祉法の改正（障害の範囲拡大、更生施設の整備促進、理念規定の整備） 10月　全国身体障害者総合福祉センター（戸山サンライズ）開館（東京都新宿区戸山町） 11月　厚生省、精神障害者小規模保護作業所調査を実施	
昭和60年（1985）	4月　第1回飯塚国際車椅子テニス大会【福岡県】（6か国78名） 6月「職業能力開発促進法」公布（職業訓練法を改称） 8月「視覚障害者誘導用ブロック設置指針について」を通達（道路における視覚障害者誘導用ブロックの形状設置方法について定めた）（建設省）	4月　タイの労災リハビリテーションセンター業務開始（日本ODA無償援助）
昭和61年（1986）	3月「DPI日本会議」発足 4月　国民年金法の改正（障害基礎年金制度の創設） 8月　第23回国際社会福祉会議【東京都】 10月　国立精神・神経センター設置（国立精神衛生研究所、国立武蔵療養所〔神経センターを含む〕を発展的に改組）	〔国連の「国際平和年」〕 ・オーストラリア「障害者サービス法」制定 ・イギリス「障害者（援助・助言・代表）制定
昭和62年（1987）	3月（財）テクノエイド協会設立 4月　吉備高原総合リハビリテーションセンター開所 5月　中央心身障害者対策協議会、「『障害者対策に関する長期計画』の実施状況の評価及び今後の重点施策について」意見具申 5月　身体障害者雇用促進法の改正（法律名称の改正〔障害者の雇用の促進等に関する法律〕、対象範囲の拡大、法定雇用率の対象拡大等） 5月「社会福祉士及び介護福祉士法」公布 6月「義肢装具士法」公布 6月　障害者対策推進本部、「『障害者対策に関する長期計画』後期重点施策」策定 6月　国立吉備高原職業リハビリテーションセンターの開設（岡山県賀陽町） 6月「総合リハビリテーション研究大会'87」【東京都】 7月「障害者に関する世論調査」実施（総理府） 9月　精神衛生法の改正（法律名称の改正、精神障害者社会復帰施設の法定化等） 12月　国連障害者の十年中間年記念「障害者の日」記念の集い開催	〔「国連障害者の十年」中間年〕 〔国連の「国際居住年」〕 8月　国連世界専門家会議【スウェーデン】
昭和63年（1988）	9月　第16回国際リハビリテーション世界会議【東京都】	6月　中国肢体障害者リハビリテーション研究センター開所（日本ODA無償援助） ・オーストラリア「アクセスと活動・設計に関するオーストラリア基準」を作成
平成元年（1989）	5月　知的障害者のグループホーム制度化（知的障害者地域生活援助事業）（厚生省） 5月　手話通訳士制度創設（厚生省） 12月　大蔵省・厚生省・自治省3大臣により「高齢者保健福祉推進10カ年戦略（ゴールドプラン）」策定	6月「ベリースペシャルアーツ」（障害者芸術祭）世界大会開催【ワシントン】 9月　第5回極東・南太平洋身体障害者スポーツ大会（フェスピック）【神戸市】（41か国、1、646名） 11月　第44回国連総会「児童の権利に関する条約」採択 11月　第6回国際義肢装具連盟世界会議【神戸市】
平成2年（1990）	4月　国立筑波技術短期大学開設 6月　福祉関係8法の改正（在宅福祉サービスの法定化、身体障害者福祉関係事務の市町村への一元化等） 6月「情報処理機器アクセシビリティ指針」策定（通産省）	7月　ADA（障害を持つアメリカ人法）公布〔アメリカ〕 ・韓国、「障害者雇用促進法」制定 ・イギリス、「国民サービス及びコミュニティ・ケア法」制定

年	国内	国外（日本で開催された国際的行事を含む）
平成２年（1990）	9月 精神薄弱児（者）福祉対策基礎調査を実施（厚生省）	
平成３年（1991）	3月「官庁営繕における身体障害者の利用を考慮した設計指針」をすべて盛り込んだ『建築設計基準』を制定（建設省）	5月 第１回ソウル国際リハビリテーション機器展開催
	6月「鉄道駅におけるエスカレーターの整備指針」を策定（運輸省）	7月 第11回世界ろう者会議を東京で開催
	7月 中央心身障害者対策協議会、「『国連・障害者の十年』の最終年に当たって取り組むべき重点施策について」意見具申	・中国、「障害者保障法」制定
	8月 障害者対策推進本部、「『障害者対策に関する長期計画』及びその後期重点施策の推進について」決定	
	10月 障害者職業総合センター設立（千葉市幕張）	
	12月 JR等の運賃割引が知的障害者へ適用拡大	
平成４年（1992）	5月 道路交通法等の改正（身体障害者用車いすの定義の明確化、原動機を用いる身体障害者用の車いすの型式認定の制度の新設）	〔「国連障害者の十年」最終年〕
	6月 障害者の雇用の促進等に関する法律の改正（障害者雇用対策基本方針の策定、重度知的障害者の雇用率制度におけるダブルカウント等）	4月 ESCAP「アジア太平洋障害者の十年」（1993年～2002年）決議
	6月 第13次国民生活審議会総合政策部会一次報告「個人の生活を重視する社会へ」（ノーマライゼーションの理念実現のための諸政策の推進を提唱）	6月 ILO第159号条約を批准
	6月 社会福祉事業法等の改正（福祉人材確保のための基本指針の策定等）	6月「ODA大綱」公表（障害者等社会的弱者への配慮を規定）
	8月「障害者に関する世論調査」実施（総理府）	9月 マドリードパラリンピック競技大会、スペインで開催（知的障害者のみを対象とする大会）
	10月 第１回全国ボランティアフェスティバル、兵庫県で開催	12月 第47回国連総会「12月３日を国際障害者デー」とする宣言を採択
	11月 全国知的障害者スポーツ大会（ゆうあいピック）東京で開催	・オーストラリア「DDA法（連邦障害者差別禁止法）」制定
	12月 国連障害者の十年最終年記念「障害者の日」記念の集い開催	
平成５年（1993）	1月 中央心身障害者対策協議会が「『国連・障害者の十年』以降の障害者対策の在り方について」意見具申	4月 ESCAP「アジア太平洋障害者の十年」（1993年～2002年）行動課題決定
	3月 障害者対策推進本部が「『障害者対策に関する新長期計画』―全員参加の社会づくりをめざして―」策定	12月 第48回国連総会「障害者の機会均等化に関する標準規則」採択
	4月 障害者雇用対策基本方針を告示（労働省）	
	4月 職業能力開発促進法の一部改正（障害者職業訓練校を障害者職業能力開発校へ改称）	
	4月「日本障害者協議会（JD）」設立（国際障害者年日本推進協議会を改称）	
	4月 軽度の障害がある児童生徒に対する通級による指導を制度化（文部省）	
	5月「福祉用具の研究開発及び普及の促進に関する法律」の公布（福祉用具の研究開発等に関する基本方針の策定等）	
	5月「身体障害者の利便の増進に資する通信・放送身体障害者利用円滑化事業の推進に関する法律」の公布（身体障害者向けの通信・放送のサービスに対する助成等）	
	6月 精神保健法の改正（精神障害者の定義の改正、社会復帰のための事業の規定、資格制度の緩和等）	
	8月「鉄道駅におけるエレベーターの整備指針」を策定（運輸省）	

年	国内	国外（日本で開催された国際的行事を含む）
平成５年 (1993)	12月 障害者基本法の公布（法律名称の改正、障害範囲の明確化、障害者の日を規定、障害者計画の策定等）	
平成６年 (1994)	3月「公共交通ターミナルにおける高齢者・障害者等のための施設整備ガイドライン」を策定（運輸省） 6月「平成５年度身体障害者等雇用実態調査結果」の概要を発表（労働省） 6月「生活福祉空間づくり大綱」を策定（建設省） 6月「高齢者、身体障害者等が円滑に利用できる特定建築物の建築の促進に関する法律」公布 8月「みんなが使いやすい空港旅客施設新整備指針（計画ガイドライン）」を策定（運輸省） 9月（財）交通アメニティ推進機構設立 10月「高齢者・身体障害者の利用に配慮した建築設計標準」を策定（建設省） 12月 障害者基本法に基づく初めての「障害者白書」を刊行	〔国連の「国際家族年」〕 3月 リレハンメルパラリンピック冬季競技大会 12月 第49回国連総会『障害者の社会への完全統合に向けて、「障害者の機会均等化に関する標準規則」と「2000年及びそれ以降への障害者に関する世界行動計画を実施するための長期戦略」の実施』を採択
平成７年 (1995)	5月「市町村障害者計画策定指針」を策定（総理府） 6月 障害者対策推進本部「障害者週間」の設定 7月「精神保健法」から「精神保健及び精神障害者福祉に関する法律」へ改正（厚生省） 12月 障害者対策推進本部「障害者プラン（ノーマライゼーション７ヵ年戦略）」を策定	11月 イギリス「障害者差別法」制定
平成８年 (1996)	1月「障害者対策推進本部の設置について」の一部改正（総理府） 3月 文部省「盲学校、聾学校及び養護学校施設整備指針」を策定 4月「視聴覚障害者向け専門放送システムに関する調査研究会」報告書公表（郵政省） 7月 厚生省大臣官房に障害保健福祉部を創設	8月 アトランタパラリンピック競技大会
平成９年 (1997)	4月 障害者の雇用の促進等に関する法律の一部を改正する法律成立 5月 放送法及び有線テレビジョン放送法の一部を改正する法律成立 6月 介護等体験特例法成立 7月「障害者に関する世論調査」実施（総理府） 11月 アジア太平洋障害者の十年中間年記念芸術祭「アジアの風」開催 11月「字幕放送普及行政の指針」策定（郵政省） 12月 アジア太平洋障害者の十年中間年記念「障害者の日」記念の集い開催 12月 障害者関係３審議会合同企画分科会が「今後の障害保健福祉施策の在り方について（中間報告）」を公表 12月 精神保健福祉士法及び言語聴覚士法成立	
平成10年 (1998)	3月 特定非営利活動促進法成立 3月 障害者雇用対策基本方針告示 9月 精神薄弱の用語の整理のための関係法律の一部を改正する法律の公布 10月「障害者等電気通信設備アクセシビリティ指針」告示（郵政省） 12月 世界人権宣言50周年・人権擁護委員制度50周年記念月間 12月 特殊教育百二十年記念式典	3月 長野パラリンピック冬季競技大会

年	国内	国外（日本で開催された国際的行事を含む）
平成11年（1999）	1月 第1回精神保健福祉士国家試験 4月「鉄道駅におけるエレベーター及びエスカレーターの整備指針」を策定（運輸省）	
平成11年（1999）	5月「インターネットにおけるアクセシブルなコンテンツの作成方法に関する指針」を公表（郵政省、厚生省） 6月「精神保健及び精神障害者福祉に関する法律等の一部を改正する法律」の公布（厚生省） 7月 学習障害児等に関する調査研究協力者会議「学習障害児に対する指導について（報告）」を公表 8月 障害者施策推進本部「障害者に係る欠格条項見直しの対処方針」を決定 9月「みんなの体操」の制定（郵政省） 9月 中央社会福祉審議会「社会福祉事業法等の改正について」を答申 9月 身体障害者福祉審議会「身体障害者福祉法の一部改正について」を答申 9月 中央児童福祉審議会「児童福祉法及び知的障害者福祉法の一部改正について」を答申 10月「地域福祉権利擁護事業」を開始（厚生省） 11月 公衆衛生審議会「精神保健及び精神障害者福祉に関する法律の規定に基づき厚生大臣が定める件について」を答申 11月 公衆衛生審議会「精神保健福祉法の施行について」を意見具申 12月 成年後見制度の改正及び聴覚・言語機能障害者による公正証書遺言の利用を可能にする遺言の方式の改正を内容とする「民法の一部を改正する法律」等成立（法務省）	
平成12年（2000）	1月「民法の一部を改正する法律」中聴覚・言語機能障害者による公正証書遺言の利用を可能にする遺言の方式の改正部分の施行（法務省） 1月 公衆衛生審議会「精神病床の新たな機能区分の設定について」を意見具申 2月「情報バリアフリー懇談会」報告書公表（郵政省） 3月「バリアフリーに関する関係閣僚会議」第1回会合 4月「介護保険法」施行（厚生省） 4月「民法の一部を改正する法律」等中成年後見制度の改正部分の施行（法務省） 5月「高齢者・身体障害者等の公共交通機関を利用した移動の円滑化の促進に関する法律」の成立（11月15日施行）（建設省） 6月 障害者施策推進本部（「障害者に係る欠格条項の見直し」の進捗状況報告） 6月「社会福祉の増進のための社会福祉事業法等の一部を改正する等の法律」の公布（厚生省） 11月「医療法等の一部を改正する法律」の成立（12月6日公布）（厚生省） 12月 障害者施策推進本部設置（12月26日閣議決定）	10月 シドニーパラリンピック競技大会
平成13年（2001）	1月 21世紀の特殊教育の在り方に関する調査研究協力者会議「21世紀の特殊教育の在り方について」の最終報告（文部科学省） 3月 障害者施策推進本部「障害者に係る欠格条項の見直し」の進捗状況報告	5月 WHO「国際生活機能分類（ICF）」採択

年	国内	国外（日本で開催された国際的行事を含む）
平成13年（2001）	4月「高齢者の居住の安定確保に関する法律」を公布（国土交通省） 6月 障害者施策推進本部「障害者に係る欠格条項見直しに伴う教育、就業環境等の整備について」、「アジア太平洋障害者の十年最終年記念国際会議への協力について」（本部申合せ） 6月「道路交通法」を改正（障害者等に係る自動車等の運転免許の欠格事由見直し等）（警察庁） 7月「学校教育法」を改正（文部科学省） 9月「障害者に関する世論調査」実施（内閣府） 10月 第１回全国障害者スポーツ大会【宮城県】（身体障害者と知的障害者の全国大会を統合） 11月 バリアフリーに関する関係閣僚会議「バリアフリー化推進功労者表彰要領」の決定	
平成14年（2002）	2月 障害者施策推進本部「新しい障害者基本計画及び障害者プランの策定について」（本部了承）、「障害者対策に関する新長期計画」及び「障害者に係る欠格条項の見直し」の進捗状況報告 3月 標準案内用図記号104項目をJIS制定 4月「障害者の雇用の促進等に関する法律の一部を改正する法律」の成立（５月７日１次分施行、10月１日２次分施行、平成16年４月１日３次分施行）（厚生労働省） 5月「障害者等に係る欠格事由の適正化等を図るための関係法律の整備に関する法律」の成立（７月14日１次分施行、11月14日２次分施行）（内閣府） 5月「身体障害者補助犬法」の成立（10月１日１次分施行、平成15年10月１日２次分施行）（厚生労働省） 6月 障害者等に係る自動車等の運転免許の欠格事由の見直し及び身体障害者等の通行の保護を図るための規定の整備等を内容とする「道路交通法の一部を改正する法律」の施行（警察庁） 7月「高齢者、身体障害者等が円滑に利用できる特定建築物の建築の促進に関する法律の一部を改正する法律」の成立（平成15年４月施行）（国土交通省） 9月 平成14年度バリアフリー化推進功労者表彰（内閣府） 12月 内閣府「アジア太平洋障害者の十年最終年記念『障害者の日』記念の集い」開催 12月「特定非営利活動促進法の一部を改正する法律」の成立（平成15年５月１日施行）（内閣府） 12月「障害者基本計画」を策定（閣議決定） 12月 障害者施策推進本部「重点施策実施５か年計画」策定 12月「自主防災組織の手引」改訂（総務省）	3月 ソルトレークパラリンピック冬季競技大会 5月 ESCAP「アジア太平洋障害者の十年」を更に10年延長する決議採択 7月「障害者の人権及び尊厳を保護・促進するための包括的・総合的な国際条約に関する国連総会臨時委員会」【ニューヨーク国連本部】 10月 ESCAP「アジア太平洋障害者の十年」最終年ハイレベル政府間会合【滋賀県】
平成15年（2003）	3月 特別支援教育の在り方に関する調査研究協力者会議「今後の特別支援教育の在り方について（最終報告）」（文部科学省） 4月 身体障害者及び知的障害者の福祉サービスについて、「措置制度」から「支援費制度」に移行（厚生労働省） 5月「高齢者・障害者によるICT活用の推進に関する研究会」報告（総務省）	6月「障害者の人権及び尊厳を保護・促進するための包括的・総合的な国際条約に関するESCAP専門家会合／セミナー」【バンコク】 6月「第２回障害者の人権及び尊厳を保護・促進するための包括的・総合的な国際条約に関する国連総会臨時委員会」【ニューヨーク国連本部】 10月「障害者の人権及び尊厳を保護・促進するための包括的・総合的な国際条約のためのESCAP地域ワークショップ」【バンコク】

年	国内	国外（日本で開催された国際的行事を含む）
平成15年(2003)	7月「心神喪失等の状態で重大な他害行為を行ったものの医療及び観察等に関する法律」の成立（16年10月15日一部施行）（厚生労働省）	11月「障害者の人権及び尊厳を保護・促進するための包括的／総合的な国際条約に関するESCAP／CDPF（China Disabled People's Federation）地域間会合」【北京】
	7月 各府省情報化統括責任者（CIO）連絡会議「電子政府構築計画」決定（内閣府）	11月 第6回国際アビリンピック・インド大会【ニューデリー】
	11月 平成15年度バリアフリー化推進功労者表彰（内閣府）	
平成16年(2004)	1月「小・中学校におけるLD、ADHD、高機能自閉症の児童生徒への教育支援体制の整備のためのガイドライン（試案）」を策定（文部科学省）	1月「障害者の人権及び尊厳を保護・促進するための包括的・総合的な国際条約起草作業部会」【ニューヨーク国連本部】
	3月「学校施設バリアフリー化推進指針」策定（文部科学省）	5月「障害者権利条約に関する国連総会アドホック委員会第3回会合」【ニューヨーク国連本部】
	3月「心の健康問題の正しい理解のための普及啓発検討会」報告書公表（厚生労働省）	8月「障害者権利条約に関する国連総会アドホック委員会第4回会合」【ニューヨーク国連本部】
	6月 バリアフリーに関する関係閣僚会議「バリアフリー化推進要綱」決定	9月 アテネパラリンピック競技大会
	6月「障害者基本法の一部を改正する法律」の成立（16年6月4日一次分施行、17年4月18日二次分施行、19年4月1日三次分施行）〔差別禁止理念の明示、障害者の日の障害者週間への拡大、都道府県・市町村障害者計画策定の義務化等〕（内閣府）	10月 UN ESCAP／APDF「障害者権利条約アドホック委員会第3回及び第4回会合に関するフォローアップ会合」【バンコク】
	6月 厚生労働省「国民年金法等の一部を改正する法律」の成立（16年10月1日一部施行）	10月 UN ESCAP／「びわこミレニアム・フレームワークの実施に関するフォローアップ会合」【バンコク】
	10月 日本障害フォーラム（JDF）設立	
	12月 障害者施策推進本部「障害者週間の実施について」決定	
	12月 平成16年度バリアフリー化推薦功労者表彰（内閣府）	
	12月 中央教育審議会「特別支援教育を推進するための制度の在り方について」中間報告（文部科学省）	
	12月「発達障害者支援法」の成立（17年4月1日施行）	
	12月「特定障害者に対する特別障害給付金の支給に関する法律」の成立（17年4月1日施行）（厚生労働省・社会保険庁）	
	12月「犯罪被害者等基本法」の成立（17年4月1日施行）（内閣府）	
平成17年(2005)	1月「障害者の社会参加に関する特別世論調査」実施（内閣府）	1月「障害者権利条約に関する国連総会アドホック委員会第5回会合」【ニューヨーク国連本部】
	2月「歩道の一般的構造に関する基準」を改正（国土交通省）	1月 第20回デフリンピック夏季大会【メルボルン】
	2月「障害のある当事者からのメッセージ」の意見募集結果公表（内閣府）	2月 2005年スペシャルオリンピックス冬季世界大会【長野県】
	2月 障害者施策推進本部「公務部門における障害者雇用ハンドブック―誰もが生き生きと働ける職場を目指して―」公表	5月「びわこミレニアム・フレームワークの実施：アジア太平洋障害者の十年の中間見直し」第61回ESCAP総会決議の採択【バンコク】
	4月 障害者施策推進本部「公共サービス窓口における配慮マニュアル―障害のある方に対する心の身だしなみ―」公表	8月「障害者権利条約に関する国連総会アドホック委員会第6回会合」【ニューヨーク国連本部】
	4月 内閣府に「中央障害者施策推進協議会」設置	
	6月「障害者の雇用の促進等に関する法律の一部を改正する法律」の成立（18年4月1日施行、17年10月1日一部施行）（厚生労働省）	
	7月「ユニバーサルデザイン政策大綱」公表（国土交通省）	
	10月「障害者自立支援法」の成立（18年4月1日施行）（厚生労働省）	
	11月 障害者施策推進課長会議「資格取得試験等における障害の態様に応じた共通的な配慮について」決定	

年	国内	国外（日本で開催された国際的行事を含む）
平成17年(2005)	12月 文部科学省中央教育審議会「特別支援教育を推進するための制度の在り方について」答申	
	12月「みんなの公共サイト運用モデル」を公表（総務省）	
平成18年(2006)	1月 平成17年度バリアフリー化推進功労者表彰（内閣府）	1月「障害者権利条約に関する国連総会アドホック委員会第7回会合」【ニューヨーク国連本部】
	3月 内閣府「災害時要援護者の避難対策に関する検討会」検討報告	3月 2006年トリノ冬季パラリンピック競技大会
	6月「学校教育法等の一部を改正する法律」の成立（19年4月1日施行）（文部科学省）	12月 障害者権利条約の採択
	6月「高齢者、障害者等の移動等の円滑化の促進に関する法律」の成立（国土交通省）	
	12月 平成18年度バリアフリー化推進功労者表彰（内閣府）	
平成19年(2007)	1月 新健康フロンティア戦略賢人会議「新健康フロンティア戦略」策定	9月 ESCAP「アジア太平洋障害者の十年の中間評価に関するハイレベル政府間会合」【タイ・バンコク】（「びわこプラスファイブ」の採択）
	2月「障害者に関する世論調査」実施（内閣府）	9月「障害者権利条約」署名
	3月「デジタル放送時代の視聴覚障害者向け放送に関する研究会」報告書公表（総務省）	10月 スペシャルオリンピックス夏季世界大会（上海で開催）
	6月「自殺総合対策大綱」閣議決定（内閣府）	11月 第7回国際障害者技能協議大会（国際アビリンピック）【静岡県】
	6月「道路交通法の一部を改正する法律」成立（平成20年6月1日施行）（警察庁）	
	10月「第7回全国障害者スポーツ大会」【秋田県】（厚生労働省）	
	10月「視聴覚障害者向け放送普及行政の指針」策定（総務省）	
	11月 大分国際車いすマラソン大会【大分県】	
	11月「身体障害者補助犬法の一部を改正する法律」成立（厚生労働省）	
	12月 障害者施策推進本部「重点施策実施5か年計画」の決定	
	12月 平成19年度バリアフリー化推進功労者表彰（内閣府）	
平成20年(2008)	3月 バリアフリーに関する関係閣僚会議「バリアフリー・ユニバーサルデザイン推進要綱」の決定	9月 北京パラリンピック競技大会
	4月「身体障害者補助犬法の一部を改正する法律」施行［各都道府県・政令市・指定都市の相談窓口設置の義務化］（厚生労働省）	10月 国際障害者技能競技大会（国際アビリンピック）【千葉】
	6月「障害のある児童及び生徒のための教科用特定図書等の普及の促進等に関する法律」が成立（平成20年9月17日施行）（文部科学省）	10月 第1回障害者権利条約締約国会合
	8月「発達障害教育情報センター」開設	
	10月「身体障害者補助犬法の一部を改正する法律」施行［一定規模以上の民間企業での受入義務化］（厚生労働省）	
	10月「第8回全国障害者スポーツ大会」【大分県】（厚生労働省）	
	10月「自殺対策加速化プラン」策定（内閣府）	
	10月「自殺総合対策大綱」の一部改正（内閣府）	
平成20年(2008)	11月 第28回大分国際車いすマラソン大会	
	12月 平成20年度バリアフリー・ユニバーサルデザイン推進功労者表彰（内閣府）	
	12月「障害者の雇用の促進等に関する法律の一部を改正する法律」が公布（平成21年4月1日施行）（厚生労働省）	
	12月 障害者施策推進課長会議「障害者施策の在り方に係る検討結果について」とりまとめ	
平成21年(2009)	3月 障害者施策推進課長会議「公務部門における障害者雇用マニュアル」策定	9月 第2回障害者権利条約締約国会合

年	国内	国外（日本で開催された国際的行事を含む）
平成21年（2009）	3月「政見放送及び経歴放送実施規定の一部を改正する件」が施行（総務省）	9月 第21回デフリンピック夏季大会【15日まで　台北】
	4月「障害者の雇用の促進等に関する法律の一部を改正する法律」の一部施行（企業グループ算定特例、事業協同組合等算定特例の創設等）（厚生労働省）	9月 東京2009アジアユースパラゲームズ【13日まで東京都】
	4月「世界自閉症啓発デー・シンポジウム」【東京都】（厚生労働省）	
	4月「障害者の雇用の促進等に関する法律施行令の一部を改正する政令」の公布（除外率一律10％引下げ）（厚生労働省）	
	4月「道路交通法の一部を改正する法律」（平成21年法律第21号）の公布（高齢運転者等専用駐車区間制度の導入）（警察庁）	
	9月「障害者雇用支援月間」（30日まで）（高齢・障害者雇用支援機構）	
	9月 障害者雇用優良事業所等厚生労働大臣表彰（厚生労働省）	
	9月 第１回「高齢者・障害者の人権あんしん相談」強化週間（法務省）	
	10月 第57回精神保健福祉普及運動（厚生労働省）	
	10月 第57回精神保健福祉全国大会【秋田県】（厚生労働省）	
	10月 第９回全国障害者スポーツ大会【新潟県】（厚生労働省）	
	10月 第９回大分国際車いすマラソン大会【大分県】（厚生労働省）	
	10月 第31回全国障害者技能競技大会（アビリンピック）【茨城県】（高齢・障害者雇用支援機構）（厚生労働省）	
	11月 第９回全国障害者芸術・文化祭しずおか大会【静岡県】（厚生労働省）	
	12月 障がい者制度改革推進本部設置（閣議決定）	
	12月 第６回中央障害者施策推進協議会開催	
	12月 障がい者制度改革推進本部（第１回）開催	
	12月 平成21年度バリアフリー・ユニバーサルデザイン推進功労者表彰（内閣府）	
	12月「身体障害者福祉法施行令等の一部を改正する政令」の公布（肝臓機能障害を追加）（22年４月１日施行）（厚生労働省）	
平成22年（2010）	1月 障がい者制度改革推進会議（第１回）開催	3月 バンクーバー2010パラリンピック冬季競技大会【21日まで　バンクーバー】
	1月 第３回国土交通省バリアフリー化推進功労者表彰（国土交通省）	9月 第３回障害者権利条約締約国会合
	2月 障害者アグリ雇用推進研修会【５日　三重県】【28日　岡山県】（農林水産省）	10月 第２回アジア太平洋経済社会委員会（ESCAP）社会開発委員会（外務省）
	3月 障害者アグリ雇用推進研修会【３月２日　埼玉県】（農林水産省）	
	4月「道路交通法の一部を改正する法律」（平成21年法律第21号）の施行（高齢運転者等専用駐車区間制度の導入）（警察庁）	
	5月「消費者の部屋（アグリにトライ！チャレンジド（障がい者））」展示（農林水産省）	
	6月「障がい者制度改革推進会議」が第一次意見「障害者制度改革の推進のための基本的な方向」とりまとめ	
	6月「障害者制度改革の推進のための基本的方向について」閣議決定	

年	国内	国外（日本で開催された国際的行事を含む）
平成22年(2010)	7月 中央教育審議会初等中等教育分科会に「特別支援教育の在り方に関する特別委員会」を設置（文部科学省） 8月 JIS X8341シリーズのうち「ウェブコンテンツ」に関するJISについて、平成22年８月に改正（経済産業省） 10月 第10回全国障害者スポーツ大会【千葉県】（厚生労働省） 10月 第58回精神保健福祉普及運動（厚生労働省） 10月 第58回精神保健福祉全国大会【沖縄県】（厚生労働省） 11月 第30回記念大分国際車いすマラソン大会【大分県】（厚生労働省） 12月 第10回全国障害者芸術・文化祭とくしま大会【徳島県】（厚生労働省） 12月「障がい者制度改革推進本部等における検討を踏まえて障害保健福祉施策を見直すまでの間において障害者等の地域生活を支援するための関係法律の整備に関する法律」公布（障害者自立支援法等の改正）（厚生労働省） 12月「道路交通法施行規則の一部を改正する内閣府令」の公布（盲導犬のハーネスの形状の柔軟化）（警察庁） 12月「障がい者制度改革推進会議」が「障害者制度改革の推進のための第二次意見」とりまとめ 12月「中央教育審議会初等中等教育分科会特別支援教育の在り方に関する特別委員会論点整理」公表（文部科学省） 12月 平成22年度バリアフリー・ユニバーサルデザイン推進功労者表彰（内閣府）	
平成23年(2011)	1月 第４回国土交通省バリアフリー化推進功労者表彰（国土交通省） 1月 障がい者就労推進研修会 in 玉野【岡山県】（農林水産省） 2月 障がい者就労推進研修会 in 名張【三重県】（農林水産省） 3月 障がい者就労推進研修会 in つくば【茨城県】（農林水産省） 3月「障がい者制度改革推進本部」が障害者基本法改正案を決定 3月「みんなの公共サイト運用モデル（2010年度改定版）」を公表（総務省） 4月 第11回全国障害者芸術・文化祭埼玉大会【埼玉県】（厚生労働省） 4月 障害者基本法改正案が閣議決定。国会に提出された。（内閣府） 5月 中央教育審議会初等中等教育分科会特別支援教育の在り方に関する特別委員会に「合理的配慮等環境整備検討ワーキンググループ」を設置（文部科学省） 6月 障害者基本法改正案が一部修正の上衆議院本会議において全会一致で可決成立 6月「障害者虐待の防止、障害者の養護者に対する支援等に関する法律（障害者虐待防止法）案」が参議院本会議において全会一致で可決成立 7月 一部修正された障害者基本法改正案が参議院本会議において全会一致で可決成立 8月 改正障害者基本法が公布・一部を除き施行 9月「道路交通法施行規則の一部を改正する内閣府令」の公布（聴覚障害者が運転できる車両の種類の拡大）（警察庁） 10月 第11回全国障害者スポーツ大会【山口県】（厚生労働省）	9月 第４回障害者権利条約締約国会合 9月 第８回国際障害者技能競技大会（国際アビリンピック）（25～30日）【韓国・ソウル】

年	国内	国外（日本で開催された国際的行事を含む）
平成23年（2011）	10月 第31回大分国際車いすマラソン大会【大分県】（厚生労働省） 12月 平成23年度バリアフリー・ユニバーサルデザイン推進功労者表彰（内閣府）	
平成24年（2012）	1月 第５回国土交通省バリアフリー化推進功労者表彰（国土交通省） 2月「中央教育審議会初等中等教育分科会特別支援教育の在り方に関する特別委員会合理的配慮等環境整備検討ワーキンググループ報告」公表（文部科学省） 3月「地域社会における共生の実現に向けて新たな障害保健福祉施策を講ずるための関係法律の整備に関する法律案」が閣議決定。国会に提出された。（厚生労働省） 4月「国等による障害者就労施設等からの物品等の調達の推進等に関する法律（障害者優先調達法）案」が衆議院本会議において全会一致で可決 4月「地域社会における共生の実現に向けて新たな障害保健福祉施策を講ずるための関係法律の整備に関する法律案」が一部修正の上衆議院本会議において可決 6月 一部修正された「地域社会における共生の実現に向けて新たな障害保健福祉施策を講ずるための関係法律の整備に関する法律案」が参議院本会議において可決成立 6月「国等による障害者就労施設等からの物品等の調達の推進等に関する法律（障害者優先調達法）案」が参議院本会議において全会一致で可決成立 6月 障害者の法定雇用率を引き上げる政令が公布される。（平成25年４月１日施行） 7月 障害者政策委員会の第一回が開催される。 7月「障害者に関する世論調査」実施（内閣府） 8月「自殺総合対策大綱」改定（厚生労働省） 9月 第12回全国障害者スポーツ大会【15日まで岐阜県】（厚生労働省） 9月「『障害を理由とする差別の禁止に関する法制』についての差別禁止部会の意見」が障害者政策委員会差別禁止部会でとりまとめられる。 9月 第33回全国障害者技能競技大会（アビリンピック）【長野県】（厚生労働省） 10月「障害者虐待の防止、障害者の養護者に対する支援等に関する法律」（障害者虐待防止法）が施行 11月 第12回全国障害者芸術・文化祭さが大会【佐賀県】（厚生労働省） 12月「アジア太平洋障害者の十年（2003～2012年）」最終年記念「障害者フォーラム2012」を開催（内閣府） 12月 障害者政策委員会が９月～11月にかけての小委員会開催などにより、「新たな障害者基本計画に関する意見」についてとりまとめ。 12月 平成24年度バリアフリー・ユニバーサルデザイン推進功労者表彰（内閣府）	3月 ESCAP「第２次アジア太平洋障害者の十年」最終レビュー・ハイレベル政府間会合のための地域準備会合（外務省） 8月 ロンドン2012パラリンピック競技大会（９月９日まで開催）（厚生労働省） 9月 第５回障害者権利条約締約国会合 10月 ESCAP「第２次アジア太平洋障害者の十年」最終レビュー・ハイレベル政府間会合（11月２日まで）（外務省）
平成25年（2013）	1月 第６回国土交通省バリアフリー化推進功労者表彰（国土交通省） 3月 労働政策審議会障害者雇用分科会において、「今後の障害者雇用施策の充実強化について」の分科会意見書をとりまとめる。（厚生労働省） 4月 障害者の法定雇用率が引き上げになる。（厚生労働省）	7月 第6回障害者権利条約締約国会合

年	国内	国外（日本で開催された国際的行事を含む）
平成25年 (2013)	4月 日本銀行券の券種の識別性を向上させるため、現行五千円券の改良、券種識別アプリの開発等を実施する旨を公表（財務省） 5月「障害を理由とする差別の解消の推進に関する法律案」が衆議院本会議において全会一致で可決 5月「障害を理由とする差別の解消の推進に関する法律案」が参議院本会議において全会一致で可決 6月「障害者の雇用の促進等に関する法律を一部改正する法律案」、「精神保健及び精神障害者福祉に関する法律の一部を改正する法律案」が衆議院本会議において全会一致で可決成立 9月「障害者基本計画（第３次）」閣議決定 10月 第13回全国障害者スポーツ大会【東京都】（厚生労働省） 12月 券種の識別性を向上させた五千円券について、平成26年５月12日より発行を開始する旨を公表。また、券種識別アプリについて平成25年12月３日より配信開始する旨も併せて公表（財務省） 12月「障害者権利条約」の締結に関する国会承認 12月 第13回全国障害者芸術・文化祭やまなし大会【山梨県】（厚生労働省） 12月 平成25年度バリアフリー・ユニバーサルデザイン推進功労者表彰（内閣府）	
平成26年 (2014)	1月 第７回国土交通省バリアフリー化推進功労者表彰（国土交通省） 4月「精神保健及び精神障害者福祉に関する法律の一部を改正する法律」の施行（一部28年４月施行）（厚生労働省） 5月 券種の識別性を向上させた改良五千円券が発行開始（財務省） 5月「難病の患者に対する医療等に関する法律」が成立（厚生労働省） 7月 第14回全国障がい者芸術・文化祭とっとり大会【鳥取県】（厚生労働省） 7月 券種識別専用機器について、民間企業１社が製品化の旨を公表（平成26年10月１日から発売開始）。（財務省） 11月 第14回全国障害者スポーツ大会【長崎県】（文部科学省） 12月 平成26年度バリアフリー・ユニバーサルデザイン推進功労者表彰（内閣府） 12月 券種識別専用機器について、民間企業１社が製品化の旨を公表（平成27年12月１日から発売開始）。（財務省）	1月 障害者権利条約を批准 3月 ソチ2014パラリンピック競技大会（厚生労働省） 6月 第7回障害者権利条約締約国会合
平成27年 (2015)	1月「難病の患者に対する医療等に関する法律」の施行（厚生労働省） 1月 第８回国土交通省バリアフリー化推進功労者表彰（国土交通省） 2月「障害を理由とする差別の解消の推進に関する基本方針」閣議決定（内閣府） 10月 第15回全国障害者スポーツ大会【和歌山県】（文部科学省） 11月 第15回全国障害者芸術・文化祭かごしま大会【鹿児島県】（厚生労働省） 11月「2020年東京オリンピック競技大会・東京パラリンピック競技大会の準備及び運営に関する施策の推進を図るための基本方針」閣議決定	6月 第８回障害者権利条約締約国会合

年	国内	国外（日本で開催された国際的行事を含む）
平成27年(2015)	12月　人権シンポジウム「真のユニバーサル社会を目指して～障害のある人と人権～」（東京会場）の開催（法務省） 12月　平成27年度バリアフリー・ユニバーサルデザイン推進功労者表彰（内閣府）	
平成28年(2016)	1月　第９回国土交通省バリアフリー化推進功労者表彰（国土交通省） 4月「障害を理由とする差別の解消の推進に関する法律」施行 4月「障害者の雇用の促進等に関する法律の一部を改正する法律」の一部施行（障害者に対する差別の禁止、合理的配慮の提供義務） 4月　みんなの公共サイト運用ガイドライン（2016年版）を公表 5月「障害者の日常生活及び社会生活を総合的に支援するための法律及び児童福祉法の一部を改正する法律」が成立（厚生労働省） 5月「成年後見制度の利用の促進に関する法律」施行 8月「発達障害者支援法の一部を改正する法律」の施行（厚生労働省） 10月　第16回全国障害者スポーツ大会【岩手県】（文部科学省） 12月　第16回全国障害者芸術・文化祭あいち大会【12月11日まで】（厚生労働省） 12月　平成28年度バリアフリー・ユニバーサルデザイン推進功労者表彰（内閣府）	6月　第９回障害者権利条約締約国会合 6月　障害者権利条約第１回日本政府報告を国連に提出(外務省) 9月　リオ2016パラリンピック競技大会（7～18日）（文部科学省）
平成29年(2017)	1月　第10回国土交通省バリアフリー化推進功労者表彰（国土交通省） 2月「ユニバーサルデザイン2020行動計画」決定 3月「成年後見制度利用促進基本計画」閣議決定 4月「住宅確保要配慮者に対する賃貸住宅の供給の促進に関する法律の一部を改正する法律」が成立（国土交通省） 7月「自殺総合対策大綱」改定（厚生労働省） 8月「障害のある人の人権について考えよう！」人権ポスターキャッチコピーコンテストの実施（法務省） 8月「障害者に関する世論調査」実施（内閣府） 9月　第17回全国障害者芸術・文化祭なら大会【11月30日まで第32回国民文化祭と一体開催】（厚生労働省） 10月　第17回全国障害者スポーツ大会【愛媛県】（文部科学省） 12月　平成29年度バリアフリー・ユニバーサルデザイン推進功労者表彰（内閣府） 12月「視聴覚障害者等向け放送に関する研究会」報告書公表（総務省）	1月　1日　石川准氏が国連の障害者権利委員会委員に就任（日本人初）（外務省） 6月　第10回障害者権利条約締約国会合
平成30年(2018)	1月　第11回国土交通省バリアフリー化推進功労者表彰（国土交通省） 2月「放送分野における情報アクセシビリティに関する指針」策定（総務省） 2月　障害者政策委員会が「障害者基本計画（第４次）の策定に向けた障害者政策委員会意見」について取りまとめ 3月「障害者基本計画（第４次）」閣議決定 4月「障害者の日常生活及び社会生活を総合的に支援するための法律及び児童福祉法の一部を改正する法律」の施行（一部平成28年６月３日施行）（厚生労働省） 5月「高齢者、障害者等の移動等の円滑化の促進に関する法律の一部を改正する法律」が成立（国土交通省）	3月　平昌2018パラリンピック競技大会（９日～18日）（文部科学省） 6月　第11回障害者権利条約締約国会合

年	国内	国外（日本で開催された国際的行事を含む）
平成30年（2018）	5月「学校教育法等の一部を改正する法律」が成立（文部科学省） 5月「著作権法の一部を改正する法律」が成立（文部科学省） 6月「障害者による文化芸術活動の推進に関する法律」の施行 8月「公務部門における障害者雇用に関する関係閣僚会議」を設置（厚生労働省） 10月 第18回全国障害者芸術・文化祭おおいた大会【11月25日まで第33回国民文化祭と一体開催】（厚生労働省） 10月「公務部門における障害者雇用に関する基本方針」を公表（厚生労働省） 10月 第18回全国障害者スポーツ大会【福井県】（文部科学省） 12月「ユニバーサル社会の実現に向けた諸施策の総合的かつ一体的な推進に関する法律」の施行（内閣府） 12月 平成30年度バリアフリー・ユニバーサルデザイン推進功労者表彰（内閣府）	
平成31年 令和元年（2019）	1月「盲人、視覚障害者その他の印刷物の判読に障害のある者が発行された著作物を利用する機会を促進するためのマラケシュ条約」が我が国について効力発生（外務省） 1月 第12回国土交通省バリアフリー化推進功労者表彰（国土交通省） 3月「障害者による文化芸術活動の推進に関する基本的な計画」を公表（文部科学省・厚生労働省） 3月「障害者の雇用の促進等に関する法律の一部を改正する法律案」が閣議決定。国会に提出された。（厚生労働省） 4月 日本銀行券（一万円、五千円及び千円）について、偽造抵抗力強化及び券種間の識別性向上等の観点から、様式を新たにして製造することとし、所要の準備に着手したことを公表（財務省） 6月「障害者の雇用の促進等に関する法律の一部を改正する法律」が成立（厚生労働省） 6月「視覚障害者等の読書環境の整備の推進に関する法律」が成立（文部科学省・厚生労働省） 6月「成年被後見人等の権利の制限に係る措置の適正化等を図るための関係法律の整備に関する法律」が成立（内閣府） 9月 第19回全国障害者芸術・文化祭にいがた大会【11月30日まで第34回国民文化祭と一体開催】（厚生労働省） 12月 令和元年度バリアフリー・ユニバーサルデザイン推進功労者表彰（内閣府）	6月 第12回障害者権利条約締約国会合
令和２年（2020）	1月 第13回国土交通省バリアフリー化推進功労者表彰（国土交通省） 4月「障害者の雇用の促進等に関する法律の一部を改正する法律」の施行（一部令和元年６月14日、９月６日施行）（厚生労働省） 5月「高齢者、障害者等の移動等の円滑化の促進に関する法律の一部を改正する法律」が成立（国土交通省） 6月「聴覚障害者等による電話の利用の円滑化に関する法律」が成立（総務省） 9月 農福連携を現場で実践する手法をアドバイスする「農福連携技術支援者」を認定(同年12月も実施)（農林水産省） 12月 令和２年度バリアフリー・ユニバーサルデザイン推進功労者表彰（内閣府） 12月「学校施設バリアフリー化推進指針」改訂（文部科学省）	11月 第13回障害者権利条約締約国会合

年	国内	国外（日本で開催された国際的行事を含む）
令和３年 (2021)	1月 農福連携を現場で実践する手法をアドバイスする「農福連携技術支援者」を認定（同年８月、12月も実施）（農林水産省） 3月 第14回国土交通省バリアフリー化推進功労者表彰（国土交通省） 5月「障害を理由とする差別の解消の推進に関する法律の一部を改正する法律」が成立（内閣府） 6月「医療的ケア児及びその家族に対する支援に関する法律」が成立 7月 第20回全国障害者芸術・文化祭みやざき大会【10月17日まで第35回国民文化祭と一体開催】（厚生労働省） 10月 第21回全国障害者芸術・文化祭わかやま大会【11月21日まで第36回国民文化祭と一体開催】（厚生労働省） 12月 令和３年度「障害者の生涯学習支援活動」に係る文部科学大臣表彰（文部科学省） 12月 令和３年度バリアフリー・ユニバーサルデザイン推進功労者表彰（内閣府）	6月 第14回障害者権利条約締約国会合 8月 東京2020パラリンピック競技大会（24日～９月５日）（文部科学省）
令和４年 (2022)	1月 農福連携を現場で実践する手法をアドバイスする「農福連携技術支援者」を認定（同年２月、８月、10月、11月も実施）(農林水産省) 3月「ノウフク・アワード2021」表彰（農林水産省） 3月 第15回国土交通省バリアフリー化推進功労者表彰（国土交通省） 3月「第二期成年後見制度利用促進基本計画」閣議決定 6月「児童福祉法等の一部を改正する法律」が成立（厚生労働省） 9月 共生社会バリアフリーシンポジウム【伊勢市】（国土交通省） 10月「自殺総合対策大綱」改定（厚生労働省） 10月 第22回全国障害者芸術・文化祭おきなわ大会【11月27日まで第37回国民文化祭と一体開催】（厚生労働省） 11月「障害者に関する世論調査」実施（内閣府） 12月 令和４年度「障害者の生涯学習支援活動」に係る文部科学大臣表彰(文部科学省) 12月「障害者の日常生活及び社会生活を総合的に支援するための法律等の一部を改正する法律」が成立（厚生労働省） 12月 障害者政策委員会が「障害者基本計画（第５次）の策定に向けた障害者政策委員会意見」について取りまとめ 12月 令和４年度バリアフリー・ユニバーサルデザイン推進功労者表彰（内閣府）	3月 北京2022パラリンピック競技大会（４日～13日）（文部科学省） 6月 第15回障害者権利条約締約国会合 8月 障害者権利条約第１回日本政府報告審査 10月 障害者権利条約第１回日本政府報告に関する障害者権利委員会の総括所見公表 10月 ESCAP「第３次アジア太平洋障害者の十年」最終レビュー・ハイレベル政府間会合（10月21日まで）（外務省）
令和５年 (2023)	2月「ノウフク・アワード2022」表彰（農林水産省） 3月「障害者基本計画（第５次）」閣議決定 3月 改定した「障害を理由とする差別の解消の推進に関する基本方針」の閣議決定（内閣府） 3月 第16回国土交通省バリアフリー化推進功労者表彰（国土交通省） 3月「障害者による文化芸術活動の推進に関する基本的な計画（第２期）」策定（文部科学省・厚生労働省） 8月「視聴覚障害者等向け放送の充実に関する研究会」報告書公表（総務省） 10月 共生社会バリアフリーシンポジウム　【明石市】（国土交通省）	6月 第16回障害者権利条約締約国会合

年	国内	国外（日本で開催された国際的行事を含む）
令和５年 (2023)	10月 第23回全国障害者芸術・文化祭いしかわ大会【11月26日まで第38回国民文化祭と一体開催】（厚生労働省） 10月「放送分野における情報アクセシビリティに関する指針」改定（総務省） 12月 令和５年度「障害者の生涯学習支援活動」に係る文部科学大臣表彰（文部科学省） 12月 令和５年度バリアフリー・ユニバーサルデザイン推進功労者表彰（内閣府）	
令和６年 (2024)	3月 第17回国土交通省バリアフリー化推進功労者表彰（国土交通省） 4月「障害を理由とする差別の解消の推進に関する法律の一部を改正する法律」の施行（内閣府） 5月「住宅確保要配慮者に対する賃貸住宅の供給の促進に関する法律等の一部を改正する法律」が成立（国土交通省） 5月 みんなの公共サイト運用ガイドライン（2024年版）を公表（総務省）	

10 障害者に関係するマークの一例

障害のある人に対応した施設、設備やルールなどの存在を示したり、障害のある人が支援を必要としていることを分かりやすく伝えるため、障害者に関係する様々なマークがあります。これらは国際的に定められたものや、障害者団体等が独自に策定して普及を進めているものもあります。

本ページは、各省庁・自治体・団体が作成・所管する障害者に関係するマークの一例を紹介するものです。

※各マークは、以下に記載する各省庁・自治体・団体が作成・所管するものであり、お問い合わせ等は各マークの所管先へお願いします（いずれも内閣府が作成・所管するものではありません。）。

（順不同）

名　称	概　要　等	連　絡　先
障害者のための 国際シンボルマーク	障害者が利用できる建物、施設であることを明確に表すための世界共通のシンボルマークです。マークの使用については国際リハビリテーション協会の「使用指針」により定められています。 ※このマークは「すべての障害者を対象」としたものです。特に車椅子を利用する障害者を限定し、使用されるものではありません。 ※個人の車に表示することは、国際シンボルマーク本来の主旨とは異なります。障害のある方が、車に乗車していることを、周囲にお知らせする程度の表示になります。したがって、個人の車に表示しても、道路交通法上の規制を免れるなどの法的効力は生じません。駐車禁止を免れる、または障害者専用駐車場が優先的に利用できるなどの証明にはなりませんので、ご理解の上ご使用下さい。	公益財団法人 日本障害者リハビリテーション協会 TEL：03-5273-0601 FAX：03-5273-1523
盲人のための 国際シンボルマーク 	世界盲人連合で1984年に制定された盲人のための世界共通のマークです。視覚障害者の安全やバリアフリーに考慮された建物、設備、機器などに付けられています。信号機や国際点字郵便物・書籍などで身近に見かけるマークです。 このマークを見かけた場合には、視覚障害者の利用への配慮について、御理解、御協力をお願いします。	社会福祉法人 日本盲人福祉委員会 TEL：03-5291-7885
身体障害者標識 （身体障害者マーク） 	肢体不自由であることを理由に免許に条件を付されている方が運転する車に表示するマークで、マークの表示については、努力義務となっています。 危険防止のためやむを得ない場合を除き、このマークを付けた車に幅寄せや割り込みを行った運転者は、道路交通法の規定により罰せられます。	警察庁交通局交通企画課 TEL：03-3581-0141（代）

名　　称	概　要　等	連　絡　先
聴覚障害者標識 （聴覚障害者マーク） 	聴覚障害であることを理由に免許に条件を付されている方が運転する車に表示するマークで、マークの表示については、義務となっています。 危険防止のためやむを得ない場合を除き、このマークを付けた車に幅寄せや割り込みを行った運転者は、道路交通法の規定により罰せられます。	警察庁交通局交通企画課 TEL：03-3581-0141（代）
ほじょ犬マーク 	身体障害者補助犬法の啓発のためのマークです。 身体障害者補助犬とは、盲導犬、介助犬、聴導犬のことを言います。「身体障害者補助犬法」において、公共の施設や交通機関はもちろん、デパートやスーパー、ホテル、レストランなどの民間施設は、身体障害のある人が身体障害者補助犬を同伴するのを受け入れる義務があります。補助犬を同伴することのみをもってサービスの提供を拒むことは障害者差別に当たります。 補助犬はペットではありません。社会のマナーもきちんと訓練されており、衛生面でもきちんと管理されています。 補助犬を同伴していても使用者への援助が必要な場合があります。使用者が困っている様子を見かけたら、積極的にお声かけをお願いします。	厚生労働省社会・援護局 障害保健福祉部企画課 自立支援振興室 TEL：03-5253-1111（代） FAX：03-3503-1237
耳マーク 	聞こえが不自由なことを表すと同時に、聞こえない人・聞こえにくい人への配慮を表すマークです。また、窓口等に掲示されている場合は、聴覚障害者へ配慮した対応ができることを表しています。 聴覚障害者は見た目には分からないために、誤解されたり、不利益をこうむったり、社会生活上で不安が少なくありません。 このマークを提示された場合は、相手が「聞こえない・聞こえにくい」ことを理解し、コミュニケーションの方法等への配慮（口元を見せゆっくり、はっきり話す・筆談で対応する・呼ぶときは傍へ来て合図する・手話や身振りで表すなど）について御協力をお願いします。	一般社団法人 全日本難聴者・中途失聴者団体連合会 TEL：03-3225-5600 FAX：03-3354-0046
ヒアリングループマーク 	「ヒアリングループマーク」は、補聴器や人工内耳に内蔵されているTコイルを使って利用できる施設・機器であることを表示するマークです。 このマークを施設・機器に掲示することにより、補聴器・人工内耳装用者に補聴援助システムがあることを知らしめ、利用を促すものです。	一般社団法人 全日本難聴者・中途失聴者団体連合会 TEL：03-3225-5600 FAX：03-3354-0046

名　　称	概　要　等	連　絡　先
オストメイト用設備／オストメイト	オストメイトとは、がんなどで人工肛門・人工膀胱を造設している排泄機能に障害のある障害者のことをいいます。 　このマーク（JIS Z8210）は、オストメイトの為の設備（オストメイト対応のトイレ）があること及びオストメイトであることを表しています。 　このマークを見かけた場合には、身体内部に障害のある障害者であること及びその配慮されたトイレであることを御理解の上、御協力をお願いします。	公益財団法人 交通エコロジー・モビリティ財団 TEL：03-5844-6265 FAX：03-5844-6294
ハート・プラスマーク	「身体内部に障害がある人」を表しています。 　身体内部（心臓、呼吸機能、じん臓、膀胱・直腸、小腸、肝臓、免疫機能）に障害がある方は外見からは分かりにくいため、様々な誤解を受けることがあります。 　内部障害の方の中には、電車などの優先席に座りたい、障害者用駐車スペースに停めたい、といったことを希望していることがあります。 　このマークを着用されている方を見かけた場合には、内部障害への配慮について御理解、御協力をお願いします。	特定非営利活動法人 ハート・プラスの会 TEL：080-4824-9928
「白杖SOSシグナル」普及啓発シンボルマーク SOS （社会福祉法人日本視覚障害者団体連合推奨マーク）	白杖を頭上50cm程度に掲げてSOSのシグナルを示している視覚に障害のある人を見かけたら、進んで声をかけて支援しようという「白杖SOSシグナル」運動の普及啓発シンボルマークです。 　白杖によるSOSのシグナルを見かけたら、進んで声をかけ、困っていることなどを聞き、サポートをお願いします。 ※駅のホームや路上などで視覚に障害のある人が危険に遭遇しそうな場合は、白杖によりSOSのシグナルを示していなくても、声をかけてサポートをお願いします。	岐阜市 福祉事務所障がい福祉課 TEL：058-214-2138 FAX：058-265-7613
ヘルプマーク	義足や人工関節を使用している方、内部障害や難病の方、または妊娠初期の方など、外見から分からなくても援助や配慮を必要としている方々が、周囲の方に配慮を必要としていることを知らせることができるマークです（JIS規格）。 　ヘルプマークを身に着けた方を見かけた場合は、電車・バス内で席をゆずる、困っているようであれば声をかける等、思いやりのある行動をお願いします。	東京都福祉局 障害者施策推進部 企画課社会参加推進担当 TEL：03-5320-4147

名　　称	概 要 等	連 絡 先
手話マーク	きこえない・きこえにくい人が手話言語でのコミュニケーションの配慮を求めるときに提示したり、役所、公共及び民間施設・交通機関の窓口、店舗など、手話言語による対応ができるところが掲示できます。また、イベント時のネームプレートや災害時に支援者が身に着けるビブスなどに掲示することもできます。 　きこえない・きこえにくい人等がこのマークを提示した場合は「手話言語で対応をお願いします」の意味、窓口等が掲示している場合は「手話言語で対応します」等の意味になります。	一般財団法人 全日本ろうあ連盟 TEL：03-6302-1430 FAX：03-6302-1449
筆談マーク	きこえない・きこえにくい人、音声言語障害者、知的障害者や外国人などが筆談でのコミュニケーションの配慮を求めるときに提示したり、役所、公共及び民間施設・交通機関の窓口、店舗など、筆談による対応ができるところが掲示できます。また、イベント時のネームプレートや災害時に支援者が身に着けるビブスなどに掲示することもできます。 　きこえない・きこえにくい人等がこのマークを提示した場合は「筆談で対応をお願いします」の意味、窓口等が掲示している場合は「筆談で対応します」等の意味になります。	一般財団法人 全日本ろうあ連盟 TEL：03-6302-1430 FAX：03-6302-1449

11 令和5年度「障害者週間」心の輪を広げる体験作文　入賞作品（最優秀賞・優秀賞）

最優秀賞受賞

【小学生区分】◆京都府

いっしょに遊ぼう。

城陽市立今池小学校　五年
師橋　ひより

みなさんは、特別支援学校に通っている子ども達について知っていますか。障害者週間とは、障害のある人達について、関心をもとうという週です。

私の兄は、特別支援学校に通っています。知的障害のある自閉症児です。好きなものは乗り物やキラキラした物です。うれしい時はニコニコしながら「うー♪」と言います。反対に、おこっているときは、歯をくいしばりながら「うー！」と言います。私は、兄の顔を見なくても、兄がどんな気持ちの「うー」なのか聞き分けることができます。

ある日、私の学校の先生が兄や兄の学校の友達が交流に来ることを教えてくれました。私は、心の中で「いやだなぁ。友達になんて言われるだろう。」と不安に思いました。友達に「変だね。」と言われたことがあるからです。でもそれは、私だけの思いこみでした。みんなが「ひよりのお兄ちゃんて、足は速い？」などきいてくれて、うれしくなりました。私は、「お兄ちゃん、走るの好きだよ。」と教えてあげました。先生からも、「お兄ちゃんの好きな乗り物はなに？」と聞かれ、船が好きだということを伝えました。みんな、お兄ちゃんが来ることを楽しみにしてくれているんだなぁと感じました。

そして、交流会当日もうれしいことがあったのです。チームでゲームをするとき、友達の一人が「こっちだよー。」と兄をさそってくれたのです。私は、うれしくて、うれしくてたまりませんでした。初めて会った兄に、声をかけてくれて有りがたいなぁと感じました。

しっぽ取りおにごっこでは、私たちがおにになり、兄たちは走ってにげます。そのときの兄の表情がとても楽しそうでした。学校の友達も楽しそうに追いかけていました。

後日、私の学校の参観があり、母といっしょに兄も来ました。そのときに、「ひよりのお兄ちゃん、久しぶり！」と友達が兄の目の前に立ち、声をかけてくれました。けれど自閉症の兄は、目を合わせることがむずかしく、顔をよけて、その友達よりも向こうを見ていました。でも、その友達も兄と目を合わせようと何度も兄の顔の目の前に、自分の顔をもってきては、チャレンジしていました。母は、そのことを今でも何度も話すので、友達のほうから兄のそばにきて声をかけてくれたことが本当にうれしかったのだと思います。交流会という特別支援学校の子どもたちと関わる機会があったことで、兄を「友達」だと思ってくれているのだと感じました。

兄のまわりには、兄のことを理解し、兄と関わろうとしてくれる人が本当にたくさんいます。そのおかげで、いろんなイベントや行事に家族で参加するようになりました。兄は人とのつながりに恵まれていると、母はいつも言っています。私も、兄のように、たくさんの人に支えてもらいながら、毎日を楽しく過ごすことができる人が増えていくといいなぁと思います。

本当は、兄がいることで今でもがまんすることはあります。でも、兄がいることで、この世界にはいろんな人がいるということを知りました。そして、自分から積極的に関わるようにもしています。この先、私と同じ思いの人がこの世界にもっともっと増えていくといいなぁと思っています。

【中学生区分】◆熊本県

全部理解して欲しいと思いません。しかし、知って欲しいです。

氷川町及び八代市中学校組合立氷川中学校　二年
小田　莉子

「何でお前笑っているの。ヤバッ。」や「授業中にそれ（足が動いてしまう）止めてくれない。集中できないから。」
など言われたことがあります。直す努力をしていますが、今ひとつ空気を読むことが苦手です。また、体のどこかが自然と動きます。他にも、人とは違った感覚があり、よく指摘を受けます。

学習では、国語と数学が他の教科よりも分かりません。運動も、言われた通りに動かそうとしても思うように動かせず、姿勢も悪いです。それに、大きな音が嫌で、特に花火の音や運動会のピストルの音、爆竹の音が異常に怖くてしかたがありません。

私は、保育園の頃からいろいろと言われてきましたが、年齢が上がるに連れて周りから厳しい言葉をかけられることが増えました。自分を守ろうとして言葉や態度が悪くなってきたと思います。同時に、自分も責めるようにもなり「私なんか必要か？」と思うことも。

いわゆる、私は「発達障がい」です。「自閉症スペクトラム症」と診断されました。他にも「注意欠如・多動症」「学習障害」「発達性協調運動症」の疑いもあります。たくさんの障がいをもって生まれたことに、「かわいそう。」と思う人も多いかもしれません。

できない私を、ゆっくりと成長する私を、母は理解してくれています。だからと言って、他のお母さんのように優しい言葉でなぐさめたり、甘やかしたりしません。「人のことをとやかく言う前に、自分はどうなの？」や「自分がどう生きたいのかしっかり自分で考えなさい。」と言うような母です。ただ、私にだけ厳しくしているわけではなく、弟にも同じです。また、母の仕事で関わった人たちも同様のようです。それに、母自身も自分に厳しい人です。でも、人には親身になって手を差し伸べる人です。母をしたう人にとって、表面上の優しい言葉よりも、実際に行動する母の姿を見ているので、厳しさの裏に込められた愛情を感じます。私も成長したのか今ではそれを、感じます。弟は、まだのようです。

私の母は、学校の先生をしています。音楽の先生から、特別支援学級の先生をするようになりました。きっと私がきっかけです。

家では、よく勉強したり生徒やその家族についての支援方法を考えたりしています。そして、保護者の方に「迷惑をかけますと言わないでください。迷惑だと思っていませんよ。私も同じ悩みをもつ同士、一緒に頑張っていきましょうね。」のような言葉を伝えています。逆に、私のことになると「ご迷惑をおかけしてすみません。」と言っています。そのせいか、二つの立場で板挟みのようになると、「特性は個性だと分かってもらえないのか。」と、愚痴をこぼす母がいます。私のような人にとって、母のような存在は、救われます。

私のことを全部理解して欲しいとは、思いません。しかし、見た目で分からない障がいがあることを知って欲しいです。治療をして軽減できても、治るものではありません。どんなに一生懸命に頑張っても悔しいですがすぐに成果は出ません。だからと言って、特別扱いをして欲しいのではありません。具体的に教えて欲しいだけです。何がだめだったのか振り返りながら直す努力をしていきます。冷たい言い方や軽蔑するような言い方にも慣れていますが、やはり傷つきます。そして、防衛本能が働くのか、反抗的になってしまいます。

障がいの有無に関わらず、一人ひとりの個性を自分のものさしで否定したり、皆と同じような考えを押しつけたりするのは違います。花がそれぞれ色と形に特徴があるように、個性にも特徴があります。カラフルに咲き乱れる花が綺麗なように、カラフルを認め合える世界も、きっと綺麗なはずです。バリアを外した、その様な世界に興味をもってみませんか。

【高校生区分】◆静岡県

気(き)づきから生(う)まれる誰(だれ)もが暮(く)らしやすい社会(しゃかい)

静岡(しずおか)県立掛川東(かけがわひがし)高等学校　二年
佐野(さの)　夢果(ゆめか)

「夢ちゃんは夢ちゃんだよ。」
友達の何気ない一言だった。しかし私にはこの言葉が本当に嬉しくてたまらなかったのだ。
　私は生まれつき障害があり、車いすで日常生活を送る車いすユーザーだ。そんな私は、小中、そして現在の高校に至るまで、普通学級で学校生活を送ってきた。障害がある生徒は私一人。
　そんな中での学校生活は、私にたくさんの出会いや気づきをもたらしてくれた。私の小学校は全学年一クラスの小さな学校で、クラス替えもなく、六年間同じクラスメイト。そんな六年間を共にしたクラスメイトは、いつも自然と私に手を差し伸べてくれた。学校行事ではどうすれば、私が参加できるのかを、周りの友達がいつも一緒になって考えてくれたし、先生もたくさんの工夫やアイディアでどうしたら私が参加できるかを考えてくれた。例えば授業で川に行くことがあった時、先生が濡れてもいいようにと防災用の車いすを借りてくれたこともあった。授業の一環で野菜を育てた時も、畑に車いすで行けるようにとクラスの友達が、ダンボールを敷いてくれた。今回の募集テーマになっている「心の輪」は、そんな学校生活でいつも私の周りに広がっていたように思う。そんなクラスメイトや先生達とだったからこそ、私は障害という括りの中ではなく、私自身として過ごせたのだ。その一方で、学校の外では障害の中で自身が括られることに、違和感を感じることも多かった。例えば登校中、
「車いすなのに偉いわね。」
と声をかけられたり、賞を取ったときも
「車いすなのにすごいわね。」
と言われることがあった。本当に何気ない一言だった。しかし私は私が私として評価されないことや、障害の中で括られていることがとても悲しかったのだと思う。そんな時、一緒に登校していた友達が私に言ってくれた。
「夢ちゃんは、夢ちゃんだよ。」
これもまた何気ない一言だった。しかし私はこの言葉が嬉しくてたまらなかった。思えばいつも周りのクラスメイトや先生は、私に障害があるからではなく、どうしたら私が参加できるのかを考えてくれていたように思う。
　私にはそんな経験を通して考えるようになったことがある。どうしたら障害のある人が、障害の中で括られずその人らしく生きられるのか。きっとその答えのひとつは一緒に過ごす時間にあると、私は思っている。障害と聞くと難しく考える人も多いかもしれない。しかし一緒に時間を過ごすと、障害はその人の一要素でしかないことに気づくはずだ。そして一緒に時間を過ごすうちに、色々な気づきがあると思う。私の学校生活はまさにこれだった。そんな一緒に過ごすうちに生まれる気づきが、とても大切なものなのだと私は思う。一番怖いことは、知らないことだ。知らないから、関わったことがないから、分からないから。そういうものに対して、人はつい難しく考えてしまう。だから幼少期の内から、障害に限らず色々な人がいる中で、生活をし、時間を共有することはとても大切なことだと私は思うのだ。そこから生まれるたくさんの気づきが、社会を良い方向に動かしていくはずだ。
　私はそんな時間を共有できるお店で、現在ボランティアスタッフとして働いている。そのお店とは車いすユーザーの横山博則さんが店長を務める、「駄菓子屋横さんち」だ。
　横さんちでは現在十一人の障害者が働いている。私はこの横さんちのボランティアを通して、多くの気づきをもらった。横さんちは障害というテーマをもつ一方で、お店を利用する人は障害や福祉に関わる人たちに限定されていない。障害や年齢や地域を限定せず、誰でも来てもらえるお店。それが「横さんち」だ。福祉の場ではなく、駄菓子屋さんであるからこそ、様々な人が訪れる。そしてそんな空間での自然な交流の中で、ふとした瞬間にたくさんの気づきが生まれていると、私は思う。例えば私がレジをしていると、いつもお店に来てくれる小学生は、自然と袋詰めを手伝ってくれる。買い物という日常生活の中で障害を持つスタッフと交流することで、困りごとや困りごとへの工夫の仕方をその小学生は当たり前に、知ってくれている。日常生活の中に当たり前にある「駄菓子屋」という空間だからこそ、そこで得る気づきは偶然得たものになる。何かしらの気づきや学びを得ようという意識のもとで得た学

びも、当然大切な学びではあるが、ふとした瞬間に気付くことができた学びはより一層、その人の考え方や価値観へと繋がると私は思うのだ。私はこんな横さんちのような、自然と同じ時間を共有するなかでの気づきを生み出せる場が、もっと増えていけばいいなと感じている。知ることは、お互いを理解し、自分にできることを見つけるきっかけになる。そして、自分の経験の中から得られた一人一人の気づきが、いずれ社会を変えるきっかけとなっていくのだろう。

日常生活のありふれた時間の中で人と出会い、話し、気づき、学ぶことで、少しずつ変化が生まれる当たり前があればもっと、誰もが暮らしやすい社会になっていくと思う。私は当事者として、そんな自然な心のふれあいや気づきがうまれる場をつくっていきたい。そんな心のふれあいや気づきのその先にはきっと、誰もが自分らしく生きられる社会があるはずだ。

【一般区分】◆富山県

闘(たたか)い

牧田(まきた)　恵実(めぐみ)

私は精神障害者である。しかし障害者だからと言って恥ずかしさを感じることはない。なぜか？必死に闘っているからである、病気と。

病気の症状がでたのはいきなりだった。通学電車から降りると私がどこにいるのか、どうしたら学校に行けるのかわからなくなり、すぐに家族に「助けて！」と電話した。父が迎えに来てくれてパニックで動けなくなっている私の手を引いて家まで連れて帰ってくれた。その後もいつの間にか学校を出たものの自分がどこにいるのかわからなくなり泣いている私を当時担任だった先生が迎えに来てくださったこともある。そのようなことが度々起きたため学校の先生方も心配してくださり大きな病院での検査を勧められた。検査を受けに行くと、すぐに入院を勧められ入院することになった。そして検査の結果はおそらく統合失調症ではないかとのことだった。

「統合失調症」それは百人に一人はかかると言われる病。この日から私と病気との闘いが始まった。私の症状は様々で、いきなり男の人の声で「死んでしまえ！」と幻聴が聞こえてきたと思えば次は味覚と嗅覚がおかしくなり更に妄想も加わり「食べ物の中に毒が入っている！」と必死に看護師さんに「食べたらだめだ！」と訴え、その後しばらくは食事をとることができなくなり、点滴のみの生活となった。また、入院中にいつもは病室で寝ているはずなのに朝起きたら保護室にいて、「なんで私この部屋にいるのですか？」と看護師さんに聞くと、「本当に覚えていない？昨日の夜中にいきなり暴れ始めたのよ」と言われとても驚いた。そんな目に見えず記憶もない病気と闘ってきた。とはいえこれは私一人の闘いではなかった。私には家族がいた。私を元気付けようと焼き肉屋へ連れて行ってくれた。私を笑顔にしようと旅行に連れて行ってくれた。そんな家族と過ごすうちに体調も安定し始め、家族以外の人と話す余裕が出てきた。そんな時、母から一つ提案された。「障害者手帳持ってみない？」というものだった。提案されて気づいた。私は障害者なのだと。私は障害者。だから今まであんなに辛い思いをしてきたのだ。そう考えると合点がいった。だから障害者手帳を持つことを決めた。手帳を持つことで自分自身の中でまだくすぶっている「障害者」である自分ときちんと向き合い認めることができると思ったからだ。

デイケアという心のリハビリ施設にも通い始めた。そこには様々な心の病気を持つ人がたくさんおられた。そしてそこでは世間話だけでなく「今こんな症状が出て困っているのです」と家族以外の方とも病気で困っていることに対しお互い遠慮なく助けを求めることができた。自分の中でそのような助けを求められるようになったのも小さな前進だと思っている。

以前友人に「精神科」に通っていると言うと「お前廃人になったんだな」と言われた。悔しかった。私は必死に病気と闘っているのに、そんな私を「廃人」という一言でまるでダメな人間。一人では何もできない人間だとレッテルを貼られたように感じた。それからは一生懸命病気と闘ってはいるものの周りには病気になったことは隠すようになった。そしてこれ以上私を傷つけたくないと母は私の交友関係について、とても慎重になり、同級生などと会うのも止められるようになった。そんな中一人だけ「家に呼んだら？」と母が勧めてくれた友人がいた。彼女を障害者になってから初めて家に呼んだことは覚えている。だが何を話したのかは定かではない。しかし彼女の言ったたった一言。「めぐ、すごく頑張っとるね。」この一言に涙が止まらなかった。「大丈夫？」「辛そうだね」よりも何十倍も救われた。その友人とは今でも時々会って話をしたり、毎年桜の季節はお花見へ行ったりしている。「廃人だな」そして「頑張っとるね」どれもたった一言。その一言が人の心をこんなにも大きく動かすのだ。

私は今一人暮らしをしている。と言っても望んで一人暮らしを始めたのではない。父と母が癌で亡くなってしまったからだ。八年前父は家族やヘルパーさん、訪問看護師さんと力を合わせて家で闘病生活を送り家で息を引き取った。そして三年前母はコロナウイルスが流行りだしたころに何か月も入院し、コロナウイルス対策で面会も制限され、会いたくても会えない時期があった。母は癌が進行し、先が長くないとわかってから障害を持っていて一人では生きて行けないだろうという私とどう心中しようか本気で考えたそうだ。でも、母が入院している間に毎日一つずつ家事を覚えていく私を知って「めぐがここまでできる子になったとは知らなかったわ。少し安心。」と心中の話は流れたそうだ。でもやはり母の中で心配は消えなかったらしく入院中に書いたのだろう。母は涙が止まらない程元気が出ることを書いた素敵なメモを残していってくれた。その中に一つ、私の心を奮い立たせる一言が書いてあった。

「めぐ、ひとりだけど、ひとりぼっちじゃないから！」

その通りだ。毎日一人暮らしは寂しいと言っていた私には大好きな姉がいる。私には笑顔がかわいい友人がいる。私にはいろんな相談にのってくださるデイケアの皆さんがいる。他にも主治医の先生やカウンセラーの先生など。こんなにも多くの人に支えられながら今私は障害と闘っている。こんなにも心強くうれしいことがあろうか。だから負けない。逃げない。正々堂々と病気とそして障害者として自分自身と向き合おう。支えてくださる人たちに恥じぬよう。

そして最後にこれだけは忘れないでほしい。障害者がなんだ。健常者がなんだ。みんな闘いながら生きているのだ。仕事や病気、けが。そして人生とともに。

優秀賞受賞

【小学生区分】◆岐阜県

優(やさ)しさに、ありがとう

美濃加茂(みのかも)市立古井(こび)小学校　六年
西田(にしだ)　江里菜(えりな)

わたしは、生まれたときから、聴覚に障害を持っています。

音が聞こえないのではなく、音が聞こえ過ぎるのです。

他の人には聞こえないような、小さな音も、遠くでする音も、わたしの耳には入ってきます。音によっては大音量に変換されて聞こえてくるので、わたしの脳には負担が大きく、生活をしていてしんどいときもあります。

友達は、わたしにそんな障害があることは知らなかったと思います。音が聞こえ過ぎるなんて、見た目では分からないし、わたしから話したこともなかったから—。

家でも、外でも、いろんな音がしています。

みんなにとっては気にならない音が、わたしには気になります。

学校のお昼休みは、静かな教室で過ごすこともありました。その時間が楽しかったからでしょうか、友達といるときは、不思議と音は気にならなかったです。

一緒に居てくれた友達に、わたしは助けられていたのだと思います。

学校のような、人が集まる場所では、周りと同じに過ごすことを求められる場面もあり、障害を持つ人にとっては悩むこともたくさんあると思います。

そして、社会には、いろいろな情報があふれているゆえに、正しく障害を理解することは、家族であっても難しいです。

わたしの母も、わたしの障害に気付いたとき、どう向き合えば良いのか分からなかったようです。

母が、いっぱい悩んで、いっぱい泣いていたことを、わたしは知っています。そんな母を見て、わたしもまた苦しかったです。

でも母は、わたしの障害から目をそらすことはしませんでした。いつもわたしのそばに居てくれました。

そして、わたしたち家族を、周りの人たちが支えてくれました。

どんなことで困っているのか、どうすれば困り感を和らげることができるのか、一緒に考えて力を貸してくれました。

自分のことを思ってくれる人がいる、それは、わたしにとって、とても心強く嬉しかったです。
たくさんの人の優しさに、ありがとう。
わたしも、出会えた人たちのような、優しい人で在りたいです。
障害への理解が深まり、みんなが過ごしやすい社会になりますように。

【小学生区分】◆大阪市

全国ろうあ者大会にさんかして

大阪教育大学附属平野小学校　三年
富士居　直都

ぼくは、六月十日と十一日の二日間、お母さんと、大分けんで開かれた全国ろうあ者大会に行きました。大分空こうに着いたらろう者に「大阪から来たのね。」と、かんげいしてもらいました。会場近くの駅は、ろう者がいっぱいで手話の町に来たみたいでした。ぼくは、かんたんな手話はできるけど、上手ではありません。でも、ろう者とよく会うので、手話が上手にできなくても心と心がつうじることを知っています。

ぼくは、この日、「ちびっこの会」にさんかして紙コップやじしゃくをつかったスピーカーを作りました。スタッフの人は、ちょう者とろう者で、作り方しどうは、しょうがい者がたくさんはたらいている会社から三人、来てくれました。一人目は、足がぼくと同じくらいの長さで車いすをつかっている人、二人目は、耳がほとんど聞こえない人、三人目は、生まれつきうでがひじくらいの長さの人です。ぼくは、うでがひじくらいの長さの人をすごくかわいそうだと思いました。でも、じこしょうかいの時に「かわいそうに見えるけど、かわいそうではないよ。ふべんなこともあるけど、笑顔で元気ですよ。」と教えてくれました。色々なことができて、とても器用な人だと思いました。

夜は、ろう者と一緒におんせんに入りました。おゆにつかりながら手話で話すと、顔におゆがピチャピチャとかかりました。ぼくは、面白くて、おんせんでする手話が大好きになりました。

次の日、黄色のふくをきたちょうどう犬とはじめて会いました。東京から来たろうのおばあちゃんのちょうどう犬でした。ほご犬からちょうどう犬になってかつやくしている話を教えてもらいました。ちょうどう犬の顔はあまえんぼうみたいに見えたけど、すごくかしこくて、音を知らせる仕ごとができてかんどうしました。

もう一つはじめてのことがありました。それは、盲ろうの人と話したことです。手をにぎって手話で「こんにちは」とするとつうじました。「はくしゅ」の手話をしたら、すごくよろこんでくれました。ぼくは、手話でたくさんおしゃべりができないけど、心を大切にしたらつうじるので、うれしいなぁと思いました。

大分けんからもどって、全国ろうあ者大会でとったしゃしんをたんにんの島本先生にタブレットで送りました。先生は、へんじをくれました。「直都さん、大分に行った時のしゃしんをありがとう。色々と学んでいることがうかがえました。すばらしいですね。よかったらしゃしんをもとに、みんなにお話ししてみたらどうですか。」と書いてありました。ぼくは、いっぱい話したいことがあったので、はっぴょうしました。友だちは、しつもんをしたり、かんそうを言ってくれました。友だちが、いろいろなしょうがいを知ったら、みんながたすけ合える世界になれると思うので、先生がはっぴょうをさせてくれてうれしかったです。

ふべんな思いをしている人をたすけ合う世界になったらしあわせになれると思うので、みんながしょうがいをたくさん知って、しょうがいのある人を守れるほうほうを考えたら、もっとくらしやすくなると思います。全国ろうあ者大会に行ってよかったです。らい年は和歌山けんで開かれるのでたのしみにしています。

【小学生区分】◆静岡市

大ちゃんの薬

静岡市立清水小学校　四年
村松　亜美

大ちゃんを見るたびに、私は、何かいい薬はないのかな、大人になるまでに薬ができるといいのになと思う。今日も大ちゃんが首に機関車のキャラクターの絵のついたケースをかけ、お気に入りのベルが入っていた箱を指さし、母に、「ベル」と聞こえる発音で、「ベル、ベル、ベル、…。」と言い続けていた。ここ何週間かの大ちゃんのルーティンだ。こわしてしまったからまた買ってほしいのか、これはベルだと教えたいのか、大ちゃんの言いたいことは家族にもわからないことが多い。

大ちゃんは、私の二才上の兄だ。まだ十分に言葉を話すことができないこともあり、特別支えん学校に通っている。よい悪いがわからず、学校では友達にかみつくこともあるようだ。家でも、テレビやパソコンをこわしてしまうし、家中のかべにクレヨンで落書きすることもある。私のランドセルのベルトをはさみで切ってしまったこともあった。そんな大ちゃんだから、私の方が妹だけれど、大ちゃんのことが気がかりでしかたがない。

「大ちゃんって、ずっとこのままなのかな。」
と、いつか私が言ったら、祖母が、
「大ちゃんも、ずい分成長しているんだよ。」
と言って、小さいころの大ちゃんの様子を話してくれた。そう言えば、大ちゃんはよくヒーターにティッシュをつめこんだり、水たまりにねころんでどろだらけになったりしていたけど、このごろはそんなことはしていない。トイレも着がえも一人でできるし、お風呂やふとんに入る時間もわかっている。楽しみがある日はカレンダーに印をつけている。ひと言で通じることも多くなった。そうか、ゆっくりかもしれないけれど、大ちゃんもしっかり成長しているんだと、うれしくなった。

この間、親せきの人が集まった時、母が、「できるかな。」と言いながら、「二かいにいるお姉ちゃんをよんできて。」と大ちゃんにたのんだことがあった。みんなが見守る中、大ちゃんの後ろから中学生の姉が下りて来て、一同はく手。でも、みんな、しゃべれない大ちゃんがどんな風によんできたのか不思議だった。姉に聞くと、大ちゃんの目や体の動きが用事もなく部屋に入ってくる時とちがったから、何か用事があるのかなと思った、ということだった。「すごい、ゆいちゃん。」とみんなは、またはく手。大ちゃんも姉もわらっていた。そうだ。確かに、大ちゃんの表じょうや動きには声にならない言葉がある。私にもその言葉がわかる時がある。この大ちゃんの言葉は、大ちゃんの身近にいる人にしかわからないかもしれない。でも、反対に考えれば、身近にいて、しっかり表じょうや動きを見ていてあげれば、大ちゃんの言葉は声が出ていなくても伝わるということになる。

姉の話を聞き、私は「薬」を見つけたぞ！と思った。姉がとった行動のように、「身近な人が大ちゃんの声なき言葉を聞こうという気持ちで大ちゃんにかかわっていくこと」、それが、大ちゃんの成長への一番の薬なんだ。

【中学生区分】◆埼玉県

優しさの連鎖

坂戸市立若宮中学校　一年
小島　さら

私には姉がいます。姉は重度の知的障害と発達障害がある障害児です。私が幼稚園の頃母に「障害があってもなくても同じ人間。私は○○が姉でよかった。」と伝えたそうです。その時なぜその言葉が自分からでたのか覚えていません。今は部屋を散らかしても片付けられない、おむつも交換してあげなくてはいけない姉を大変だなと思うことも正直あります。人懐っこい姉はどこにいっても知らない人に近づいていっては人には伝わらない言葉で話しかけてしまいます。その様子をみて周りの人はどう思うか心配でした。でも、姉が話しかけたりハグをすると一瞬戸惑う人もいますが笑顔で返してくれる人がいっぱいでした。姉は人と笑顔にする力があるんだなと思いました。

私が体験したエピソードを紹介させてください。もう今から九年も前の話です。母の実家のある静岡から東名自動車道を使って埼玉まで帰えろうとしたその日は、途中から雪が降り始め御殿場を過ぎる辺りになると雪が激しくなり視界も悪くなってきました。雪用のタイヤを装着していなかった私達の車は、鮎沢パーキングエリアまでたどりつくのがやっとでそのまま立ち往生してしまいました。パーキングのレストランで母と姉と三人で食事をとりにいきました。車の中でねるのはかわいそうだと思った母は、レストランのすみっこでやすませてもらえないかと店長さんに相談しに行きました。そんな相談をしている間に姉は席から離れ、近くで食事をしていた作業服のおじさん達に声をかけてしまったのです。姉は意見のある言葉をあまりしゃべることができないのでただニコニコしているだけでした。そのおじさん達は除雪作業員の方たちでこれから駐車場の除雪の仕事があるのだと言って作業に戻っていきました。夜も８時過ぎ、雪はまだ降り続いていました。そろそろ寝る準備をしようとしてるとトイレの清掃のおばさんが声をかけてきました。「こんな所じゃ寝られないよ。おばさんたちの休憩所があるからそこへおいで。あんた達が寝る場所に困っているのを心配してレストランのお兄さんがおばさんに相談してくれたんだよ。」と。パーキングエリアは室内とはいえ人の出入りもあり寒い。私たちを連れて母の困った様子を気にかけてくれたのです。私達は清掃のおばさんの小さな休憩室の温かいこたつに入り一晩を過ごすことができたのです。初めての場所でなかなか眠れない姉をおばさんは優しくトントンし寝かしてくれました。やさしさの連鎖は次の日も続きました。一晩中除雪作業をしていたおじさんが私たちの車の屋根やガラスに積もった雪まできれいにおろしてくれて、途中でガソリンがなくなったら心配だからと除雪車に使うガソリンを少し分けてくれたという話も母から聞きました。使かわなくなったタイヤのチェーンまでもゆずってくれたそうです。母は何度も深く頭を下げてお礼を言っていました。私と姉はおじさんに抱きつきました。仕事を終えて帰えろうとしていたおじさんに「まだ帰っちゃいやだ。」とわがままを言っていたそうです。おじさんの両肩に私と姉を抱きかかえて撮ってもらった写真は今も母の携帯に残っています。その様子を見たおばさんが「あんた達は運がいいよ。こうやって助けてもらえたことはありがたい事だね。今日の事に感謝して自分もいろんな人を助けてあげるんだよ。人は助け合って生きていくんだよ。」と教えてくれました。実はこの後もたくさんの方に助けていただき無事に家に帰ることができたのです。

姉の行動がキッカケに心がつながり、やさしさの連鎖になりました。姉はこれからも笑顔で多くの人を幸せにしてくれるんだろうなと思いました。姉の笑顔は人をやさしい気持ちにさせてくれる。私は○○が姉で本当に良かったと思うしとても幸せです。姉にやさしくし、助けてくれる方たちに心から感謝したいと思います。そして私も感謝を忘れず、困っている人を助けてあげられるやさしさと、声をかける勇気を持ちたいと思います。いつか自分の好きなこと得意なことを見つけ人を、幸せにできる人になりたいと思いました。

【中学生区分】◆香川県

僕の未来を変えていく

高松市立山田中学校　二年
坂本　篤宣

僕は進行性の病気の影響で車椅子に乗って生活しています。また、体も徐々に動かしにくくなり、できないことが増えてきました。

そんな僕の学校生活を支えてくれるのが友達や先生です。その中でも、特に関わることが多く、気軽に頼りやすい同学年の友達は、僕が困っていると自然に助けてくれます。しかし、助けるとき以外は、同級生として、変な遠慮なく対等に接してくれます。

ある授業での班活動のときのことです。みんなで神経衰弱をすることになりました。しかし、教室内での広範囲の移動は車椅子では難しいため、移動する方法を考えていました。すると、カードを置く場所を僕の机の上に変えてくれて、無理なく楽しく活動することができました。

また、今年の運動会前に僕は全員リレーで走りたいと担任の先生に伝えました。すると、昼休みに担任の先生を中心に、各クラスの体育委員や足の速い友達が協力してくれて、足で走る速さと車椅子で走る速さを比較して有利にも不利にもならない丁度いいスタート位置を見つけることができました。

このように病気だからできないと勝手に考える人より、小さなことも協力的に考えてくれる人がいることで世界が少しずつ明るい方向に変わっていき、いろいろな立場の人が尊重されるのではないでしょうか。
ただ、病気の僕が親切から感じることはこれだけではありません。僕は、親切な友達に疑問を感じることがあります。
小学校高学年の頃から、本格的な電動車椅子を使うようになり友達から助けてもらえても、自分は助けられないので、なぜこんなに親切にしてくれるのだろうという疑問を感じ始めたのです。中学生になると、助けてもらうことも小学生のときより増えました。それでも友達の対応はあまり変わりませんでした。だから、本当は仕方なく助けてくれているのではないかと考えることがあります。絶対にそんなはずないと否定したいのに、考えたくない想像が脳裏に浮かんできます。そして、助けてもらえた感謝と親切を信じきれない弱い自分への嫌悪感で複雑な気持ちになってしまいます。
それでも、僕とずっと友達でいてくれたなら、僕がもっと自信を持てたなら、いつか心の底から感謝できる日が来ると自分を信じています。実際に、僕が希望を見失いかけたときでも、ここで諦めたら、親切にしてくれた人達が悲しむかもしれないと考え、希望を取り戻したことは幾度となくあるからです。
きっと遠くない未来では、今の友達が助けてくれたことに心の底から感謝できていると強く思います。また、僕も親切をできる限り返したいです。そのために、いろいろなことを勉強して、直接でなくても、人や世界を助けられるような知識を身につけておきたいと思います。人生が急に終わっても、後悔しないように今を大切に生きていくと心に誓います。
過去も、今も、未来も、支えてくれて本当にありがとう。

【中学生区分】◆さいたま市

僕(ぼく)のこれからの宣言書(せんげんしょ)

さいたま市立大宮東(おおみやひがし)中学校　二年
田中(たなか)　ことみ

僕は今、中学２年生。小さい頃に自閉症と場面緘黙症だとお医者さんに告げられた。でも、その事実を知ったの最近で、２年くらい前のこと。小学校は通常学級で、障害がない子たちと小学校を共に過ごした。
楽しい小学校生活。でも、健常の子たちのなかで、自分だけ障害があって、障害告知をされていなかった当時でも、明らかに自分だけ違うというのは感じていた。みんなにとっては当たり前で、難なくこなせることが、僕にはすごく難しかった。あいさつも、会話も、ずっと座っていることも、勉強も、先生の話を理解することも。とにかく当たり前ができなかった。できないことが多すぎて、よく怒られた。
「なんでこんなこともできないの？」
と先生は怒鳴る。
「ちゃんとやって！」
とクラスメイトは呆れたように言う。
「どうして僕だけできないの」
と自分を責めて、
「自分は出来損ないんだ」
とあきらめに近いような気持ちを持った。それでも、もっと頑張れば普通になれるかもと思って、僕は日々、精一杯努力した。苦手な会話を積極的にして、普通に喋る訓練をしたり、先生の話を一生懸命聞いて、勉強を頑張ったり、些細なことも一つ一つ頑張って、人並みには色んなことができるようになって、怒られることも減った。
僕がどれだけ頑張ったか。たくさん、たくさん頑張ったから、ここに全ては書ききれないけど、とにかく当時は、すごく必死になって普通というものに近づこうとした。なんでそこまで普通にこだわる必要があったのかと、今になれば少し思う。そう思うのは、普通に近づけば近づくほど、心が削れていくことに気づいたからだ。障害がある人が努力で健常の人になるなんて、不可能なんだ。必死になって無理をして、普通になることに夢中になりすぎて、僕は自分が崩れていくことに気づけなかった。それからはもう、色んなことがあった。学校を行き渋ったり、自分を傷つけたり、八つ当たりをしたり、暴れたり、障害のことだけじゃなくて色んな苦しい出来事やストレスが重なって入院もした。そのときは自分というものがわからなくなっていた。本当は喋らないで無表情なのが自分だったはずなのに、無理やり喋って表情を作った。ただ、普通になりたかった。健常の子たちみたいになりたかった。怒られたり、嫌がらせをされるのがイヤだった。でも、そんな苦しくて大変な思いをしてまで努力をするのは、自分のためにはなっていないから、本末転倒だと気づいた。無理な努力をしないで、必要な努力だけして、自分らしくいることが、自分にとってこの上ない幸せなのではないかと、今の僕は思う。
そして中学校に進学するとき、僕はあえて小学校の同級生がいない、少し遠いところにある公立の中学校に進学することに決めた。そしてその中学校では、特別支援学級に在籍することにした。自分らしく生きる選択を自分でしたわけだ。僕にとっては、大きな決断だった。今は色々あって中学校には行けていないけど、その決断に後悔はない。反対に、その決断をしてよかったと思っている。今は、頑張りすぎないように、自分らしさを取り戻すために、無理に会話をしないで、自分を落ち着かせる自己刺激行動をして、大好きな創作をして、楽しく過ごしている。
障害を鬱陶しいイヤな存在だと思うんじゃなくて、「障害があってよかった」と少しずつ思い始めている自分が誇らしい。自分が抱えている障害について、「努力で治せ」なんて言う人もいるけど、そんなこと言う人のことは気にせずに、自分を理解してくれて、障害があることをわかってくれた上で優しく接してくれる人との関わりを大切にしたいと思った。最後に、僕はこの治らない障害と共に人生を歩んでいくと思うけど、障害があることを隠さずに、障害の特性を無理な努力でなくそうとせずに、自分らしく生きることをここに宣言する。

【高校生区分】◆さいたま市

知(し)ることから

開智(かいち)高等学校　三年
青野(あおの)　めぐみ

二〇二二年十二月十七日。十五年と四箇月という人生に突如、別れを告げ、妹は一人旅立っていった。
私には二つ、年の離れた妹がいた。先天性の全前脳胞症という病気を持って生まれ、身体と知的の両方に障害があった。医師からは「三歳が山場だろう。ある日、気付いたら、お母さんの隣で冷たくなっているかもしれない。」
と言われたそうだ。
私は妹が大好きだった。家族の中で一番多くの時間を共にした。誰よりも悩みを聞いてくれて、そばにいてくれた。たとえ障害のせいで立つ、座る、話す、食事を摂るなどの動作を一人で行うことができず、日常生活の全てに支援が必要であっても、私にとっては可愛い存在で、妹が自分の兄弟であることを不便に思ったことはなかった。
それゆえに、スーパーマーケットなどで知らない人から好奇の目で見られたり、学校で障害児のことを「害児」と呼んで侮辱したり、「障害者の生きる価値ってなに。喋れないのに、理解しているのかも分からないのに、話しかけるとか、教育受けさせるとか金の無駄だろ。家族が可哀想、不幸だ。」
などという社会の人からの言葉を耳にすると、無性に腹が立った。なぜ、障害があるというだけで、このような対応をされるのかと。これに対する答えを探す中で「障害というものを知らないから」ではないだろうかという思いが浮かんだ。障害というものを本当には知らないことが、障害者は変な人で、自分たち健常者と違う怖い人、危害を加えてくる人という固定された、勝手なイメージを作り出してしまうのだと私は思うのだ。
障害というものを知ってもらうために、私が妹と共に生活した中で、気付き、学んだことを二つ挙げる。まず初めに、妹が十五年もの時間を生きた理由である。最初、医師からは三年の命かもしれないと言われたが、実際はその何倍もの時間を生きた。こんなにも長く生きられたのは、妹が明日への希望を持ち続けたからだと私は思う。希望などという立派なものでなくても良い。ただ明日への意識を向けること。明日は何をしよう、どんないたずらを仕掛けよう、楽しみな授業と給食があるなどの、日常の些細なこと、くだらないこと、何でも良いのだ。少しでも明日への意識を向けた時から、明日は始まる。それの積み重ねが彼女の明日を拓き続けた。
次に、意志の強さである。私たちが練習や体験を通して、できるようになることが、妹にはできなかった。たとえ本人が望んでも、何度挑戦しても、自力で日常動作を一人で行うことは、彼女の持つ機能ではできなかった。なぜなら、それが障害というものだからだ。しかし、彼女はできる機能を持つ動作については、意識的にできるように変えていた。自力での移動の際は蒲伏前進のような方法を採っていたが幼い頃は動きもゆっくりで、距離感のコントロールも上手くいかず、壁にぶつかり、泣き出すこともしばしばあった。しかし年齢が上がるにつれて、力こぶができるほどに腕の筋肉が付き、本人の意志で行きたい方向へ、とても速いスピードで移動できるようになっていった。また言語に関しても、いつの間にか全てを理解するようになり、兄弟喧嘩に参入してくるほどであった。彼女がここまで成長したのは、兄弟にいたずらをしたい、会話に混ざりたいと強く思い、それを実行し続けたからなのだと、私は思う。たとえ障害があっても、着実に成長し、できることを増やした。

障害者本人やその家族、関係者でない限り、障害について知らないことが多いのは、仕方がないことだろう。だからこそ、健常者にも「障害」というものを知って欲しい。どんな障害なのか、何が得意で、何が不得意なのか、障害者本人がどんな性格なのか。見た目の一瞬で判断したり、「障害」という言葉で、ひとまとめにしないで　個性を見て欲しい。

偏見を減らすことで、世の中の人から見た障害と、兄弟や家族から見た障害との差に苦しむことが少しでも無くなって欲しい。そして家族に障害者を持つ子どもが、自分の兄弟について気兼ねなく話せる環境ができて欲しい。

【高校生区分】◆鳥取県

未来を拓く

鳥取県立鳥取聾学校高等部　三年
鯉口　悠生

あれは、私が小学校五年生の時のことだった。母、妹二人の家族四人が和室で寝ようとしていた時、急に皆が起き上がり、楽しそうに話し始めた。その様子は、これまで見たことのないような楽しそうなものだった。私は母親に、で「何があったの。」と口話とキューサインで尋ねた。すると母親は、「ふくろうの鳴き声がするんだよ。」とキューサインで教えてくれた。

「そうか。ふくろうが鳴いていたのか。」と納得した。当時の私は、生き物に興味を持っていたので、ふくろうはどんな鳴き方をするのか、とても興味を持った。そして、その声を私だけが聴けず、話題に入っていけなかったことを悲しく思った。「なんで僕だけが…」そんな思いが極まり、私は一人泣いたのだった。

私は、幼少期に「先天性感音性難聴」と診断され、鳥取聾学校の教育相談に通うことになった。

その後、鳥取聾学校幼稚部に入学し、補聴器を装用しながら、発音・発語や聴き取りなど、人とコミュニケーションするための学習に取り組むことになった。

しかし、年中組の頃から右耳の聴力が急激に低下し、とうとう親しい人の声さえも聴き取りづらくなってしまった。その頃は、「聴くこと」が楽しくなっていた頃だったので、聴こえる世界が遠のく中、私は毎日イライラしながら過ごしていた。

そこで私は聴こえる世界を求めて、右耳の人工内耳装着手術をすることに決めた。手術後は、リハビリテーションの効果もあり、私の右耳はとてもよく聴こえるようになった。

しかし、喜びも束の間、今度は左耳と右耳との聴力や音質のギャップに苦しむようになり、左耳も人工内耳装着手術をすることにした。このことで、私の聴こえは、格段に向上した。

冒頭のふくろうに関する出来事は、人工内耳を装用することが日常になったある夜のことである。つまり、私が就寝前に人工内耳のスピーチプロセッサーを外した時のことだった。

この出来事をきっかけに私は、人工内耳を装用している自分と人工内耳を装用していない自分との二者を意識するようになった。別の言い方をすれば、将来自分は「聴こえる人」として生きるのか、「聴こえない人」として生きるのか、不安を感じながら生きていた。振り返れば、当時の私は「聴こえる人」と「聴こえない人」のどちらに属するか、そればかりをただ漠然と考え続けていた。

そんな私も、現在、鳥取聾学校高等部三年生になった。進学に向けての準備をしながらも、休日は、様々な地域活動に参加している。

一つは、地域の手話教室の講師である。小学生から高齢の方までおよそ三十名の方に手話を伝えている。皆さんに楽しんでいただけるように、手話の成り立ち、手話歌、連想ゲームなどを取り入れるなど、試行錯誤しながら取り組んでいる。

また、月に一度地域の事業所が開催するイベントに「手話歌パフォーマー」として参加している。

さらには、月に一度、ある企業のスペースをお借りし、「手話カフェ」の活動も行っている。ここでは手話での注文、手話歌の披露、簡単な手話紹介などを行っている。

なぜ、私がこのような活動をするのか。その理由は、私自身が障がいと向き合い、様々な活動を行うことで自信を得、更なる挑戦ができる人間になれると思うからだ。
また、鳥取聾学校という特別支援学校で生活の大半を過ごしているため、社会との繋がりを持ち、広い視野を得たいということも理由の一つだ。
さらに、手話に関する活動に取り組むことで、聴覚障がいや手話についての理解が深まり、「聴こえる人」と「聴こえない人」が共生する社会の実現に寄与できるということもその理由の一つである。
私は将来、大学に進学し「地域学」を学びたいと考えている。私自身の経験から、私は、「聴こえる人」と「聴こえない人」との両者の心情に寄り添えるのではないかと考えている。
私の夢は、人々が障がいの有無に関わらず共に歩み未来を拓く、その社会づくりに貢献することだ。この夢が実現できるよう、日々、自らの力を高めていきたい。

【高校生区分】◆兵庫県

「すべての人」に安心と楽しみを

兵庫県立日高高等学校　三年
中田　彩姫

みなさんは、ユニバーサルツーリズムという言葉を知っていますか。ユニバーサルツーリズムとは、すべての人が楽しめるように創られた旅行であり、高齢や障害等の有無に関わらず、誰もが気兼ねなく参加出来る旅行を目指したものです。
私は今年三月、視覚障害者の方とその家族が集う会にボランティアとして参加しました。その会は、地域の眼科で行われ、地域で暮らす視覚障害者の方とその家族が交流し、意見交換をしたり、悩みを相談したりする会です。そこには、弱視から全盲まで様々な視覚障害を持つ方がおられました。私は視覚障害について、授業で習うような基礎知識しかなく、病気や支援方法は少し分かっていましたが、当事者の方の内なる思いやニーズなどは知りませんでした。だからこそ、このボランティアに参加して視覚障害について、もっと多様な視点で学びたいと思ったのです。
参加された視覚障害者の方は全部で十五人程度であり、三つのグループに分かれ、冒頭で述べたユニバーサルツーリズムをテーマに意見交換が行われました。私も一つのグループに参加させていただき、当事者である視覚障害者の方から地域で暮らす中でどのようなところに困っているのかや、もっとこうなれば良いのにというニーズについて聞きました。
討論の中で「駅の無人化」について話題が挙がりました。田舎の方では今年に入ってから駅の無人化が進んできており、駅には駅員さんがいません。これはICカード乗車券の普及や鉄道事業者側の経費削減という都合によるものだと考えられますが、田舎の駅には都会の駅のように、音声による駅構内の案内や点字での案内パネルなどが十分に普及されておらず、却ってバリアを生み出してしまっているのです。
ある一人の男性は「駅員さんはいないし、音声案内もないから切符を買う場所が分からない。一人の時や初めて行く場所ならなおさらだ。」と言いました。その方は、既に運転免許を返納しており、外出時の移動は公共交通機関を利用しています。移動の安全や安心が保障されていないとなると、かなり不安だと思います。私たちも視点を変えてみると、普段利用する駅では無人化になったとしても、不自由なく利用出来るかもしれませんが、初めて行く駅ではどこに何があるか分からず困ってしまいます。このように、駅の無人化に伴い不便になってしまった人がいるのが現状です。
また、他の女性は「昔、宿泊先を探している時に視覚障害であることを伝えたら宿泊を断られた。」と言っていました。なぜ断られてしまったのかその女性は「もし、宿泊中に避難を要する状況になった場合、視覚障害者の方を手引き出来る従業員がいないのではないか。視覚障害者の方に適切な支援が出来る従業員がいないのではないか。」と考えました。私はそれを聞いて、駅の無人化や障害者の方の宿泊を断ることが、ユニバーサルツーリズムを推奨している国による適切な対応なのかと疑問を抱きました。全ての駅や宿泊施設がそうとは限りませんが、このようなケースも実際にあったということに変わりはありません。旅行において、移動や宿泊は欠かせないものです。「すべての人」が楽しめる旅行にするためには、もっと視野を広げて考えなければいけないと思います。例えば、駅の無人化については、無人化が進んでいますが最低でも一人は駅に配置しておいたり、宿泊施設については、視覚障害者の方を手引き出来る従業員を研修などを経て養成しておくなど、視覚障害だけに限らず、様々な障害や疾病を持つ方に適切な対応が出来るようにしておく必要があると思います。ですが、駅や宿泊施設だけが取り組むのではなく、一緒に利用している私たちも取り組むべきです。もし、視覚障害者の方が駅員さんがいなくて困っているのであれば、宿泊先で困っているのであれば、周りにいる私たちが手を差し伸べれば良いのではないでしょうか。全てのことを駅や宿泊施設に任せっきりにするのではなく、私たち利用者も「すべての人」が楽しめるようにするために、協力すれば良いのではないでしょうか。だからこそ知る必要があるのです。私たちから視覚障害について学ぶことが必要です。「視覚障害のことなんて分からないから無理だ。」と目を背けて逃げていては、いつまで経ってもユニバーサルツーリズムは実現されないと思います。ある宿泊先では断られてしまったが、別の宿泊先では手引き案内やサポートが手厚く、安心して利用出来たなど場所によってもサービスのばらつきがあるようです。「すべての人」が楽しめるように、安心出来るように、根本的な対応や支援は統一しておくべきだとも思います。

今年五月、新型コロナウイルスが五類へと引き下げられ、旅行をする人が増えたのではないでしょうか。視覚障害者の方に耳を傾け、ニーズに応えることが出来れば、旅行を心から楽しむことができ、ユニバーサルツーリズムもより実現に近づくのではないかと思います。私はこのボランティアに参加して、視覚障害者の方の内なる声を聞き、日常生活上での思いを初めて知ることが出来ました。例に挙げた駅の無人化や宿泊に関することは、私も気づかなかったので、自分自身ももっと視野を広げないといけないと思いました。

私たちは視覚障害者の本当の気持ちは分からないかもしれませんが、相手の立場になって考えることは出来ます。今後、旅行だけに限らずとも「すべての人」が心から安心して暮らせるように、困っている人を見かけたら勇気と自信を持って「何かお手伝いしましょうか。」と声が掛けられるように、視覚障害やその他の障害についてもっと知り、そして学び、行動に移せる人になりたいです。

【一般区分】◆北海道

自己発信(じこはっしん)　～相互理解(そうごりかい)のために～

大代(おおしろ)　祥也(しょうや)

「手足が不自由でも、みんなと同じように勉強がしたい」

中学三年生の進路相談の時、私はその思いで地元の高校への入学を決めた。社会人になった今でも、あの時の選択は後悔していないと胸を張って言える。

入学前のオリエンテーションの日、帰りの玄関で早速いじめに遭った。私を見た彼らが、

「お前、成績Gクラスでしょ？バイバイ、G君」

何を言われたのか、一瞬分からなかった。後になって、『障がい者＝成績が悪い』という目で見られ、馬鹿にされたのだと気づいた。時間が経つほどに、怒りが込みあがってきた。障がい者は周りからいじめられるのが普通なのか。地元の高校を選んだのは間違いだったのか。何も悪くないのに、自分を責めてしまっていた。

一年生のクラスは四階にある。当然、階段を上り下りしなければならない日々が続いた。幸い手すりはあったが、それでもかなり厳しかった。特に、体育の授業や移動教室が続く日は体の疲労も溜まった。宿泊学習は足の不調からドクターストップがかかり断念せざるを得なかった。成績は学年全体の真ん中をキープできていたのだが、体がどうしても追いつかず、一年生の後半は保健室で休ませてもらうことがほとんどだった。

結局、一年間でその高校を辞めることになった。最後の登校日、クラスメイト全員から手紙をもらった。正直、驚いた。その中には、

「高校は離れてもずっと友達でいようね」

「クラスで最初に私に話しかけてくれてありがとう」

「正直、最初はどう接していいかわからなかったけど、出会えて良かったよ」

など、それぞれの思いが綴られていた。クラスの一員として、みんなが認めてくれていたことが分かり涙が溢れた。とても嬉しかった。

その後、転入先で二年の高校生活を終え、無事高校を卒業することができた。

そんな私も、現在は社会人になって九年目になっている。数回異動を経験しているうちに、もうこれだけの年数が経っていた。業務は一般事務を担当しているが、手足が不自由なために、学生時代の時には無かった苦労をする場面が増えてきている。文字を書くのに時間がかかる、車椅子で移動すると執務

スペース上どうしても通れない場所があるなど、今まで考えてもいなかった壁に当たっている。
しかし、僅かながらもその部署ごとに助けてくれる仲間がいる。重たい書類を持ってくれたり、私の代わりに外勤に行ってくれたこともあった。いくら感謝しても足りないくらい、ありがたい気持ちになる。ただ、それと同時に、どこかぶつけようのない『申し訳ない』という気持ちがでてきてしまう。自分ができないことを人に頼むという行為自体は何も問題はないはずだ。しかし、どうしても頼みづらい時もある。
「できないことは周りに頼めば助けてくれるから大丈夫」
私が今まで経験した全ての部署で、先輩から言われてきた言葉である。本当にそうだろうか。私は正直、この言葉を未だ信用できていない。助けてほしい状況で周りに必ず誰かがいるとは限らないし、頼んだからといって必ずしも助けてくれるとも限らない。自分から行動して覚えていかなければならないことは今後においてもたくさんあるし、『障がいがある』という理由だけで自分の立場が下に見られてしまうのは悔しい。しかし、身体の都合上どうしても難しいこともやはり存在する。
信用できていないこの言葉を、ここ数年で自分なりに理解し始めている。周りに頼むということは、自分から発信するということなのではないだろうか。自分ができること、できないことを自分から伝えていかなければ、周りの人の理解は得られない。自分から伝えること、話すことはコミュニケーションの一環であり、私は最近になって自己発信が苦手なことに気づかされた。自分が生まれてから二十七年間、たくさんの人に支えられてきた。もちろん、いじめられたことや、どうしてもうまくいかなかったこともあったが、学校の先生方や友達、職場の仲間など、その力は今の私の支えになっている。前の部署の送迎会で、私のもとに係の同僚全員がお礼を言いに来てくれた。私は当たり前だと思っていたことが実は当たり前ではなかったということに初めて気づいた。仲間が近くにいたという何よりも大切な事実に今まで気づかなかった自分を悔やんだ。
『障害者差別解消法』が平成二十五年に制定されてから十年が経過した。差別解消が進んでいくためにはお互いを理解する『相互理解』が不可欠であると私は考える。理解しあうためには、まず自分から周りに伝えていく『自己発信』が大切であると感じる。
「まず、仲間を作りなさい」
前の部署の上司が私に最後に伝えてくれた言葉である。これからも、自分の気持ちを仲間に伝え、円滑なコミュニケーションを図っていきたい。そして近い将来、障害のある人もない人もともに助け合って暮らせる世の中になっていることを切に願っている。

【一般区分】◆岩手県

一粒（ひとつぶ）の光（ひかり）

北條（ほうじょう）　乃愛（のあ）

私が中学校一年生のとき、いじめにあった。男子が数人で私の悪口を言っていたのだ。私にきこえるような声で、私の友人にささやいている。臭い・風呂入っていないそんな言葉をささやき続ける。「ちがう。そんなことない。ちゃんとお風呂入っているよ。」そんな言葉が浮かんできた。でも届かない。ちがうよと否定したいのに言えない。苦しい。辛い。悲しい。どんどんおかしくなっていく自分を止められなかった。
それから、月日が流れ、中学２年生の冬、私は、自己免疫性脳炎と呼ばれる、難病を、患った。病気のせいで記憶があいまいだが、あらゆるくだをぬいて、あばれてばかりだったと言う。家族みんな絶望していた。家族にめいわくばかりかけてしまう自分が許せなかった。合併症で、自閉スペクトラム症と双極性障害を併発してしまった。
私は思った。「どうして私だけこんな思いをしなければいけないの？」この先の人生に絶望した。
けれど、私には、生きる意味があった。それは「家族をおいて行けない」と言う強い思いがあったからだ。苦しくて辛い中でもこの思いが私を支えた。人を信じることが出来なくなっていた私のたった一粒の光。
私は、どんなことがあっても家族が大好きだった。その気持ちは、家族も同じだったようだ。私の事を心から愛し必要としてくれる家族は、私の一つの居場所だった。それでも分り合うことは、難しかった。分かってもらえないことは、どんな苦しみより辛かった。
自分の弱さと、めんどくさい性格をいつもにくんでいた。多少のことですぐ不安になりイラついたり、怒ってしまう自分が心底大嫌いだった。
そんな私を、家族は、ただ純粋に愛してくれた。ただただそのことがうれしくて涙が、出た。家族は、私の病気を理解しようと行動に移していた。医師から説明をききじっせんしようとしてくれていた。
私のために、理解するための努力をしてくれていたのだ。なんとかしようとしてくれていることが伝わってきて、うれしくてなきそうになってしまった。
このままではダメだ。そう思った。家族がこんなにがんばってくれているのに、私は何もしないままでいいのかと自分に問う。少しでも変わりたい。そう思った。自分のためだけではなく、家族のためにも。
私は、まだ何の努力もしていないではないかと自分を見つめ直した。家族のためにも変わりたい。愛する家族と笑ってすごしたい。
ただ一つの願いだった。あの頃のように、笑ってすごしたい。自分の中にあった“何か”をやぶれた気がした。
それから私は、自分に出来ることを、見つけて乗り超えていく努力をした。
中学生の頃のイジメから学んだこと、自己免疫性脳炎になったことで学んだこと、家族からもらった優しさ、全部全部大切な経験として私の中で光っていた。
私は、思った。全て大切な私の人生なんだと。辛いことも多かったけど、その中で、小さな幸せを感じていたんだと。
私の一つの居場所は、私に大きな“何か”をあたえてくれたと強く思った。
私の大切な宝物。それは家族というかけがえのないもの。
私は、家族にもらった沢山の恩を、またどこかで苦しんでいる人に恩送りをしたい。
私は今、がんを患っているおじのかいごの手伝いをしている。
自分にできることを手伝い、家族から受けた恩を、おじに恩送りしている。精神疾患はなおることはない。でも上手につき合いながら自分の人生を少しでも笑顔で溢れるようにして行きたいと思うのです。

【一般区分】◆大阪府

人生(じんせい)の宝箱(たからばこ)

吉冨(よしとみ)　一博(かずひろ)

今この文章は、ベッドの上で書いている。
うつ伏せの状態で、自由の利く左手の中指で、パソコンを使って書いている。
なぜなら僕は身体に障がいがあるために全てにおいて介助が必要だからである。
言語障がいもあり、僕の言葉を聞き取ってもらえないこともよくある。
ある日、ヘルパーさんと近くの公園に行ったところ、知人からカフェを営んでいる人を紹介してもらった。
店に行ってみると音楽や笑顔で溢れていた。何度か行くうちに、色んなことを相談できる仲になり友達になった。また一緒に楽器で演奏ができるようになった。出会って良かったと思う。友情の宝物をゲット！
ある日、ヘルパーさんと商店街に行ったら「歌声喫茶」と書いていたので入ってみた。
ギターを弾いている人たちが歌謡曲などを歌っていた。ほかのお客さんたちも、演奏に合わせて合唱していたので、楽しそうと思った。懐かしのテレビ番組とかで観たことはあったけど、まさか僕の人生で行くことになると思っていなかっただけに新鮮だ。
僕が好きな歌手の曲をリクエストすると歌ってくれて、一緒に歌っている。歌声喫茶に行くことが、月一回の楽しみになった。
その人たちと出会って友達になれたことが、嬉しい。合唱の楽しさに、唱の宝物をゲット！
ある日、ヘルパーさんと近くの病院へ検査しに行くと、病気が見つかって、総合病院に行くことになった。初めて会う先生にドキドキしていた。「どんな先生かな？」と不安だった。
呼ばれて診察室に入ったら、優しそうな印象で安心した。
手術をすることになった。入院することも初めてだったが、ヘルパーさんが付き添ってくれたり、周りの人に助けてもらって。不安が和らいだ。
健康の有り難さに出会えたことは、命の宝物ゲット！
ある日、ヘルパーさんと商店街の祭りに行ったとき、段差が多い場所で、助けてもらわないと行けないところがある。

ヘルパーさんと困っていると、知らない人が、「抱えましょうか」と、声をかけてくれて周りを見渡して、道行く人に声をかけてくれた。
集まってくれた人たちと車椅子を抱えて段差を上げてくれた。とても温かい気持ちになった。親切な気持ちのゲット！
ある日、ヘルパーさんと、アイスクリーム屋さんに行くと、入ろうと思ったら、ヘルパーさんがドアを開けようとしたが、ドアのところで僕が待っていたところ、中で椅子に座って美味しそうに食べている女子高生ぐらいの人が、ドアのところに飛んで来てくれて、ごく自然にドアを開けてサッと戻っていった。
気遣いに、温まることだった。自然な心遣いの宝をゲット。
ある日、障がいがあっても海や自然を楽しむことを、たくさんの方々に体験して欲しいという想いのある、スキューバダイビングのインストラクターを、知人から紹介してもらった。
僕もスキューバダイビングに興味があって、してみたいと思っていたので、期待が高まった。
プールに行って泳ぐ練習をしたり、潜る練習をして、沖縄にスキューバダイビングをしに行った。海の中は不思議な感覚で、魚になった気分だった。海の宝物をゲット！
ある日、朝早くに友達からメールが来た。何故か気になって開いてみた。すると、僕のために色んなことを教えてくれた人の悲報だった。
その人も重度の障がいがあるが、行動的な人だった。引っ越しされてからは、あまり会わなくなっていたが、元気なことは風の便りで聞いていた。二年程前から連絡など少なくなり、あまり調子が良くないのは聞いていたが、まさかの知らせにショックであった。生きている大切さをゲット！
今ではヘルパーさんに助けてもらうことが日常になっていて感謝している。ヘルパーさんと色んなところに出かけたりするとハプニングや困ったことなど、沢山あるが、一緒に笑ったり一緒に泣いたり、驚きや再発見できたり、色んな経験をしている。
また、障がいの有無に関わらず、色んな人たちと出会って仲良くなることが、ある。
沢山の人に出会ったり、また時には悲しい別れがあったり色んな経験をしてきた。様々な生き甲斐を探求して行き、周りの人と一緒に人生を楽しみながら、宝箱に沢山ゲットしたものを詰め込んで、歩んで行くと思う。この宝物はお金では買えない…、温かい宝物だ。
大切に持って生きたい。

※このほかの入賞作品（佳作）は、内閣府ホームページ（https://www8.cao.go.jp/shougai/kou-kei/r05sakuhinshu/index.html）でご覧いただけます。

※掲載する作文は、作者の体験に基づく作品のオリジナリティを尊重する見地から、明確な誤字等以外は、原文のまま掲載しています。

12 障害に関する相談窓口

●障害のある児童に関する相談がしたい

相談窓口　①児童相談所（2024年４月現在で全国234か所）
全国児童相談所一覧（こども家庭庁ホームページ）
https://www.cfa.go.jp/policies/jidougyakutai/jisou-ichiran/
②保健所（2024年４月現在で全国468か所）
保健所管轄区域案内（厚生労働省ホームページ）
https://www.mhlw.go.jp/stf/seisakunitsuite/bunya/kenkou_iryou/kenkou/hokenjo/index.html
③各市町村の児童家庭相談窓口

相談内容　医師、児童心理司、ケースワーカーによる障害児に関する相談、指導等、また児童相談所に於いては判定等

●身体に障害のある人・知的障害のある人に関する相談がしたい

相談窓口　①市町村福祉事務所（2024年４月現在で全国1,041か所）
②市町村担当課（障害福祉）

相談内容　ケースワーカーによる身体に障害のある人・知的障害のある人の福祉サービスについての相談、指導等

●精神障害、うつ・心の健康について相談したい

相談窓口　①保健所（2024年４月現在で全国468か所）
保健所管轄区域案内（厚生労働省ホームページ）
https://www.mhlw.go.jp/stf/seisakunitsuite/bunya/kenkou_iryou/kenkou/hokenjo/index.html
②精神保健福祉センター（各都道府県・指定都市の69か所に設置）
精神保健福祉センター一覧（全国精神保健福祉センター長会ホームページ）
https://www.zmhwc.jp/centerlist.html

相談内容　医師、精神保健福祉相談員、保健師、精神保健福祉士等による精神障害や心の健康等に関する相談、指導

●働く人のメンタルヘルスについて相談がしたい

相談窓口　①産業保健総合支援センター（独立行政法人労働者健康安全機構で設置）（全国47か所）
産業保健総合支援センター一覧（独立行政法人労働者健康安全機構ホームページ）
https://www.johas.go.jp/Default.aspx?TabId=578
②「こころの耳電話相談」【0120-565-455】
月曜日・火曜日 17：00～22：00　土曜日・日曜日 10：00～16：00
「こころの耳SNS相談」(https://kokoro.mhlw.go.jp/sns-soudan/)
月曜日・火曜日 17：00～22：00　土曜日・日曜日 10：00～16：00
「こころの耳メール相談」(https://kokoro.mhlw.go.jp/mail-soudan/)

相談内容　働く人本人や事業場の産業保健スタッフ等からの働く人のメンタルヘルスに関する相談

●発達障害について相談したい

相談窓口　発達障害者支援センター（2024年４月現在で全国97か所）
発達障害者支援センター一覧（発達障害情報・支援センターホームページ）
http://www.rehab.go.jp/ddis/action/center/

相談内容　発達障害児（者）及びその家族に対する専門的な相談

●障害のある人に関する専門的な相談がしたい

相談窓口　①身体障害者更生相談所（2024年４月現在で全国78か所）

②知的障害者更生相談所（2024年４月現在で全国88か所）
③精神保健福祉センター（各都道府県・指定都市に設置）

相談内容 医師、保健師、看護師、作業療法士等による障害のある人に関する専門的な相談、指導、判定

●障害のある子どもの教育について相談したい

相談窓口 教育委員会等
高校についてはお住まいの都道府県の教育委員会へ、幼稚園と小中学校についてはお住まいの市町村の教育委員会へお問い合わせください。

相談内容 障害のある子どもに関する教育についての相談

●就職・採用、障害者雇用における障害者差別・合理的配慮について相談したい

相談窓口 公共職業安定所（ハローワーク）
全国ハローワークの所在案内（厚生労働省ホームページ）
https://www.mhlw.go.jp/stf/seisakunitsuite/bunya/koyou_roudou/koyou/hellowork.html#whereishellowork

相談内容 企業への就職、職業訓練の受講、障害のある人を雇用したい、雇用分野における障害者差別・合理的配慮の提供等の相談

●障害のある人の就職・職場定着・職場復帰の支援、雇用管理等について相談したい

相談窓口 独立行政法人高齢・障害・求職者雇用支援機構地域障害者職業センター（各都道府県に設置）
地域障害者職業センター一覧（独立行政法人高齢・障害・求職者雇用支援機構ホームページ）
https://www.jeed.go.jp/location/chiiki/index.html

相談内容 障害のある人の就職・職場定着・職場復帰の支援、雇用管理についての専門的な相談

●障害のある人の雇用に関する助成措置について相談したい

相談窓口 独立行政法人高齢・障害・求職者雇用支援機構
都道府県支部高齢・障害者業務課（各都道府県に設置）
都道府県支部一覧（独立行政法人高齢・障害・求職者雇用支援機構ホームページ）
https://www.jeed.go.jp/location/shibu/index.html

相談内容 障害のある人を雇用する上での助成措置等についての相談

●仕事と生活の相談をしたい

相談窓口 障害者就業・生活支援センター（2024年４月現在全国337か所）
障害者就業生活支援センター一覧（厚生労働省ホームページ以下URL内）
https://www.mhlw.go.jp/stf/newpage_18012.html

相談内容 就職に向けての準備、職場への適応、就業に伴う日常生活についての相談

●障害のある人の人権について相談したい

相談窓口 法務局・地方法務局及びその支局
みんなの人権110番【0570-003-110】
常設相談所一覧（法務省ホームページ）
https://www.moj.go.jp/JINKEN/jinken03_00223.html
インターネット人権相談受付窓口（法務省ホームページ）
https://www.jinken.go.jp/

相談内容 障害のある人に対する差別、虐待等の人権侵害に関する相談

●障害を理由とする差別に関する相談がしたい

相談窓口 ①各事業分野に関する所管省庁の相談窓口
https://www8.cao.go.jp/shougai/suishin/sabekai/pdf/soudan/taiou_shishin.pdf
②地方公共団体相談窓口

各地方公共団体　障害者施策担当課等にお問い合わせください
③つなぐ窓口
障害者差別に関する相談窓口「つなぐ窓口」（内閣府ホームページ）
https://www8.cao.go.jp/shougai/suishin/sabekai_tsunagu.html
※障害者差別解消法に関する質問への回答、障害を理由とする差別に関する相談を適切な自治体・各府省庁等の相談窓口につなげるための相談窓口

●障害のある人のための在宅サービスを受けたい

相談窓口　①市町村担当課（高齢者福祉、障害福祉）
②市町村福祉事務所（2024年４月現在で全国1,041か所）
③最寄りの高齢者総合相談センター（シルバー110番）（各都道府県に設置）
又は地域包括支援センター（すべての市町村に設置）
相談内容　高齢者や障害のある人のための在宅介護サービスの相談

●身体に障害のある人のための各種サービスの情報を知りたい

相談窓口　①障害者社会参加推進センター（各都道府県に設置）
②社会福祉法人日本身体障害者団体連合会内
中央障害者社会参加推進センター【03-3565-3399】
http://www.nissinren.or.jp
相談内容　朗読奉仕員、福祉タクシー、生活訓練等の各種サービスの情報提供相談

●障害のある人の年金について相談したい

相談窓口　障害基礎年金、障害厚生年金等
①ねんきんダイヤル
年金に関する一般相談【0570-05-1165】
050で始まる電話でおかけになる場合は【03-6700-1165】
https://www.nenkin.go.jp/section/tel/index.html
②文書・FAX
詳しくは日本年金機構ホームページをご覧ください。
https://www.nenkin.go.jp/section/guidance/bunsho.html
https://www.nenkin.go.jp/section/guidance/fax.html
③年金事務所（2024年４月現在で全国312か所）・年金事務所分室
④街角の年金相談センター（2024年４月現在で全国80か所）
全国の相談・手続き窓口（日本年金機構ホームページ）
https://www.nenkin.go.jp/section/soudan/index.html
労災年金
労働基準監督署（2024年４月現在で全国321か所）
全国労働基準監督署の所在案内（厚生労働省ホームページ）
https://www.mhlw.go.jp/stf/seisakunitsuite/bunya/koyou_roudou/roudoukijun/location.html
相談内容　各種年金についての相談

●身体障害者が運転免許を取得したい

相談窓口　①運転免許試験場（安全運転相談窓口）
安全運転相談窓口一覧表（警察庁ホームページ）
https://www.npa.go.jp/policies/application/license_renewal/pdf/r0604_madoguchi.pdf
②安全運転相談ダイヤル【＃8080】
相談内容　運転免許取得のための条件、手続等の相談

●身体障害者が無線の資格を取得したい

相談窓口　①（公財）日本無線協会
【国家試験03-3533-6022　養成課程03-3533-6027】

https://www.nichimu.or.jp/
②（一財）日本アマチュア無線振興協会
【03-3910-7210】
https://www.jard.or.jp/
相談内容 無線従事者資格取得のための国家試験受験、養成課程受講等に関する相談

●障害者等向けに自宅を改修したい

相談窓口 ①最寄りのリハビリテーションセンター
②市町村担当課（高齢者福祉、障害福祉）
③市町村福祉事務所（2024年４月現在で全国1,041か所）
④最寄りの高齢者総合相談センター（シルバー110番）（各都道府県に設置）
又は地域包括支援センター（すべての市町村に設置）
相談内容 障害者等向けの住宅改修の相談

●福祉用具について相談したい

相談窓口 （公財）テクノエイド協会
https://www.techno-aids.or.jp/
相談内容 福祉用具の使用や購入の相談

●身体障害者補助犬（盲導犬、介助犬及び聴導犬）について相談したい

相談窓口 各都道府県、指定都市、中核市障害福祉担当課
自治体担当窓口一覧（厚生労働省ホームページ）
https://www.mhlw.go.jp/stf/seisakunitsuite/bunya/hukushi_kaigo/shougaishahukushi/hojoken/index.html
相談内容 身体障害者補助犬の使用や育成に役立てるための相談

●ボランティア活動を行いたい

相談窓口 ①市町村社会福祉協議会
各地の社会福祉協議会（社会福祉法人全国社会福祉協議会ホームページ）
http://www.shakyo.or.jp/network/index.html
②社会福祉法人全国社会福祉協議会内全国ボランティア・市民活動振興センター
【03-3581-4656】
相談内容 ボランティア活動をやりたいが、どのようにすればよいのか

●福祉関係の仕事に就きたい

相談窓口 ①福祉人材センター（各都道府県に設置）
福祉のお仕事（全国の福祉人材センターの福祉・介護の求人情報を検索）
福祉人材センター・バンク一覧
https://www.fukushi-work.jp/bank/index_14.html
②公共職業安定所（ハローワーク）
全国ハローワークの所在案内（厚生労働省ホームページ）
https://www.mhlw.go.jp/stf/seisakunitsuite/bunya/koyou_roudou/koyou/hellowork.html#whereishellowork
相談内容 福祉関係の仕事をしたいが、どのようにすればよいのか

●消費者トラブルについて相談したい

相談窓口 消費者ホットライン【188】
※最寄りの消費生活センター等の消費生活相談窓口をご案内します。
相談できる時間帯は、相談窓口により異なります。
相談内容 ・悪質商法による被害、訪問販売・通信販売等における事業者とのトラブル
・産地の偽装、虚偽の広告など不適切な表示に伴う事業者とのトラブル

・安全性を欠く製品やエステティックサービスによる身体への被害など

●難病について相談したい

相談窓口　難病相談支援センター（都道府県、指定都市に配置）
都道府県難病相談支援センター一覧（難病情報センターホームページ）
https://www.nanbyou.or.jp/entry/1361
相談内容　地域で生活する難病の患者及びその家族等の日常生活における相談、支援等

●小児慢性特定疾病について相談したい

相談窓口　各都道府県、指定都市、中核市等の担当窓口
各自治体担当窓口一覧（小児慢性特定疾病情報センターホームページ）
https://www.shouman.jp/support/prefecture/
相談内容　医療費助成や自立支援に関する相談、支援等

「令和６年版障害者白書」索引リスト

※本文のみを対象としていて、参考資料及び付録は対象としていません

あ行

か行

さ行

た行

な行

は行

ま行

や行

ら行

アルファベット等

第1章
第2章
第3章
第4章
第5章
第6章
参考資料
付録
索引

障害者白書　**(令和６年版)**

令和６年７月30日　発行

編　　集　内　閣　府
〒100-8914
東京都千代田区永田町１－６－１
TEL 03 (5253) 2111 (代表)

印刷・製本　勝美印刷株式会社
〒113-0001
東京都文京区白山１－13－７
アクア白山ビル５階
TEL 03 (3812) 5201

落丁・乱丁本はお取り替えします。